DEUTSCHE KULTURGESCHICHTE

Hans-Wilhelm Kelling
Brigham Young University

Holt, Rinehart and Winston
New York San Francisco Toronto London

PERMISSIONS AND ACKNOWLEDGMENTS

Permission to reprint and include copyrighted works from the following authors is gratefully acknowledged.

Franz Kafka, excerpt from *Brief an den Vater,* Copyright © 1953, 1966 by Schocken Books, Inc., reprinted by permission of Schocken Books, Inc. (AE)
Stefan George, *Werke, Ausgabe in zwei Bänden* 1958, Verlag Helmut Küpper vormals Georg Bondi, Dusseldorf und München, by permission of Verlag Helmut Kupper vormals Georg Bondi. (D)
Rainer Maria Rilke, *Poems,* Hugo von Hofmannsthal, *Poems,* reprinted by permission of Insel Verlag, Frankfurt am Main. (GE)

ILLUSTRATION CREDITS

Archiv Gerstenberg, Frankfurt A.M.: *Page* 206, 217, 219, 270, 319, 324, 340, 343, 347, 350 Bayer. Staatsgemäldesammlungen: *Page* 149 Bildarchiv d. Ost Nationalbibliothek: *Page* 266 Bundesbildstelle, Bonn: *Page* 100 Rosemarie Clausen-Roybernard: *Page* 246 Deutsche Fotothek, Dresden: *Page* 212 Fot. Inter Nationes, Bonn: *Page* 14, 24 *bottom,* 186 German Information Center, New York: *Page* 9, 27 *top,* 106, 113, 115, 124, 142, 160, 161, 173, 178, 266 *right,* 279, 288, 294, 311, 316, 330, 337, 353, 364, 365, 370, 372, 378, 395, 398, 411, 417, 419, 427, 433, 443, 447, 455 *right,* 455 *left,* 458 German Tourist Information Office, New York: *Page* 32, 33, 87 German Tourist Information Office, San Francisco: *Page* 12, 24 *top,* 55, 181, 235 Ernest A. Kehr, New York: *Page* 334 Landesbildstelle, Berlin: *Page* 27 *bottom,* 432 Landesbildstelle Württemberg, Stuttgart: *Page* 35, 42, 48, 64, 71, 89, 92, 111, 120, 125, 128, 144, 145, 147, 150, 173, 182 *right,* 198, 207, 208, 221 *left,* 221 *right,* 224, 227, 243, 250, 259, 300, 305 *top,* 358, 375, 403, 415, 416 Thomas Mann-Archiv, Zürich: *Page* 404 *right* O.F.V.W., Hubmann: *Page* 385 Pan American Airways Photo Library: *Page* 23 Photo Jan Lukas: *Page* 17, 31 Presse- und Informationsamt der Bundesregierung, Bonn: *Page* 182 *left,* 262, 267, 305 *bottom,* 380, 399, 404 *left,* 431 Rhein. Landesmuseum Bonn: *Page* 39 *top* Staatsbibliothek Berlin: *Page* 39 *bottom,* 295, 338, 412 Verlag Klepenheuer & Witsch: *Page* 450 Dr. Wolff & Tritschler OHG, Frankfurt Am Main: *Page* 67, 84 Maps on pages 3–6 and 41, and drawings on pages 103–112 by Lydia Deinies. Illustration, layout and cover design by Renate Hiller.

Foreign Language Department
5643 Paradise Drive
Corte Madera, California 94925

Library of Congress Catalog Card Number: 72-90214

ISBN: 0-03-085508-X

Printed in the United States of America

4 5 6 7 8 9 0 090 9 8 7 6 5 4 3 2 1

INHALTSVERZEICHNIS

PREFACE

The materials for this book were collected during seven years of teaching German cultural history. The manuscript in its various stages of development was used for three years in the classroom by several colleagues and me. During this time students and faculty from various institutions, as well as the publisher and his consultants, made valuable suggestions and improvements. Many of these have been incorporated into the final manuscript now available in published form. Teaching and learning the material contained in this book has been a delightful experience for hundreds of students and faculty.

I am convinced that culture is a popular subject among students and teachers of German. The text presents in chronological order the highlights of German cultural achievement. Throughout the book I have given the student the opportunity to understand present-day Germany and modern Germans by stressing and explaining features and aspects of culture or behavior that have helped shape Germany today. Thus, for example, the reluctance of many high German officials and officers of the armed forces in the late 1930's and early 1940's to oppose Adolf Hitler may be better understood if it is realized that the tradition of loyalty to leadership dates back to the earliest times of recorded German history.

The book is divided into twenty-three chapters. The instructor has the option of covering all or part of the material. Perhaps he wishes to stress the art and the literature and thus deemphasize history. The precise notation in the left margin of the text summarizes a paragraph and serves as a convenient reference for quick orientation, preview and review. This feature enjoys particular popularity among students. The questions in the back may serve as a basis for both oral and written assignments, class discussions and essay examinations. The many illustrations serve to visualize aspects of culture. Of course, no matter how many pictures and illustrations a book contains, they never seem to be quite enough or entirely adequate. I therefore suggest that the instructor make liberal use of the many teaching aids available: films on historical events, art, literature, and music; art books and reproductions; music tapes and recordings; records of speeches; maps, slides, graphs and other materials. These are available in libraries, departments of music, art, foreign languages and humanities. Film and slide collections have been assembled by AATG, the German Consulate and other agencies. Students may be assigned to bring authentic materials to class. Whenever possible, specialists and informed natives should be invited to present and explain certain cultural items to the class.

This book is written in realistic German at a medium level of difficulty. The technical terms are translated in the back. The text can be used during the second half of the second year or thereafter on the college level or on the equivalent level in high school. At my institution we use it in a special course on cultural history that is required by all majors and minors before their senior year.

I appreciate the help of students and faculty. I would like to thank especially the editors for valuable direction and for providing most of the illustrations. I am also particularly grateful to my colleague, Professor Arthur Watkins, for his many practical suggestions and his constant encouragement.

Constructive criticism and ideas for future editions are welcomed.

Hans-Wilhelm Kelling

1

Deutschland: Eine Übersicht

Das gespaltene Deutschland

Ein Blick auf die Karte Europas zeigt uns, daß Deutschland in der Mitte Europas liegt. Es muß aber gleich zu Anfang festgestellt werden, daß es e i n Deutschland nicht mehr gibt, denn seit dem Ende des 2. Weltkrieges ist Deutschland, so wie es bis 1937 bestand, in mehrere Teile zerrissen: 1) Die Bundesrepublik Deutschland, auch Westdeutschland genannt, 2) östlich davon die Deutsche Demokratische Republik, die im Westen auch Mittel- oder Ostdeutschland genannt wird, 3) im Osten der DDR die ehemaligen deutschen Provinzen Pommern und Schlesien sowie ein Teil von Brandenburg, die jetzt an Polen abgetreten worden sind, 4) die ehemalige Provinz Ostpreußen, die zur Hälfte polnisch und zur Hälfte russisch ist und 5) die Stadt Berlin, die immer noch unter alliierter Kontrolle steht. Die Aufteilung Deutschlands in diese fünf verschiedenen Gebiete ist ein Ergebnis des 2. Weltkrieges, den Deutschland verloren hat. Die siegreichen Alliierten beschlossen, Deutschland so zu schwächen, daß es keine Gefahr für andere Nationen werden könnte. Seitdem haben sich die Meinungen im Westen über eine derartige Deutschlandpolitik geändert, und die Spaltung Deutschlands wird von vielen westlichen Politikern als Fehler betrachtet.

Die Bundesrepublik

Wie der Name schon andeutet, ist die Bundesrepublik Deutschland, so wie die Vereinigten Staaten, ein föderativer Staat, der in elf Bundesländer gegliedert ist, wobei Berlin eine Ausnahmestellung einnimmt. Die folgende Tabelle zeigt die Bundesländer, mit ihren Hauptstädten, ihrer Fläche und Bevölkerung:

DIE LÄNDER DER BUNDESREPUBLIK DEUTSCHLAND

Land	Hauptstadt	Fläche qkm	Bevölkerung[1] am 26.5.1971
Baden-Württemberg	Stuttgart	35 750	8 996 000
Bayern	München	70 550	10 644 000
Berlin (West)		479	2 130 000
Bremen		404	757 000
Hamburg		747	1 812 000
Hessen	Wiesbaden	21 109	5 461 000
Niedersachsen	Hannover	47 401	7 125 000
Nordrhein-Westfalen	Düsseldorf	34 045	17 207 000
Rheinland-Pfalz	Mainz	19 831	3 684 000
Saarland	Saarbrücken	2 568	1 127 000
Schleswig-Holstein	Kiel	15 658	2 567 000
Bundesrepublik Deutschland	**Bonn**	**248 542**	**61 710 000**

[1] Statistisches Amt der Bundesrepublik Deutschland

Die Länder

Aus der obigen Tabelle ist ersichtlich, daß Bayern das größte Land ist, während Nordrhein-Westfalen die meisten Einwohner hat. Einige Länder, wie Bayern und die Hansestädte Hamburg und Bremen, haben eine lange Geschichte, während andere erst nach dem Krieg neu geschaffen wurden. Berlin liegt innerhalb der Deutschen Demokratischen Republik, gleichsam wie eine Insel, und ist in zwei Teile gespalten. Ostberlin ist von Westberlin durch eine Mauer getrennt, die am 13. August 1961 errichtet wurde, und wird seitdem von der DDR als Hauptstadt betrachtet. Der westliche Teil ist zwar ein Bundesland, darf aber nicht vom Bund regiert werden. Die amerikanischen, britischen und französischen Militärbehörden haben sogenannte Vorbehaltsrechte. Berlin wählt Vertreter in den Bundestag und den Bundesrat, aber diese haben kein Stimmrecht, sondern nur eine beratende Funktion.

Die Gemeinden

Die kleinste politische Einheit in der Bundesrepublik ist die Gemeinde, die der Aufsicht des Bundes und der Länder untersteht. Die Gemeinden verwalten sich selbst, haben ihr eigenes Parlament und ihren Leiter, einen Ortsvorsteher oder Bürgermeister. Zwischen den Gemeinden und Ländern stehen die Landtage.

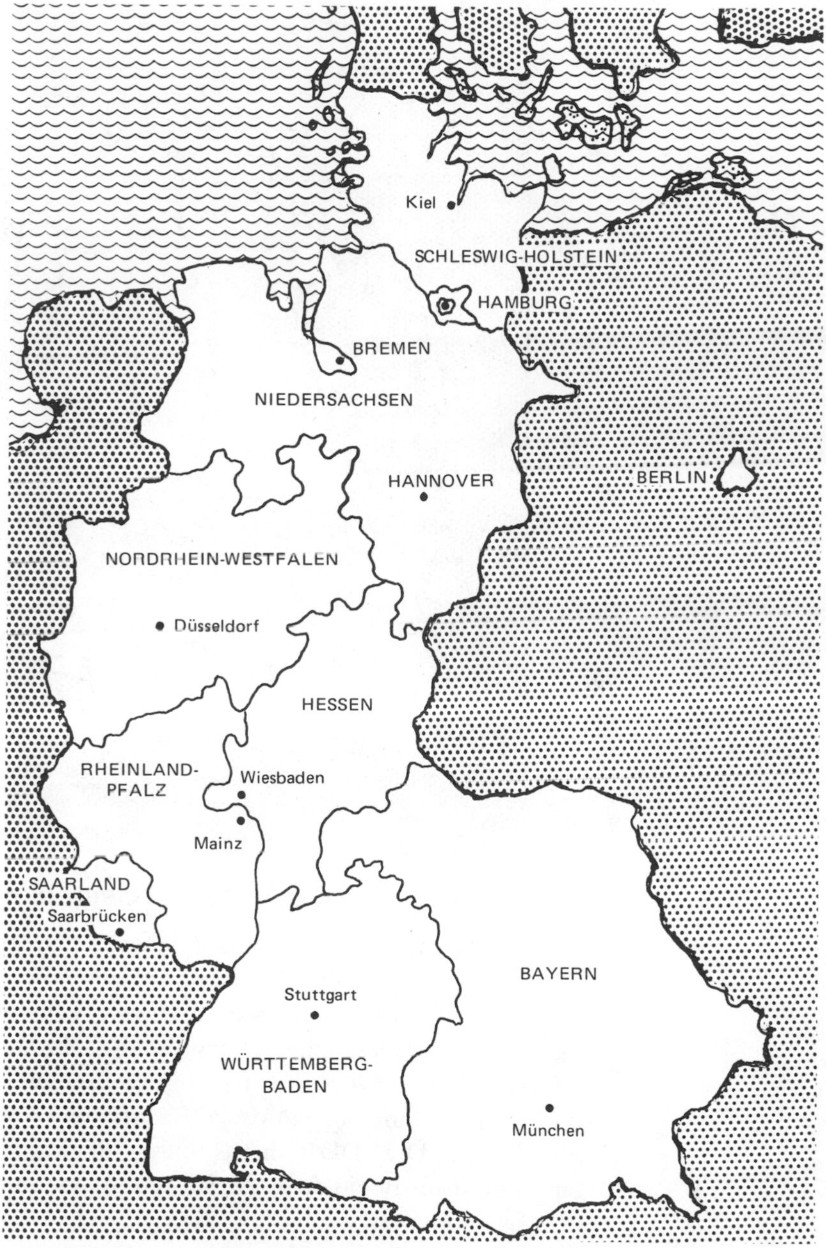

Die Bundesrepublik Deutschland

Die Deutsche Demokratische Republik

Bis 1952 bestand die DDR aus den fünf Provinzen Mecklenburg, Brandenburg, Sachsen-Anhalt, Thüringen und Sachsen. Nach 1952 wurde die Regierung straffer zentralisiert und der Staat in 14 Regierungsbezirke aufgeteilt: Rostock, Schwerin, Neu-Brandenburg, Magdeburg, Potsdam, Frankfurt an der Oder, Erfurt, Halle, Leipzig, Cottbus, Suhl, Gera, Chemnitz und Dresden. (Siehe Karte!)

Die Regierungsbezirke der DDR

Die abgetretenen Ostgebiete

Die Gebiete des Deutschen Reiches in den Grenzen von 1937 östlich der Oder-Neiße-Linie kamen 1945 im Potsdamer Abkommen ,,bis zum Abschluß eines Friedensvertrages" unter polnische und russische ,,Verwaltung". In Verträgen mit der Sowjetunion und Polen hat die Bundesrepublik inzwischen die Oder-Neiße-Linie als politische Realität und damit als Ostgrenze anerkannt. Die DDR hatte diese Regelung bereits vorher angenommen. Beide deutsche Staaten haben somit die ehemaligen

Provinzen Ostpreußen, Pommern, den östlichen Teil Brandenburgs und Schlesien abgetreten. Die Stadt Danzig gehört bereits seit 1919 nicht mehr zu Deutschland. Wie die alten Provinzen in der DDR haben sie in der deutschen Geschichte eine wesentliche Rolle gespielt, und für den Studenten der deutschen Geschichte und Kultur ist es wichtig, daß er mit den Namen und der geographischen Lage dieser Gebiete vertraut ist.

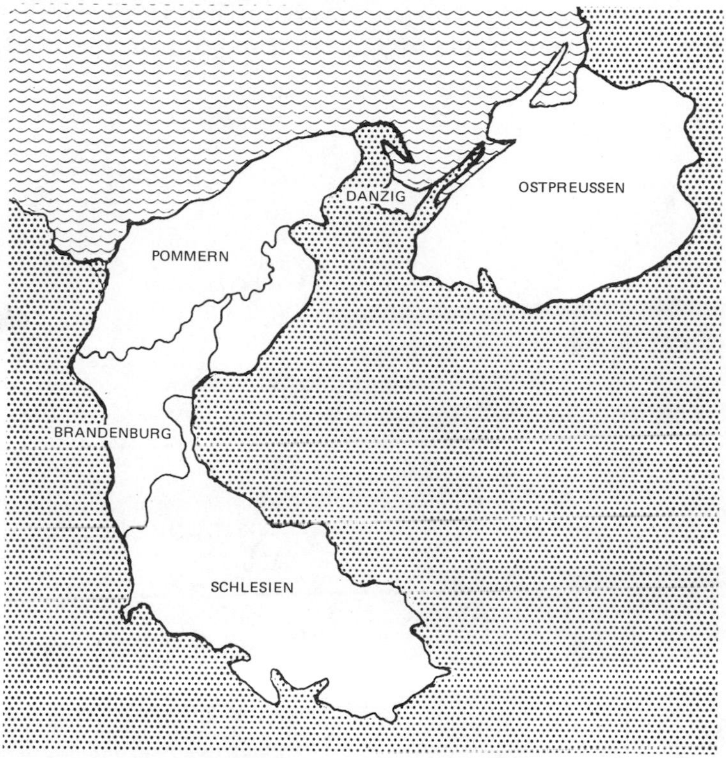

Die an Polen und die Sowjetunion abgetretenen Gebiete

In den Grenzen von 1937 (siehe große Karte!), also bevor Adolf Hitler Österreich, die Tschechoslowakei und Teile Polens besetzte und in das sogenannte Großdeutsche Reich einverleibte, war Deutschland nach Rußland, Frankreich und Spanien das viertgrößte Land Europas, hatte aber mit 66 Millionen Menschen nach Rußland die größte Einwohnerzahl. Die Fläche dieses Gebietes betrug 470 000 km² (157,000 square miles), was

Die Größe

ungefähr der Größe Kaliforniens entspricht. Die Entfernung (Luftlinie) von Flensburg im Norden nach Oberstdorf im Süden beträgt etwa 840 km (520 miles) und entspricht der Strecke von

Washington, D.C. — Detroit oder Denver — Salt Lake City. Die größte Ost-West Entfernung betrug 1200 km (720 miles), etwa der Entfernung New York City — Indianapolis, Indiana oder San Francisco — Salt Lake City entsprechend. Die Bundesrepublik ist halb so groß[1] wie das frühere Deutschland, das heißt so groß wie der Staat Oregon. Es ist das sechsgrößte Land Europas. Die DDR ist beinah halb so groß wie die Bundesrepublik,[2] also so groß wie Ohio oder Tennessee. Die an Polen und die Sowjetunion verlorenen Gebiete östlich der Flüsse Oder und Neiße sind ungefähr so groß wie die DDR.[3]

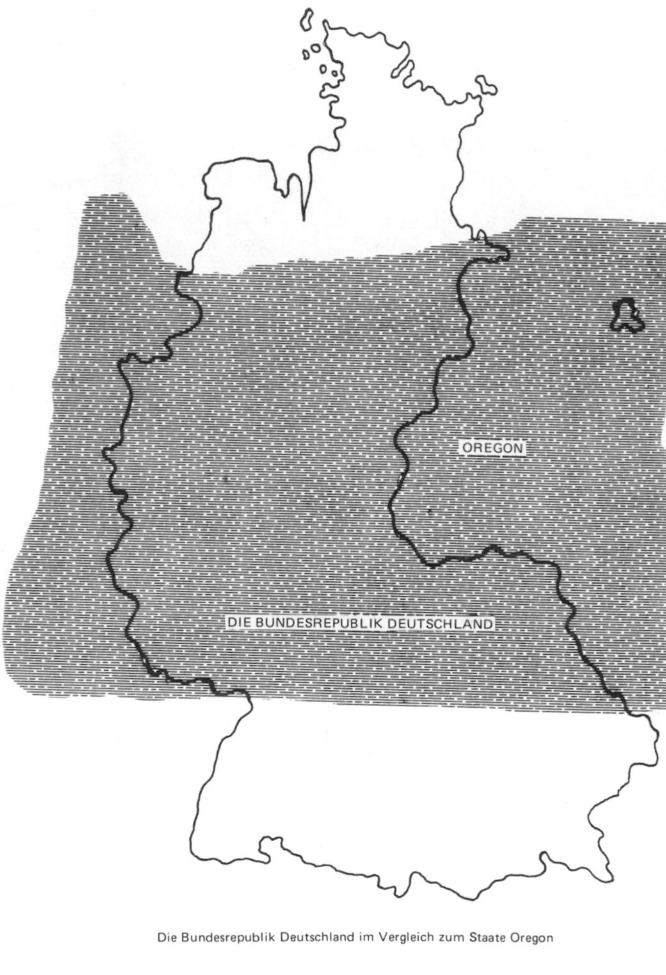

Die Bundesrepublik Deutschland im Vergleich zum Staate Oregon

[1] 248 000 km² (96,000 square miles).
[2] 108 000 km² (42,000 square miles).
[3] 114 000 km².

Die Nachbarländer

Der nördliche Nachbar Deutschlands ist Dänemark. Östlich und westlich dieses Landes bilden die Ostsee und die Nordsee natürliche Grenzen. Im Westen grenzt Deutschland an die Niederlande, Belgien, Luxemburg und Frankreich, im Süden an die Schweiz und Österreich, im Osten an die Tschechoslowakei, Polen und Rußland. Ist es von Vorteil oder Nachteil so viele

Nachbarn

Nachbarn zu haben? Sicher kann man sowohl Vor- als auch Nachteile anführen. Natürlich ist es wichtig, daß man sich mit den Nachbarn gut versteht, um Streit und einen schlechten Ruf zu vermeiden. In dieser Hinsicht hat Deutschland, wie die meisten europäischen Länder, in den vergangenen Jahren seine Schwierigkeiten gehabt. Heute hat es viele Differenzen mit den westlichen Nachbarn dadurch aus dem Wege geräumt, daß es mit diesen der EWG, der Europäischen Wirtschaftsgemeinschaft, angehört. Mit den östlichen Nachbarn verbessern sich die Beziehungen ebenfalls.

Die Mittellage

Vom militärisch-strategischen Standpunkt ist eine Mittellage, wie die Deutschlands, von riesigem Nachteil, weil ein solches Land leicht eingekesselt werden kann, wie es im Ersten und im Zweiten Weltkrieg geschah. Wirtschaftlich kann Deutschlands Lage von Vorteil sein, da es viele natürliche Handelspartner hat und weil es für den Verkehr von Norden nach Süden und von Westen nach Osten mit seinem hervorragenden Straßen-, Schienen-, Fluß- und Kanalnetz ein ausgezeichnetes Durchgangsland ist. Auch für den Tourismus ist die mittlere Lage vorteilhaft, weil der Skandinavier, der nach Italien will oder der Österreicher, der Holland oder Norwegen besuchen möchte, durch Deutschland fährt, dort übernachtet und etwas kauft. Als Land in der Mitte kann es ein Vermittler sein und versuchen, gegensätzliche Standpunkte und Ideologien, wie die des Westens und des Ostens, auszugleichen. In dieser Rolle ist Deutschland nicht immer erfolgreich gewesen. Wir sehen auf der Karte, daß Deutschland nur zum Teil natürliche Grenzen hat: im Norden die Nord- und Ostsee, im Südwesten den Rhein und im Süden die Alpen, deren Pässe jedoch in Österreich und der Schweiz liegen. Offen gegen feindliche Überfälle liegt das Land besonders im Nordwesten und im Osten. Es ist besonders schwierig, das Land gegen einen Angriff aus dem Osten zu verteidigen, da der Angreifer auf fast keine Hindernisse stößt, sondern sich im Flachland verhältnismäßig leicht und schnell vorwärts bewegen kann.

Landschaften

Geographisch hat man Deutschland in fünf große Landschaften eingeteilt: 1) das Norddeutsche Tiefland, 2) die Mittelgebirge, 3) das West- und Süddeutsche Bergland, 4) das Süddeutsche Alpenvorland und 5) das Alpenland.

Das Norddeutsche Tiefland

Eine Landkarte zeigt im Norden vorwiegend ein tiefes Grün. Das bedeutet, das Land ist flach und liegt auf gleicher Höhe mit dem Meeresspiegel. Hohe, feste Deiche an den Küsten und an den Ufern der Flüsse entlang schützen das Land vor Überschwemmungen. Hinter den Deichen wechseln Marsch, Heide, Moor, Flußniederungen, Weideland, Ackerland und Seengruppen miteinander ab. Vereinzelte sandige Höhen, einige bis zu 300 Meter hoch, lockern das Landschaftsbild auf. Vor den Deichen erstreckt sich das Watt, das bei Ebbe frei vom Wasser und daher zum Teil befahrbar ist und eine Landverbindung zu einigen Inseln herstellt. Vor der Nordseeküste liegen zwei Inselgruppen: 1) die Ostfriesischen Inseln (Borkum, Juist, Norderney, Baltrum, Langeoog, Spiekeroog und Wangerooge) und 2) die Nordfriesischen Inseln (Amrum, Föhr, Sylt und die Halligen). Zwischen beiden Gruppen liegt Helgoland, ein ehemaliges Seeräubernest, mit seiner markanten roten Sandsteinküste. All diese Inseln sind beliebte Badeorte, berühmt durch den ausgezeichneten Strand und die frische, salzige Seeluft. Die Einwohner leben hauptsächlich vom Fremdenverkehr, der Fischerei und der Seefahrt. Die wichtigsten Inseln vor der Ostseeküste sind Fehmarn, Rügen, Usedom und Wollin. Rügen ist zweifellos am bekanntesten mit seinen steilen, weißen Kalkfelsen, die hundert Meter hoch aus der Ostsee herausragen, und seinen schönen Buchenwäldern. Von Saßnitz, dem Fischereihafen Rügens, kann man mit der Eisenbahnfähre nach Schweden übersetzen.

Die Inseln

Von außergewöhnlicher Schönheit ist die Lüneburger Heide, ein Gebiet, das bei Lüneburg, südlich von Hamburg liegt. Besonders im August, wenn die Heide blüht, ist die Farbenpracht dieser Landschaft ganz eigenartig; dann leuchten weite Flächen rotvioletter Farbe unterbrochen vom dunklen Grün des Wacholder, dem helleren Grün der Heidel-und Preiselbeersträucher und der Ginster und dem blendenden Weiß der Birkenstämme. Zu dieser Zeit bringen die Imker von weither ihre Bienenvölker in

Die Lüneburger Heide

die Heide, denn Heidehonig ist in ganz Deutschland gefragt. Noch vor hundert Jahren zogen über eine Million Heidschnucken, kleine, anspruchslose, gehörnte Schafe über die Heide, aber heute sind die vielen Herden fast verschwunden, denn die Wolleherstellung ist zu unrentabel geworden. Die einsamen Schafställe mit den tief herabgezogenen Strohdächern sind meist verfallen; einige stehen unter Denkmalschutz.

Zum Bild der Heide gehören auch die sogenannten Findlinge, Felsblöcke von unterschiedlicher Größe, die hier und überall in Norddeutschland während der Eiszeit von den Gletschern abgelagert wurden. Die Germanen benutzten diese Steine zum

Hünengräber

Bau von Gräbern, den Hünengräbern (Hüne = Riese), in denen sie ihre Krieger mit Pferd, Waffen und Gebrauchsgegenständen beisetzten. (Siehe Kapitel 2: Die Germanen!) In Norddeutschland hat man viele Hünengräber gefunden und ausgegraben. Um den Wilseder Berg, wo ein großes Stück Heideland unter Naturschutz gestellt worden ist, kann man solche alten germanischen Gräber besichtigen. (Die Schriftsteller Annette von Droste-Hülshoff [,,Heidebilder''], Adalbert Stifter [,,Heidedorf''[, Theodor Storm und der Jäger Hermann Löns haben die Heide mit ihren Menschen und Tieren anschaulich beschrieben.)

In der Lüneburger Heide

Die Mittelgebirge

Durch den mittleren Teil Deutschlands ziehen sich eine große Anzahl von mittelhohen Gebirgszügen, die meist bewaldet und landschaftlich von großem Reiz sind. Sie sind in der Dichtung und in Liedern oft besungen worden und werden zu allen Jahreszeiten von Hunderttausenden von Touristen besucht. In diesen Höhenzügen entspringen viele der kleinen Flüsse, die den größeren Flüssen Wasser zutragen. Ganz besonders wichtig sind diese Gebirge auch für den Forstbestand, der Holz als Baumaterial liefert. Außerdem beeinflußt der reiche Waldbestand das Klima günstig.

Die Gebirge am Rhein

Am Mittelrhein liegen auf der linken Seite das Hohe Venn, die Eifel und der Hunsrück, auf der rechten das Rothaargebirge, der Westerwald und der Taunus. Am Hunsrück liegt Idar-Oberstein, der Mittelpunkt der deutschen Edelsteinindustrie und des Edelsteinhandels. Die Eifel war früher vulkanisch und ist für den Wissenschaftler und Besucher von besonderem Interesse wegen ihrer Maare, kleiner, kreisrunder, tiefer Seen vulkanischen Ursprungs. An einem dieser Maare liegt das wunderschöne Benediktinerkloster Maria Laach. Auch der weltberühmte Nürburgring, die schwierigste Autorennstrecke Europas, liegt in der Eifel. Westerwald und Taunus und weiter im Norden der Teutoburger Wald sind beliebte Erholungsgebiete für die Einwohner der großen Städte, die in der Nähe dieser Waldgebiete liegen. Besonders im Taunus liegen bekannte Heilbäder wie Wiesbaden, Bad Nauheim, Bad Homburg vor der Höhe und Bad Ems, von wo der preußische König das berühmte Telegramm an Bismarck sandte, welches den deutsch-französischen Krieg von 1870–71 auslöste.

Im zentralen Teil der Mittelgebirgszone liegen der Harz im Norden und südlich davon die hessisch-thüringisch-sächsischen Höhenzüge: der Spessart, die Rhön, der Thüringerwald, das Fichtelgebirge und das Erzgebirge.

Der Harz

Der Harz ist ein wichtiger, steiler Gebirgsblock, der schroff aus der norddeutschen Ebene aufsteigt, und dessen höchste Erhebung der Brocken ist (1142 m). Früher war der Berg ziemlich unzugänglich, weil dichte Urwälder und unangenehmes, oft nebliges Wetter die Besteigung sehr erschwerten. Das mag erklären, warum die Bewohner des Harzes glaubten, daß Hexen, Gespenster und Schneeriesen auf dem Gipfel des „Blocksbergs“

ihr Unwesen trieben. Besonders in der Walpurgisnacht, der Nacht vom 30. April zum 1. Mai, kämen Hexen von weither auf ihren Besen dahergeritten. Was diese teuflischen Wesen dort auf dem Gipfel treiben, können Sie im 1. Teil von Goethes *Faust* nachlesen.

Wichtig ist der Harz als Regensammler, denn hier regnen sich die vollen Regenwolken ab, die von der Nordsee kommen. Die Wälder und Moore sind ausgezeichnete Wasserspeicher, aus denen die Harzflüsse, wie die Bode, Oker und Söse, entspringen. Talsperren stauen die Flüsse auf und schützen die Ebene vor Überschwemmungen und liefern dem Tiefland Trinkwasser und Elektrizität. Der reiche Waldbestand und die Höhe des Harzes sind verantwortlich für die gesunde „Höhen-" oder „Waldluft", die der Arzt zur Erholung verschreibt und die der Kurgast in den zahlreichen Kurorten gut bezahlt.

Der Harz als Wasserspeicher

Die Rhön besteht aus Bergen mit steilen Basaltkuppen und kahlen Hängen. Dieser Umstand und die Tatsache, daß hier fast immer ein starker Wind weht, macht die Gegend für das Segelfliegen äußerst günstig. Im Thüringerwald entspringt die Werra, aus der bei Hannoversch-Münden beim Zusammenfluß mit der Fulda die Weser entsteht.

Die nördliche und östliche Grenze zwischen der Tschechoslowakei und Deutschland bilden eine Reihe von Höhenzügen und Gebirgen, darunter das Erzgebirge und das Riesengebirge. Das Erzgebirge liegt an der sächsischen Grenze und wie der Name andeutet, sind diese Berge reich an Silber-, Zinn- und Eisenerzen. Heute wird dort vor allem Uranerz abgebaut. Als der Abbau von Silber zu teuer wurde, verlegten sich viele Erzgebirgler vom Bergbau auf das Herstellen von Metallgeräten, Bürsten, Uhren, Musikinstrumenten und Spielwaren. Holzgeschnitzte Erzeugnisse aus dem Erzgebirge, wie Weihnachtskrippen, Kerzenständer und die buntlackierten Nußknacker, werden in viele Länder exportiert.

Das Erzgebirge

Das Riesengebirge ist ein Teil der Sudeten. Die Schneekoppe (1603 m) ist der höchste Gipfel eines 60 km langen Kammes, in dessen Nähe die Elbe entspringt. Von den Ästen der Bäume hängen lange Flechten herab, die der Volksmund „Rübezahls Bart" nennt. Rübezahl ist ein sagenhafter Berggeist, der den Menschen in mancherlei Gestalt erscheint und den Armen und Bedrückten hilft, aber den Reichen und Hoffärtigen üble Streiche spielt. Sägemühlen und Papierfabriken verarbeiten das Holz der Wälder.

Das Riesengebirge

Im Schwarzwald

Das West- und Süddeutsche Bergland

Zwischen Main und Donau erstrecken sich eine Reihe von Gebirgszügen, die landschaftlich von großem Reiz und für die Wirtschaft von Bedeutung sind. Am Oberrhein liegt das in Amerika bekannteste Waldgebirge, der Schwarzwald. Er wird Schwarzwald genannt, weil die dunklen Tannen so dicht zusammenstehen, daß der Wald von fern und bei bedecktem Himmel fast schwarz aussieht. Die höchste Erhebung ist der Feldberg (1494 m). Bekannt ist der Schwarzwald aber nicht nur für die Schönheit seiner Landschaft, sondern auch für seine Uhren- und Schmuckindustrie. Früher wurden die Kuckucksuhren mit der Hand geschnitzt, aber heute werden sie meistens am Fließband hergestellt. Wenn man nicht aufpaßt, kann man sogar eine Kuckucksuhr mit dem Stempel „*made in Japan*" bekommen, aber das passiert wohl nicht, wenn man seine Uhr im Schwarzwald kauft. Interessant ist das Schwarzwaldhaus, ein

Der Schwarzwald

mächtiger Holzbau mit einem riesigen Stroh- oder Schindeldach, das sich auf der Wetterseite fast bis zur Erde herabsenkt. Mit der Rückseite lehnt sich das Haus an einen Berghang, so daß der Bauer den vollen Heuwagen von hier aus direkt unter das Dach auf den Hausboden fahren kann. Auf der Vorderseite blühen Geranien und Nelken vor den Fenstern und auf dem Balkon. Auch hier ragt das Dach schützend weit vor.

Vom Südschwarzwald zur ostbayrischen Grenze erstrecken sich die Schwäbische und die Fränkische Alb, deren Südhänge zur Donau hin abfallen. Die ostbayrischen Gebirge trennen Bayern von der Tschechoslowakei. Der nördliche Teil heißt der Oberpfälzer Wald, der südliche wird vom Tal des Regen in zwei Abschnitte gegliedert: den Bayrischen Wald und den Böhmerwald. Die Menschen leben hier von der Wald- und Steinbrucharbeit und von der Glasbläserei. Das Klima ist rauh und naß und der Boden steinig, so daß die Landwirtschaft mühsam ist.

Das Süddeutsche Alpenvorland

Das Süddeutsche Alpenvorland ist eine wellige Hochebene von etwa 500 Meter Höhe, die sich vom Bodensee zum Inn und von der Donau bis an die Alpen erstreckt. Kleinere Hügelrücken mit Fichten- und Buchenwäldern bewachsen, wechseln ab mit grünen Wiesen, reichen Äckern, ärmerem Sandboden und idyllischen Dörfern. Die weißgekalkten Häuser mit den schönverzierten Holzgittern vor dem Balkon und die schlanken Kirchtürme mit ihren „Zwiebelkuppen" unterbrechen das Grün der Landschaft. Hübsche, blau-grüne Seen, wie der Ammersee, der Starnberger See und der Chiemsee locken Städter und Touristen, hier seinen Urlaub zu verbringen. Besonders am Wochenende sticht das blendende Weiß der vielen Segel markant ab vom Blau des Wassers und vom Grün der Tannen. Der Bodensee mit seiner Umgebung ist eine der schönsten Landschaften Süddeutschlands. Wegen des milden Klimas gedeihen Obst, Wein und Gemüse gut. Die Insel Mainau ist ein kleines tropisches Paradies; Meersburg und Lindau am Nordufer sind reizende, alte Städtchen mit romantischen Winkeln und Gassen. Konstanz, nach dem der See auf englisch „Lake Constance" heißt, liegt an der schweizer Grenze. Eine moderne Universität mit einem „campus" nach amerikanischem Vorbild ist hier entstanden.

Die Alpenseen

Die Alpen

Nur ein geringer Teil der Alpen liegt in Deutschland; der weitaus größte Teil liegt in der Schweiz und in Österreich. Zwischen Bodensee und Lech liegen die Allgäuer, zwischen Lech und Inn die Bayrischen und östlich davon die Berchtesgadener Alpen. Im Allgäu ziehen sich Wälder und fette Weiden hoch an den Hängen hinauf. Bauernhöfe und oben auf den Almen die Sennhütten liegen weit verstreut. Das Allgäu ist bekannt für seine Viehwirtschaft und Milchprodukte wie Käse und Butter. Oberstdorf, hart an der Grenze, ist der bekannteste Ausflugs- und Urlaubsort für Sommerfrischler und Wintersportler.

Das Allgäu

Berchtesgaden mit Watzmann

Die Bayrischen Alpen sind steiniger und schroffer als die Allgäuer Alpen. Die Zugspitze (2963 m) im Wettersteingebirge ist Deutschlands höchster Berg. Von Garmisch-Partenkirchen, dem Winterkurort, in dem 1936 die olympischen Winterspiele ausgetragen wurden, kann man den Gipfel der Zugspitze mit der Zahnrad- und Seilschwebebahn erreichen. Mittenwald und Oberammergau sind weltberühmt, der eine Ort für den Geigenbau, der andere für die Passionsspiele, die alle zehn Jahre von den Einheimischen aufgeführt werden. Kochel-, Walchen- und Tegernsee sind beliebte Ferien- und Wochenendziele.

Das Berchtesgadener Land

Über dem Berchtesgadener Land thront der Watzmann, ein äußerst imposanter Berg (2713 m) mit zwei größeren und mehreren kleinen Zacken. Die Leute in Berchtesgaden berichten, daß diese Zacken der König Watzmann mit seiner Frau und seinen sieben Kindern sind, die wegen ihrer Grausamkeit zu Stein verwandelt wurden. Am Watzmann, eingebettet zwischen steilen, 1500 Meter hohen Felswänden, liegt einer der schönsten Seen Deutschlands, der Königssee, mit kaltem, tiefgrünem Wasser. Die Rundfahrt mit einem elektrisch betriebenen Motorboot bleibt unvergeßlich, besonders wenn nicht gar zu viele Touristen die tiefe Stille unterbrechen. In den Berchtesgadener Alpen befinden sich unterirdische Salzlager, aus denen bereits vor zweitausend Jahren Salz gewonnen wurde. Heute wird das Salz mit Wasser aus dem Gestein gelöst und die so gewonnene ,,Sole" in Rohrleitungen nach Bad Reichenhall (hal = Salz) gepumpt und dort durch Verdampfen wieder aus der Sole gewonnen.

Flüsse und Kanäle

Flüsse und Kanäle sind für ein Land von großer Bedeutung, nicht nur für die Landwirtschaft, Industrie und die Wasserversorgung der Städte, sondern auch als Verkehrsstraßen. Auf dem Wasserwege können Güter weitaus billiger befördert werden als auf dem Landwege oder gar mit dem Flugzeug. Deutschland hat eine große Anzahl von mittleren und großen Flüssen, die zur Entwicklung des Landes als Industriestaat und Durchgangsland ungeheuer beigetragen haben und die der Landschaft einen besonderen Reiz geben.

Wir haben bereits festgestellt, daß das Land nach Süden zu ansteigt. Aus diesem Grunde fließt fast alles Wasser, das sich aus den Regenfällen und der Schneeschmelze in den Mittelgebirgen und den Alpen sammelt, nach Norden zur Nord- oder zur Ostsee. Eine Ausnahme macht die Donau, die im Schwarzwald entspringt und viel Wasser aus Baden, Württemberg und Bayern ins Schwarze Meer abführt. Die Donau ist länger als die anderen deutschen Flüsse, fließt aber nur zum Teil in Deutschland. Sie ist eine wichtige internationale Wasserstraße und soll in ein paar Jahren durch einen Kanal mit dem Rhein-Main verbunden werden. Dann wird es möglich sein, Güter mit dem Lastkahn von Rotterdam bis zu den Häfen des Schwarzen Meeres zu transportieren. Die Entfernung Rotterdam — Odessa wird durch diesen Kanal von 7200 km auf 3400 km verringert. Die Strecke Nürnberg — Regensburg ist noch fertigzustellen und soll bis 1981 befahrbar sein. Die wichtigsten Nebenflüsse der Donau sind der Lech, die Isar, an der München liegt, der Inn, der durch Innsbruck fließt und der Regen, der bei Regensburg in die Donau einmündet.

Die Donau

Der Rhein, der seine Quelle auf dem St. Gotthard in der Schweiz hat, ist der bekannteste deutsche Strom. Er fließt durch den Bodensee und stürzt bei Schaffhausen 20 Meter tief über die Rheinfälle hinab, fließt durch Basel und dann nach Norden durch die Tiefebene und mündet in die Nordsee. Die Oberrheinische Tiefebene verläuft von Basel bis Mainz als ein 30 km breiter Graben, der eingerahmt ist von den bis zu 1000 Meter hohen Höhen der Vogesen und des Schwarzwaldes. Diese Tiefebene hat das mildeste Klima Deutschlands, daher gedeihen hier Gemüse, vielerlei Obstsorten, Beeren, Mandeln, Edelkastanien und an den sonnigen Hängen Wein besonders gut. Die Bergstraße am Ostrand und die Weinstraße am Westrand dieser Ebene sind besonders im Frühjahr atemberaubend schön, wenn die Obstbäume in voller Blüte stehen. Goethes Gedicht „Mailied", das in der Straßburger Gegend gedichtet wurde, drückt die Freude aus, die der liebende Mensch beim Anblick solcher Schönheit empfindet.

Der Rhein

Wie herrlich leuchtet
Mir die Natur!
Wie glänzt die Sonne!
Wie lacht die Flur!

Es dringen Blüten
Aus jedem Zweig
Und tausend Stimmen
Aus dem Gesträuch . . .

Und Freud und Wonne
Aus jeder Brust.
O Erd, O Sonne!
O Glück, O Lust!

O Lieb, O Liebe!
So golden schön.
Wie Morgenwolken
Auf jenen Höhn!

Du segnest herrlich
Das frische Feld,
Im Blütendampfe
Die volle Welt . . .

Die Marksburg bei Braubach am Rhein

Ab Basel ist der Rhein schiffbar und besonders bei dem großen Binnenhafen Mannheim-Ludwigshafen, wo der Neckar einmündet, wird der Schiffsverkehr sehr rege. Bei Mainz mündet der Main in den Rhein und bringt dem großen Fluß viel Wasser. Bei Bingen eilt der Strom durch das Binger Loch und fließt durch die Rheinischen Schiefergebirge. Diese Strecke von Mainz — Bingen bis Bonn ist zweifellos die schönste Strecke des Flusses und eine der herrlichsten in der Welt. Alte Ritterburgen, Schloßruinen, berühmte Weinorte, tückische Klippen wie die legendenumrankte Lorelei, und anmutige Städtchen wechseln einander ab. Die Ufer liegen dicht beieinander und die Schiffahrt wird wegen der vielen Strudel und Felsenklippen gefährlich. Kein Wunder, daß der unaufmerksame Schiffer die Schuld am Verlust seines Fahrzeuges einer blonden Jungfrau zuschob, die auf dem Felsen saß und sich das Haar kämmte. Noch manchen Nebenfluß nimmt der Rhein auf; der größte ist die romantische Mosel, die bei Koblenz in ihn einfließt. Ab Bonn öffnet sich die weite Ebene des Niederrheins. Der Strom ist hier so breit und mächtig, daß bis Duisburg selbst größere Seeschiffe kommen können. Hier liegen Düsseldorf und andere große Industriestädte des Ruhrgebietes, des umfangreichsten Industriezentrums Europas. Ein Drittel aller deutschen Großstädte liegt in diesem Gebiet, das seine Entwicklung der Steinkohle verdankt, die hier gewonnen wird. Bergbau sowie Stahl- und Eisenindustrie prägen das Aussehen dieser Landschaft. Qualmende Schlote, ein Himmel voller Rauch, die Erde bedeckt mit Ruß und Staub, Hochöfen, Fördertürme, riesige Werkhallen, Eisenbahnstränge, Halden von Schlacke und Kohle, Wohnstraßen mit Wohnhausreihen, moderne Geschäftsstraßen mit Bürohochhäusern, dazwischen Siedlungen, Gärten, Grünanlagen, Waldstücke, Felder und wieder Häuserblocks, und überall Lärm und beissender Geruch: das ist das Ruhrgebiet. Essen ist der Mittelpunkt der Schwerindustrie; Duisburg, Mülheim, Bochum, Dortmund, Oberhausen und Gelsenkirchen sind die größten der rund 20 Industriestädte; Düsseldorf ist das Verwaltungs- und Finanzzentrum.

Das Ruhrgebiet

Die Weser

Die Weser ist der einzige deutsche Strom, dessen Quellen und Mündung innerhalb Deutschlands liegen. Werra und Fulda kommen aus dem Thüringerwald und aus der Rhön und fließen bei Hannoversch-Münden zusammen. An dieser Stelle steht ein Stein mit der Inschrift:

Wo Werra sich und Fulda küssen,
Sie ihren Namen lassen müssen,
Und dort entsteht durch diesen Kuß
Deutsch bis ans Meer der Weserfluß.

Die Weser fließt durch das Weserbergland nach Norden. Die Aller, der bedeutendste Nebenfluß, gibt der Weser einen Stoß nach Westen. Bis Bremen fahren die Überseedampfer, während die Passagierschiffe nur bis Bremerhaven an der Wesermündung kommen. Die Elbe entspringt auf der tschechischen Seite des Riesengebirges und verbindet dieses Land mit Sachsen und Hamburg. Heute ist der Verkehr auf der Elbe zwischen Hamburg und den Städten in der DDR durch Grenzbestimmungen beeinflußt. Die bekanntesten Nebenflüsse der Elbe sind die Mulde, die aus Sachsen kommt, die Saale aus Thüringen und die Havel aus Mecklenburg und Brandenburg. Bei Cuxhaven, der Elbmündung, ist der Strom 15 km breit.

Die Elbe

Die Oder

Die Oder entspringt ebenfalls in der Tschechoslowakei und fließt durch Schlesien, Brandenburg und Pommern nach Stettin, wo sie in die Ostsee mündet. Zusammen mit der Neiße bildet sie die sogenannte Oder-Neiße-Linie, die Grenze mit Polen.

Die Kanäle

Wichtige Kanäle verbinden die Flüsse miteinander und ermöglichen die Güterbeförderung auch von Westen nach Osten und umgekehrt. Der Dortmund-Ems-Kanal verbindet den Rhein mit der Ems, das heißt die holländischen und die Rhein- und Ruhrhäfen mit Emden und der Nordsee. Die Ems ist durch den Mittellandkanal mit Weser und Elbe und durch weitere künstliche Wasserstraßen mit Oder und Weichsel verbunden. Erwähnenswert ist außerdem der Nord-Ostsee-Kanal, der quer durch Schleswig-Holstein führt und die Elbmündung mit der Kieler Bucht verbindet. Dieser Kanal ist die verkehrsreichste Wasserstraße der Welt.

Wir haben festgestellt, daß die Flüsse und Kanäle für den Verkehr und die Wirtschaft von großer Bedeutung sind. Sie tragen auch zum Wohlstand der Nation bei, indem sie Arbeitsplätze schaffen. Zehntausende finden in der Binnenschiffahrt Beschäftigung, und Hunderttausende arbeiten in den Häfen, Werften, Schleusen und an der Instandhaltung der Wasserwege. Mit rund 7 000 Schiffen besitzt die Bundesrepublik die größte Binnenflotte Europas. Die Flotte befördert 25% aller Güter (die Bundesbahn 40%, Lastwagen 17%, Luftfracht und Ölleitungen den Rest). Diese Zahlen unterstreichen die Wichtigkeit der Wasserstraßen für die westdeutsche Wirtschaft.

Die Städte

Die Bundesrepublik hat über 24 400 Gemeinden, davon über eintausend Kleinstädte mit 5 000 bis 20 000, zweihundertfünfzig Städte mit 20 000 bis 100 000 und achtundfünfzig Großstädte mit mehr als 100 000 Einwohnern. Aus der folgenden Tabelle kann man ersehen, daß elf Großstädte je über 500 000 Einwohner haben. Diese Zahlen bedeuten, daß die Bundesrepublik weit dichter besiedelt ist als Oregon, dem es an Fläche fast gleicht, oder als alle amerikanischen Staaten des Westens und Mittelwestens.

SCHWANKUNGEN IN DER EINWOHNERZAHL DER WESTDEUTSCHEN GROßSTÄDTE

Stadt	13.9.1950	6.6.1961	30.6.1966	31.12.1969
Berlin (West)	2 146 952	2 197 408	2 190 577	2 129 000
Hamburg	1 605 606	1 832 346	1 851 327	1 817 073
München	830 810	1 085 053	1 231 458	1 326 331
Köln	594 941	809 247	861 027	866 308
Essen	605 411	726 500	721 182	696 905
Düsseldorf	500 516	702 596	698 421	680 806
Frankfurt a.M.	532 037	683 081	684 798	660 410
Dortmund	507 349	641 480	657 087	648 883
Stuttgart	497 677	637 539	630 494	628 412
Bremen	444 549	564 517	598 957	607 184
Hannover	444 296	572 917	547 767	517 783
Nürnberg	364 717	454 520	472 340	477 108
Duisburg	410 783	502 993	483 993	457 891
Wuppertal	363 224	420 711	422 881	413 996
Gelsenkirchen	315 460	382 689	367 043	348 620
Bochum	289 804	361 382	355 502	346 886
Mannheim	245 634	313 890	329 911	330 920
Bonn	115 394	143 850	140 482	299 376
Kiel	258 065	273 956	269 433	269 106
Wiesbaden	220 730	253 280	261 123	260 614
Karlsruhe	198 842	241 929	255 014	257 144
Oberhausen	202 808	256 773	257 878	249 045
Lübeck	238 276	235 200	241 750	242 191
Krefeld	171 875	213 104	223 162	227 754
Braunschweig	223 760	246 085	232 990	225 168
Augsburg	185 183	208 659	212 154	214 376
Kassel	162 132	207 507	214 090	213 394
Münster (Westf.)	118 889	182 721	199 279	204 571
Hagen	146 401	195 527	202 961	201 721
Mülheim a.d. Ruhr	149 589	185 708	101 198	191 080
Aachen	130 278	169 769	177 868	177 642

Mainz	88 603	134 375	145 438	176 720
Solingen	147 845	169 930	175 082	175 895
Ludwigshafen	123 869	165 761	177 521	174 698
Bielefeld	154 277	175 517	170 564	169 347
Freiburg i. Brsg.	109 702	145 027	156 074	165 966
Mönchengladbach	124 879	152 185	154 168	152 172
Bremerhaven	144 070	141 849	146 910	148 793
Darmstadt	94 723	136 412	139 314	141 075
Osnabrück	109 538	138 658	142 587	141 000
Remscheid	103 276	126 892	134 370	137 374
Oldenburg i. O.	122 809	125 198	128 560	131 434
Saarbrücken	111 696	130 705	134 498	130 765
Regensburg	117 291	125 047	125 288	128 083
Recklinghausen	104 791	130 581	127 933	125 535
Heidelberg	116 488	125 264	124 401	121 929
Würzburg	78 443	116 883	122 194	120 317
Offenbach a.M.	89 019	116 195	117 823	118 754
Salzgitter	100 667	110 276	117 931	118 020
Neuß	63 478	92 916	113 242	117 599
Göttingen	94 983	103 742	111 847	115 227
Leverkusen	65 531	94 641	106 067	111 588
Koblenz	66 457	99 240	102 647	106 189
Trier	—	—	—	104 100
Wilhelmshaven	101 229	100 197	101 372	103 150
Herne	111 591	113 207	107 133	100 798
Rheydt	—	—	—	100 633

(UN Demographic Yearbook 1970; The International Yearbook 1972.)

Die Tabelle ist auch insofern interessant, als man daraus ersehen kann, daß zwischen 1950 und 1961 die Bevölkerung in fast allen Städten rasch zunahm. Zwischen 1961 und 1969 dagegen haben viele Städte an Einwohnern verloren. Einige wachsen immer noch ziemlich schnell, wie zum Beispiel Bonn, Bremen und Mainz. Welche Gründe könnte man für diese Veränderungen in der Bevölkerungszahl angeben?

In der DDR liegen über 100 Städte mit mehr als 20 000 Einwohnern. Nach der letzten Volkszählung vom 1. Januar 1971 lebten in der DDR 17 040 926 Menschen. Fast ein Viertel der Bevölkerung lebt in den elf Großstädten:

Berlin (Ost)	1 084 866	Rostock	200 982
Leipzig	583 311	Erfurt	196 198
Dresden	500 051	Zwickau	126 902
Karl-Marx-Stadt	298 335	Gera	111 534
Magdeburg	270 503	Potsdam	110 817
Halle	257 337		

Die Städte in den an Polen und die Sowjetunion abgetretenen Gebieten haben heute polnische oder russische Namen. Bekannt waren Königsberg, die Hauptstadt Ostpreußens, Stettin, die Hauptstadt Pommerns und Breslau, die Hauptstadt Schlesiens. Danzig und das Gebiet um die Stadt herum wurde 1919 zum Freistaat erklärt und gehört jetzt ebenfalls zu Polen.

Ruhrgebiet

Die größte Konzentration (32%) von Großstädten und Orten mittlerer Größe ist im Ruhrgebiet (Siehe Karte!). Nach Essen die größte, aber zweifellos die schönste Stadt des Ruhrgebietes ist Düsseldorf. Es ist die Landeshauptstadt von Nordrhein-Westfalen, hat eine Universität, ein bekanntes Theater, eine bedeutende Kunstgalerie und ist das Finanz- und Verwaltungszentrum für die Industrie. Die ,,Kö'', die Königsallee, ist eine der schönsten und elegantesten Einkaufsstraßen Deutschlands. Südlich und westlich des Ruhrgebietes befinden sich mehrere Städte, die schon vor 2000 Jahren Römersiedlungen waren: Aachen, Trier, Köln,

Aachen

Bonn, Koblenz und Mainz. Aachen war der Sitz Karls des Großen, der hier in der Pfalzkapelle begraben liegt. Vor 1562 wurden die deutschen Kaiser in dieser Stadt gekrönt, danach in Frankfurt.

Köln

Köln wurde als ,,Colonia Agrippina'' zu Ehren der Kaiserin Agrippina an einer günstigen Übergangsstelle des Rheins gebaut. Der Kölner Dom ist die gewaltigste gotische Kirche Deutschlands.

Bonn

Bonn ist die Bundeshauptstadt oder das ,,Bundesdorf'' wie es manchmal wegen seiner Größe spöttisch genannt wird. Hier wurde Beethoven geboren.

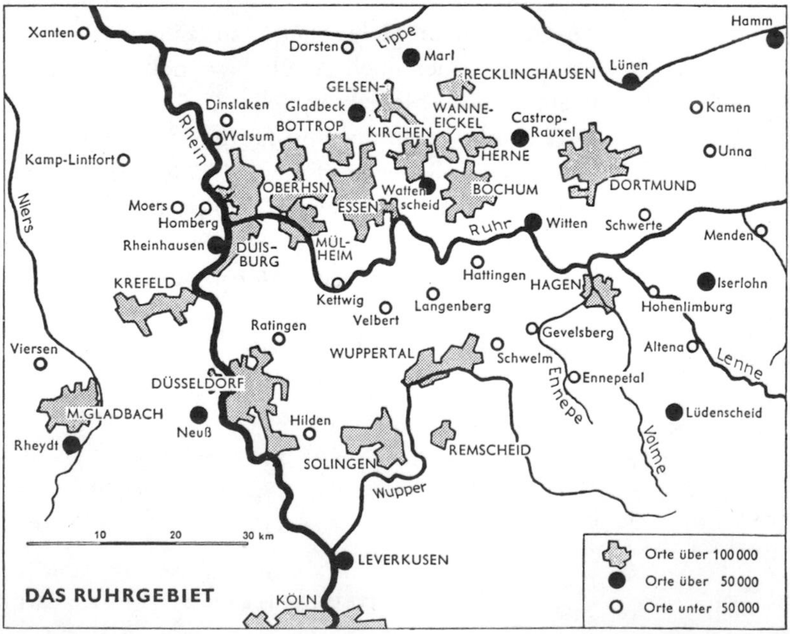

Heidelberg mit Schloßruine

Frankfurt

Frankfurt am Main löste 1562 Aachen als Krönungsstadt ab. Bis 1806 wurden hier die Fürsten zum Kaiser des Heiligen Römischen Reiches Deutscher Nation gekrönt. In Frankfurt wurde Goethe geboren und verbrachte hier seine Jugend. In seiner Autobiographie *Dichtung und Wahrheit* schildert er uns die prunkvolle Krönung von Joseph II zum deutschen Kaiser. Von jeher war Frankfurt Handelsstadt und ist auch heute ein bedeutender Börsen- und Messeplatz, sowie Geschäftszentrum und Industriestadt. Der Flughafen ist der größte in Deutschland. Außerhalb der Stadt am Main-Ufer bei Rüsselsheim liegen die Opelwerke. Südlich Frankfurts, am Neckar, liegt die älteste deutsche Universitätsstadt: Heidelberg. Die Universität wurde 1386 gegründet und hat einen ausgezeichneten Ruf im In- und Ausland. Die Universitätsbibliothek enthält viele berühmte Handschriften und Manuskripte, darunter die *Große Heidelberger Liederhandschrift* (Manessische Handschrift) mit mittelalterlichen Gedichten und herrlichen Miniaturen, sowie Arnims und Brentanos *Des Knaben Wunderhorn*, eine Volksliedsammlung aus dem Jahre 1805. Wegen seiner schönen Lage und mittelalterlichen Atmosphäre wurde Heidelberg von den Romantikern besungen und zum Wohnort gewählt.

Heidelberg

München

Dom und Rathaus von Bremen

Stuttgart

Stuttgart, die Hauptstadt des Landes Baden-Württemberg, gilt als eine der schönstgelegenen Großstädte in Deutschland. Die Stadt selbst liegt in einem Talkessel. An den Hängen ziehen sich Weinberge und Obstgärten hinauf. Die Stuttgarter Maschinen-, Foto-, Auto- und Bekleidungsindustrie ist weit bekannt und Namen wie Daimler-Benz, Porsche, Agfa und Bosch sind im Ausland Begriffe. Die Hauptstadt Bayerns, München, war bis 1918 Residenz der bayrischen Könige. Zeugen dieser Zeit sind die Schlösser, Parks und Prunkbauten im Barockstil. Die Universität, die größte in Deutschland, war während des Krieges eine Zelle der Widerstandsbewegung. Hier arbeiteten die Geschwister Scholl und andere Mitglieder der ,,weißen Rose'' gegen die Tyrannei des Nationalsozialismus. Berühmt ist München besonders für seine ausgezeichneten Gemälde- und Kunstsammlungen, für sein Theater und seine Oper und für das Deutsche Museum, das der Geschichte der Wissenschaft und Technik gewidmet ist.

München

Viele andere Städte und Orte im Süden und in der Mitte Deutschlands sind bekannt und erwähnenswert, aber wir können nicht alle besprechen. Wenn wir in den Norden an die Küste zurückkehren, sehen wir auf der Karte die zwei großen Hafenstädte Hamburg und Bremen. Hamburg ist der größte Hafen Deutschlands. Güter aus aller Welt werden hier entladen und weiter ins Inland befördert. Bedeutende Reedereien, wie die Hamburg-Amerika-Linie und die Afrika-Linie sind in Hamburg beheimatet. Riesige Schiffbauanlagen, Verladevorrichtungen, Export- und Importgeschäfte dominieren das Hafengebiet. Die Stadt mit ihren Vororten dehnt sich über eine weite Fläche aus. Im Zentrum liegt die Alster, ein zum See aufgestauter Fluß. Die Binnenalster ist von Hotels und Geschäftshäusern umsäumt; auf der Außenalster fahren im Sommer Segel- und Ruderboote. Eine breite Promenade, die mit hübschen Bäumen bewachsen ist, führt am Ufer entlang und lädt zum Spaziergang ein. Für den heimkehrenden Seemann und auch für den Touristen ist das Vergnügungsviertel St. Pauli ein beliebter Anziehungspunkt. Die meisten Passagierschiffe fahren nicht wie die Frachter die Elbe hinauf nach Hamburg, sondern legen in Cuxhaven an der Elbmündung an.

Hamburg

Bremen

Die Hansestadt Bremen hat genau wie Hamburg ihre jahrhundertealte Tradition als Handels- und Hafenstadt bis auf den heutigen Tag bewahrt. Zusammen mit Hamburg, Lübeck und vielen anderen Handelsstädten des In- und Auslandes gehörte Bremen früher der Hansa an, einem wichtigen alten Handelsbund.

Im Kern der Stadt liegt der Marktplatz, an dem der zweitürmige Dom und das reichverzierte Rathaus stehen, beide mit Dächern aus Kupferplatten, die im Laufe der Jahre hellgrün geworden sind. Vor dem Rathaus steht der Roland, ein übermannsgroßes Standbild, das die Stadtrechte symbolisiert. Die Bremer sind unabhängige, individuelle Einzelgänger, die vorwiegend gern in Einzelhäusern wohnen. Wegen dieser Vorliebe seiner Einwohner ist die Stadt viel ausgedehnter als andere Großstädte gleicher Einwohnerzahl. Auch Bremen hat wie Hamburg einen Passagierhafen an der Mündung der Weser, Bremerhaven, wo die Passagierschiffe abgefertigt werden.

Berlin

Wir haben bereits erwähnt, daß Berlin 150 km von der Grenze Westdeutschlands entfernt innerhalb der DDR liegt, und daß die Stadt in zwei Teile gespalten ist. Westberlin muß vom Westen mit Lebensmitteln und anderen lebenswichtigen Gütern versorgt werden. Bis 1945 war Berlin die Hauptstadt des Deutschen Reiches. Es ist mit 3 Millionen Einwohnern noch immer die größte Stadt Deutschlands, aber vor dem Krieg hatte die Stadt eine Bevölkerung von über $4\frac{1}{2}$ Millionen. Während des Krieges wurde Berlin fast völlig zerstört, ist aber seitdem besonders im Westen wiederaufgebaut worden.

Ostberlin

Der Mittelpunkt Ostberlins ist der Alexanderplatz, wo ein riesiges Bauprojekt mit einem 360 Meter hohen Fernsehturm, mit Hotels, Bürohäusern, Warenhäusern, Regierungsgebäuden und Wohnhäusern entsteht. Die frühere Stalinallee (jetzt Frankfurter Allee) gilt als Prunkstraße Ostberlins, ist jedoch im Vergleich zu Westberlins Kurfürstendamm recht eintönig. Am Brandenburger Tor vorbei verläuft die berüchtigte Mauer. Früher führte Berlins alte Prachtstraße ,,Unter den Linden'' vom Königsschloß zum Brandenburger Tor. Auch der Potsdamer Platz, früher ein geschäftiger Verkehrsknotenpunkt, ist heute verödet, weil die Mauer hier verläuft.

Westberlin

Der Westberliner Mittelpunkt ist der Kurfürstendamm, eine breite, mit Bäumen eingefaßte, elegante Geschäftsstraße, an der auch Hotels, Theater und Kinos liegen. Der Verkehr von Fahrzeugen und Fußgängern ist so dicht wie in allen westlichen Metropolen. Obgleich Westberlin eine Industrie ersten Ranges besitzt, kann sich die Stadt nicht selbst erhalten, sondern muß von Westdeutschland finanziell unterstützt werden. Die Zukunft der Stadt als ,,Insel der Freiheit'' ist ungewiß. Einmal verhängten die Sowjets eine Blockade (1948-1949), und die Westmächte mußten die Stadt durch die Luft versorgen. Die Berliner Luftbrücke war eine monumentale Leistung. Alle drei Minuten landete ein Transportflugzeug mit Gütern in Berlin. Seit der Luftbrücke wurde der Verkehr von Westdeutschland nach Westberlin zeitweise behindert oder unterbrochen. Inzwischen ist die Frage des freien Zugangs nach Westberlin in einem Viermächte-Abkommen vom September 1971 und in einem Vertrag zwischen der Bundesrepublik und der Demokratischen Republik geregelt worden. Damit scheint die zukünftige Versorgung der Stadt gesichert zu sein.

Die ehemalige Stalinallee
in Ostberlin

Europa-Center in Westberlin

Das Bild der deutschen Stadt

So manche deutsche Stadt hat eine lange Tradition, die oft bis ins Mittelalter oder noch weiter zurückreicht. Die Chronik berichtet, daß ein Bischof, ein Fürst oder gar die Römer die Stadt gegründet haben, die sich dann im Laufe der Jahrhunderte langsam um den Stadtkern herum entwickelte. Neuere Ausgrabungen haben erwiesen, daß Germanen, Kelten oder noch ältere Völker Siedlungen dort hatten, wo heute eine moderne Stadt steht. So hat man zum Beispiel vor kurzem entdeckt, daß der Römer, ein Hügel in der Mitte Frankfurts, bereits vor 5000 Jahren, also während der Steinzeit, besiedelt war. Auch in der Bronzezeit lebten hier Menschen, und die Kelten hatten dort eine große Siedlung. Die Kelten wurden von den Römern verdrängt, diese von den Alemannen, die dann von den Franken unterworfen wurden. Manche andere Stadt hat eine ähnliche Vergangenheit wie Frankfurt.

Entwicklung

Außer der Tatsache, daß die Stadt viele hundert oder gar tausend Jahre alt ist, wird der Besucher darauf aufmerksam gemacht, daß einige sehenswerte Bauten aus dem Mittelalter stammen, so vielleicht der romanische Dom oder das gotische Münster, und daß andere im 17., 18. und 19. Jahrhundert errichtet worden sind, wie das Rathaus mit der Renaissance Fassade oder das Barockschloß und die Fachwerkhäuser der alten Kaufmannsfamilien. Meistens erwähnt der Geschichtsschreiber auch, daß die Stadt im Dreissigjährigen Krieg belagert und zum Teil zerstört worden ist und daß sie besonders im Zweiten Weltkrieg großen Schaden durch Bombenangriffe und Artilleriebeschuß erlitten hat. So erfahren wir, daß beispielsweise die Barockstadt Würzburg zu 75%, die Rheinmetropole Köln zu 70% und die meisten anderen großen Städte zu zwei Dritteln oder zur Hälfte zerstört in Trümmern lagen. Die Städteplaner waren vor eine fast unüberwindliche Aufgabe gestellt: Nicht nur mußte dringend Wohnraum geschaffen werden für diejenigen, die ihre Wohnungen verloren hatten, sondern auch für die 12 Millionen Vertriebenen aus den deutschen Ostprovinzen und Ländern Osteuropas und die drei Millionen Flüchtlinge aus Ostdeutschland, die bis 1961 in den Westen kamen. Die Not diktierte Art, Umfang und Hast des Wiederaufbaus, wobei es bemerkenswert ist, daß es trotzdem vermieden wurde, wieder Elendsviertel wie zu Anfang des Jahrhunderts zu bauen.

Sehenswürdigkeiten

Kriegseinflüsse

Verständlicherweise wollten die historisch gewachsenen Städte ihr altes Gesicht beim Neuaufbau nicht ganz durch eine moderne Struktur verlieren. So kommt es, daß man nach besten Kräften versucht hat, das Alte, historisch Wertvolle zu erhalten und die

alt und neu

Vergangenheit mit der Zukunft harmonisch zu verschmelzen. Man bewahrt den Stadtkern und restauriert die alten Gebäude. Um diesen inneren Stadtkern herum baut man Hochhäuser, die als Sitz der Verwaltung von Stadt und Industrie dienen. Den Autoverkehr versucht man möglichst aus dem Innern fernzuhalten, so daß die historische Zone und das Einkaufszentrum nur zu Fuß

Verkehr

oder durch den öffentlichen Verkehr zugänglich ist. Der Autoverkehr wird auf Ringstraßen oder Stadtautobahnen verlagert. Um die Stadtmitte herum entstanden neue Wohnviertel, Siedlungen und Trabantenstädte. Diese Trabantenstädte, wie die Vahr in Bremen, die Nordweststadt in Frankfurt, das Hansaviertel in Berlin, führen ihr eigenes Leben und haben ihr eigenes Einkaufszentrum, sind aber durch die Straßenbahn-, Bus- oder Untergrundbahnlinien mit der Innenstadt verbunden. So steht also das ultramoderne, vielstöckige Hochhaus aus Glas, Beton und Stahl oft nicht weit entfernt von dem spitzgiebeligen, dreihundert Jahre alten Fachwerkhaus. Der Kontrast von Vergangenheit und Gegenwart, von alt und modern hat einen ganz besonderen Reiz, der für die deutsche Stadt von heute charakteristisch ist.

In der Stadtmitte, die also entweder sehr alt oder neu wieder aufgebaut worden ist, befindet sich der Marktplatz, um den sich die prunkvollen öffentlichen Gebäude gruppieren, wie der Dom,

Das Zentrum

das Rathaus und die Häuser der Zünfte oder früher von angesehenen Bürgern. In unmittelbarer Nähe sind der Bahnhof, das Museum, das Theater, die Oper, der Konzertsaal, das Gerichtsgebäude, das Polizeipräsidium, die Hauptpost, vielleicht ein Schloß oder das Standbild eines berühmten Mannes, die Kunstgalerie, sowie die großen Banken, Kaufhäuser und Handelsfirmen. Wenn man zur Stadt fährt, zieht man sich gut an, denn dies ist ein besonderes Ereignis. Wohl nie kommt es vor, daß man eine Frau oder ein junges Mädchen mit Lockenwicklern im Haar in der Stadt (also im Zentrum) antrifft.

Ein- oder mehrmals die Woche kommen die Bauern aus den

Markt

umliegenden Dörfern in die Stadt, stellen ihren Stand auf dem Marktplatz auf und verkaufen Gemüse, Obst, Geflügel, Eier, Fleisch und andere Waren direkt an den Stadtbewohner. Dann herrscht hier ein geschäftiges, buntes Treiben, denn jeder Bauer will seine Waren möglichst günstig und schnell verkaufen und jede Hausfrau will gern ein paar Groschen sparen.

Das Wohnen

Um das Stadtzentrum herum liegen die Wohnbezirke. Die meisten Leute mieten eine Wohnung, einige haben eine Eigentumswohnung und andere ein Eigenheim oder auch ein größeres Haus. Die neuen Wohnviertel sind von den Baugesellschaften mit staatlicher und städtischer Unterstützung gebaut worden, so daß die Miete verhältnismäßig billig ist. Die modernen Wohnhäuser stehen nicht mehr so dicht aneinander wie die älteren ,,Mietskasernen'', sondern sind durch Rasen und Grünanlagen voneinander getrennt. Fast jede Wohnung hat einen Balkon, auf dem die Hausfrau hübsche Blumen zieht, die im Sommer, wenn auch der farbenprächtige Sonnenschirm aufgespannt wird, dem ganzen Bau ein buntes Aussehen geben.

Einkaufen

Besonders in den älteren Stadtteilen und bei der älteren Generation ist der Laden an der Ecke noch beliebt. Er macht schon früh vor sieben auf, so daß die Hausfrau frische Brötchen und Milch für das Frühstück holen kann. Zur Mittagspause, von zwölf bis zwei oder drei, wird dann allerdings geschlossen. Manche Hausfrau geht noch jeden Tag einkaufen und kauft nur am Wochenende für zwei Tage ein. Bei der jüngeren Generation ändert sich das jedoch, denn die junge Frau geht in den Supermarkt und kauft für die ganze Woche ein. Die ältere Hausfrau hat ihre Einkaufsgewohnheit jedoch nur wenig geändert und kauft gern täglich ein, denn sie wird in jedem Geschäft, beim Bäcker, im Milchgeschäft, beim Schlachter, vom Gemüsehändler und vom Kaufmann freundlich mit dem Namen begrüßt und aufmerksam bedient. Das tut ihr gut, denn hier ist sie ein paar Augenblicke lang eine wichtige Persönlichkeit, um die sich alles dreht, und sie hat Gelegenheit, ein paar Worte mit einer Nachbarin auszutauschen oder zu berichten, was der Sohn auf der Universität und die Tochter in der Lehre leistet. So kommt sie jeden Tag eine Stunde, oder wenn sie in die Stadt oder auf den Markt fährt sogar mehrere Stunden, aus ihrer Wohnung heraus und hat menschlichen Kontakt und höfliche, persönliche Bedienung. Einige Psychologen behaupten, daß das für die menschliche Natur sehr von Vorteil ist und sehen es nur ungern, daß die Gewohnheit des täglichen Einkaufens langsam aussterben wird.

menschlicher Kontakt

Interessant für den Besucher aus Amerika sind das Lüften der Betten, Decken und Anzüge und die Verkehrsmanieren. Jeden Morgen kann man beobachten, wie die Federbetten auf den Balkon oder vor das offene Fenster zum Lüften gelegt werden. Manchmal werden auch Anzüge oder Teppiche zum Lüften nach draußen gehängt oder mit einem Teppichklopfer ausgeklopft.

frische Luft

Frische Luft ist unbedingt notwendig und es ist ungesund, in ungelüfteten Betten oder in einem ungelüfteten Zimmer zu schlafen. Ja, um frische Luft zu atmen, fährt der Bürger im Urlaub an die See, in die Berge oder in den Wald und genießt dort die gute See-, Höhen-, Land- oder Waldesluft.

Verkehrsmanieren

Was die Verkehrsmanieren anbetrifft, so fällt es sofort auf, daß die Autos das Vorfahrtsrecht für sich in Anspruch nehmen und der Fußgänger sehr aufpassen muß, wenn er am Leben bleiben will. Jeder Autofahrer scheint es darauf abgesehen zu haben, ihn beim Überqueren der Straße zu überfahren, so daß der Fußgänger einen Minderwertigkeitskomplex bekommt. Das Standesbewußtsein offenbart sich auch im Verkehr. Der Mercedes darf den VW überholen aber nicht umgekehrt. Gegen Verkehrssünder wird oft recht laut protestiert und nicht selten sieht man, wie sich jemand mit dem Zeigefinger gegen die Stirn tippt, um dem Gegenüber anzudeuten, daß er geistig nicht ganz normal ist. Die Autos fahren sehr schnell und unvorsichtig. Autobusse und Straßenbahnen winden sich durch den Verkehr und an den Haltestellen drängen sich die Menschen oft rücksichtslos beim Ein- und Aussteigen. Vielleicht stammt diese Rücksichtslosigkeit gegen den Mitmenschen im Verkehr zum Teil von der Angriffsfreudigkeit des Deutschen (Siehe Kapitel: Die Germanen!) und zum Teil aus den Kriegsjahren, als alles sehr knapp war und man die Ellbogen gebrauchen mußte, wenn man ein Brot oder ein Stück Fleisch bekommen wollte, bevor es ausverkauft war.

Noch manches ist in der deutschen Stadt anders als in der amerikanischen. So fällt es auf, daß viele Frauen einen Hut und viele Männer eine Aktentasche tragen, daß die Menschen gut gekleidet sind, daß sie schnell und forsch gehen, als ob sie keine Zeit hätten, daß viele Leute mit dem Rad fahren und daß der Theater- und Opernplan, Bekanntmachungen und Reklame an runden Litfaßsäulen angeschlagen werden, die überall zu sehen sind. Achten Sie einmal genau auf alle Einzelheiten, die wir in diesem Kapitel besprechen, wenn sie sich einen deutschen Film oder eine deutsche Zeitschrift oder Photographie ansehen. Sicher entdecken Sie selbst noch viel, was hier nicht erwähnt worden ist. Sie müssen nur gut auf alles achtgeben.

Bettenlüften

Das alte Residenztheater in München

Die Stadt als Kulturzentrum

Man kann eigentlich nicht behaupten, daß eine bestimmte deutsche Stadt das Kulturzentrum Deutschlands ist, wie Paris etwa in Frankreich oder London in England. Das hat seinen Grund. Deutschland ist erst sehr spät (1871) zu einem Staat vereinigt worden. Vorher und selbst nach der Vereinigung waren die Residenzstädte der Fürsten Kulturzentrum mit Theatern, Opernhäusern, Orchestern, Museen, Kunstgalerien, Bibliotheken, Universitäten usw. Erst nach dem Ersten Weltkrieg entwickelte sich Berlin zum Zentrum der deutschen Kultur, hat aber seit dem 2. Weltkrieg diese Stellung nicht behaupten können. Hamburg, Düsseldorf, Köln, München, Frankfurt, selbst Bonn machen Berlin seinen Vorrang streitig. Kleinere Städte genießen oft Weltruhm wegen besonderer Festspiele oder einer besonderen Einrichtung. Beispiele sind Bayreuth mit den Aufführungen der Opern von Richard Wagner, Bamberg mit seinen Philharmonikern, Mannheim mit seinem Theater und Oberammergau mit seinen Passionsspielen.

Kulturzentren

In der Bundesrepublik besitzt jede größere Stadt ein Theater. 1965 gab es 160 Theater und 80 Privat- und Freilichtbühnen in Westdeutschland. Die Vorstellungen werden gut besucht (1965 von über 40 Millionen) und werden unterhalten von Einzelbesuchern und Besucherorganisationen. Private Abonnenten haben an festen Wochentagen ihren festen Platz, und Industriewerke oder Vereine mieten in regelmäßigen Abständen einen Teil des Zuschauerraums (Rangmiete), was zu beweisen scheint, daß in Deutschland nicht nur einige Gebildete sondern auch der Durchschnittsbürger ziemlich regelmäßig ins Theater geht.

Theater

Fast so beliebt wie das Theater sind die Oper und die Operette; mit Abstand folgt das Ballett. Am beliebtesten sind die Opern von Verdi, Mozart und Puccini und die Operetten von Johann Strauß, Lehar, Kalmann und Offenbach. Nur wenige Städte haben sowohl ein Opern- wie ein Symphonieorchester; meistens werden die Konzerte auch von den Opernorchestern gegeben. Es gibt 70 Orchester mit einem ständigen Dirigenten und beamteten Musikern, die von den Ländern oder Städten bezahlt werden. In einer Saison werden etwa 10 oder 12 Konzerte aufgeführt, wobei die Kompositionen des 18. und 19. Jahrhunderts bevorzugt werden. Viele Städte und private Musikgemeinschaften unterhalten auch Oratorienchöre, Kammerorchester, Quartette, Musikschulen, Kirchenchöre, Kinderchöre und Gesangvereine. Einige davon haben internationalen Ruf.

Musik

Auch ein Museum findet man in fast jeder deutschen Stadt. Ohne die Heimatmuseen, Schlösser und Burgen gibt es rund 340 Museen in der Bundesrepublik, darunter 90 Gemäldegalerien, 150 Skulpturen- und kunsthandwerkliche Sammlungen und 40 technische und naturwissenschaftliche Museen. Die Gemäldesammlungen von München und Berlin zählen zu den großen der Welt, und das Deutsche Museum in München enthält ebenfalls eine der besten technischen und naturwissenschaftlichen Sammlungen.

Museen

Isarinsel mit dem Deutschen Museum, München

Das Bild der deutschen Landschaft

grüne Parklandschaft

Die deutsche Landschaft ist mit einem großen Garten oder Park verglichen worden. Ein derartiger Vergleich will wahrscheinlich ausdrücken, wie abwechslungsreich, gepflegt, gut bewirtschaftet und grün die Landschaft ist. Besonders dem Besucher aus dem amerikanischen Westen, Mittelwesten oder Süden fällt auf, wie grün das Land ist, wie jedes Stück Boden bepflanzt oder bebaut ist und wie dicht die Dörfer und Ortschaften beieinander liegen. Die Landschaft verdankt ihr Aussehen natürlich der Pflege der Bewohner, aber sie wird auch maßgeblich vom Klima beeinflußt.

gemäßigtes Klima

Deutschland liegt höher im Norden als die Vereinigten Staaten, eine Tatsache, die das kühlere Klima im Sommer erklärt. Flensburg, die nördlichste deutsche Stadt, liegt beinah auf gleicher geographischer Breite wie der Südzipfel von Alaska, während die bayrisch-österreichische Grenze ungefähr auf gleicher Höhe mit Seattle oder Quebec liegt. Im ganzen kann man das Klima als gemäßigt bezeichnen. Das Wetter wird besonders im Norden von der See beeinflußt. Die Winde kommen vorwiegend aus westlicher oder nordwestlicher Richtung, also von der Nordsee, und bringen viel feuchte Luft und Niederschläge zu allen Jahreszeiten mit. Im Winter wird die Seeluft vom Golfstrom, einer warmen Strömung im Atlantik, angewärmt. Extreme Temperaturunterschiede, wie bei uns in den Vereinigten Staaten, gibt es kaum. Die Durchschnittstemperatur des ganzen Jahres liegt bei 9 Grad Celsius (48° F.).[4] Im Januar, dem kältesten Monat des Jahres, schwankt die Durchschnittstemperatur im Norden zwischen 1,5 und −3° C.[5]; in den Bergen fällt sie bis −6° C.[6] Im Juli, wenn es in Deutschland am wärmsten ist, steigt die Durchschnittstemperatur bis auf 16 bis 20° C.[7] Natürlich wird es manchmal auch wärmer, ja es kommt sogar vor, daß das Thermometer auf 30 oder 35 Grad[8] ansteigt oder daß es im Winter recht kalt wird, aber das ist verhältnismäßig selten. Da es also im Sommer nicht so warm ist wie bei uns, trägt man fast immer eine Jacke oder gar einen Sommer-

Temperaturen

[4] Die Formel, mit der man Grad C in Grad F umrechnen kann lautet: $C° \times \frac{9}{5} + 32 = F°$.

[5] 35 bis 27 Grad F.

[6] 21 Grad F.

[7] 61 bis 68 Grad F.

[8] 86 bis 95 Grad F.

mantel und weil es häufig regnet, nimmt man einen Schirm mit, wenn man Einkaufen oder zur Arbeit geht. Wegen der vielen Niederschläge braucht man keine künstliche Bewässerung, und die Landschaft ist im Sommer herrlich grün, etwa so wie im westlichen Teil des Staates Washington.

Wald

Auffallend sind die vielen Waldgebiete. Beinah ein Drittel des Landes (29% der Gesamtfläche der BRD) ist mit Wald bestanden. Besonders die Gebirge und Höhenzüge im zentralen, westlichen und südlichen Teil Deutschlands sind dicht bewaldet. Im Osten hat Deutschland große Waldgebiete verloren. Etwa 60% des Waldes gehört dem Staat und den Gemeinden; der Rest ist in Privatbesitz. Die Fichte ist der häufigste Baum (40%) im deutschen Wald; unter den Laubhölzern kommt die Buche am häufigsten vor. In manchen Wäldern sind die Holzarten gemischt, was zur Vielgestaltigkeit des Landschaftsbildes beiträgt.

Baumarten

Erntezeit in einem süddeutschen Dorf

Die Landwirtschaft

Produkte

Die Hauptprodukte der Landwirtschaft sind Getreide, vorwiegend Weizen, Roggen und Gerste, Kartoffeln, Zucker- und Futterrüben und Gemüse. An Rhein und Mosel wird Wein und in Teilen West- und Süddeutschlands Obst angebaut. Wieder ist die große Vielseitigkeit der Feldwirtschaft auffallend. Die Felder sind verhältnismäßig klein (einige nicht größer als ein Fußballplatz), und oft von verschiedener Gestalt. Auf jedem Feld wächst eine andere Ernte, so daß ein Kartoffelfeld an ein Weizenfeld und dieses an ein Rübenfeld oder an eine Wiese grenzt. Vom Flugzeug aus gesehen sieht es aus, wie ein buntes Schachbrett mit unregelmäßigen, meist rechteckigen Feldern auf denen verschiedene Schattierungen von Grün, Braun und Gelb vorherrschen. Die Felder gruppieren sich um vereinzeltliegende Bauernhöfe oder um Dörfer, deren Höfe sich entweder haufenförmig um die Kirche gruppieren (Haufendorf) oder sich in einer langen Reihe an der Straße entlangziehen (Straßendorf). Ab und zu lockert ein Obstgarten, ein Buchenhain oder ein Wäldchen das Bild auf. Viehzucht und Milchwirtschaft sind hoch entwickelt, und in manchen Gegenden sind Weiden mit schwarzweißem (im Norden), grauem oder braunem Vieh (im Süden) häufiger als Äcker. Der Bestand an Rindern beläuft sich auf 14 Millionen Stück in der Bundesrepublik, darunter 6 Millionen Milchkühe.

Feldwirtschaft

Viehzucht

Die Landwirtschaft hat sich in den letzten Jahren beträchtlich modernisiert, und fast überall hat der Traktor das Pferd und das Rind als Zugmaschine ersetzt. In den letzten fünf Jahren ist beispielsweise der Bestand an Pferden um 40% zurückgegangen, und es gibt jetzt dreimal so viele Zugmaschinen wie Pferde, Ochsen und Zugkühe.

Die Landstraße

Die beiden Straßenränder der Landstraßen sind oft mit Obstbäumen bepflanzt. Rechts und links neben der Straße verläuft der Straßengraben, in dem das Regenwasser versickert, das von der Straßendecke rinnt. Früher ruhte sich der Wanderer hier aus, setzte sich unter einen Baum und aß die von den Zweigen heruntergefallenen Äpfel, Birnen und Pflaumen. Heute macht die Jugend Fahrten mit dem Rad, und auch sie lehnen ihr Rad an den Baum und ruhen sich im Straßengraben aus. Die Erwachsenen fahren mit dem Auto, das sie, wenn möglich, am Straßenrand zu einer kleinen Rastpause oder zum Imbiß parken, dann Klappstühle und Klapptisch aus dem Kofferraum hervorholen, eine Tischdecke auf den Tisch legen und ihren Kartoffelsalat essen und ihr Bier—wollte sagen ihren Kaffee—trinken, während sie die ,,frische" Landluft einatmen und die Natur oder die vorbeirasenden Autos beobachten.

Der Straßengraben

Der Schrebergarten

Eine besonders interessante Einrichtung sind die Schrebergärten,[9] die man bemerkt, kurz bevor man mit dem Zug oder mit dem Auto in die Stadt kommt. Die Schrebergärten liegen am Außenrand der Stadt. Eine Stadt hat häufig Land, das noch nicht bebaut ist, das aber in Zukunft, wenn die Stadt wächst, bebaut werden kann. Dieses Land wird von der Stadtverwaltung in

Parzellen

sogenannte Parzellen aufgeteilt und an die Bürger verpachtet. Diese legen sich hier einen Garten an, pflanzen Obstbäume, Beerenbüsche, Gemüse, Kartoffeln, Tomaten oder auch Blumen. Die meisten ,,Gärtner" haben sich eine Laube gezimmert, in der sie im Schatten sitzen oder ihre Geräte aufbewahren können. Hier verbringen viele Stadtbewohner den Feierabend oder das Wochenende, freuen sich daran, wenn die Pflanzen wachsen und verlieren auf diese Weise nicht den Kontakt mit der Natur. Diejenigen, die keinen Garten haben, gehen in den Gartenkolonien gern spazieren und bewundern die schönen Blumen, den Gesang der Vögel und den Fleiß ihrer Nachbarn.

Die Bodenschätze

Verglichen mit anderen europäischen Ländern ist die Bundesrepublik ziemlich reich an Bodenschätzen. Im Norddeutschen Tiefland und in der Nordsee wird Erdöl gewonnen. Man schätzt die Erdöllager auf 100 Millionen Tonnen, was bei weitem nicht zur Deckung des eigenen Bedarfs ausreicht. Umfangreiche Braunkohlelager befinden sich westlich von Köln, sowie in Hessen, Bayern und Sachsen. Im Bundesgebiet reicht der Vorrat für die nächsten 70 Jahre. Reich sind die Steinkohlevorkommen bei Aachen, im Ruhrgebiet, im Saarrevier, in Sachsen und in Oberschlesien. Allein die Lager im Ruhrgebiet werden auf 50 Milliarden Tonnen geschätzt, eine Menge, die über 400 Jahre ausreichen würde, wenn der heutige Verbrauch anhielte. Die

Kohle

Kohle wird hauptsächlich zur Gewinnung von elektrischem Strom und zur Gaserzeugung verwendet. Zur Stromerzeugung tragen auch die Wasserkräfte Süddeutschlands und der Mittel-

[9] Die Schrebergärten wurden nach dem Leipziger Arzt Daniel Gottlob Schreber (1808–1861) genannt, der sich für die gymnastische Erziehung und die Errichtung von öffentlichen Spielplätzen mit Spielgärten einsetzte.

gebirge bei.[10] Für die Landwirtschaft sind die Kalisalze von großer Bedeutung, deren Vorkommen auf 2 Milliarden Tonnen geschätzt wird. Vor dem Krieg förderte das Deutsche Reich 96% der Weltproduktion von Kalisalzen; heute deckt die Bundesrepublik ein Viertel des Weltbedarfs. Die Hauptkalisalzlager befinden sich in Niedersachsen, Hessen und Baden. Auch Eisen, Blei und Zink wird in der Bundesrepublik gefördert und Uran im Erzgebirge.

Kali

In diesem Kapitel haben wir eine Grundlage geschaffen für die folgenden Abschnitte. Es ist wesentlich, eine genaue Vorstellung von den geographischen Gegebenheiten der deutschen Gebiete zu haben, wenn man die deutsche Kulturgeschichte verstehen will, denn immer wieder werden Ortsnamen, Flüsse oder Provinzen genannt. Außerdem gehören gründliche geographische Kenntnisse zur allgemeinen Bildung.

[10] Die Eisenbahn in der Bundesrepublik wird jetzt völlig auf Elektrizität umgestellt.

2

Die Kultur der Germanen

Germanisches Gefäß

Alemannische Lanzenspitze mit Runenschrift

Zu den Vorfahren derjenigen Menschen, die heute in den Grenzen Deutschlands wohnen, gehören die Germanen. Zusammen mit den Romanen, Slaven, Griechen, Kelten, Indern und einigen kleineren Gruppen zählt man die Germanen zur indoeuropäischen Völkerfamilie,[1] von der fast alle europäischen Völker und ihre Nachkommen abstammen. Ob die Indoeuropäer ursprünglich eine einheitliche Rasse waren, ist zweifelhaft, wohl aber steht fest, daß sie eine gemeinsame Sprache und Kultur

Indoeuropäer

[1] Deutsche Wissenschaftler bezeichnen diese Familie gern als indogermanisch.

besaßen. Philologen haben nachgewiesen, daß die indoeuropäischen Völkerstämme verwandte Ausdrücke für bestimmte Bezeichnungen und Begriffe haben, die auf ein gemeinsames Wort zurückgehen, wie zum Beispiel die Verwandtschaftsnamen Vater, Mutter, Bruder, Schwester, Sohn, Tochter, usw. und Ausdrücke wie Stier, Ochse, Kuh, Hund, Furt, Feuer, Wind, Schnee, Eis, u.a. Außerdem haben die indoeuropäischen Sprachen von der Grundsprache ein reich entwickeltes Flexionssystem übernommen, zu dem die Deklination von Hauptwörtern und die Konjugation von Zeitwörtern gehört. Man weiß nicht genau, wo das Ursprungsland der Indoeuropäer ist, aber man nimmt an, daß es östlich der Ostsee zwischen den baltischen Staatenrepubliken der Sowjetunion und dem Innern Asiens lag, vielleicht in den Gebieten südlich des Urals.

Das heutige Deutschland war in vorhistorischer Zeit von Kelten bewohnt, die allmählich von den aus dem Norden vordringenden Germanen[2] verdrängt oder unterworfen wurden.

Die Germanen

Die Germanen scheinen ihre Heimat in Südskandinavien (Südschweden, Dänemark und Schleswig Holstein) und an der baltischen Küste Deutschlands gehabt zu haben. Zuerst besetzten sie die Küstenstriche und Flußtäler, die ihnen am zugängigsten waren. Um 500 vor Christi werden die Germanen den größten Teil Nordeuropas in Besitz genommen und die Kelten in die Alpengebiete und nach Westen verdrängt haben. Zur Zeit Caesars (100–44 v.Chr.) waren sie bis an den Rhein, die Donau und die Weichsel vorgedrungen. Wir unterscheiden nun drei große Gruppen: 1) die Ostgermanen (Goten, Burgunder und Wandalen) im Gebiet der Oder und Weichsel, die zur Völkerwanderungszeit, etwa 500 Jahre später, als Völker untergehen; 2) die Nordgermanen (Normannen, Dänen, Jüten, Angeln) in Skandinavien und Schleswig-Holstein und 3) die Westgermanen (Friesen, Sachsen, Langobarden, Cherusker, Chatten, Alemannen, Sueben, Franken, usw.), die zwischen Nordsee, Rhein, Main und Elbe wohnten und die Vorfahren der heutigen Deutschen, Engländer und Holländer sind. (Siehe Tafel!)

[2] Was das Wort ,,Germane" bedeutet, weiß man nicht genau. Es ist wahrscheinlich keltischen Ursprungs und mag die Bedeutung von ,,Nachbar", ,,Bruder" oder ,,Rufer im Streit" haben und wurde auch auf keltische Stämme angewandt. Seit Caesar bezeichnet ,,Germane" hauptsächlich die rechtsrheinischen Stämme. Die Bezeichnung ,,Speermann" (ger = Speer) ist wahrscheinlich volkstümlichen Ursprungs.

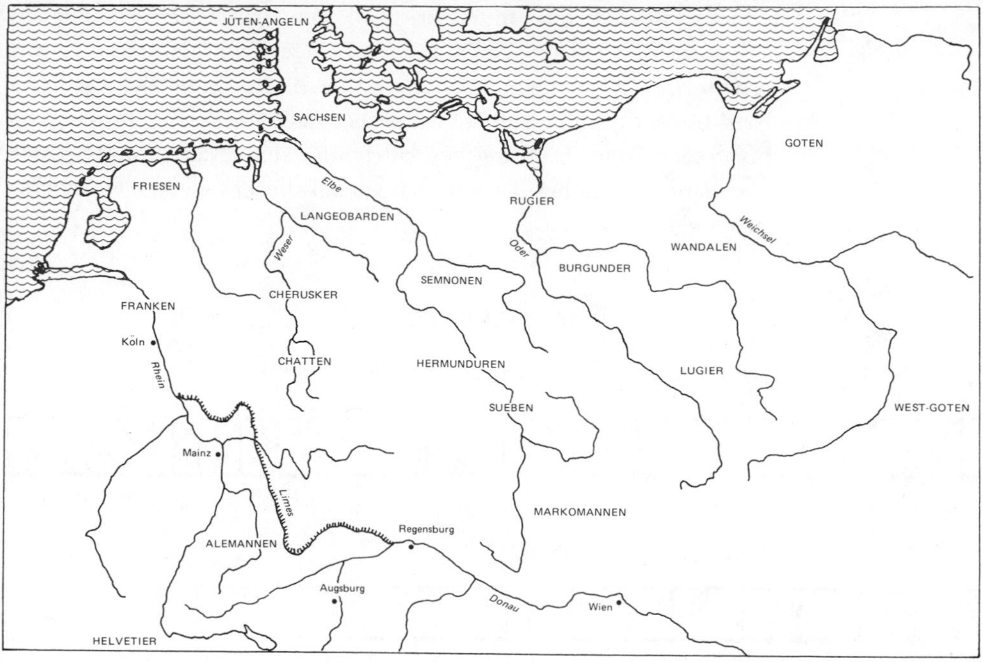

Germanien zur Römerzeit

Unsere Kenntnisse über die Germanen gehen auf Ausgrabungen und Funde sowie auf Berichte von Zeitgenossen und das Studium des Wortschatzes zurück. Die ältesten Dokumente sind Waffen, Gebrauchsgegenstände, Schmuck und Musikinstrumente. Wir wissen, daß sie Landwirtschaft und Viehzucht getrieben haben und

Kleidung und Geräte

wie sie sich kleideten. In den Sümpfen von Norddeutschland hat man gut erhaltene Mumien aus altgermanischer Zeit, sogenannte ,,Moorleichen", gefunden. Diese Mumien beweisen, daß die Germanen Kleidung aus Wolle, Leinen und Fellen getragen haben. In den ,,Hünengräbern" (Hüne = Riese), von denen es viele in Norddeutschland gibt, hat man Geräte und Waffen sowie Pferdeskelette entdeckt. Offenbar hat man dem toten Krieger sein Pferd, seine Waffen und Proviant mit ins Grab gelegt. Die Musikinstrumente, sogenannte ,,Luren", 1,50 bis 2,30 Meter große, S-förmige Bronzehörner, sind für den Kulturhistoriker von besonderem Interesse, da sie zu beweisen scheinen, daß der

Luren

Germane bereits vor 2500 Jahren (so alt sind die ältesten Luren) eine Stufe der Kultur erreicht hatte, die das Musizieren einschloß. Man hat die Luren immer paarweise gefunden und entdeckt, daß beide Hörner genau aufeinander abgestimmt sind und daß man auf jedem 24 Noten spielen kann. Der Ton ist feierlich, dunkel und weich, was darauf hinweist, daß die Instrumente nicht zu kriegerischer Musik geeignet sind. Einige Exemplare sind so gut erhalten, daß man sie noch heute, z.B. in Dänemark, spielt.[3] Faszinierend ist für uns die Tatsache, daß Musik und Musizieren bis heute eine Lieblingsbeschäftigung der Nachkommen der Germanen geblieben ist und daß sie auf diesem Gebiet Hervorragendes geleistet haben.

Die Runen

1. Die alte, gemeingermanische Runenreihe (Futhark).

f u th a r k g w h n i j e p ř s t b e m l ng d o

2. Der verkürzte, nordische Futhark:

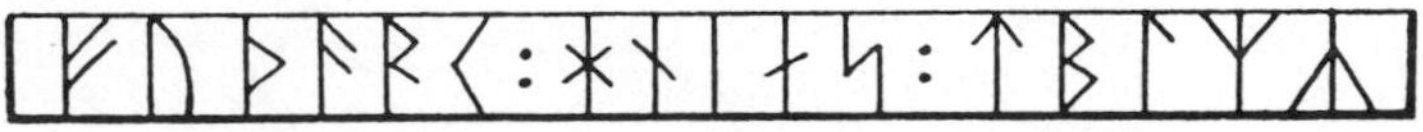

f u th o r k h n i a s t b l m y

Runen

Die Schrift der Germanen beruht auf dem Runenalphabet, das wahrscheinlich zwischen 100 v.Chr. und 100 n.Chr. entstanden ist. Forscher glauben, daß die Runen (gotisch *run* = Geheimnis) aus der lateinischen oder einer norditalienischen Schrift abgeleitet worden sind. Die Runen wurden zuerst in Waffen und Gegenstände, später auf Holz, Knochen und Steine eingeritzt. Es waren einfache Angaben oder magische Zeichen, von denen man etwa 300, hauptsächlich in Skandinavien, gefunden hat. Der älteste germanische Stabreimvers ist eine Runeninschrift auf einem goldenen Horn, das etwa aus dem Jahre 400 n.Chr. stammt und 1639 bei Gallehus in Dänemark gefunden wurde.[4] Die Inschrift lautet:

> ek hlewagastiR :holtigaR :horna :tawido :
> (Ich Hlewagastir, Holtes Sohn [*oder* aus Holstein] fertigte das Horn).

[3] Das Nationalmuseum in Kopenhagen besitzt 23 Exemplare. Das schweizerische Alphorn ist vielleicht ein moderner Verwandter der Lure.

[4] Das Horn wurde 1802 aus der Kunstkammer in Kopenhagen gestohlen und wahrscheinlich eingeschmolzen.

Erste Berichte

Die ersten Berichte über die Germanen stammen von einem Griechen und zwei Römern, deren Mitteilungen jedoch unvollständig und unzuverlässig sind. Der Grieche Pytheas, ein Mathematiker aus Marseille, segelte um 340 v.Chr. nach Norwegen und der deutschen Nordseeküste, um das Ursprungsland des Bernsteins (Ostseeküste) zu entdecken.[5]

Die Römer kamen mit den Germanen in Kontakt, als beide Völker in militärischen Operationen oder Eroberungszügen aufeinanderstießen. Im 2. Jahrhundert v.Chr. gerieten sie mit den

Kimbern und Teutonen

Kimbern und Teutonen, zwei Stämmen aus dem Nordseebereich, mehrfach in Konflikt, als diese auf der Suche nach neuen Wohnsitzen durch römische Interessengebiete südlich der Donau, sowie durch Gallien und Spanien zogen. Nachdem sie mehrere römische Heere geschlagen hatten, wurden sie endlich von dem römischen General Marius in Oberitalien gestellt und vernichtet.

Römische Soldaten und germanische Sklaven

[5] Bernsteinschmuck war den Griechen bekannt.

Caesar

Umfangreiche Nachrichten über Kriegsführung, Sitten und kulturelle Verhältnisse der Völker im Norden erfahren wir von C. Julius Caesar (100–44 v.Chr.), der in seinen *Kommentaren über den Gallischen Krieg* ausführlich, klar und scheinbar objektiv über die germanischen Stämme schreibt. Da er aber nur die linksrheinischen Völker selbst kennengelernt hat, nehmen wir an, daß viele seiner Berichte auf Angaben von Kaufleuten und Gefangenen beruhen. Er sieht die Germanen nicht mit den Augen des unbeteiligten Geschichtsschreibers, sondern als Befehlshaber eines stolzen, ruhmreichen Heeres. Sein Landsmann Cornelius Tacitus (55–120 n. Chr.) liefert uns in seinen Annalen und Historien, vor allem in der geradezu klassisch gewordenen Abhandlung *Germania,* das umfangreichste Werk über die germanische Kultur. In diesem Bericht hebt Tacitus die Germanen den Römern gegenüber sehr hervor und lobt ihre unverdorbene Natur und Tugenden, wie die Reinheit der Frauen, die hohe Stellung der Frau und der Ehe, die Treue und Tapferkeit der Männer übermäßig. Sein Zweck ist Kritik am Sittenverfall Roms, Erziehung zu einer einfacheren, unverdorbeneren Lebensweise und Warnung vor der Zukunft.

Tacitus

Wir können nicht auf alle Einzelheiten eingehen, die uns von den Römern überliefert wurden und werden daher die Hauptpunkte zusammenfassen.

Das Aussehen der Germanen

Das Land Germanien war unzugänglich und unwirtlich, bedeckt mit dichten Urwäldern, Sümpfen und Mooren. Nur die Küstenstriche und die Flußtäler waren leicht zu erreichen und daher dicht besiedelt. Das Wetter war den Römern zu kalt, naß, dunkel und neblig. Die Germanen waren größer als die Römer und oft kräftig gebaut; sie hatten vorwiegend eine hellere Hautfarbe, rotblondes Haar (sicher gab es auch dunkelhaarige Germanen!), blaue Augen und einen länglichen Schädel.[6] Der lateinische Dichter Ausonius aus Bordeaux (um 400 n.Chr.) beschreibt die suebische Sklavin Bissula in seinem Liederzyklus:

> Bissula, geboren und aufgewachsen am Rhein, dem winterlichen Fluß. Deutsch sind ihre Züge, golden ihr Haar und blau ihre Augen.

[6] Wir müssen bedenken, daß die Römer natürlich die Unterschiede besonders betonten und daraus den Nachdruck verstehen, den sie auf blondes Haar und blaue Augen legten.

Die römischen Soldaten waren vom Aussehen, vom Wesen und von der Kraft der Germanen stark beeindruckt. Plutarch berichtet uns, daß Marius seine Soldaten vor der Schlacht mit den Kimbern auf den Lagerwall steigen ließ, damit sie sich an den Feind gewöhnen sollten.

Römer und Germane im Zweikampf

Kleidung

Die Kleidung der Germanen bestand aus einem Woll- oder Leinenkittel, über den ein ärmelloser, wollener Umhang getragen wurde, zusammengehalten vorn oder auf der Schulter durch eine Spange. Später wurden auch kurze und lange Wollhosen gebräuchlich. Die ,,Bruch" (engl. breeches), eine Kniehose, wurde während der Völkerwanderungszeit allgemein getragen. Die Beine wurden durch Wadenstrümpfe oder Wickelbinden geschützt, und die Füße steckten in Schuhen, die aus einem Lederstück bestanden, das durch einen Riemen oder Bund[7] zusammengehalten wurde. Die Frauenkleidung unterschied sich kaum von der der Männer. Es wird berichtet, daß die Frauen entweder einen langen Rock oder ebenfalls Hosen trugen.

[7] Der ,,Bundschuh" wurde bis ins späte Mittelalter getragen.

Waffen

Die Waffen unterschieden sich von Stamm zu Stamm. Tacitus erwähnt den Speer (framea). Bekannt ist auch das Schlachtbeil, das besonders von den nördlichen Stämmen verwendet wurde. Außerdem hatten die Germanen die Schleuder, den Pfeil und Bogen, sowie Dolch und Schwert. Das Schwert war der Stolz seines Besitzers und wurde in einer Scheide am Gürtel oder an einem Gehänge über der Schulter getragen. Es sollte sowohl prachtvoll als auch zweckmäßig sein, und die Waffenschmiede scheinen diesem Wunsch gerecht geworden zu sein, denn man hat viele herrliche Schwerter gefunden, von denen kaum eines dem anderen gleicht. In der Mythologie spielt das Waffenschmieden und das Schwert eine große Rolle, man denke z.B. an Wieland, den Schmied und Siegfrieds Waffe, Baldung.

Der Schild

Zum Schutz trug der Krieger einen Schild, den der Jüngling bei seiner Ernennung zum Mann erhielt und den er nicht verlieren durfte. Verlust des Schildes war gleichbedeutend mit Verlust der Ehre und galt als Beweis von Feigheit. Der Schild war rund, oval oder rechteckig, meist aus Holz, überzogen mit Leder oder Metall. Der Schildbuckel aus Eisen auf der Vorderseite schützte die Hand vor Pfeil, Speer und Schwert und diente auch als Stoßwaffe im Kampf. Manche Schilde waren über einen Meter groß und konnten als Schlitten oder zum Übersetzen über einen Fluß verwendet werden. Oft war die Außenseite mit den Stammesfarben bemalt: weiß, bei den Kimbern, rot bei den Sachsen und braun bei den Friesen. Aus magischen Symbolen und Tierbildern, mit denen manche Schilde bemalt waren,[8] mögen die mittelalterlichen Wappen entstanden sein.

Heer und Schlachtordnung

Im Gegensatz zu den Römern war das germanische Heer ein Volksheer, in dem jeder Waffenberechtigte freiwillig — und den Überlieferungen nach sehr gern — mitkämpfte. Es bestand aus Fußvolk und Reiterei. Ein Häuptling, König oder Herzog führte das Heer, das in Sippenverbände, Landsmannschaften oder Hundertschaften gegliedert war. Die einzige Kampfweise, die die Germanen kannten, war der Angriff. In Keilformation, mit dem Heerführer und seinen besten Kriegern an der Spitze, versuchten sie die feindlichen Linien zu durchbrechen. Vor dem Angriff erhitzten sich die Krieger durch langandauerndes, immer lauter werdendes Kampfgeschrei (barditus), das noch dadurch verstärkt wurde, daß man in die hohlen Schilder schrie, die man sich vor den Mund hielt. Die Römer erkannten den Wert der germanischen

[8] Unser Wort „schildern“ geht auf die Bemalung der Schilde zurück.

Truppe und stellten immer mehr Germanen in ihre Heere ein, ernannten germanische Heerführer zu hohen Offizieren und verwendeten germanische Reiterei mit großem Erfolg.

Die Hauptsiedlungen lagen an Flüssen oder in Küstenbereichen. Die Germanen wohnten in Block- oder Fachwerkhütten, die meist nur einen Raum hatten und mit einem Strohdach versehen waren, das auf der Wetterseite oft bis zur Erde herunterhing.[9]

Siedlungen

Die Häuser setzten sich unregelmäßig zu einer Siedlung zusammen, wobei nicht selten jedes kleine Gehöft vom Haus des Nachbarn durch einen Zaun getrennt war. Dieses Streben nach dem Privatbereich ist noch heute dem modernen Deutschen so eigen wie seinem Vorfahren von vor 2000 Jahren. Man beachte nur die vielen Zäune, die die Grundstücke einer modernen Siedlung voneinander trennen. Die Felder und Weiden der Germanen waren Gemeingut und wurden jedes Jahr neu verlost, um etwaige Vor- oder Nachteile des Bodens und der Witterung auszugleichen. Das Vieh weidete zusammen auf der Allmende, die in einigen Gemeinden heute der Gemeindewiese entspricht.

Lebensweise

Die Lebensweise war einfach und, um Tacitus zu glauben, unverdorben. Man aß Brot, Gemüse and Fleisch, hauptsächlich Schweine-[10], Wild- und Pferdefleisch. Letzteres wurde von den christlichen Missionaren verboten, weil das Pferd mit der heidnischen Religion eng verknüpft war. Die Hauptgetränke waren Met und Bier. Met war eine Mischung aus Honig und Wasser, die gekocht und zur Gärung gebracht wurde. Man saß besonders an langen Winterabenden mit Freunden und Gästen zusammen und trank zuweilen unmäßig, was zu Streit und Totschlag führen konnte. Meistens saß man aber wohl gesellig zusammen und erzählte Geschichten, wie man ja auch heute noch am Stammtisch sitzt und erzählt. Die schwere Feldarbeit wurde von den Sklaven verrichtet, die Hausarbeit von den Frauen, während die Männer auf die Jagd gingen oder in den Krieg zogen. Nur die Schmiedekunst scheint ein ehrbarer Beruf für den Mann gewesen zu sein. Die Jünglinge lernten Schwimmen, Reiten und Kämpfen von älteren, erfahrenen Männern, denen sie zugeteilt wurden.

[9] Bauernhäuser an der Küste und im Schwarzwald haben auch jetzt noch ein tief herabhängendes Dach nach der Wetterseite.

[10] Es wird berichtet, daß schon die Römer gern Westfälischen Schinken aßen.

Germanisches Langhaus

Die Geselligkeit und die Gastfreundschaft sind Wesenszüge der Germanen, die die Römer oft betonen. Der hilfsbedürftige, friedliche Fremde wurde in das Haus aufgenommen, wenn er um Gastfreundschaft bat. Tacitus berichtet im 21. Kapitel seiner *Germania:*

Gastfreundschaft

> Geselligkeit und Gastfreundschaft pflegt kein anderes Volk in so reichem Ausmaß wie die Germanen. Irgendeinen Menschen von der Tür zu weisen, gilt als Unrecht. Jeder bewirtet den Gast nach seinen Mitteln an dem reich besetzten Tisch. Geht der Vorrat zur Neige, so weist der Gastgeber ihn an eine neue Herberge und begleitet ihn; uneingeladen gehen sie ins nächste Haus. Und es ist kein Unterschied: Mit gleicher Freundlichkeit werden sie aufgenommen, ob bekannt oder unbekannt, gilt für das Gastrecht gleichviel. Wenn der Gast beim Abschied einen Wunsch äußert, so ist es Sitte, ihn zu erfüllen. Mit der gleichen Unbefangenheit kann auch der Gastgeber eine Gegenforderung stellen.

Caesar sagt, daß es als Schande gilt, den Gast zu beleidigen und daß die Gastfreundschaft dem Germanen heilig ist. Der Hausherr muß den Gast beschützen, der an seinem Tisch sitzt. Die Alboin-Sage berichtet, daß der König selbst den Mörder seines Sohnes beschützt, als dieser als Gast an seinem Tische sitzt. Die Gastfreundschaft siegt über das mächtige Gefühl der Blutrache.

Ehre

Die höchste Tugend des Germanen war die Ehre, die, wie wir sehen werden, auch bei den Rittern des Mittelalters und den Offizieren des preußischen und deutschen Staates eine sehr große Rolle spielte. Die Ehre war der entscheidende Maßstab für seine Handlungsweise; seine menschliche Würde, sein soziales Ansehen, ja sein Leben hing von der Ehre ab. Ohne Ehre war das Leben unmöglich. Die Ehre des Einzelnen war unmittelbar verbunden mit der Ehre der ganzen Sippe. Wenn der Einzelne an seiner Ehre gekränkt war oder sie verloren hatte, so war die Ehre der Sippe gekränkt oder verloren. Eine Beleidigung, eine Verletzung oder der Totschlag eines Verwandten war ein Vergehen gegen die Ehre, die unbedingt wieder hergestellt werden mußte. Im *Hildebrandslied* bleibt dem Vater keine Wahl als den Sohn zu töten, da dieser seine Ehre beleidigt hat und da er ohne Ehre nicht leben kann.

Verbunden mit der Ehre war die Treue, das auf einen Eid gegründete zuverlässige Verhalten zwischen Gefolgsherrn und Gefolgsmann. Die Treue gebot es dem Vasallen, seinem Herrn im Kampfe an Tapferkeit nicht nachzustehen und es verbot ihm, ihn in der Schlacht zu überleben. Der Ausdruck ,,treu bis in den Tod'', der von den Nationalsozialisten oft verwendet wurde, traf auf den germanischen Gefolgsmann zu. Treue hing mit der Religion zusammen, denn das freiwillig gegebene Wort war heilig und der gebrochene Eid brachte Fluch, Schande und

Treue

Ehrverlust. Treue war ein Verhältnis, das von beiden Partnern gleich geachtet werden mußte und mit Vertauen und Ehrlichkeit verknüpft war. Sagen und Literatur geben viele Beispiele der Treue zwischen Mann und Mann. Im *Nibelungenlied* lesen wir von dem tragischen Dilemma des Markgrafen Rüdiger, der als Gefolgsmann Etzels dem Hunnenkönig die Treue halten muß, der aber die Burgunden in seinem Haus an seinem Tisch gastlich bewirtet und seine Tochter dem jungen König Giselher versprochen hat. Wie kann er Etzel gehorchen, als dieser ihn an seinen Treueid erinnert, nachdem er Gastfreundschaft mit den Burgunden geschlossen hat?

,,Wehe, Gott, mir Armen!'' sprach der treue Mann.
,,Alle meine Ehre muß ich geben dran,
Alle Zucht und Treue, die Gott mir gebot.
Reicher Gott im Himmel, daß mir nicht werden will der Tod!

Welches ich nun lasse, das andere zu begehn,
stets ist durch mich Böses und Übeles geschehn.
Laß ich aber beides, so schmäht mich alle Welt.
Nun möge mich erleuchten, der ins Leben mich gestellt!''

Welche Wahl Rüdiger auch trifft, seine Ehre muß er ,,drangeben''. Nach langem innerem Ringen, sieht er ein ,daß die Pflicht, seinem König die Treue zu halten, stärker ist als

Familienbande und Freundschaft. Er verteidigt König Etzel und findet dabei den Tod im Kampf. Das Thema Treue und Ehre klingt im *Nibelungenlied* immer wieder an.

Die Problematik der Treue

Tacitus erkennt bereits eine Problematik in der starrsinnigen Treue, in der rechthaberischen, verbissenen Beharrlichkeit im Negativen, die es z.B. vielen Offizieren im Zweiten Weltkrieg versagte, sich gegen Adolf Hitler aufzulehnen. Bei dieser starrsinnigen Beharrlichkeit ist ja eigentlich von Treue keine Rede mehr, denn Treue beruht auf gegenseitigem Vertrauen. An dieser Stelle müssen auch die Vorwürfe abgewiesen werden, die von Treulosigkeit und Treuebruch der Germanen den Römern gegenüber sprechen. Hier haben die Germanen wohl von den Römern gelernt, denn die Geschichte beweist, daß es fast immer die Römer waren, die die Germanen als Barbaren betrachteten und damit ihren Betrug an diesen rechtfertigten. Da fühlten freilich die Germanen schließlich keine bindende Verpflichtung mehr und vergalten Trug mit Untreue. In diesem Sinne sind auch in unserer Zeit diejenigen Offiziere, die sich der Widerstandsbewegung gegen den Nationalsozialismus anschlossen, völlig gerechtfertigt, wenn sie schließlich dieses trügerische Regime bekämpften, das Regime, das ihnen längst nicht mehr die Treue gehalten und damit von selbst die Treuebande gelöst hatte.

Die Stämme

Wir haben bereits erwähnt, daß die Germanen in Stämme unterteilt waren. Anfangs sind diese Stämme wahrscheinlich zahlreich und klein gewesen, aber allmählich wurden manche Stämme durch Zusammenschluß mehrerer Volksgemeinschaften und durch starken Zuwachs größer und stärker. Stämme unterschieden sich im Laufe der Jahrhunderte mehr und mehr durch einen gemeinsamen Dialekt, Gewohnheiten, Tradition, Kulturformen und auch durch Rassenmerkmale. Die Stämme waren maßgeblich an der Entwicklung einer deutschen Zivilisation und einer politischen Nation beteiligt. Die Franken legten den Grundstein und verbanden die germanisch-politische und gesellschaftliche Grundlage mit der christlich-römischen Kultur zu einer neuen Einheit. Die Alemannen, Sachsen und Markomannen (Bayern-Habsburger) führten abwechselnd die Geschicke des deutschen Volkes, bis sie von den Neustämmen (Preußen) abgelöst wurden. Die Franken und Thüringer trugen wesentlich zur Kolonisation der Gebiete östlich der Elbe und Saale bei. Doch von all dem später.

Zunächst fühlte sich der Germane sicher weniger als Mitglied eines Stammes und mehr als Mitglied einer Sippe, einer Großfamilie. Ein Nationalgefühl gab es natürlich gar nicht, das hat sich erst in jüngster Zeit entwickelt. Die Familienbande waren stark, und die Familie besaß bestimmte natürliche und unveränderliche Rechte. Zur Sippe gehörten alle männlichen Blutsverwandten mit ihren Frauen und Kindern sowie andere Verwandte, Knechte und Mägde. Die Sippe regelte alle allgemeinen und persönlichen Aufgaben; Beleidigungen, Körperverletzungen und Mord wurden durch die Blutrache geahndet. Da die Blutrache jedoch zu endlosen Totschlägen führen konnte, suchte man sie schon früh durch eine Bußzahlung, das Wergeld,[11] abzulösen. Nach Stand, Geschlecht und Wertung des Getöteten wurde der Betrag bemessen, mit dem sich die Sippe des Erschlagenen von dem Täter und dessen Familie loskaufen lassen konnte. Im Kriege kämpften die Sippenmitglieder in geschlossener Abteilung nebeneinander, ein Vorteil, den die Römer zu schätzen wußten.

Die Sippe

Eine Sippe bestand aus 50 bis 100 Familien, die zusammen in derselben Dorfgemeinschaft wohnten. Später wurden meist 100 bis 120 Familien zu Hundertschaften zusammengeschlossen, und das Gebiet, das sie bewohnten, wurde Gau (englisch ,,shire") genannt.

Die Bevölkerung bestand aus Freien und Sklaven. Die freien Männer waren vollberechtigte Mitglieder des Stammes und der Gemeinde: Ihnen gehörte das Land, sie durften Waffen tragen, in den Krieg ziehen und in den Volksversammlungen mitstimmen. Die bedeutendsten freien Männer, die aus alten Herzogsfamilien stammten oder sich durch überragende Fähigkeiten auszeichneten, hießen Ethelinge. Andere freie Männer stellten sich freiwillig als Vasallen in ihren Dienst und leisteten ihnen Gefolgschaft und Treue, während der Etheling ihnen als Gegenleistung Vertrauen, Kleidung, Unterkunft, Nahrung und Waffen schenkte. Die Vasallen oder Gefolgsmänner werden im Mittelalter Degen (thegans) genannt und aus den Ethelingen entwickeln sich die Adelsfamilien. Im Krieg spielte die Gefolgschaft eine große Rolle: Der Gefolgsmann hatte den einen Ehrgeiz, seinen Herrn zu beschützen, ihm in seinem Ruhm nachzueifern und für ihn das Leben zu opfern. Der Etheling hielt es für seine höchste Pflicht, sich für seine Mannen auch unter Todesgefahr einzusetzen. In der Nibelungendichtung weisen die Könige das Anerbieten zurück,

Etheling und Vasallen

[11] ,,Wer" bedeutet ,,Mann", ,,Mensch" nach germanisch *wera*, vgl lateinisch *vir*.

sich das Leben zu sichern durch die Auslieferung ihrer Gefolgsmänner. Tacitus schreibt im 14. Kapitel über dieses Verhältnis:

> In der Schlacht ist es eine Schmach für den Gefolgsherrn sich an Tapferkeit übertreffen zu lassen, und eine Schmach für die Gefolgschaft, es dem Herrn an Tapferkeit nicht gleichzutun. Fürs ganze Leben aber lädt Schimpf und Schande auf sich, wer seinem Gefolgsherrn nicht in den Tod folgt. Ihn zu schirmen, ihn zu schützen, auch die eigenen Heldentaten ihm zum Ruhme anzurechnen, ist des Gefolgsmannes vornehmste und heiligste Pflicht. Die Gefolgsherren kämpfen um den Sieg, die Gefolgsmannen für ihren Herrn.

Die Stellung der Frau

Die Frau war dem Mann nicht ebenbürtig, wurde aber als Mutter und Wahrsagerin hoch geachtet. Ihre Haupttugend scheint die Reinheit und die Treue zu ihrem Mann gewesen zu sein. Tacitus preist die Tugenden der germanischen Frauen und die Achtung, die der Stand der Ehe genießt. Wir müssen dabei jedoch wiederum darauf hinweisen, daß Tacitus reformatorische, erzieherische Absichten hat. Für den Ehebruch wurde die Frau, aber nicht der Mann, hart bestraft, eine Sitte die sich in gewisser Weise mindestens bis zu Anfang des 20. Jahrhunderts erhalten hat. Die Familien sind kinderreich gewesen, was zum Teil die ständige Suche nach mehr Land sowie die zunehmende Zahl germanischer Soldaten und Beamten in römischen Diensten erklärt.

Das Thing

Die Versammlung der freien Männer, in der wichtige Entscheidungen getroffen wurden, hieß das Thing. Das Thing traf sich entweder regelmäßig bei Neu- oder Vollmond[12] oder wurde zu einem bestimmten Zweck einberufen. Man traf sich an einem besonders geweihten Ort. Das Thing konnte auf Dorf-, Gau- oder Stammesebene einberufen werden. Der angesehenste Mann führte den Vorsitz. Die Versammlung nahm Jünglinge als vollberechtigte Männer auf, entschied in Streitfällen, wobei es hauptsächlich auf überlieferte Gesetze oder auf Tradition zurückfiel, verurteilte Feiglinge, Verräter, Deserteure, Treulose

[12] Mond und das Wetter spielten eine wichtige Rolle im Gelingen eines Unternehmens und im Menschenschicksal. So wurden Schlachten verloren, weil die Mondphase ungünstig war oder abgebrochen, wenn ein Gewitter einsetzte.

oder Religionsverächter zum Tode und entschied über Krieg und Frieden. Im Kriegsfalle wählte es einen Herzog oder König, der jedoch nach Ende der Kampfhandlungen sein Amt wieder aufgeben mußte. Manche Stämme, so die Ost- und Nordgermanen, hatten auch im Frieden einen König, aber auch hier bewahrte sich die Volksversammlung Hoheit in wichtigen Fragen. Der König war kein uneingeschränkter Alleinherrscher, sondern der höchste Beamte des Volkes. Das Thing war eine Art Volksvertretung und Volksgericht in einer Instanz. Es ist interessant zu verfolgen, wie sich in England und Island der demokratische Charakter des germanischen Things zu einem parlamentarischen Staat weiterentwickelt, während die demokratischen Elemente auf dem Kontinent allmählich in den Hintergrund treten und der König alle Macht an sich reißt. Sicher hat dabei das Vorbild Roms auf dem Kontinent mit auf die Entwicklung eingewirkt.

Religion

Wir besitzen keine Dokumente über die Religion der Germanen. Die Berichte von römischen Geschichtsschreibern und christlichen Missionaren sind mit Vorurteilen beladen und daher unzuverlässig. Unser Wissen ist unvollständig und beruht zum größten Teil auf alten isländischen Sagen und auf archäologischen Funden aus der Stein- und Bronzezeit.

Die Götter

Die Götter waren persönliche Wesen, die der Krieger fürchtete und verehrte als Übermenschen, die ihm helfen und ihm Vorteile verschaffen konnten. Ihnen leistete er Gefolgschaftstreue wie seinem Etheling. Die Götter und ihre Gegner, die Riesen, bevölkerten den Himmel und die Gebirge. Sie bekriegten sich fortwährend, bis die Riesen in einem großen Endkampf die Götter in einer flammenden Götterdämmerung vernichten würden.

Sowohl Götter und Riesen stehen „jenseits von Gut und Böse"; sie sind kein Vorbild für den Menschen; sie sind gewitzt und kraftvoll, aber weder allmächtig noch ewig. Sie symbolisieren die Gegensätze, die der Germane im Leben antrifft. Über Göttern, Riesen und Menschen steht die Macht des Schicksals, die von drei allwissenden Frauen, den Nornen, verwaltet wird. Das Schicksal kann nicht wie die Götter durch Gebet und Opfer beeinflußt werden, aber es kann von Seherinnen mit Hilfe der Auslegung von Vogelflug und Runenstäbchen in seinen Absichten erforscht werden.

Das Schicksal

Donar

Donar oder Thor, dessen Name in Donnerstag (und in Thursday) geblieben ist, ist der Beschützer des Feldes, der dem Bauern Ernte, Reichtum und Frieden schenkt und der die Ehe und das Recht bewacht. Er ist aber auch der Kriegsgott, der mit seinem Hammer Blitze schleudert und den Feind vernichtet. In ihm sind freundschaftlicher Schutz und gefährliche Vernichtungsmacht vereint. Ziu-Sachsnot ist der Kriegsgott der Sachsen, nach dem der dritte Wochentag Dienstag (Tuesday) benannt ist. Der Allvater, der Himmelsgott, der Gott des Todes, des Sturmes, des Schlachtfeldes, der Weisheit und der Zauberei, der einäugige Wanderer, der den Menschen oft unverhofft erscheint, ist Wotan (Odin), der unberechenbarste unter den Göttern. Seine blonden Schlachtjungfrauen, die Walküren, reiten über die Schlachtfelder und sammeln die gefallenen Helden, um sie in die Walhalla[13] einzuführen, wo sie von Wotan und den Jungfrauen reich bewirtet und belohnt werden und wo sie sich auf die letzte entscheidende Schlacht gegen die Riesen bereithalten. Alle Germanen verehren Wotans Gattin Friga (auch Frigg, Nerthus, Hertha oder Hödor genannt), die Beschützerin der Ehe und Liebe, die große Himmelsmutter (Frigas Tag = Freitag, Friday).

Ziu

Wotan

Walküren

Walhalla

Friga

Außer den Göttern und Riesen, die den Himmel bewohnen, bevölkern eine Unzahl freundlicher und feindlicher Geister, Elfen, Nymphen, Zwerge, Hexen, Kobolde und Werwölfe die Berge, Wälder, Bäche, Seen, Flüsse, Quellen, Wiesen und Bäume auf der Erde. Für den Germanen, der mitten in der Natur lebte und sich betätigte, war diese belebt. Die Geister der Verstorbenen bielten sich noch eine Zeitlang in den Bäumen und Quellen nahe ihrem früheren Wohnortt auf.

Die Religion scheint dem Germanen keine endgültige Antwort gegeben zu haben auf die Frage nach dem Sinn des Lebens. Selbst der gewaltigste Recke hat scheinbar umsonst gelebt, denn zusammen mit den Göttern ist er einem sinnlosen Schicksal unterstellt, das am Ende der Zeiten Himmel und Erde vernichten wird. Auch die in Walhalla versammelten Helden können die Götter nicht vor dem Untergang retten, sondern gehen mit ihnen unter. Was werden die Riesen nach dieser letzten Vernichtungsschlacht tun, wenn sie aus der Feuersbrunst siegreich hervorgehen? Darauf gibt es keine Antwort. Erst die neue Religion, das Christentum, das die Germanen nach dem Zusammenbruch des römischen Reiches annehmen, setzt dem pessimistischen Schicksalsglauben ein Ende und gibt den Menschen Hoffnung. Ob es dem Christentum gelang, den germanischen Mythos ganz zu verdrängen, bleibt zweifelhaft, wenn man

Die Götterdämmerung

[13] Wal = im Kampfe erschlagen.

bedenkt wie beeindruckt Tausende jedes Jahr von Richard Wagners Opern sind, die den alten Götterglauben und die Götterdämmerung verherrlichen oder wenn man sich erinnert, wie Adolf Hitler und andere führende Männer des Nationalsozialismus besessen waren von der Idee des Endkampfes, des totalen Unterganges der arischen Kultur in einer Art Götterdämmerung.

Die Porta Nigra in Trier

Die Ausbreitung des römischen Reiches

Wir haben bereits mehrfach erwähnt, daß Römer und Germanen jahrhundertelang aufeinanderstießen, bis die germanischen Stämme endlich im 5. Jahrhundert das römische Weltreich überrannten. Obgleich die Germanen seßhafte Bauernvölker waren, waren einzelne Sippen oder größere Teile von Stämmen dauernd auf der Suche nach neuem Land. So verließen etwa 100 v. Chr. die Kimbern und Teutonen[14] ihre Wohnsitze an der Nordsee und zogen auf der Suche nach Land durch Deutschland, Frankreich und Spanien. Mehrfach stießen sie auf römische Legionen und fochten siegreiche Schlachten, bis sie endlich in Oberitalien gestellt und vernichtet wurden. Es wird berichtet, daß die Frauen nach der verlorenen Schlacht ihre Kinder und sich selbst umbrachten, um sich vor der Scham der Sklaverei zu retten. In den folgenden Jahren breiteten die Römer ihre Macht immer weiter nach Norden aus, besetzten das heutige Frankreich,

[14] Manche Forscher glauben, daß große Sturmfluten und damit verbundene Landverheerungen den Aufbruch dieser Völker veranlaßten.

Belgien, Holland, Österreich, Süddeutschland, Ungarn, Rumänien und Teile Englands. Der Rhein, der Main und weiter östlich die Donau blieben ungefähr die Grenze zwischen Rom und den germanischen Völkern, obgleich römische Heere einzelne Expeditionszüge ins Innere des Landes unternahmen, besonders an der Nordseeküste und in den Flußtälern.[15] Den römischen Expansionsplänen wurde im Jahre 9 n. Chr. endgültig ein Ende gesetzt, als Armin (Hermann), ein in Rom erzogener Fürst der Cherusker, drei römische Legionen unter Führung von Quinctilius Varus im Teutoburger Wald in einer dreitägigen Schlacht völlig vernichtete. Dieser Sieg war von großer geschichtlicher Bedeutung, denn er verhinderte die Romanisierung Germaniens und erlaubte den Germanen ihre eigene Entwicklung.[16] Der Rhein und nicht die Elbe wurde die Ostgrenze des römischen Weltreiches im Gebiet Gallien-Germanien. In den folgenden Jahrzehnten errichteten die Römer Verteidigungsanlagen an Rhein und Donau sowie zwischen den beiden Strömen. Die berühmteste Verteidigungslinie war der Limes,[17] ein etwa 550 km langer Grenzwall, der bei Rheinbrohl (zwischen Remagen und Koblenz) am Rhein begann, die Lahn bei Bad Ems überquerte, dann auf dem Kamm des Taunus verlief, von Hanau bis Miltenberg dem Main folgte, dann südlich vorbei an Jagsthausen, wo später Götz von Berlichingen seinen Sitz nahm, nach Lorch und von dort nach Osten führte und bei Regensburg auf die Donau traf. Dieser Wall war mit Palisaden und Steinmauern gesichert. Bis zu 6 m hohe Wachttürme standen in regelmäßigen Abständen und waren durch Wege und Straßen mit den weiter hinter der Grenze liegenden Kastellen (wie z.B. Castellum Mattiacorum bei

Armin

Der Limes

[15] Caesar überschritt den Rhein zweimal auf einer kunstvoll gebauten Brücke zu kurzen Einfällen in germanisches Gebiet.

[16] Der römische Kaiser Augustus soll von der furchtbaren Niederlage schwer getroffen worden sein. Er soll seine germanische Leibwache entlassen und immer wieder ausgerufen haben: ,,Varus, Varus, gib mir meine Legionen wieder!'' Die Nummern der drei Legionen, XVII, XVIII und XIX, die der römische Feldherr seinem Kaiser nicht zurückbringen konnte, da die Cherusker die römischen Insignia erbeutet hatten, sind im römischen Heer nie wieder erschienen. Wie zur Zeit des Kimberneinfalls war Rom schwer erschüttert. Im 19. Jahrhundert wurde bei Detmold eine riesige Statue des Cheruskerfürsten errichtet (das Hermannsdenkmal), die an den germanischen Sieg errinnern soll.

[17] Das Latein. Wort bedeutet ursprünglich Grenzweg, erhält aber bald die Bedeutung Grenzwall. Das englische Wort ,,limit'' (city limit) wird von ,,limes'' abgeleitet.

Mainz und Castra Regina bei Regensburg) verbunden. Diese römischen Befestigungen verhinderten das Vordringen der Germanen bis Ende des 3. Jahrhunderts. Einzelne Angriffe, wie der Einfall der Markomannen in Gebiete südlich der Donau, und der Alemannen, die den Limes auf breiter Front überrannten, richteten große Zerstörungen an, wurden aber aufgehalten. Allerdings konnten die Römer nicht verhindern, daß sich germanische Völker auch südlich des Mains und der Donau ansiedelten.

Gegen Ende des 4. Jahrhunderts haben sich die meisten germanischen Stämme, die Tacitus erwähnte, zu neuen größeren Stammesverbänden zusammengeschlossen. Wir wissen nicht genau, wie und warum dies geschah. Sicher haben politische Gründe (vereinte Opposition gegen Rom, bessere Verwaltung eroberter Gebiete) eine Rolle gespielt. Am Unterrhein saßen die Franken, am Oberrhein die Alemannen.[18] Die Thüringer[19] hielten noch ihre zentral gelegenen Sitze. Im Norden wohnten die Sachsen, die Angeln, Friesen und Jüten, im Osten an Oder und Weichsel die Wandalen, Langobarden und Burgunden und im Südosten die Ost- und Westgoten.[20] (Siehe Karte!) Während die Westgermanen sich langsam ausdehnten und benachbarte Gebiete in Besitz nahmen, verließen die Ostgermanen völlig ihre Heimat und suchten neue Wohnsitze. Die Expansion der germanischen Völker war bedingt durch ihre schnell wachsende Bevölkerung, die immer nötiger neues Land brauchte. Hinzu kamen Sturmfluten im Norden und Klimawechsel. Einige Forscher meinen, daß die germanische Wanderlust, der Drang nach dem sonnigen Süden und die Eroberungslust ebenfalls Faktoren sind, die mitberücksicht werden müssen, wenn man die Völkerwanderung erklären will. Bis ins 4. Jahrhundert hinein war es den Römern gelungen, die überschüssige Bevölkerung in

Die Völkerwanderung

[18] Franken bedeutet die Mutigen oder die Freien (ahd. ,,franc'' = frei), Alemannen ,,alle Männer''. Der Name deutet auf den Zusammenschluß Gleichgesinnter gegen Rom hin.

[19] ,,Nachkommen der (Hermun) duren'', d.h. der ,,Mutigen''.

[20] Die Sachsen werden nach ihrem kurzen, einschneidigen Schwert (,,sahs'') benannt. Die Bezeichnung Angeln kommt von ,,angul'' = Winkel und weist auf ihre Heimat hin. Friese bedeutet freier Mann (fri = frei) oder Küstenbewohner (idg. fers = Küste, Rand), Jüte Mensch, Wandale der Umherschweifende (ahd. wantalon = wandern) Langobarde Langbärtige (auch: ,,barte'' = Streitaxt), Burgunde (,,burg'') der auf hochgelegenem Ort sich Bergende, Gote Männer (gotnar = Männer) oder der aus gutem Lande stammende (Gotland).

Grenzprovinzen anzusiedeln und junge Männer zu Tausenden ins Heer und die Verwaltung aufzunehmen, wo viele mit Auszeichnung dienten und hohe Ämter bekleideten. Dann fielen im Jahre 375 die Hunnen, ein wildes mongolisches Reitervolk aus Südsibirien, in das Reich der Ostgoten ein und besiegten dieses ostgermanische Volk. Die Westgoten, die unmittelbar von den Hunnen bedroht wurden, baten die Römer um Land in ihrem Ostreich. Es wurde ihnen in Thrakien gewährt, aber unter so unwürdigen Bedingungen, daß sie zu den Waffen griffen und die Römer 378 bei Adrianopel schlugen. Unter ihrem König Alarich eroberten die Westgoten zuerst das oströmische Reich (Balkanhalbinsel mit der Hauptstadt Konstantinopel) und wandten sich dann gegen Westrom (Italien). Am 24. August 410 nahmen sie die ewige Stadt ein, die seit Hannibal, 600 Jahre vorher, keinen Feind vor ihren Toren gesehen hatte. Alarich starb noch im selben Jahr und sein Volk siedelte sich in Gallien und Spanien an, bis das Westgotenreich in Gallien von den Franken im 6. Jahrhundert und in Spanien von den Mohammedanern 711 aufgelöst wurde. Bereits vor den Goten waren die Wandalen nach Spanien gekommen. Sie hatten sich, wahrscheinlich aus Dänemark kommend, zwischen Oder und Weichsel angesiedelt und verließen dort ihre Wohnsitze zu Anfang des 5. Jahrhunderts, überschritten den Rhein, verheerten Gallien und setzten sich 409 in Spanien fest. Im Jahre 428 wurde Geiserich, eine sagenumwobene Heldengestalt der Völkerwanderungszeit, ihr Führer. 429 gelang es ihm, sein Volk nach Nordafrika überzusetzen und diese römische Provinz zu erobern. Er baute eine Kriegsflotte aus, die mit dem Fall von Karthago (439) noch durch die erbeutete römische Flotte vergrößert wurde. Der alte Seemannsgeist ihrer Vorfahren scheint in den Wandalen schnell wieder lebendig geworden zu sein, denn sie unternahmen kühne Plünderungszüge im ganzen Mittelmeer, nahmen 455 Rom ein und plünderten die Stadt 14 Tage lang aus.[21] Nach Geiserichs Tod (477) brach das Wandalenreich bald zusammen, wohl weil die Kraft der an kälteres Klima gewöhnten Germanen im warmen Süden bald erschlaffte und weil die vielen gefallenen Krieger nicht durch

Die Westgoten

Der Fall Roms

Die Wandalen

[21] Das Wort Wandalismus, das blindwütendes Zerstören bedeutet, wurde während der französischen Revolution geprägt. Auf die Wandalen paßt es insofern nicht, weil diese die Stadt Rom ohne Schwertstreich genommen hatten und weder die Bevölkerung ermordeten noch die Stadt zerstörten; Kriegsbeute zu sammeln, war bei allen Völkern, besonders bei den Römern, Brauch.

junge Männer ersetzt werden konnten. Auf den vielen Kriegszügen war der Nachwuchs stark zurückgegangen. Oströmische Soldaten vernichteten 534 das Reich und machten Nordafrika wieder zu einer römischen Provinz. Während Westrom von innen und von außen zugleich von den Germanen überrannt wurde, war es Ostrom gelungen, seine Souveränität zu erhalten und die kulturelle römische Tradition fortzusetzen. Im Jahre 476 hatten ostgermanische Soldaten, die in römischen Diensten standen und die Stadt Rom beschützen sollten, den Kaiser Romulus Augustulus abgesetzt und ihren eigenen Führer Odovakar zum König erhoben. Damit war das Ende des weströmischen Reiches gekommen, und germanische Völker regierten nun dieses einst für unbesiegbar gehaltene Imperium.

Die Hunnen

Nachdem die Hunnen unter Attila, der als König Etzel im Nibelungenlied erscheint, 445 vor den Toren Konstantinopels gestanden hatten und dann über den Rhein nach Gallien gezogen und in Italien eingefallen waren, hatten sie sich wieder an die Donau zurückgezogen. Dort starb Attila, und die Hunnen verschwanden als Volk aus Europa.[22] Nun wurden die Ostgoten von ihren Herren frei und errichteten ihre Herrschaft in Italien unter ihrem König Theoderich, der als Dietrich von Bern (Verona) in die deutsche Sage eingeht. Da Theoderich Odovakar nicht in offener Schlacht besiegen konnte, ließ er ihn bei Verhandlungen ermorden und riß so das Reich an sich. Er regierte erfolgreich bis an sein Ende (526). Dann zerfiel sein Reich und wurde von den Armeen des oströmischen Kaisers Justinian erobert. Danach verschwanden auch die Ostgoten als Volk von der Bildfläche der Geschichte.

Die Ostgoten

Die Burgunden

Die zwei anderen ostgermanischen Stämme erlitten ein ähnliches Schicksal wie ihre Brüder. Die Burgunden, die aus Südskandinavien (Insel Burgundarholm = Bornholm) an die Weichsel und Oder gekommen und dort 500 Jahre seßhaft gewesen waren, wanderten durch Schlesien nach Westen und errichteten 406 unter ihrem König Gundahari (Gunther im *Nibelungenlied*) um Worms das sagenhafte Burgunderreich. Zusammen von Römern und Hunnen wurden 437 der König und 20 000 Krieger vernichtet, ein Ereignis, das im *Nibelungenlied* literarisch behandelt wird. Reste der Burgunden gründeten ein neues Reich um das Saone- und Rhônebecken, das bis 534

[22] Wahrscheinlich sind Reste im ungarischen und türkischen Volk erhalten. Der Name Hunnen bedeutet wahrscheinlich die Dunklen, die Schwarzen.

bestand und dann von den Franken ins Merowingerreich einverleibt wurde. Die Langobarden saßen schon früh an der unteren Elbe, wo ein Teil von ihnen im Volk der Sachsen aufging. Ein anderer Teil zog nach Süden und kam nach langen Wanderungen 568 nach Oberitalien. Hier errichteten sie das letzte germanische Königreich (Lombardei) auf dem Boden des römischen Imperiums. Sie herrschten über 200 Jahre bis ihr Reich 774 von den Franken unter Karl dem Großen, der sich zum König der Langobarden krönte, erobert wurde.

Die Langobarden

Zu erwähnen ist noch die Eroberung der Britischen Inseln durch die Jüten, Angeln und Sachsen nach Abzug der römischen Legionen und die Errichtung von Königreichen in Schweden, Norwegen und Dänemark unter den Nordgermanen. Bekannt sind die vielen Raubzüge der Wikinger, die mit Booten an allen europäischen Küsten und Flüssen erschienen, bis ins Mittelmeer und tief nach Rußland eindrangen, Irland, Island, Grönland und die Britischen Inseln beraubten und besiedelten und sehr wahrscheinlich den nordamerikanischen Kontinent entdeckten.

Die Angeln und Sachsen

Die Wikinger

Wir haben gesehen, daß das römische Weltreich im 4. und 5. Jahrhundert von germanischen Stämmen überrannt wurde und daß diese ihre Reiche auf einstmals römischem Gebiet errichteten. Mit Ausnahme des Frankenreiches bestanden sie nicht lange. Die germanischen Eroberer wurden von der romanischen Bevölkerung, die ihnen an Zahl und Kultur überlegen war, assimiliert und verloren ihre Identität. Aus der Synthese der römisch-christlichen und germanisch-heidnischen Welt ging allmählich eine neue Kultur hervor, in der die Philosophie und Religion, Kunst und Literatur ihren Impetus von der christlichen und klassischen Tradition erhielten, während das germanische Erbe einen kräftigen Individualismus, Tatendrang und die althergebrachten Tugenden übermittelte.

3

Die Entwicklung des Reiches von den Merowingern bis zu den Hohenstaufen

Der Stamm der Franken ging aus mehreren kleineren Stämmen hervor, die sich vereinigten und sich vom Rhein aus allmählich ausbreiteten, bis sie im frühen Mittelalter ihre größte Verbreitung gefunden hatten. Die Franken bilden die Keimzelle für das deutsche Reich, das sich in den Jahrhunderten nach der Völkerwanderung langsam entwickelte.

König Chlodwig

Da die Franken sich fast fortwährend im Kriegszustand befanden, wurde die Befehlsgewalt der gewählten Herzöge sehr bald zu einem Dauerzustand, aus dem das erbliche Königtum hervorging. Unter ihren Königen ist besonders Chlodwig (481–511) aus dem Haus der Merowinger berühmt, der sich 496 zum Christentum bekehrte, als er die Alemannen, der Überlieferung nach, mit Christi Hilfe besiegte. Durch seinen Übertritt zum Christentum versicherte er sich der Unterstützung des Papstes und der katholischen Bischöfe sowie des Wohlwollens des oströmischen Kaisers, der ihn als Konsul des römischen Reiches betrachtete. In den folgenden Jahren besiegte Chlodwig die Burgunder und Westgoten und herrschte über ein Reich, das das heutige Frankreich sowie einen breiten Streifen rechts des Rheines umfaßte. Nach dem Tode Chlodwigs wurde das Königreich mit wechselndem Glück und von Männern mit unterschiedlicher Intelligenz geführt. Im 8. Jahrhundert umfaßte es Frankreich, Belgien, Holland, das Rheinland, ganz Süd- und

Mitteldeutschland sowie die Schweiz.[1] Aus der Rechtsordnung der Franken dieser Zeit hat sich die Bestimmung, daß Frauen kein Land erben dürfen, im deutschen Recht als bindend für die Thronfolge erhalten. Es ist erstaunlich, wie es den Franken gelang, ganze germanische Stämme und geschlossene römische Legionen in ihren Bund aufzunehmen.

Karl Martell

Eines der großen Ereignisse der Weltgeschichte fand im 8. Jahrhundert statt, als der Frankenkönig Karl Martell (714–741) die abendländische Kultur durch seinen glänzenden Sieg über die Mauren (732) bei Tours und Poitier rettete. Der Prophet Mohammed hatte den arabischen Völkern die Erlösungsreligion des Islams gebracht, und dieser neue Glaube vereinigte die Stämme Nordafrikas und verbreitete sich im Laufe eines Jahrhunderts nach Syrien, Persien, Indien, Ägypten, das Niltal hinauf und die ganze nordafrikanische Küste entlang.

Die Mauren erobern Spanien

Im Jahre 711 landeten die Mauren in Spanien und eroberten in vier Jahren das westgotische Reich, überschritten dann die Pyrenäen und unterwarfen halb Frankreich. Nur das fränkische Königreich stand ihnen noch entgegen. Mit seinem Fall wäre der Weg bis nach Polen frei gewesen und es ist denkbar, daß damals ganz Europa mohammedanisch hätte werden können.

Karls Sieg über die Mauren

Dieses Schicksal verhinderte Karl Martell, der erste Herrscher aus dem Haus der Karolinger und Großvater Karls des Großen, indem er die Mauren zum Rückzug zwang. Sein Erfolg wird von manchen Geschichtsschreibern als ein Ereignis von hervorragender Bedeutung in der abendländischen Geschichte bezeichnet und gern verglichen mit dem Sieg des Sachsenkaisers Otto über die Ungarn im Jahre 955, und die Befreiung Wiens 1683 von den Türken. Mit diesem Sieg, durch den Karl Martell als der „Retter des Christentums" bekannt wird, beginnt auch die Rückeroberung Spaniens, die erst 1492 mit dem Fall von Granada beendet wird.

Bonifatius

Unter Karl breitet sich das Christentum auch bei den rechtsrheinischen Völkern weiter aus. Bonifatius, der Apostel der Deutschen, hat bezeugt, daß seine Missionstätigkeit ohne die Unterstützung des Frankenkönigs kaum möglich gewesen wäre. Bonifatius war Engländer,[2] der vom Papst zum Bischof geweiht

[1] Diese Ausbreitung bedeutet u. a. die Unterwerfung der Thüringer, Alemannen und Bajuwaren (Bayern).

[2] In England und Irland hatte die christliche Religion unter den Germanen zuerst Fuß gefaßt. Von dort kamen eine Reihe von bedeutenden Missionaren auf den Kontinent und bekehrten die Germanen zwischen Rhein und Elbe.

worden war, um die Friesen, Thüringer und Hessen zu bekehren. Überall gründete er Klöster, predigte das Evangelium und fällte heilige, den heidnischen Göttern geweihte Eichen. Als Erzbischof von Mainz, bereits über siebzig Jahre alt, zog er noch einmal zu den Friesen und erlitt den Märtyrertod. In Fulda liegt er begraben. Die Bekehrung der Heiden zum Christentum war politisch von Wichtigkeit, weil damit ein einiges christliches Volk unter einem christlichen König den Angriffen der Heiden, besonders der Mohammedaner, gefestigter entgegensehen konnte.

Der Nachfolger König Karls wurde Pippin (751–768), der auf den Hilferuf des Papstes nach Italien eilte und Rom von der Bedrängnis durch die Langobarden befreite, ein Ereignis, das für den Verlauf der späteren Geschichte von Bedeutung ist. Der Sieg der Franken endete die Bestrebungen der Langobarden, einen einheitlichen Staat in Italien zu errichten und förderte die politische Zerrissenheit der Halbinsel. Durch die Begründung des Kirchenstaates[3] stärkte Pippin die weltliche Herrschaft des Papsttums und begründete dessen enge Verbindung mit dem zukünftigen deutschen Reich, was später zu den langen, zersetzenden Auseinandersetzungen zwischen Papst und deutschem Kaiser führen sollte. Vielleicht wäre die Geschichte Deutschlands ohne Pippins Eingreifen in Italien ganz anders verlaufen.

Pippin und der Kirchenstaat

Karl der Große

Karl der Große (768–814) setzte die Politik seines Vaters fort, als er das Reich nach dessen Tod übernahm. Er bestätigte die Schenkung Pippins, vernichtete das Langobardenreich, wodurch er die Bedrohung des Papsttums endgültig beseitigte, und erklärte sich 774 zum König der Langobarden und als Patrizier von Rom zum Schutzherrn der Kirche. Sein Herrschaftsbereich erstreckte sich nun bis nach Süditalien, aber im Norden machten ihm noch die Sachsen zu schaffen. Nach langen, blutigen Kriegen wurden sie endlich unterworfen. Ihr Herzog Widukind empfing 785 mit seinen Unterführern die Taufe, nachdem Karl kurz zuvor 4500 Sachsen als Vergeltung für einen Aufstand hatte niedermetzeln lassen. Zweifellos war die Christianisierung der Sachsen politisch motiviert, was u.a. auch erklären mag, warum der eigentliche Geist des Christentums lange Zeit im Leben der

[3] Von den Langobarden eroberte Pippin das Exarchat von Ravenna zurück, eine Provinz, die dem oströmischen Kaiser unterstellt war und die traditionell den Papst in Rom beschützt hatte. Er gab diese Provinz nicht an Ostrom zurück, sondern schenkte sie dem Heiligen Vater zu selbständiger Verwaltung. Diese Schenkung begründete den päpstlichen Kirchenstaat, der bis 1870 bestand.

Bekehrten kaum wirksam war, ja sich im Grunde selbst bis heute noch nicht völlig durchgesetzt hat in den Beziehungen der christlichen Nationen untereinander. Mit der Unterwerfung der Sachsen war auch der letzte auf deutschem Boden wohnende große Stamm dem Frankenreich einverleibt, das sich nun im Osten an die Elbe und die Ostsee erstreckte.

Ausdehnung des Reiches

Das Herzogtum Bayern, das bereits Tribut an die Franken zahlte, wurde 788 ins Reich eingegliedert. Es umfaßte außer Bayern auch das heutige Österreich und Südtirol. Gegen die Einfälle der Avaren, einem Reitervolk aus dem Osten, schützte Karl das Reich durch die Errichtung der Ostmark zwischen der Enns und der Raab. Die Markgrafen verdrängten die slawische Bevölkerung und machten das Land frei für germanische Ansiedler, wodurch das Deutschtum Niederösterreichs und der Alpenländer begründet wurde. Auch gegen die Slawen östlich der Elbe errichtete Karl Marken und Befestigungsanlagen, um das Reich zu schützen. Die Mauren drängte er in zwei Feldzügen jenseits der Pyrenäen zurück[4] und schuf die spanische Mark zwischen Barcelona und dem oberen Ebro.

Kaiser Karl der Große

[4] Eine Nachhut des fränkischen Heeres wurde der Sage nach bei Roncevalles in den Schluchten der Pyrenäen vernichtet. Ihr Anführer Roland wurde im *Rolandslied* verewigt, dessen Quelle das französische Nationalepos *Chançon de Roland* ist.

Die Kaiserkrönung Karls

Ein weitragendes Ereignis in Karls Leben war seine Krönung zum Kaiser in Rom am Weihnachtsmorgen im Jahr 800. Das Papsttum hatte das Ziel, die gesamte abendländische Christenheit in einem großen Imperium zusammengeschlossen zu sehen. Karl hatte sich bereits als Schutzherr der Kirche erwiesen und stand dem Papst wiederum in einem Streit gegen den römischen Adel bei. Er führte den Vorsitz über eine große Versammlung geistlicher und weltlicher Würdenträger, die sich in Rom zum Gericht zusammengesetzt hatte. Während dieser Synode mögen die Pläne für Karls Krönung ausgearbeitet worden sein, jedenfalls setzte Papst Leo III nach der Messe im Petersdom dem Frankenkönig die Kaiserkrone aufs Haupt. Die versammelten Römer riefen ihm zu:

> „Karl, dem Augustus, dem von Gott gekrönten, großen und friedebringenden Kaiser der Römer, Leben und Sieg!"

und der Papst beugte vor ihm das Knie. Die Idee der Erneuerung des römischen Weltreiches ist hier verwirklicht worden und hat jahrhundertelang die staatlichen Vorstellungen des Abendlandes beherrscht. Die Geschichte zählt das Jahr 800 als den Beginn des „Heiligen Römischen Reiches Deutscher Nation", das bis 1806 bestand. Der ganzen Bedeutung dieser Kaiserkrönung waren sich weder Karl noch Leo bewußt. Die Macht war geteilt zwischen dem Träger des weltlichen Schwertes, dem Kaiser, und dem Träger des geistlichen Schwertes, dem Papst. Der „Gottesstaat" konnte bestehen solange sich beide stützten und ergänzten. Zunächst hatte der Kaiser die Vormachtstellung, als aber im Mittelalter die Macht des Papstes immer mehr erstarkte, begannen sich die beiden Schwerter zu bekriegen, was der Entwicklung des deutschen Reiches schädlich war. Der Gegensatz zwischen Kaiser und Papst bestimmt wesentlich den Lauf der Geschichte im Mittelalter und wirkt sich für Deutschland verhängnisvoll aus.

Am Ende seines Lebens regierte Karl ein gewaltiges Reich, in dem außer germanischen Völkern auch Romanen, Basken, Kelten und Slawen wohnten, in dem widerstrebende Nationalitäten unter einem Herrscher vereinigt waren. Von alters her waren all die verschiedenen Völkerschaften daran gewöhnt, Entschliessungen über ihr politisches Verhalten selber zu finden und nicht einem König in Unternehmungen zu folgen, die sie persönlich kaum betrafen, sondern zum Wohle eines großen Reiches dienten.

Karl vermochte natürlich nicht das Denken seiner Völker zu ändern, und so besteht die deutsche Geschichte vom 9. bis zum 13. Jahrhundert aus dem Widerstreit mehrerer unausgeglichener Kräfte, in denen der Stammespartikularismus und der Gegensatz zwischen deutschem Kaisertum und römischer Kirche die größte Rolle spielen.

Karl der Große hat sich nicht nur um die politische Entwicklung des Reiches, sondern auch um die Bildung seiner Untertanen verdient gemacht. Die christlich betonte Wiedergeburt der antiken Kultur, die er anstrebte, wird die karolingische Renaissance genannt. Aus Italien und anderen Ländern zog der Kaiser bedeutende Gelehrte an seinen Hof: den Grammatiker Petrus von Pisa, den Geschichtschreiber seines Volkes, Paulus Diaconus, die Dichter Theodulf, Dungal und Angilbert, den Geschichtsschreiber und Baumeister Einhart, den Theologen Arno und den Leiter der berühmten Klosterschule von York, Alcuin, den hervorragendsten Denker und einflußreichsten Ratgeber Karls. Diese Mitarbeiter bildeten eine Akademie, und mit ihnen besprach Karl alle theologischen und kulturellen Probleme. Unter ihrer Anleitung wurden Kloster- und Stiftschulen eingerichtet, in denen man nach klassischem Vorbild das Trivium (Grammatik, Dialektik und Rhetorik) auf der Unterstufe und das Quadrivium (Arithmetik, Geometrie, Musik und Astronomie) auf der Oberstufe lehrte. Bibliotheken wurden eingerichtet, die mit Abschriften wertvoller antiker und christlicher Manuskripte bereichert waren. Großer Wert wurde auf die Schönschrift gelegt und durch Vereinheitlichung der verschiedenen Schriftarten im Reich wurde von Alcuin die neue, gut lesbare karolingische Minuskel entwickelt, die das Schriftwesen der folgenden Jahrhunderte beherrscht und die Grundlage unserer modernen Schrift bildet. Viele der karolingischen Manuskripte sind mit reich verzierten, kostbaren Miniaturen versehen, besonders die Anfangsbuchstaben und die Seitenränder sind kunstvoll verziert und verschnörkelt. In Aachen, Karls Hauptwohnsitz, ließ er einen Dom nach dem Vorbild des Zentralbaus der Kirche San Vitale in Ravenna errichten. Ein achteckiger Zentralbau, auf dem die Kuppel ruht, ist von einer sechzehneckigen Außenmauer umschlossen.[5] Das Innere hat drei Geschosse, von denen das

Die karolingische Renaissance

Der Dom zu Aachen

[5] Der Rundbau wurde nicht Vorbild für den Kirchenbau in Deutschland. Muster blieb der rechteckige Raum der römischen Basilika, die der deutschen Raumvorstellung besser entsprach, da sie sich mit dem germanischen Haus- und Saalbau (Langhaus) vortrefflich vertrug.

Der Thron Karls
des Großen
im Aachener Dom

untere sich mit schmucklosen Rundbogen, das zweite und dritte mit Arkaden zur Mitte öffnet. Gegenüber dem Hochaltar auf der Empore des Oktogons steht noch heute der einfache, aus hellen Marmorplatten angefertigte Thronsitz des Kaisers, auf dem er während des Gottesdienstes saß und auf dem später jeder der 32 deutschen Könige, die in Aachen gekrönt wurden, seine Krone empfing.

Die Auflösung des Reiches

Das von Karl geschaffene Reich hat seinen Gründer nicht lange überlebt; es war zu groß und zu vielen Angriffen von außen und innen ausgesetzt. Karls Nachfolger, Ludwig der Fromme (814–840) war nicht stark genug, das Reich zusammenzuhalten. Bereits zu seinen Lebzeiten lehnten sich seine Söhne gegen den Vater auf und es kam zu Streitereien, Kriegen und zur zeitweiligen Absetzung des Kaisers. Nach dessen Tod stritten sich die Söhne, Lothar, Ludwig und Karl, weiter um das Erbe, vernachlässigten die Regierungsgeschäfte und untergruben Autorität für die Zentralgewalt. Die Herzöge, Grafen und Fürsten einzelner Gebiete versuchten so viele Rechte und so viel Macht wie möglich an sich zu reißen. Schließlich schlossen Ludwig und Karl einen Vertrag in Straßburg (842) und schworen einander den Treueid. Dieses Ereignis ist für uns von großem Interesse, denn es zeigt die kulturelle Spaltung, die bereits zwischen dem östlichen und westlichen Teil des Frankenreiches bestand. Die ostfränkischen Stämme, darunter die Alemannen, Thüringer, Sachsen und Bayern, die unter Ludwigs Befehl standen, hatten ihren germanischen Dialekt bewahrt, aber die westfränkischen Völker sprachen einen romanischen Dialekt, der sich seitdem ins Französische entwickelt hat. Damit die beiden Heere die Eide ihrer Könige verstehen konnten, leistete Karl seinen Schwur in Althochdeutsch und Ludwig seinen in Altfranzösisch. Lothar wurde nun von seinen Brüdern zum Bündnis gezwungen, und im Jahre 843 in Verdun wurden ihm der Kaisertitel sowie die Mittelgebiete des Reiches von der Nordsee an Rhein und Rhône entlang bis Rom zugestanden. Karl und Ludwig, die sich Könige nannten, nahmen die deutschen Ost- (Ludwig) und die französischen Westgebiete (Karl) in Besitz. Mit dieser Dreiteilung sind die künftigen Gebiete Deutschland, Frankreich und Elsaß-Lothringen, der Streitapfel zwischen Ost und West bereits geographisch und politisch bestimmt. Nach dem Tode Lothars und dessen Nachfolger, teilten sich Ludwig und Karl 870 im Vertrag von Meerssen das Mittelreich, und Karl erhielt die Kaiserkrone. Die folgenden Jahre brachten Streitigkeiten, weitere Aufteilungen des Reiches und weitere Auflösung der Zentralgewalt, so daß die Macht immer mehr in die Hände der Stammesherzöge[6] und Markgrafen[7] überging. Der König konnte das Land nicht vor Raubüberfällen schützen. Zu dieser Zeit beginnt die so bekannte deutsche Kleinstaaterei, die in der deutschen Geschichte der Errichtung eines einheitlichen Staatswesens immer wieder entgegengewirkt hat.

Die Sachsenkaiser

Im Jahre 919 übernahmen die Sachsen die Führung in deutschen Angelegenheiten und damit wird der Bruch mit Frankreich, das sich nun zu einem eigenen organischen Staat entwickelt, endgültig. Von jetzt an kann man von dem mittelalterlichen Königreich der Deutschen[8] sprechen. Unter den sächsischen Kaisern sind besonders Heinrich I (919–936) und Otto I (936–973) sehr erfolgreiche Herrscher. Mit der Hilfe seiner Herzöge

[6] Die mächtigsten Stammesherzogtümer waren Sachsen, Bayern, Franken, Schwaben und Lothringen.

[7] Die Markgrafen hatten die Aufgabe, das Reich vor Überfällen der Sarazenen im Süden, der Wikinger im Norden und der Ungarn im Osten zu schützen.

[8] Das Wort „deutsch" wird abgeleitet von der germanischen Wurzel *theudo* = Volk. Es entwickelt sich zu althochdeutsch *diutisk*, aus dem deutsch entsteht. Es bedeutet ursprünglich „volkstümlich" und bezeichnet die Sprache des Volkes, das im Gegensatz zu den Gebildeten kein Latein spricht. Zum ersten Mal erscheint das Wort 786 in einem Bericht, in dem ein Geistlicher dem Papst über Beschlüsse einer Synode in England schreibt, die sowohl lateinisch als auch in der Volkssprache („tam latine quam theodisce") verlesen worden seien, damit alle sie verstehen könnten.

und Grafen schlägt Otto in der Schlacht auf dem Lechfelde (955) die ins Reich vordringenden Ungarn und wehrt damit die Gefahr aus dem Osten ab.

Das Heilige Römische Reich Deutscher Nation hatte enge Bindungen an Italien, das nun ebenfalls eigene Wege ging. Rom war die Hauptstadt des Imperiums und das Zentrum der Kirche, der Hauptstütze des deutschen Kaisers. Sowohl aus ideologischen als auch aus rein praktischen politischen Gründen, mußte der Kaiser Deutschland und Italien fest beherrschen. Er befand sich in einer Art Zwickmühle: Ohne die militärische Unterstützung der deutschen Fürsten konnte er Italien nicht unter seine Kontrolle bringen und ohne Kontrolle über Italien, hatte er keine Garantie, daß die Kirche ihm helfen würde, Deutschland zu regieren. Drei Jahrhunderte lang dauerte der Kampf der deutschen Kaiser, sowohl die dauernd rebellierenden deutschen Fürsten als auch den Papst in Rom unter Kontrolle zu behalten. Als 1024 die sächsische Dynastie ausstarb und die Regierungsgewalt den fränkischen Saliern (1024–1125) übertragen wurde, erreichte der Machtkampf zwischen Papst und Kaiser seinen Höhepunkt. Die Geschichte kennt diesen Kampf als den sogenannten Investiturstreit.

Der Gegensatz zwischen Papst und Kaiser

Bereits die Merowinger und Karolinger hatten in immer zunehmendem Maße Priester und Bischöfe ernannt und sie als Verwalter und Fürsten eingesetzt, und traditionsgemäß zählten diese zu den treusten Anhängern der Krone. Dann, im 10. Jahrhundert, begannen die Schwierigkeiten. Unter dem Einfluß einer Reformationsbewegung, die vom Kloster Cluny ausging, suchte sich die Kirche politisch völlig unabhängig zu machen. Ein derartiges Unternehmen war natürlich eine Gefährdung der kaiserlichen Gewalt. Im Jahre 1073 wurde Gregor VII, ein Anhänger der Reformbewegung, zum Papst gewählt und erließ zwei Jahre später sein Verbot der Investitur, womit er bestimmte, daß kein geistliches Amt aus Laienhänden empfangen werden konnte. Er bezweckte mit diesem Erlaß, die Bischöfe und Äbte, auf deren Vasallentreue bisher die Macht der Krone hauptsächlich beruht hatte, aus dem Reichsgehorsam zu lösen. Im Gegensatz zu den eigenwilligen Laienfürsten, die vorwiegend Familienpolitik betrieben, konnte sich der Kaiser auf seine Bischöfe verlassen. Man muß sich hier vor Augen halten, daß die Kirchenfürsten (z.B. die Erzbischöfe) als Regenten ihrer Länder vielfach außer ihrer geistlichen auch große politische Macht besaßen. Der Papst setzte die von Kaiser Heinrich IV

Der Investiturstreit

(1056–1106) ernannten Bischöfe ab, und es kam zu kriegerischen Streitigkeiten, die sich über viele Jahrzehnte hinzogen und in denen die deutschen Fürsten aus eigensüchtigen Gründen vielfach den Papst und die italienischen den Kaiser unterstützten. Am Ende des Streites hatte das deutsche Kaisertum, trotz einiger bemerkenswerter militärischer Siege, den festen Griff über die Kirche und damit einen mächtigen Verbündeten verloren, den es nicht ersetzen konnte. Der Ausgang war verhängnisvoll für die deutsche Politik, denn wieder triumphierte der Partikularismus, und die Zentralgewalt konnte ihren Willen den Fürsten nicht mehr aufzwingen. Der Kaiser wurde mehr oder weniger, je nach den Umständen und seiner Persönlichkeit, ein Symbol.

Das Haus der Hohenstaufen (1138–1250) stellte den glanzvollsten deutschen Kaiser des Mittelalters, Friedrich Barbarossa, und verlor trotzdem fast alle königlichen Vorrechte an die Fürsten, so daß die zentrale Macht des Kaisers in Deutschland fast ganz aufhörte. Friedrich I, wegen seines rotblonden Bartes Rotbart (Barbarossa) genannt, ist in die deutsche Sage eingegangen und von den Romantikern verehrt worden. Er zog ein halbes Dutzend Mal über die Alpen und besiegte den Papst und seine Verbündeten. Als er seine beiden Söhne zu Pfingsten im Jahre 1184 in der Rheinebene bei Mainz zu Rittern schlug, waren 70 000 Ritter mit ihren Dienern und Mannen seiner Einladung gefolgt und hatten sich hier in ihren glanzvollen Rüstungen und mit ihren farbreichen Standarten ihm zu Ehren versammelt. Die ganze Ebene war mit Männern, bunten Bannern, Streitrossen und Zelt an Zelt bedeckt, und 20 000 Ritter beteiligten sich an den Turnieren. Das muß zweifellos das prächtigste Schauspiel des Mittelalters gewesen sein. Der Kaiser ertrank sechs Jahre später auf einem Kreuzzug, aber der Sage nach sitzt er im Kyffhäuser, einem Berg in Thüringen, und schläft, bis das alte Kaiserreich in seiner Pracht wieder neu erstehen wird. Wenn das Volk in großer Not ist, dann wird der alte Kaiser Barbarossa aus seinem Versteck hervorkommen, wie es uns der Dichter Friedrich Rückert (1788–1866) im folgenden, bekannten Gedicht erzählt:

Kaiser Barbarossa

Der alte Barbarossa,
der Kaiser Friederich,
im unterird'schen Schlosse
hält er verzaubert sich.

Er ist niemals gestorben,
er lebt darin noch jetzt;
er hat im Schloß verborgen
zum Schlaf sich hingesetzt.

Er hat hinabgenommen
des Reiches Herrlichkeit
und wird einst wiederkommen
mit ihr, zu seiner Zeit.

Der Stuhl ist elfenbeinern,
darauf der Kaiser sitzt;
der Tisch ist marmelsteinern,
worauf sein Haupt er stützt.

Sein Bart ist nicht von Flachse,
er ist von Feuersglut,
ist durch den Tisch gewachsen,
worauf sein Kinn ausruht.

Er nickt als wie im Traume,
sein Aug halb offen zwinkt,
und je nach langem Raume
er einem Knaben winkt.

Er spricht im Schlaf zum Knaben:
Geh hin vors Schloß, o Zwerg,
und sieh, ob noch die Raben
herfliegen um den Berg.

Und wenn die alten Raben
noch fliegen immerdar,
so muß ich auch noch schlafen
verzaubert hundert Jahr!

Kaiser Friedrich Barbarossa

Nach den Hohenstaufen folgt das Interregnum, die schreckliche, kaiserlose Zeit, in der Deutschland durch innere Kriege zerrissen wird und es zu chaotischen Zuständen kommt. Ausländische Fürsten, besonders die Könige von Frankreich, greifen in die deutschen Angelegenheiten ein und dominieren in diesen bis ins 19. Jahrhundert. Von 1347–1437 führen die Luxemburger den Kaisertitel und von 1438–1806 die österreichischen Habsburger. Die meisten Herrscher kümmerten sich kaum noch um das Reich. Ihr Hauptziel war, ihre Familienbesitzungen auf Kosten des Reiches zu vergrößern, und leider nutzten sie ihre kaiserliche Macht allzu häufig dazu aus, dieses egoistische Ziel zu verwirklichen. So ging die nobele Idee eines christlichen Weltreiches, die unter Karl dem Großen zur Wirklichkeit entstand oder wenigstens die Idee einer geeinigten deutschen Nation, wie sie unter den Sachsen verwirklicht worden war, endgültig auf lange Jahrhunderte unter. Vergessen wurde sie nie ganz und vergessen ist sie auch heute nicht, obgleich die Idee eines vereinigten Europas der eines vereinigten Deutschlands nun zur Seite steht.

Der Verfall des Reiches

Noch dreimal flackerte der Wunsch, ein einiges deutsches Reich zu errichten, in der deutschen Geschichte auf. Einmal schwach, als die großdeutsche Lösung 1848 von der Nationalversammlung in Frankfurt einen Augenblick lang diskutiert, aber dann verworfen wurde. Ein zweites Mal, 1870, als ein unheilvoller Krieg gegen Frankreich alle deutschen Stämme, außer den Österreichern, in ein Deutsches Reich vereint. Siebzig Jahre später sind auch die Österreicher ,,heimgekehrt'' in ein ,,Großdeutsches Reich'', das von nationalen Fanatikern mit Gewalt zusammengeschmiedet worden war. Das Reich, das tausend Jahre bestehen sollte, dauerte keine zwölf, und seitdem ist Deutschland wieder zerrissen und wartet auf seine Einigung. Wie lange es diesmal warten muß, ist ungewiß.

Die Reichsidee

Germanische Dichtung

Die Überlieferung der deutschen Literatur beginnt Ende des achten Jahrhunderts, kurz nach der Periode der Klostergründungen. Die Literatur der althochdeutschen Zeit (etwa 780 bis etwa 1100) ist zum größten Teil Klosterliteratur, die hauptsächlich aus Reichenau, Fulda, Sankt Gallen und Murbach stammt. Sicher gab es vor der christlichen Literatur eine germanisch-heidnische, die aber leider nur ganz fragmentarisch überliefert worden ist. Wahrscheinlich ist sie nicht niedergeschrieben, sondern mündlich überliefert worden und somit verloren gegangen. Nur zwei poetische Reste aus heidnischer Zeit in althochdeutscher Sprache sind zufällig bewahrt worden, das *Hildebrandslied* und die *Merseburger Zaubersprüche*. Beide sind durch Mönche erhalten geblieben, das *Hildebrandslied* als unvollständige Abschrift auf der Vorderseite des ersten und der Rückseite des letzten Blattes einer Kirchenhandschrift, die Zaubersprüche auf dem Versetzblatt eines lateinischen Meßbuches aus dem 10. Jahrhundert.

Die heidnischen Zaubersprüche

Die beiden *Merseburger Zaubersprüche*, die 1841 in der Dombibliothek zu Merseburg gefunden wurden, weisen darauf hin, daß die frühe Literatur der Germanen aus Gebeten, Opfersprüchen, Zauberformeln und Götterpreisliedern bestanden hat. Einige Zaubersprüche, wie der *Lorscher Bienensegen* und der *Weingartner Reisesegen*, sind später vom Christentum übernommen worden. Die Merseburger Sprüche zeigen, wie man einen Gefangenen mit Hilfe der Zauberformel befreien und wie man verletzte Gliedmaßen heilen kann.

Ben zi bena, bluot zi bluoda,
lid ze geliden, sose gelimida sin!

(Bein zu Bein, Blut zu Blut,
Glied zu Glied, als ob sie geleimt seien!)

Das Hildebrandslied

Die Umwälzungen der Völkerwanderungszeit, die Loslösung von der Heimat und von der Sippe, die Trennung von Vater und Sohn, die sich oft in fremden Heeren gegenüberstanden, der Zusammenstoß mit fremden Völkern spiegeln sich im *Hildebrandslied*, dem einzigen und großen Denkmal germanischer Heldendichtung in unserem Besitz. Den geschichtlichen Hintergrund bilden vielleicht die Schlacht auf den Katalaunischen Feldern (451), in der Goten gegen Goten kämpften, sowie die „Rabenschlacht" (493), in der Theoderich seinen Stammesbruder Odovakar besiegte. Die Überlieferung hat geschichtliche Ereignisse gewöhnlich geändert, so auch im Falle des *Hildebrandsliedes*. Hier ist Dietrich von Bern (Theoderich) von Odovakar aus dem Lande vertrieben worden. Sein treuer Gefolgsmann Hildebrand folgt ihm in die Verbannung ins Hunnenland und muß Frau und Sohn zurücklassen. Nach dreißig Jahren kehren Dietrich und Hildebrand an der Spitze eines Heeres in die Heimat zurück. An der Grenze stellt sich ihnen ein gegnerisches Heer entgegen. An dieser Stelle setzt die Handlung ein. Hildebrand und ein junger Recke namens Hadubrand aus den gegnerischen Reihen treffen sich zwischen den beiden Heeren, um im Zweikampf zu entscheiden, ob Dietrich in die Heimat zurückkehren darf. Der Leser weiß von Anfang an, daß Hadubrand Hildebrands Sohn ist, den er dreißig Jahre lang nicht gesehen hat.

Ich hörte das sagen,
daß sich Ausforderer einzeln trafen,
Hildebrand und Hadubrand, zwischen den Heeren,
Sohn und Vater.

Verse aus dem Hildebrandslied

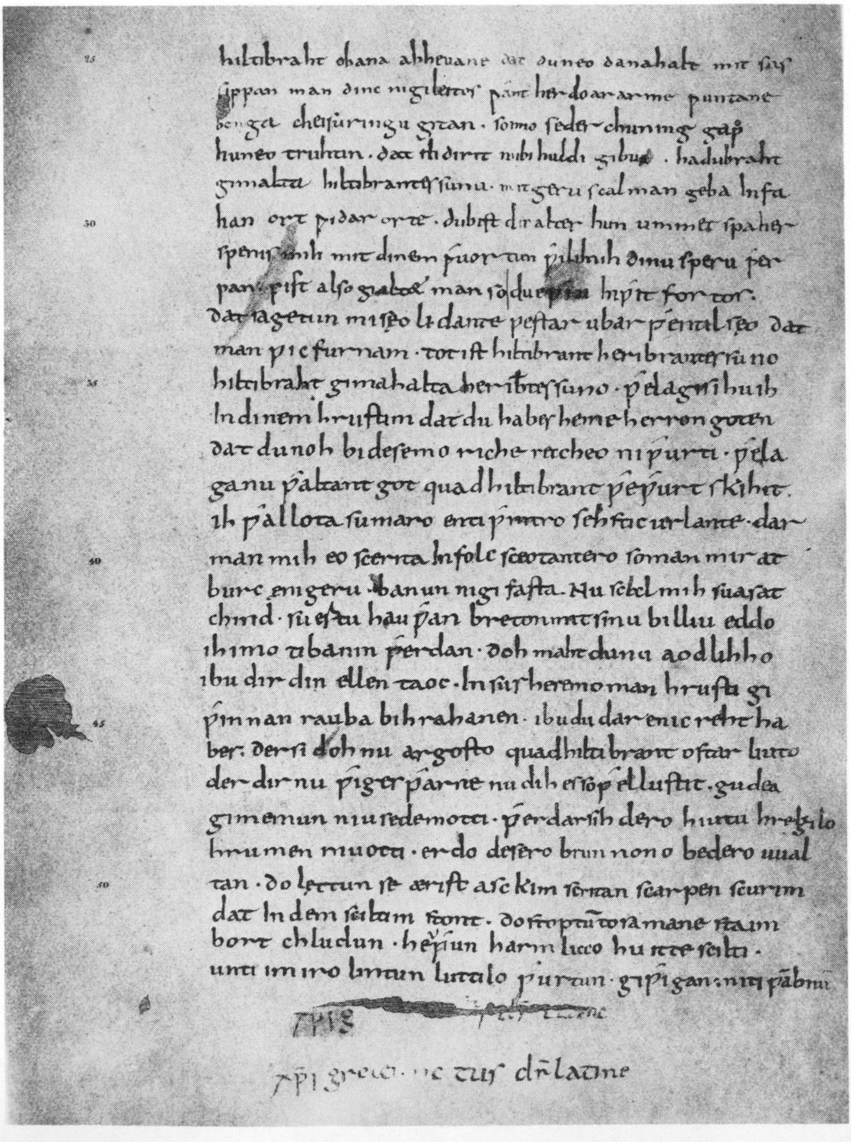
hiltibraht obana ab heuane dat du neo dana halt mit sus
sippan man dinc ni gileitos. want her do ar arme wuntane
bouga cheisuringu gitan. so imo se der chuning gap
huneo truhtin. dat ih dir it nu bi huldi gibu. hadubraht
gimalta hiltibrantes sunu. mit geru scal man geba infa
han ort widar orte. du bist dir alter hun ummet spaher
spenis mih mit dinem wortun wili mih dinu speru wer
pan. pist also gialtet man so du ewin inwit fortos.
dat sagetun mi seolidante westar ubar wentilseo dat
man wic furnam. tot ist hiltibrant heribrantes suno
hiltibraht gimahalta heribrantes suno. wela gisihu ih
in dinem hrustim dat du habes heme herron goten
dat du noh bi desemo riche reccheo ni wurti. wela
ga nu waltant got quad hiltibrant wewurt skihit.
ih wallota sumaro enti wintro sehstic ur lante. dar
man mih eo scerita in folc sceotantero so man mir at
burc enigeru banun ni gifasta. nu scal mih suasat
chind. suertu hauwan bretonn mit sinu billiu eddo
ih imo ti banin werdan. doh maht du nu aodlihho
ibu dir din ellen taoc. in sus heremo man hrusti gi
winnan rauba birahanen. ibu du dar enic reht ha
ber. der si doh nu argosto quad hiltibrant ostar liuto
der dir nu wiges warne nu dih es so wel lustit. gudea
gimeinun niuse de motti. wer dar sih hiutu dero hregilo
hrumen muotti. erdo desero brunnono bedero wal
tan. do lettun se aerist asckim scritan scarpen scurim
dat in dem sciltim stont. do stoptun to samane staim
bort chludun. heuwun harmlicco huitte scilti.
unti im iro lintun luttilo wurtun. giwigan miti wabnum

Im Zwiegespräch, das dem Zweikampf vorangeht und in dem sich die Recken zu erkennen geben, erfährt Hildebrand, daß ihm sein Sohn gegenübersteht. Der Vater gibt sich zu erkennen, aber der Sohn glaubt ihm nicht und beleidigt ihn mit entehrenden Worten: ,,Du bist, alter Hunne, ein allzu Schlauer, lockst mich mit deinen Worten, willst werfen den Speer.'' Er sei nur so alt geworden, weil er immer unehrlich gekämpft habe. Hadubrand habe von Seeleuten erfahren, daß sein Vater tot sei. Es kommt zum Zweikampf, aber das Ende bleibt uns unbekannt, weil der Text verloren gegangen ist. Wir können das Ende nur aus dem Vergleich der beiden Kämpfer erschließen. Der kampfgewohnte Vater wird den unerfahrenen, hitzigen Sohn erschlagen. Der tragische Konflikt zwischen Heldenehre und Vaterliebe wird aufgezeigt, aber im germanischen Denken ist Ehre größer als Sippengefühl, und der Vater muß den Sohn töten, um seine Ehre zu retten und auch um Dietrich die Rückkehr in die Heimat zu ermöglichen. Daß der Vater den Sohn tötet ist außerdem tragischer als der umgekehrte Fall, denn der Sohn weiß nicht, daß er gegen den eigenen Vater kämpft. Der tragische Ausgang wird in einer altnordischen Sage bestätigt.

Der tragische Ausgang

Stabreim

Das *Hildebrandslied* besteht aus Langzeilen, die durch einen scharfen Einschnitt in zwei Halbzeilen geteilt sind. Die Halbzeilen sind durch Stabreim miteinander verbunden; der Anfangsbuchstabe der Silbe in der zweiten Hälfte, auf der die Hauptbetonung liegt, stimmt mit den Anfangsbuchstaben der beiden betonten Silben der ersten Hälfte überein.

Hiltibrant enti Hadubrant   untar heriun tuem.

(Hildebrand und Hadubrand unter Heeren zweien.)

Welaga nu, waltant got,   wewurt skihit.

(Wahrlich nun, waltender Gott, Wehgeschick geschieht.)

Zwischen dem 3. und 8. Jahrhundert nahmen die Germanen das Christentum an. Besonders unter den Westgoten, die mit dem oströmischen Reich in Berührung kamen, fand des Christentum schon früh viele Anhänger, wozu ihr Bischof Wulfila (= Wölfchen) (311–383) maßgebend beigetragen hat. Seine Bibelübersetzung ins Gotische ist das älteste Denkmal germanischer Sprache und Schrift. Wulfila, ein gelehrter Mann, der außer seiner Muttersprache, Griechisch und Latein beherrschte, schuf eine gotische Schrift aus germanischen Runen und griechischen Buchstaben. Wulfilas Übersetzung ist eine großartige Leistung.

Die Bibelübersetzung Wulfilas

Das Original ist verloren gegangen und durch Abschriften sind leider nur Bruchstücke erhalten. Das schönste Stück, der *Codex argenteus,* befindet sich in der Universitätsbibliothek zu Upsala (Schweden). Es ist eine Handschrift, die mit silbernen und goldenen Buchstaben auf purpurfarbenem Pergament geschrieben ist. Sie gehört zu den schönsten Büchern der Welt.

Als Beispiel für Wulfilas Übersetzung folgt das Vaterunser:

Atta unsar, thu in himinam, weihnai
(Vater unser, du im Himmel, geweiht werde

namo thein. quimai thiudinassus theins.
Name dein. Komme Reich deines.

wairthai wilja theins, swe in himina
Es werde Wille deiner wie im Himmel

jah ana airthai. Hlaif unsarana thana
auch auf Erden. Laib Brot unseren den

sinteinan gif uns himma daga. jah aflet uns
täglichen gib uns an diesem Tage. Und erlaß uns

thatei skulans sijaima, swaswe jah
daß Schuldner [wir] seien, so wie auch

weis afletam thaim skulam unsaraim.
wir erlassen den Schuldnern unseren.

jah ni briggais uns in fraistubnjai, ak
Und nicht bringe uns in Versuchung, sondern

lausei uns af thamma ubilin; unte
löse uns ab [von] dem Übel: denn

theina ist thiudangardi jah mahts jah
dein ist [König]-reich und Macht und

wulthus in aiwins. amen
Herrlichkeit in Ewigkeit. Amen.)

Der *Heliand*

Von den anderen geistlichen Dichtungen sei noch der *Heliand* erwähnt. Der *Heliand* (= Heiland) ist ein Glanzstück der germanischen Stabreimdichtung von etwa 6000 Langzeilen. Das epische Gedicht wurde während der Karolingerzeit (wohl um 830) in altsächsischer Sprache geschrieben. Man nimmt an, daß Kaiser Ludwig der Fromme, der Sohn Karls des Großen, einen sächsischen Dichter beauftragt hat, das Evangelium poetisch zu verdeutschen. Der *Heliand* ist eine Evangelienharmonie, d.h. eine

Schilderung des Lebens Jesu, die auf allen vier Evangelien beruht.

In diesem Epos wird Christus, ganz dem germanischen Empfinden entsprechend, zum germanischen König, seine Jünger zu germanischen Gefolgsmännern. Der Ort der Handlung ist nicht das jüdische Palästina, sondern das germanische Sachsen. Die germanischen Züge, wie Treue, Ehre, Tapferkeit, Männlichkeit und Heldentum werden stark herausgearbeitet. Da den Germanen die Feindesliebe, die Selbsthingabe, die Demut, die Nächstenliebe und die Friedensidee fremd waren, wird Christus nicht als armer demütiger Mann dargestellt, sondern als ein tapferer, mächtiger Volkskönig, ein Mann des Schwertes, der im Kampfe für sein Volk und das Reich Gottes stirbt. Die Hirten auf dem Felde hüten nicht Schafe sondern mutige Rosse, Joseph ist ein treuer Vassall, die heiligen drei Könige sind Ethelinge, die kommen, um ihrem Lehnsherrn die Treue zu schwören, die Hochzeit zu Kana ist ein germanisches Fest und in der Bergpredigt verkündet Christus seinen Gefolgsleuten seine Lehre. Einige Zeilen in moderner Übersetzung sollen uns den Geist dieses großartigen Kulturdokumentes übermitteln:

Germanische Elemente im *Heliand*

> ,,Da erboste sich der schnelle Schwertdegen Petrus. Wild wallte sein Zorn auf, er konnte nicht mehr sprechen, so tief bekümmerte es ihn, daß sie den Herrn ergreifen wollten. Ingrimmig trat er vor, der kühne Degen, um vor seinem Gefolgsherrn zu stehen. Schnell zog er das Schwert von der Seite und schlug den vordersten Feind mit voller Kraft, so daß Malchus gerötet ward mit des Schwertes Schneide, an der rechten Seite, sein Ohr abgeschlagen, seine Wange gespalten. Blut schoß auf, aus der Wunde wallend. Als die Wange gespalten war dem vordersten Feinde, wichen die Leute zurück, aus Furcht vor dem Schwertbiß.''[9]

[9] Im Gegensatz zu dem Dichter des *Heliands,* versuchte Wulfila das Kriegerische in der Bibel möglichst zu unterdrücken. So weigerte er sich, das ,,Buch der Könige'' zu übersetzen, weil der kriegerische Geist des Buches, die Vorliebe für den Krieg in seinem Volke nur noch gestärkt hätte.

Ein Ritter huldigt seiner hohen Frau

4

Das Rittertum

und die höfische Kultur

Als Friedrich Barbarossa zu Pfingsten 1184 seinen beiden Söhnen in Anwesenheit von 70 000 Adeligen das Schwert umgürtete, hatte das Rittertum seine höchste Blüte erreicht. Es entwickelte besonders im 12. und 13. Jahrhundert eine Kultur, die sich aus germanischen Tugenden wie Ehre, Treue und Mut und christlichen Idealen zusammensetzte und die das Denken und Handeln des Abendländers bis heute beeinflußt hat. Diese Ritterkultur ist eine weltliche Klassenkultur, deren Ideale außerhalb der Kirche liegen. Die Anfänge des Rittertums sind in der germanischen Gefolgschaft, im Lehnswesen, in der Entwicklung einer Reitertruppe unter den Franken, die das Fußheer allmählich ersetzte, und im Frauendienst der französischen Troubadoure zu suchen.

Das Lehnswesen

Das Lehnswesen entwickelte sich nach der Völkerwanderungszeit besonders unter den Karolingern. Der König und andere führende Männer im Staate sowie auch die Kirche übernahmen in den eroberten Gebieten als Privateigentum große Ländereien, die überall im Land verstreut waren. Der König nützte dieses Land (das Königsland), um seine Offiziere und Beamten fest an sich zu binden durch ein Treuverhältnis, das Lehnswesen. Der Lehnsherr[1] übergab dem Lehnsmann ein Gut oder ein Stück

[1] Das Wort ,,Lehen'' ist verwandt mit ,,leihen''. ,,Feudal'' wird vom kirchenlateinischen Wort ,,feudum'' abgeleitet, das ,,Leihbesitz'' bedeutet. Das englische Wort ,,fee'' ist mit ,,feudum'' und mit dem deutschen Wort ,,Vieh'' verwandt. Vieh wurde an Stelle des Geldes zum Tausch verwandt.

Land zur Bewirtschaftung und Nutznießung auf eine gewisse Zeit, meistens auf Lebenszeit. Der Lehnsmann verpflichtete sich, dem König treu zu sein und ihm Kriegsdienste zu leisten. Da die neue Kriegsführung gegen die Mauren und Mongolen es nötig gemacht hatte, dem Feinde eine Reiterei entgegenzustellen, verpflichtete sich der Lehnsmann zum Reiterdienst. Nach seinem Tode fiel das Lehen an den Lehnsherrn zurück, der es von neuem an einen verdienten Mann ausleihen konnte. Nicht nur der König sondern auch andere Große im Reich gaben Teile ihrer ausgedehnten Landbesitze als Lehen ab und verpflichteten sich dadurch Gefolgsmänner zum Wehrdienst. Da der König seine Beamten und diese wiederum ihre Beamten usw. auf diese Weise belohnten, entstand eine Lehnsorganisation (Feudalismus) mit sieben Lehnsgraden, die wie eine Pyramide aufgebaut war und an deren Spitze der König stand. Dieses System war wahrscheinlich die einzige Möglichkeit, ein großes Reich mit schlechten Verkehrsmitteln, dem Fehlen eines Nachrichtendienstes und eines Geldsystems, intelligent zu verwalten. Unter einem genialen Verwalter wie Karl dem Großen blühte das Lehnswesen, aber unter seinen weniger begabten Nachfolgern geriet es allmählich in Zerfall. Es war ganz natürlich, daß der Lehnsmann das Bestreben hatte, sein Lehen erblich zu machen, um es seinem Sohn zu übergeben. Nach dem Tode des Vaters übernahm der älteste Sohn sein Amt und sein Lehen zuerst vorläufig. Oft erfuhr der König erst Monate später davon, und da er häufig mit Kriegsführung und sonstigen Regierungsangelegenheiten beschäftigt war, bestätigte er meistens den Sohn als Nachfolger. So war das Lehen bald nicht mehr eine zeitlich begrenzte Belohnung für geleistete Dienste, sondern wurde erblicher Privatbesitz einer Familie. Da auch das Amt meistens automatisch auf den Sohn übertragen wurde, entwickelte sich aus dem Beamtenstand ein erblicher Adelsstand, aus dem im Mittelalter die zahlreichen deutschen Fürsten hervorgehen. Ihre Zahl stieg ständig und da sie sich als unabhängige Staatsoberhäupter betrachteten, wurde Deutschland in eine große Zahl kleiner und ganz kleiner Staaten zerstückelt, eine Entwicklung, die für die politische Entwicklung des Reiches höchst unheilsam wurde.

Das Verfall des Lehnswesens

Ursprünglich wurde nur Land als Lehen vergeben, aber durch die ständige Verbindung des Amtes (z.B. des Grafen) mit der Belehnung von Besitz (z.B. der Grafschaft) blieb das Lehen nicht auf Güter beschränkt, sondern es konnten auch Rechte (z.B. das Zollrecht, das Marktrecht, das Bergwerksrecht, usw.) und

Privilegien

Hofämter als Lehen vergeben werden. Außerdem war sehr bald kein Land mehr vorhanden, das entlehnt werden konnte, aber da weiterhin Dienste zu belohnen waren, vergab der König Teile seiner Vorrechte. Bei der Königswahl[2] wurden fast immer Rechte und Privilegien zu Bestechungen vergeben. Die Vergebung der vielen Ämter und Rechte führte bald zu einer allgemeinen Rechtsunsicherheit und als die Ritter das Fehderecht, das Recht zum Privatkrieg, für sich in Anspruch nahmen, war das Resultat Chaos.

Das Lehnswesen mit seinen sozialen und kulturellen Einrichtungen machte die Entwicklung der Ritterkultur mit seiner höfischen Etikette und seinem Standesbewußtsein möglich. Im 12. und 13. Jahrhundert, als die Ritterkultur in voller Blüte stand, durften nur Männer in den Ritterstand erhoben werden, deren Väter und Großväter freie Adelige gewesen waren. Im 14. und 15. Jahrhundert ging die Ritterkultur unter und wurde vom Bürgertum abgelöst, und nun wurden auch reiche Bürger in den Ritterstand erhoben, besonders wenn sie das Kind eines verarmten Ritters heirateten.

Die höfische Kultur und Gesellschaft verdankt ihr Entstehen zum Teil den Kreuzzügen,[3] auf denen die deutschen mit französischen Rittern und ihren Umgangsformen und mit den Gebräuchen des Orients in engen Kontakt gerieten.

Im zweiten Kreuzzug (1147–1149) zogen etwa 70 000 Ritter und Gefolgsmänner aus auf eine heilige Mission, viele von ihnen, weil es zu Hause keinen Platz mehr für sie gab. Ihre Vorfahren waren Lehnsleute gewesen, die aber allmählich fast unabhängig

[2] Die deutschen Fürsten wählten einen aus ihren Reihen zum König. Erst wenn der König vom Papst in Rom gekrönt worden war, erhielt er den Titel Kaiser.

[3] Das Ziel der Kreuzzüge, die unter Papst Urban II (1088–1099) begannen, war das Heilige Land den Ungläubigen (Mohammedanern) zu entreißen. Im ganzen wurden sieben Kreuzzüge unternommen, darunter ein Kinderkreuzzug (1212), in dem Tausende von Knaben und Mädchen den Tod fanden oder als Sklaven verkauft wurden. Der erste Kreuzzug (1096–1099) war am erfolgreichsten und endete mit der Eroberung von Antioch und Jerusalem und der Errichtung mehrerer christlicher Feudalstaaten im mittleren Osten. Jerusalem wurde 1187 von Sultan Saladin zurückerobert. Der dritte Kreuzzug (1189–1197) wurde von König Friedrich Barbarossa angeführt. Er und sein Sohn fanden den Tod. Die Kreuzzüge wurden mit wechselndem Erfolg geführt, endeten jedoch mit dem Verlust des Heiligen Landes. Die Christen mußten gegen Ende des 13. Jahrhunderts alle Ansprüche auf Palästina aufgeben. (1. Kreuzzug 1096–1099, 2. Kreuzzug 1147–1149, 3. Kreuzzug 1189–1197, 4. Kreuzzug 1202–1204, 5. Kreuzzug 1228–1229, 6. Kreuzzug 1248–1254, 7. Kreuzzug 1270).

Die Aufgabe des Ritters

geworden waren. Es war ihre Aufgabe gewesen Furten, Brücken, Kreuzungen und Straßen vor den Überfällen von Räubern zu beschützen, Bauern zum Bau und zur Instandhaltung von Brücken und Straßen zu dingen und die kleinen Ortschaften mit ihren Höfen, Gasthäusern, Mühlen und Schmieden vor Ausbeutung zu schützen. Sie hatten das Recht, von ihren Schützlingen Steuern in Form von Getreide, Gemüse, Geflügel, Milch und anderen Nahrungsmitteln einzuziehen. Die Kaufleute, die mit ihren Lastzügen über die Brücken und Straßen zogen, mußten Zoll in Form von Luxusgütern zahlen. Immer mehr Straßen, Brücken und Ortschaften wurden angelegt, weil das Steuer- und Zollgeschäft gut florierte. Im 12. Jahrhundert war das Land so übersät mit ,,Zollstationen'', daß für die jüngeren Söhne der Adelsfamilien keine Möglichkeit mehr bestand, noch eine weitere Burg an einer Kreuzung zu errichten. Was sollten die jüngeren Söhne tun? Sie waren gut ausgebildete und ausgerüstete Krieger, aber es gab für sie keine Stelle mehr im Land. Für sie kamen die Kreuzzüge wie gerufen. Sie bekamen die Gelegenheit, ihre Kenntnisse in einem Unternehmen anzuwenden, das ihnen Abenteuer und ebenfalls Ehre und Seelenheil versprach. Als sie aus den Kreuzzügen zurückkehrten, hatten sie gelernt, daß es die wahre Aufgabe eines edlen Herren ist, Gottes Werk mit Waffengewalt zu fördern. Männliche Tugend und Zucht war für sie gleichbedeutend geworden mit kämpferischer Tapferkeit. Beide Begriffe verschmolzen zu einem neuen Ideal, das als ,,wirde'' bezeichnet wurde. Die christliche Religion und der Frauendienst spielten eine gleich große Rolle im Leben dieses neuen Ritters wie männliche Würde und machten aus ihm einen disziplinierten Edelmann, in dessen Benehmen die Selbstbeherrschung (diu mâze) äußerst wichtig war. Ohne diese Gegenpole hätte er sich leicht zu einem unbeherrschten Gewaltmenschen entwickeln können.

Würde und Selbstbeherrschung

Der Minnedienst

Der Frauendienst oder Minnedienst[4] stammt aus Südfrankreich und kam durch die Troubadours nach Deutschland. Der Minnedienst verlangte vom Ritter, daß er sich in den Dienst einer hohen Frau stelle, die verheiratet und von höherer Stellung als er selbst sein mußte. Diese Frau erhob er zu seinem Ideal, für sie zog er aus gegen den Feind, für sie kämpfte er im Turnier, sie verehrte er und ihr suchte er zu gefallen. Sie — und mit ihr alle edlen Frauen — zu beschützen, war seine hohe Aufgabe.

[4] Das Wort ,,minne'' bedeutet Liebe.

Herr Rudolf von Rotenburg

Die Hofgesellschaft

Der Ritter, der aus den Kreuzzügen zurückkehrte, konnte und wollte nicht in die bestehende Gesellschaft integriert werden, und so schuf er eine neue Gesellschaft. Die Kreuzzüge hatten eine überaus reiche, wirtschaftliche Blüte zur Folge und die Heimkehrer fanden eine Art Wirtschaftswunder vor, das es ihnen ermöglichte, sich an den Höfen ihrer Lieblingsfürsten zusammenzuscharen und hier zusammen mit ihren Schwestern und Frauen die höfische Gesellschaft zu schaffen. Diese Hofgesellschaft bestand aus Nichtstuern, die von ihren Freunden oder Verwandten unterhalten wurden und sich der Pflege ihrer Ideale und ihrer Kultur widmen konnten. In dieser Kultur wurde die Minnedichtung, eine Kombination von Musik und Literatur, ganz besonders ausgebildet. Sie erreichte eine Höhe der Schönheit, die noch heute große Bewunderung verdient. In den Werken der Dichter lesen wir die Ideale, die der Ritter anstrebt und die ihn zu einer geistig, gesellschaftlich, sittlich und körperlich harmonischen Persönlichkeit erziehen sollen. Am meisten betont werden Tapferkeit (mannesmuot), Treue (triuwe), Verläßlichkeit (staete), Selbstbeherrschung (kiusche), Freigebigkeit (milte)[5] und Mitleid (erbärmde). Das Prinzip, das den Ritter

[5] Eine Tugend, die von den Dichtern besonders gepriesen wird, weil sie ihnen ihre Kunst ermöglicht.

Die ritterlichen Tugenden

in allen seinen Handlungen bestimmt, ist die Zurückhaltung, das Maßhalten (mâze), das seine gute Art, sein gutes Wesen und Benehmen (zuht) zeigt. Wenn er diese Tugenden in seinem Leben verwirklicht, dann besitzt er Ehre (êre), was ursprünglich die Anerkennung und Achtung der ganzen Ritterschaft bedeutete. Gott und der Welt zu gefallen („got und der werlt gevallen"), in hohem Ansehen zu stehen war ehrenvoll. Dieses Idealbild wird versinnbildlicht durch den Bamberger Reiter, in dem Gelassenheit und ein kraftvoller Wille vereint sind. Ergänzt wird das ritterliche Lebensideal noch durch die Liebe (minne), durch die sinnliche und geistliche Gefühle verbunden werden, denn der

Die Minne

Sinn der hohen Minne[6] lag nicht in der physischen Erfüllung, sondern in der Läuterung und Erziehung der Persönlichkeit. Die Frau taucht hier zum ersten Mal in der deutschen Kultur als die Erzieherin des Mannes auf, die ihn zu höfischer Vollkommenheit anspornt.

[6] Die Dichter unterscheiden zwischen hoher und niederer Minne. Letztere ist die geschlechtliche Liebe, die mit Bauernmädchen und niederen Hofdamen erlaubt ist, aber nie mit der hohen Frau, die nur platonisch verehrt werden darf. Die hohe Minne ist der Verehrung der Mutter Gottes verwandt und mag damit zusammenhängen.

Reiter am Bamberger Dom

Die Entwicklung der höfischen Kultur in Süddeutschland

Die höfische Ritterkultur entwickelte sich hauptsächlich im Süden, in Schwaben, Franken und Österreich, da diese Region engeren Kontakt mit Frankreich hatte. Besonders die schwäbische Hohenstaufenfamilie trug dazu bei, daß sich ihr Stammesherzogtum zu einem Zentrum der Ritterkultur entwickelte. Die Sachsen im Norden waren von Natur aus bedächtiger als ihre südlichen Nachbarn und durch ihre geographische Lage abgeschiedener von den ausländischen Einflüssen. Es ist interessant zu beobachten, daß bis zum heutigen Tage der Österreicher und Schwabe gesellschaftlich und den Damen gegenüber weitaus wendiger und höflicher ist als der Norddeutsche, was sicher seinen Grund zum Teil in der Entwicklung des Rittertums im Süden hat.[7]

Die ritterliche Erziehung

Die ritterliche Erziehung begann mit dem Knaben, der als Page und Knappe am Hofe diente und die gesellschaftlichen Formen sowie die männlichen Tugenden lernte: wie man sich kleidet, wie man geht, wie man sich unterhält, wie man sich Damen gegenüber benimmt; Schwimmen, Reiten, Fechten, Jagen, Waffenübungen und die Regeln des Turniers. Mit 21 Jahren wurde er in der Zeremonie der Schwertleite zum Ritter geschlagen. Er versprach, großzügig, höflich, wahr, treu und tapfer zu sein, die Kirche zu ehren, den Witwen, Waisen, Pilgern und Armen zu helfen und dem Kaiser zu gehorchen.[8] Nachdem ihm sein Schwert, Schild und die goldenen Sporen übergeben worden waren, erhielt er den Ritterschlag von seinem Herrn oder von seiner Herrin. Den Abschluß der Feierlichkeiten bildete ein Turnier, in dem die Ritter die Farben ihrer Damen auf Schulter oder Helm trugen und mit Schwert und Lanze gegen andere Ritter kämpften. Als Belohnung für seine Tapferkeit erhielt der Sieger einen Kranz, ein Tuch, einen Falken oder eine Waffe von seiner Dame.

Die Ausrüstung

Zum Schutz gegen die Waffen des Gegners trug der Ritter eine Rüstung, die oft aus einem Kopfschutz (Stahlhelm mit Visier als Gesichtsschutz) einem Panzerhemd und später auch aus einem Stahlpanzer bestand, der den ganzen Körper bedeckte. In der Schlacht kämpfte er zu Pferde, das ebenfalls gepanzert war,

[7] Die gesellschaftliche Wendigkeit des Süddeutschen hat in den folgenden Jahrhunderten manchen neuen Impetus erfahren durch den häufigen Kontakt mit Franzosen und Italienern, die entweder als Eroberer oder als Gäste (Musiker, Architekten, Dichter, usw.) an die Höfe kamen.

[8] Junge Pfadfinder legen in ihrem Gelöbnis ein ähnliches Versprechen ab, und unsere athletischen Wettkämpfe ähneln in mancher Hinsicht einem Ritterturnier.

umgegeben von Fußsoldaten mit Schwertern, Hellebarden, Keulen, Pfeil und Bogen. In der modernen Kriegsführung entspricht der Ritter etwa dem Panzerwagen und die Fußsoldaten, der Infantrie, und so wie Panzer meistens mit Infanterieunterstützung eingesetzt werden, war es auch damals nicht ratsam für den Ritter, sich ohne seine Knechte in die feindlichen Reihen zu wagen. Je schwerer die Panzerung der Ritter und Pferde wurde, desto unbeholfener wurden sie, und die beweglicheren Fußsoldaten, ausgerüstet mit langen Lanzen, Hellebarden und Armbrüsten ersetzten allmählich im 14. und 15. Jahrhundert die hilflosen Ritter.

Die Ritterburg

Der Wohnsitz des Ritters war die Ritterburg, eine Feste, die an einer Stelle errichtet wurde, die leicht zu verteidigen war, wie der Gipfel eines Berges, eine Insel oder ein Sumpfgebiet. Man konnte nur von einer Seite an die Burg herankommen und mußte eine Reihe von Verteidigungslinien durchbrechen, wenn man sie erobern wollte. Ein Graben, gefüllt mit Wasser, umgab die Burg. Die Zugbrücke wurde bei Gefahr hochgezogen. Hinter dem Graben erhob sich eine mächtige Steinmauer mit Zinnen und Türmen versehen, von denen die Verteidiger Felsblöcke, kochendes Öl, Pech und Pfeile auf die Angreifer herniederwarfen. Falls die Angreifer den Graben und die Mauer bewältigt hatten, fanden sie sich im Burghof der zweiten Verteidigungslinie gegenüber. Der mächtige Bergfried, von dem man weit ins Land hinausspähen konnte und in dessen unteren Gewölben das Burgverließ angelegt war, war die letzte Zufluchtsstätte der Belagerten.

Die größeren Burgen enthielten außer den Verteidigungsanlagen, die Wohn-, Empfangs- und Schlafzimmer der Familie (Mann und Frau hatten getrennte Gemächer), die Kammern der Diener, den großen Festsaal, die Burgkapelle, die Ställe und Scheunen, Küche, Vorratskammern und Keller, Wachstuben, einen Garten und einen Hof, auf dem man sich mit den Waffen üben konnte. Man schätzt die Zahl der Burgen, die im Mittelalter in Deutschland standen, auf etwa 10 000, wovon heute noch etwa 400 bewohnbar sind. Mit der Erfindung des Schießpulvers verlor die Burg ihre militärische Bedeutung. Im Bauernkrieg, (1524–1525) und im Dreißigjährigen Krieg (1618–1648) wurden viele Burgen zerstört, andere zerfielen, als die Bewohner in die Städte zogen. Die Romantiker, für die das Mittelalter eine besondere Anziehungskraft besaß, entdeckten die Schönheit der alten Burgen und Burgruinen wieder und setzten ihnen ein Denkmal in der Poesie und Malerei. So kommt es, daß wir das

Burgen

Burg Gutenfels und Pfalz bei Kaub am Rhein

Rittertum und die Ritterburgen als romantisch betrachten und uns manchmal zurücksehnen in diese ,,gute alte Zeit''.

Der Kontakt mit dem Orient

Wir haben gesehen, daß die Ritterkultur durch den engen Kontakt mit den Franzosen grundlegend beeinflußt wurde. Durch den Kontakt mit dem Orient und durch den unglücklichen politischen Ausgang der Kreuzzüge wurde das Leben nicht nur der Ritter, sondern des deutschen Menschen überhaupt geändert. Die Kirche, die treibende Macht hinter den Kreuzzügen, verlor an Prestige. Durch die Berührung mit der mohammedanischen und byzantinischen Zivilisation wuchs das Interesse an neuen Gebieten des Lernens und damit verbunden die kritische Einstellung dem Überlieferten gegenüber. Zweifel an der Unfehlbarkeit der Kirche entstanden, ein weltlicherer Geist machte sich bemerkbar und das Leben erschien lebenswerter als zuvor. Die wissenschaftlichen, militärischen und nautischen Erkenntnisse des Orients, sowie dessen Kunst, Philosophie und Sitten bereicherten die deutsche Kultur. Produkte wie Reis, Zucker, Gewürze, Südfrüchte (Zitronen, Orangen), Stoffe, Seidentücher, Teppiche, Farbmittel, Perfüms usw. fanden Zugang und Geschmack in Europa. Arabische Worte wie Zenith,

Kompaß, Admiral, Basar, Magazin, Tarif, Damast, Kampfer, Sirup, Orange u.a. wurden ins Deutsche übernommen.[9] Architektur und Kunst wurden durch den hochverzierten orientalischen (Arabeske) Hufeisenbogen angeregt. Auf den Gebieten der Medizin, Philosophie, Geographie, Mathematik, Physik und Alchemie waren die Araber weit fortgeschritten und bereicherten den Westen mit ihren Kenntnissen. Arabischen Philosophen verdanken wir die ersten Übersetzungen und Kommentare der Werke Aristoteles und die Anregungen, die die scholastische Philosophie dadurch erfährt. Wir sehen also, daß die wirtschaftlichen,[10] geistigen und sozialen Folgen der Kreuzzüge vielfach sind, obgleich sie als militärische und politische Operationen praktisch erfolglos blieben.

Die Literatur

Wir haben bereits bemerkt, daß die Literatur der Ritterzeit, der höfische Roman und die höfische Lyrik (der Minnesang), Äußerungen der höfischen Kultur sind. Die Literatur ist weltlich. Der fahrende Spielmann trägt die Lieder von Hof zu Hof. Selbst wenn der Dichter aus dem geistlichen Stand kommt, zeigt seine Dichtung eine ritterliche Weltanschauung, wie das Rolandslied des Pfaffen Konrad (um 1140), das den Heldentod des Ritters Roland besingt, der unter Karl dem Großen an einem Kriegszug gegen die Mauren teilnimmt und dessen Nachhut anführt.

Bedeutende Dichter

Um 1170 beginnt die Blütezeit, die Klassik, der Ritterdichtung mit dem Auftreten von fünf großen Meistern, die den aus Frankreich oder dem Orient übernommenen Stoff in vertiefter Weise behandeln und sich durch eine stark persönliche Ausdrucksweise und eine kunstvolle Beherrschung der Form weit über das Mittelmaß erheben. Es sind ausgeprägte Persönlichkeiten, bei denen das Verhältnis zur höfischen Kultur problematisch geworden ist, was sie wiederum über den Normaltypus des Ritterdichters hinaushebt. Die fünf Meister sind Hartmann von Aue, Wolfram von Eschenbach, Gottfried von Straßburg, Walther von der Vogelweide und der Dichter des Nibelungenliedes, den wir nicht beim Namen kennen. Wir wissen sehr

[9] Natürlich werden auch dem Französischen viele Wörter entlehnt, während die höfische Dichtung ebenfalls einen reichen Wortschatz entwickelt. Bildliche Wendungen aus dem Turnierwesen wie z.B. „in die Schranken treten, die Spitze bieten, eine Lanze brechen, aus dem Sattel heben, jemand einen Korb geben" usw. haben sich bis heute erhalten.

[10] Die Handelsbeziehungen mit dem Orient blühen auf.

wenig über diese Dichter und sind auf Rückschlüsse aus ihren Werken und auf literarische Anspielungen angewiesen, wenn wir etwas über sie erfahren wollen.

Hartmann

Hartmann von Aue (1169–etwa 1210) war ein Ministeriale aus Schwaben, der anscheinend eine umfassende Bildung genossen hatte. Seine vier großen Werke sind *Erec, Iwein, Gregorius* und *Der arme Heinrich*. Im *Erec* und *Iwein* behandelt Hartmann das Thema des Konfliktes zwischen Gattentreue (Minne) und Ritterehre. Der Ritter Erec ,,verliegt'' sich nach seiner Hochzeit mit der schönen Enite und vergißt seine Ritterpflichten, bis er von seiner Frau endlich wieder zu Rittertaten angetrieben wird. Im *Iwein* ist das Problem umgekehrt. Iweins Lust am Abenteuer läßt ihn den Minnedienst an seiner Frau vernachlässigen. Hartmann, der übrigens unter Minne die eheliche Liebe versteht, setzt sich für den Ausgleich im ritterlichen Handeln, für ,,zuht'' und ,,mâze'' ein. Im *Armen Heinrich* zeigt uns der Dichter die Gefahr, die dem Ritter droht, der Gott vergißt und ganz im Weltlichen aufgeht. Im *Gregorius* behandelt er das Oedipus Motiv. Gregorius, das Kind von Bruder und Schwester, wird als Findling ausgesetzt und heiratet als erwachsener Ritter ohne sein Wissen seine Mutter. Zur Buße läßt er sich auf einen Felsen im Meer festschmieden und wird nach langen Jahren auf göttliche Veranlassung hin zum Papst gewählt.

Erec

Iwein

Der arme Heinrich

Gregorius

Hartmann von Aue

Wolfram Wolfram von Eschenbach (etwa 1170–1220) stammt aus dem mittelfränkischen Städtchen Eschenbach. Er ist ebenfalls Ministeriale und da er unbegütert ist, wandert er von Hof zu Hof und muß sich immer wieder „der Herrengunst versichern". Von 1201–1203 hält er sich am Hofe Hermanns von Thüringen auf, vielleicht zusammen mit Reinmar von Hagenau und Walther von der Vogelweide.[11] Wolfram betätigt sich als Minnesänger, aber seine Neigung zu breiter Schilderung macht ihn vornehmlich zum

Parzival Epiker. Sein bekanntestes Werk, *Parzival,* vermischt die Percevalsage und die Gralssage, Stoffe, die zu den berühmtesten der Weltliteratur gehören. Parzival ist ein Tölpel („tumbe tor"), der törichterweise ruhmreiche Taten vollbringt und endlich zu großer Ehre gelangt. Bei seinem ersten Besuch auf der Gralsburg[12] vergißt er, mitleidsvoll nach der Ursache des Leidens des Königs zu fragen. Als er wegen seines Vergehens verwiesen wird, fällt er von Gott ab und besteht zahlreiche Abenteuer, bis er am Ende zu Gott zurückkehrt, die Gralsburg wiederfindet und zum Gralskönig berufen wird. Für Wolfram ist der Gral Symbol der Harmonie von Gott und weltlichem Rittertum („gotes hulde und der werlt êre.")

Wes Leben so sich endet,
daß er Gott nicht entwendet
die Seele durch des Leibes Schuld
und er daneben doch die Huld
der Welt mit Ehren sich erhält,
der hat sein Leben wohl bestellt.

Parzival ist der erste deutsche Entwicklungsroman. Wolfram ist ein Meister der Charakterisierung. Er stellt die seelischen Konflikte seines Helden überzeugend dar. Das kompliziert aufgebaute höfische Epos, das eine innige Verschmelzung der christlichen Ethik mit dem Rittertum anstrebt, gehört zu den Meisterwerken der deutschen Literatur.

[11] Die Sage vom Wartburgkrieg berichtet, daß sich diese drei sowie die sagenhaften Dichter Heinrich von Ofterdingen und Klingsor von Ungarlant hier in einem Sangeswettbewerb auszeichneten.

[12] Der Gral ist ein heiliges Gefäß, das wundertätige Kraft besitzt. Der Legende nach ist es der Kelch, aus dem Christus beim letzten Abendmahl trank und in dem später sein Blut aufgefangen wurde. Er soll Joseph von Arimathia am Leben erhalten haben. Wolframs Gral erinnert auch an die orientalische Sage vom Wunderstein, der die Menschen jugendlich erhält. Das Gralkönigtum in der Percevalsage ist aus der Verehrung des Grals hervorgegangen.

Gottfried

Man nimmt an, daß Gottfried von Straßburg (gest. 1210) Beamter am Hofe des Bischofs von Straßburg war und wahrscheinlich nicht dem Adel angehörte, da er nur den Titel „Meister" führt. Während in der Minnelyrik die hohe Frau sittlich idealisiert als vollkommen und rein erscheint, tritt bei Gottfried die Leidenschaft der Liebe, die irdische Liebe in ihrem unlösbaren Konflikt mit der Idealanschauung der ritterlichen Gesellschaft, in den Vordergrund. In seinem Epos *Tristan und Isolde* kann die gesellschaftliche Schuld der Liebenden nur tragisch durch den Tod gesühnt werden. Diese Dichtung unterscheidet sich vom Minnesang, in dem Gottfried die Liebeserfüllung in fast religiös inbrünstiger Verehrung feiert. Das fällt besonders in der Beschreibung der „Minnegrotte", in die die Liebenden fliehen, auf. Tristan hintergeht seinen Oheim, König Marke, indem er mit dessen Braut und Ehefrau Isolde (zwar unter dem Einfluß eines Zaubertrankes) Liebesbeziehungen unterhält. Tristan muß schließlich den Hof verlassen und viele Abenteuer bestehen. In der Fremde sehnt er sich nach Isolde. Da das Epos unvollendet geblieben ist, wissen wir den Ausgang nicht.

Tristan und Isolde

Walther

Walther von der Vogelweide (gest. nach 1228) bezeichnet zugleich Höhepunkt und Abschluß des hochhöfischen Minnesanges. In seiner Jugend hält er sich in Wien am Hof der Babenberger auf, beginnt aber bald ein unruhiges Wanderleben. In seinen Gedichten und Sprüchen spiegelt sich die unruhige politische Situation der Zeit wider. Am Ende seines Lebens (1213–1228) unterstützt er den jungen Hohenstaufenkönig Friedrich II in seinem Kampf gegen den Papst und erhält von ihm ein kleines Lehen. Wahrscheinlich liegt er in Würzburg begraben.

In seinen ersten und letzten Liedern verherrlicht Walther hauptsächlich die „hohe Minne", die er jedoch manchmal auch ironisch behandelt. In mittleren Jahren setzt sich bei ihm eine natürliche Anschauung durch, und er besingt die Liebe zwischen Gleichgestellten ohne konventionelle Hemmungen. Dies sind die Lieder der sogenannten „niederen Minne", oder wie sie auch genannt werden der „ebenen Minne", das heißt der Liebe zwischen Gleichberechtigten. Walther besingt die Schöne aus niederem Stande wie eine Adelige. In dem Gedicht *Unter der Linde* läßt Walther eine Dorfschöne ihr Liebeserlebnis mit so viel natürlichem Charme, auf so graziöse Weise und in einem so herrlichen Rhythmus (besonders im mittelhochdeutschen Original) berichten, daß das Gedicht uns selbst heute noch immer wieder erfreut.

Walther von der Vogelweide

Under der linden
an der heide,
dâ unser zweier bette was,
dâ mugt ir vinden
schône beide
gebrochen bluomen unde gras.
Vor dem walde in einem tal,
tandaradei,
schône sanc diu nahtigal.

Unter der Linde
auf der Heide,
wo unser beider Lager war,
da kann man finden
liebevoll gebrochen
Blumen und Gras.
Vor dem Walde in einem Tal,
tandaradei,
sang schön die Nachtigall.

Ich kam gegangen
zuo der ouwe:
dô was mîn friedel komenê.

Ich kam gegangen
zu der Wiese,
da war mein Liebster schon vor mir gekommen.

Dâ wart ich enpfangen
(hêre frouwe!)
daz ich bin saelic iemer mê.

Da wurde ich empfangen
(hehre Frau!)
daß es mich immer mehr beglückt.

Kust er mich? Wol tûsentstunt:
tandaradei,
seht wie rôt mir ist der munt.

Küste er mich? Wohl tausendmal,
tandaradei,
seht wie rot mir ist der Mund.

Dô het er gemachet
alsô rîche
von bluomen eine bettestat.
Des wirt noch gelachet
ineclîche,
kûmt iemen an daz selbe pfat:
bî den rôsen er wol mac,
tandaradei,
merken wâ mir'z houbet lac.

Da hatte er bereitet
in aller Pracht
von Blumen ein Lager.
Darüber wird sich noch freuen
inniglich,
wer daran vorübergeht.
An den Rosen kann er noch,
tandaradei,
sehen wo mein Kopf lag.

Daz er bî mir laege,
wesse'z iemen
(nu enwelle got!), sô schamt ich mich.
Wes er mit mir pflæge,
niemer niemen
bevinde daz, wan er und ich,
und ein kleinez vogellîn:
tandaradei,
daz mac wol getriuwe sîn.

Daß er bei mir lag,
wüßte es jemand
(das verhüte Gott!) so schämte ich mich.
Was er mit mir tat
niemals soll jemand
das erfahren als er und ich —
und ein kleines Vögelchen:
tandaradei,
das wird gewiß verschwiegen sein.

Auch in den Gedichten, die zur ,,hohen Minne'' zählen, bricht Walther mit den traditionellen Konventionen und schreibt ganz individuell. Die wahre Schönheit und den echten Adel der hohen

Frau sieht Walther in ihrer menschlichen Wärme und Natürlichkeit, nicht in ihrer unnahbaren Ferne und kalten Idealisierung.

Sô die bluomen ûz dem grase dringent,
same si lachen gegen der spilden sunnen,
in einem meien an dem morgen fruo,
und diu kleinen vogellîn wol singent
in ir besten wîse die si kunnen,
waz wünne mac sich dâ gelîchen zuo?
Es ist wol halb ein himelrîche.
Suln wir sprechen waz sich deme gelîche,
sô sage ich waz mir dicke baz
in mînen ougen hât getân,
und taet ouch noch, gesaehe ich daz.

Wenn die Blumen aus dem Grase dringen
als lachten sie der (im Tau)
spielenden Sonne entgegen
an einem Maitag morgens früh;
und wenn die kleinen Vögelein fröhlich singen
in ihrer schönsten Weise —
welche Herrlichkeit läßt sich damit vergleichen?
Das ist wohl halb das Himmelreich.
Sollen wir sagen, was dem gleich käme,
so sage ich, was meine Augen
mehr entzücken würde
und wieder entzücken würde, erblickte ich es.

Swâ ein edeliu schoene frowe reine,
wol gekleidet unde wol gebunden,
dur kurzewîle zuo vil liuten gât —
hovelîchen hôhgemuot, niht eine,
umbe sehende ein wênic under stunden,
alsam der sunne gegen den sternen stât —
der meie bringe uns al sîn wunder,
waz ist dâ sô wünneclîches under

Wenn eine edle, schöne, reine Frau
wohl gekleidet und wohl geschnürt
zur Unterhaltung in Gesellschaft geht,
höflich und mit edlem Sinn, in Begleitung,
gelegentlich sich ein bißchen umsehend
und auftritt wie die Sonne unter den Sternen —
der Mai bringe uns all seine Pracht,
was ist darunter so Herrliches

als ir vil minniclîcher lîp?	wie ihr lieblicher Leib?
Wir lâzen alle bluomen stân	Wir lassen alle Blumen stehen
und kapfen an daz werde wîp.	und starren die herrliche Frau an.
Nû wol dan, welt ir die wârheit schouwen!	Wohlan denn, wollt ihr die Wahrheit schauen,
Gên wir zuo des meien hôhgezîte:	gehen wir zum Fest des Mai!
der ist mit aller sîner krefte komen;	Der ist gekommen mit aller seiner Macht.
seht an in und seht an schoene frouwen,	Seht ihn an und seht die schönen Fauen an.
wederz dâ daz ander überstrîte —	Welches übertrifft da das andere:
daz besser spil, ob ich daz hân genomen.	die bessere Wahl, ob ich die getroffen habe?
Owê der mich dâ welen hieze,	O, wer mich da wählen ließe
deich daz eine dur daz ander lieze,	das eine zu lassen um des anderen willen,
wie rehte schiere ich danne kür!	wie schnell ich mich dann entschiede!
Hêr Meie, ir müeset merze sîn	Herr Mai, ihr müßtet März sein,
ê ich mîn frowen dâ verlür.	bevor ich meine Herrin da verlöre.

Sprüche

In seinen Sprüchen setzt sich Walther für die Reichsidee ein und unterstützt Friedrich II, weil er sich von ihm die Größe und Einheit Deutschlands erhofft. Obgleich er sich gegen den Papst wendet, in dem er den Gegner des Kaisers und damit des Reiches sieht, ist er ein frommer Christ, der für die Wahrheit der christlichen Glaubenslehre eintritt.

Alterslyrik

Seine Alterslyrik ist gekennzeichnet von tiefer Religiösität und melancholischer Resignation, wie die berühmte Elegie zeigt, die mit den Worten beginnt:

> O weh, wohin sind verschwunden alle meine Jahr'!
> Ist mir mein Leben geträumt? oder ist es wahr?

Die Welt ist ihm fremd geworden, klagt er, und ist voller Ungnade, nur nach außen ist sie schön, aber im Innern schwarz und finster wie der Tod. Die Elegie schließt mit der Mahnung an die Ritter, sich von der Welt abzuwenden und für Gott zu streiten.

Dar an gedenkent, ritter: ez ist iuwer dinc:
ir tragent die liehten helme und manegen herten rinc,
dar zuo die vesten schilte und diu gewîhten swert.
Wolte got, man waere ich der sigenünfte wert!
Sô wolte ich nôtic armman verdienen rîchen solt.
Joch meine ich niht die huoben noch der hêrren golt —
ich wolte saelden krône êweclîchen tragen:
die mohte ein soldenaere mit sîme sper bejagen.
Möht ich die lieben reise gevaren über sê,
sô wolte ich denne singen wol, und niemer mêre ouwê,
niemer mêr ouwê.

Daran denkt, ihr Ritter; es ist eure Sache.
Ihr tragt die glänzenden Helme und manchen harten Ringpanzer
Dazu die festen Schilde und die geweihten Schwerter.
Wollte Gott auch ich wäre solcher Segnung noch wert!
So würde ich bedürftiger Armer verdienen reichen Sold
doch damit meine ich nicht Landbesitz noch der Herren Gold —
Ich wollte die Krone der Seligkeit ewig tragen.
Die konnte einst schon ein Söldner mit seinem Speer erringen.
Könnte ich den ersehnten Zug mitfahren über das Meer,
dann würde ich freudig singen, und niemals mehr o weh,
niemals mehr o weh!

In der Großen Heidelberger Liederhandschrift[13] befindet sich ein berühmtes Bild des Dichters, das ihn auf einem Steine

[13] Die Minnedichtung ist uns in den folgenden Handschriftensammlungen erhalten:
a) Die ,,Kleine Heidelberger Liederhandschrift'', die vermutlich aus dem 13. Jahrhundert stammt.
b) Die ,,Weingartner Liederhandschrift'', die gegen 1300 in Konstanz geschrieben und mit Bildern der Dichter versehen ist.
c) Die ,,Große Heidelberger Liederhandschrift'' oder ,,Manesse-Handschrift'', die aus dem 14. Jahrhundert stammt und mit herrlichen Bildern und Wappen verziert ist.
d) Die ,,Würzburger Liederhandschrift''.
e) Die ,,Jenaer Liederhandschrift'', die mit Noten versehen ist und uns die Melodien von Gedichten übermittelt.

sitzend, mit gekreuzten Beinen in Gedanken versunken zeigt; so schildert er sich auch in einem seiner Sprüche.

Ich saß auf einem Steine,
Dann deckte Bein mit Beine:
Darauf setzt' ich den Ellenbogen:
Ich hatte in meine Hand geschmiegt
Das Kinn und eine Wange.

Das Nibelungenlied

Das Nibelungenlied ist das berühmteste Heldenepos der deutschen mittelalterlichen Dichtung. Der Dichter ist unbekannt. Das Epos wird wohl gegen 1200 vollendet worden sein und beruht auf älteren Sagen, wie der Nibelungensage, die in den Heldenliedern der *Edda*[14] erwähnt wird, und auf historischen Ereignissen, die auf die Völkerwanderungszeit zurückgehen, als die Burgunden untergingen. Die eigentlichen ritterlichen Ideale sind im Nibelungenlied nicht so ausgesprochen, wie in den Epen von Hartmann und Wolfram. Nicht die Welt des Königs Artus mit Gralsrittern und Abenteuern entsteht vor unseren Augen, sondern die Welt der germanischen Völkerwanderungszeit mit ihren Begriffen von Blutrache, Gefolgschaftstreue, Tapferkeit, Heldentum und Heldentod. Die dunklen Schicksalsmächte bestimmen die Handlung, die mit dem Untergang der Burgunden endet und unter dem Leitsatz steht, daß Freude zuletzt Leid hervorbringt. Die mittelalterlichen, ritterlichen Tugenden sind verkörpert in dem jugendlichen Helden Siegfried, der von dem finsteren Hagen hinterrücks ermordet wird.

Siegfried und die Burgunden

Siegfried, der den Nibelungenschatz[15] besitzt und der außer an einer kleinen Stelle zwischen den Schulterblättern unverwundbar ist, weil er sich in Drachenblut gebadet hat, kommt aus Xanten an den Hof zu Worms. Dort regieren die Burgundenkönige Gunther, Gernot und Giselher, deren Schwester Kriemhild, Siegfried zur Frau begehrt. Bevor er sie jedoch heiraten kann, muß er Gunther helfen, die starke Brunhilde zu überwinden, die nur einen Krieger zum Mann haben will, der sie in einer Reihe von Wettkämpfen besiegen kann. Mit seiner Tarnkappe hilft

[14] Die Edda ist eine altisländische Sammlung von Götter- und Heldenliedern, die vielfach auf alten germanischen Sagen und Mythen beruhen.

[15] Das Wort Nibelungen hängt vielleicht mit Nebel zusammen und kann dann Nebelheim bedeuten. Es ist ein sagenhaftes Land, das einen riesigen Schatz beherbergte, den Siegfried den Königssöhnen Schilbung und Nibelung abgewonnen hatte. Der Begriff Nibelungen ist auch auf die Burgunden übergegangen.

Siegfried seinem Herrn Gunther, Brunhilde zu besiegen und zur Frau zu gewinnen. In der Hochzeitsnacht muß er dem König noch einmal beistehen. Nach zehn Jahren erfährt Brunhilde von dem Betrug durch Kriemhild und verlangt Siegfrieds Tod von ihrem Mann. Hagen, der Recke Gunthers, ermordet Siegfried auf der Jagd und bemächtigt sich des Nibelungenschatzes, den er im Rhein versenkt.[16]

Kriemhilds Rache

Um an ihren Brüdern und Hagen Rache nehmen zu können, heiratet Kriemhild den Hunnenkönig Etzel (Attila) und lädt nach dreizehn Jahren ihre Brüder zum Besuch an Etzels Hof in Ungarn. Trotz Hagens Warnungen ziehen die Burgunden — oder Nibelungen, wie sie jetzt genannt werden — mit einem gewaltigen Heer von Rittern und Mannen ins Hunnenland. Dort beginnt sehr bald ein blutiges Gemetzel, in dem alle Burgunden, sowie Kriemhild, der Markgraf Rüdiger mit allen seinen Mannen, sowie die Gefolgsleute Dietrichs von Bern und viele Hunnen den Tod finden.

Das Epos beginnt heiter und zeigt uns die herrliche Welt am Hof zu Worms mit der strahlend schönen Kriemhild.

Uns sind in alten Mären Wunder viel gesagt
von Helden, reich an Ehren, von Kühnheit unverzagt,
von Freude und Festlichkeiten, von Weinen und von Klagen,
von kühner Recken Streiten mögt ihr nun Wunder hören sagen.

Es erwuchs in Burgunden ein edles Mägdelein,
daß in allen Landen kein schöneres mochte sein:
Kriemhild war sie geheißen; sie ward ein schönes Weib.
Um sie mußten der Degen viel verlieren Leben und Leib.

Das Ende ganz im Kontrast zum Anfang, ist düster, ja schwarz. Wir erleben den schrecklichen Untergang eines ganzen Heeres. Kriemhild, die edle, schöne Jungfrau ist verwandelt in eine rachsüchtige, blutgierige, verzweifelte Frau (valandinne = Teufelin), die vor nichts zurückschreckt, um das an ihr begangene Unrecht zu vergelten. Dem aufmerksamen Leser werden allerdings von Anfang an Hinweise auf das kommende, unabwendbare Unheil gegeben, wie gleich zu Anfang im vierten Vers der zweiten Strophe (Siehe oben!).

[16] Vor kurzem ist wieder eine Taucherexpedition ausgerüstet worden, die den sagenhaften Schatz heben will.

Der Untergang der Nibelungen

Am Ende läßt Kriemhild den gefesselten Hagen vor sich bringen, um ihn nach dem versunkenen Schatz zu fragen. Hagen sagt, daß er geschworen hat, das Geheimnis nicht preiszugeben solange Gunther lebt. Daraufhin läßt Kriemhild Gunther enthaupten, um Hagen von seinem Eid zu entbinden. Als Hagen, der im zweiten Teil des Nibelungenliedes immer mehr in den Mittelpunkt des Geschehens gerückt ist und der uns besonders im ersten Teil wegen seiner tückischen, hinterhältigen Art unsympathisch ist (in der zweiten Hälfte machen ihn uns seine gewaltige Körperstärke, sein trotziger Mut, seine kompromißlose Treue und seine Kameradschaft mit dem Sänger Volker sympathischer), vom Tode seines Königs erfährt, ruft er aus:

Nun ist von Burgunden der edle König tot,
Giselher und Volker, Dankwart und Gernot.
Den Hort, den weiß nun niemand als Gott und ich allein.
Dir Teufelin soll er immer wohl verborgen sein.

Kriemhild wird zur Teufelin und erschlägt Hagen, worauf sie selbst von Hildebrand, Dietrichs Lehnsmann, getötet wird.

Die Blüte der Helden war da gelegen tot.
Die Leute fühlten alle Jammer und Not.
Mit Leid war beendet des Königs Festlichkeit,
wie die Freude gerne am Ende wandelt sich in Leid.

Ich kann euch nicht bescheiden, was später nun geschah.
Die Christen und die Heiden man weinen da sah,
Weiber und Knechte und manche schöne Maid.
Die trugen um ihre Freunde das allergrößte Leid.

Ich sage euch nicht weiter von der großen Not —
die da erschlagen waren, die lasset liegen tot —
was das Geschick den Hunnen fürderhin beschied.
Hier hat die Mär ein Ende. Das ist der Nibelungen Lied.

Rüdigers tragischer Konflikt

Die wahrhaft tragische Figur im Epos ist der Markgraf Rüdiger, der nur eine Nebenrolle spielt. Er hat Kriemhild Gefolgschaft geschworen, aber zugleich hat er die Nibelungen gastlich an seinem Hof aufgenommen und bewirtet und seine Tochter mit Giselher verlobt. Sein Treueid zwingt ihn gegen die Nibelungen, mit denen er durch Freundschafts- und Familienbande eng verbunden ist, in den Kampf zu ziehen. Wie er sich auch entscheidet, er wird seine Ehre verlieren und bangt um sein Seelenheil. Nur der Tod kann seiner Seelenqual ein Ende machen.

,,Wehe, Gott, mir Armen!“ sprach der treue Mann.
,,Alle meine Ehre muß ich geben dran,
alle Zucht und Treue, die mir Gott gebot.
Reicher Gott im Himmel, daß mir nicht wenden will der Tod!“

Die Raubritter

Im Zusammenhang mit unserer Besprechung der ritterlichen Kultur müssen noch die Begriffe Raubritter und Ordensritter geklärt werden. Das Raubrittertum entstand als der Ritterstand immer mehr verarmte und die ritterlichen Ideale in rohe Genußsucht und Fehden (Faustrecht) ausarteten. Manche Ritter waren schon aus den Kreuzzügen verwildert zurückgekommen und wurden zu Wegelagerern nach ihrer Rückkehr. Sie lauerten den Wagen reicher Kaufleute auf und raubten sie aus. Andere verarmte Ritter nahmen Beamtenstellen an Fürstenhöfen an oder wurden Ordensritter.

Burg Kochem an der Mosel

Meier Helmbrecht

Das bedeutendste dichterische Dokument aus der Zeit, als das Rittertum zum Raubrittertum ausartete, ist Wernhers des Gartenaeres *Meier Helmbrecht* (1280). Das Gedicht erzählt die Geschichte eines verwöhnten, reichen Bauernsohnes, der vom Glanz des Rittertums verführt wird und auf Abenteuer auszieht. Er gerät unter die Raubritter und verschafft sich auf ,,adelige'' Weise, d.h. ohne zu arbeiten, durch Raubüberfälle ein üppiges, ,,vornehmes'' Leben. Er wird bekannt unter dem Namen ,,Bauernschreck''. Schließlich werden die Raubritter ausgehoben und erhängt. Nach traditionellem Brauch wird Helmbrecht als zehnter begnadigt, geblendet und verstümmelt. Am Ende wird er von seinem Vater des Hofes verwiesen und von den Bauern aufgehängt. Die Dichtung zeigt die Gewichtsverlagerung von der höfischen auf die bäuerlich-bürgerliche Kultur. Die erstere entartet in Verwilderung und wird von der letzteren, die gottgerecht in Zucht und Ordnung lebt, verdrängt. Von nun an wird der Bürger der Kulturträger.

Die Ordensritter

Die Ritterorden (Johanniterorden, Templerorden und Deutscher Orden) entstanden während der Kreuzzüge. Außer den üblichen Mönchsgelübden legten die Ordensangehörigen das Versprechen ab, die Ungläubigen zu bekämpfen. Die Ordenstracht bestand aus einem einfarbigen Mantel mit aufgesetztem Kreuz.[17] Das Oberhaupt war ein Hochmeister.

Der Deutsche Orden

Der Deutsche Orden wurde nach den Kreuzzügen besonders im Osten gegen die Slawen eingesetzt. Friedrich II erlaubte dem Orden, das Land selbständig zu beherrschen, das die Ritter den Ungläubigen abgewinnen konnten. Das Ordensland dehnte sich in Preußen, Ostpommern, Livland, Estland und Brandenburg (Neumark) aus. Im Jahre 1410 wurde das Ordensheer bei Tannenberg von den Polen, mit denen der Ritterorden immer mehr in Streitigkeiten geriet, schwer geschlagen und verlor im Laufe des 15. Jahrhunderts große Gebiete an Polen. Nach der Reformation wurde das preußische Ordensland erbliches Herzogtum und schließlich ein Teil Brandenburg-Preußens. (Siehe Kapitel 11!)

Die kulturelle Leistung des Ordens bestand in der Errichtung eines hochentwickelten Verwaltungsapparates, im Bau von Ordensburgen (z.B. Marienburg) und in der planmäßigen Kultivierung und Besiedelung des Ordenslandes im Osten mit deutschen Bauern. Städte wie Danzig, Königsberg, Thorn und Elbing blühten durch zunehmenden Handel auf.

[17] Moderne Verdienstorden haben oft die Form des Kreuzes. Diese Orden gehen vielfach zurück auf Abzeichen, die den Ordensrittern zur Belohnung von Treue und Verdienst verliehen wurden. So ist das eiserne Kreuz und das Ritterkreuz z.B. dem Kreuz des Deutschen Ordens sehr ähnlich. Die Farben des Deutschen Ritterordens (schwarzes Kreuz auf weißem Mantel) wurden die Landesfarben Preußens.

5

Die Architektur des Mittelalters

Wenn man die Architektur als die Mutter der Kunst bezeichnet, dann drückt man damit aus, daß sich Malerei und Bildhauerkunst erst allmählich von der Architektur abtrennen. In den Höhlen Spaniens und Frankreichs, in den Tempelbauten alter Zivilisationen und in den Kirchen des Mittelalters sind die drei Gattungen der Kunst vereint. Die mittelalterliche Kathedrale ist ein Gesamtkunstwerk, in dem alle Künste zusammen (Baukunst, Malerei, Plastik, Musik, Predigt) ein Ziel verfolgen: Gott zu preisen. In diesem Kunstwerk wird das Leben als Ganzes dargestellt, Gut und Böse, Schönheit und Häßlichkeit, Irdisches und Himmlisches.

Die Basilika

Das Vorbild für die deutschen Kirchen war vornehmlich die frühchristliche Basilika, die der römischen und griechischen Basilika nachgeahmt ist. Als Ausnahme muß der Dom zu Aachen angesehen werden, der unter Karl dem Großen entstand und als Zentralbau nach dem Muster von San Vitale in Ravenna errichtet wurde. Der Zentralraum ist ein Achteck umgeben von einem Säulengang. Im Gegensatz zu diesem Zentralbau ist die Basilika ein rechteckiges Langhaus. Das Langhaus war den Germanen bekannt und mag ein Grund sein, warum sich die Basilika als Vorbild durchsetzte. Gewöhnlich war die Basilika in ein Mittelschiff und zwei Seitenschiffe, vom Mittelschiff durch Säulen getrennt, eingeteilt. Über den Säulen wölbten sich Rundbogen und darüber die zur Decke führenden Wände der

Seitenschiffe. Die Decke war aus Holz und flach. Am Ostende des Mittelschiffes wurde ein Halbkreis, die Apsis, hinzugefügt, in der sich der Altar befand. Aus dieser Grundform entwickelte sich die mittelalterliche Kirche.

Fulda

Die Abtei in Fulda, die im Jahre 802 begonnen wurde, folgte dem Basilika Muster und fügte dem Grundplan im Osten das Querschiff hinzu, das zum Hauptschiff quer gesetzt wurde. Hinter dem Querschiff führte man das Hauptschiff in einem Halbkreis fort. Dort, in der Apsis, befand sich der Hauptaltar. Der Grundriß besaß die Form eines Kreuzes, die er von nun an beibehalten sollte.

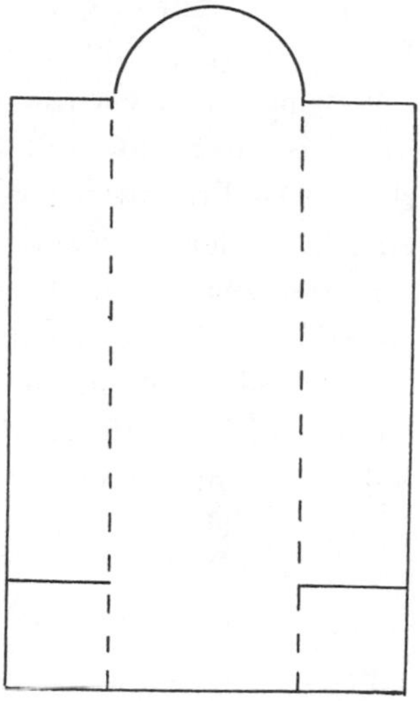

Basilika

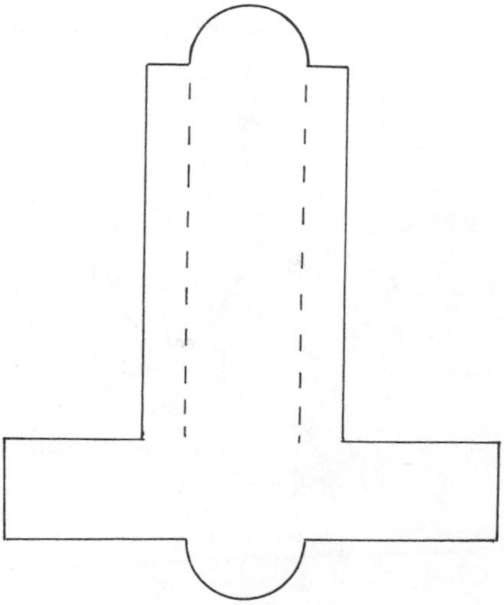

Fulda

Neuerungen

Eine andere Neuerung war ein weiteres Querschiff im Westen, woraus das sogenannte Westwerk entstand, wie zum Beispiel später in Fulda und in Corvey an der Weser (873–885), das mit seinen Türmen beiderseits des Einganges einem mittelalterlichen Stadttor ähnelte und mit seinen zahlreichen Räumen im Innern fast ein Gebäude für sich war. Die Apsis im Osten wurde vom Querschiff durch den Chor getrennt, zu dem nur die Geistlichen (Mönche) Zutritt hatten. Bei der klassischen Basilika war ein Atrium vor dem Eingang; jetzt ist dort einfach ein Platz.

Die Dome zur Zeit der Sachsenkaiser

Zwischen 955 und 1015, der Zeit der Sachsenkaiser, wurde eine ganze Reihe von Kirchen gebaut (in Hildesheim, Halberstadt, Mainz, Goslar, Trier, Merseburg, Augsburg, Bamberg und Regensburg), die im wesentlichen dem Beispiel Fuldas folgten. Der Westen bekam nun auch einen — wenn auch meistens kleineren — Chor, und die Fassaden im Westen und Osten wurden weiter ausgebaut. In den nördlichen Gegenden steht meistens ein dicker, großer Turm zwischen zwei kleinen in der Fassade, während am Oberrhein die Fassade häufig zwei höhere Türme hat. Auf die Vierung, der Kreuzung zwischen Haupt- und Querschiff, wird auch ein Turm gesetzt. Während die Decke zuerst nur in der Krypta und dann in den Seitenschiffen gewölbt wurde (Speyer), begann man nun auch die Decke des Hauptschiffes zu wölben.

Der Dom zu Hildesheim

Der Dom zu Hildesheim ist ein gutes Beispiel für die verschiedenen Neuerungen und Abwandlungen. Er wurde um das Jahr 1000 begonnen und hat einen Grundriß, der aus einem Hauptschiff, zwei Seitenschiffen, zwei Querschiffen, zwei Chören und zwei Apsen besteht. Das Vierungsquadrat wird die Grundform für das ganze Gebäude und wird im Hauptschiff dreimal und im Ostchor einmal wiederholt. Das Prinzip der Wiederholung des Vierungsquadrates an jeder Seite der Vierung im Grundriß wird in der Zukunft immer wieder angewandt. In anderen Kirchen werden auch die Seitenschiffe in Vierecke unterteilt und zwar kommen dann je zwei an jeder Seite auf eins im Hauptschiff. Die Ecken der Vierung werden von vier starken Pfeilern gebildet, über denen sich nach allen vier Richtungen ein Rundbogen wölbt. Die Nebenschiffe werden vom Hauptschiff durch Pfeiler (an

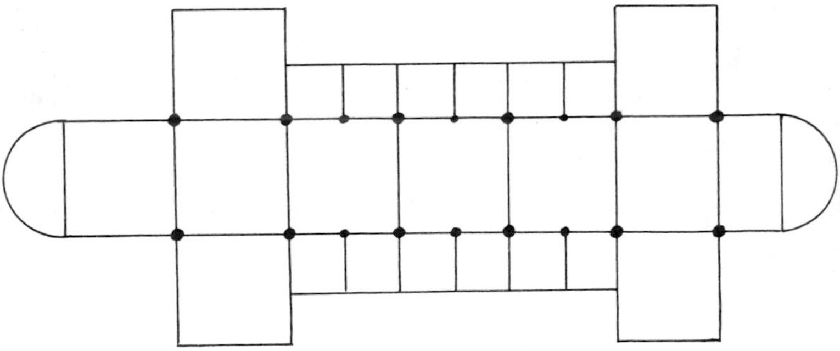

Grundriß des Doms zu Hildesheim

den Ecken der Quadrate) und Säulen getrennt, über denen sich ebenfalls Rundbogen wölben. Darüber erhebt sich die Wand. Kurz unter der Decke kommt das Außenlicht durch Fentser in das Innere, was möglich ist, weil die Seitenschiffe nur halb so hoch wie das Hauptschiff sind. Die Raumeinheit, die durch die Pfeiler geschaffen wird, nennt man Joch, wenn sie überwölbt ist.

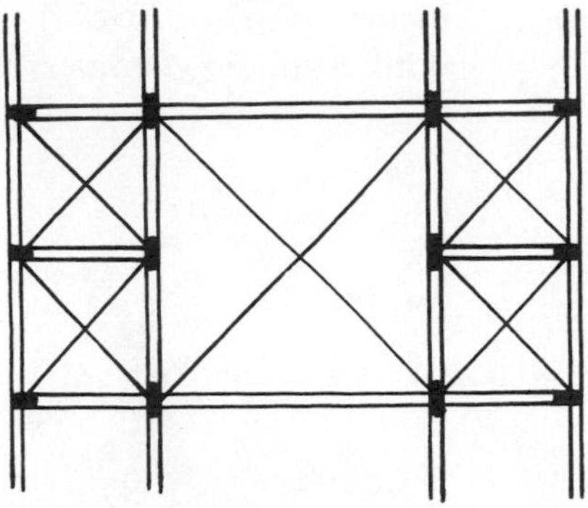

Joch (Deckenansicht)

Joch

Die Kunst, eine gewölbte Steindecke zu schaffen, wurde im 11. Jahrhundert allmählich wiederentdeckt. Man zog die gewölbte der flachen Holzdecke vor, aus praktischen (z.B. wegen der Feuergefahr) und aus ästhetischen Gründen. Der Dom zu Speyer und die Klosterkirche von Cluny (Frankreich) waren die ersten Kirchen des Mittelalters, die eine Gewölbedecke erhielten. Die Gewölbe von Speyer hatten eine Spannweite von etwa 15 und eine Höhe von etwa 36 Metern, eine außerordentliche bauliche Leistung.

Die Romanik

Die Baukunst des 11. und 12. Jahrhunderts bezeichnet man im großen und ganzen als Romanik. Über den genauen Anfangspunkt der Romanischen Baukunst sind sich die Experten nicht einig und für uns sind die Einzelheiten hier nicht von Wichtigkeit. Im allgemeinen bezeichnet man die Kunst zur Zeit Karls des Großen als karolingisch. Auf diese folgt die Romanik (die Frühromanik unter den Sächsischen Kaisern wird auch als ottonische Kunst bezeichnet). Die entscheidenden Impulse für die romanische Baukunst gingen hauptsächlich von Deutschland aus. Der Name weist auf die Übernahme römischer Formelemente hin, wie Rundbogen, Säule, Pfeiler und Gewölbe. Als charakteristisches und einheitliches Merkmal für die Romanik wird die Deckenwölbung angesehen, die kurz nach der Mitte des 11. Jahrhunderts entwickelt wird und zwar als Kreuzgrat- und als Kreuzrippengewölbe. Mit der karolingischen und ottonischen Architektur hat die Romanik den Rundbogen gemeinsam, aber sie unterscheidet sich von diesen in der größeren Auflockerung und Gliederung der Wände durch Sockel, Säulen, Öffnungen wie Fenster, Empore, Triforium und Zwerggalerie, die dann besonders in der Gotik weiter ausgeprägt werden. Die Hauptkirchen der deutschen Romanik sind Speyer, Mainz, Worms, Maria Laach und die der Spätromanik oder Frühgotik Limburg, Bamberg und Naumburg.

Der Dom zu Worms

Radfenster (romanisch)

Die romanische Kirche

Die romanische Kirche ruht fest auf der Erde und macht einen massiven Eindruck mit ihren schweren, dicken Mauern, gedrungenen Türmen und Rundbogen. Obwohl sie wie eine Feste mit der Erde verbunden ist, streben ihre Türme, Chöre und Giebel zum Himmel hinauf. Ihre Schiffe, deren Wandflächen früher wahrscheinlich mit bunten Fresken bemalt waren, sind geräumig und hoch. Von den Fenstern lassen vor allem zwei große, runde Radfenster, eins am westlichen und eins am östlichen Ende des Hauptschiffes, das Sonnenlicht am Morgen und am Abend ins Innere. Die romanischen Kirchen sind Zeugen einer männlichen Kultur, deren Träger das frühe Rittertum war. Man muß sich in jene Zeit zurückversetzen, um die gediegene Schönheit dieser alten Dome zu erkennen.

Das, was wir gerade als die charakterischen Merkmale der Romanik bezeichnet haben, wurde von den neuen Architekten an ihr kritisiert. Man fand die Kirche zu schwer und wuchtig, die Mauern zu dick, die Türme und Decken zu niedrig, das Innere zu dunkel, und man suchte all dem bereits bei späteren romanischen Domen (Bamberg, Naumburg) abzuhelfen. Als man die drei Hauptelemente des gotischen Stils, den Spitzbogen, den Strebepfeiler und das Kreuzrippengewölbe zu einem neuen ästhetischen Zweck vereinigte, da begann die eigentliche Gotik.

Die Gotik

Der Zweck des neuen Stils war, die Materie zu überwinden, die Struktur der Kirche innen und außen völlig aufzulockern und das Innere vom Stein zu befreien und mit Luft und Licht zu füllen. Dieses Ziel konnte man erreichen, indem man das Gewicht des Gebäudes von den Wänden und Mauern weg nach draußen verlegte und mit Hilfe des Spitzbogens den Innenraum zu gewaltiger Höhe steigerte. Der Spitzbogen machte das rechteckige Joch möglich. Das Dach konnte nun von doppelt so vielen aber weit schlankeren Pfeilern getragen werden als bei der Romanik. Während vorher die Wände, Bogen und Pfeiler die Gewölbe stützen mußten, brauchten jetzt nur die Pfeiler die Last tragen, die ja durch die Strebepfeiler nach draußen verlegt wurde. Die Wände konnten fast wegfallen, sie wurden aufgelöst und mit herrlichen bunten Glasfenstern verziert. Besonders die Rosenfenster sind von unbeschreiblicher Schönheit. Das radartige Fenster mit seinen Speichen und Hunderten von Scheiben ist ein Symbol für das Paradoxe des Göttlichen: höchste mathematische Gesetzlichkeit verbunden mit undurchdringlicher, geheimnisvoller Mysterie. Wenn die Sonne durch die Rose scheint, bekommt der Beschauer den Eindruck eines flammenden Rades oder einer Sonne, die sich im All dreht.

Das Rosenfenster

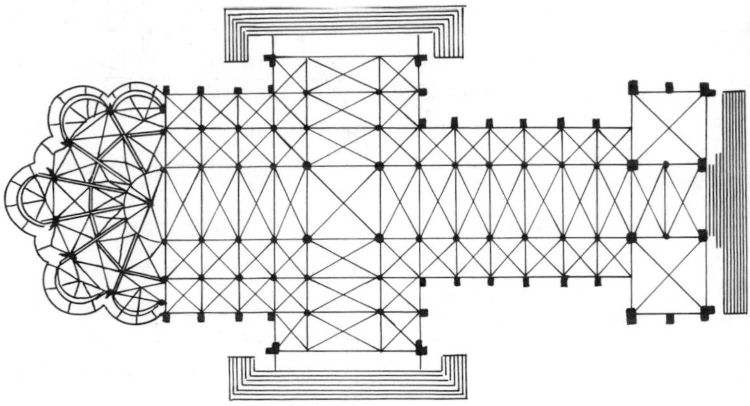

Grundriß des Kölner Doms

Der Kölner Dom

Bezeichnend für die deutsche Gotik sind die vier Seitenschiffe, je zwei auf jeder Seite des Hauptschiffes, wie beim Kölner Dom. Diese Seitenschiffe erreichen die gleiche Höhe wie das Hauptschiff und sind von diesem nicht mehr durch Wände, sondern nur noch durch hohe Pfeiler getrennt, die wie Bäume aufragen und sich an der Decke verzweigen. Beim Kölner Dom werden die Seitenschiffe hinter dem Querschiff weitergeführt und bilden einen Gang und einen Kranz von sieben Kapellen um den Chor und Apsis herum. Der Kölner Dom, der 1248 begonnen wurde, blieb nach 1322 unvollendet, wurde jedoch über 500 Jahre später in den Jahren zwischen 1842 und 1880 fertiggestellt.[1] Im Weltkrieg wurde er durch Bombenangriffe schwer beschädigt, aber seitdem wird wieder an seiner Restaurierung gearbeitet. Er ist die größte Kirche auf deutschem Boden.

gotische Kirchenwand

Maßwerkfenster (gotisch)

Wimperg

Der Name Gotik war zuerst verächtlich gemeint. Dem Klassizisten erschienen die tausend Zierrate als unnütz und die ganze Struktur als überladen und unvernünftig. Seit der Romantik, die ihre Inspiration im Mittelalter fand, haben wir anders sehen gelernt und erkennen den gotischen Stil in seiner Eigenart an. Neben dem Spitzbogen, dem Strebebogensystem und dem Kreuzrippengewölbe ist die ungeheure Vielfalt und Auflockerung der Struktur bezeichnend. Besonders das Maßwerk der Fenster wird immer reicher mit seinen vielfältigen Formen (vor allem Fischblasen und flammenartigen Mustern). Das Maßwerk wird auch als Füllornament in Brüstungen und Turmhelmen und zur Verzierung von Wandflächen, Giebelfeldern und Wimpergen verwendet. Besonders stark durchgliedert sind die Wände, die

[1] Auch die Dome zu Freiburg und Ulm wurden erst im 19. Jahrhundert fertig. Straßburg dagegen ist bis heute unvollständig.

vordem geschlossen und fest waren. In der Spätgotik bestehen die Wände schließlich nur noch aus schlanken Stützen, die durch Spitzbogen verbunden sind. Der Aufbau ist vier-, drei- oder am Ende gar nur zweigeschossig. Zwischen den Geschossen befinden sich die prächtigen bunten Glasflächen der Fenster. Das Ganze strebt aufwärts und scheint sich geradezu vom Erdboden zu heben. Die schweren Gewölbe wirken leicht und schwebend.

Je höher der Bau in den Himmel strebte,[2] je wichtiger wurde das System der Strebepfeiler, die mit Filialen beschwert und mit Krabben dekoriert wurden. Die Türme der Westfassade erreichten immer neue Höhen (Regensburger Dom 105 m, Freiburger Münster 115 m, Wiener Stephansdom 137 m, Straßburger Münster 143 m, Kölner Dom 156 m und Ulmer Münster, der höchste Kirchturm der Welt, 161 m). In Frankreich wurden die Türme häufig nicht vollendet, in Deutschland dauerte es oft Jahrhunderte (Köln und Freiburg z.B. bis ins 19. Jahrhundert) bis der Riesenturm vollendet war. Mit Ausnahme von Köln und Straßburg (ein Turm blieb unvollendet) haben die großen deutschen Dome nur einen Turm, im Gegensatz zu den französischen, die meistens zwei Türme haben.

[2] Beim Ulmer Münster beträgt das Verhältnis von Spannweite und Höhe des Hauptschiffes 15:41,6 Meter.

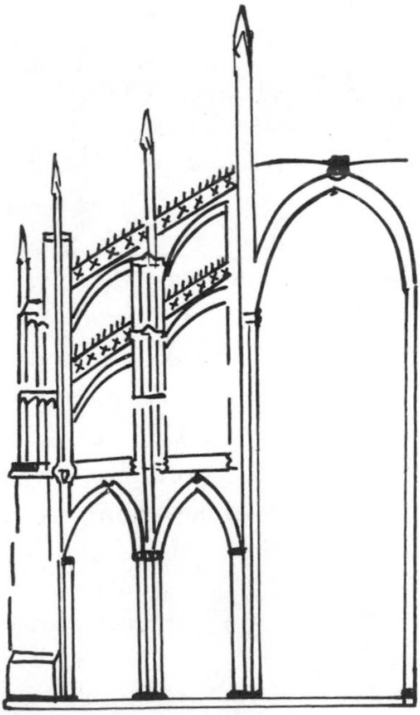

Strebepfeiler (Köln)

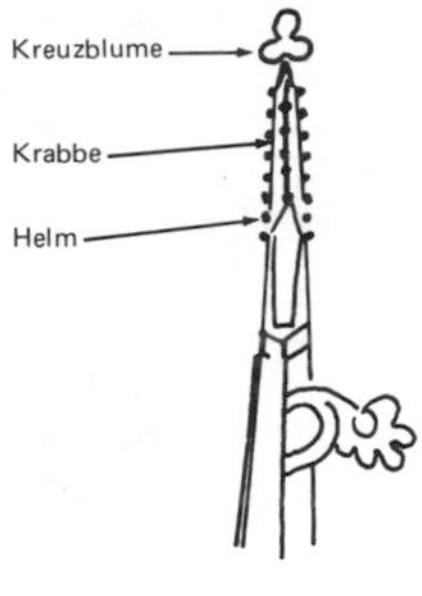

Filiale

Krabbe

Kreuzblume

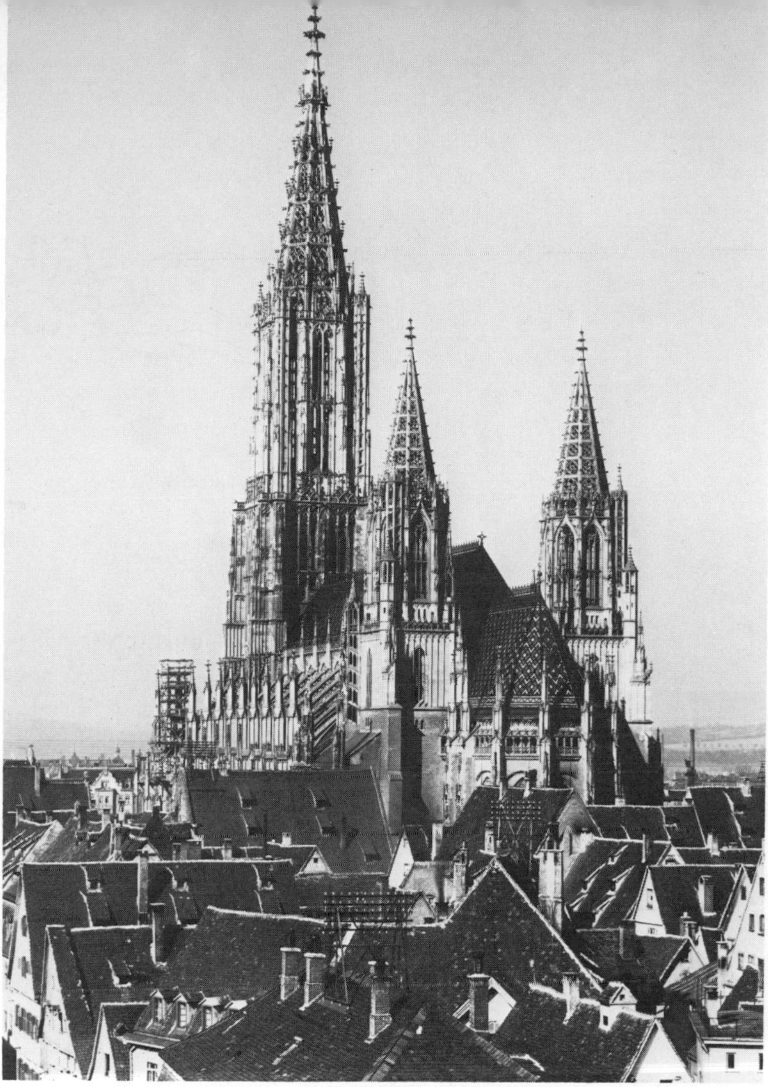

Das Ulmer Münster

Von ungeheurem Reiz sind die großartigen Portale der gotischen Dome mit ihrem reichen Skulpturschmuck. Diese Skulpturen stellen Szenen aus der Bibel dar. Für den mittelalterlichen Menschen, der zum großen Teil nicht lesen konnte, war die Kirche ein aufgeschlagenes Bilderbuch, das ihm all die bekannten Szenen aus der Bibel bildlich vor Augen brachte. Das Hauptportal des Ulmer Münsters z.B. enthält 83 Statuen und 21 Reliefs. Die ganze Front ist ein Spiel von kleinen Filialen, Baldachinen mit Statuen und Statuetten, Maßwerkfüllungen, Wimpergen, Konsolen und Fenstern. Auf allen Türmchen und Türmen sitzen Kreuzblumen.

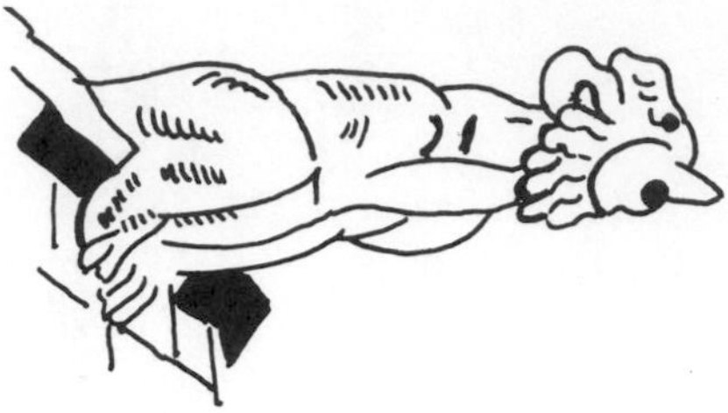

Wasserspeier

Überhaupt ist der Außenraum für die Optik ebenso wichtig wie der Innenraum. Selbst die vielen Wasserspeier sind dem Gesamtsystem harmonisch eingeordnet. Ihre praktische Funktion ist, das Regenwasser von den Wänden abzuleiten, aber darüber hinaus haben sie auch eine symbolische Aufgabe. Sie sind in Stein gemeißelte Tiere oder groteske Fabelwesen, die das Böse, Abnormale oder Groteske darstellen, das aus dem Innern des Gotteshauses verbannt ist und im Dienste des Guten steht.

Der gotische Dom ist als theologische *Summa* aus Stein bezeichnet worden. Er steht da im Zentrum der Stadt zur Ehre Gottes, kein Fremdling in der Welt mehr wie die ersten christlichen Basiliken, sondern mächtiger Mittelpunkt einer ganzen Zivilisation, Ausdruck einer gottergebenen Frömmigkeit und zugleich Ausdruck des bürgerlichen Stolzes und der handwerklichen Kunstfertigkeit. Er symbolisiert die Einheit von weltlichem und geistlichem Dasein, und bezeichnet den Höhepunkt der mittelalterlichen Kultur. Man muß sich zurückversetzen können in diese Zeit, in das Innere der Kirche an einem hohen Festtage wie dem Ostersonntag, an dem die Hohe Messe zelebriert wird, und man muß in seiner Einbildungskraft ein solches Ereignis miterleben, all die Sinneseindrücke auf sich wirken lassen, wenn man das Einzigartige dieser menschlichen Errungenschaft verstehen will. Das ist uns heute kaum noch möglich, und so stehen wir denn vor einem unfaßbarem Großen, das man mit Worten nicht angemessen beschreiben kann.

Chor im Köl

6

Die protestantische Reformation und ihre Folgen

Das neue Lutherbild

Mit dem Anschlag der 95 Thesen an die Tür der Schloßkirche zu Wittenberg am 31. Oktober 1517 hat Martin Luther einschneidend in den Verlauf der Weltgeschichte eingegriffen und eine Reihe von Ereignissen ins Rollen gebracht, die man als die protestantische Reformation bezeichnet. Der Mann, der für diese Reformation hauptsächlich verantwortlich ist, wird heute nicht nur von protestantischen, sondern auch von katholischen und selbst atheistischen Theologen und Historikern gefeiert. In den letzten 50 Jahren sind mehr Abhandlungen über Martin Luther veröffentlicht worden als über Jesus oder sonst eine christliche Gestalt von Wichtigkeit. In Ostdeutschland ist Luther zu einem geistigen Vorläufer des Marxismus erhoben worden, der sich gegen die päpstliche und imperialistische Unterdrückung erhob. Nach vier Jahrhunderten der Ablehnung und Beschimpfung von Seiten katholischer Theologen und Geschichtsschreiber, setzen sich heute namhafte Kirchenführer leidenschaftlich für seine Rehabilitierung ein. Einige fordern sogar die Aufhebung des Kirchenbannes. Auf den folgenden Seiten werden wir uns mit Martin Luther und den Hauptereignissen der Reformation auseinandersetzen.

Luthers Jugend

Martin Luther wurde am 10. November 1483 in Eisleben (Thüringen) geboren. Sein Vater Hans war zuerst Bergmann,

AETHERNA IPSE SVAE MENTIS SIMVLACHRA LVTHERVS
EXPRIMIT·AT VVLTVS CERA LVCAE OCCIDVOS
·M·D·X·X·

Martin Luther als Augustiner Mönch

wurde Unternehmer und brachte es zu städtischen Ehrenämtern. Der Sohn sollte Jurist werden, ging in Mansfeld, Magdeburg und Eisenach zur Schule und in Erfurt auf die Universität (1502 Baccalaureus, 1505 Magister). In seinen philosophischen Studien mühte er sich angstvoll mit der Frage der Unbeweisbarkeit der göttlichen Existenz durch den Verstand und rang mit seinen Zweifeln an dem Problem, ob durch Bußwerke Sünden vergeben werden können. Als er 1505 in ein heftiges Gewitter geriet und der Blitz neben ihm einschlug, sah der innerlich tief Beunruhigte darin ein Zeichen und faßte den Entschluß, Mönch zu werden. Er trat gegen den Willen des Vaters in den Augustinerorden ein. Trotz strenger Askese und körperlicher Strafen, die er sich auferlegte, gelang es dem jungen Mönch anfangs nicht, innere Ruhe zu finden. Seine ,,Sündenlast" und die Majestät Gott Vaters drohten ihn zu erdrücken. Als er 1507 die Priesterweihe empfing und zum ersten Mal die Messe zelebrierte, übermannte ihn die Angst vor der schrecklichen Macht Gottes im Angesicht seiner eigenen Minderwertigkeitsgefühle. Seinem Beichtvater, der ihn mahnte, Gott zu lieben, rief er zu: ,,Ich liebe Gott nicht! Ich hasse ihn!" Schließlich fand er seine Antwort in dem Römerbrief, in dem der Apostel Paulus verkündet, daß die Gerechten durch den Glauben selig werden. Luther fühlte sich

Eintritt ins Kloster und Problematik der Beziehung mit Gott

wie neugeboren durch diese Erkenntnis und baute darauf seine Doktrin von der Alleinseligmachung durch den Glauben auf, die eine der Grundthesen der Reformation wurde. Mit dieser Erkenntnis kam Luther schließlich zu dem Schluß, daß die Kirche als Vermittlerin zwischen Gott und dem Menschen nicht nötig sei, sondern daß jeder einzelne Mensch im Glauben an Gott gestärkt werden könne, durch Gottes Wort wie es in der Schrift steht. Die Sakramente der Kirche verlieren dadurch an Wichtigkeit.

Eine derartige Einstellung steht im krassem Gegensatz zu der Auffassung der Kirche im 16. Jahrhundert, die betont, daß der Mensch Vergebung gewisser Sünden und Erlaß von Strafen durch gute Werke erlangen kann. Die Kirche war der Meinung, daß Jesus Christus und die Heiligen durch ihre überschüssigen Verdienste einen großen Gnadenschatz angehäuft hatten, aus dem der Papst Gnade, das heißt Erlaß von Strafe an würdige Individuen verteilen kann. Für ein gutes Werk, (eine Pilgerfahrt an einen Kirchenschrein, die Zahlung einer gewissen Geldsumme für den Bau einer Kirche oder eines Klosters, usw.) konnte die Kirche einem Sünder Absolution erteilen, das heißt die jenseitige Buße in eine diesseitige umwandeln. Mit diesem Prinzip wurde besonders zu Luthers Zeit großer Mißbrauch getrieben.

Gute Werke und Sündenerlaß

Papst Leo X, der für seine großartige Kunstpflege, den Bau des Petersdomes in Rom und seine luxuriöse Hofhaltung besonders viel Geld brauchte, setzte einen neuen Ablaßbrief auf und erlaubte dem Kurfürsten Albrecht von Brandenburg, der gleichzeitig Erzbischof von Mainz und Magdeburg war, acht Jahre lang einen vollständigen Ablaß zu verkaufen. Ablaßprediger, darunter ein Dominikanermönch namens Tetzel, wurden angestellt und nutzten die naive Frömmigkeit der ungebildeten Bauern und Bürger aus, um Geld einzutreiben. Tetzel scheint besonders kraß vorgegangen zu sein. Er interpretierte die Lehre vom Ablaß sehr liberal und verkaufte den Ablaß auch für die Seelen von verstorbenen Verwandten, die damit aus dem Fegefeuer erlöst werden sollten. Sein Werbespruch soll gelautet haben: ,,Sobald das Geld im Kasten klingt, die Seele aus dem Fegefeuer in den Himmel springt.''

Luther betrachtete den Verkauf von Ablaßbriefen als Mißbrauch kirchlicher Macht und als grobe Ungerechtigkeit den Armen gegenüber, die sich keine Vergebung kaufen konnten. Zur Tat entschloß er sich, als einige Wittenberger, denen er wegen unsittlicher Lebensführung die Absolution verweigert hatte, sich

Die 95 Thesen

Ablässe kauften. Da formulierte er seine Meinung in 95 Thesen, das heißt Streitsätzen für eine akademische Disputation,[1] und nagelte sie an die Tür der Schloßkirche zu Wittenberg.[2] Diese Tat war nicht so revolutionär, wie es oft dargestellt wird, da die Ablaßfrage überall in theologischen Kreisen erörtert wurde und da Luther sich zurückhaltend und diplomatisch ausdrückte. Trotzdem fanden die Thesen, die in lateinischer Sprache abgefaßt waren, sehr schnell in ganz Deutschland Verbreitung, was beweist, daß die Entrüstung über den Ablaß allgemein und weit verbreitet war. Rasch scharten sich um den Augustinermönch, der 1512 zum Doktor der Theologie promoviert hatte und an der Universität Wittenberg Vorlesungen über die Heilige Schrift hielt, Studenten und junge Gesinnungsgenossen, während konservative Kirchenführer gegen ihn schrieben. Vom Papst wurde er nach Rom berufen, aber sein Landesherr, Kurfürst von Sachsen, Friedrich der Weise, setzte sich für ihn ein und bewirkte, daß er im Oktober 1519 auf dem Reichstag zu Augsburg verhört wurde[3]. Es ist möglich, daß damit die Sache der Reformation gerettet wurde, denn in Rom hätte Luther sicher kein Gehör gefunden. In Augsburg weigerte Luther sich zu widerrufen.

Die Disputation mit Eck

In der berühmten Disputation mit Johann Eck, die im Juli 1518 in Leipzig stattfand, wurde Martin Luther von dem überlegenen Scholastiker in die Enge getrieben und erklärte sich mit mehreren Sätzen Johannes Hus[4], der von der Kirche als Ketzer verbrannt worden war, einverstanden. Er gestand öffentlich, daß Papst und Kirchenkonzile irren können, ein

[1] Es war damals üblich, Streitsätze zur Diskussion an öffentliche Gebäude anzuschlagen. Es war eine Aufforderung zu öffentlicher Debatte.

[2] Der katholische Kirchenhistoriker Erwin Iserloh, Professor an der Universität Münster, vertritt neuerdings die Ansicht, Luther habe seine Thesen zwar brieflich an Erzbischof Albrecht gesandt und sie auch schriftlich veröffentlicht, aber nicht an die Schloßkirche genagelt. Tatsächlich hat weder Luther noch einer seiner Zeitgenossen dieses Ereignis jemals beschrieben. Erst 30 Jahre später berichtet Philipp Melanchthon den Anschlag, aber ihm ist nachgewiesen worden, daß er sich in Zahlen und Daten so häufig geirrt hat, daß man seinem Zeugnis kaum glauben kann. Andere Historiker, wie der Göttinger Professor Hans Volz, behaupten, daß Luther die Thesen erst am 1. November an die Kirchentür geheftet habe.

[3] Der Papst machte dem Kurfürsten Zugeständnisse, weil er seine Unterstützung in der für 1519 angesetzten Kaiserwahl brauchte.

[4] Johannes Hus war 1415 vom Kirchenrat in Konstanz als Ketzer zum Tode verurteilt und öffentlich verbrannt worden.

Angriff gegen ein Zentraldogma der Kirche. Anfangs hatte Luther keine neue Kirche gründen, sondern die bestehende reformieren wollen. Die Ereignisse in den Monaten nach dem Thesenanschlag veranlaßten ihn jedoch, sich immer weiter von der Kirche zu entfernen und endlich seine eigene Kirchenorganisation aufzurichten.

Die Bannbulle

Im Juni 1520 erließ der Papst gegen Luther die Bannbulle ,,Exsurge Domine'', in der ihm der Ausschluß von der Kirche angedroht wurde. Unter dem Jubel seiner Anhänger verbrannte Luther die Bulle öffentlich in Wittenberg und wurde daraufhin exkommuniziert. An die Landesherrn erging die Aufforderung, ihn an die Kirche auszuliefern. Im April 1521 wurde er vor den Reichstag in Worms geladen, um seine ketzerischen Reden zu widerrufen, aber inzwischen war Luther zum Volksheld geworden, und viele Fürsten und Gelehrte standen auf seiner Seite. Bei seinem Einzug in Worms wurde er von einer ebenso großen Menschenmenge jubelnd empfangen wie der Kaiser. Vor versammelten Fürsten und kirchlichen Würdenträgern wurde Luther gefragt, ob er widerrufen wolle. Er berief sich auf die Heilige Schrift: ,,Es sei denn, daß ich durch das Zeugnis der Schrift überwunden werde'' oder durch klar einleuchtende Argumente ,,so mag und will ich nichts widerrufen, weil wider das Gewissen zu handeln beschwerlich, unheilvoll und gefährlich ist. (Hier stehe ich, ich kann nicht anders.)[5] Gott helfe mir. Amen.''

Der Reichstag zu Worms

Da Luther freies Geleit zugesichert worden war, kehrte er nach Wittenberg zurück, wurde aber zur Vorsicht auf dem Rückweg auf Befehl seines Landesherrn Friedrich in Schutzhaft genommen und auf der Wartburg versteckt. Der Reichstag verhängte die Reichsacht[6] über ihn und erklärte ihn als verstockten, dem Satan verfallenen Ketzer. Nun stand Luther außerhalb des Gesetzes und konnte von jedermann getötet werden. Friedrich der Weise blieb sein Beschützer und behielt ihn in Sicherheit in seinem Lande. Als Junker Jörg verkleidet blieb der Reformator ein Jahr auf der Wartburg verborgen und begann dort mit der Übersetzung des Neuen Testaments. In Luthers Abwesenheit verkündeten Schwärmer und radikale Prediger ,,neue'' Lehren und wollten das Urchristentum mit Großtaufe, Laienpriestertum und zwölf

Die Reichsacht

[5] Es steht nicht fest, ob Luther diesen Satz tatsächlich gesagt hat.

[6] ,,Acht'' hängt mit ,,ächten'' zusammen, was wir noch in dem Wort ,,verachten'' finden.

Aposteln wiederherstellen. Für Luther waren das schlechte Nachrichten, denn diese Leute gingen ihm zu weit. Im März 1522 kehrte er nach Wittenberg zurück und begann den evangelischen Gottesdienst einzurichten. Die Predigt wurde in den Mittelpunkt des Gottesdienstes gestellt, die Schriftstellen auf deutsch gelesen,

Die Erneuerung des Gottes-dienstes

der Abendmahlskelch jedem gereicht, der ihn begehrte, die sieben Sakramente auf zwei (Taufe und Abendmahl) reduziert, das Singen von Hymnen eingeführt und das Zölibat abgeschafft. Luther selbst heiratete 1525 die frühere Nonne Katherina von Bora, mit der er anscheinend sehr glücklich geworden ist.

Flugblatt gegen Martin Luther

Die Verbreitung der neuen Lehre

Lutherische Schriften trugen die Anschauungen des Reformators durch ganz Deutschland und ins Ausland.[7] Außer Kursachsen und Hessen wurden das Ordensland Preußen, viele Städte, darunter Ansbach, Nürnberg, Straßburg, Magdeburg und Bremen sowie die skandinavischen Länder, Island, Finnland und die baltischen Staaten lutherisch. Später traten Württemberg, Pommern, Sachsen, Brandenburg und die Pfalz zum Luthertum über. In der Augsburger Konfession von 1530 wurden die evangelischen Grundsätze in einem Schriftstück zusammengefaßt, so daß die Lutheraner nun eine gemeinsame Lehre besaßen. Die evangelischen Fürsten hatten sich bereits vor 1530 zu einem Bündnis zusammengeschlossen und setzten auf dem Reichstag zu Speyer (1526) die Freiheit der Fürsten und Städte durch, sich zum Luthertum zu bekennen. Allerdings wurde dieser Beschluß drei Jahre später wieder aufgehoben, wogegen einige Fürsten und Städte feierlichen Protest einlegten. Seit diesem Protest heißen die Anhänger der evangelisch-lutherischen Lehre Protestanten.[8]

Kaiser Karl V

Kaiser Karl V, der letzte deutsche König, der in Italien vom Papst zum Kaiser gekrönt wurde, war ein eifriger Verfechter des katholischen Glaubens, war aber bis zu Luthers Tod (1546) so mit Reichsangelegenheiten im Ausland beschäftigt, daß er in

[7] In der Schweiz führt Ulrich Zwingli (1484–1531) seine Reformation durch, die der Luthers in vieler Hinsicht gleicht.

[8] In Deutschland heißt Luthers Kirche die Evangelische Kirche, weil sie sich auf das Evangelium der Bibel stützt.

Die Haltung des Kaisers

Deutschland nicht mit Waffengewalt die neue Lehre unterwerfen konnte. Das war für die Verbreitung der lutherischen Lehre natürlich von großem Vorteil. Endlich, ein Jahr nach Luthers Tod, hatte Karl seine ausländischen Angelegenheiten geregelt, so daß er nun versuchte, die Einheit des Reiches und des Glaubens mit Gewalt wiederherzustellen. Nach anfänglichen militärischen Erfolgen gegen die Protestanten, mußte der Kaiser jedoch 1555 im Religionsfrieden von Augsburg den lutherischen Reichsständen[9] die freie Religionsausübung gewähren. Nach dem Prinzip *cuius regio eius religio*[10] wurde den Fürsten das Recht überlassen, den Glauben ihrer Untertanen zu bestimmen. Damit war das Reich endgültig in zwei große religiöse Konfessionen gespalten. Diese Spaltung führte zwei Generationen später zum Dreißigjährigen Krieg (1618-1648), der Deutschland völlig verheerte.

Luthers Hauptschriften

Bevor wir die Folgen der lutherischen Reformation, (darunter den Dreißigjährigen Krieg) besprechen, müssen wir uns mit Luthers Hauptschriften und dem Bauernkrieg befassen. Unter der Fülle von kleinen und großen Schriften, die Luther veröffentlichte und mit denen er den evangelischen Glauben gegen die römisch-katholische Lehre fundieren wollte, sind drei besonders wichtig, weil sie die Kerngedanken des Reformators enthalten. Alle drei Schriften erschienen in der zweiten Hälfte des Jahres 1520, nachdem der Papst den Bann erlassen hatte. Die Schriften sind: *An den christlichen Adel deutscher Nation von des christlichen Standes Besserung*, *Von der babylonischen Gefangenschaft der Kirche*, und *Von der Freiheit eines Christenmenschen*.

An den christlichen Adel

Die erste Schrift, in deutscher Sprache verfaßt, wendet sich an die Fürsten und fordert sie auf, die Tyrannei und Korruption des Papsttums zu beseitigen. Die gutmütigen Deutschen seien lange genug von Rom finanziell und politisch ausgebeutet worden und es sei an der Zeit, das römische Joch abzulegen. Die Landesherren werden aufgerufen, die Kirche ihrer Herrschaft zu unterstellen und die Reformen, die die Kirche seit langem versagt, in die Tat umzusetzen. Drei Mauern, die die Romanisten errichtet hätten, seien niederzureißen, damit der Vorrang des geistlichen Standes vor dem weltlichen aufgehoben werde: 1) Alle Christen sind Priester und daher gleich. Der Priester soll von der Gemeinde

[9] Den Calvinisten wurde freie Religionsausübung erst im Westfälischen Frieden von 1648 gewährt.

[10] Wessen die Regierung, dessen die Religion.

gewählt werden. Er verwaltet ein Amt genau so wie der Fürst. 2) Alle Christen, nicht nur der Papst, haben das Recht die Schrift zu interpretieren, besonders da der Papst ungläubiger als viele Christen sei. In der Wahl zwischen Papst und Heiliger Schrift muß man der Schrift folgen. 3) Nicht nur der Papst hat das Recht, Konzile einzuberufen und Gesetze zu machen, sondern vor allem auch die weltliche Macht. Eine Reihe von Reformvorschlägen folgen. Besonders der Vorschlag, daß die Kirche aufhören solle, sich mit Gütern, Geldern und Steuern zu bereichern, fand bei vielen Fürsten positive Aufnahme, denn sie zogen die Steuern lieber für sich und ihre Staatskosten ein, als sie nach Rom abzuliefern. Am radikalsten war die Aufhebung des Zölibats, das Luther in dieser Schrift vorschlägt. Immer wieder vergleicht er den reichen, mächtigen, korrupten Papst mit dem armen, demütigen, ehrlichen Christus, um zu zeigen wie weit die Kirche von der Urkirche und vom Evangelium abgewichen und wie notwendig daher eine Reformation sei.

Von der babylonischen Gefangenschaft der Kirche

Die zweite Schrift, *De captivitate Babylonica ecclesial praeludium,* erschien in lateinischer Sprache, weil sie sich mit theologischen Argumenten befaßt. Das Traktat greift wiederum das Papsttum an und vergleicht es mit dem sündigen Babel, das die Kirche Christi unterworfen und in Gefangenschaft geführt habe. Luther verwirft die Siebenzahl der Sakramente. In der Bibel finde er nur Taufe und Abendmahl, letzteres ohne Priesterkelch, ohne Transsubstantiation und ohne Werkgerechtigkeit des Meßopfers. Konfirmation, Priesterweihe, Ehe und letzte Ölung seien nur durch die Herrschsüchtigkeit der kirchlichen Hierarchie zu Sakramenten gemacht worden, um die ursprüngliche Freiheit des Christentums zu beugen. Die Buße verwirft Luther erst später als Sakrament, zu diesem Zeitpunkt ist er sich noch nicht sicher.

Von der Freiheit eines Christenmenschen

Die Schrift *Von der Freiheit eines Christenmenschen* wird in deutscher und lateinischer Sprache veröffentlicht und gründet die Freiheit ausschließlich im Glauben. Der gläubige, fromme Christ ist frei von der äußeren Werkgerechtigkeit. Der Glaube allein, nicht die Werke machen einen Menschen fromm.

> Also sehen wir, daß an dem Glauben ein Christenmensch genug hat; es bedarf keines Werkes, daß er fromm sei. Bedarf er denn keines Werkes mehr, so ist er gewißlich entbunden von allen Geboten und Gesetzen; ist er entbunden, so ist er gewißlich frei. Das ist die christliche Freiheit, der einzige Glaube, der da macht, nicht daß wir

müßig gehn oder übel tun können, sondern daß wir keines Werkes bedürfen, zur Frömmigkeit und Seligkeit zu gelangen.

Die Werke aber sind tote Dinge, können nicht ehren noch loben Gott, wiewohl sie mögen geschehen und lassen sich tun, Gott zu Ehren und Lobe. Aber wir suchen hier den, der nicht getan wird wie die Werke, sondern den Selbsttäter und Werkmeister, der Gott ehret und die Werke tut . . . Darum es eine gefährliche, finstere Rede ist, wenn man lehret, die Gebote Gottes mit Werken zu erfüllen, während die Erfüllung vor allen Werken durch den Glauben muß geschehen sein und die Werke folgen nach der Erfüllung . . .

Gute, fromme Werke machen nimmermehr einen guten, frommen Mann, sondern ein guter, frommer Mann macht gute, fromme Werke, böse Werke machen nimmermehr einen bösen Mann, sondern ein böser Mann macht böse Werke, also daß allerwegen die Person muß gut und fromm sein vor allen guten Werken und gute Werke folgen und ausgehn von der frommen, guten Person.

Luthers revolutionäre Gedanken beeinflußten zweifellos die Bauern, ihren blutigen Aufstand gegen die Fürsten zu unternehmen. Sicher hofften sie auf Luthers Unterstützung, die er ihnen jedoch versagte. Er nahm gegen sie Stellung und mahnte die Fürsten, wieder Ordnung im Lande herzustellen.

Der Bauernkrieg als soziale und politische Revolution

Der Bauernkrieg (1525) ist die erste soziale Revolution in Deutschland. Sie fand 250 Jahre vor der amerikanischen und französischen Revolution statt. Es ist gewiß ungerecht, den Deutschen blinden Gehorsam der Obrigkeit vorzuwerfen. Oft hört man besonders in Amerika die vorwurfsvolle Frage, warum die Deutschen sich nicht wie die Amerikaner ihre Freiheit gegen Tyrannen erkämpft hätten. Die Antwort lautet, daß sie es versucht haben, mehrere Male sogar, das erste Mal lange vor den Revolutionen in anderen westlichen Ländern, aber alle Versuche, sich gegen die Obrigkeit durchzusetzen sind fehlgeschlagen. Das hat die politische Entwicklung Deutschlands und die nationale Psychologie des Deutschen negativ beeinflußt. Demokratische Forderungen nach Mitbestimmung an der Regierung, Gleichberechtigung und Gerechtigkeit vor dem Gesetz wurden von den deutschen Bauern bereits im Jahre 1525 gestellt. Unglücklicherweise ist es den Deutschen nicht vergönnt gewesen, sich ihre

Freiheit und Demokratie selbst zu erringen. Sie haben sie nach der Besiegung auf dem Schlachtfeld als Geschenk von ausländischen Siegern erhalten. An Versuchen hat es jedoch in der deutschen Geschichte nicht gefehlt.

Die Stellung des Bauern

Der deutsche Bauer im 16. Jahrhundert war ursprünglich der germanische Freibauer gewesen. Kaiser Karl der Große hatte sich den höchsten Bauern genannt und sich als gerechter Schirmherr seiner Brüder betrachtet. Im Mittelalter begannen die Fürsten von ihren adeligen Landbesitzern immer stärkere Leistungen zu fordern, so daß diese wiederum ihre Bauern mehr und mehr ausbeuteten. Die Folge war, daß der Bauer fast alle seine Rechte verlor und zu immer größeren Abgaben gezwungen wurde. Hinzu kam die harte Bauernschinderei von Seiten der Ritter für oft geringe Vergehen, besonders für Jagdfrevel.[11] Man entmannte den ,,Wilddieb'', bohrte ihm die Augen aus oder hackte ihm die Hände ab.[12] Im Jahre 1525 kam es in Süd- und Südwestdeutschland zu einem allgemeinen Aufstand, an dem sich viele lutherische Geistliche und Reichsritter beteiligten, deren Stand in Gefahr war, von der Macht der Landesfürsten aufgehoben zu werden.[13] In den berühmten *Zwölf Artikeln* verkünden die Bauern ihr Programm der sozialen und politischen Reform. Sie verlangen die Abschaffung der Frondienste, der Jagd- und Fischereiprivilegien des Adels, der bedrückenden feudalen Leistungen und Abgaben. Sie fordern unabhängige Gerichtshöfe, Bestrafung nach geschriebenem Gesetz nicht nach der Willkür des Herrn. Sie wollen der weltlichen Obrigkeit Gehorsam schenken nur wenn es dem Gewissen und dem Gesetz Gottes nicht widerspricht, und verlangen eine Rechts- und Gesellschaftsordnung nach evangelischen Grundsätzen. Die Forderungen erscheinen uns heute als durchaus gemäßigt und gerecht. Der Aufstand griff rasch um sich

Die Forderungen der Bauern

[11] Die alte Freiheit, in den Wäldern zu jagen, war den Bauern abgesprochen worden. Die Jagd wurde zum Privileg der Ritter. Die Bauern waren darüber und über die grausamen Strafen empört, besonders wenn sie ihre Felder nicht gegen Wildschaden schützen durften.

[12] Im Jahre 1537 ließ der Erzbischof von Salzburg z.B. einen Wilderer in eine frische Hirschhaut nähen und von seinen Hunden zerreißen.

[13] Goethes Jugenddrama *Götz von Berlichingen* behandelt die Geschichte des freien Ritters, der sich gegen die Übergriffe des Territorialfürsten, des Bischofs von Bamberg, wehrt und auf Seiten der Bauern kämpft.

Bewaffnetes Bauernheer im Bauernkrieg

und es kam zu Gewalttaten, Verbrennung von Schlössern, Klöstern, Dörfern und Städten und Plündern seitens einiger zügelloser und schlecht geführter Bauernhaufen. Angesichts des Unrechts, das die Bauern allerdings erfahren hatten und der grauenvollen Strafen, die ihnen nach dem Zusammenbruch ihres Aufstandes auferlegt wurden, ist man fast gesinnt, die Übergriffe der Bauern zu verzeihen. Die Bauernhaufen waren den gut bewaffneten und geführten Landsknechtsheeren der Fürsten nicht gewachsen; sie wurden geschlagen und aufgerieben. In drei Monaten war der Krieg zu Ende. Die Vergeltung der Sieger war fürchterlich. Massenhinrichtungen, denen oft grauenhafte Folterungen[14] vorausgingen, brachten die Zahl der toten Bauern auf schätzungsweise 200 000, eine ungeheure Zahl für die damalige Zeit. Die Lage der Bauern nach dem Krieg war weit schlimmer als zuvor, während die Macht der Fürsten weiter anwuchs.

Der Ausgang des Krieges

Bald nach den ersten Gewalttaten, richtete Luther seinen Aufruf *Wider die mörderischen und räuberischen Rotten der Bauern* an die Fürsten. Seine krasse, ja blutrünstige Einstellung wirkt schockierend und wird nur dann etwas verständlicher, wenn man bedenkt, daß Luther sein ganzes Lebenswerk bedroht sah. Gerade hatte er seine Kirche dem Schutz der Landesherrn unterstellt, als eine Rotte von „revolutionären Anarchisten, in die der Teufel gefahren war, die göttliche Ordnung“ zu zerstören drohte. In einem radikalen „Erzteufel“ wie Thomas Müntzer, den er schon

Luthers Einstellung

[14] Wir wissen, daß z.B. der berühmte Holzschnitzer Tilmann Riemenschneider, der auf Seiten der Bauern stand, gefoltert wurde. Die Gelehrten sind sich nicht einig in der Frage, ob diese Tortur es ihm unmöglich machte, weiterhin zu schnitzen.

einmal, als er von der Wartburg nach Wittenberg zurückkehrte, aus der Stadt vertrieben hatte und den er als ,,Räuber, Mörder und Blutvergießer'' betrachtete, sah er eine weitaus größere Gefahr als in seinem weisen Schutzherrn Friedrich, dem Kurfürsten von Sachsen. Aus diesem Blickwinkel sind Luthers Worte zu verstehen. Man muß auch bedenken, daß Sitten und Sprache der Lutherzeit weitaus derber waren als heute.

> Dreierlei greuliche Sünden wider Gott und Menschen laden diese Bauern auf sich, daran sie den Tod verdient haben an Leib und Seele mannigfaltig. Zum ersten, daß sie ihrer Obrigkeit Treue und Hulde geschworen haben, untertänig und gehorsam zu sein . . . Weil sie aber diesen Gehorsam brechen mutwillig und mit Frevel und dazu sich wider ihre Herren setzen, haben sie damit verwirkt Leib und Seele, wie die treulosen, meineidigen, lüghaften, ungehorsamen Buben und Bösewichter zu tun pflegen.

Die zweite Sünde ist, daß sie Klöster und Schlösser ausrauben und plündern und sich zu Räubern und Mördern degradieren und die dritte, daß sie ihre Greueltaten im Namen des Evangeliums begehen. Darum sind die Fürsten gerechtfertigt, die teuflischen Scharen zu erschlagen.

> Erbarmt euch der armen Leute. Erstecht, erschlagt erwürgt sie, wer da kann. Bleibst du darüber tot, wohl dir, einen seligeren Tod kannst du nicht finden, denn du stirbst im Gehorsam zu Gottes Wort und Befehl und im Dienst der Liebe, deinen Nächsten zu retten aus der Hölle und des Teufels Banden.

Von weltlicher Obrigkeit

Bereits 1523 hatte Luther eine Schrift verfaßt, die er betitelt: *Von weltlicher Obrigkeit, wie weit man ihr Gehorsam schuldig sei,* in der er daraufhinweist, daß der Untertan seinem Herrn gehorchen muß, da die ,,Gewalt verordnet ist''. In geistlichen Angelegenheiten soll man allerdings Gott allein gehorchen und nicht dem Menschen.

> Wenn nun dein Fürst, oder weltlicher Herr dir gebietet, mit dem Papst zu halten, so oder so zu glauben, oder gebietet dir, Bücher von dir zu tun, sollst du also sagen: ,,Es gebührt Lucifer nicht neben Gott zu sitzen. Lieber Herr ich bin Euch schuldig zu gehorchen mit Leib und Gut, gebietet mich glauben und Bücher von mir tun, so will ich

> nicht gehorchen. Denn da seid Ihr ein Tyrann und greift zu hoch, gebietet, da Ihr weder Recht noch Macht habt, usw." Nimmt er dir darüber dein Gut und straft solchen Ungehorsam: selig bist du und danke Gott, daß du würdig bist, um göttlichen Worts willen zu leiden, laß ihn nur toben, den Narren, er wird seinen Richter wohl finden. Denn ich sage dir, wo du ihm nicht widersprichst und gibst ihm Raum, daß er dir den Glauben oder die Bücher nimmt, so hast du wahrlich Gott verleugnet.

Rebellion gegen die gottgegebene Obrigkeit ist verwerflich, aber Ungehorsam gegen einen gottlosen Fürsten ist erlaubt.

> Der Seele soll und kann niemand gebieten, er wisse denn ihr den Weg zu weisen den Himmel. Das kann aber kein Mensch tun, sondern Gott allein . . .
> Wie, wenn denn ein Fürst unrecht hätte, ist ihm sein Volk auch schuldig zu folgen? Antwort: Nein. Denn wider Recht gebührt niemand zu tun; sondern man muß Gott (der das Recht haben will) mehr gehorchen denn den Menschen.

Die Bedeutung der Bibelübersetzung

Neben seiner reformatorischen Tätigkeit ist Luthers Bibelübersetzung vom griechischen Original ins Deutsche eine ungeheuer wichtige Leistung für die Entwicklung der deutschen Sprache und Literatur. Man hat oft behauptet, daß Luther die neuhochdeutsche Schriftsprache geschaffen hat, aber das ist eine Übertreibung, die der wissenschaftlichen Untersuchung nicht standhält. Richtig ist, daß Martin Luther die Entwicklung, der deutschen Schriftsprache wesentlich beschleunigt hat, eine Leistung die höchst bedeutsam ist und unsere Anerkennung verdient. In der deutschen Literaturgeschichte allerdings ist Luthers Bibelübersetzung ein einmaliges, unvergleichliches Ereignis. ,,Die Lutherbibel ist Anfangspunkt und Richtschnur unserer gesamten neueren Literatur," (Hermann Schneider) eine Tatsache, die die Dichter von Klopstock über Goethe bis Brecht immer wieder eingestanden haben.[15]

[15] Ernst Moritz Arndt: ,,Wenn mir hin und wieder gelungen ist, deutsch zu sprechen, so verdanke ich das mit vielen anderen . . . am meisten der von Kind auf geübten fleißigen Lesung der lutherischen Bibel."
Friedrich Nietzsche: ,,Luthers Bibel war bisher das beste deutsche Buch."
Bertolt Brecht: Auf die Frage, welches Buch ihn am meisten beeinflußt habe, antwortete er: ,,Sie werden lachen, die Bibel."

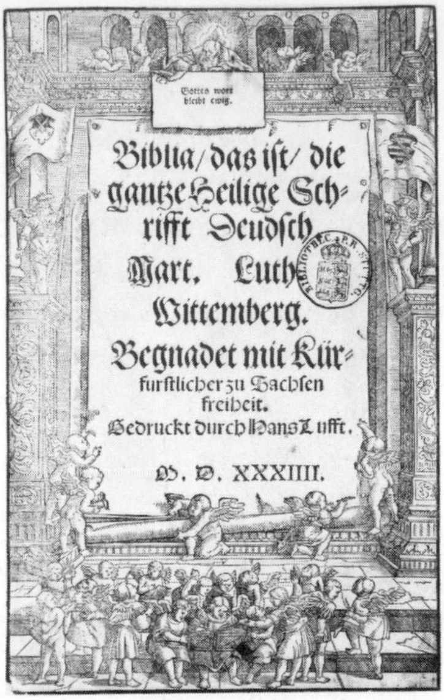

Lutherbibel aus dem Jahre 1534

Luther wollte die Bibel jedem Deutschen verständlich machen. Vor seiner Bibel waren 14 Übersetzungen ins Hochdeutsche und 3 ins Niederdeutsche erschienen, von denen jedoch keine volkstümlich geworden war. Luther benutzte die ,,gemeine deutsche Sprache'', die an den Kanzleien der deutschen Fürstenhöfe geschrieben wurde und von mundartlichen Ausdrücken ziemlich frei war.

Luther-sprache

Als Kursachse (jetzt Thüringen) gebrauchte Luther die mitteldeutsche sächsische Kanzleisprache, die zwischen dem Ober- und Niederdeutschen lag und von beiden verstanden werden konnte. ,,Ich brauche die gemeine deutsche Sprache, daß mich beide, Ober- und Niederländer verstehen können.''

> Während Luther die Bibel verdeutschte, hat er sich seine Sätze immer wieder laut vorgesprochen und sie mit sicherem rhythmischen und melodischen Gefühl auf ihre Akzente, auf Fermaten und Kadenzen, auf die Vokal- und Konsonantenfolge hin überprüft. So konnte er, besonders in den Psalmen oder im 1. Korintherbrief, eine Fülle des Wohllauts erreichen, die seit drei Jahrhunderten, seit der Stauferzeit und der Zeit Hermanns von Thüringen, die deutsche Sprache nicht mehr gekannt hatte und die ihr danach aufs neue fast drei Jahrhunderte, bis zu Goethe, namentlich dem Weimarer, dem Thüringer Goethe, versagt werden sollte. (H. O. Burger).

Luthers Sprache ist rhythmisch schön, klangreich, bildhaft, ausdrucksstark und dem Volke verständlich. In seinem *Sendbrief vom Dolmetschen* (1530) berichtet er, daß er oftmals Tage und Wochen nach dem richtigen Wort gesucht hat, das an die bestimmte Stelle genau paßte. Er vermied es, den Fehler seiner Vorgänger zu wiederholen, die oft wörtlich aus dem Lateinischen ins Deutsche übersetzten, wobei natürlich kein allgemein verständliches, volkstümliches Deutsch zustande kam ,,. . . denn man muß nicht die Buchstaben in der lateinischen Sprache fragen, wie man soll deutsch reden, . . . sondern man muß die Mutter im Hause, die Kinder auf der Gasse, den gemeinen Mann auf dem Markt darum fragen und denselben auf das Maul sehen, wie sie reden, und danach dolmetschen, so verstehen sie es denn und merken, daß man deutsch mit ihnen redet''. So übersetzt er das Lateinische ,,ex abundantia cordis os loquitur'' nicht wörtlich ,,aus dem Überfluß des Herzens redet der Mund'', weil das kein Deutsch ist, sondern volkshaft ,,Wes das Herz voll ist, des gehet der Mund über''.

Überset-
zungs-
problematik

23. Psalm

Als Beispiel für Luthers dichterische Sprache sei der 23. Psalm angeführt.

Der Herr ist mein Hirte;
Mir wird nichts mangeln.
Er weidet mich auf einer grünen Aue
Und führet mich zum frischen Wasser.
Er erquicket meine Seele;
Er führet mich auf rechter Straße
Um seines Namens willen.
Und ob ich schon wandert(e) im finstern Tal,
fürchte ich kein Unglück;
Denn du bist bei mir,
Dein Stecken und Stab trösten mich.
Du bereitest für mich einen Tisch gegen meine Feinde.
Du salbest mein Haupt mit Öl
Und schenkest mir voll ein.
Gutes und Barmherzigkeit werden mir folgen mein Leben
lang,
Und (ich) werde bleiben im Hause des Herrn immerdar.

Die
Kirchenlieder

Auch seine Lieder — Luther schuf etwa 36 Kirchenlieder, von denen 10 originale Schöpfungen sind — trugen zur Verbreitung der neuhochdeutschen Sprache bei. Es folgt das bekannteste und mächtigste Lutherlied, das so recht den Geist des Reformators ausdrückt, dessen Burg und Rüstung Gott war, auf den er fest vertraute und mit dessen Hilfe er dem Teufel widerstand.

Ein' feste Burg ist unser Gott,
Ein gute Wehr und Waffen;
Er hilft uns frei aus aller Not,
Die uns jetzt hat betroffen.
Der alt' böse Feind
Mit Ernst er's jetzt meint;
Groß' Macht und viel List
Sein' grausam Rüstung ist,
Auf Erd' ist nicht sein's gleichen.

Mit unsrer Macht ist nichts getan,
Wir sind gar bald verloren;
Es streit' für uns der rechte Mann,
Den Gott hat selbst erkoren.
Fragst du, wer das ist?
Er heißt Jesus Christ,
Der Herr Zebaoth,
Und ist kein andrer Gott,
Das Feld muß er behalten.

Und wenn die Welt voll Teufel wär'
Und wollt' uns gar verschlingen,
So fürchten wir uns nicht so sehr,
Es soll uns doch gelingen.
Der Fürst dieser Welt,
Wie sauer er sich stellt,
Tut er uns doch nicht;
Das macht, er ist gericht,
Ein Wörtlein kann ihn fällen.

Das Wort sie sollen lassen stahn
Und kein' Dank dazu haben;
Er ist bei uns wohl auf dem Plan
Mit seinem Geist und Gaben.
Nehmen sie den Leib,
Gut, Ehr', Kind und Weib,
Laß fahren dahin!
Sie haben's kein Gewinn;
Das Reich muß uns doch bleiben.

Diese Sprache setzt sich durch und wurde überall von den Deutschen nachgeahmt. Wer sich Gehör verschaffen wollte über seine Heimatstadt hinaus, der schrieb in der Sprache Luthers. Luther und später Klopstock, Goethe und die Romantiker bewiesen, daß die deutsche Sprache den anderen westlichen Kultursprachen an Schönheit und Ausdruckskraft ebenbürtig ist, eine Behauptung, die noch Friedrich der Große als absurd betrachtete.

Die Gegenreformation

In den ersten Jahrzehnten nach der Reformation schloß sich fast ganz Deutschland der lutherischen Lehre an. Große Teile der anderen europäischen Länder fielen ebenfalls von Rom ab, so daß nur die südeuropäischen Staaten Spanien, Portugal und Italien von reformatorischen Ideen ganz unbeeinflußt blieben. Spanien, die stärkste Macht auf dem Kontinent, wurde ebenfalls der Ausgangspunkt für die Gegenreformation. Die Inquisition war in diesem Land besonders erfolgreich betrieben worden, und um 1500 wurde eine Reihe von Reformen innerhalb der Kirche und der Universitäten durchgeführt. Eine strengere Zucht und Ordnung in den spanischen Klöstern setzte sich durch und verbreitete sich von hier aus auch nach Italien. Eine große Rolle in der inneren Reinigung der Kirche und der damit verbundenen frischen Missionstätigkeit spielten die Jesuiten, deren Orden offiziell 1539 vom Papst bestätigt wurde. Unter der Leitung von Ignatius von Loyola übernahm der Jesuitenorden rasch die Führung der Gegenreformation. Die Jesuiten waren ein militanter Orden, dessen Hauptaufgaben der aktive Kampf für Papsttum und Kirche und die Missionstätigkeit waren. Außer den üblichen Mönchsgelübden schworen die Mitglieder absoluten Gehorsam gegen das Oberhaupt der Kirche. Die Einwirkung auf die Welt durch Unterricht, Predigt und persönliche Erziehung wurden Hauptziele, die sehr erfolgreich verfolgt wurden. Sehr bald zeichneten sich die Jesuiten nicht nur durch ihre militante, unbeugsame Strenge und Treue sondern auch durch ihr gewinnendes Wesen und ihre ausgezeichnete Bildung und Gelehrsamkeit aus. Kein Wunder, daß sie sich besonders im Schul- und Universitätswesen auszeichneten. Die von ihnen gegründeten Schulen und Seminare waren die besten der damaligen Zeit. Mitglieder des Ordens wurden als Rektoren und Professoren

Reform innerhalb der Kirche

Der Jesuitenorden

Jesuiten im Erziehungswesen

an die Universitäten berufen, so daß um 1600 vier Fünftel der Jesuiten Lehrer waren. Um 1650 wurde fast der ganze katholische Teil Europas von Jesuiten unterrichtet. Auf dem Konzil von Trient, das 18 Jahre andauerte (1545–1563) erneuerte sich die Kirche. Zwar war das Konzil hauptsächlich gegen die Reformation gerichtet und schloß mit einer dramatischen Geste gegen alle Ketzer[16] und verwies damit das protestantische Glaubensbekenntnis für alle Zeiten auf die Stufe des Unglaubens, aber es faßte auch eine Reihe von Beschlüssen, die die alte Kraft und Herrschaft der Kirche wiederherstellen sollte.[17]

Erfolge

Während eines Jahrhunderts (1540–1648) stellte die Reform innerhalb der Kirche Zucht und Ordnung wieder her und erneuerte den Glauben ihrer Anhänger. Es gelang ihr ebenfalls, große Gebiete in Österreich, Ungarn, Süd- und Südwestdeutschland und Polen zum Teil durch Eroberung zum Teil durch Bekehrung zurückzugewinnen. Das Barock (Siehe Kapitel 8!) als Ausdruck einer neuen sinnlichen Schönheit, war ein erfolgreiches Mittel in der Wiederbekehrung der Süddeutschen. Während der Norddeutsche kühl und nüchtern ist, ist der temperamentvollere Süddeutsche[18] empfänglicher für die glanzvolle Ästhetik des katholischen Barocks, die sich ausdrückt in den prachtvollen, farbenfrohen Kirchen Bayerns und Österreichs, im Prunk der Messe mit den prächtigen Meßgewändern der Priester, dem berauschenden Duft des Weihrauches, der sinnlichen Vielfalt der Zeremonie umgeben von Bildern und Statuen und dem Gesang des Chores sowie dem Spiel der Orgel. All das spricht die Phantasie des Süddeutschen lebhaft an und trug dazu bei, ihn in die Kirche zurückzuführen, während dem Norddeutschen der nüchterne Gottesdienst und die strengere Ethik zusagten. Ein weiterer wichtiger Faktor für den Erfolg der

Gründe für den Erfolg der Gegenreformation

[16] Die letzte Tagung schloß mit dem Anathema „Verflucht seien alle Ketzer, verflucht, verflucht!“ wobei sich die Anwesenden zum Auseinandergehen erhoben.

[17] Der Index verbotener Bücher ist ein Resultat dieses Konzils. Im ganzen ging die Kirche dogmatisch und hierarchisch gestrafft aus dem Konzil hervor. Das Mönchtum und das Priestertum wurde gesäubert und der päpstliche Absolutismus befestigt.

[18] Es ist im übrigen interessant, daß ungefähr die Gebiete, die einst zum römischen Reich gehört hatten, wieder für den Katholizismus gewonnen wurden, während die Gebiete jenseits des Limes (außer Polen) fast ganz protestantisch wurden.

Gegenreformation waren die zunehmende Versteifung und untolerante Haltung des Luthertums, die folgenschwere Zersplitterung des Protestantismus, die sich lähmend auswirkte, und der Gegensatz Calvinismus-Lutheranertum, der die Kräfte der Protestanten aufzehrte, anstatt sie gegen den Katholizismus zu vereinigen und zu stärken. Hinzu kam der Untertanengehorsam und die Unentschlossenheit zum Widerstand auf Seiten der Lutheraner, die ihre Kräfte im Theologenstreit aufrieben und die Verteidigung der protestantischen Gebiete den Calvinisten überließen. All diese Faktoren nebst anderen, die hier nicht erwähnt werden, erklären den Verlust Süddeutschlands und Österreichs an die katholische Seite.

Luthers Bedeutung für die politische und kulturelle Entwicklung

Der Einfluß von Luthers Gedanken und Handlungen auf die politische und kulturelle Entwicklung Deutschlands und des westlichen Abendlandes ist gewaltig, wenn auch die Behauptung wohlmeinender Verehrer, daß außer Christus niemand so auf unser Denken und Handeln eingewirkt hat wie Martin Luther, übertrieben ist. Es gelang ihm, die Gewalt der katholischen Kirche über Millionen Christen zu brechen und damit Kräfte freizumachen, die eine Zersplitterung der einen Kirche in Hunderte von Sekten und Religionsgemeinschaften und schließlich die freie Suche nach Wahrheit auf allen Gebieten zur Folge hatte. Da im letzten Grunde die Auslegung der Schrift dem Gewissen des Einzelnen überlassen werden mußte, hat diese Gewissensfreiheit zu so vielen einander entgegengesetzten, religiösen Standpunkten geführt, daß Skepsis, Unglaube und Verwirrung weit verbreitet sind. Luther hat die Zersplitterung nicht gewollt, sie sogar nach Kräften bekämpft, aber sie nicht verhindern können. Er hat auch die Spaltung der Kirche anfangs nicht gewollt, und die „Schuld" daran ist auch auf katholischer Seite zu suchen.

Luthers Überzeugung, daß alle Christen vor Gott gleich sind, ist ein Grundsatz der westlichen Demokratie geworden. Seine Lehre vom Laienpriestertum und von der Verpflichtung eines jeden einzelnen, die Wahrheit zu suchen und Gott zu dienen, erziehen den Menschen zur Verantwortlichkeit. So wie der Pastor verpflichtet ist, das Wort Gottes nach bestem Wissen zu verkünden, so ist der Fürst verpflichtet, sein Volk väterlich zu führen, der Bauer, seinen Acker gottwohlgefällig zu bestellen und der Handwerker, sein Handwerk fleißig und gut auszuüben. Die Überzeugung, daß jeder seinem Gott am besten durch den Fleiß seiner Hände dient, wurde geradezu zu einem ethischen Gesetz in

Deutschland, das die Anerkennung von „deutscher Wertarbeit“ möglich machte.

Luther legte großen Nachdruck auf das Lesen der Heiligen Schrift und des Katechismus, womit seine Förderung des Schulwesens zusammenhängt. Dieser Nachdruck hat kräftig dazu beigetragen, daß immer mehr Menschen das Lesen und Schreiben lernten. Da die Bibel und der Katechismus oft die einzigen Bücher waren, die eine Familie besaß, wurden diese gelesen, was zur Kenntnis des Wortes Gottes als auch zur Verbreitung der lutherischen Sprache beitrug. Durch die Verbesserung der Buchdruckerkunst in Mainz durch Johannes Gutenberg (gest. 1468) war der Druck von Büchern und Schriften in großen Mengen und zu mäßigen Preisen möglich geworden. Die

Buchdruck

Bedeutung des Buchdrucks für die Verbreitung der reformatorischen Ideen ist ungeheuer wichtig. Man nimmt an, daß während Luthers Lebzeiten allein über 100 000 Exemplare der lutherischen Bibel in Deutschland gedruckt wurden. Von der sprachschöpferischen Leistung Luthers ist bereits gesprochen worden. Erwähnt werden muß noch, daß eine einheitliche Sprache im allgemeinen Vorbedingung für politische Einheit ist und daß man Luther, wenn man will, als einen Mitgestalter der deutschen Einheit bezeichnen kann, die erst über 300 Jahre später realisiert wird.

Johannes Gutenberg

Moderne Erfolge Luthers

Auf dem zweiten vatikanischen Konzil (1962-1965) wurden die folgenden, jahrhundertealten Forderungen Luthers von der Kirche angenommen: die Muttersprache im Gottesdienst, der Vorrang der Bibel und die Besinnung auf Christus als den Mittelpunkt des Glaubens. Immer mehr versuchen evangelische und katholische Theologen, Gemeinsames in beiden Konfessionen zu finden.[19]

Das evangelische Pfarrhaus

Dadurch, daß Luther das Zölibat abschuf, gründete er das typische evangelische Pfarrhaus, aus dem viele bedeutende Männer hervorgegangen sind. Luther selbst hatte sechs Kinder und gab Waisenkindern Unterkunft und Nahrung in seinem Haus. Wenn man bedenkt, daß das Pfarrhaus oft das einzige Haus in der Gemeinde war, in dem die Kinder mit Büchern und Musikinstrumenten aufwuchsen, dann kann man verstehen, warum gerade aus Pfarrersfamilien viele Dichter, Musiker und Gelehrte gekommen sind.[20] Da die Pfarrersfrau ihrem Mann zur Seite stand und oft die Witwen, Waisen, Kranken und Armen betreuen half, trug das Pfarrhaus dazu bei, die soziale Stellung der Frau zu heben.

Die demokratische Entwicklung verzögert

Abschließend sei noch darauf hingewiesen, daß Luthers Ideen vom Gehorsam der weltlichen Obrigkeit gegenüber, seine kräftige Reaktion gegen den Bauernaufstand sowie sein Entschluß, die Kirche dem Landesherrn zu unterstellen, die demokratische Entwicklung in Deutschland mithinausgezögert hat. Für den politischen Dämmerschlaf der Deutschen während der nächsten drei Jahrhunderte sowie für die Entwicklung der absoluten Macht der Fürsten, muß Luther einen Teil der Verantwortung tragen. Beigetragen dazu hat vor allem auch der Dreißigjährige Krieg, der ebenfalls zum Teil eine Folge der Reformation ist und den wir in den nächsten Paragraphen kurz besprechen wollen.

Der Dreißigjährige Krieg

In der ersten Hälfte des 16. Jahrhunderts war es bereits zu mehreren religiösen Auseinandersetzungen gekommen zwischen protestantischen Fürsten und dem katholischem Kaiser. Am Ende

[19] Im übrigen ist es ironisch, daß Luther für die innere Reinigung der Kirche nach der Reformation zum großen Teil mitverantwortlich ist. Einige Theologen gehen so weit zu behaupten, daß er die katholische Kirche gerettet habe, die ohne ihn völlig versumpft und schließlich zu Grunde gegangen wäre.

[20] Einige bekannte Pfarrerssöhne sind: Fleming, Lessing, Wieland, Nietzsche, Benn, Hesse und Dürrenmatt.

des Jahrhunderts hatten die meisten deutschen Fürsten den protestantischen Glauben angenommen, was den Gegensatz zwischen den Territorialfürsten und dem Kaiser weiter verschärfte, bis dieser Gegensatz schließlich zu einem großen Religionskrieg führte.

Der Aufstand in Prag

Der Funke, der den Brand entzündete, war der Aufstand des protestantisch-böhmischen Adels (1618) gegen das Haus Habsburg. An Stelle des österreichischen Habsburgers Ferdinand setzten die Protestanten den Calvinisten Friedrich von der Pfalz zum König ein. Folglich kam es zu kriegerischen Auseinandersetzungen, und in der Schlacht am Weißen Berge bei Prag (1620) wurden die Böhmen von den Österreichern und Bayern besiegt. Der protestantische Adel wurde hingerichtet und verlor sein Land. Kurfürst Friedrich wurde in die Reichsacht getan und verlor seine Kurwürde an Bayern.

Die Ausbreitung des Konflikts

Nun wäre der Krieg zu Ende gewesen, wenn nicht drei Unterführer Friedrichs den Kampf fortgesetzt und damit ausländische Verbündete der Habsburger, wie Spanien, in den Krieg mit hineingezogen hätten. Die kaiserlichen Truppen unter dem Befehl das Generals Tilly zusammen mit spanischen Regimentern marschierten in die Pfalz ein, Spanien war hauptsächlich daran interessiert, die Niederlande, die ihre Unabhängigkeit erklärt hatten, zurückzuerobern. 1624 waren die Protestanten geschlagen und hatten sich nach Norddeutschland zurückgezogen. Eine berechtigte Furcht vor der gewaltsamen Rekatholisierung Norddeutschlands sowie persönliche politische Interessen veranlaßten Dänemark, Holland und England die protestantische Sache zu unterstützen. Frankreich, das sehr an einer Machtverringerung Spaniens und des deutschen Kaisertums interessiert war, sympathisierte mit den Protestanten, unterstützte sie dann mit Geld und am Ende selbst mit Truppen.

Tillys Erfolge

Die Kaiserlichen blieben zunächst weiterhin erfolgreich. Unter ihrem Feldmarschall Tilly besiegten sie die Dänen 1626 und eroberten Holstein. Eine zweite Armee unter dem militärischen Abenteurergenie Wallenstein besetzte Mecklenburg, Schleswig und Jütland, aber wegen seiner Opposition zu kaiserlichen Maßnahmen in den besetzten Gebieten wurde Wallenstein 1630 entlassen.

Der Eintritt Schwedens

Im selben Jahr trat Schweden, unterstützt mit französischem Geld und beseelt von dem Wunsch, um die Ostsee herum eine europäische Großmacht zu werden, in den Krieg ein und besetzte Pommern. Angeführt von seinem großen König Gustav Adolf, verbündete es sich mit Brandenburg und Sachsen und errang eine Reihe bedeutender Siege. Tilly wurde bei Leipzig geschlagen (1631), die Schweden drangen am

Gustav Adolfs und Wallensteins Tod

Rhein und Main, dann weiter nach Süden vor und besetzen Bayern. Die Sachsen marschierten in Böhmen ein und eroberten Prag. Tilly starb 1632 an Wunden, die er in der Schlacht am Lech erlitten hatte. Der Kaiser sah, daß seine Lage gefährlich war und rief Wallenstein in seine Dienste zurück. In der Schlacht von Lützen (1632) bei Leipzig trafen die Armeen der beiden großen Strategen aufeinander. Die Schweden blieben siegreich, verloren jedoch ihren König, der in der Schlacht fiel. In den folgenden Jahren kämpften beide Seiten mit wechselndem Erfolg. 1634 wurde Wallenstein ermordet, und 1635 machte der Kaiser Frieden mit Sachsen und Brandenburg und erlaubte den Lutheranern Religionsfreiheit. Wiederum hätte nun der Krieg beendet werden können, wenn nicht Frankreich sich aus einer Fortsetzung Vorteile versprochen hätte. Es trat gegen Spanien in den Krieg, besetzte das Elsaß und die Rheingebiete und verheerte zusammen mit den Schweden Bayern. Die Spanier wurden in den Niederlanden vernichtend geschlagen. Der Krieg dauerte noch 13 Jahre an und wütete in Süddeutschland und Böhmen bis 1648 weiter bis endlich Frieden geschlossen wurde. Die Verhandlungen, die fünf Jahre andauerten, während das Land weiter vom Krieg verwüstet wurde und Zehntausende an Hunger, Seuchen und Wunden starben, erinnern in ihrer sinnlosen Verantwortungslosigkeit an ähnliche Verhandlungen in unserem Zeitalter.[21]

Der Eintritt Frankreichs

Der Dreißigjährige Krieg war eine furchtbare Katastrophe für Deutschland, die nur noch vom 2. Weltkrieg übertroffen worden ist. Er begann angeblich als Religionskrieg von Katholiken gegen Protestanten, aber dieser Vorwand verblaßte bereits in den ersten Jahren der Auseinandersetzungen; er artete sehr bald in einen chaotischen Kampf aller europäischen Mächte gegeneinander aus mit dem Ziel, persönliche politische Vorteile auf Rechnung der anderen zu gewinnen.[22] Der Krieg wurde hauptsächlich auf deutschem Boden geführt, wobei Protestanten und Katholiken auf beiden Seiten kämpften, und zwar oft mit unglaublicher Roheit. Plünderungen, Mord, Vergewaltigungen, grausamste Folterungen, die systematische Niederbrennung von Dörfern und Städten waren an der Tagesordnung. Man muß sich vergegenwärtigen,

Die Folgen des Krieges

[21] Während man Fragen des Vorrangs und der Beuteverteilung besprach, hofften beide Seiten auf militärische Vorteile im Feld.

[22] Schweden stand gegen Polen und Dänemark, Holland gegen Spanien, Frankreich gegen Spanien und das Reich, die Fürstentümer des Reiches wechselten ihre Allianzen.

daß die Heere damals alles, was sie zum Unterhalt nötig hatten, von der Bevölkerung einzogen und daß die Landsknechte hauptsächlich Abenteurer waren, die Befriedigung ihrer Lüste und persönliche Bereicherung suchten. Da die meisten von ihnen ausländische Söldner (auf kaiserlicher Seite Spanier, Italiener, Iren, Kroaten, Schotten, usw., auf protestantischer Seite Schweden, Dänen und Franzosen) waren, so kann man verstehen, daß sie die deutsche Zivilbevölkerung, besonders wenn sie ,,verdammate Ketzer'' waren, oft schlechter als Vieh behandelten.[23] Felder und Äcker wurden verwüstet, die Höfe abgebrannt, Vieh und Geflügel abgeschlachtet, Frauen geschändet, Männer ermordet, Städte zerstört, Kirchen und Schulen standen leer, Seuchen und Hunger rafften Zehntausende dahin. Von den 80 000 Einwohnern Augsburgs überlebten weniger als 18 000 den Krieg, die Bevölkerung Württembergs ging von 400 000 auf 48 000 zurück, Berlin hatte am Ende des Krieges 300 Einwohner. Man schätzt, daß die Bevölkerung Deutschlands von 18 Millionen um etwa 2/3 auf 6 Millionen reduziert wurde. Die wirtschaftlichen, politischen und geistigen Folgen waren von solch verheerenden Ausmaßen, daß Deutschland um 200 Jahre in seiner Entwicklung zurückgesetzt wurde.

Der Westfälische Friede und die Auflösung des Reiches

Der 1648 abgeschlossene Westfälische Friede versetzte dem Heiligen Römischen Reich Deutscher Nation den Todesstoß und gab ausländischen Mächten das Recht, in deutschen Angelegenheiten zukünftig mitzubestimmen. Man kann mit gewisser Berechtigung behaupten, daß das Reich bereits vor 1648 am Zusammenbrechen war, aber dieser Zusammenbruch wurde nun schriftlich legalisiert. Deutschland wurde endgültig in rund 350 unabhängige Gebiete zerschlagen, die als souveräne Staaten anerkannt wurden mit dem Recht, Verträge und Bündnisse mit in- und ausländischen Staaten abzuschließen. Natürlich war besonders Frankreich an dieser Entwicklung äußerst interessiert, da es nun einen uneinigen, schwachen Nachbarn im Osten hatte, den es ausbeuten konnte. In Elsaß und Lothringen mußte das Reich große Gebiete an Frankreich abtreten. Die deutschen Westgrenzen waren militärisch geschwächt und die südwestdeutschen Gebiete den ständigen Angriffen Frankreiche ausgesetzt,[24]

[23] Viele dieser Abenteurer schlossen sich nach dem Krieg zu Räuberbanden zusammen und plagten noch auf Jahre die ausgeblutete Bevölkerung.

[24] So wurde die Pfalz am Ende des 17. Jahrhunderts von französischen Truppen völlig verwüstet.

eine Gefahr, die erst über 200 Jahre später durch Preußen gebannt wird, das für diese Staaten eintritt.

Gebiets-verluste

Schweden erhielt die säkularisierten Stifte Bremen und Verden, die mecklenburgische Stadt Wismar, Vorpommern und die Inseln Rügen, Usedom und Wollin. Es beherrschte die Strommündungen der Oder, Elbe und Weser und praktisch die ganze Ostsee. Da Dänemark ebenfalls bis an die Elbe reichte und die Niederländer die Ems beherrschten, verlor Deutschland die Herrschaft über die Mündungen seiner Ströme und mußte an ausländische Mächte Seezölle zahlen.

Das Recht des Landesherrn, die Religion seiner Untertanen zu bestimmen (*cuius regio eius religio*), wurde bestätigt mit der Einschränkung, daß Andersgläubige auswandern durften, wodurch tolerante Staaten wie Brandenburg-Preußen Zuwachs wertvoller Bauern und Handwerker erhielten. Den Calvinisten wurden die gleichen Rechte zugestanden.

Die Vorherrschaft Spaniens in Europa war gebrochen. Die Niederlande hatten ihre Unabhängigkeit behauptet. Die Unabhängigkeit der Schweizer Eidgenossenschaft, die sich von Österreich losgesagt hatte, wurde völkerrechtlich anerkannt. Frankreichs Vorherrschaft nicht nur auf politischem, sondern auch auf kulturellem Gebiet begann. Die französische Sprache ersetzte das Latein in gelehrten und rechtlichen Kreisen und Schriftstücken, französische Sitten und Gebräuche, Kunst und Literatur wurden nachgeahmt. König Ludwig XIV (1643–1715), der absolute Monarch par excellence, wurde ein Vorbild für die deutschen Fürsten, die alle Macht in ihren Ländern in ihrer Person vereinigten und jede Form der Selbstverwaltung in den Ständen und Städten abschafften.

Der Anfang des Absolutismus

Das Zeitalter des Absolutismus begann, gefördert vom französischen Vorbild, von der Gesetzlosigkeit im Land, die eine starke Hand verlangte, der Willenschwäche des Volkes, den philosophischen Ideen Machiavellis und den juristischen Entscheidungen der Sorbonne, die bestimmten, daß aller Besitz der Untertanen das persönliche Eigentum des Fürsten sei.

In diesem Kapitel haben wir verfolgt, wie grundlegend sich die kulturelle und politische Lage des deutschen Reiches durch die Ereignisse der Reformation und des Dreißigjährigen Krieges, der als Folge der Reformation betrachtet werden kann, geändert hat. In den nächsten Jahrzehnten verlagert sich das Schwergewicht nach Brandenburg-Preußen und wir werden sehen, wie dieser Staat die Führung unter den deutschen Staaten übernimmt und schließlich die Einigung zustande bringt.

7

Die Kunst im Zeitalter Albrecht Dürers

Die Blütezeit der Kunst

In den hundert Jahren zwischen 1450 und 1550 erlebt Westeuropa eine Blütezeit der Kunst, wie sie sich in den folgenden Jahrhunderten kaum wiederholt. Einige der größten Künstler unserer westlichen Kultur leben und schaffen in diesen Jahrzehnten: in Italien Bellini, Botticelli, Da Vinci, Michelangelo, Raphael und Tizian, nur um die bekanntesten zu nennen, in den Niederlanden Hieronymus Bosch und Pieter Bruegel (Jan van Eyck war bereits 1441 gestorben) und in Deutschland Dürer, Grünewald, Cranach, Altdorfer und Holbein. Die großen Deutschen messen sich mit den Italienern und Niederländern und werden mit zu den bedeutendsten Malern der Neuzeit gezählt.

Das neue Zeitalter

Ein Zeitalter geht zu Ende und ein neues bricht an, eine neue Zeit, die unsere Ideale und Weltanschauungen zutiefst beeinflußt hat. Den Künstlern ist es vergönnt, den gewaltigen Umbruch der Renaissance, des Humanismus und der Reformation nicht nur mitzuerleben, sondern auch mitzugestalten. Während Mathias Grünewald noch ganz im Banne der mittelalterlichen Gotik beharrt, öffnen sich Albrecht Dürer, Hans Holbein und Lucas Cranach den neuen Ideen der italienischen Renaissance, des nordischen Humanismus und der Reformation und dem Vorbild der niederländischen Malerei. Mit ihren Holzschnitten, Kupferstichen und Ölgemälden bereichern sie die deutsche Kunst und damit die deutsche Kultur gewaltig. Der Einfluß, den diese

Männer, besonders Dürer, auf ihre Zeitgenossen und die kommenden Generationen ausgeübt haben, ist unverkennbar. In diesem Kapitel werden wir die berühmtesten deutschen Künstler dieser Periode und ihre bekanntesten Meisterwerke besprechen.

Dürers Selbstbildnis

Albrecht Dürer

Albrecht Dürer ist einer der größten Künstler Deutschlands und zweifellos der berühmteste des 16. Jahrhunderts. Er ist bedeutend als Maler, Holzschneider, Kupferstecher, Zeichner und Verfasser wissenschaftlicher Abhandlungen. Dürer wurde am 21. Mai 1471 in Nürnberg geboren. Sein Vater war 16 Jahre vorher aus Ungarn eingewandert. In der Goldschmiedewerkstatt des Vaters erhielt der junge Albrecht den ersten Zeichen- und Stecherunterricht, der dann bei dem Maler Michael Wolgemut fortgesetzt wurde. Von diesem wurde er in die Kunst der flämischen Meister eingeführt, dann begab er sich von 1490 bis 1494 auf Wanderschaft und hielt sich in verschiedenen deutschen und schweizer Städten auf, um weitere Kenntnisse zu sammeln. Nach seiner Rückkehr in seine Heimatstadt Nürnberg heiratete er die Tochter eines reichen Kaufmannes und reiste bald darauf nach Venedig, um dort die Werke Bellinis und anderer italienischer Meister zu studieren. Im Jahre 1496 eröffnete er seine eigene Werkstatt und schuf Gemälde und Holzschnitte, die ihn weithin bekannt machten. Nach seiner zweiten Italienreise von 1505 bis 1507, verfertigte er viele Holzschnitte und Kupferstiche, fuhr in die Niederlande und lernte dort andere Künstler kennen, studierte die Meisterwerke der großen niederländischen Maler

Dürers Leben und Ausbildung

Reisen

des 15. Jahrhunderts und schrieb eine Reihe wissenschaftlicher Bücher wie *Unterweisung der Messung mit dem Zirkel und Richtscheit . . .* (1525) und *Die Proportionslehre* (1528). Er starb am 6. April 1528 in Nürnberg.

Albrecht Dürer war bereits als junger Mann weit über die Grenzen seiner Vaterstadt hinaus berühmt. Seine Holzschnitte und Kupferstiche fanden weite Verbreitung, was seit der Verbesserung des Druckverfahrens durch Gutenberg möglich war. Das Studium der Klassik und der italienischen Renaissance verhalf ihm in seiner Kunst zu einer neuen, formalen Konzeption, während er zugleich tief in der deutschen Kultur verwurzelt blieb. So schuf er einen neuen Stil, der sich von der mittelalterlichen Malweise unterschied und der ihn zum Begründer der Renaissancemalerei in Deutschland machte. Sein Bemühen um die klassische Form und um die genaue anatomische Erfassung des nackten menschlichen Körpers, seine genaue Beobachtung und Wiedergabe der Natur, sein Interesse für die Geometrie und wissenschaftliche Gesetzmäßigkeit und sein Selbstbewußtsein sind typisch für den Renaissance Künstler Dürer, der mit der Tradition der Gotik bricht. Andererseits sind der tiefe Ernst, mit dem er seine Umwelt betrachtet und zu ergründen sucht, die innere Teilnahme an den religiösen Problemen seiner Zeit, die in der Reformation zum Bruch mit dem Katholizismus führen, seine Exaktheit und Gründlichkeit selbst in kleinsten Details, seine geistige Intensität sowie das Visionäre und das religiöse Ringen, das aus der Spannung zwischen der Realität und der Irrealität in seinen Werken ersichtlich wird, wenn nicht typisch mittelalterlich so doch charakteristisch deutsch. Die Synthese zwischen der klassischen Haltung einerseits und der tiefen Innerlichkeit andererseits, zusammen mit seinem großen Können, gibt Dürers Schaffen eine einzigartige Bedeutung.

Dürers Bedeutung als Künstler

Dürers „Betenden Hände"

Die betenden Hände

Detailkunst

Natur-
betrachtung

Die Reiter der Apokalypse

Die Zahl von Dürers Werken besteht aus über 100 Gemälden und über 1000 Zeichnungen, Kupferstichen, Holzschnitten und Radierungen. Das Werk Dürers, das am häufigsten reproduziert worden und daher wohl am bekanntesten ist, sind die *Hände eines Apostels* (vom Volksmund auch ,,Die betenden Hände" genannt). eine kleine, grau-weiße Zeichnung auf blauem Hintergrund. Diese Zeichnung ist eine Studie für einen Marienaltar, den ein Frankfurter Kaufmann für die St. Thomas Kirche gestiftet hatte.

Das große Rasenstück und *Der junge Hase* zeigen seine genaue Beobachtungsgabe, sein Interesse für die Natur und sein großartiges Vermögen, auch das kleinste Detail, wie die feinen Haare des Felles oder die Grashalme, naturgemäß darzustellen. Diese Werke beweisen auch, wie sehr Dürer ein Künstler der Renaissance ist. Hier wird die Natur ganz allein für sich dargestellt, während sie vorher nur ein Teil eines Porträts oder eines Heiligenbildes war, wie bei Stephan Lochner. Bei ihm ist die Madonna im Mittelpunkt und die Blumen und Tiere erscheinen nur am Rande. Dürer glaubte, daß selbst ein Grashalm oder ein Häschen als Geschöpf Gottes würdig war, allein im Mittelpunkt einer Zeichnung oder eines Aquarells zu stehen.

Sein erstes bedeutendes Holzschnittwerk, die fünfzehn Blätter zur Apokalypse, veröffentlichte Dürer 1498. Man hat diese Serie in ihrer Tiefe und Überzeugungskraft mit einer Lutherpredigt verglichen. Das berühmteste dieser Blätter ist der Holzschnitt *Die vier Reiter*, eine Darstellung der vier Reiter, die der Apostel Johannes in einer Vision auf der Insel Patmos sah: Der erste trägt eine Krone, hält einen Bogen und reitet auf einem weißen Pferd; der zweite sitzt auf einem roten Pferd und schwingt ein gewaltiges Schwert; der dritte, auf schwarzem Roß, trägt eine Waage, und der vierte, der auf einem leichenfarbigen Pferd daherreitet, heißt der Tod. ,,Ein Viertel der Erde wurde in ihre Hand gegeben. Dort sollten sie durch das Schwert, durch Hunger, Seuchen und wilde Tiere die Menschen töten." (Offenbarung 6:1-8) Johannes nennt nur den vierten Reiter beim Namen, aber Dürers vorwärtsgaloppierende Reiter sind für uns Symbole von Eroberung, Krieg, Pest und Tod geworden. Der hagere Tod mit irren Augen, bleichem Gesicht, Bart und zerschlissenem Rock, erinnert an Thomas Manns Beschreibungen der immer wiederkehrenden Todesgestalt in seiner Erzählung *Der Tod in Venedig*. Auf einer ausgemergelten Mähre reitet der Tod im Vordergrund des Bildes, neben ihm die Pest, wild die Waage schwingend. Das Bild hinterläßt einen tiefen Eindruck auf den Beschauer, was

„Die vier apokalyptischen Reiter" von Dürer

natürlich ganz der Absicht des Künstlers entspricht. Diese Holzschnitte sollten für den Christen ein eindrucksvolles Anschauungsmaterial sein, eine Predigt, die ihn zur Buße aufrief. Der biblische Text war auf der Rückseite der Abbildungen abgedruckt.

Die menschliche Figur

Der Kupferstich *Adam und Eva* (1504) zeigt deutlich den Einfluß von Dürers klassischen Studien, besonders des Apollo von Belvedere und der Venus von Medici. Hier ist der menschliche Körper in höchster Vollendung und klassischer Schönheit dargestellt. Seine späteren Gemälde *Adam* und *Eva* (1507), die in natürlicher Größe gemalt sind, zeigen ebenfalls wie genau Dürer

Dürers „Ritter, Tod und Teufel"

die Proportionen des menschlichen Körpers kennt und als wie schön er dessen Form empfindet.

In den Jahren 1510 und 1511 beendete Dürer mehrere Zyklen von Holzschnitten: *Das Marienleben, Die große Passion* und *Die kleine Passion.* Mit diesen Zyklen wollte er die religiösen Ideen verbreiten und die Heilsgeschichte in verständlicher Form dem Volke nahebringen. Die älteren, mystischen Kultbilder waren immer unverständlicher geworden, was zum Teil erklären mag, warum Dürers Darstellungen überall in Europa Bewunderung

Kupferstiche

und Erstaunen erregten. Die drei berühmtesten Kupferstiche schuf Dürer in den Jahren 1513 und 1514: *Ritter, Tod und Teufel;*

Der heilige Hieronymus im Gehäus und *Die Melancholie*. Der christliche Ritter versinnbildlicht Furchtlosigkeit und Aktivität, während Hieronymus als Beispiel für den meditierenden Theologen in seiner friedlichen Umgebung angesehen werden kann. Der symbolische Gehalt dieser Stiche ist für den Laien heute unverständlich. Es mag daher interessant sein, auf eine dieser Darstellungen etwas näher einzugehen und einige Einzelheiten zu erklären.

Die Melancholie

Die Melancholie wurde von Dürer kurz nach dem Tod seiner Mutter fertiggestellt, was die Stimmung des Werkes beeinflußt hat. Im Vordergrund des Kupferstiches sitzt eine große, geflügelte Frauengestalt. Sie hat den Kopf nachdenklich auf den linken Arm gestützt und starrt mit weit geöffneten Augen ins Endlose; sie scheint nachzudenken, zu sinnen oder bedrückt und entmutigt zu sein. Man hat den Eindruck, daß dieser Mensch einsam ist, wie im letzten Grunde jeder Mensch allein und einsam ist. Hinter der sitzenden Gestalt befindet sich eine Mauer, an der eine Waage, ein Stundenglas und eine Glocke hängen und in die eine Tafel mit Zahlen eingeritzt ist. Das Interessante daran ist,

Beschreibung der Einzelheiten

daß die vier Zahlen jeder Reihe, wenn sie horizontal, vertikal oder diagonal zusammengezählt werden, die Summe 34 ergeben. Wahrscheinlich ist dieser Summe keine besondere Bedeutung beizumessen; manche meinen sie symbolisiere das Alter Christi bei seiner Kreuzigung, andere es sei eine Spielerei mit Zahlen, die im Mittelalter so beliebt war. Die Frau hält ein geschlossenes Buch im Schoß und einen Zirkel in der Hand, vom Gürtel hängt fast in den Falten ihres Rockes verborgen, ein Schlüssel. Zu ihren Füßen liegen ihre beutelartige Handtasche, eine Säge, ein Hobel, eine Zange, ein Lineal, einige Nägel, eine Ahle, eine Kugel und, ein wenig zur Seite, ein Hund. Etwas weiter im Hintergrund entdecken wir einen Hammer; einen mehreckigen Granitblock, eine Leiter, die schräge gegen die Mauer lehnt, und einen kleinen Engel, der auf einem Mühlstein hockt und in ein Buch schreibt. Ganz im Hintergrund sehen wir eine Küstenlandschaft mit einer Stadt, Schiffen im Hafen und Bergen. Ein Regenbogen steht am Himmel, und ein Komet mit breitem Schweif zieht gegen das Kap in der Ferne und verbreitet seine Strahlen kugelförmig wie ein Nordlicht. Eine Fledermaus mit ausgestreckten Flügeln, auf denen das Wort, MELENCOLIA gedruckt steht, füllt den linken Teil des Himmels aus.

Sinn der Symbole?

Uns sind all diese Objekte und Symbole ein Rätsel, aber von den Zeitgenossen Dürers dürften sie ohne große Schwierigkeiten verstanden worden sein. Damals war man daran gewöhnt, allegorische Darstellungen zu ,,übersetzen'', man traf sie an in den bunten Glasfenstern der Kirchen, sowie an Altären und Portalen, und die Figuren und Objekte waren dem damaligen Menschen so verständlich wie uns Hammer und Sichel, Hakenkreuz, Elefant und Esel. Dürer hat zwei der Symbole selbst gedeutet: den Schlüssel, der Macht, und den Beutel, der Reichtum bedeutet.

,,Melancholie'' von Dürer

Interpretation

Moderne Interpreten suchen nach einer Erklärung für die Symbole in Dürers Kupferstich in mittelalterlichen Allegorien, in der Astrologie, in der scholastischen Philosophie und im Humanismus. So hat man die verschiedenen Gegenstände als Symbole für die sieben Freien Künste[1] der mittelalterlichen Universität gedeutet, auf denen die Erziehung eines freien Mannes beruhte. Der schreibende Engel, zum Beispiel, verkörpert die Grammatik; der Winkel die Geometrie; der strahlenförmige Himmel die Musik und das Buch die Logik. Andere Deutungen versuchen die Darstellung mit Hilfe der Astrologie zu erfassen. Dürer selbst glaubte, daß alle großen Künstler Melancholiker waren. Vielleicht will er sowohl seine eigene melancholische Gemütsverfassung als auch seine Überzeugung darstellen, daß nur das melancholische Temperament wahre künstlerische Größe erreichen kann.

Uns scheint die rätselhafte Frauenfigur mit dem Blick voller Verzweiflung und Skepsis vielleicht am verständlichsten, wenn wir in ihr den Menschen sehen, der am Beginn eines neuen Zeitabschnittes steht und auf dessen Schultern das Gewicht das Lebens lastet mit seiner Ungewißheit, Einsamkeit und Verzweiflung. Die alte, vertraute Ordnung ist nicht mehr oder gibt keinen Halt mehr und das Neue ist beängstigend. So interpretiert ist die Melancholie selbst heute noch durchaus modern und ansprechend.

Die *Vier Apostel*

Dürers letztes Bildwerk, die *Vier Apostel*, das er im Jahre 1526, zwei Jahre vor seinem Tode, malte, beweist wie sehr er an den religiösen Ereignissen seiner Zeit Anteil nahm. Man nimmt an, daß die beiden Tafeln als Seitenflügel eines nie vollendeten Tryptychons gedacht waren, aber Dürer übergab sie dem Rat der Stadt Nürnberg. Man hat die vier übermannesgroßen Gestalten als Ausdruck religiösen, deutschen Geistes bezeichnet, als Gipfel von Dürers Kunst und als Darstellung des Menschen der Renaissance (Jakob Burckhardt).

Mit seinen *Vier Aposteln* durchbrach Dürer die bisherige künstlerische Tradition, indem er ein religiöses Gemälde für ein weltliches Gebäude, das Nürnberger Rathaus, anfertigte. Das Weltliche wurde noch dadurch weiter betont, daß Dürer die mittlere Tafel, die traditionsgemäß die Madonna mit dem

[1] Die Erziehung eines freien Mannes beruhte auf dem Trivium (Grammatik, Rhetorik, Dialektik) und dem Quadrivium (Arithmetik, Geometrie, Musik, Astronomie).

Dürers „Die vier Apostel"

Jesuskind oder die Kreuzigung darstellte, nicht ausführte. Diesen Bruch mit der Überlieferung hat man mit Martin Luthers Angriff gegen die Zentralgewalt der Universalen Kirche verglichen.

Die Darstellung der Apostel

Auf der linken Tafel sind die beiden Apostel Petrus und Johannes dargestellt, auf der rechten Paulus und Markus. Petrus steht im Hintergrund fast verborgen hinter dem jugendlichen Johannes, der die Heilige Schrift geöffnet in der Hand hält und Petrus die Anfangszeilen seines Evangeliums zeigt. Petrus hält den goldenen Schlüssel in der Hand, das Symbol seiner Autorität. Paulus auf der rechten Tafel hält sein Buch in der Linken und stützt sich mit der Rechten auf das Schwert. Hinter ihm steht Markus, dessen Persönlichkeit das Gemälde beherrscht, obgleich nur sein Kopf sichtbar ist. Das Gesicht, von dunklen Locken und Bart umrahmt, ist dem Betrachter zugewandt, und die großen, dunklen Augen sind auf seinen Glaubensbruder gerichtet. Der Blick des Beschauers kehrt immer wieder zu diesem Gesicht zurück, das sowohl Kraft und männliche Zuversicht als auch eine gewisse Bedenklichkeit ausdrückt. Man liest aus der Haltung eines jeden dieser vier großen Männer einen religiösen Ernst, eine Bejahung des Lebens und eine tiefe Überzeugung, die sich auf den Betrachter überträgt. Obgleich Dürer in der katholischen Kirche geblieben ist, hat man in seiner Darstellung der vier Apostel eine enge Verbundenheit mit dem Geiste Luthers gesehen.

Grünewald, Kreuzigungsszene aus dem Isenheimer Altar

Matthias Grünewald

Unter den Werken von Dürers Zeitgenossen ist Grünewalds *Isenheimer Altar* den *Vier Aposteln* ebenbürtig, aber während Dürers Meisterwerk den Menschen eines neuen Zeitalters darstellt, offenbart sich Grünewald, der im selben Jahr wie Dürer starb, als der letzte, große Maler der Gotik. Sein Gemälde ist der Höhepunkt einer Epoche und enthält zugleich alle Hoffnungen und Leiden des ausklingenden Mittelalters. Während wir über Dürers Leben und Gedanken ausführlich informiert sind, wissen wir wenig über Grünewald. Er hieß Mathis Gothard Neithard, wurde 1470 in Würzburg geboren, malte in Mainz, Frankfurt und Aschaffenburg und starb in Halle. Der *Isenheimer Altar* wurde für die Klosterkirche des Städtchens Isenheim im Elsaß geschaffen; er ist beinah 4 Meter hoch und über 6 Meter breit. Das zentrale Stück ist ein Schrein mit den geschnitzten Standbildern der drei Kirchenväter St. Augustin, St. Antonius und St. Hieronymus, die dem Bildhauer Niklas Hagnower zugeschrieben werden. An diesem Schrein sind die Tafeln mit den elf Gemälden von Grünewald so befestigt, daß sie zu drei verschiedenen Szenen zusammengestellt werden können. Der Altar spielte früher eine große Rolle bei den Heilungsversuchen der Mönche, wenn sie die Kranken aus dem klösterlichen Krankenhaus zur Kur in die Kirche brachten, um ihnen die Darstellungen der Ankündigung Marias sowie der Geburt, Kreuzigung und Auferstehung Christi zu zeigen. Die Kreuzi-

Der Isenheimer Altar

Die Kreuzigung

gungsszene zeigt am besten wie sehr es Grünewald darauf ankam, innere, seelische Vorgänge auszudrücken und wie wenig Nachdruck er auf Schönheit, Harmonie und symmetrische Form legte. Sein gekreuzigter Christus ist eine der qualvollsten Darstellungen dieses Themas in der Geschichte der Malerei. Der überlebensgroße Körper hängt tot am Kreuz, fahl und grünlich als sei er bereits am Verwesen, übersät mit Dornen und Beulen von den Schlägen. Die Arme des Heilandes sind dürr, knöchern und werden fast aus den Schultern gerissen. Die Finger sind wie im Krampf gespreizt und drücken, zusammen mit dem Gesicht, das furchtbare Leiden des Gottessohnes am markantesten aus. Das dornengekrönte Haupt ist ihm auf die Brust gesunken, die Augen sind geschlossen, das Gesicht vom Schmerz verzerrt, der Mund wie zum Schrei geöffnet. Der ganze Hintergrund ist in schwarze Nacht gehüllt und steigert noch den Eindruck von trübsinniger Schwermut und übermenschlichem Leiden. Obgleich diese Darstellung ganz im gotischen Stil gehalten ist, ist das Thema überzeitlich und spricht den modernen Menschen ganz besonders an: die immer wiederkehrende Tragödie der menschlichen Existenz und der furchtbare, lautlose Aufschrei gegen das Schicksal. Den Menschen unserer Zeit beeindruckt Grünewalds Interpretation der gequälten Kreatur tiefer als Dürers Optimismus, und von manchen wird Grünewald deshalb heute höher geachtet als sein berühmter Zeitgenosse.

Das Leiden Christi

Das Moderne an Grünewald

Hans Holbein

Hans Holbein der Jüngere (1497–1543) ist fast dreißig Jahre jünger als Dürer und Grünewald. Sein Vater, Hans Holbein der Ältere (1470–1524), selbst ein Künstler von Ruf, unterrichtete ihn in der Malerei. Als Holbein siebzehn Jahre alt war, verließ er seine Heimatstadt Augsburg und zog nach Basel, einem Zentrum des Humanismus, wo er mit Erasmus von Rotterdam und anderen namhaften Humanisten bekannt wurde. Dort blieb er elf Jahre und arbeitete mit großem Erfolg, bis allzu eifrige Protestanten ihn veranlaßten, Stadt und Land zu verlassen. Ausgerüstet mit einem Empfehlungsbrief seines Freundes Erasmus, fuhr er nach England und wurde der offizielle Hofmaler des englischen Königs Heinrich VIII.

Porträts

Bereits kurz nach seiner Ankunft in Basel hatte sich Holbein als Meister der Porträtmalerei erwiesen, und es sind hauptsächlich seine Porträts, die ihn berühmt gemacht haben. Unter seinen frühen Werken sind besonders bemerkenswert *Die Madonna des Bürgermeisters Meyer* und das Porträt des Druckers Bonifacius Amerbach. Die *Madonna* wird als eines von Holbeins schönsten Gemälden religiösen Inhalts anerkannt, aber eigentlich sind nur der Name und das Thema religiös, der Gehalt an sich jedoch weltlich. Eine stattliche Madonna mit einer goldenen Krone auf dem langen blonden Haar steht im Mittelpunkt unseres Blickes. Sie hält das nackte Jesuskind auf dem Arm, das die kniende Gruppe mit der ausgestreckten linken Hand segnet. Zur Linken und Rechten der Madonna, umhüllt von ihrem Umhang,[2] knien je drei Personen, links der Bürgermeister Jakob Meyer mit seinen beiden Söhnen, der jüngste dem Jesuskinde ähnlich, und rechts die verstorbene sowie die zweite Frau des Bürgermeisters und seine Tochter. Die kühle klassische Pose und der geometrische, pyramidenförmige Aufbau sind auffallend und typisch für die Renaissance Malerei. Die beiden knienden Gruppen bilden ebenfalls Dreiecke. Der klassische Bau wird durch feine Varianten, wie die leichte Rechtsdrehung der Madonna, die ausgestreckte Hand des Kindes und den senkrechten Fall der hellroten Schärpe aufgelockert. Von beglückender Menschlichkeit erfüllt, ist dieses Gemälde eines der schönsten Madonnenbilder der deutschen Hochrenaissance.

Die *Madonna*

Der klassische Aufbau

Holbeins Familie

Herzergreifend ist eine Darstellung der Familie Holbeins aus dem Jahre 1528. Der Künstler hatte seine Frau und Kinder in Basel zurückgelassen, als er nach England fuhr. Auf dem Bild sind Holbeins Frau und seine beiden Kinder dargestellt. In ihren Gesichtern spiegelt sich die seelische und körperliche Not, die die drei während seiner Abwesenheit erlitten hatten. Während die Frau in ihrer Trauer noch gefaßt, ja sogar resigniert erscheint, sind die Kinder dem Weinen nah. Besonders die roten Augen und Nase des Jüngeren zeigen Spuren von Tränen. Es wird berichtet, daß Holbein seine Familie abermals zurückließ, als er endgültig nach England übersiedelte, was dieses Familienporträt, die Darstellung von drei verlassenen Menschen, um so eindrucksvoller macht. Im Jahre 1523 lernte Holbein den bedeutenden Humanisten Erasmus von Rotterdam kennen und malte zum ersten Mal dessen Bildnis. Bereits 1520 hatte Dürer den Wissenschaftler gezeichnet, aber durch Holbeins Porträt kommt Erasmus uns

[2] Das Motiv der Schutzmadonna ist seit Jahrhunderten in der deutschen Malerei und im Schnitzwerk gestaltet worden.

Erasmus

näher. Der Humanist hatte den Wunsch, von Dürer gemalt zu werden, aber es war Holbein, der der Maler des Erasmus geworden ist, so wie Cranach der Maler Luthers wurde. Eine Reihe von Bildnissen belegt die Freundschaft Holbeins und Erasmus.

Porträts am englischen Hof

Am englischen Hof malte Holbein viele Porträts, die nicht nur wegen ihrer technischen Vollkommenheit, sondern auch aus historischen Gründen von großer Bedeutung sind. Es ist schwierig unter den Bildnissen eine Wahl zu treffen. Besonders eindrucksvoll sind die Abbildungen von *Thomas More* (1527) und *König Heinrich VIII* (1536), den der Künstler mehrere Male porträtiert hat. Wir besitzen auch Porträts von *Jane Seymour* (1536), *Anna von Kleve* (1539) und *Catherine Howard* (1541), drei von Heinrichs sechs Frauen. Nach dem Tode der Jane Seymour schickte der König seinen Maler mehrfach auf den Kontinent und ließ ihn europäische Fürstinnen malen. Mit Hilfe dieser Porträts traf der König seine Wahl für die nächste Königin. So entstanden die Gemälde der *Anna von Kleve*, die der König heiratete, aber von der er sich bald wieder scheiden ließ, der *Christine von Dänemark* (1538), die es ablehnte, ihn zu heiraten und der *Anna von Lothringen*. Eines der letzten Porträts des englischen Königs zeigt Heinrich in voller Frontalansicht mit glockig geschnittenem, langem Rock, der die massige Körperfülle des Regenten verbergen soll. Das Gesicht ist feist und aufgedunsen und die Hände sind fleischig dick. Zwei Rundbilder der Kinder Heinrichs VIII, *Prinz Eduard* und *Prinzessin Mary,* sind die letzten Arbeiten des Malers für den Hof.

Als Holbein im Herbst 1543 an der Pest starb, stand er auf der Höhe seines Ruhmes; hochgeschätzt war er mit Aufträgen überhäuft. Wohl kein anderer Maler seiner Zeit war ein so hervorragender Porträtist, denn es gelang ihm, die menschliche Wärme seiner Modelle auf die Leinwand zu zaubern.

Albrecht Altdorfer und Lucas Cranach

Altdorfer

Holbein und Grünewald sind zweifellos die bedeutendsten Zeitgenossen Albrecht Dürers, aber bekannt und erwähnenswert sind auch Albrecht Altdorfer (1480–1538), Hans Baldung Grien (1480–1545), Hans Burgkmair (1473–1531) und besonders Lucas Cranach (1472–1553). Altdorfer ist bekannt für seine Landschaftsbilder und malte seine Heimat, das Donautal bei Regensburg, immer wieder. In seinen Bildern versucht er das Individuelle, das Detail, dem Gesamteindruck unterzuordnen.

So verschmilzt die menschliche Figur mit der Natur, wie der Heilige Georg und der Drache in der Masse der Bäume, Zweige und Blätter fast unbeachtet bleiben. (Siehe: *Der Heilige St. Georg mit dem Drachen*, 1510). Wer Altdorfers *Alexanderschlacht* (1529) kennt, ist zuerst beeindruckt von der Unmenge kleiner und kleinster Details: Burgen, Türme, Zinnen und Zelt an Zelt im Hintergrund und Tausende von Reitern, Fußsoldaten und Kriegsleuten mit Standarten, Schilden und einem Wald von Speeren im Vordergrund. Nach längerem Betrachten fällt es jedoch auf, daß der einzelne Mensch dem Panorama von Land, Himmel und See untergeordnet ist, ja daß die Position der beiden Feldherrn Darius und Alexander nur durch die bunten Banner gekennzeichnet ist. Keiner der beiden wird als Einzelmensch sichtbar. Das Hauptthema ist der Konflikt, der Kampf zwischen zwei gewaltigen Gegensätzen. Dieser Kampf ist in der Natur reflektiert, wo Sonne und Mond die Schlacht fortsetzen.

Die Alexanderschlacht

Lucas Cranach malte Landschaften so wie Altdorfer, ist aber weit besser für seine Gemälde großer, schlanker, von durchsichtigen Schleiern umwundenen, nackten Frauen bekannt. Cranach wurde in Kronach in Franken geboren. Sein Vater unterrichtete ihn im Zeichen- und Malunterricht. Im Jahre 1505 wurde Lucas Cranach von Friedrich dem Weisen, Kurfürst von Sachsen und Gönner Dürers, zum Hofmaler in Wittenberg ernannt. Friedrich und seinen Nachfolgern diente er bis zu seinem Tode im Jahre 1553, und malte nicht nur Porträts, sondern entwarf auch Münzen, Hofgewänder und Innendekorationen. Er wurde in den Adelsstand erhoben und verdiente sehr viel Geld. Er diente Wittenberg als Stadtrat und Bürgermeister und nahm regen Anteil am kulturellen und intellektuellen Leben der Stadt. Er befreundete sich mit Martin Luther, der 1508 Hofprediger und ab 1520 Professor für Theologie an der Universität war, und wurde Anhänger der protestantischen Reformation. Mit zahlreichen Gemälden und Holzschnitten verfocht er die Sache Luthers und kämpfte, manchmal mit recht geschmacklosen Darstellungen, gegen das Papsttum in Rom.

Cranach

Cranach in Wittenberg

Unter seinen frühen Werken sind der *Katharinenaltar* (1506) und der große *Torgauer Sippenaltar* (1509) zu nennen. Mitglieder der sächsischen Hofgesellschaft standen Cranach Modell für die Porträts der Männer und Frauen auf den Tafeln der Altäre. So wie bei Dürer ist auch hier die Landschaft im Hintergrund deutsch. Auf den Tafeln des Katharinenaltars erkennen wir zum Beispiel die Festung Coburg.

Altäre

Frauengestalten

Ab 1518 malt Cranach hauptsächlich antik-mythologische Stoffe. Seine Frauengestalten verkörpern ein neues Schönheitsideal: Sie sind schlanke, zierliche, kleinbrüstige Gestalten mit rundem Kopf und übertrieben modischer Kleidung, in graziös geneigter Haltung stehend. Später im Anschluß an die Renaissance, die den menschlichen Körper verherrlichte, bevorzugt er die Darstellung des nackten Frauenkörpers. Zuerst erscheinen die nackten Frauen im Kleinformat in den Holzschnitten, dann aber auch in lebensgroßen Gemälden. Darstellungen von Adam und Eva im Paradies, Lukrezia, Venus, Diana oder Nymphen kehren immer wieder. Die Sinnlichkeit dieser Gestalten ist unaufdringlich, weil die Kompositionen vorwiegend aus kühlen Farben zusammengesetzt sind. Ein erotisches Element ist jedoch nicht zu verkennen. Es ist offensichtlich in den durchsichtigen Schleiern, die nichts verhüllen. Bekannt sind das *Urteil des Paris, Apollo und Diana* (1530), *Diana und Actaeon* und *Adam und Eva* (1533). Zu den bekanntesten Porträts des Künstlers gehören *Albrecht von Brandenburg vor dem Kreuz,* sowie die Bildnisse Luthers und seiner Frau, der Eltern des Reformators, Melanchthons und sein Selbstbildnis aus dem Jahre 1550. In seinen späten Jahren wurde Cranach immer mehr von seinen Geschäften — er besaß eine Apotheke und eine Druckerei — und vom öffentlichen Leben in Anspruch genommen. Seine Gemälde wurden nun in seiner Werkstatt von seinen Söhnen Hans und Lucas und zahlreichen Gehilfen fertiggestellt, man könnte fast sagen produziert. Zu Dutzenden verließen Kopien der Bildnisse Luthers, seiner Frau und Melanchthons die Werkstatt. Viele Repliken eines Originals wurden hergestellt, die sich nur in der Blickrichtung oder im Kopfputz voneinander unterscheiden. Diese Repliken waren sehr gefragt von Geistlichen, Adeligen und reichen Bürgen. So entstanden auch Wiederholungen auf Wiederholungen der Venus-Darstellungen, deren Gesichtsausdruck zur Manier erstarrt ist.

Die Werkstatt Cranachs

Cranach hatte eine lange künstlerische Laufbahn, die schöpferische Momente und Perioden der Ermüdung aufweist. Er erreicht weder die klare geistige Strenge Dürers, noch die stilistische Einheitlichkeit Holbeins. Renaissance, mittelalterliche Tradition, Protestantismus und Katholizismus sind alles Elemente seiner Kunst, die er verarbeitet, ohne eine klare Entscheidung zu treffen. Er ist eine faszinierende Erscheinung der großen Epoche der deutschen Malerei, über der die Gestalt Albrecht Dürers souverän thront.

8

Die deutsche Kultur zwischen Minnesang und Aufklärung

Die Literatur

Die Ritterdichtung wird durch die bürgerliche Dichtung ersetzt

Die Ritterdichtung, die um 1200 ihren Höhepunkt erreicht hatte, wird im 14. und 15. Jahrhundert immer mehr von der Bürgerdichtung abgelöst. Das Rittertum verliert an Bedeutung, während mit der Blüte der Städte[1] und des Handels das Bürgertum reich, selbstbewußt und gebildet wird und sich zum Hauptträger der Kultur entwickelt. Es sucht seine eigenen Ideale zu verwirklichen und bildet eine andere Weltanschauung aus, was zu neuen Ansätzen in Literatur und Kunst führt. Wie die ritterliche Weltanschauung hat auch die bürgerliche eine religiöse und eine weltliche Wurzel, aber der erdgebundene Bürger versucht weniger, beide in einer Idealwelt zu vereinigen, da seine Interessen realistisch sind: Erwerb, Geldverdienen usw. Die Stellung des Bürgers ist gefährdeter als die des Ritters und problematischer; er ist auf die Stütze der Kirche angewiesen. Die bürgerliche Frömmigkeit spiegelt sich wider im Kirchenbau, in der Malerei und Holzschnitzerei und in der Mystik, sowie in der Problematik in den geistlichen Spielen, in denen die Welt-

[1] Während es um 1200 etwa 250 Städte in Deutschland gab, stieg diese Zahl während des 13. Jahrhunderts auf etwa 1000. Gegen Ende des Mittelalters schätzt man die Zahl der deutschen Städte auf 3000.

verneinung neben die Vorliebe für irdische Genüsse, die Todesahnung und Weltangst neben die unbändige Lebensfreude tritt.

Die geistliche Prosa dieser Zeit erreicht einen Höhepunkt in den Schriften der deutschen Mystiker, die sich gefühlsmäßig in religiöse Fragen vertiefen, durch einen wahrhaft christlichen Lebenswandel sich das Himmelreich verdienen und durch Vertiefung in die eigene Seele die *unio mystica*, die Gemeinschaft mit Gott, erreichen wollen.

Die Mystik

Die Mystik gehört nur zum Teil in den Bereich der Literatur, da die Niederschrift religiösen Erlebens nicht aus künstlerischem Interesse geschieht. Der literarische Wert der mystischen Schriften liegt vor allem in der Sprache, die verfeinert werden mußte, um die innigen Gefühle der Seele ausdrücken zu können. Die größten Mystiker besitzen ein ausgesprochen sprachschöpferisches Talent, schaffen eine gefühlsbetonte, bilderreiche Sprache und erfinden kühne Bilder, Vergleiche und Neuableitungen bekannter Wörter, um Abstraktes zu bezeichnen. Die literarischen Formen der deutschen Mystiker sind hauptsächlich die Predigt und das Traktat, und gelegentlich, in einem Augenblick höchster Verzückung, auch die Lyrik.

Meister Eckhart

Der große Meister der Mystik ist der Dominikaner Meister Eckhart (um 1260–1327), der aus Hochheim bei Gotha stammt, in Paris studierte und in Köln lehrte und starb. Seine Hauptwerke sind die *Reden der Unterscheidung*, das *Büchlein der göttlichen Tröstung* und seine Predigten, die ein wichtiges Glied in der Entwicklung der deutschen philosophischen Sprache sind. Eckhart ist der eigentliche Schöpfer der deutschen philosophischen Sprache, deren Wortschatz das Gedankliche und Abstrakte erschließt.

Seuse

Unter Eckharts Jüngern ragen Heinrich Seuse und Johannes Tauler hervor. Seuse (um 1295–1366) ist der eigentliche Lyriker der Mystik, denn bei ihm nimmt die Gottessehnsucht die Gestalt der Liebe an, für deren Darstellung er den Stil der Minnedichtung anwendet. Sein *Büchlein der Wahrheit* (1327), *Büchlein von der ewigen Weisheit* (1328) und seine Autobiographie sind von Bedeutung.

Tauler

Tauler (um 1300–1361) erörtert in seinen Predigten die Frage, wie der Mensch zu Gott kommen kann und betont dabei die innere Frömmigkeit gegenüber der Werktätigkeit.

Sprachschöpfung

Die Schriften Eckharts, Seuses und Taulers enthalten eine Fülle von Ausdrücken für Begriffe des Seelenlebens wie z.B.

Vereinigung, Empfänglichkeit, Läuterung, Erleuchtung, Unendlichkeit, Eindruck, Einfluß, Einkehr, übergöttlich, übermenschlich, wesentlich, innerlich, beschaulich, unaussprechlich, gelassen, innig, einwirken, entzücken, usw. Für abstrakte Begriffe werden die Hauptwörter auf –heit und –ung bevorzugt: *Dreiheit, Vielheit, Wesenheit, Erneuerung, Berührung, Vermengung,* usw.

Das Volkslied

Das Bürgertum ist für die volkstümliche Verbreitung des Volksliedes verantwortlich, das im 15. Jahrhundert eine besondere Blütezeit erfährt. Der Name Volkslied stammt von Herder (1773), der, wie später auch die Romantiker, Volkslieder gesammelt hat. Die Wurzel des Volksliedes ist im Minnelied (die Tagelieder Walthers) zu suchen. Allmählich trat die eigene Geliebte oder Frau an die Stelle der hohen Frau, dann auch eigene Erlebnisse und Gefühle wie Trinken (*Den liebsten Buhlen den ich han, der leit beim Wirt im Keller*), Liebe (*Nachtigall ich hör dich singen; Jetzt gan i ans Brünnele*), Wandern (*Es, es, es, und es, es ist ein harter Schluß*), Abschied und Heimweh (*Muß i denn, muß i denn, zum Städele naus; Zu Straßburg auf der Schanz; Innsbruck, ich muß dich lassen*), Jagen usw. Den Dichter hat man vergessen, aber das Gedicht ist mündlich verbreitet worden mit einer eigens dazu gemachten oder entlehnten Melodie. Je volkstümlicher die Lieder werden, je mehr werden sie ,,zersungen'': Inhalt und Melodie werden abgeändert zu besonders einprägsamen Formen mit einfachem Reim, Refrain, schlichter Sprache und formelhaften Wendungen. Das folgende bekannte Beispiel ist ein Jägerlied:

Ein Jäger aus Kurpfalz,
der reitet durch den grünen Wald
er schießt das Wild daher
gleich wie es ihm gefallt.
Juja, juja, gar lustig ist die Jägerei
allhier auf grüner Heid,
allhier auf grüner Heid.

Auf, sattelt mir mein Pferd
und legt darauf den Mantelsack,
so reit ich hin und her
als Jäger aus Kurpfalz.
Juja, juja, gar lustig ist die Jägerei
allhier auf grüner Heid,
allhier auf grüner Heid.

Jetzt geh ich nicht mehr heim,
bis daß der Kuckuck ,,Kuckuck" schreit,
er schreit die ganze Nacht
allhier auf grüner Heid.
Juja, juja, gar lustig ist die Jägerei
allhier auf grüner Heid,
allhier auf grüner Heid.

Neben dem Volkslied erscheint noch die Volksballade, die historische, sagenhafte oder ritterlich-höfische Ereignisse zum Inhalt hat. Bekannt sind

Es waren zwei Königskinder,
die hatten einander so lieb,
sie konnten zusammen nicht kommen,
das Wasser war viel zu tief. . . .

und

Prinz Eugen, der edle Ritter . . .

Der Ackermann aus Böhmen

Ein äußerst interessantes Werk, weil es an der Schwelle zwischen dem Mittelalter und der Renaissance steht und neben mittelalterlichen Ideen moderne Gedanken des Humanismus enthält, ist *Der Ackermann aus Böhmen* (1401) des Saazer Schulmeisters Johannes von Tepl. Das Werk ist ein Streitgespräch — der Form nach noch ganz mittelalterlich — zwischen dem Ackermann, dessen Frau gestorben ist, und dem Tod. Ergreifend menschlich und ganz neu gesehen ist die Haltung des Ackermannes, der das menschliche Individuum symbolisiert und der sich gegen die erbarmungslose Allmacht des Todes auflehnt. Aus seiner Lust am Leben und seinem natürlichen Schmerz heraus bäumt er sich gegen das Unvermeidliche auf. Diese Haltung ist modern (Renaissance), während die pessimistische, rationale, vom Vergänglichkeitsgedanken bestimmte Haltung des Todes unmodern (Mittelalter) ist. Das Werk zeigt das Ringen zwischen zwei Menschenbildern auf: die Geringschätzung des Menschen (Tod) steht dem neuen Wertgefühl des Menschen (Ackermann) gegenüber. Am Ende gesteht der Richter (Gott) beiden gleiches Recht zu: Der Mensch ,,habe Ehre", der Tod ,,habe den Sieg".

Die Entwicklung des Dramas

Das mittelalterliche Drama entwickelt sich aus der Liturgie der Kirche, denn die Tragödien und Lustspiele der Antike waren fast ganz in Vergessenheit geraten. Wahrscheinlich ist das Drama aus dem Kirchengesang hervorgegangen, der zum Teil mit Halbchören, zum Teil mit Wechselgesang zwischen dem Geistlichen

Passionsspiel in Oberammergau

und der Gemeinde ausgeführt wurde. Anfangs haben die Geistlichen sicher Szenen aus den Evangelien dramatisiert, dann nahm die Personenzahl zu, Laien spielten mit, die Sprache wurde Deutsch statt Latein, und das Schauspiel wurde aus dem Innern der Kirche nach draußen auf die Kirchenstufen oder den Marktplatz verlegt. Zuerst wurden Oster- und Weihnachtspiele aufgeführt, etwas später komische und volkstümliche Szenen hinzugefügt, das Ganze wurde erweitert und allmählich immer mehr säkularisiert, d.h. verbürgerlicht. Noch heute werden in einigen Orten Süddeutschlands und Österreichs religiöse Spiele, die man auch Mysterien- oder Passionsspiele nennt, aufgeführt. Am bekanntesten sind zweifellos die Passionsspiele von Oberammergau, die auf das Jahr 1633 zurückführen, als die Gemeinde das Gelübde ablegte, in regelmäßigen Abständen ein Drama von der Passion Christi zu produzieren, wenn sie von der Pest verschont bliebe. Heute wird das Drama alle zehn Jahre unter Mitwirkung fast der ganzen Dorfgemeinde aufgeführt. Es ist eine mehrstündige Produktion geworden, die hauptsächlich für die Touristen gezeigt wird. Auch der Jedermann Stoff, der von Hugo von Hofmannsthal zu seinem Drama *Jedermann* verarbeitet wurde und jeden Sommer auf dem Domplatz in Salzburg aufgeführt wird, geht auf mittelalterliche Mysterienspiele zurück.

Das Passionsspiel

Das mittelalterliche Drama entwickelt sich während der Reformationszeit zum Tendenzdrama. Protestanten benutzen es, um die Ideen Luthers zu verbreiten und sich über die Katholiken lustig zu machen, und die Jesuiten versuchen damit die Gegenreformation zu fördern. Das weltliche Drama entwickelt die komische, derbe, groteske, burleske Seite, und besonders in den

Wochen vor der Fastenzeit (jetzt Karnevalszeit) wurden dramatische Szenen gespielt, die meistens lustig und nur manchmal ernst (wie die Legendenspiele) waren. Das sogenannte Fastnachtspiel entwickelt sich aus diesen dramatischen Darstellungen. Schon damals machten Maskierte Umzüge, und als sie von Haus zu Haus gingen, trugen sie etwas vor. Diese Vorführungen wurden zum Ausgangspunkt des Fastnachtspiels, in dem die bürgerliche Freude am Verkleiden, an Foppereien und Schwänken ihren Ausdruck findet. Die Komik ist oft derb. Prügel- und Gerichtsszenen sind häufig, Anspielungen auf bekannte Personen und das Sexuelle, satirische Sittenschilderungen, die grobe Kritik an menschlichen Torheiten und das Narrenmotiv wiederholen sich immer wieder. Der Bürger verherrlicht sich selbst und verspottet vor allem den tölpelhaften Bauern, aber auch den Ritter, Juden und Geistlichen. Uns sind etwa 150 solcher Fastnachtspiele aus dem Mittelalter erhalten. Wir kennen meistens die Verfasser nicht, aber wir wissen, daß sie hauptsächlich in Augsburg, Nürnberg, Bamberg und anderen süddeutschen Städten gewohnt haben.

Das Fastnachtspiel

Das Fastnachtspiel findet im 16. Jahrhundert seinen Höhepunkt in den Produktionen des Colmarer Stadtschreibers Jörg Wickram (gest. 1562) und besonders des Nürnberger Schuhmachermeisters Hans Sachs (1494–1576). Letzterer hat uns 85 lustige Stücke hinterlassen, von denen etwa ein halbes Dutzend noch heute beliebt sind.[2] Im Spiel vom *Kälberbrüten* geißelt er die Dummheit eines Bauern, der den ganzen Haushalt durcheinanderbringt und sich schließlich auf einen Käse setzt, um aus ihm Kälber zu brüten. Eines der beliebtesten Spiele ist *Der*

Hans Sachs

[2] *Der Teufel mit dem alten Weib, Der Bauer im Fegfeuer, St. Peter mit der Geiß, Das Narrenschneiden.*

Hans Sachs

Der fahrende Schüler im Paradies

fahrende Schüler im Paradies: Ein Student kommt zu einer Bäuerin, die immer noch ihrem ersten Mann nachtrauert, und bittet um Essen und Trinken. Als er sagt, daß er aus Paris komme, versteht ihn die Frau nicht richtig und meint er komme aus dem Paradies. Auf die Frage, ob er ihren Mann kenne, der vor kurzem gestorben sei, antwortet der listige Schüler, daß es ihm gar nicht gut gehe und daß er betteln müsse. Daraufhin macht die Frau ein Bündel mit Kleidung und Schuhen zurecht und bittet den Schüler, das alles und zwölf Gulden Geld ihrem verstorbenen Mann mitzunehmen.

Als der Bauer, ihr zweiter Mann, nach Hause kommt und erfährt, wie dumm die Frau gewesen ist, sattelt er sein Pferd und setzt dem Studenten nach. Da dieser ihn kommen sieht, versteckt er das Bündel und schickt den Bauern, der ihn nach dem Schüler fragt, ins Moor. Weil er absitzen muß, bittet er den Schüler, ihm das Pferd zu halten. Sobald der Bauer fort ist, holt der Student das Bündel, schwingt sich aufs Pferd und reitet davon. Zu spät merkt der Bauer, daß er betrogen worden ist und genau so dumm wie die Bäuerin ist. Auf die Fragen seiner Frau, warum er zu Fuß zurückkomme, antwortet er:

Er klagte mir, der Weg wär' weit;
Damit er käm' in kurzer Zeit
Ins Paradies zu deinem Mann,
Gab ich ihm noch das Pferd daran,
Daß er geritten komm hinein,
Bring auch das Pferd dem Manne dein.

Der Bauer bittet seine Frau, von all dem nichts zu sagen, aber sie hat es bereits allen Nachbarn erzählt.

Bevor du rittest in den Wald
Hab' ich es allen kund gethan,
Was ich gesendet meinem Mann
Ins Paradies, mit viel Andacht
Mich dünkt, sie haben mein gelacht
Und alle sich gefreut mit mir.[3]

[3] Die Fastnachtspiele von Hans Sachs sind in Knittelversen geschrieben, d.h. in paarweise reimenden, vierhebigen Versen mit einsilbigen Senkungen. Jede Zeile umfaßt acht oder neun Silben. Der Knittelvers wird im Barockdrama durch den Alexandriner und von den Klassikern durch den Blankvers ersetzt. Goethe verwendet den Knittelvers wieder in gewissen Szenen von *Faust I* und Schiller in *Wallensteins Lager*.

Hans Sachs, der in Richard Wagners Oper *Die Meistersinger von Nürnberg* verewigt worden ist, war ein ruhiger Bürger, der sich nach langen Wanderjahren[4] als Schuhmacher in Nürnberg niederließ. Er hatte viel gelesen, neigte zur Sittenschilderung und zur Moralisierung und war ungeheuer produktiv. Im Jahre 1567 zählt er selbst 6048 Gedichte, darunter 4400 Meisterlieder in 275 Tönen (Melodien). Er ist der bekannteste Meistersänger und hat großen Einfluß auf die protestantischen Singschulen ausgeübt.

Der Meistersang

Der Meistersang ist eine Fortsetzung der mittelalterlichen Kunstlyrik und wurde von Handwerkern betrieben, die sich zu Singbrüderschaften zusammengeschlossen hatten. Nach genauen Vorschriften, die strenge Gesetze über Inhalt und Form enthielten, produzierte man ein Gedicht, schrieb dazu eine Melodie nach Vorbild des gregorianischen Gesangs und trug das Ganze einstimmig und ohne Begleitung vor. Wer die wenigsten Fehler machte, erhielt den Preis. Obgleich diese Art Dichtung sich großer Beliebtheit erfreute, ist sie für uns nur noch aus kulturhistorischen, nicht aus künstlerischen Gründen interessant.

Die Volksbücher

Sehr beliebt wurden während der Reformationszeit die Volksbücher, die volkstümliche Stoffe unterhaltender, phantastischer, komischer oder Angst einflößender Natur enthielten. Sie wurden zu Tausenden auf schlechtem Papier gedruckt und erhielten sich in zahllosen Auflagen bis ins 19. Jahrhundert.[5] Es gab Hunderte von verschiedenen Titeln, von denen die beliebtesten der Till Eulenspiegel,[6] Die Schildbürger[7] und die

Dr. Faustus

Historia von D. Johann Fausten, „dem weitbeschreiten Zauberer und Schwarzkünstler" (1587) sind. Im Vordergrund des Faustbuches steht ein Gelehrter und Zauberer, der als Doktor Georg Faust von 1480 bis 1540 gelebt hat. In Verbindung mit dem weitverbreiteten Hexen- und Teufelsglauben der Reformationszeit rankten sich um diesen Mann, der ein geheimnis-

[4] Bevor man Meister werden konnte, mußte man mehrere (zu Anfang sieben) Jahre als Geselle von Stadt zu Stadt ziehen, um von verschiedenen Meistern das Handwerk gründlich zu lernen. Die Wanderzeit wird in Liedern wie *Das Wandern ist des Müllers Lust, Es, es, es und es, es ist ein harter Schluß,* u.a. besungen.

[5] Ein Frankfurter Buchhändler berichtet, daß er auf der Messe von 1569 über 2400 Volksbücher verkauft hat.

[6] Till Eulenspiegel ist ein kluger Bauernbursche, der mit verstellter Dummheit Bauern und Städter zum Narren hält. Seine Streiche sind von Richard Strauß in dem Tongedicht *Till Eulenspiegel* musikalisch interpretiert worden.

[7] Die Schildbürger sind geistig beschränkte Einwohner der Stadt Schilda, die durch ihre Dummheit manchen Unsinn anstellen.

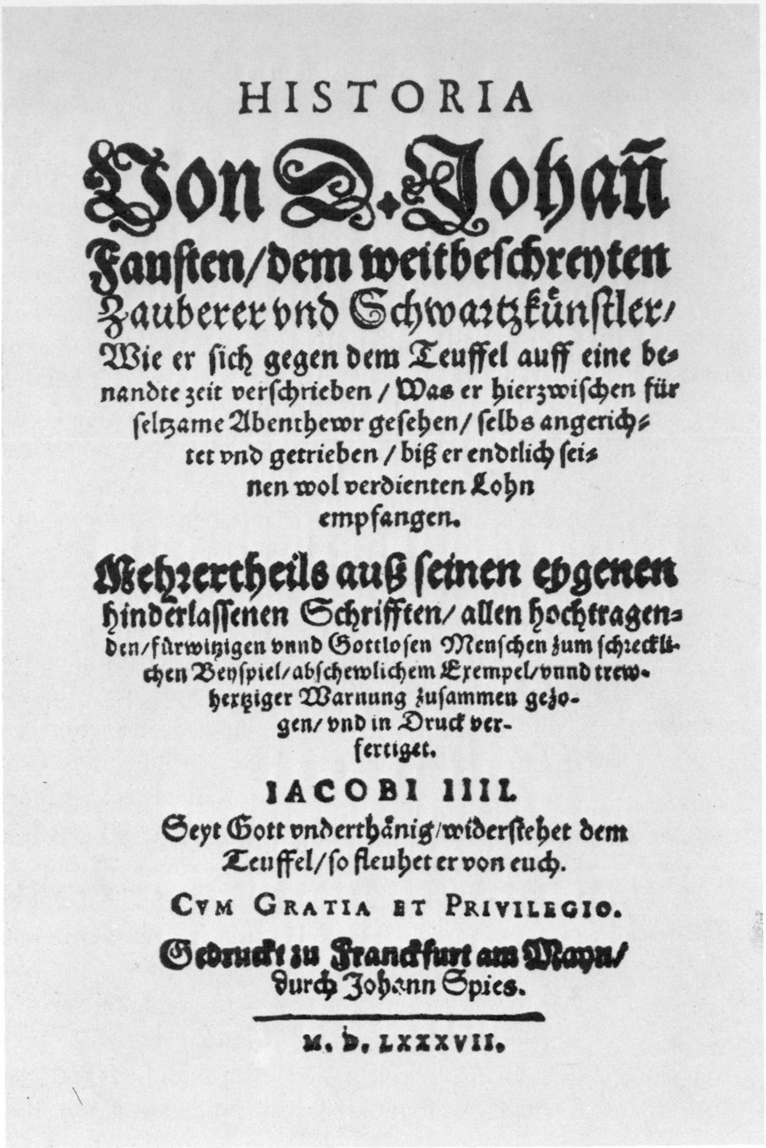

HISTORIA
Von D. Johañ
Fausten/dem weitbeschreyten
Zauberer vnd Schwartzkünstler/
Wie er sich gegen dem Teuffel auff eine be-
nandte zeit verschrieben / Was er hierzwischen für
seltzame Abentheuwr gesehen/ selbs angerich-
tet vnd getrieben / biß er endtlich seinen wol verdienten Lohn
empfangen.
Mehrertheils auß seinen eygenen
hinderlassenen Schrifften/ allen hochtragen-
den/fürwitzigen vnnd Gottlosen Menschen zum schrecklichen Beyspiel/abschewlichem Exempel/vnnd trew-
hertziger Warnung zusammen gezo-
gen/ vnd in Druck ver-
fertiget.
IACOBI IIII.
Seyt Gott vnderthänig/widerstehet dem
Teuffel/so fleuhet er von euch.
CVM GRATIA ET PRIVILEGIO.
Gedruckt zu Franckfurt am Mayn/
durch Johann Spies.
M. D. LXXXVII.

Das Volksbuch vom Doktor Faust

volles Leben geführt und einen unerklärlichen Tod gefunden haben soll, sehr bald allerlei Legenden, aus denen die Faustsage entstand. Verschiedene Bearbeitungen des Fauststoffes[8] führen zu Marlowes Tragödie, die in Deutschland von englischen Komödianten aufgeführt wurde und sich in der Form des Puppenspiels bis ins 18. Jahrhundert erhielt, und zu Goethes Faust. Das

[8] Eine moderne Bearbeitung ist Thomas Manns *Doktor Faustus* (1947).

Faustbuch wurde als abschreckendes Beispiel geschrieben gegen allzu Neugierige, die sich nicht mit dem Erlaubten zufriedenstellen wollten, sondern außerhalb des von der Kirche umschriebenen Bereiches Wissen suchten, d.h. „sich mit dem Teufel verbündeten". Ihnen stehen ein schreckliches Ende und ewige Höllenqualen bevor.

So wie die großen, umwälzenden Ereignisse im 16. Jahrhundert — die protestantische Reformation und die katholische Gegenreformation — sich in der Literatur auswirken, so beeinflußt das traumatische Erlebnis des Dreißigjährigen Krieges die Literatur des 17. Jahrhunderts. Der antike Kultureinfluß (besonders römisches Kulturgut), der durch den Humanismus und die Renaissance in Deutschland begann, wird im 17. Jahrhundert verinnerlicht und vertieft. Die Spannung zwischen Diesseits und Jenseits, die wir im *Ackermann von Böhmen* beobachtet haben, findet ihren Höhepunkt in der Spannung zwischen extremer Diesseitslust und extremer Weltentsagung, zwischen Welt und Gott, Vergänglichkeit und Ewigkeit, die wir in den Werken des 17. Jahrhunderts, der Barockliteratur[9] beobachten.

Die Barockdichtung

Die ganze Barockepoche[10] ist gekennzeichnet durch den starken romanischen Einfluß und durch das Vorbild der Renaissance. Zum Kulturzentrum werden die Fürstenhöfe (Wien, Stuttgart, Dresden, Berlin, Weimar, Breslau, usw.), und die Literatur wird Sache der vornehmen Hofgesellschaft. Die Dichter sind hauptsächlich Beamte an den Höfen und in den Städten.

Martin Opitz

Buch von der deutschen Poeterei

Der erste einflußreiche deutsche Barockdichter ist Martin Opitz, der 1597 in Schlesien geboren wurde und 1639 in Danzig an der Pest starb. Sein bekanntestes Werk ist das *Buch von der deutschen Poeterei* (1624), in dem er in Anlehnung an Aristoteles, Horaz u.a. Regeln für den deutschen Dichter aufstellt. Die Kunst des Dichters sieht Opitz rein formell: wichtig sind die metrischen Prinzipien, nach denen Versbetonung und natürliche Wortbetonung übereinstimmen und Hebung und Senkung regelmäßig wechseln müssen. Damit bekämpft er das bisher übliche Silbenzählen und fordert die Silbenbetonung. Er erkennt, daß für das Wesen der deutschen Sprache nicht Länge oder Kürze (wie in den romanischen Sprachen) maßgeblich sind, sondern der

[9] Die Bezeichnung Barock geht auf das portugiesische Wort „barocco" zurück, was „schiefe, unregelmäßige Perle" bedeutet.

[10] Die großen Musiker sind Bach und Händel, die Baumeister Andreas Schlüter, Fischer von Erlach, Lukas von Hildebrandt, usw.

Akzent. Den Jambus und Trochäus bezeichnet er als vorbildlichen Versfuß und den Alexandriner (zwölfsilbiger Jambus mit Zäsur nach der dritten Hebung) als nachahmenswürdige Verszeile. Die *Poeterei* betont außer dem Formellen auch den moralisch-lehrhaften Zweck der Poesie. Sie verlangt die scharfe Trennung von Tragödie und Komödie: die Tragödie soll eine leidenschaftliche Begebenheit aus dem Leben von Königen und Helden darstellen, die Komödie die bürgerlichen Torheiten. Unter anderem eifert Opitz gegen den Verfall der deutschen Sprache, die im Dreißigjährigen Krieg zusehendst verwilderte, und verlangt, daß der Dichter Fremdwörter und mundartliche Ausdrücke vermeide.

Die Pflege der Sprache

Die Pflege der deutschen Sprache machten sich auch die zahlreichen Sprachgesellschaften[11] zur Aufgabe, die im 17. Jahrhundert gegründet wurden. Mit der Erneuerung der Sprache verbanden die Mitglieder das Ziel einer sittlichen Erneuerung. Die Sprache sollte gehoben, gereinigt, Ausdruck des Hofes werden. Die Gesellschaften wollten zeigen, daß nicht nur die französische Sprache als Kulturträger und als Ausdruck der Gesellschaft geeignet war, sondern auch das Deutsche. Alles Gewöhnliche und Banale wurde verbannt; nur das Vornehme, Besondere, Ungewöhnliche, Kostbare betont. Das führte natürlich zu Übertreibungen, die uns heute lächerlich erscheinen, zu Gespreiztheiten und Schwulst. So wollte man die Nase als „Gesichtserker", den Mond als „der Sonne Kammermagd", die Brust als „Zeughaus süßer Lust" bezeichnen, die Geliebte nicht mit dem Veilchen sondern mit der Hyazinthe vergleichen. Man liebte ungewöhnliche Zusammensetzungen wie „Nektarlippen", „hochmächtig groß" und „Zinnobermund". Andererseits stammen von den Sprachgesellschaften auch solch treffliche Verdeutschungen wie *Aufzug* (Akt), *beobachten* (observieren), *Fernglas* (Teleskop), *Anschrift* (Adresse), *Augenblick* (Moment), *Bücherei* (Bibliothek), *Jahrbuch* (Annale), *Vollmacht* (Plenipotenz), *Mundart* (Dialekt), *Strichpunkt* (Semikolon), *Doppellaut* (Diphthong), *Lustspiel* (Komödie), *Trauerspiel* (Tragödie), *Jahrhundert* (Säkulum), usw.

Andreas Gryphius

Einer der begabtesten Barockdichter ist Andreas Gryphius (1616–1664), der die Greuel des Dreißigjährigen Krieges miterlebt hat und seine Erschütterung über das Vergängliche alles

[11] Die Fruchtbringende Gesellschaft (Weimar 1617), Die Aufrichtige Tannengesellschaft (Straßburg 1633), Der Elbschwanenorden (Hamburg 1656) u.a.

Irdischen und die Grauen des Krieges in seinen Gedichten ausdrückt. Das folgende Sonnet, 1636 in Alexandrinern geschrieben, drückt das Grauen des Kriegserlebnisses aus:

Tränen des Vaterlandes

Wir sind doch nunmehr ganz, ja mehr denn ganz verheeret,
Der frechen Völker Schar, die rasende Posaun,
Das vom Blut fette Schwert, die donnernde Kartaun,
Hat allen Schweiß und Fleiß und Vorrat aufgezehret.

Die Türme stehn in Glut, die Kirch ist umgekehret,
Das Rathaus liegt im Graus, die Starken sind zerhaun,
Die Jungfern sind geschändt, und wo wir hin nur schaun,
Ist Feuer, Pest und Tod, der Herz und Geist durchfähret.

Hier durch die Schanz und Stadt rinnt allzeit frisches Blut.
Dreimal sind schon sechs Jahr, als unser Ströme Flut,
Von Leichen fast verstopft, sich langsam fortgedrungen.

Doch schweig ich noch von dem, was ärger als der Tod,
Was grimmer denn die Pest und Glut und Hungersnot:
Daß auch der Seelenschatz so vielen abgezwungen.

Hinter der rhetorisch-pathetisch wirkenden Sprache steht das echte Erlebnis. Steigerung, Antithesen und eindrucksvolle Bilder geben dem Sonnet trotz der strengen äußeren Form, leidenschaftliche Kraft und innere Dynamik. Nur der Glaube an Gott und die Aussicht auf eine bessere Welt mit himmlischem Lohn, lassen den Menschen im Angesicht von so großem Elend bestehen. Das bringt Gryphius ebenfalls in anderen Gedichten zum Ausdruck. Auch in seinen Tragödien spiegelt sich das leidvolle Leben und der Pessimismus der Zeit wider.

Paul Gerhardt

Paul Gerhardt (1607–1676) stammt aus Sachsen. Er ist protestantischer Pfarrer und hat uns eine Reihe sehr schöner Kirchenlieder hinterlassen, in denen der unerschütterliche Glaube an die Erlösung des Menschen durch Christi Opfertod immer wieder betont wird. Zu den bekanntesten seiner Gesänge gehören *O Haupt voll Blut und Wunden*;[12] *Nun ruhen alle Wälder*; *Geh aus, mein Herz, und suche Freud* und *Befiehl du deine Wege*.

[12] J. S. Bach hat dieses Lied in seine Matthäuspassion aufgenommen.

Befiehl du deine Wege
und was dein Herze kränkt,
Der allertreusten Pflege
Des, der den Himmel lenkt;
Der Wolken, Luft und Winden
Gibt Wege, Lauf und Bahn,
Der wird auch Wege finden,
Da dein Fuß gehen kann.[13]

* * *

Geh aus mein Herz und suche Freud
In dieser lieben Sommerzeit
An deines Gottes Gaben:
Schau an der schönen Gärten Zier
Und siehe, wie sie mir und dir
Sich ausgeschmücket haben.

Das Lied hat 15 Strophen, die die Schönheit der sommerlichen Natur preisen und diese mit der Herrlichkeit des Paradieses vergleichen. Es endet mit dem Gebet, Gott möge den Sänger zum Seelenheil erwählen:

Erwähle mich zum Paradeis
Und laß mich bis zur letzten Reis
An Leib und Seele grünen:
So will ich dir und deiner Ehr
Allein, und sonsten keinem mehr,
Hier und dort ewig dienen.

Weitere Lyriker der Barockzeit sind der Jesuit Friedrich von Spee (1591–1635), der Mediziner Paul Fleming (1609–1640), der Königsberger Simon Dach und die etwas älteren Hofman von Hofmannswaldau (1617–1679) und Daniel C. von Lohenstein (1635–1683).

Grimmelshausen

Unter den Romanschriftstellern der Barockzeit ragt Jakob Christoff von Grimmelshausen (1621–1676) hervor. Er machte den Dreißigjährigen Krieg als Soldat und Schreiber mit und ließ sich dann im Schwarzwald nieder, wo er Gastwirt und Schultheiß wurde. Seine umfangreiche schriftstellerische Tätigkeit gipfelt in seinen sog. „simplizianischen Schriften": *Simplicissimus* (1669), *Courasche* (1670), *Springinsfeld* (1670) und *Vogelnest* (1674). Diese

[13] Das Gedicht hat 12 Strophen.

Werke haben uns ein wertvolles Kulturbild des Dreißigjährigen Krieges hinterlassen.

Der abenteuerliche Simplicissimus

Das Hauptwerk unter diesen Schriften ist *Der abenteuerliche Simplicissimus,* ein Abenteuer- und Entwicklungsroman, der viele autobiographische Elemente enthält. Der Held, Simplicissimus, wird als unschuldiges Kind in die Wirren des Krieges verstrickt. Er verliert seine Familie und sein Heim, wird Soldat und nimmt an den wüsten Raubzügen der Landsknechte teil. Nach vielen Abenteuern mit Soldaten, der adeligen Gesellschaft, einem Räuber und naturwissenschaftlichen Studien wird er Einsiedler. Der Autor behandelt die Frage, wie soll der Mensch in dieser Welt leben, damit er sein Seelenheil erringen kann? Der Held schwankt hin und her zwischen dem Ideal der christlichen Lehre und der Sünde der Welt. Auf seine jugendliche Naivität folgt die Unterweisung im Christentum. Dann paßt Simplicissimus sich der Moral — in diesem Falle Unmoral — der Welt an und droht im Morast der Sünde zu versinken. Er rafft sich auf, erlebt einen Rückfall und beschließt, sich als Einsiedler aus dem Leben zurückzuziehen. Seinen Frieden findet er jedoch erst endgültig, als das Schicksal ihn auf eine einsame Insel verschlägt und er einsieht: „Ich hab mein Leben vielmal in Gefahr geben und hab mich doch niemals beflissen, solches zu bessern, damit ich auch getrost und selig sterben könnte. Ich sah nur auf das Gegenwärtige und meinen zeitlichen Nutz und gedachte nicht einmal an das Künftige, viel weniger, daß ich dermaleinst vor Gottes Angesicht müsse Rechenschaft geben!"

Es folgt ein Ausschnitt aus dem 4. Kapitel des Romans. Eine Schar plündernder Reiter überfällt den Hof von Simplicissimus Pflegevater:

> Das erste, das diese Reuter täten, war, daß sie ihre Pferde einstalleten; hernach hatte jeglicher seine sonderbare (= besondere) Arbeit zu verrichten, deren jede lauter Untergang und Verderben anzeigte. Denn obzwar etliche anfingen zu metzgen, zu sieden und zu braten, daß es sähe, als sollte ein lustig Bankett abgehalten werden, so waren hingegen andere, die durchstürmten das Haus unten und oben; ja das heimliche Gemach war nicht sicher, gleichsam als ob wäre das güldene Fell von Colchis darinnen verborgen. Andere machten von Tuch, Kleidungen und allerlei Hausrat große Päck zusammen, als ob sie irgends einen Krempelmarkt anrichten wollten; was sie aber nicht

mitzunehmen gedachten, ward zerschlagen. Etliche durchstachen Heu und Stroh mit ihren Degen, als ob sie nicht Schaf und Schweine genug zu stechen gehabt hätten; etliche schüttelten die Federn aus den Betten und fülleten hingegen Speck, andere dürr Fleisch und sonst Gerät hinein, als ob alsdann besser darauf zu schlafen wäre. Andere schlugen Ofen und Fenster ein, gleichsam als hätten sie einen ewigen Sommer zu verkündigen. Kupfer- und Zinngeschirr schlugen sie zusammen und packten die gebogene und verderbte Stücken ein. Bettladen, Tische, Stühle und Bänke verbrannten sie, da doch viel Klafter dürr Holz im Hof lag. Häfen und Schüsseln mußte endlich alles entzwei, entweder weil sie lieber gebraten aßen, oder weil sie bedacht waren, nur eine einzige Mahlzeit allda zu halten.

Den Knecht legten sie gebunden auf die Erde, steckten ihm ein Sperrholz ins Maul und schütteten ihm einen Melkkübel voll garstig Mistlachenwasser in Leib; das nannten sie einen schwedischen Trunk, wodurch sie ihn zwangen, eine Partei (= Gruppe) anderwärts zu führen, allda sie Menschen und Vieh hinwegnahmen und in unsern Hof brachten, unter welchen mein Knän (= Vater), mein Meuder und Ursele auch waren.

Da fing man erst an, die Steine (= Feuersteine) von den Pistolen und hingegen anstatt deren die Bauren Daumen aufzuschrauben und die armen Schelmen so zu foltern, als wenn man hätte Hexen brennen wollen, maßen sie auch einen von den gefangenen Bauren bereits in Backofen steckten und mit Feuer hinter ihm her waren, unangesehen er noch nichts bekannt hatte. Einem andern machten sie ein Seil um den Kopf und reitelten (= drehten) es mit einem Bengel (= Stock) zusammen, daß ihm das Blut zu Mund, Nas und Ohren heraussprang. In Summa, es hatte jeder seine eigene Invention, die Bauren zu peinigen und also auch jeder Baur seine sonderbare Marter. Allein mein Knän war meinem damaligen Bedenken nach der glücklichste, weil er mit lachendem Munde bekannte, was andere mit Schmerzen und jämmerlicher Weheklage sagen mußten, und solche Ehre widerfuhr ihm ohn Zweifel darum, weil er der Hausvater war; denn sie setzten ihn zu einem Feur, banden ihn, daß er weder Hände noch Füße regen konnte, und rieben seine Fußsohlen mit angefeuchtem Salz, welches ihm unser alte Geiß wieder ablecken und dadurch also kitzeln mußte, daß er vor Lachen hätte zerbersten mögen. Das kam so artlich und mir so anmutig vor, daß ich Gesellschaft halber, oder weil ich's nicht besser verstund, von Herzen mitlachen mußte. In solchem Gelächter bekannte er seine Schuldigkeit und öffnete den verborgenen Schatz, welcher von Gold, Perlen und Kleinodien viel reicher war, als man hinter den Bauren hätte suchen mögen. Von den gefangenen Weibern, Mägden und Töchtern weiß ich sonderlich nichts zu sagen, weil mich die Krieger nicht zusehen ließen, wie sie mit ihnen umgingen. Das weiß ich noch wohl, daß man teils hin und wieder in den Winkeln erbärmlich schreien hörte; schätze wohl, es sei meiner Meuder und unserm Ursele nicht besser gangen als den andern. Mitten in diesem Elend wandte ich Braten und war um nichts bekümmert, weil ich noch nicht recht verstunde, wie dieses alles gemeinet wäre; ich half auch nachmittags ein Pferd tränken, durch welches Mittel ich zu unsrer Magd in Stall kam, welche wundermerklich zerstrobelt (= zerzaust) aussahe; ich kannte sie nicht, sie aber sprach zu mir mit kränklicher Stimm: ,,O Bub, lauf weg, sonst werden dich die Reuter mitnehmen; guck, daß du davon kommst, du siehest wohl, wie es so über . . . " Mehrers konnte sie nicht sagen.

Die Musik

Die Blüte der Barockmusik

Wie die Literatur sich immer mehr entfaltet, so blüht auch die Musik in Deutschland auf, erreicht den Anschluß an die Weltspitze und etabliert sehr bald ihre Prädominanz. Überall in Deutschland, im Norden, in der Mitte und im Süden, entfaltet sich die geistliche und auch die weltliche Musik zu einer ungeheuren Blüte. Hamburg, Lübeck, die kleinen Städtchen Thüringens, Leipzig, Dresden, Berlin, Salzburg, Prag und Wien werden Musikzentren ersten Ranges. Im Jahre 1685 werden Bach und Händel geboren, die das Oratorium, die Kirchenmusik und die Fugenkompositionen zur größtmöglichen Entwicklung bringen. Eine Generation später überwindet Willibald Gluck die Dominanz der Italiener auf dem Gebiet der Oper und bereitet die Zukunft des deutschen Musikdramas vor. Am Ende des Jahrhunderts führen Haydn, Mozart und Beethoven die Instrumentalmusik auf ihren Höhepunkt.

Die beiden Hauptströmungen der Musik sind die kontrapunktische, die in der Literatur etwa der Aufklärung entspricht, und die empfindsame, melodisch gefühlvolle Musik, die sich mit der Literatur des Geniezeitalters vergleichen läßt. Während die kontrapunktische Musik[14] mehr den Intellekt befriedigt, spricht die empfindsame besonders das Gemüt des Zuhörers an. Bach führt die erstere auf ihren Höhepunkt;[15] nach ihm überwiegt die Gefühlsmusik. Mit Bach erreicht auch die geistliche Musik ihren Gipfel, nach ihm wird die weltliche[16] immer stärker.

Bachs Jugend

Das größte musikalische Genie des Barocks, Johann Sebastian Bach (1685–1750) wurde am 21. März in Eisenach geboren, dem thüringischen Städtchen, über dem die Wartburg thront, in der Luther 1522 das Neue Testament übersetzte. Die Vorfahren Bachs waren Musiker, Organisten und Komponisten. Der Vater war Stadtmusiker in Eisenach. Vom Vater erhielt er den ersten Musikunterricht. Als der Junge neun Jahre alt war, verlor er die Mutter und ein Jahr danach den Vater. Ein älterer Bruder, der Organist war, setzte die Musikerziehung fort. Zuerst erhielt Bach kleine Anstellungen als Organist und Musiker und geriet immer wieder in Streitigkeiten mit Vorgesetzten und anderen Musikern, die sein Talent nicht erkannten. Seine großen Vorbilder waren die Italiener Vivaldi und Corelli, deren Musik er wegen ihrer Klarheit und Ausdruckskraft schätzte. 1707 heiratete er seine Kusine Marie Bach, die ihm sieben Kinder gebar. Später starb sie, und Bach heiratete (1721) eine Sängerin, die ihm weitere dreizehn Kinder schenkte. (Von den 20 Kindern blieben nur 10 am Leben.) 1708 wurde er zunächst Kammermusiker und Hoforganist in Weimar und später Hofkonzertmeister. In den neun Jahren am Weimarer Hof entwickelte sich Bach zum Meister im Orgelspielen und komponierte seine ersten bedeutenden Werke: Instrumental- und Vokalmusik, Fugen und

[14] Die kontrapunktische Musik führt mehrere Stimmen in einer Komposition selbständig oder fügt zu einer gegebenen Melodie eine oder mehrere Gegenstimmen hinzu. Der instrumentale Kontrapunkt kann bei Bach besonders in der Fuge beobachtet werden.

[15] Sein „Musikalisches Opfer" kann als Gipfel der intellektuellen Komposition angesehen werden.

[16] Zur sakralen Musik zählen die Oratorien, Passionen, Kirchenkantaten, Fugen, Motette usw. Die weltliche Musik wird besonders an den Höfen gepflegt und umschließt Oper, Hofkonzerte, Ballett, Tafelmusik und Tänze. Vom Hof und Theater dringt die weltliche Musik ins bürgerliche Leben und Schulzimmer vor.

Bachs Handschrift

Johann Sebastian Bach

Kantaten. 1717 nahm Bach eine Stellung als Hofkapellmeister in Cöthen an. Sein Herr, der Herzog von Weimar, ärgerte sich so gewaltig über Bachs Fortgang, daß er ihn auf ein paar Wochen ins Gefängnis steckte, bevor er ihn fahren ließ.

In Cöthen entstand großartige Klavier-, Orgel- und Kammermusik. Hier komponierte Bach die Französischen Suiten und die 6 Brandenburgischen Konzerte. Hier wurde ein Höhepunkt im Schaffen des Meisters und in der Geschichte der deutschen Instrumentalkonzerte erreicht. 1723 nahm Bach die Stellung als Kantor an der Thomaskirche in Leipzig an. Hier trug er die Verantwortung für die Pflege der Kirchenmusik in den beiden Hauptkirchen und mußte außerdem noch die Chorknaben im Katechismus unterrichten. Obgleich seine Zeit von seiner Arbeit und seiner Familie voll beansprucht wurde, stammen aus dieser Zeit die meisten Kompositionen. Im ganzen schrieb er über 350 Kirchen-Kantaten (von denen 224 erhalten sind) auf alle Sonn- und Festtage des Kirchenjahres über einen Zeitraum von fünf Jahren. Zu den schönsten und bekanntesten zählen: ,,Aus der Tiefe rufe ich'' (131), ,,Gott, der Herr ist Sonn und Schild'' (79), ,,Ich habe viel Bekümmernis'' (21), ,,Christ lag in Todes-

Bach als Thomaskantor in Leipzig

Kantaten

banden" (4), „Ein feste Burg ist unser Gott" (80), „Wachet auf, ruft uns die Stimme" (140), „Preise Jerusalem" (119) und „Wir danken dir Gott" (29).

Die großen Komposi-tionen

Außer den Kantaten entstehen die Johannes- und die Matthäuspassion (man nimmt an, daß drei weitere Passionen verloren gegangen sind) das Magnificat, die großartige h-moll-Messe, sowie Orgel- und Klavierwerke, Sonaten und Motette.[17] Neben seiner Kompositionstätigkeit pflegt Bach die Hausmusik und gibt Musikunterricht. So komponiert er z.B. für den Klavierunterricht seiner Kinder und Schüler „Das wohltemperierte Klavier", das aus 48 Präludien und Fugen auf alle Dur- und Molltonarten besteht und bis heute zu den großen Lehrwerken des Klavierunterrichts gehört. Im Gegensatz zur damals vorherrschenden Gewohnheit, lehrt er seine Schüler mit allen fünf, und zwar mit gekrümmten Fingern, zu spielen.[18]

Bach in Potsdam

Eine besondere Freude machte dem alten Bach die Einladung des preußischen Königs Friedrichs des Großen (1747), der ein begabter Musiker war und große Achtung vor Bach hatte. Es wird berichtet, daß Friedrich seinen Hof entließ, als er von Bachs Ankunft in Potsdam erfuhr und diesen sofort mit den Worten, „Der alte Bach ist da" empfing. Die beiden musizierten zusammen und Bach improvisierte eine Fuge auf ein Thema des Königs. Später arbeitete Bach das Thema zu einem Zyklus kontrapunktischer Sätze aus und schickte es an Friedrich mit dem Titel „Musikalisches Opfer". Drei Jahre später starb der Komponist, nachdem er im letzten Jahr ganz erblindet war.

Bach war der letzte große Komponist der kontrapunktischen Polyphonie, die in seinen Fugen, Kirchenkantaten und Motetten zugleich ihren Höhepunkt und Wendepunkt erreicht. Nach ihm werden diese Formen unbeliebt. Der Kontrapunkt wird durch weichere Melodien und einfachere Begleitung ersetzt. Bach war Zeit seines Lebens berühmt als virtuoser Orgelspieler und Lehrer, aber nicht als Komponist. Einige wenige wie Mozart, Beethoven und Felix Mendelssohn ließen ihn nicht in Vergessenheit geraten. Man nimmt an, daß über die Hälfte seiner Kompositionen (etwa 1000 sind erhalten) verlorengegangen sind. In unserem Jahr-

[17] Die 6 großen Motette lauten: Singet dem Herrn ein neues Lied; Der Geist hilft unsrer Schwachheit auf; Jesu, meine Freude; Fürchte dich nicht; Komm Jesu, komm; Lobe den Herrn, alle Heiden.

[18] Damals spielte man mit steifen, geraden Fingern. Der Daumen wurde nicht benutzt.

hundert setzten sich ganz besonders Albert Schweitzer,[19] Wanda Landowska, Pablo Casals[20] und Andrés Segovia für die Wiedergeburt von Bachs Musik ein. Heute gehört Bach zu den beliebtesten Klassikern. Seine Musik erfreut sich großer Popularität besonders bei jungen Leuten vor allem auch in Amerika. Jazz- und Rock-Musiker (the Modern Jazz Quartet, Dave Brubeck, Lalo Schifrin, Paul Butterfield u.a.) finden in Bachs Musik Parallelen zu ihren eigenen Kompositionen. Die Swingle Singers singen Bachs Noten mit einsilbigen ba-, ba-, da-, di- Lauten und haben wesentlich zu seiner Popularität unter der jungen Generation beigetragen.

Bach heute

Was jung und alt, und besonders unsere Generation, immer wieder anspricht, ist der Rhythmus, der scharfe Kontrapunkt, der harmonische Ausgleich zwischen mathematischer Genauigkeit und Ordnung und Geistlichkeit, zwischen technischer Präzision und tiefer Emotion. Wegen seiner Religiösität hat man Bach den fünften Evangelisten genannt, und katholische Christen haben den Protestanten Bach zur Kanonisation vorgeschlagen. Wissenschaftler und Studenten fühlen sich von der Logik in seiner Musik angesprochen. Logik, Innigkeit und Frömmigkeit, eine Fülle musikalischer Motive und eine ungeheure Virtuosität charakterisieren das Werk Johann Sebastian Bachs.

Bachs berühmtester Zeitgenosse war Georg Friedrich Händel (1685–1759). Während Bach immer in ärmlichen Verhältnissen lebte, dauernd gegen Armut und Verständnislosigkeit kämpfte und sein Leben unter kleinen Leuten verbrachte, lebte Händel in der großen Welt, verkehrte an Königshöfen und brachte es zu Wohlstand und Ruhm. Er war ein echter Barockmensch, genial, aufgeschlossen, repräsentativ.

Händel

Händel wurde in Halle geboren. Sein Vater war Arzt und wollte den Sohn auf das juristische Studium vorbereiten. Die musikalische Begabung des Kindes zeigte sich früh, und auf den Rat des Herzogs ließ der Vater ihm endlich Musikunterricht geben. Er lernte alle Instrumente spielen und begann früh zu komponieren. Nach Beendigung der Lateinschule schrieb er sich 1702 an der Universität Halle ein und wurde ein Jahr später zum Organisten an der Domkirche ernannt. Aber immer mehr begann er sich für die Oper und die große Welt zu interessieren,

[19] Schweitzer veröffentlichte 1905 sein zweibändiges Werk *J. S. Bach*.

[20] Casals hat die lebenslange Gewohnheit, jeden Morgen mit Auszügen aus „Das wohltemperierte Klavier" zu beginnen.

und so zog er 1703 nach Hamburg und entschloß sich, freier Künstler zu werden. Er besuchte Buxtehude, den bekanntesten Organisten seiner Zeit, in Lübeck, lehnte es jedoch ab, sein Nachfolger zu werden, weil er dann hätte heiraten müssen. Händel wollte Junggeselle bleiben. In den nächsten Jahren komponierte er eine Johannispassion, die als Vorbild für Bachs Johannispassion gilt, und mehrere Opern, besuchte Italien, wo er glänzend empfangen wurde, u.a. in Florenz und Rom weilte und die italienische Musik studierte und meisterte. Er lernte Scarlatti, Pasquini, Corelli u.a. kennen, schrieb Oratorien, Kantaten und Kammermusik. 1710 besuchte er London, wo die italienische Oper blühte und wo der in Italien berühmt gewordene Händel mit seinen Opern begeistert aufgenommen wurde. Zur Feier des Utrechter Friedens (1713) komponierte Händel ein *Te Deum,* dessen Aufführung in der St. Pauls Kathedrale ein großartiger Erfolg für den Komponisten wurde. Königin Anne setzte ihm ein ansehnliches Jahresgehalt aus, das ihr Nachfolger, König Georg I, noch verdoppelte, weil ihm die *Water Music* so sehr gefiel, die Händel für den neuen König für ein Konzert auf der Themse geschrieben hatte. 1719 übernahm Händel die Leitung der Royal Academy of Music, eines Unternehmens, für das er zahlreiche Opern schrieb, die in ganz Europa aufgeführt wurden. Aber die Londoner Oper scheiterte und Händel hatte wenig Erfolg mit zwei weiteren Operngesellschaften. Im ganzen schrieb Händel über 40 Opern, die heute vergessen sind, die ihm jedoch zu seinen Lebzeiten Ruhm und Ehre brachten.

In Italien

In England

Um 1740 begann Händel sich von der Oper abzuwenden. In diese Zeit fällt auch die Komposition seiner großen Instrumentalwerke wie die *Concerti grossi,* die Bachs *Brandenburgischen Konzerten* ebenbürtig zur Seite stehen, die Klaviersuiten, Fugen und Sonaten. Dann begann er seine großen Oratorien zu komponieren, die ihm wieder Ruhm und Erfolg brachten. Bei 1743 hatte das Oratorium der italienischen Oper in England den Rang streitig gemacht, und in den folgenden Jahren schrieb er rund 32 Oratorien. *Der Messias* wurde 1742 in Dublin mit großem Erfolg uraufgeführt. Die Londoner Aufführung von 1743 war weniger erfolgreich, aber das Werk setzte sich in den folgenden Jahren durch und erfreut sich heute fast kultischer Beliebtheit. Der König hörte den Chor ,,For the Lord God omnipotent reigneth'', volkstümlich der ,,Alleluja Chorus'' genannt, stehend an. Diese Sitte hat sich bis heute erhalten und ist Tradition geworden. Händels Oratorien begannen sich immer mehr durchzusetzen.

Der Messias

Sein *Judas Makkabäus* wurde als Freiheitsgesang eines bedrängten Volkes und als Huldigung für den Sieger gegen Englands Feinde, den jungen Herzog von Cumberland, begeistert aufgenommen. Ab 1752 war Händel blind, 1759 starb er und wurde in der berühmten Westminster Abbey beigesetzt.

Händels *Messias* wurde für England und die USA das, was Bachs Matthäuspassion für Deutschland geworden ist. Außer dem ,,Alleluja" sind besonders ,,Ich weiß, das mein Erlöser lebt" und ,,Denn es ist uns ein Kind geboren" aus diesem Oratorium beliebt geworden.

Die Architektur

Während der Baustil der Renaissance sich in Deutschland nicht durchsetzte, wurde der Barockstil, getragen von der Gegenreformation und dem Absolutismus, besonders im Süden ein voller Erfolg. Der Barock geht aus der Renaissance hervor und entwickelt sich zuerst in Italien. Michelangelos Plan für den Petersdom und Berninis Säulenhalbkreis um den Domplatz wurden beispielhaft für den neuen Stil. Der Petersdom wird das Vorbild für die Kirchenarchitektur, das Schloß von Versailles für die Schlösser der absoluten Fürsten, das sternenförmige Straßensystem der Stadt Rom, das auf den *Piazza del Popolo* mündet, für Würzburg, Mannheim und Karlsruhe. Besonders am Beispiel von Karlsruhe erkennt man, wie das ganze Straßensystem sternenförmig vom Schloß verläuft, das den Mittelpunkt der Stadt bildet und die Gebäude und Häuser überblickt. Die Häuser der Hofgesellschaft und Beamten stehen dem Schloß am nächsten, die der Bürger und Handwerker weiter entfernt. Alles ist nach geometrischen Gesetzen hierarchisch angeordnet. Dasselbe Prinzip erkennt man an der Anlage von Versailles, bei der die Parkanlagen mit den geometrisch angelegten Wegen, Rasenflächen und Blumenbeeten und den kegel-, kugel- oder pyramidenförmig zugeschnittenen Bäumen, Büschen und Hecken, sowie die Standbilder, die Säulenreihen und künstlichen Teiche zum Gesamtkomplex gehören. Überall erkennt man den Sieg der gesetz- und formgebenden menschlichen Ratio über die Natur. Zu den schönsten barocken Schloßanlagen und Parks in Deutschland und Österreich zählen das Belvedere und Schloß Schönbrunn in Wien, der Zwinger in Dresden, die Schlösser Nymphenburg und Schleißheim bei München, das Würzburger Schloß, das Berliner Schloß und Herrenhausen bei Hannover.

Ausländische Vorbilder

Versailles

Die Residenz in Würzburg

Immer hat das Schloß eine Stadt- und eine Gartenseite. Vom Gebäude zum Garten führt die Rampe mit herrlichen Treppen, über die man zum Blumenparterre gelangt. Statuen bezeichnen die Hauptachsen. Der Rasen wird mit ornamentalen Blumenfiguren bepflanzt. Alle Einzelheiten sind dem Gesamtzweck, der Raumbeherrschung, untergeordnet. Nicht die einzelne Schönheit, die einzelne Pflanze ist von Wichtigkeit, sondern der Gesamteindruck. Eine Mittelallee, oft mit Kastanien bepflanzt, führt zum Naturpark oder zu einem kleineren Gebäude, einem Pavillion oder einer Grotte. Berühmt ist die „Gloriette" in Schönbrunn, die den oberen Garten abschließt. In Schönbrunn führen Alleen mit Wänden aus beschnittenen Bäumen nach allen Seiten strahlenförmig hinweg vom Schloß auf eine Wasseranlage oder eine Statue zu. Das Wasser spielt eine große Rolle in diesen Anlagen, und man liebt Brunnen, Teiche und Kaskaden. Die schönste Kaskadenanlage in Deutschland ist in Wilhelmshöhe bei Kassel.

Die Gartenanlagen

Man muß sich diese Anlage selbst oder in Filmen oder auf Farbfotos abgebildet anschauen, um einen lebendigen Eindruck zu bekommen.

Hervorragendes leisten die Barockarchitekten auch im Bau von Kirchen, Klöstern, Bibliotheken und Theatern. Wir haben bereits erwähnt, daß in der Kirchenarchitektur der Barock die Kunst der Gegenreformation ist. Das erklärt die kämpferischen, dynamischen, propagandistischen Elemente dieses Stils. Ganz bewußt setzt man Bewegung, Farbe, Vielfalt und Sinnliches gegen Ruhe, Kahlheit, Einfaches und das Rationale des Protestantismus.

Prinzipien der Barockarchitektur

Die barocke Architektur verwendet die Säulen und Kuppeln der Renaissance, aber verschiebt die starre Regelmäßigkeit. Das Diagonale, das Unsymmetrische, das subjektiv Freiheitliche, das Optische überwiegen. Die überlieferten Grundrisse und Linien werden abgewandelt, abgebogen, verlängert, verzerrt. Die Neigung zum Kreisförmigen, zum Ovalen, zu Kurven und Verschleifungen ist offenbar. Das Wechselspiel von Licht und Schatten im Innern sowie Gemälde und Plastiken als wichtige Bestandteile der Architektur sind bezeichnend für den neuen Stil. Die Figuren dringen aus den Wänden heraus und sind stürmisch bewegt, oft mit flatternden Kleidern und freiem Busen (häufig in Theatern und Palästen). Die Ellipse wird zur Hauptform im Grundriß, in der Kuppel und in den Fenstern. Die Türme werden nun von einer Kuppel ersetzt (oder in den kleineren Dorfkirchen in Süddeutschland durch den sogenannten Zwiebelturm), die in die Länge gezogen, manchmal verdoppelt wird und oft mit einem Türmchen oder Laterne, versehen wird. Manchmal sitzt die Kuppel auf einem Säulen- oder Fensterkranz. Immer beherrscht sie das ganze Gebäude. Im Innern sind Mittelschiff und Seitenschiffe im Grundriß meistens abgerundet. Der Blick wird auf den herrlich verzierten Altar und die Kuppel gelenkt, bleibt aber wegen der ungeheuren Vielfalt nirgends ruhen.

Das farbenfrohe Kircheninnere

Die goldenen Lichtstrahlen und Wolken am Altar, sowie die Engelsfiguren stellen den Versuch dar, Geistiges zu verkörperlichen, im Gegensatz zu der Gotik, die versuchte, die Materie zu vergeistigen. Licht und Farbe gewinnen im Spätbarock und ganz besonders im Rokoko an Bedeutung. Der Altarraum ist mit weißen Statuen, rotädrigen Marmorsäulen und Goldverzierungen ausgeschmückt. Die Decken und Wände sind vielfach mit bunten Fresken bemalt, die biblische oder traditionelle christliche Szenen darstellen. Die unteren Wände und Säulenschäfte im Mittelraum sind oft blendend weiß, die Kapitelle reich mit Goldblatt verziert, darüber die goldumrahmten bunten Fresken. Kanzeln und Hochaltar sind besonders reich verziert und erstrahlen in einer bunten Farbenpracht, aus der Rot, Gold, Weiß und Blau hervorstechen. Die Orgeldekorationen sind meist vergoldet, und Bänke und Chorgestühl mit Schnitzwerk versehen. Schöne schmiedeeiserne Gitter, oft wiederum vergoldet, verwehren den Zutritt zum Altar oder zum Chorraum. Einzelne Säulenschäfte sind spiralenförmig gewunden und gedreht. Überall ist leuchtende Farbe, Dynamik, Bewegung, eine Vielfalt der Sinneseindrücke, die den Beschauer einfach überwältigt, die ihm den Eindruck des Himmels auf Erden vermitteln will.

Die Kirchenfassade

Am Äußeren der Barockkirche ist besonders die Fassade von großer Bedeutung. Auch hier haben wir die Häufung der plastischen Ornamente. Figuren, die frei und unsicher, als könnten sie leicht herabfallen, auf den Mauern stehen, Pfeiler, Säulen und Pilaster sowie die Durchdringung konkaver und konvexer Mauerteile verschaffen der Fassade ihre wuchtige Eigenart. Die ganze Fläche löst sich auf in vor- und zurückschwingende Mauerschwellungen. In der raffinierten Anwendung der Perspektive und der optischen Täuschung messen sich die Architekten mit den Malern: mit divergierenden Linien täuschen sie größere Räume vor, Holzsäulen ersetzen Marmorsäulen, und Körperteile von Stuckfiguren ragen aus den Deckenfresken hervor. Das Ganze erscheint jedoch unbedingt symmetrisch und vermittelt offensichtlich einen Eindruck von Weltfremde und strahlt ein Bild, eine Vorstellung von der göttlichen Ordnung aus.

Die großen Baumeister

Die großen Baumeister des Barocks in Deutschland und Österreich waren: Lucas von Hildebrandt (Belvedere, Wien) Fischer von Erlach (Karlskirche, Wien), Daniel Pöppelmann (Zwinger, Dresden), Jakob Prandauer (Kloster Melk und Kloster St. Florian in Österreich), die Gebrüder Dientzenhofer (Dom zu Fulda und zahlreiche Bauten in Prag), Joseph Effner (Schloß Nymphenburg und Schloß Schleißheim bei München), Dominicus Zimmermann (Steinhausen Klosterkirche und Wieskirche in Bayern), Michael Fischer (die Klosterkirchen in Zwiefalten und Ottobeuren in Schwaben) Balthasar Neumann (Würzburger Residenz, Schloß Brühl, Wallfahrtskirche in Vierzehnheiligen, Franken und Klosterkirche in Neresheim, Schwaben) und Andreas Schlüter (Berliner Schloß). Die Gebrüder Asam (Johanniskirche in München) sind Meister des Rokoko. Viele Barock- und Rokokobauten sind während des Krieges zerstört, dann jedoch wiederaufgebaut und restauriert worden.

Vierzehnheiligen in Bayern

9

Das Zeitalter der Aufklärung

Immanuel Kant

Gottfried Wilhelm Leibniz

Was ist Aufklärung?

In seinem Aufsatz ,,Was ist Aufklärung?'' gibt Immanuel Kant folgende berühmte Definition:

> Aufklärung ist der Ausgang des Menschen aus seiner selbstverschuldeten Unmündigkeit. Unmündigkeit ist das Unvermögen, sich seines Verstandes ohne Leitung eines andern zu bedienen. Selbstverschuldet ist diese Unmündigkeit, wenn die Ursache derselben nicht am Mangel des Verstandes, sondern der Entschließung und des Mutes liegt, sich seiner ohne Leitung eines anderen zu bedienen. Sapere Aude! Habe den Mut, dich deines eigenen Verstandes zu bedienen ist also der Wahlspruch der Aufklärung.

Dieser Definition nach wird der Mensch durch die Anwendung der Vernunft von Vorurteilen und Unwissenheit befreit und zu einem selbstständigen, unabhängigen Wesen erzogen. Obgleich die eigentliche Aufklärung in Deutschland mit dem „Vater der Aufklärung" Christian Thomasius beginnt, sind natürlich Ereignisse von großer Bedeutung vorangegangen, die die eigentliche Aufklärung erst möglich machen. Die Reformationsbewegung kann als solch ein Ereignis bezeichnet werden, wenn man auf dem Standpunkt steht, daß durch das Infragestellen unabhängige wissenschaftliche Forschung ermöglicht wurde. Die Schriften von Nikolas Kopernikus (1473–1543), dem Begründer des heliozentrischen Weltbildes, von Galileo Galilei (1564–1642), der die Naturwissenschaften aus dem Bereich philosophischer Spekulation herauslöst und sie auf wissenschaftliche Beobachtung gründet, der die Naturvorgänge nach präzisen Naturgesetzen erklärt und nicht als Wirken Gottes, und von Isaac Newton (1643–1727), dem Vater der modernen Physik, sind grundlegende Vorarbeiten. Die vielen Entdeckungsfahrten, deren Ziel zunächst das Auffinden des Seewegs nach dem fabelhaftreichen Indien ist,[1] die gegen Ende des 15. Jahrhunderts mit der Entdeckung Amerikas durch Christopher Kolumbus (1492) und der Entdeckung des Seewegs nach Indien um Afrika herum durch Vasco da Gama (1497) beginnen und im folgenden Jahrhundert fortgesetzt werden, müssen ebenfalls als Leistungen angesehen werden, die ganz dem Sinne der Aufklärung entsprechen. All diese Leistungen sind beseelt von dem Wunsch aufzuklären, Klarheit und Licht in das Dunkel zu bringen, durch Kritik am Unvernünftigen und Unverständlichen, das Vernünftige und Verständliche hervorzubringen. Diese Kritik gipfelt dann in Deutschland im Werke Lessings und in den drei „Kritiken" Kants. Um die Tätigkeit der Aufklärer richtig zu verstehen, muß man sich vergegenwärtigen, wie groß die Verwirrung der religiösen Anschauungen und Lehren geworden war. Als Dutzende von verschiedenen geistigen und geistlichen Bewegungen sich intolerant bekämpften und auf die Richtigkeit der eigenen Lehre pochten, da wurde die menschliche Vernunft zum höchsten Ideal erhoben, in dem immer mehr Menschen die Rettung vor dem religiösen Chaos fanden.

Wegbereiter der Aufklärung

Entdeckungen

Vernunft

Thomasius

Der Jurist und Pädagoge Christian Thomasius (1655–1728) wurde vom brandenburgischen Kurfürsten an die Universität Halle berufen, wo er seine fortschrittlichen Ideen verwirklichen konnte. In seinem Unterrichtsplan stand nicht mehr die Theo-

[1] Der Landweg war zu lang und gefährlich und außerdem von den Mohammedanern blockiert.

logie, sondern die Logik[2] („die Anleitung zu raisonnieren und die Säuberung des Kopfes von Vorurteilen") und die Ethik („die Lehre vom Verhalten des Menschen zum Staate und zu den anderen Menschen") an erster Stelle in der Ausbildung des Studenten. Mathematik und Naturwissenschaften sind für ihn die Grundlage eines wohlfundierten Studiums. Er setzte sich für Toleranz und Gewissensfreiheit ein und bekämpfte Vorurteile und unvernünftige Traditionen, besonders auf dem Gebiet des Gerichtswesens, wie unmenschliche Folterungen und Hexenverfolgungen. Im akademischen Unterricht ersetzte er die lateinische Sprache durch die deutsche,[3] damals ein revolutionäres Unternehmen, das erst sehr langsam Schule machte. Für Thomasius war das Ziel der Universitätsausbildung, den Studenten zu einem nützlichen und toleranten Mitglied des Juristenstandes zu erziehen, nicht zu einem weltfremden Gelehrten,[4] dessen theoretische Kenntnisse fürs Leben nutzlos waren.

[2] In der Schülerszene im *Faust I* macht sich Goethe über das Studium der Logik folgendermaßen lustig:

> Gebraucht der Zeit, sie geht so schnell von hinnen.
> Doch Ordnung lehrt Euch Zeit gewinnen.
> Mein teurer Freund, ich rat Euch drum
> zuerst Collegium Logicum.
> Da wird der Geist Euch wohl dressiert,
> in spanische Stiefeln eingeschnürt, (= gefoltert)
> daß er bedächtiger so fortan
> hinschleiche die Gedankenbahn
> und nicht etwa, die Kreuz und Quer,
> irrlichteliere hin und her.
> Dann lehret man Euch manchen Tag,
> daß, was Ihr sonst auf einen Schlag
> getrieben, wie Essen und Trinken frei,
> Eins! Zwei! Drei! dazu nötig sei.
>
> Der Philosoph, der tritt herein
> und beweist Euch, es müßt so sein:
> das Erst' wär so, das Zweite so
> und drum das Dritt' und Vierte so;
> und wenn das Erst' und Zweit' nicht wär',
> das Dritt' und Viert' wär' nimmermehr.

[3] Eine der ersten wissenschaftlichen Arbeiten in deutscher Sprache war von Albrecht Dürer verfaßt worden.

[4] Wagner in *Faust I* ist so ein trockener Gelehrter, der im Gegensatz zu Faust in der Studierstube zwecklose metaphysische Spekulationen betreibt und sich in staubigen Manuskripten vergräbt, ohne sich im Leben zu betätigen.

Leibniz

Gottfried Wilhelm Leibniz (1646–1716), Zeitgenosse von Thomasius, Locke und Newton, war ein Universalgelehrter, der das Geistesleben in Deutschland aus dem Barock in die Aufklärung überführte. Es gab kein Wissensgebiet, auf dem er nicht zu Hause war und kaum einen großen Geist seiner Zeit, zu dem er keine Beziehungen hatte.[5] Er zählt zu den bedeutendsten Wissenschaftlern und Denkern Deutschlands.

Die Monadenlehre

Leibniz sieht in den Monaden den Kern der Erscheinungswelt. Sie sind kleinste, unzerstörbare Kraftzentren, die keine Ausdehnung haben und die das Universum, jede auf individuelle Weise, widerspiegeln. Sie sind kleine Welten, einfache, unteilbare Einheiten, die alle Perspektiven einer einzigen großen Welt sind. Die Gottmonade hat alle Monaden nach vernunftgemäßen Gesetzen so eingerichtet, daß sie wie Uhren, ohne direkten Zusammenhang miteinander, übereinstimmen. Dadurch herrscht in der Welt eine ,,prästabilierte Harmonie''. Diese nach vernünftigen Gesetzen eingerichtete harmonische Welt ist ,,die beste aller möglichen Welten''. ,,Es gäbe im Handeln Gottes etwas zu berichtigen, wenn es möglich wäre, es besser zu machen. . . . Wenn es unter den möglichen Welten keine beste gäbe, dann hätte Gott überhaupt keine hervorgebracht.''

Die beste aller Welten

Das Theodizeeproblem

Wie läßt sich in dieser so harmonisch eingerichteten Welt die Existenz des Bösen erklären (Theodizeeproblem)? Leibniz' Antwort zeigt den typischen Optimismus der Aufklärung. Das Böse existiert, da diese Welt ja nicht absolut gut, sondern nur die beste aller möglichen Welten ist. Außerdem wird erst im Vergleich mit dem Übel das Gute und Schöne schätzenswert. Auch in seinen moralischen Anschauungen offenbart sich derselbe Optimismus. Leibniz glaubt, daß Gott uns seinen Willen durch die Vernunft offenbart. Wenn wir der Vernunft folgen, werden wir immer aufgeklärter.

Wolff

Der Mann, der die Gedankengänge von Leibniz systematisch ordnete und sie popularisierte war Christian Wolff (1679–1754). Er war hochgeehrt, und seine Schüler, die an fast allen deutschen Universitäten Lehrstühle besetzten, verbreiteten seine Lehren unter allen Schichten der Bevölkerung, denn Wolff versuchte seine Ideen so einfach zu fassen, daß selbst der einfache Bürger sie verstehen konnte. Von der Universität Halle, an der Wolff über Mathematik und Philosophie dozierte, wurde er 1723 auf Befehl

[5] Uns sind über 15 000 Briefe von ihm erhalten, die seinen Kontakt mit der damaligen Welt bezeugen.

Christian Ludwig Wolff

des Königs von Preußen wegen seiner ausgesprochen rationalistischen Einstellung entlassen. Erst 1740 berief ihn Friedrich II, zwei Tage nach seiner Thronbesteigung, nach Halle zurück.

Verdienst um die Philosophie

Wolffs Verdienst um die deutsche Philosophie ist groß. Er hält seine Schüler zu gründlicher, wissenschaftlicher Forschung an „durch gesetzmäßige Feststellung der Prinzipien, deutliche Bestimmung der Begriffe, versuchte Strenge der Beweise und Verhütung kühner Sprünge" (Kant). Er hält wie Thomasius seine Vorlesungen in deutscher Sprache und schreibt seine Hauptwerke auf deutsch. Damit schafft er die Grundlage für die deutsche Philosophiesprache und setzt die Arbeit der Mystiker fort. Unter den neuen philosophischen Ausdrücken, die er erfindet, sind z.B. die folgenden: *Bewegungsgrund, Einbildungskraft, Gründlichkeit, Vorstellung, anschauende Erkenntnis,* u.a.

Deismus

Wolffs theologische Lehre ist der Deismus. Da die Welt nach harmonischen, vernünftigen Gesetzen operiert, muß es hinter diesen Gesetzen einen reinen Verstand geben, der sie so vernünftig eingerichtet hat. Dieser reine Verstand, die notwendige Ursache der Welt und der Urheber ihrer Zweckmäßigkeit, ist Gott, der sie als die beste aller möglichen Welten geschaffen hat und der nicht mehr durch Wunder oder Offenbarungen in sie eingreifen braucht. Die Welt, wie eine aufgezogene Uhr, geht ohne göttlichen Eingriff weiter.

Kant

Der Kopernikus der Philosophie ist Immanuel Kant. Geboren 1724 in Königsberg, besuchte er dort die Universität und studierte die Werke Leibniz' und Wolffs sowie die Philosophie Humes, die ihn zu seinen großen Schriften anregte. Seit 1770 bekleidete er den Lehrstuhl für Logik und Metaphysik an der Universität Königsberg. Er starb 1804 hochgeachtet und geehrt in ganz Europa.

Kant selbst hat die Aufgabe der Philosophie durch folgende drei Fragen umrissen: Was kann ich wissen? Was soll ich tun? Was darf ich hoffen? In seinen großen Werken hat er diese Fragen beantwortet.

Die Grenzen des Wissens

Was kann ich wissen? Mit dieser Frage befaßt Kant sich in seinem Meisterwerk *Die Kritik der reinen Vernunft* (1781). Er zeigt hier die Grenzen der menschlichen Erkenntnis und ihre Relativität auf. Die Wahrheit ist nicht außerhalb des menschlichen Bewußtseins und das Sein nicht hinter den Dingen zu suchen, sondern in uns. Kant selbst vergleicht diese Wendung des Denkens mit der Leistung des Kopernikus. Für die Menschen des 18. Jahrhunderts war es ebenso schwierig diese Wendung anzunehmen, wie für die Zeitgenossen Luthers die Zumutung, daß nicht die Sonne um die Erde, sondern die Erde um die Sonne kreist. Was der Mensch erkennt, sind die ,,Erscheinungen der Dinge'' (Phänomena) in Raum und Zeit, nicht aber die ,,Dinge an sich'' (Noumena).

> Die Fragen: ob die Welt einen Anfang und irgend eine Grenze ihrer Ausdehnung im Raume habe; ob es irgendwo und vielleicht in meinem denkenden Selbst eine unteilbare und unzerstörbare Einheit oder nichts als das Teilbare und Vergängliche gebe; ob ich in meinen Handlungen frei oder, wie andere Wesen, an dem Faden der Natur und des Schicksals geleitet sei; ob es endlich eine oberste Weltursache gebe, oder die Naturdinge und deren Ordnung den letzten Gegenstand ausmachen, bei dem wir in allen unseren Betrachtungen stehen bleiben müssen: das sind Fragen, um deren Auflösung der Mathematiker gerne seine ganze Wissenschaft dahin gäbe, denn diese kann ihm doch in Ansehung der höchsten und angelegensten Zwecke der Menschheit keine Befriedigung verschaffen.

Die Fragen nach der Existenz Gottes, der Erschaffung der Welt usw. lassen sich durch die Vernunft nicht beantworten, denn es läßt sich weder die Existenz noch die Nichtexistenz Gottes beweisen. Hier sind wir an der Grenze der Vernunft angelangt. Gott ist nach Kant eine Idee, die weder bewiesen noch widerlegt werden kann. Damit hat Kant die bisher gültige Metaphysik mit ihren Gottesbeweisen zerstört und Gott in das Gebiet des Glaubens verlegt, wohin er rechtmäßig gehört: „Ich mußte das Wissen aufheben, um zum Glauben Platz zu bekommen." Den Dogmatismus der Metaphysik bezeichnet Kant als „die wahre Quelle alles die Moralität widerstreitenden Unglaubens, der jederzeit gar sehr dogmatisch ist".

Die Rolle des Glaubens

In seiner *Kritik der praktischen Vernunft* (1788) entzieht Kant Glauben und Religion aus dem Bereich der reinen Vernunft und sichert sie gegen alle philosophischen und wissenschaftlichen Einwände, indem er sie dem absoluten Sittengesetz unterstellt. Er stellt folgende zwei Fragen: 1) Ist die Freiheit des Menschen möglich angesichts der überall herrschenden Naturnotwendigkeit? 2) Gibt es ein Sittengesetz, daß für alle Menschen gilt? Kant bestätigt die menschliche Freiheit, die jeder einzelne als sittliches „Urphänomen" im Verantwortungsgefühl erfährt. Der Mensch ist für seine Entscheidungen verantwortlich, und die Stimme des Gewissens, die jedem innewohnt, läßt sich nicht verleugnen. Diese Stimme im Menschen, die Kant als gegeben annimmt und die da sagt „du sollst", ist das Sittengesetz, das unbegreiflich und unbeweisbar, einfach da ist. Kant formuliert das Sittengesetz so mathematisch exakt, daß es für jeden Menschen in jeder Lage absolut gilt: „Handle so, daß die Maxime deiner Handlung jederzeit zugleich als Prinzip einer allgemeinen Gesetzgebung gelten können."

Der Mensch ist frei

Der kategorische Imperativ

Diesem Gesetz, dem kategorischen Imperativ, soll und kann der Mensch folgen, denn als moralisches Wesen ist er frei. Ohne die Gewißheit, daß er der Urheber seiner Handlungen ist, wäre das Sittengesetz widersinnig. Das Leben ist zu kurz, um es dem Menschen zu ermöglichen, die Forderung des kategorischen Imperativs vollständig zu erfüllen, und aus diesem Grunde postuliert die reine Vernunft ein Weiterleben nach dem Tode, in dem die unsterbliche Seele diese Forderung erfüllen kann. Da jeder Mensch den Wunsch nach ewiger Glückseligkeit in sich trägt, aber selbst der perfekte Gehorsam des Sittengesetzes solch ein Glück nicht garantiert, muß es notwendigerweise eine Macht geben, die den Wunsch des Menschen erfüllt: Diese Macht heißt Gott. Und es gibt noch einen Grund, warum Gott existieren muß. Das Sittengesetz verlangt Gerechtigkeit und Strafe. Aus unserer Erfahrung wissen wir, daß die meisten

Die Gottesexistenz

Menschen hier auf Erden weder Gerechtigkeit noch die wohlverdiente Strafe bekommen, daher verlangt die praktische Vernunft die Existenz eines allwissenden Gottes, der jedem Menschen volkommene Gerechtigkeit widerfahren lassen wird. Die Freiheit der Menschen, die Unsterblichkeit der menschlichen Seele und die Existenz Gottes können nicht mit Hilfe der reinen Vernunft bewiesen werden, sondern ergeben sich notwendig aus dem Sittengesetz.

Kant ist zugleich Höhepunkt und Überwindung der Aufklärung. Von ihm führt die philosophische Entwicklung zu Fichte, Hegel und Nietzsche. Mit seinen *Kritiken* löst er die Religion aus dem Bereich der Spekulation. Sein Sittengesetz ist autonom; es muß um seiner selbst willen befolgt werden. Das Gute wird nicht getan, weil man sich davon Belohnung erwünscht oder weil man durch dessen Unterlassung Strafe fürchtet, sondern einfach weil es das Gute ist. Belohnung, Strafe, Gebete und fromme Werke spielen keine Rolle mehr in der Ausübung des kategorischen Imperativs.

Das Sittengesetz ist autonom

Unter den deutschen Dichtern der Aufklärungszeit ragt besonders Gotthold Ephraim Lessing (1729–1781) hervor. Lessing wuchs in einem streng lutherischen Pfarrhaus in Kamenz (Sachsen) auf. Da er sehr begabt war, besuchte er gute Schulen und studierte Theologie an der Universität Leipzig. Bald wandte er sich dem Theater zu und wurde Schriftsteller, Rezensent und Mitarbeiter an Zeitungen und Zeitschriften. 1776 heiratete er Eva König, die jedoch ein Jahr später kurz nach der Geburt eines Sohnes starb. Das Kind starb ebenfalls. Lessing hat unter diesem Schicksalsschlag sehr gelitten. An seinen Freund schrieb er: „Meine Frau ist tot. Und diese Erfahrung habe ich nun auch gemacht. Ich freue mich, daß mir viel dergleichen Erfahrungen nicht mehr übrig sein können zu machen . . . Ich wollte es auch einmal so gut haben wie andere Menschen, aber es ist mir schlecht bekommen.“ Im Jahre 1781 starb er in Braunschweig.

Lessing

Lessing ist ein aufrichtiger Wahrheitssucher, der mit Mut und Überzeugung gegen die Mißstände seiner Zeit eintritt und für eine bessere Welt kämpft. Bezeichnend für sein Wesen ist folgender Ausspruch:

Die Suche nach Wahrheit

> Nicht die Wahrheit, in deren Besitz irgendein Mensch ist oder zu sein vermeint, sondern die aufrichtige Mühe, die er angewendet hat, hinter die Wahrheit zu kommen, macht den Wert des Menschen. Denn nicht durch den Besitz,

sondern durch die Nachforschung der Wahrheit erweitern sich seine Kräfte, worin allein seine immer wachsende Vollkommenheit besteht. Der Besitz macht ruhig, träge, stolz. Wenn Gott in seiner Rechten alle Wahrheit und in seiner Linken den einzigen immer regen Trieb nach Wahrheit, obschon mit dem Zusatze, mich immer und ewig zu irren, verschlossen hielte und spräche zu mir: wähle, ich fiele ihm mit Demut in seine Linke und sagte: Vater, gib!, die reine Wahrheit ist ja doch nur für dich allein.

Literaturkritik

Besonders in seinen kritischen Schriften bekämpft Lessing alles Minderwertige in der Literatur mit dem Ziel, eine echte deutsche Nationalliteratur zu schaffen. Seine ersten wichtigen kritischen Beiträge erscheinen in *Briefe, die neueste Literatur betreffend,* die Lessing zusammen mit Nicolai und Mendelssohn zwischen 1759 und 1765 herausgab. In diesen Briefen kritisieren die Herausgeber Werke der Literatur, Schriftsteller, Theaterdirektoren usw. Berühmt geworden ist der 17. Literaturbrief, in dem Lessing den Kritiker Gottsched und dessen Dramentheorie angreift.

Gottscheds Einstellung

Johann Christoph Gottsched (1700–1766) war seit 1734 Professor für Logik und Metaphysik an der Universität Leipzig. Als überzeugter Anhänger Wolffs bekämpfte er die schwülstige Barockliteratur und empfahl den Dichtern, die klassizistische französische Literatur nachzuahmen. In seinem *Versuch einer kritischen Dichtkunst* (1730) verkündet er, daß es Aufgabe der Literatur sei, zu belehren und zu tugendhafter Gesinnung zu erziehen. Ein Literaturwerk sei nach strengen Regeln, wie Einhaltung der Einheit von Zeit, Ort und Handlung im Drama und Gebrauch des Alexandriners, aufzubauen. Phantasie und Gefühl habe keine Berechtigung in der Literatur. Diese Einstellung führte zu einer Auffassung der Literatur als mechanisches Regelwerk und zu einer Lähmung der dichterischen Entfaltung. Es war Gottscheds besonderes Verdienst, das Theater von den oft unanständigen Vorführungen und Zoten des Hanswursts zu reinigen und für eine klare, saubere Bühnensprache einzutreten,

Shakespeare

Lessings Angriff zielt besonders gegen das französische Theater, das er für die deutsche Art und den deutschen Geschmack als unpassend empfindet, weil es gekünstelt und gemacht sei. Dem Deutschen liegt das englische Theater, besonders Shakespeare, viel besser als Corneille und Racine und darum soll dem deutschen Drama das Genie Shakespeare, dessen Tragödien natürlich und ursprünglich sind, künftig als Vorbild dienen. Für Shakespeare setzt Lessing sich immer wieder ein, so in seiner *Hamburgischen Dramaturgie* (1767–1769), in der er auch das strenge Einhalten der Einheit der Zeit und das Ortes als unhaltbar ablehnt.

In der Schrift *Die Erziehung des Menschengeschlechts* (1780) zeigt Lessing, daß die Geschichte eine Entwicklung zur Veredelung der Menschheit ist. Die Erziehung des Menschen vollzieht sich in drei Stufen. Auf der ersten Stufe, dem Kindesalter, mußte ein strenger Gottvater sein Volk durch „sinnliche Strafen und Belohnungen" zum Guten zwingen (Altes Testament). Dann wurde das Kind zum Jüngling, Christus kam und gab den Menschen die Verheißung von der Unsterblichkeit der Seele und verlegte Strafe und Belohnung ins Jenseits. Nun tat der Mensch das Gute aus edleren Beweggründen, aber immer noch aus Furcht vor Strafe oder Hoffnung auf Belohnung. Die dritte Stufe, das Mannesalter, ist der Höhepunkt der Geschichte. Hier tut der Mensch das Gute aus der vernünftigen Einsicht, daß es richtig ist, Gutes zu tun. Strafe und Belohnung sind keine Beweggründe mehr:

Die drei Stufen der menschlichen Erziehung

> Sie wird kommen, sie wird gewiß kommen, die Zeit der Vollendung, da der Mensch, je überzeugter sein Verstand einer immer bessern Zukunft sich fühlt, von dieser Zukunft gleichwohl Bewegungsgründe zu seinen Handlungen zu erborgen nicht nötig haben wird, da er das Gute tun wird, weil es das Gute ist, nicht weil willkürliche Belohnungen darauf gesetzt sind, die seinen flatterhaften Blick ehedem bloß heften und stärken sollen, die innern bessern Belohnungen desselben zu erkennen.

Die Fabel

Lessings dichterisches Schaffen steht seinen kritischen Werken gleichwertig zur Seite. Außer seinen großen Dramen *Minna von Barnhelm* (1767), *Emilia Galotti* (1772) und *Nathan der Weise* (1779) seien *Fabeln* genannt, die 1759 in drei Büchern erschienen. Die Fabel war unter den Schriftstellern der Aufklärung besonders beliebt[6] und ist wegen ihrer didaktischen Tendenz das eigentliche Genre der Aufklärungsliteratur. Sie ist die höchste Gattung der Poesie, im Urteil einiger Aufklärer. Es ist eine kurze Beschreibung einer typischen menschlichen Begebenheit oder Situation, die aber auf die Naturwelt übertragen wird. Die Hauptdarsteller

[6] Bekannte Fabeldichter sind außer Lessing besonders Gellert, Hagedorn, Gleim u.a. Als Muster galten der Grieche Äsop und der Franzose La Fontaine.

sind keine Menschen, sondern gewöhnlich Tiere. Die Moral, die am Ende kommt, wird versteckt und witzig dargereicht und ist deshalb schmerzlos. Die Fabel klärt auf. Es folgen drei typische Beispiele aus Lessings Sammlung.

Der Esel mit dem Löwen

Als der Esel mit dem Löwen, der ihn statt seines Jägerhorns brauchte, nach dem Walde ging, begegnete ihm ein anderer Esel von seiner Bekanntschaft und rief ihm zu: Guten Tag, mein Bruder!

Unverschämter! war die Antwort.

Und warum das? fuhr jener Esel fort. Bist du deswegen, weil du mit einem Löwen gehst, besser als ich? mehr als ein Esel?

Der kriegerische Wolf

Mein Vater glorreichen Andenkens, sagte ein junger Wolf zu einem Fuchse, das war ein rechter Held! Wie fürchterlich hat er sich nicht in der ganzen Gegend gemacht! Er hat über mehr als zweihundert Feinde nach und nach triumphiert und ihre schwarzen Seelen in das Reich des Verderbens gesandt. Was Wunder also, daß er endlich doch einem unterliegen mußte!

So würde sich ein Leichenredner ausdrücken, sagte der Fuchs; der trockene Geschichtsschreiber aber würde hinzusetzen: Die zweihundert Feinde, über die er nach und nach triumphieret, waren Schafe und Esel, und der Feind, dem er unterlag, war der erste Stier, den er sich anzufallen erkühnte.

Die Gans

Die Federn einer Gans beschämten den neugebornen Schnee. Stolz auf dieses blendende Geschenk der Natur, glaubte sie eher zu einem Schwane als zu dem, was sie war, geboren zu sein. Sie sonderte sich von ihresgleichen ab und schwamm einsam und majestätisch auf dem Teiche herum. Bald dehnte sie ihren Hals, dessen verräterische Kürze sie mit aller Macht abhelfen wollte. Bald suchte sie ihm die prächtige Biegung zu geben, in welcher der Schwan das würdigste Ansehen eines Vogels des Apollo hat. Doch vergebens; er war zu steif, und mit aller ihrer Bemühung brachte sie es nicht weiter, als daß sie eine lächerliche Gans ward, ohne ein Schwan zu werden.

Der Konflikt in *Minna von Barnhelm*

Minna von Barnhelm ist eines der wenigen großen deutschen Lustspiele. Der ernste Konflikt des Dramas zwischen dem strengen Ehrgefühl des preußischen Majors von Tellheim und der echten Liebe des sächsischen Edelfräuleins von Barnhelm wird am Ende glücklich gelöst. Die Handlung beruht auf persönlichen Erlebnissen Lessings, der den Siebenjährigen Krieg als Sekretär des preußischen Generals von Tauentzien in Schlesien mitgemacht hat. Lessing kommt es auf die Synthese preußischer Strenge und sächsischer Grazie, männlicher Ehre und weiblicher Liebeskraft an, denn diese Synthese ergibt wahre Menschlichkeit. Die ernsten Szenen zwischen den beiden Hauptpersonen wechseln sich geschickt ab mit heiteren, in denen die Nebenpersonen mit List und Gewandtheit (Franziska), mit aufdringlicher Dienstbeflissenheit und komischer Neugier (der Wirt), mit polternder Biederkeit (Wachtmeister) und mit Grobheit und ehrlicher Anhänglichkeit (Just) für Humor und Auflockerung sorgen. Durch seinen sittlichen Gehalt, seinen künstlerischen Aufbau, die glaubhafte Charakterisierung der Personen und die Schönheit der geistvollen Sprache hat sich das Stück bis heute auf der deutschen Bühne gehalten.

Humor

Das bekannteste von allen seinen Werken ist zweifellos *Nathan der Weise*. Die Entstehung dieses Dramas verdanken wir einem ungewöhnlichen Umstand. Zwischen 1774 und 1778 veröffentlichte Lessing einige nachgelassene Schriften seines verstorbenen

Gotthold Ephraim Lessing

Freundes Reimarus, die gegen die starre Haltung der lutherischen Orthodoxie gerichtet[7] sind und deren Vertreter, vor allem den Hamburger Pfarrer Goeze, zur Stellungnahme herausfordern. Als die Polemik immer schärfer wird und Lessings Gegner sich den wuchtigen Angriffen nicht mehr gewachsen fühlen, erwirken sie gegen Lessing das Verbot, weiterhin theologische Streitschriften zu veröffentlichen. Da beschließt Lessing, sich auf seine „alte Kanzel", das Theater, zurückzuziehen und schreibt seinen *Nathan*.[8]

Lessings Theologiestreit

Das Drama enthält Lessings persönliches Glaubensbekenntnis von der uneigennützigen Menschenliebe, mit der Selbstüberwindung, Toleranz und Brüderlichkeit eng verknüpft sind. Die Handlung versetzt den Zuschauer zurück in die Zeit des 3. Kreuzzuges, die Zeit also der religiösen Intoleranz. Im Zentrum der Handlung steht die berühmte Ringparabel, Nathans Antwort auf die Frage des Sultans, welche der drei Hauptreligionen, das Christentum, der Islam oder das Judentum, die einzig wahre Religion sei. Mit diesem Gleichnis zeigt Nathan, der in erster Linie ein aufgeklärter Mensch und erst dann Vertreter des Judentums ist, daß die Frage sinnlos ist. Die einzig richtige Frage lautet, ob sich im Einzelnen die Kraft der wahren Religion an seiner menschlichen sittlichen Gesinnung zeigt. Diese menschliche Gesinnung und sittliche Größe zeigt sich am reinsten in Nathan, der sich wahrhaftig selbst überwunden hat und werktätige Liebe zeigt. In einer Judenverfolgung haben die Christen ihm seine Frau und seine sieben Söhne ermordet. Drei Tage und Nächte liegt er verzweifelt vor Gott im Gebet und ringt mit der Frage: Warum? Da wird ihm nach schwerem innerem Kampf ein Christenmädchen, Recha, gebracht, das Mutter und Vater verloren hat. Nathan betrachtet das als ein Zeichen Gottes, nimmt es an und zieht es groß. Der Klosterbruder, dem er die Begebenheit erzählt, ruft aus, was die Zuschauer im Herzen empfinden: „Nathan, du bist ein Christ!" Tatsächlich ist der Jude Nathan der eigentliche Christ im Drama. Die Christen sind viel weniger christlich. Der Patriarch[9] von Jerusalem ist ein blutrünstiger Fanatiker, der Nathan auf dem Scheiterhaufen

Nathan der Weise

Nathans christliche Nächstenliebe

[7] Eine dieser Schriften leugnet z.B. die Auferstehung Christi.

[8] Lessing hat das Drama in Blankversen (fünfhebigen, ungereimten Jamben) geschrieben, die er von Shakespeare übernimmt. Der Blankvers wird zum Vers des klassischen deutschen Dramas überhaupt.

[9] In der Person des Patriarchen hat Lessing seinem Hauptgegner, dem Pastor Goeze ein „Denkmal" gesetzt.

verbrennen lassen will, weil er Recha nicht hat taufen lassen. Rechas Pflegerin Daja ist ebenfalls fanatisch, aber aus ehrlicher Qual um das Seelenheil des geliebten Kindes. Der Tempelherr, Sittah und Saladin sind Vertreter der Humanitätsreligion. Nathan symbolisiert das menschliche und religiöse Ideal. Am Ende des Dramas stellt sich heraus, daß der mohammedanische Sultan, der christliche Tempelherr und die ganz im Sinne des aufklärerischen Humanitätsideals erzogene Recha miteinander blutsverwandt sind, ein offensichtlicher Hinweis seitens des Autors auf die Unvernünftigkeit religiöser Streitereien. Nicht die Religionszugehörigkeit ist das Maßgebende, sondern die reine Menschlichkeit.

Mit dem Drama *Nathan der Weise* hat Lessing seinem jüdischen Freund und Mitarbeiter Moses Mendelssohn ein Denkmal gesetzt. Es ist ein Aufruf auch an uns heute, uns nicht in Religions- oder Rassenstreitigkeiten zu zerstören, sondern das Menschliche in unseren Brüdern zu sehen, ,,der unbestochenen, von Vorurteilen freien Liebe nachzueifern'' und diese Liebe ,,mit Sanftmut, mit herzlicher Verträglichkeit, mit Wohltun, mit innigster Ergebenheit in Gott'' zu fördern.

Die Philosophie und Literatur der Aufklärung wird von zwei zum Teil entgegengesetzten Strömungen begleitet: dem Pietismus und dem Rokoko. Der Pietismus ist eine religiöse Entwicklung, die bald nach dem Dreißigjährigen Krieg zahlreiche Anhänger in Deutschland findet.[10] Die Pietisten setzen es sich zum Ziel, die dogmatische Äußerlichkeit des erstarrten Luthertums durch Verinnerlichung, durch das persönliche Gotteserlebnis, durch ein individuelles Christentum des Herzens zu durchbrechen. Das persönliche Erlebnis der Gnade und der Wiedergeburt, hervorgerufen durch das Bewußtsein der Sündhaftigkeit, der Buße und der Bekehrung zu Christus standen im Mittelpunkt der pietistischen Anschauung. Obgleich der Pietismus das Gefühl hervorhebt und die Aufklärung den Verstand, betonen beide das werktätige, praktische Christentum und die religiöse Toleranz unter Abwertung des Dogmas. Diese Tendenz beider Bewegungen führt zur Erschütterung der kirchlichen Autorität.

Der Pietismus

Klopstock

Unter den Dichtern sind besonders Klopstock und der junge Goethe, von dem wir später sprechen werden, vom Pietismus beeinflußt worden. Friedrich Gottlieb Klopstock wurde 1724 in

[10] Der Jansenismus in Frankreich und der Puritanismus in England sind verwandte Erscheinungen.

Quedlinburg geboren, wuchs im pietistischen Milieu auf und erhielt seine Ausbildung auf der berühmten Fürstenschule Schulpforta[11] und auf den Universitäten Jena und Leipzig, wo er Theologie studierte. Schon früh interessierte er sich für die Literatur und begann dem Engländer Milton nachzueifern. Er wurde zum Idol der jungen Dichtergeneration (Claudius, Hölty, Goethe, Voß, Bürger, u.a.). Er starb im Jahre 1803.

Der *Messias*

Berühmt machten ihn die ersten Gesänge seines *Messias*, die er 1748 veröffentlichte und seine Lyrik. Der *Messias* ist ein Epos, inspiriert durch Miltons *Paradise Lost*, dessen Thema die Erlösung der Menschheit durch den Opfertod Christi ist. Die Begeisterung für das Werk, das erst 1773 beendet wurde, war zunächst überschwenglich, denn hier empfand vor allem die junge Generation einen neuen Ton, eine Überwindung der rationalen Starrheit. Später kühlte sich die Begeisterung merklich ab, als das Werk allzu breit erschien und die klassischen Hexameter, in denen es geschrieben war, allzu gekünstelt wirkten. Auch der Mangel an plastischer, bilderreicher Sprache, die breite Darstellung und die erdrückende Wortfülle, die eine wirkliche innere Erschütterung des Lesers ausschließt, mögen zu dieser Abkühlung beigetragen haben. Hinzu kommt noch, daß der Held, Christus, eigentlich kein Held ist, weil er zu passiv ist und nur selten im Mittelpunkt steht. Klopstock versteht die tiefe Tragik vom Leiden und Tode Christi nicht völlig und interessiert sich mehr für die Wirkung der Ereignisse auf das Seelenleben der Nebenpersonen. Der *Messias* wird heute nicht mehr gelesen, ist jedoch aus historischen Gründen äußerst wichtig, nämlich als subjektiver Ausdruck des pietistischen Lebensgefühls und als sprachliche Meisterleistung, die die deutsche Dichtersprache ungeheuer stark beeinflußt hat. Wir zitieren die Anfangshexameter, die mit ihrem hohen Pathos ganz in der Tradition der klassischen Epik stehen:

> Sing, unsterbliche Seele, der sündigen Menschen Erlösung,
> Die der Messias auf Erden in seiner Menschheit vollendet
> Und durch die er Adams Geschlechte die Liebe der
> Gottheit

[11] Schulpforta, Meißen und Grimma waren in Sachsen nach der Reformation aus Klostergütern eingerichtet worden. Es waren 6–7 klassige humanistische Gymnasien. Außer Klopstock waren Lessing, Gellert, Fichte, Ranke, Nietzsche u.a. Schüler auf diesen Schulen.

Mit dem Blute des heiligen Bundes von neuem geschenkt hat.
Also geschah des Ewigen Wille. Vergebens erhob sich
Satan wider den göttlichen Sohn; umsonst stand Juda
Wider ihn auf; er tat's und vollbrachte die große Versöhnung.

Die Lyrik

Klopstocks Hauptbedeutung liegt in seiner Lyrik (auch der *Messias* hat vielfach lyrischen Charakter), in der die gewaltige Gefühlsintensität, die sprachschöpferische Kraft sowie die völlige Beherrschung der klassischen Metren und der Gebrauch freier Rhythmen etwas Neues sind. Die Hauptthemen seiner Oden sind Gott und Unsterblichkeit (*Die Frühlingsfeier*) Freundschaft, Tugend und Liebe (*An meine Freunde, Die Fanny-Oden*), die Freude am Empfinden (*Der Zürchersee*), Natur (*Der Eislauf*) und Vaterland (*Die beiden Musen*). Die Verweltlichung des religiösen Naturgefühls in subjektiven Gefühlsüberschwang, das Wissen um die inneren Gefühle und deren Genießen, sowie die Schwärmerei, die bis zu Tränen erschüttert, nennen wir Empfindsamkeit oder, nach dem Englischen, Sentimentalität. Klopstocks Dichtung ist zum großen Teil empfindsam. Als Beispiel zitieren wir einige Strophen aus der Ode *Die Frühlingsfeier*. Der Genuß der eigenen Gefühle der überschwenglichen Verzückung, die sich um den Tropfen am Eimer, der aus der Hand des Allmächtigen rann, entzündet, ist empfindsam. So auch die Tränen, die der Dichter vergießt, als er das Käferchen sieht und fürchtet, das es vielleicht nicht unsterblich ist. Auffallend ist die ungeheure Intensität des Gefühls, das angefacht wird durch die Freude um das Wissen von der herrlichen Schöpfung Gottes.

Die Frühlingsfeier

Die Frühlingsfeier

Nicht in den Ozean der Welten alle
Will ich mich stürzen, schweben nicht,
Wo die ersten Erschaffnen, die Jubelchöre der Söhne des Lichts,
Anbeten, tief anbeten und in Entzückung vergehn.

Nur um den Tropfen am Eimer,
Um die Erde nur, will ich schweben und anbeten,
Halleluja! Halleluja! Der Tropfen am Eimer
Rann aus der Hand des Allmächtigen auch!

Da der Hand des Allmächtigen
Die größeren Erden entquollen,
Die Ströme des Lichts rauschten und Siebengestirne
wurden,
Da entrannest du, Tropfen, der Hand des Allmächtigen!

Da ein Strom des Lichts rauscht' und unsre Sonne wurde,
Ein Wogensturz sich stürzte wie vom Felsen
Der Wolken herab und den Orion gürtete,
Da entrannest du, Tropfen, der Hand des Allmächtigen!

Wer sind die Tausendmaltausend, wer die Myriaden alle
Welche den Tropfen bewohnen und bewohnten?
Und wer bin ich!
Halleluja dem Schaffenden! Mehr, wie die Erden, die
quollen,
Mehr, wie die Siebengestirne, die aus Strahlen
zusammenströmten!

Aber du, Frühlingswürmchen,
Das grünlichgolden neben mir spielt,
Du lebst und bist vielleicht,
Ach, nicht unsterblich!
Ich bin herausgegangen, anzubeten,
Und ich weine? Vergib, vergib
Auch diese Träne dem Endlichen,
O du, der sein wird!

Du wirst die Zweifel alle mir enthüllen,
O du, der mich durch das dunkle Tal
Des Todes führen wird! Ich lerne dann,
Ob eine Seele das goldene Würmchen hatte.

Bist du nur gebildeter Staub,
Sohn des Mais, so werde denn
Wieder verfliegender Staub,
Oder was sonst der Ewige will! . . .

Friedrich Gottlieb Klopstock

Die Beschreibung des Gewitters

Eindrucksvoll ist die berauschende Sprache dieser Ode, die sich an mehreren Stellen zu großer Schönheit steigert. Die freien Rhythmen drücken die Gefühlssteigerung besonders überzeugend aus. Berühmt in der deutschen Dichtung und besonders eindrucksvoll sind die Strophen, die den Gewittersturm beschreiben. Die Winde rauschen herbei, der Wald „beugt sich" und der Strom schwillt an. Dann kommt der Augenblick der völligen Stille vor dem Losbrechen der Gewalt, in dem Klopstock seinen Gott erfährt.

Alles ist still vor dir, du Naher!
Ringsumher ist alles still!
Auch das Würmchen, mit Golde bedeckt, merkt auf.
Ist es vielleicht nicht seelenlos? ist es unsterblich?

Ach, vermöcht ich dich, Herr, wie ich dürste, zu preisen!
Immer herrlicher offenbarest du dich!
Immer dunkler wird die Nacht um dich
Und voller von Segen!

Seht ihr den Zeugen des Nahen, den zückenden Strahl?
Hört ihr Jehovas Donner?
Hört ihr ihn? hört ihr ihn,
Den erschütternden Donner des Herrn?

Herr! Herr! Gott!
Barmherzig und gnädig!
Angebetet, gepriesen
Sei dein herrlicher Name!

Und die Gewitterwinde? sie tragen den Donner!
Wie sie rauschen! wie sie mit lauter Woge den Wald
  durchströmen!
Und nun schweigen sie. Langsam wandelt
Die schwarze Wolke.

Seht ihr den neuen Zeugen des Nahen, den fliegenden Strahl?
Höret ihr hoch in der Wolke den Donner des Herrn?
Er ruft: Jehova! Jehova!
Und der geschmetterte Wald dampft!

Aber nicht unsere Hütte!
Unser Vater gebot
Seinem Verderber,
Vor unsrer Hütte vorüberzugehn.

Ach, schon rauscht, schon rauscht
Himmel und Erde vom gnädigen Regen!
Nun ist — wie dürstete sie — die Erd' erquickt!
Und der Himmel der Segensfüll' entlastet.

Siehe, nun kommt Jehova nicht mehr im Wetter;
In stillem, sanftem Säuseln
Kommt Jehova,
Und unter ihm neigt sich der Bogen des Friedens!

Der Einfluß von Klopstocks Dichtung

An diese Stelle in Klopstocks Ode denken Werther und Lotte in Goethes Roman *Die Leiden des jungen Werther* als sie nach dem Tanz am Fenster stehen und ein Gewitter erleben. Die kleine Szene zeigt, wie tief die Menschen damals von Klopstocks Lyrik ergriffen waren:

Werthers Leiden

> Wir traten ans Fenster. Es donnerte abseitwärts, und der herrliche Regen säuselte auf das Land, und der erquickende Wohlgeruch stieg in aller Fülle einer warmen Luft zu uns auf. Lotte stand auf ihren Ellenbogen gestützt, ihr Blick durchdrang die Gegend, sie sah den Himmel und auf mich, ich sah ihr Auge tränenvoll, sie legte ihre Hand auf die meinige und sagte — Klopstock! — Ich erinnerte mich sogleich der herrlichen Ode, die ihr in Gedanken lag, und versank in dem Strom von Empfindungen, den sie in dieser Losung über mich ausgoß.

Klopstock war die erste deutsche Dichterpersönlichkeit, die das Dichten als göttliche Berufung empfand. Als Seher und Prophet vermittelt er durch seine Poesie große Gedanken und erhabene Empfindungen in leidenschaftlich schöner Sprache.

Die Anakreontik

Ganz im Gegensatz zum tiefen Ernst und zur Empfindsamkeit Klopstocks steht die Rokokodichtung oder Anakreontik, die um die Mitte des 18. Jahrhunderts in Deutschland floriert und in Hagedorn, Gleim und Wieland ihre Hauptvertreter hervorbringt. Nach dem Vorbild des Griechen Anakreon und des Römers Horaz preisen die Anakreontiker die Macht der Liebe, die körperlichen Reize der Geliebten, den Wein, die Geselligkeit und den heiteren Lebensgenuß. Die griechischen Götter Amor und Bacchus, die Göttin Venus, die amöne Landschaft mit Wiesen, Bächen, Quellen und Lauben, und das Schäferinnenmotiv spielen eine führende Rolle in der Lyrik. Die Gedichte sind Gesellschaftsliteratur, die zur Unterhaltung der Hofgesellschaft diente. Ihr Ton ist zierlich tändelnd, graziös, schmachtend, reizvoll, leicht erotisch, heiter. Folgendes kleine Gedicht von Johann Peter Uz ist ein typisches Beispiel:

Ein Traum

O Traum, der mich entzücket!
Was hab ich nicht erblicket!
Ich warf die müden Glieder
In einem Tale nieder,
Wo einen Teich, der silbern floß,
Ein schattigtes Gebüsch umschloß.

Da sah ich durch die Sträuche
Mein Mädchen bei dem Teiche;
Das hatte sich zum Baden,
Der Kleider meist entladen
Bis auf ein untreu weiß Gewand,
Das keinen Lüftchen widerstand.

Der freie Busen lachte,
Den Jugend reizend machte.
Mein Blick blieb lüstern stehen
Bei diesen regen Höhen,
Wo Zephir unter Lilien blies
Und sich die Wollust fühlen ließ.

Sie fing nun an, o Freuden!
Sich vollends auszukleiden:
Doch ach! indem's geschiehet,
Erwach ich, und sie fliehet.
O schlief ich doch von neuem ein!
Nun wird sie wohl im Wasser sein!

Wieland

Christoph Martin Wieland (1753–1813) ein Hauptvertreter des Rokoko, ist Pfarrerssohn und wird im protestantischen Internat erzogen. In Tübingen studiert er Jura, aber interessiert sich viel mehr für die Literatur. Eine gewaltige Leistung ist seine Prosaübersetzung von 22 Dramen Shakespeares, die historisch von großer Bedeutung ist, weil die jungen Stürmer und Dränger durch diese Übersetzung Zugang zu ihrem Idol erhielten. Seine Romane und Erzählungen sind voller Weltfreude und ironischer Sensualität. Zu erwähnen sind der Roman *Agathon,* die Verserzählung *Musarion,* der Roman *Geschichte der Abderiten,* eine humorvolle Satire auf das deutsche Kleinbürgertum, und das komische Epos *Oberon,* Wielands beste lyrische Leistung.

10

Der Aufstieg Preussens zur europäischen Grossmacht: Der erste Schritt zur Einigung Deutschlands

Im 18. Jahrhundert entwickelt sich der Absolutismus weiter, und die deutschen Fürsten werden immer mächtiger. In diesem Jahrhundert verstärkt sich auch der Gegensatz Habsburg (Österreich) — Hohenzollern (Preußen). Die Rivalität zwischen diesen beiden großen deutschen Staaten dauert über 100 Jahre an und endet schließlich mit dem Sieg Preußens über Österreich bei Königgrätz im Jahre 1866. Doch bevor wir davon sprechen, wollen wir den Aufstieg des verhältnismäßig unbedeutenden Kurfürstentums Brandenburg zum mächtigen Königreich Preußen verfolgen.

Die Mark Brandenburg

Wir haben bereits erwähnt, daß Karl der Große sein Reich bis an den Böhmerwald, die Saale und die Elbe ausgedehnt hatte. Um die Grenzen (die Marken) zu schützen, setzte er Markgrafen ein, welche das Reich gegen die Angriffe von außen verteidigten. An der Mittelelbe entstand die Nordmark als Bollwerk gegen die Slaven. Im Jahre 1134 wurde Albrecht der Bär, ein Mitglied der

Askanier Familie, vom Kaiser als Markgraf der Nordmark eingesetzt. Er war ehrgeizig und vergrößerte seinen Besitz ostwärts, eroberte die Festung Brandenburg und gründete dort ein Bistum. Allmählich stieß er bis an die Oder vor und vertrieb den größten Teil der slavischen Bevölkerung. In den folgenden Jahrzehnten wurde das Land von Kolonisten aus dem Westen übernommen und bebaut, Klöster und Städte wurden gegründet, und das Gebiet, das immer weiter ausgedehnt wurde, hieß nun die Mark Brandenburg. Der Markgraf war ein mächtiger Herr, und seine wachsende Macht wurde 1230 anerkannt, als er zum Kurfürsten[1] erhoben wurde.

Die Hohenzollern

Im Jahre 1320 starben die Askanier aus, und die Mark Brandenburg fiel an die Wittelsbacher aus Bayern, die das Land und das Volk ausbeuteten. Die Wittelsbacher verkauften die Mark bald an die Luxemburger, die sie schließlich den Hohenzollern als erbliches Lehen übertrugen.

Friedrich wird mit der Mark belehnt

Die Hohenzollern stammen ursprünglich aus Schwaben. Gegen Ende des 12. Jahrhunderts wird Konrad von Hohenzollern zum Burggrafen von Nürnberg ernannt. Friedrich, ein Nachkomme Konrads, macht sich im Dienste des Kaisers besonders verdient und wird von diesem 1417 mit der Mark Brandenburg belehnt. Sein Sohn baut eine Burg in Berlin und macht diese Stadt zur Hauptstadt Brandenburgs. Durch Kauf und Diplomatie vergrößert er die Mark gewaltig. Sein bester Kauf ist die Neumark, ein Gebiet halb so groß wie Brandenburg, das östlich der Oder liegt. Im Jahre 1539 wird Brandenburg protestantisch. Später kommen die Gebiete Kleve, Mark und Ravensberg im Westen und Ostpreußen im Osten zu Brandenburg, Ereignisse, welche die zukünftige preußische Politik beeinflussen.

Ostpreußen

Der Verfall des Deutschen Ritterordens

Ostpreußen war bereits im 13. Jahrhundert unter Leitung des Deutschen Ritterordens (Siehe Kapitel: Das Rittertum!) kolonisiert worden. Das Land war von den Borussen (Preußen), einem slawischen Volk, bewohnt, als ein polnischer Prinz im Jahre 1226 den deutschen Ritterorden beauftragte, dieses heidnische Volk zu bekehren. Deutsche Bauern kamen in den folgenden Jahr-

[1] Die Kurfürsten haben das Privileg, den Kaiser zu wählen.

hunderten und siedelten sich in Ostpreußen an. Im Jahre 1525 endete die Herrschaft des Ritterordens. Dessen Glanzzeit war bereits hundert Jahre vorher zu Ende gekommen, als die deutschen Ritter 1410 von den Polen in der Schlacht bei Tannenberg besiegt worden waren. In den Jahren nach dieser Schlacht mußten die Ritter immer mehr Gebiet an Polen abtreten. Das trifft besonders für das Land an der unteren Weichsel (Westpreußen) zu, das bis zur ersten polnischen Teilung (1772) polnisch blieb. Im Jahre 1511 wurde ein Hohenzoller, ein Vetter des Kurfürsten von Brandenburg, zum Hochmeister des Ordens gewählt. Er trat 1523 zum lutherischen Glauben über und erklärte sich zwei Jahre später zum Herzog von Preußen, wurde Lehnsmann des Königs von Polen und erhielt ein Banner mit einem schwarzen Adler, der später zum Symbol Preußens und Deutschlands wurde.

Ostpreußen an Brandenburg

Als das Haus Hohenzollern 1613 in Ostpreußen ausstirbt, fällt das Land an die Vettern in Brandenburg, und damit wird der Kurfürst von Brandenburg gleichzeitig Herzog von Preußen. Zu Anfang des 17. Jahrhunderts hat Brandenburg also sein Gebiet nach Westen durch die Gebiete Kleve, Mark und Ravensberg[2] und nach Osten durch Ostpreußen ausgedehnt. Die zukünftigen Hohenzollern verfolgen von nun an das Ziel, diese Gebiete durch Erwerbung der dazwischenliegenden Territorien zu vereinigen in einen Staat: das spätere Königreich Preußen.

Der Große Kurfürst

Im gleichen Jahr, in dem der Kurfürst von Brandenburg Herzog von Preußen wird, bricht der Dreißigjährige Krieg aus. Wie fast alle deutschen Staaten leidet auch Brandenburg sehr unter den Folgen des Krieges, bis 1640 Friedrich Wilhelm, der Große Kurfürst, an die Regierung kommt. Er schließt Frieden mit dem König von Polen und einen Waffenstillstand mit den Schweden, die seinem Lande schwer zugesetzt hatten. Er baut ein kleines Heer von 8000 Mann auf. Am Ende des Krieges bekommt er den östlichen Teil Pommerns (der westliche Teil bleibt in schwedischer Hand), sowie die Bistümer Cammin, Minden, Halberstadt und später auch Magdeburg. Durch sein diplomatisches Verhalten im Krieg zwischen Schweden und Polen (1655–1660)

[2] Die Grafschaften Kleve und Mark liegen im Rheinland und Ravensberg an der Weser.

Fehrbellin

gelingt es ihm, sein Ansehen weiter zu vergrößern. Er wird als Herr in Preußen anerkannt, und da Preußen nicht unter die Oberherrschaft des Kaisers fällt, steigt er zum unabhängigen europäischen Fürsten empor. Später besiegt er die Schweden bei Fehrbellin (1675)[3] und nimmt ihnen Westpommern ab, das er jedoch auf Drängen Frankreichs wieder zurückgeben muß. Der Sieg bei Fehrbellin bringt ihm die Bezeichnung der ,,Große" Kurfürst ein.[4]

Das Königreich

Friedrich wird König in Preußen

Friedrich, der Sohn des Großen Kurfürsten ist ein besonders ehrgeiziger Mann, dessen Politik darauf hinzielt, sein persönliches Prestige unter den deutschen Fürsten und das Ansehen seines Landes zu erhöhen. Er will unbedingt König werden, und seiner Beharrlichkeit ist es zu verdanken, daß Brandenburg-Preußen zum Königreich wird. Er verfolgt seine Politik bewußt und mit zäher Folgerichtigkeit, obgleich er anfangs auf entschiedene Ablehnung vom Kaiser in Wien trifft, ohne dessen Zustimmung er nicht gekrönt werden kann. Bald jedoch braucht der Kaiser die militärische Unterstützung Preußens gegen Spanien, England und Frankreich und erkauft sich diese Unterstützung, indem er das Recht des Kurfürsten von Brandenburg anerkennt, sich zum König zu krönen. Friedrich krönt sich am 18. Januar 1701 in Königsberg zum König in Preußen und sichert dem Kaiser 8000 Mann Hilfe für den Kriegsfall und für die zukünftigen Kaiserwahlen die brandenburgische Kurstimme zu. Um Schwierigkeiten mit Polen, das Westpreußen regiert, zu vermeiden, nennt Friedrich sich König *in* Preußen, aber das Volk und andere Staaten sprechen bald von ihm als König *von* Preußen. Friedrich der Große, der Enkel des ersten Preußenkönigs, nennt sich dann auch offiziell König von Preußen.

Friedrich Wilhelm I (1713-1740): Der Soldatenkönig

Friedrichs Sohn, Friedrich Wilhelm I, ist neben dem Großen Kurfürsten und Friedrich dem Großen der bedeutendste Regent Preußens. Im Gegensatz zu seinem Vater ist er sparsam und selbstlos und legt sich und seiner Familie dieselbe Strenge auf, die

[3] Die Schlacht von Fehrbellin bildet den Hintergrund in Heinrich von Kleists Drama *Prinz Friedrich von Homburg*.

[4] Der Kurfürstendamm in Berlin ist nach ihm benannt.

er von seinen Untertanen verlangt. Spartanische Frugalität, gutes Verwaltungsvermögen, eiserne Disziplin, herbe Sachlichkeit, militärische Zucht und Ordnung, Ehrlichkeit und sittliche Strenge sind Bezeichnungen, die auf ihn passen und die von nun an mit dem Begriff ,,Preußentum'' verbunden werden. Der König liebt seine Soldaten, besonders seine Leibgarde, die aus 1.80 m großen Grenadieren besteht. Es wird behauptet, daß der König den Krieg scheut, weil er seine Regimenter nicht verlieren will. Der eigentliche Grund ist aber wohl, daß er sich nicht als Diplomat betrachtet und fürchtet, in einem Kriege errungene Vorteile doch wieder zu verlieren.

Preußentum

Die Soldaten

Anstatt der üblichen gestickten Hofkleider trägt Friedrich Wilhelm ständig die Uniform, läßt die preußischen Prinzen Soldaten werden und gewinnt den Adel für den Offiziersdienst. So trägt nicht nur der König, sondern auch der preußische Adel Uniform, ein Beispiel, dem bald viele andere europäische Fürsten folgen. Unter der Führung des Königs wird das preußische Heer mit 83 000 Mann die viertgrößte, aber schlagkräftigste und disziplinierteste Armee in Europa. So wie das Ansehen des Soldaten, wächst auch das des preußischen Beamten, der im In- und Ausland wegen seiner Ehrlichkeit und seiner Treue gegen König und Vaterland geachtet wird. Besonders erwähnenswert ist auch, daß Friedrich Wilhelm die allgemeine Schulpflicht einführt und damit eine Hoffnung der Reformation verwirklicht. Mancher ausgediente Unteroffizier findet im preußischen

Die Uniform

Schulpflicht

Spießrutenlaufen und Stäupen beim preußischen Militär

Schuldienst eine Stellung als Lehrer, was zwar leider recht häufig zur Folge hat, daß das Klassenzimmer dem Kasernenhof gleicht. Trotzdem sind die Vorteile der allgemeinen Schulpflicht nicht zu unterschätzen.

Friedrich der Große

Friedrich der Große (1740-1786)

Nach dem Tode Friedrich Wilhelms, des Soldatenkönigs, übernimmt sein Sohn als Friedrich II die Regierung. Noch zählt Preußen nicht zu den europäischen Großmächten,[5] aber das ändert sich als der Kronprinz, der nur als Flötenspieler und Anhänger Voltaires bekannt ist, König wird.

Die Pragmatische Sanktion

Kurz nachdem Friedrich die Regierung übernimmt, stirbt Kaiser Karl VI. Vor seinem Tode hatten die meisten deutschen Fürsten die ,,Pragmatische Sanktion''[6] anerkannt, nach der die österreichischen Länder ungeteilt auf seine Tochter Maria-Theresia (1740–1780) übergehen sollten. Trotz der Vorkehrungen Karls bricht beim Regierungsantritt Maria-Theresias der

[5] Die vier Großmächte der damaligen Zeit waren Österreich, Frankreich, England und Rußland. Selbst Spanien und Bayern waren angesehener als Preußen.

[6] Bisher hatte noch nie eine Frau Habsburger Gebiet geerbt, aber da Karl keine männlichen Erben hatte, wollte er die Aufteilung seiner Länder unter andere Verwandte vermeiden. Es erschien ihm als pragmatischte Lösung, Österreich auf seine Tochter zu übertragen. Diese Lösung wurde von fast allen deutschen Fürsten anerkannt (sanktioniert).

Maria Theresia

sogenannte Österreichische Erbfolgekrieg aus, in dem Friedrich, der Anspruch auf Teile Schlesiens hat, diese reiche Provinz den Österreichern in drei Kriegen entreißt. Im ersten Schlesischen Krieg (1740–1742) besetzt er Schlesien und schlägt die österreichische Armee überraschend bei Mollwitz an der Oder. Maria-Theresia tritt Schlesien an Preußen ab. Im zweiten Schlesischen Krieg (1744–1745) verteidigt Friedrich die neugewonnene Provinz im Bündnis mit Bayern und Frankreich. Bei Hohenfriedberg gewinnt der preußische König einen seiner glänzendsten Siege über die vereinte österreichisch-sächsische Armee.

Die Schlesischen Kriege

Maria-Theresia kann sich mit dem Verlust Schlesiens nicht abfinden, denn es ist eine reiche Provinz mit über einer Million Einwohner und einer blühenden Industrie. Unter ihrem Kanzler Fürst von Kaunitz bildet sich die Große Koalition zwischen Österreich, Frankreich und Rußland gegen Preußen. Damit steht ein Land von etwa fünf Millionen Einwohnern und einem Heer von rund 200 000 Mann gegen ein Bündnis von hundert Millionen und einem Gesamtheer von 700 000 Soldaten. Die Aussichten für Preußen, aus diesem Streit ohne gewaltige Gebietsverluste hervorzugehen, sind in der Tat äußerst gering.

Der Siebenjährige Krieg

Daß sich Friedrich dennoch in einem Siebenjährigen Krieg (1756–1763) gegen diese erdrückende Übermacht behauptet, ist seinem Genius als Heerführer, der Treue, Tapferkeit und Opferbereitschaft seiner Soldaten und seines Volkes, der Hilfe Englands, das von 1756 bis 1761 mit Preußen verbündet ist und der Uneinigkeit unter den Bündnispartnern zu verdanken. Obgleich die preußischen Armeen besonders zu Anfang des Krieges glänzende Siege über die Franzosen bei Roßbach (1757), die Österreicher bei Leuthen (1757) und die Russen bei Zorndorf (1758) erringen, müssen sie auch manche schwere Niederlage hinnehmen und können nicht verhindern, daß Berlin 1760 von den Russen besetzt wird. Im folgenden Jahr tritt England, das in Nordamerika gegen Frankreich sehr erfolgreich gewesen ist, aus dem Krieg aus und überläßt Friedrich sich selbst.

Friedrich behauptet sich

Es gibt nun Augenblicke, in denen der König keinen Ausweg mehr sieht und glaubt, daß sein Land überwältigt und zerstückelt wird. Da stirbt im Januar 1762 Elisabeth, die Kaiserin von Rußland, seine unversöhnliche Gegnerin. Ihr Sohn Zar Peter bewundert den Preußenkönig und schließt Frieden mit ihm. Es gelingt Friedrich, die Österreicher und Franzosen zurückzudrängen und im Frieden von 1763 seine Gebiete zu behaupten. Preußen unter Friedrich II, der später von Kant Friedrich der Große genannt wird, hat sich die territoriale und politische Großmachtstellung in Europa erkämpft.

Preußen wird Großmacht

Mit einem Land, das sich gegen drei Großmächte zugleich behauptet, muß in Zukunft gerechnet werden. Seine Vormachtstellung und künftige Führung unter den nord- und westdeutschen Ländern ist angedeutet. Der Gegensatz Norden-Süden, Protestantisch-Katholisch, Hohenzollern-Habsburg hat sich verstärkt, und es ist den Hohenzollern gelungen, den Einfluß Österreichs unter den deutschen Ländern zu schwächen. Ganz wird Österreichs Vorherrschaft in deutschen Angelegenheiten allerdings erst unter Bismarck, ein Jahrhundert später, beseitigt werden.

Nationalgefühl

Die schwachen Anfänge eines Nationalgefühls beginnen sich zu regen, als Friedrich die Franzosen bei Roßbach besiegt, ein Nationalgefühl, das dann in den Befreiungskriegen gegen Napoleon wächst und über hundert Jahre später mit dazu beiträgt, die deutsche Einigung zustande zu bringen.

In den letzten zwei Jahrzehnten seiner Regierungszeit bewahrt Friedrich den Frieden und vermittelt zwischen Österreich und Rußland, deren Interessen auf der Balkanhalbinsel, wo das türkische Reich sich ausgebreitet hatte und nun am Zusammenbrechen ist, gegeneinander geraten. Im Jahre 1772 beteiligt sich

Die polnische Teilung

Preußen zusammen mit Österreich und Rußland an der ersten polnischen Teilung und gewinnt Westpreußen ohne Danzig. Damit ist die Landverbindung der brandenburgischen Länder mit Ostpreußen hergestellt und ein weiteres Ziel preußischer Politik erreicht. Obgleich Friedrich diese Gebiete wirtschaftlich und kulturell außerordentlich fördert und vor größerem Verfall bewahrt, wird dem stolzen polnischen Volk mit dieser und den zwei späteren Teilungen, die 1793 und 1795 erfolgen, ein großes Unrecht zugefügt, das sich nach den beiden Weltkriegen an Deutschland rächen soll.

Der Diener seines Volkes

Es wäre sicher unvollständig und vielleicht ein wenig ungerecht, den Eindruck zu hinterlassen, daß Friedrich der Große nur ein militärisches und diplomatisches Genie ist, denn seine Leistungen auf nicht-militärischem Gebiet sind ebenfalls von Wichtigkeit und befestigen seinen Ruf als aufgeklärten absoluten Fürsten. Friedrich betrachtet sich durchaus als ersten Diener seines Staates und glaubt an die These, daß der Monarch am besten weiß, was dem Volke nützlich ist. Er sieht es als seine Pflicht an, für seine Untertanen zu sorgen, aber glaubt nicht daran, daß das Volk sich selbst regieren kann. Seine Reformen und seine Einstellung dem Volk gegenüber tragen jedoch sicher dazu bei, daß es in Preußen nicht zur Revolution kommt, wie wenige Jahre nach seinem Tode in Frankreich.

Reformen

Bereits drei Tage nach seiner Thronbesteigung schafft Friedrich die Folter ab. In den darauffolgenden Jahren reformiert er das Gerichtswesen und sorgt für größere Gerechtigkeit und Gleichheit unter dem Gesetz. Er setzt unbestechliche Beamte und Richter ein und schafft einen Stand, von dem die Begriffe Ehre und Ehrlichkeit hochgehalten wird. Bereits zu seinen Lebzeiten beginnen sich Legenden um seine Figur zu ranken, die zwar nicht immer auf wahren Begebenheiten beruhen, die aber seine Einstellung und seine Taten richtig charakterisieren. Bekannt und bezeichnend für Friedrichs Gerechtigkeitssinn ist die Anekdote des Müllers von Sanssouci. Das Klappern seiner Mühle soll den König so gestört haben, daß dieser die Beseitigung des Ärgernisses anordnete. Der Müller, im Vertrauen auf den Gerechtigkeitssinn des Königs, soll daraufhin gesagt haben: „Es gibt noch ein Kammergericht in Berlin." An das wollte er sich wenden, denn diesem Gericht sei selbst der König untertan. Die „Aussage" des Müllers ist geradezu zu einem geflügelten Wort geworden, was beweist, daß sie einen großen Teil innerer Wahrheit enthält.

Die Mühle von Sanssouci

Die Kodifizierung des Rechts

Beachtlich ist die Kodifizierung des Rechts, die Friedrich veranlaßt. In den neuen Gesetzesartikeln wird die Macht des Staates und der Polizei bestimmt und begrenzt. Gewisse Rechte und Freiheiten des Einzelnen werden anerkannt, und einige Sätze des Kodex erinnern an die amerikanische Unabhängigkeitserklärung, wie zum Beispiel der Paragraph 83: „Die allgemeinen Rechte des Menschen gründen sich auf die natürliche Freiheit, sein eigenes Wohl, ohne Kränkung der Rechte eines Anderen, suchen und befördern zu können." Der König befürwortet die Pressefreiheit („Die Gazetten müssen toleriert werden") und die religiöse Toleranz. Seine Bemerkung „Jeder kann nach seiner Façon selig werden" setzt dem *cuius regio eius religio*[7] des Westfälischen Friedens ein Ende. Bereits unter dem Großen Kurfürsten (20 000 Hugenotten aus Frankreich) und unter dem Soldatenkönig (20 000 Salzburger) waren Vertriebene aus anderen Gegenden in Brandenburg eingewandert und trugen wesentlich zum wirtschaftlichen und kulturellen Aufschwung des Staates bei. Friedrich setzt die Politik seiner Vorfahren fort und lädt Kolonisten aus allen Nachbarländern ein, sich in Preußen anzusiedeln. Über 300 000 Siedler sind seiner Einladung gefolgt und haben sich zum größten Teil in Westpreußen niedergelassen.

Presse- und Religionsfreiheit

Siedler

Die Tafelrunde

Bekannt ist Friedrichs Tafelrunde, die aus geistreichen Männern bestand, zu denen zeitweise Voltaire gehörte und zu der auch Johann Sebastian Bach einmal eingeladen wurde. Mit diesen Männern philosophierte und musizierte der König, der ein hervorragender Flötenspieler war und eine ganze Reihe von Musikstücken komponierte. Zeit seines Lebens spricht und schreibt Friedrich Französisch und bevorzugt die französische Kultur. Die deutsche Sprache ist für ihn ein gemeiner Jargon, der sich dazu eignet mit Beamten und Soldaten zu sprechen oder sarkastische Bemerkungen zu machen, aber nicht dazu, Briefe zu schreiben oder gar Literatur und Philosophie zu diskutieren. Die junge deutsche Poesie, die sich mit Klopstock, Wieland, Herder, Lessing, Schiller und Goethe während seiner Regierungszeit entfaltet, bleibt von dem König fast unbeachtet. Das ist bedauerlich, denn sicher wäre eine verständnisvolle Unterstützung des Königs der Entwicklung der deutschen Literatur von Nutzen gewesen. Goethe scheint diesem Argument allerdings nicht beizustimmen, denn im siebten Buch seiner Autobiographie schreibt er, daß

Die Verkennung der deutschen Sprache

[7] Der Fürst des Landes bestimmt die Religion. (Siehe Kapitel: Die protestantische Reformation und ihre Folgen.)

Friedrich gerade durch seine ablehnende Haltung befruchtend auf die deutsche Literatur eingewirkt hat. „Schon früher war durch die französische Kolonie, nachher durch die Vorliebe des Königs für die Bildung dieser Nation und für ihre Finanzanstalten eine Masse französischer Kultur nach Preußen gekommen, welche den Deutschen höchst förderlich ward, indem sie dadurch zu Widerspruch und Widerstreben aufgefordert wurden; eben so war die Abneigung Friedrichs gegen das Deutsche für die Bildung des Literaturwesens ein Glück. Man tat alles, um sich von dem König bemerken zu machen, nicht etwa, um von ihm geachtet, sondern nur beachtet zu werden; aber man tat's auf deutsche Weise, nach innerer Überzeugung, man tat, was man für recht erkannte, und wünschte und wollte, daß der König dieses deutsche Recht anerkennen und schätzen solle."

Goethes Urteil

Der Einfluß der französischen Sprache

Als Folge für die Vorliebe der französischen Sprache am Hofe Friedrichs und auch an anderen deutschen Höfen erstarkt das Französische allmählich wieder und eine ganze Reihe von französischen Wörtern und Ausdrücken wird ein Bestandteil erst der deutschen Schrift- und dann auch der Umgangssprache. Philologen meinen, daß im 17. Jahrhundert auch das Zäpfchen-r nach französischem Vorbild von der gebildeten Schicht auf die deutsche Aussprache übertragen worden sei. Dieses Zäpfchen-r hat das alte deutsche Zungenspitzen-r heute zum größten Teil verdrängt.

Wir haben in diesem Kapitel verfolgt, wie ein kleines, unfruchtbares und unscheinbares Land sich unter der genialen Führung einiger willensstarker und genialer Fürsten zur europäischen Großmacht entwickelte. Diese Großmacht, Preußen, wird im nächsten Jahrhundert Österreichs Vormundschaft in deutschen Angelegenheiten völlig ausschalten und alle deutschen Länder mit Ausnahme Österreichs zu einem Staat vereinigen: Deutschland.

Schloß Sanssouci in Potsdam

11

Vom Königreich Preussen zum Kaiserreich Deutschland

Die französische Revolution und ihr Einfluß

Unter Friedrich dem Großen hatte sich Preußen zur europäischen Großmacht entwickelt. Sein Nachfolger Friedrich Wilhelm II (1786–1797) war den Ereignissen der Zeit nicht gewachsen und interessierte sich mehr für seine Mätressen und vergnügte Abwechslung als für Staatsgeschäfte. Ein wichtiges Ereignis während seiner Regierungszeit war die französische Revolution, (1789–1794) in der der dritte Stand unter den berühmten Schlagworten Freiheit, Gleichheit und Brüderlichkeit die Monarchie durch eine Republik ersetzte. Die Ideale dieser Revolution, wie vorher bereits die Verkündung der Menschen- und Bürgerrechte in der amerikanischen Revolution, fanden in Deutschland großen Anklang, ohne daß Preußen und Österreich jedoch die Kraft zur Selbstbefreiung fanden. Die europäischen Monarchien verbündeten sich gegen die Republik Frankreich und taten ihr Möglichstes, die „gefährlichen" Freiheitsideen in ihren Ländern zu unterdrücken. Im April 1792 erklärte Frankreich den Krieg gegen Österreich. Diese Kriegserklärung leitete eine 24jährige Periode von Kampfhandlungen ein, die wieder zum großen Teil auf deutschem Boden ausgetragen wurden. Preußen schloß sich an Österreich an und entsandte Soldaten nach Frankreich, aber die jungen französischen Truppen, begeistert von den Revolutionsideen sowie getragen von einem starken National- und Missionsgefühl, hielten das Vordringen der preußischen und österreichischen Heere auf, gingen sofort zum Gegenangriff über und besetzten Holland, Belgien und das ganze linke Rheinufer. Die Jugend und die unteren Schichten der Bevölkerung bereiteten den Franzosen einen herzlichen Empfang und begeisterten sich für das weltliche Evangelium menschlicher

Krieg mit Frankreich

Freiheit. Während die Franzosen im Westen vordrangen, teilten Preußen, Österreich und Rußland Polen unter sich auf unter dem Vorwand, in diesem Land den revolutionären Aufruhr zu unterdrücken. Uneinigkeit unter den Monarchien führte zu weiteren französischen Erfolgen. Preußen trat aus dem Krieg aus, so daß Frankreich sich gegen Österreich konzentrieren konnte. Ein junger korsischer Offizier, Napoleon Bonaparte (1769–1821), war zum General emporgestiegen und eroberte Mittel- und Oberitalien, überschritt die Alpen und bedrohte

Napoleon

Österreich selbst, das sich nun zum Frieden entschloß. In den Verhandlungen wurden österreichische Interessen geschickt gegen preußische ausgespielt und trugen zur Verschlechterung der österreichisch-preußischen Beziehungen bei. Im Jahre 1799 drangen alliierte russische, österreichische und englische Armeen zunächst mit großem Erfolg gegen Frankreich vor. Napoleon, der sich in Ägypten aufhielt, kehrte jedoch nach Paris zurück, machte sich zum Diktator, indem er die französische Regierung beseitigte, und marschierte gegen Österreich. Rußland zog sich nun rasch aus dem Krieg zurück und ließ Österreich auf sich allein gestellt zurück, denn Preußen, seit 1797 unter dem ungeschickten Regenten Friedrich Wilhelm III, verhielt sich neutral. In den folgenden Jahren verlor Österreich große Gebiete, und Frankreich beschloß mit Rußland eine Neuordnung Europas, die die Schwächung der beiden großen Monarchien und die Stärkung der deutschen Mittelstaaten vorsah, um dadurch

Frankreichs militärische Erfolge

eine deutsche politische Einheit zu verhindern. Am 2. Dezember 1804 krönte sich Napoleon zum Kaiser der Franzosen und im nächsten Jahr zum König von Italien. Inzwischen hatten sich England, Rußland, Österreich und Preußen gegen den allzu machthungrigen Napoleon verbündet. Die erfolgreichen französischen Armeen besiegten die Österreicher und Russen bei Austerlitz (1805) und besetzten Wien. Die deutschen Fürsten sagten sich daraufhin vom Reich los, traten als souveräne Staaten dem Rheinbund bei und schlossen ein Militärbündnis mit

Die Auflösung des Reiches

Frankreich. Der österreichische Kaiser wurde gezwungen, offiziell die römische Kaiserkrone niederzulegen und die Reichsstände von ihren Verpflichtungen zu entbinden. Das Heilige Römische Reich deutscher Nation, das von Karl dem Großen gegründet worden, aber seit den Siegen Friedrichs des Großen am Zusammenbrechen war, wurde durch diesen Schritt nun endgültig aufgelöst. Der österreichische Monarch war von nun an lediglich Kaiser von Österreich.

Preußens Niederlage

Der Besiegung Österreichs und der Auflösung des Reiches folgte der Zusammenbruch Preußens. Im Oktober 1806 wurde die preußische Armee bei Jena und Auerstedt geschlagen und Berlin von den Franzosen besetzt. Von hier aus verfügte Napoleon die Kontinentalsperre aller europäischen Staaten gegen England. 1807 schlug er die Russen bei Friedland und besetzte Teile Ostpreußens. Die restlichen deutschen Staaten wurden neu organisiert und gezwungen, in den Krieg gegen England einzutreten. Napoleon war jetzt zwar der Herr des europäischen Kontinents, aber von England aus wurde der Widerstand gegen den französischen Kaiser geschürt, denn bereits nach dem Sieg der britischen Flotte unter seinem berühmten Admiral Nelson bei Trafalgar (1805) über die französische Flotte, war eine Invasion des Inselstaates ausgeschlossen. In Spanien erhoben sich sehr bald Patrioten mit englischer Unterstützung gegen das französische Regime und führten einen verzweifelten Kampf, der bis zum Ende der napoleonischen Herrschaft dauerte. Österreich und Preußen führten Heeresreformen[1] durch und begannen sich auf zukünftige Auseinandersetzungen vorzubereiten. Hier und da kam es zu Erhebungen,[2] die aber blutig unterdrückt wurden. Dann erhob sich Österreich gegen Napoleon, wurde jedoch 1809 bei Wagram niedergeschlagen und mußte sich nun den Franzosen fügen. Im nächsten Jahr (1810) heiratete Napoleon Marie Luise, die Tochter des Österreichischen Kaisers, gewann damit zwar das Wohlwollen Österreichs aber verlor die Sympathien Rußlands,

Napoleons Herrschaft auf dem Kontinent

[1] Die Reformen in Preußen werden vor allem vom Freiherrn von Stein und seinem Nachfolger von Hardenberg durchgeführt. Die Leibeigenschaft der Bauern wird aufgehoben, aber die Bauern werden durch die Großgrundbesitzer zu Landarbeitern degradiert. Die Juden erhalten das Bürgerrecht. Die demokratische Selbstverwaltung der Städte wird gefördert und die Gewerbefreiheit eingeführt durch Auflösung der Zünfte. Das Erziehungswesen wird reformiert und die allgemeine Schulpflicht eingeführt. Das Heer wird besser ausgebildet, die allgemeine Wehrpflicht eingeführt und eine Reservearmee geschaffen.

[2] Bekannt ist der Aufstand der Tiroler Bauern unter ihrem Anführer Andreas Hofer.

das auch die Kontinentalsperre nicht länger aufrechterhalten wollte.

Die „Große Armee" in Rußland

Die Auseinandersetzung zwischen den beiden Großmächten blieb unvermeidlich, und im Frühjahr 1812 zog Napoleon mit 608 000 Mann,[3] 190 000 Pferden und 1400 Geschützen in Rußland ein. Die Russen führten einzelne Gefechte und fügten Napoleon empfindliche Verluste zu, die noch durch Krankheit, Hunger und Erschöpfung vergrößert wurden, stellten sich jedoch nicht zur entscheidenden Schlacht. Im September zog die Große Armee, arg dezimiert, in Moskau ein, das um sie herum niederbrannte. Vergebens wartete Napoleon auf Friedensverhandlungen. Im Oktober zwang ihn der russische Winter zum Rückzug, der zur Katastrophe wurde. Besonders der Übergang über die Beresina forderte furchtbare Verluste. Napoleon eilte den geschlagenen Resten seiner Armee voraus zurück nach Paris.

Der Rückzug

Von seiner großen Armee schleppten sich 60 000 Mann mit 15 000 Pferden und 150 Geschützen an die Grenze zurück.[4] Nun erhob sich Preußen, das sich heimlich militärisch vorbereitet hatte und in dem das Nationalgefühl von den romantischen Freiheitsdichtern (Siehe Kapitel: Die Literatur der Goethezeit!) und von dem Versprechen des Königs auf Demokratisierung des Staatwesens angefacht worden war. Die Begeisterung in Preußen war groß. Die Bürger opferten Gold und Juwelen, die Frauen

Der preußische Freiheitskampf

ihr Haar, und die Jugend zog mit dem Schillerwort „Und setzt ihr nicht das Leben ein, nie wird euch das Leben gegeben sein"! in den Kampf. Der König stiftete das „Eiserne Kreuz" als höchsten preußischen Kriegsorden. Norddeutschland wurde von der französischen Besatzung befreit, und in der Völkerschlacht

Schlacht bei Leipzig

bei Leipzig vom 16. bis zum 19. Oktober 1813 wurden die Franzosen und ihre Verbündeten von den vereinten Armeen Rußlands, Österreichs, Preußens und Bayerns geschlagen. Napoleon mußte sich über den Rhein absetzen, wurde dann bis nach Frankreich hinein verfolgt, 1814 gezwungen abzudanken und sich nach Elba zurückzuziehen. Von dort kehrte er im nächsten Jahr zurück, gewann nochmals das Vertrauen der Nation und besonders seiner alten Veteranen, wurde jedoch am

Waterloo

18. Juni 1815 in der Schlacht bei Waterloo von den Engländern

[3] Ein großer Teil waren deutsche Hilfstruppen.

[4] Der russische Sieg wird in Tschaikowskys 1812 Overtüre eindrucksvoll mit Glockenklang und Kanonensalven gefeiert.

Karikatur auf die Territoriale Neuordnung durch den Wiener Kongreß

unter Wellington und den Preußen unter Blücher endgültig besiegt und auf die Atlantikinsel St. Helena verbannt. In Frankreich wurde die Monarchie wiederhergestellt, während sich die Siegermächte über die Neuordnung Europas im Wiener Kongreß einigten.

Der Wiener Kongreß

Bei den Verhandlungen in Wien waren alle Großmächte darauf bedacht, ihre eigenen Interessen zu wahren und die Balance zwischen den großen Staaten widerherzustellen. Der konservative Fürst Metternich, Österreichs geschickter Minister, stellte sich streng gegen die Errichtung eines einheitlichen deutschen Staates, gegen jede nationale Idee[5] und gegen alle liberalen Regungen. In Preußen hatten vor allem Intellektuelle, Studenten, Dichter und Bürger für die Wiederherstellung eines einheitlichen Reiches und für politische Liberalisierung gekämpft. Der Sieg des Metternichschen Konservatismus bedeutete für die deutschen Patrioten Verrat an ihren Idealen und Bruch des königlichen Versprechens. Tiefe Enttäuschung verbreitete sich, als die Ziele,

Metternichs Konservatismus

[5] Der österreichische Staat bestand aus italienischen, tschechischen, slowenischen, ungarischen, kroatischen, rumänischen und polnischen Minderheiten, und eine Befriedigung des deutschen Nationalismus bedeutete für Metternich ein Schüren des Nationalismus dieser Völkerschaften.

für die sie gekämpft hatten, nicht verwirklicht wurden, sondern im Gegenteil die Reaktion siegte und viele Reformen rückgängig gemacht wurden. Österreich erhielt alle seine alten Gebiete zurück, und Preußen behielt nicht nur Westpreußen nebst Danzig, Thorn und Posen, sondern erhielt außerdem den größeren Teil von Sachsen sowie Westfalen und umfangreiche Gebiete am Rhein, wo es von nun an zusammen mit Bayern und Hessen die Verteidigung der Westgrenze gegen Frankreich zu unternehmen begann. Im übrigen schlossen sich die deutschen Staaten zum deutschen Bund zusammen,[6] der in Frankfurt seine ständige Vertretung, den Bundestag, unter dem Vorsitz Österreichs hatte. Die Zahl der deutschen Staaten, die bereits durch Napoleons Maßnahmen verringert worden war, betrug nun 36, was immerhin Fortschritt bedeutete, denn 36 Staaten lassen sich leichter vereinigen als mehrere hundert. Gleichzeitig war der Bund verantwortlich für Verfassungsänderungen, Kriegserklärungen und Friedensschlüsse. Die Verfassung schloß Bündnisse seiner Mitglieder gegen die Sicherheit des Bundes oder gegen Einzelstaaten und Sonderverhandlungen im Kriegsfalle aus. Auch das kann als Schritt in die Richtung der Einigung angesehen werden, obgleich betont werden muß, daß es damals nicht als solcher angestrebt oder erkannt wurde. Es war vor allem die wirtschaftliche Entwicklung, die zur Einigung mit beitrug. Verschiedene Länder schlossen sich zu Zollvereinen zusammen, von denen der Verein zwischen Preußen und den norddeutschen Staaten am wichtigsten war und 1834 zur Gründung des deutschen Zollvereins führte, dem schließlich fast alle deutschen Staaten beitraten. Die Entwicklung der Eisenbahn (die erste Verbindung bestand zwischen Nürnberg und Fürth 1835) und die damit verbundene Industrialisierung trug ebenfalls zur wirtschaftlichen Einheit bei. So wurde die wirtschaftliche Einheit lange vor der politischen Wirklichkeit erreicht, eine Entwicklung, die sich zwischen den Ländern des Gemeinsamen Europäischen Marktes in absehbarer Zeit wiederholen und zu einem vereinten Europa führen könnte. Wie sich heute viele Europäer nach diesem Ziel sehnen, so träumten damals Deutsche in allen Kleinstaaten von

Der deutsche Bund

Der Zollverein

[6] Der König von England hatte als König von Hannover Sitz und Stimme im deutschen Bundestag und ebenfalls der König von Dänemark als Herzog von Holstein. Frankreich, Spanien und Schweden, die alten Eindringlinge, waren nun ausgeschlossen.

einem Reich, das mit den anderen großen Weltmächten konkurrieren könnte. Aber die kleinen Fürsten waren gegen solche Ideen eingestellt und nur auf ihren eigenen Vorteil bedacht. Die Enttäuschung unter den Patrioten wuchs und viele emigrierten ins Ausland, vor allem nach Amerika, oder trösteten sich, indem sie sich in die Philosophie, Musik oder Literatur vergruben, die zu dieser Zeit eine große Blütezeit erlebte.

Metternichs Repressalien

Auf die erfolgreiche Julirevolution von 1830 in Frankreich folgten neue Erlasse Metternichs, die jede freiheitliche Regung in den deutschen Ländern (freie Presse, Parlament, politische Vereine und Versammlungen) grausam unterdrückte. Tausende wurden wegen ihrer politischen Ansichten verfolgt. Wachsende politische und wirtschaftliche Unzufriedenheit unter einem großen Teil der Bevölkerung Europas führte schließlich zur Revolution von 1848, die den ganzen Kontinent erschütterte.

Die Revolution von 1848

Überall kam es zu Aufständen. Die Februarrevolution in Paris war das Signal für den Aufstand in den deutschen Ländern, mit dem die Anführer drei Hauptziele anstrebten: 1) Die Errichtung eines einheitlichen deutschen Bundesstaates, dem alle deutschen

Sprengung des Zeughaustores in Berlin am 14. Juni 1848

Länder angehören sollten,[7] 2) die Verabschiedung von Verfassungen für die Einzelstaaten sowie einer Bundesverfassung für den Bundesstaat, die der Regierungsgewalt der Fürsten ein Parlament zur Seite stellen würde und 3) die Linderung der sozialen Bedürfnisse der unteren Volksschichten.

Der Aufstand in Berlin

In Berlin kam es zu Straßenschlachten, in denen sich das Volk gegen das Militär behauptete. Der König zog zunächst das Militär ab und bewilligte die Forderungen der Revolutionäre: Abschaffung der Zensur, Anerkennung der Farben schwarz-rot-gold[8] und Errichtung einer Verfassung. Im Mai trat in der Frankfurter Paulskirche die deutsche Nationalversammlung zusammen, die erste und einzige gesamtdeutsche Volksvertretung in der deutschen Geschichte.

Die deutsche Nationalversammlung

Die Vertreter, die vom Volk in den einzelnen deutschen Ländern gewählt worden waren, waren die angesehensten Männer des Volkes: Beamte, Schriftsteller,[9] Professoren, Kaufleute usw. Während das Parlament beriet und eine Reichsverfassung verabschiedete, die von den Länderparlamenten, die inzwischen gewählt worden waren, angenommen wurde (außer Österreich), ging die Revolution besonders in Österreich weiter, wo sich die nationalen Minderheiten ihre Unabhängigkeit zu erkämpfen suchten. Österreich und Preußen reagierten schließlich scharf gegen die Revolutionäre und warfen die Aufstände nieder. Die Nationalversammlung wählte Erzherzog Johann von Österreich zum provisorischen Reichsverweser und andere Männer zu Ministern. Da Österreich diese Reichsregierung ablehnte und Preußen sich unverbindlich verhielt, war die Gründung eines Reiches, trotz allem anfänglichen Optimismus unmöglich.

Österreichs Widerstand

Die meisten Abgeordneten wollten Österreich die Führung des Reiches übergeben (Großdeutsche Lösung) aber

[7] Unter den ausländischen Staaten arbeiteten vor allem Frankreich und Dänemark, das Schleswig-Holstein verlieren würde, gegen diese Bestrebung. Besonders kompliziert war auch die Frage, was aus den Tschechen, Ungarn, Polen, Slowaken, Italienern, Kroaten und anderen Völkern werden sollte, die ein Teil des österreichischen Staatswesens waren. Sollten all diese ausländischen Minderheiten einem deutschen Staatenbund angehören?

[8] Schwarz-rot-gold waren die Farben des mittelalterlichen Kaiserstaates gewesen. Sie wurden von den Studenten als Farben der Burschenschaft angenommen, die nach den Freiheitskriegen gegründet wurden mit der Idee von Förderung des Einheits- und Freiheitsgedankens. Von 1918–1933 waren schwarz-rot-gold die Farben der deutschen Republik und sind es seit 1948 wieder.

[9] Unter den 586 Abgeordneten befanden sich Ernst Moritz Arndt, Dahlmann, Gervinus, Jakob Grimm, Uhland u.a.

Mitglieder der Nationalversammlung ziehen in die Paulskirche in Frankfurt ein

Sitzung der Nationalversammlung in der Paulskirche 1848

Die Kaiserkrone wird dem König von Preußen angeboten

Österreich lehnte ab. Da wandte sich die Versammlung an Preußen; sie entschied sich für eine liberale Verfassung[10] und wählte den König von Preußen zum erblichen Kaiser Deutschlands. König Friedrich Wilhelm IV hatte jedoch ernste Vorbehalte, war wohl auch nicht ehrgeizig und mutig genug und lehnte die Krone ab. Es war gegen sein Empfinden, die Krone aus den Händen der Revolution anzunehmen, er wollte nicht Kaiser von Volkes Gnaden sein, sondern von den Fürsten Deutschlands gewählt werden.[11] Seine Haltung läßt sich verstehen, wenn man

[10] Die Verfassung enthielt ähnliche menschliche Grundrechte wie z.B. die Verfassung der U.S.A. Freiheit der Person, der Meinung, des Glaubens, des Wohnsitzes, des Gewerbes, Aufhebung der Standesunterschiede, die Zivilehe, Abschaffung der Todesstrafe waren wichtige Punkte, die zum Vorbild für spätere Gesetzgebungen wurden.

[11] In privaten Briefen und Gesprächen sprach Friedrich Wilhelm von der Krone als der ,,Schweinskrone'' und der ,,Wurstprezel'', die von ,,Meister Bäcker und Metzger'' komme und daß er sie nicht ,,aus dem Rinnstein aufnehmen wolle''.

bedenkt, daß in Preußen die Gegenrevolution bereits erfolgreich verlaufen war, und Polizei und Militär ,,Ordnung und Sicherheit" wiederhergestellt hatten. Die furchtbar enttäuschte Nationalversammlung wurde daraufhin aufgelöst und die deutsche Einigung war wiederum vereitelt. Auch die Hoffnungen der liberal und demokratisch denkenden Männer erstickten unter den Bayonetten des preußischen Militärs. Das einzige Zugeständnis an den Mittelstand von Seiten der Regierung war die Einführung einer Verfassung, die jedoch Fürsten und reiche Bürger äußerst begünstigte. Das preußische Parlament bestand aus zwei Kammern, dem vom König ernannten Herrenhaus und dem vom Volk nach dem Dreiklassenwahlrecht gewählten Landtag. Das Dreiklassenwahlrecht, das bis 1918 bestand, gab den größten Steuerzahlern die meisten Stimmen, so daß die unteren Schichten kaum gehört wurden. Es herrschten Autorität und Bürokratismus, und wiederum war in Deutschland ein Volksaufstand erfolglos verlaufen und der Anschluß an die liberaleren politischen Systeme des Westens verpaßt.

Die preußische Verfassung

In den Jahren nach 1848 vergrößerte sich der Gegensatz Österreich-Preußen, der durch die Annahme der kleindeutschen Lösung im Parlament von Frankfurt nicht gerade gemildert worden war. Ein Mann, der Österreichs Bestrebungen, Preußen zu einer zweitrangigen Macht zu reduzieren, erkannte und zu verhindern suchte, war Otto von Bismarck (1815–1898), der im preußischen diplomatischen Dienst als Botschafter beim Bundestag in Frankfurt, in Petersburg und Paris tätig war. Als der liberal gesinnte preußische Landtag mit dem König und der Regierung in Fragen der Heeresreform nicht übereinstimmte und der Regierung die finanziellen Mittel für die Armee verweigerte, kam es zur Regierungskrise. Der König dachte an Abdankung. Da wurde Bismarck zum Ministerpräsidenten berufen und regierte drei Jahre lang autokratisch. Er führte die Heeresreform gegen den Willen des Landtags durch, regierte ohne Etat und setzte sich über die Verfassung hinweg. Von ihm stammt das bekannte Zitat, daß die deutsche Frage nicht durch Reden und Mehrheitsbeschlüsse, sondern durch ,,Blut und Eisen" gelöst werden müsse. Erst Jahre später, als seine diktatorische Politik Preußen den gewünschten Erfolg gebracht hatte, wurden seine verfassungswidrigen Maßnahmen nachträglich vom Landtag legalisiert.

Bismarck

Bismarck wird Ministerpräsident

Außenpolitisch sah Bismarck Österreich als den Hauptgegner

preußischer Größe. Zunächst knüpfte er freundschaftliche Beziehungen mit Rußland an und deckte sich damit den Rücken bei zukünftigen Maßnahmen. Sein Ziel war die preußische Machtvermehrung, und um dieses Ziel zu erreichen, benutzte er alle diplomatischen und kriegerischen Mittel, die ihm zur Verfügung standen. Im ersten Jahrzehnt seiner Amtstätigkeit führte er drei erfolgreiche Kriege, mit denen er sein Ziel verwirklichte. Der erste Krieg wurde von Preußen und Österreich zusammen gegen Dänemark geführt. Es ging um die Herzogtümer Schleswig-Holstein, die Bismarck den Dänen abnehmen wollte. Dänemark wurde 1864 besiegt, Holstein fiel an Österreich und das nördlichere Schleswig an Preußen. Nun plante Bismarck die Auseinandersetzung mit Österreich, die bereits wegen Anspruchsrechte auf Schleswig-Holstein drohte. Durch geschickte diplomatische Schachzüge sicherte er sich die vorläufige Neutralität Frankreichs, das er durch Gebietsversprechungen[12] hinhielt, und die Unterstützung Italiens und Rumäniens. Für England kam ein Eingreifen auf dem Kontinent nicht in Frage, und Rußland war Preußen freundlich gesinnt.

Der Krieg gegen Dänemark

Die norddeutschen Staaten schlossen sich Preußen sofort an, als der Krieg begann, und die süddeutschen und Hannover wehrten sich nur mit halbem Herzen. Europa erwartete einen langen, blutigen Krieg, aber mit überlegenen Waffen,[13] Truppen und Strategen gewann Preußen den Krieg in sieben Wochen. Der Sieg bei Königgrätz am 3. Juli 1866 endete die Österreichische Vormundschaft und etablierte Preußen als führende Macht in deutschen Angelegenheiten. Geschickt verhinderte Bismarck die Demütigung Österreichs durch den Einmarsch preußischer Truppen in Wien und durch Annexionen österreichischen Gebiets. Durch sein großmütiges Verhalten konnte er später auf Österreichs Neutralität und auf das Wohlwollen der süddeutschen Staaten hoffen, die er ebenfalls großmütig behandelte. Mitteldeutschland (Hannover, Kurhessen, Nassau, Frankfurt) und natürlich Schleswig fielen an Preußen. Alle Staaten nördlich des Mains und Sachsen schlossen sich im August 1866 unter

Der Krieg mit Österreich

Der norddeutsche Bund

[12] Auch Österreich versprach Frankreich westdeutsche Gebiete für seine Unterstützung. Frankreich hielt sich aus dem Konflikt heraus, weil es aus einem langen blutigen Krieg der beiden deutschen Mächte Vorteile zu ziehen glaubte.

[13] Die Truppen besaßen das neue Zündnadelgewehr, die modernste Angriffswaffe. General von Moltke war ein überlegener Heerführer und Stratege.

Otto von Bismarck

preußischer Führung zum norddeutschen Bund zusammen. Mit den süddeutschen Staaten Bayern, Württemberg, Baden und Hessen-Darmstadt schloß Preußen einen geheimen Vertrag ab, in dem diese versprachen, Preußen im Kriegsfalle beizustehen und ihre Truppen preußischem Oberbefehl zu unterstellen. Damit war Bismarck auf die kommende Auseinandersetzung mit Frankreich vorbereitet, das gehofft hatte, Süddeutschland zu isolieren und das an Bismarck seine Gebietsforderungen als ,,Kompensation'' für seine Neutralität und für die Vergrößerung Preußens von neuem geltend machte. Bismarck lehnte die Forderungen diplomatsich ab.[14]

Die Verfassung des Bundes

Der norddeutsche Bund war ein Bundesstaat mit dem König von Preußen als Präsidenten[15] und dem preußischen Kanzler (Bismarck) als Bundeskanzler. Der Reichstag wurde in direkter und geheimer Wahl vom Volk gewählt. Der Bundesrat, der allen Beschlüssen des Reichstags zustimmen mußte, wenn diese Gesetzeskraft erhalten sollten, war die Vertretung der Landesfürsten. Von den 43 Stimmen im Bundesrat erhielt Preußen 17,

[14] Frankreich forderte unter anderem linksrheinisches Gebiet mit der Stadt Mainz und Teile der Rheinpfalz, die zu Bayern gehörten. Bismarcks ablehnendes Verhalten machten ihn in den Augen der süddeutschen Staaten zum Verteidiger ihrer Interessen, besonders da Österreich gewillt war, west- und süddeutsche Gebiete an Frankreich abzutreten. Bismarck lehnte ebenfalls die Annexion Belgiens ab und errang damit die Sympathien Englands. Frankreich hatte sich dazu verleiten lassen, seine belgischen Forderungen schriftlich zu geben. Bismarck veröffentlichte diese Dokumente kurz nach Ausbruch des Krieges in der Londoner *Times* und brachte damit die öffentliche Meinung in England auf seine Seite.

[15] Er schloß Verträge und Bündnisse, ernannte die Beamten und führte den Oberbefehl über das Heer.

Sachsen 4, Mecklenburg und Braunschweig je 2 und alle anderen Staaten je eine Stimme. Das Heer unterstand dem Oberbefehl Preußens. Die Farben des Bundes waren schwarz-weiß-rot.[16]

Die Frage der spanischen Thronfolge

Der Krieg mit Frankreich begann vier Jahre nach dem Sieg über Österreich. Der unmittelbare Anlaß erwuchs aus dem Streit über die spanische Thronfolge. Der Thron in Spanien sollte von einer neuen Dynastie besetzt werden, und Prinz Leopold von Hohenzollern-Sigmaringen[17] wurde 1870 als Kandidat vorgeschlagen. Bismarck unterstützte die Kandidatur des Hohenzollernprinzen, denn sie paßte in seine Pläne, während Frankreich natürlich gegen die Kandidatur focht und einen deutschen Prinzen auf spanischem Thron als Bedrohung seiner Sicherheit ansah. Der französische König Napoleon III errang einen diplomatischen Sieg, als Leopold die Kandidatur ablehnte, verdarb sich den vollen diplomatischen Erfolg jedoch durch unvorsichtige Drohungen. Er verlangte von König Wilhelm das Versprechen, daß dieser auch in der Zukunft die Bewerbung eines Hohenzollernprinzen nicht erlauben würde. Wilhelm, der sich zur Erholung in Bad Ems aufhielt, lehnte höflich ab, solch eine Versicherung zu geben und schickte ein Telegramm (das berühmte Ems-Telegramm) an Bismarck, in dem er seinen Kanzler über die Vorgänge unterrichtete. Bismarck, dem die diplomatische Niederlage und die unverfrorene Haltung der Franzosen nicht zusagte, strich die Depesche auf das Wesentliche zusammen, ohne den Inhalt zu verändern, wodurch der Wortlaut zugespitzt wurde und es aussah, als habe der französische Botschafter den preußischen König beleidigt und dieser daraufhin den Diplomaten unhöflich von sich gewiesen.[18] Die Depesche, die nun wie ,,eine Fanfare'',

Das Ems-Telegramm

[16] Schwarz-weiß waren die Farben Preußens und rot-weiß die der Hanse, Holsteins und des alten Kurfürstentums Brandenburg.

[17] Er war ein entfernter Verwandter des preußischen Königs.

[18] Die Version, die Bismarck der Presse übergab lautete: Nachdem die Nachrichten von der Entsagung des Prinzen von Hohenzollern der kaiserlich französischen Regierung von der königlich spanischen amtlich mitgeteilt worden sind, hat der französische Botschafter in Ems an Seine Majestät den König noch die Forderung gestellt, ihn zu autorisieren, daß er nach Paris telegraphiere, daß Seine Majestät der König sich für alle Zukunft verpflichte, niemals wieder Seine Zustimmung zu geben, wenn die Hohenzollern auf ihre Kandidatur zurückkommen sollten.

Seine Majestät hat es darauf abgelehnt, den französischen Botschafter nochmals zu empfangen, und demselben durch den Adjutanten vom Dienst sagen lassen, daß Seine Majestät dem Botschafter nichts weiter mitzuteilen habe.

Der Krieg mit Frankreich

Sedan

Metz

Das Kaiserreich

wie eine Herausforderung klang, wurde von der Weltpresse veröffentlicht und tat in Frankreich ihre erhoffte Wirkung. Am 19. Juli 1870 erklärte Frankreich den Krieg gegen Preußen. Die süddeutschen Staaten traten sofort zu Preußen, Österreich, das nur im Falle eines preußischen Angriffs seine Hilfe zugesagt hatte, verhielt sich neutral, Rußland war mit Preußen befreundet und englische Sympathien[19] lagen, wegen der französischen Absichten gegen Belgien, zum Teil auf preußischer Seite. So wirkte sich nun Bismarcks langjährige Diplomatie günstig für sein Land aus. Die deutschen Armeen waren besser geführt und besser ausgerüstet als die französischen und errangen daher gleich zu Anfang des Krieges eine Reihe von großen Siegen. Bei Sedan wurde eine französische Armee eingeschlossen und mußte sich am 1. September 1870 ergeben. Unter den 100 000 Gefangenen befand sich der französische Kaiser, der nach Wilhelmshöhe in die Gefangenschaft geschickt wurde. In Paris wurde daraufhin die Republik ausgerufen. Im folgenden Monat wurde die zweite große französische Armee (170 000 Mann) bei Metz ebenfalls gezwungen, die Kampfhandlungen einzustellen. Paris wurde umzingelt, bombardiert und im Januar 1871 zur Übergabe gezwungen. Daraufhin war der Krieg praktisch beendet.

Noch vor Ende des Krieges gelang Bismarck die Verwirklichung seines Hauptzieles: die Reichsgründung unter preußischer Führung. Am 18. Januar 1871 wurde König Wilhelm I von Preußen im Spiegelsaal des Versailler Schlosses von den deutschen Fürsten zum Deutschen Kaiser proklamiert. Wilhelm war von dem Titel nicht allzu begeistert, da er ihn mehr als romantische Verzierung denn als Spiegelbild der politischen Wirklichkeit betrachtete. Außerdem wollte er den Titel Kaiser von Deutschland, nicht Deutscher Kaiser. Lange Verhandlungen mit Württemberg und Bayern,[20] die für sich besondere Privilegien (Armee, Post, Eisenbahn, Finanzen usw.) forderten, waren der Proklamation vorangegangen. Praktisch waren nun alle deutschen Staaten außer Österreich in einem neuen Reich zusammengefaßt, einem Reich, das die Erweiterung des Norddeutschen Bundes

[19] England und die U.S.A. unterstützten Frankreich mit Waffenlieferungen.

[20] Bayern hat auch seitdem in der deutschen Geschichte eine eigenwillige Rolle gespielt. Noch bei der Annahme des Grundgesetzes und der Bildung der Bundesrepublik nahm es eine Sonderstellung ein, und bis heute heißt die CDU in Bayern CSU.

Kaiser Wilhelm I

durch Baden und Hessen- Darmstadt bedeutete. Mit diesem Bund stand Württemberg in freundlichem, Bayern dagegen in eigenwilligem Vertragsverhältnis. An der Spitze des Reiches stand der Kaiser mit dem Reichskanzler, dem die Staatssekretäre unterstanden. Die beiden Kammern waren der demokratische Reichstag und der aristokratische Bundesrat, der durch sechs bayrische, vier württembergische und je drei badische und hessische Abgeordnete auf 58 Stimmen erhöht wurde. Für die meisten Deutschen bedeutete die Reichsgründung die Erfüllung ihrer alten Sehnsucht. In Wahrheit war jetzt ein Anfang gemacht, obgleich die alten Gegensätze zwischen Stämmen und Dynastien, der Partikularismus, nicht überwunden war. Das Reich war zwangsmäßig zusammengefügt[21] worden und bestand zunächst auf preußische Art und unter preußischer Verwaltung. Die

[21] Das Reich bestand aus den folgenden Bundesstaaten: 4 Königreichen (Preußen, Bayern, Sachsen, Württemberg), 6 Großherzogtümern (Baden, Hessen, Mecklenburg-Schwerin, Mecklenburg-Strelitz, Oldenburg, Sachsen-Weimar), 5 Herzogtümern (Anhalt, Braunschweig, Sachsen-Altenburg, Sachsen-Coburg-Gotha, Sachsen-Meiningen), 7 Fürstentümern (Lippe-Detmold, Reuss-jüngere Linie, Reuss-ältere Linie, Schaumburg-Lippe, Schwarzburg-Rudolfstadt, Schwarzburg-Sondershausen), 3 Freien Reichsstädten (Hamburg, Bremen, Lübeck) und dem Reichsland Elsaß-Lothringen.

Zukunft mußte zeigen, wie sich Reich und Kaisertum entwickeln würden.

Elsaß-Lothringen

Der Frieden mit Frankreich wurde im Mai 1871 abgeschlossen. Frankreich mußte das Elsaß, dessen Bevölkerung hauptsächlich deutsch, und Lothringen, das hauptsächlich französisch sprach, abtreten. Diese Entscheidung, die zum Teil gegen Bismarcks Ratschlag durchgeführt wurde, war insofern unklug, weil die Bevölkerung lieber bei dem liberaler gesinnten Frankreich geblieben wäre als ein Teil des preußischen Militärstaates zu werden, und weil sie die Wiederherstellung freundschaftlicher Beziehungen zwischen den beiden Gegnern verhinderte. Auf deutscher Seite erinnerte man sich nur allzu gut an die Eroberungspolitik Frankreichs unter Ludwig XIV und Napoleon I und rechtfertigte seine Ansprüche mit der Forderung nach zukünftiger Sicherheit. Das stolze Frankreich, ans Herrschen und Bestimmen gewöhnt, vergaß die Demütigung nicht und sann auf Vergeltung. So trugen die Ereignisse von 1871 bereits den Keim zum Weltkrieg von 1914–18 in sich.

Ansprüche

Nachkriegsdiplomatie

In den Jahren nach dem deutsch-französischen Krieg suchte Bismarck, seine Errungenschaften zu bewahren. Es kam darauf an, die „kleine" Einkreisung Deutschlands durch die katholischen Mächte Österreich, Italien, Frankreich und die gefährlichere „große" Einkreisung durch Frankreich, England und Rußland zu verhindern. Zunächst verbündete Deutschland sich mit Rußland und Österreich (Drei-Kaiser-Bund), aber Rußland erwies sich bald als unzuverlässiger Partner, dessen Interessen auf dem Balkan den Interessen Österreichs zuwiderliefen. Rußland übernahm die Rolle des Beschützers aller Slawen und unterstützte die nationalen Bestrebungen der Balkanvölker gegen Österreich. Deutschland dagegen trat auf Seite seines südlichen Nachbarn und entfremdete dadurch seinen östlichen.

Kulturkampf und Sozialistengesetze

Innenpolitisch führte Bismarck von 1873–1878 den sogenannten „Kulturkampf" gegen den politischen Einfluß der katholischen Kirche in Deutschland und den Kampf gegen die Sozialdemokraten. Zunächst ging Bismarck gegen den katholischen Klerus scharf vor, aber erreichte dadurch nur, daß die Opposition immer stärker wurde und daß er am Ende mit Rom Kompromisse schließen mußte. Gegen die Sozialdemokraten, deren Philosophie sich auf Marx und Engels gründete, und die die Sache der immer stärker anwachsenden deutschen Arbeiterschaft mit radikalen Mitteln vertraten, erließ Bismarck ein Verbot, weil sie den Staat bekämpften. Der unmittelbare Anlaß war ein Attentat, das

Versicherungsgesetze

zwei radikale Sozialisten auf den Kaiser verübt hatten. Trotz des Verbotes wuchs die Partei im Geheimen weiter und wurde später zur stärksten in Deutschland. Um die unteren Klassen für den Staat zu gewinnen, erließ die Reichsregierung im Jahre 1880 das Gesetz ,,zum Schutze der Arbeit'', dem eine Reihe von Versicherungsgesetzen folgte, die die Unfall- und Krankenversicherung (1883), die Alters- und Invalidenversicherung (1889), die Witwen- und Waisenversicherung und schließlich die Arbeitslosenversicherung einführte. Bei diesen Versicherungen trugen Arbeitnehmer, Arbeitgeber und Staat je ein Drittel der Kosten. Heute gehören fast alle Deutschen einer Krankenkasse an, und nur wenige Ärzte haben eine Privatpraxis. Das deutsche Versicherungswesen wurde bald von anderen Staaten als vorbildlich anerkannt und nachgeahmt.

Kaiser Wilhelm II und Bismarcks Entlassung

Kaiser Wilhelm I starb im Jahre 1888. Kronprinz Friedrich regierte nur wenige Wochen und starb an Krebs. Sein Sohn wurde noch im gleichen Jahr (1888 das Dreikaiserjahr) als Wilhelm II deutscher Kaiser. Er war 29 Jahre alt, verstand sich mit dem alten Bismarck nicht und entließ den Kanzler deshalb im März 1890. Bismarck hatte sich durch unbeliebte Maßnahmen viele Feinde geschaffen und befürwortete Gesetze und Verfassungsänderungen, die auf die Errichtung einer nackten Autokratie hinzuzielen schienen. Der Kaiser, die Bundesfürsten und viele Politiker fürchteten von einer Fortsetzung der Bismarckschen Politik schlimme Folgen für das Wohl des Reiches. So schien es dem Kaiser als die beste Lösung, den halsstarrigen alten Mann, mit dem er bereits mehrere heftige Auseinandersetzungen gehabt hatte, ehrenvoll zu entlassen. Kein wirklich fähiger Mann konnte die Lücke ersetzen, und Kaiser Wilhelm regierte mehr und mehr nach eigenem Willen, was für die deutsche Geschichte nicht von Vorteil war. Bismarck konnte sich mit seiner Entlassung nicht abfinden. In den acht Jahren bis zu seinem Tode bekämpfte er die Politik der neuen Regierung in Veröffentlichungen und Zeitungsartikeln. Die junge Generation verehrte den großen, alten Mann, und eine Bismarcklegende begann sich zu entwickeln. Wenn es in politischen Angelegenheiten nicht recht voran- oder gar zurückging fragte man sich, was Bismarck in dieser Situation getan hätte. Als Bismarck am 30 Juli 1898 starb, atmete der junge Kaiser tief auf, aber Deutschland hatte einen bedeutenden Staatsmann verloren, der sich so leicht nicht ersetzen ließ und dessen große Tat die Einigung der deutschen Staaten in ein deutsches Reich war.

12

Die Literatur der Goethezeit: Sturm und Drang, Klassik und Romantik

Sturm und Drang

Da Johann Wolfgang Goethe, Deutschlands größter Dichter, die Literaturperiode von etwa 1770 bis 1832 beherrscht, nennt man diese Zeitspanne häufig die Goethezeit. Die literarische Bewegung, die sich während dieser Zeit in drei verschiedenen Stufen, dem Sturm und Drang, der Klassik und der Romantik entfaltet, beginnt als Reaktion gegen die Aufklärung, als Revolte gegen die Unterdrückung des Gefühls und gegen die mechanische Produktion von Kunstwerken nach starren Regeln ohne große schöpferische Leistung. Die Anfänge dieser Tendenz erkennen wir bereits in der Empfindsamkeit, aber ihren Höhepunkt erreicht die Revolte im Sturm und Drang. Während wir bereits in den Schriften Kants und Lessings die Überwindung der Aufklärung und die Grundlage für eine neue Weltanschauung erkennen, wird die Literatur grundlegend von zwei Kunsttheoretikern beeinflußt: Hamann und Herder.

Reaktion gegen die Aufklärung

Hamann

Johann Georg Hamann (1730–1788), Königsberger wie Kant, war zeit seines Lebens ein Gegner jeder Vernunftüberlegung und lehnt alles rationale Wissen ab. Das Gefühl ist für ihn die Grundlage jedes künstlerischen Schaffens. Das künstlerische Genie, das von der Gewalt seiner Gefühle, nicht aber von äußeren Beweggründen und Regeln bestimmt wird, ist in Hamanns Auffassung ein Schöpfer analog zu Gott. Die folgenden Beispiele aus den Aphorismen und Ausprüchen zeigen seine Einstellung.

> Das Herz schlägt früher, als unser Kopf denkt — ein guter Wille ist brauchbarer als eine noch so reine Vernunft.
>
> Ein Herz ohne Leidenschaften, ohne Affekte ist ein Kopf ohne Begriffe, ohne Mark.
>
> Sokrates hatte also freilich gut unwissend zu sein; er hatte einen Genius, auf dessen Wissenschaft er sich verlassen konnte, den er liebte und fürchtete als seinen Gott, an dessen Frieden ihm mehr gelegen war als an aller Vernunft der Ägypter und Griechen.
>
> Was ersetzt bei Homer die Unwissenheit der Kunstregeln, die ein Aristoteles nach ihm erdacht, und was bei einem Shakespeare die Unwissenheit oder Übertreibung jener kritischen Gesetze? Das Genie, ist die einmütige Antwort.

Herder

Johann Gottfried Herder (1744–1803), Ostpreuße wie Hamann, wird von diesem und von Kant stark beeindruckt. Er studiert Theologie in Königsberg, wird Pfarrer in Riga und schließlich Superintendent in Weimar. Dichtung ist für Herder nicht ein künstliches Zusammenstellen von Worten nach genauen Regeln, sondern eine Naturgabe, die am ursprünglichsten im Volk hervorsprudelt. Er interessiert sich für Volksdichtung und sammelt alte Volkslieder, die er 1778/79 veröffentlicht. Bereits 1773 hatte er einen Aufsatz über *Ossian*[1] geschrieben, in dem er der gelehrten Kunstpoesie seiner Zeit die Volkspoesie primitiverer Zeiten gegenüberstellt und ihre ungekünstelte Natürlichkeit lobt. In anderen Aufsätzen bemüht sich Herder um die Erneuerung der deutschen Dichtung und stellt Homer, Shakespeare und Rousseau als Beispiele von echten Naturdichtern auf. Besonders auch das Volkslied — den Begriff hat Herder geschaffen — ist Beispiel dieser Naturdichtung. Mit seinen Ideen hat Herder die Literatur stark beeinflußt, besonders Goethe, mit dem er in Straßburg zusammentraf, und den er für die „neue" Dichtung gewann. Um Goethe sammelte sich eine Schar junger Dichter, deren Bewegung nach dem Namen eines Dramas von Klinger

Volksdichtung

[1] MacPherson hatte mehrere alte schottische Bardenlieder des Ossians veröffentlicht, die sich später jedoch als Fälschung herausstellten.

Die Stürmer und Dränger

,,Sturm und Drang'' genannt wurde. Diese jungen Schriftsteller lehnten sich in ihren Werken, die heute fast ganz in Vergessenheit geraten sind, gegen ihre Väter auf. Ihre Schlagworte waren Natur, Gefühl, Leidenschaft, Genie und Kerl. Ihr Ziel war die Errichtung von politischer, sittlicher und ästhetischer Freiheit, ein Ziel, das sie nur in ihren Werken nicht in der wirklichen Welt erreichten.

Der bedeutendste Stürmer und Dränger, um den sich, wie bereits gesagt, die andern scharten, war Johann Wolfgang

Goethes Jugend

Goethe (1749–1832). Er wurde als Sohn reicher Bürgersleute in Frankfurt geboren, genoß eine ausgezeichnete Erziehung im Vaterhaus, erlebte die französische Besetzung der Stadt im Siebenjährigen Krieg und die Krönung Josephs II. zum deutschen Kaiser mit. Mit 16 Jahren ging er nach Leipzig, um an der dortigen Universität nach dem Willen des Vaters Jura zu studieren. Er vernachlässigte seine Studien, begann sich für Theater und Literatur und für das gesellige Leben in ,,Klein-Paris'' zu interessieren und schrieb einige unbedeutende Spiele und Gedichte. Eine schwere Krankheit zwang ihn, 1768 nach Frankfurt zurückzukehren. Eine pietistische Freundin der Mutter, Susanne von Klettenberg, pflegte ihn gesund und machte ihn vertraut mit den pietistischen Lehren. Im Frühjahr 1770 besuchte er die Universität Straßburg und promovierte 1771 zum Lizentiaten der Rechte.

Straßburg wurde eine sehr bedeutende Station im Leben Goethes. Hier entdeckte er die Schönheit der gotischen Architektur am Straßburger Münster; unter dem Einfluß Herders und anderer Freunde wurde er frei vom Konventionellen des Rokoko, lernte die herrliche Landschaft des Elsaß sehen und lieben, sammelte Volkslieder, las Hamann, Rousseau, Ossian, Shakespeare und Homer und gewann eine unbändige Freude am

Goethe entwickelt sich zum Dichter

Leben. So zum echten Dichter vorbereitet, wurde er wahrhaftig zum Dichter, als er sich in eine junge Elsässerin, die Pfarrerstochter Friederike Brion, verliebte. Das Erlebnis dieser Liebe macht ihn zum Dichter. Seine *Sesenheimer Lyrik* enthält seine ersten ausdrucksstarken, mit echtem Gefühl angefüllten Gedichte: *Mit einem gemalten Band*, *Willkommen und Abschied* und *Mailied*. Diese Gedichte, die mit zu den besten echten Erlebnisliedern der deutschen Dichtung gehören, haben die Lyrik der nächsten Jahrzehnte stark beeinflußt.

In Straßburg entstand auch nach dem Vorbild Shakespeares das

Götz

Drama *Götz von Berlichingen*, des Ritters mit der eisernen Faust, der sich tatkräftig seine Freiheit zu erhalten versucht. Herder hat das Drama wegen seiner wilden Auswüchse — die Einheit des Ortes wird neunundfünfzigmal durchbrochen — getadelt. Trotzdem macht es den Verfasser in Deutschland zum Führer der jungen Generation, die ihn als den neuen Shakespeare verehrt.

In Wetzlar (1772) arbeitet Goethe am Reichskammergericht und lernt Kestner und Lotte Buff kennen, in die sich Goethe verliebt. Sie heiratet jedoch Kestner. Dieses Erlebnis und der Selbstmord eines Bekannten spiegeln sich im Briefroman *Die Leiden des jungen Werthers* (1774) wider. Der passive, weltfremde, empfindsame Werther zeigt im Gegensatz zum kraftstrotzenden, kämpferischen Götz die nach innen gewandte, im Gefühl verschwimmende, der Welt entfremdete Seite des Sturm und Drangs. Der „Held" geht an der Welt, an der Liebe zu einer verheirateten Frau, die er nicht besitzen kann, an seiner künstlerischen Ohnmacht, an seiner Überspanntheit und aus Mangel nützlicher Tätigkeit zugrunde. Werther ist ein überempfindliches Genie, das in diese bürgerliche Welt mit ihren Regeln und Konventionen nicht paßt.

Werther

Der Roman machte Goethe noch weit mehr als *Götz* in ganz Europa berühmt. Napoleon hat ihn ständig bei sich getragen und siebenmal gelesen. Nach der Schlacht bei Jena (1806) sucht er Goethe in Weimar auf, um den Dichter des *Werthers* kennenzulernen. Noch Jahre später, als Goethe längst über dieses Jugendwerk hinausgewachsen war und seine reifen, klassischen Werke veröffentlicht hatte, bestaunte man ihn zu seinem Verdruß als Dichter des *Werthers*. Der Roman fand zahlreiche Nachahmungen und entrüstete Kritiken. Eine Selbstmordwelle durchzog Europa, und die jungen Männer kleideten sich wie Werther, die Mädchen wie Lotte. So tief wirkte das Werk, so stark entsprach es dem Geist der Zeit. Das folgende Beispiel ist aus dem Brief vom 10. Mai und zeigt, wie Werther über die Natur in Ekstase gerät, und wie er sein Selbst aufgeben möchte:

Der Einfluß *Werthers*

> Wenn das liebe Tal um mich dampft, und die hohe Sonne an der Oberfläche der undurchdringlichen Finsternis meines Waldes ruht, und nur einzelne Strahlen sich in das innere Heiligtum stehlen, ich dann im hohen Grase am fallenden Bache liege, und näher an der Erde tausend mannigfaltige Gräschen mir merkwürdig werden; wenn ich das Wimmeln der kleinen Welt zwischen Halmen, die unzähligen, unergründlichen Gestalten der Würmchen,

der Mückchen näher an meinem Herzen fühle, und fühle die Gegenwart des Allmächtigen, der uns nach seinem Bilde schuf, das Wehen des Alliebenden, der uns in ewiger Wonne schwebend trägt und erhält; mein Freund! wenn's dann um meine Augen dämmert, und die Welt um mich her und der Himmel ganz in meiner Seele ruhn wie die Gestalt einer Geliebten — dann sehne ich mich oft und denke: Ach könntest du das wieder ausdrücken, könntest du dem Papiere das einhauchen, was so voll, so warm in dir lebt, daß es würde der Spiegel deiner Seele, wie deine Seele ist der Spiegel des unendlichen Gottes! — Mein Freund — Aber ich gehe darüber zugrunde, ich erliege unter der Gewalt der Herrlichkeit dieser Erscheinungen.

Das zweite Beispiel ist aus dem Brief vom 15. November, in dem Goethe das furchtbare Bild der in einen endlosen Abgrund stürzenden Kreatur heraufbeschwört:

> ... Was ist's anders als Menschenschicksal, sein Maß auszuleiden, seinen Becher auszutrinken. — Und ward der Kelch dem Gott vom Himmel auf seiner Menschenlippe zu bitter, warum soll ich groß tun und mich stellen als schmeckte er mir süß. Und warum sollte ich mich schämen, in dem schrecklichen Augenblicke, da mein ganzes Wesen zwischen Sein und Nichtsein zittert, da die Vergangenheit wie ein Blitz über dem finstern Abgrunde der Zukunft leuchtet, und alles um mich her versinkt, und mit mir die Welt untergeht. — Ist es da nicht die Stimme der ganz in sich gedrängten, sich selbst ermangelnden, und unaufhaltsam hinabstürzenden Kreatur, in den innern Tiefen ihrer vergebens aufarbeitenden Kräfte zu knirschen: Mein Gott! Mein Gott! warum hast du mich verlassen?

Goethe in Weimar

Im November 1775 zieht Goethe nach Weimar. Schon vorher hatte er die großen Hymnen *Mahomets Gesang*, *Prometheus* und *Ganymed* fertiggestellt. Jetzt folgt ein Jahrzehnt verantwortungsvoller Tätigkeit in Staatsgeschäften, während die dichterische Arbeit zurücksteht. Goethe wird zum Erzieher des wilden, jungen Herzogs und zum gewissenhaften Beamten: 1779 Geheimrat und 1782 erster Minister des Landes; gleichzeitig wird er geadelt. Aus dem jugendlichen Stürmer und Dränger entwickelt sich der reife Mann, der beherrscht und abgeklärt die unbeherrschte Genialität überwindet. Die Gedichte dieser Zeit (*Wanderers*

Nachtlied, An den Mond, Grenzen der Menschheit, Das Göttliche u.a.) beweisen Goethes Entwicklung zum Klassiker. Als ihn die Amtsgeschäfte zu sehr bedrücken, der mühsam niedergehaltene Schaffensdrang sich neu regt und das unbefriedigte Verhältnis zu Frau von Stein ihn quälen, bittet er 1786 um Urlaub und flieht nach Italien, von wo er 1788 als vollendeter Klassiker zurückkehrt. Der sonnige Süden, das unbeschwerte Leben und die Berührung mit der Antike hatten ihm zum Durchbruch verholfen.

Bevor wir Goethes klassische Werke besprechen, wollen wir uns dem zweiten großen deutschen Stürmer und Dränger zuwenden, der sich wie Goethe und zum Teil durch dessen Einfluß ebenfalls zum Klassiker entwickelt.

Schillers Jugend

Christoph Friedrich Schiller (1759–1805) stammt aus Schwaben. Da der Vater Offizier im Heer des tyrannisch-absolut regierenden Herzogs Karl Eugen von Württemberg war, wurde der Sohn in die Militärakademie aufgenommen und gezwungen, Medizin zu studieren. Schiller haßte den Kasernenhofzwang der Akademie. Sein Haß wurde noch angespornt durch die heimliche Lektüre der revolutionären Werke der Sturm-und-Drang-Dichter Klinger und Schubart und durch Goethes *Götz*. Im Januar 1782 wurde sein erstes Drama, *Die Räuber*, in Mannheim aufgeführt. Es war ein gewaltiger Erfolg, aber der Herzog verbot Schiller die weitere Schriftstellerei, worauf dieser im Dezember heimlich aus dem Herzogtum floh.

Friedrich Schiller

Die Räuber

Die Räuber ist wie *Götz* in Prosa geschrieben und enthält wie dieses eine große Menge kraftvoller Ausdrücke. Das Thema ist die Freiheit, der Kampf gegen die verrottete Gesellschaftsordnung, gegen die Tyrannei des Absolutismus. Für das Kraftgenie, Karl Moor, den edlen Verbrecher, ist die Welt zu klein. Er sammelt eine Schar Gleichgesinnter um sich und bekämpft das Unrecht mit dem Schwert, wodurch er selbst Unrecht begeht und schuldig wird. Am Ende führt die Selbsteinkehr des Helden zur Unterwerfung des Individuums unter die Gesetze der Weltordnung, die er mit Gewalt nicht hat ändern können. Die Hoffnung auf eine bessere demokratische Zukunft klingt an.

Kabale und Liebe

Schillers zweiter Erfolg ist die Tragödie *Kabale und Liebe*, die 1784 aufgeführt wird. Der Konflikt der Standesgegensätze, ein Motiv, das bereits Lessing in seiner *Emilia Galotti* behandelt hatte, macht das Drama (genau wie Lessings Stück) zur bürgerlichen Tragödie, ein Genre das besonders im 19. Jahrhundert entwickelt wird. Wiederum prangert Schiller die Fürstentyrannei an, die das Liebesglück zweier junger Menschen zerstört. Verurteilt wird die Hofintrige, die absolute Macht am Hofe, die Frauen zu Mätressen und Soldaten zu Sklaven erniedrigen kann. Eine der eindrucksvollsten Szenen ist die, in der ein alter Diener seiner Herrin berichtet, wie die Regimenter, in denen auch seine Söhne dienen, ans Ausland verkauft wurden. Mit dem Geld erwarb der Herzog ein kostbares Schmuckstück für seine Mätresse. Es folgt der ergreifende Dialog in der zweiten Szene des zweiten Aktes zwischen dem Kammerdiener (K) und der Lady Milford (L):

K: Seine Durchlaucht der Herzog empfehlen Sich Milady zu Gnaden und schicken Ihnen diese Brillanten zur Hochzeit. Sie kommen soeben erst aus Venedig.

L: (hat das Kästchen geöffnet und fährt erschrocken zurück) Mensch, was bezahlt dein Herzog für diese Steine?

K: (mit finstrem Gesicht) Sie kosten ihn keinen Heller.

L: Was? Bist du rasend? Nichts? — Und du wirfst mir ja einen Blick zu, als wenn du mich durchbohren wolltest — nichts kosten ihn diese unermeßlich kostbaren Steine?

K: Gestern sind siebentausend Landskinder nach Amerika fort — die zahlen alles.

L: (setzt den Schmuck plötzlich nieder und geht rasch durch den Saal) Mann, was ist dir? Ich glaube, du weinst?

K: (wischt sich die Augen, mit schrecklicher Stimme, alle Glieder zitternd) Edelsteine, wie diese da — ich hab auch ein paar Söhne drunter.

L: (wendet sich bebend weg, seine Hand fassend) Doch keinen gezwungenen?

K: (lacht fürchterlich) O Gott! — nein — lauter Freiwillige. Es traten wohl so etliche vorlaute Bursch vor die Front heraus und fragten den Oberst, wie teuer der Fürst das Joch Menschen verkaufe? — Aber unser gnädiger Landesherr ließ alle Regimenter auf dem Paradeplatz aufmarschieren und die Maulaffen niederschießen. Wir hörten die Büchsen knallen, sahen ihr Gehirn auf das Pflaster spritzen, und die ganze Armee schrie: „Juchhe! Nach Amerika!"

L: (fällt mit Entsetzen auf das Sofa!) Gott! Gott! — Und ich hörte nichts? Und ich merkte nichts?

K: ... Die Herrlichkeit hättet Ihr doch nicht versäumen sollen, wie uns die gellenden Trommeln verkündigten, es ist Zeit, und heulende Waisen dort einen lebendigen Vater verfolgten, und hier eine wütende Mutter lief, ihr saugendes Kind an Bajonetten zu spießen, und wie man Bräutigam und Braut mit Säbelhieben auseinanderriß, und wir Graubärte verzweiflungsvoll dastanden und den Burschen auch zuletzt die Krücken noch nachwarfen in die neue Welt — oh, und mitunter das polternde Wirbelschlagen, damit der Allwissende uns nicht sollte beten hören —

L: (steht auf, heftig bewegt) Weg mit diesen Steinen — sie blitzen Höllenflammen in mein Herz. (Sanfter zum Kammerdiener) Mäßige dich, armer, alter Mann! Sie werden wiederkommen. Sie werden ihr Vaterland wiedersehen.

K: (warm und voll) Das weiß der Himmel! Das werden sie!—Noch am Stadttor drehten sie sich um und schrien: ,,Gott mit euch, Weib und Kinder — Es leb unser Landesvater — am jüngsten Gericht sind wir wieder da!" ...

Die Klassik

Der reife Schiller

Die Jahre 1785–87 verbringt Schiller in Leipzig im Kreise neugewonnener Freunde. Diesen widmet er das menschenfreundliche Lied *An die Freude*, das Beethoven im vierten Satz seiner neunten Symphonie für alle Zeiten verewigt hat. Das Drama *Don Carlos* zeigt genau wie die Gedichte dieser Epoche bereits klassische Züge. Schiller verwendet hier zum ersten Mal den Blankvers, schreibt in einer gehobeneren, idealisierten Sprache, von der er das Niedere und Maßlose ausschließt, und überwindet die starke Subjektivität seiner frühen Dramen. Während dort die Fürsten ganz schwarz gezeichnet wurden, ist König Philipp kein Zerrbild eines Tyrannen mehr, sondern besitzt menschliche Wärme und Größe. Die geschichtlichen und philosophischen Studien der nächsten Jahre vermitteln Schiller Einsichten und Erkenntnisse, die ihn in seinem Urteil reifen lassen; seine Ehe mit Charlotte von Lengefeld und besonders sein Kontakt mit Goethe, mit dem er 1787 zum ersten Mal persönlich zusammentraf, all diese Erlebnisse lassen auch ihn aus dem Sturm und Drang in die Klassik übertreten.

Form

In ihrer klassischen Periode sind Goethe und Schiller aus dem emotionellen, gesetzlosen, subjektiven Schaffen zum geschlossenen, harmonischen, gerundeten Kunstwerk vorgedrungen. Die äußere Ordnung und strenge Form wird durch innere Gesetze bedingt, nach denen die höchst mögliche innere und äußere Schönheit angestrebt wird. Das extrem Subjektive, das einmalig Individuelle weicht dem Allgemeinmenschlichen. Die klassische Lebenshaltung strebt eine harmonische Synthese zwischen Sturm und Drang und Aufklärung an, die allerdings nicht ohne Spannung bleibt. Der Einzelne, der stürmende, revoltierende ,,große Kerl" lernt, sich der Sitte und der

Sittlichkeit

Gesellschaft, die jetzt allerdings als sittliche, gehobene Gesellschaft empfunden wird, unterzuordnen. Das Individuum zerstört die Gesellschaft nicht mehr durch Gewalt, sondern dient ihr und versucht sie von innen heraus zu bessern, zu heben. Die klassische Literatur will den empfänglichen Menschen bilden, ihn

Menschlichkeit

durch Schönheit sittlich heben. Das Ideal, das angestrebt wird, ist die „reine Menschlichkeit", die „Humanität", die beherrscht und geläutert ist, und der wir bereits in Lessings *Nathan der Weise*, und in der *Erziehung des Menschengeschlechts* begegnet sind. Das Vorbild für die deutsche Klassik ist vor allem die griechische Kunst (Homer, Pindar, Sophokles), die die Deutschen hauptsächlich durch die Augen Winckelmanns (1717–1768) sehen lernen. Winckelmann sieht das klassische Altertum als Ideal jeder Kultur, seine Kunst als absolute Schönheitsnorm. Er führt die Höhe der griechischen Kunst zurück auf die griechische Lebenshaltung, die er ganz einseitig sieht. Der griechische Mensch war für ihn der schönste Menschentypus, den es je gegeben hat. Die seelisch-

Schönheit

sittliche Schönheit dieses Menschen ist entstanden durch den gelungenen Ausgleich der Lebensgegensätze.[2] Winckelmanns Ideen und seine Formel „edle Einfalt und stille Größe" werden in die deutsche Klassik aufgenommen. Während Schiller sich bis etwa 1795 hauptsächlich mit historischen[3] und philosophischen Studien befaßt, vollendet der aus Italien zurückgekehrte Goethe seine großen klassischen Werke: *Egmont* (1787), *Iphigenie auf Tauris* (1787), *Torquato Tasso* (1789), *Römische Elegien* (1788), *Venetianische Epigramme* (1790), *Wilhelm Meisters Lehrjahre* (1796), *Balladen* (1797), *Hermann und Dorothea* (1797) und später *Wilhelm Meisters Wanderjahre* (1807) und *Die Wahlverwandtschaften* (1809).

Iphigenie

Iphigenie auf Tauris ist zweifellos der vollendete Ausdruck der deutschen Klassik. Sprache, Aufbau und Weltanschauung sind klassisch. Dem Vorbild Lessings (*Nathan der Weise*) folgend benutzt Goethe den Blankvers, der sich nun als Versfuß des klassischen Dramas durchsetzt. Die Szenen und Akte sind ganz symmetrisch aufgebaut und harmonisch auf Haupt- und Nebenpersonen verteilt. Die Handlung besteht nicht in der Aktion, sondern im Wortkampf. Die Einheiten der Zeit und des Ortes sind streng eingehalten. Die Sprache ist gehoben, schön, idealisiert, gereinigt. Der Stoff ist antik klassisch und stammt aus der griechischen Mythologie sowie aus den Werken Homers und Sophokles. Ganz klassisch im geistesgeschichtlichen Sinne ist der Gehalt des Dramas.

[2] Winckelmann sieht nur das Apollonische in der griechischen Kultur. Erst Nietzsche hat uns gelehrt, daß hinter dem Apollonischen das Dionysische lauert.

[3] Seit 1789 ist er Professor für Geschichte an der Universität Jena.

Die Rettung Orests

Iphigenie, die reine, humane Priesterin der Diana, hat auf der Barbareninsel Tauris das Menschenopfer abgeschafft. Durch ihre unbefleckte Reinheit und ihre verzeihende Menschlichkeit erlöst sie den Bruder Orest und verscheucht die Rachegeister, die den Muttermörder verfolgen: ,,Alle menschlichen Gebrechen sühnet reine Menschlichkeit.'' Am Ende besteht sie auch die schwerste Probe. Sie wird versucht, ihren väterlichen Freund, König Thoas, durch eine Lüge zu hintergehen, um damit ihren Bruder zu retten und die langersehnte Rückkehr in ihre geliebte Heimat zu erreichen. Schwer ringt sie mit sich im Gebet:

Soll dieser Fluch denn ewig walten? Soll
Nie dies Geschlecht mit einem neuen Segen
Sich wieder heben? — ...
So hofft ich denn vergebens, hier verwahrt,
Von meines Hauses Schicksal abgeschieden,
Dereinst mit reiner Hand und reinem Herzen
Die schwer befleckte Wohnung zu entsühnen.
...
Olympier, ... Rettet mich
Und rettet euer Bild in meiner Seele!

Im entscheidenden Augenblick besiegt sie ihre Schwäche und unterwirft das persönliche Begehren dem Gewissen. Ihre sittliche Schönheit, ihre uneigennützige Selbstbeschränkung bricht den Widerstand des Königs. Sie gesteht dem König den Plan, ihn zu hintergehen, appelliert an sein menschliches Verstehen und bittet um Freiheit.

THOAS: Du glaubst, es höre
Der rohe Scythe, der Barbar, die Stimme
Der Wahrheit und der Menschlichkeit, die Atreus,
Der Grieche, nicht vernahm?

IPHIGENIE: Es hört sie jeder,
Geboren unter jedem Himmel, dem
Des Lebens Quelle durch den Busen rein
Und ungehindert fließt. — ...
...
Laß mich mit reinem Herzen, reiner Hand
Hinübergehn und unser Haus entsühnen.

Dem Bruder Orest erzählt Iphigenie, daß sie dem König die Wahrheit gesagt hat: ,,Gestanden hab' ich euern Anschlag und meine Seele vom Verrat gerettet.“ Thoas ist bereit, die Griechen ziehen zu lassen, aber er tut es mit feindlichem Sinn. Da überwindet Iphigenie mit ihrem weiblichen Edelmut seinen starren Sinn und gewinnt ihn zum ewigen Freund:

IPHIGENIE: Denk' an dein Wort und laß durch diese Rede
Aus einem graden treuen Munde dich
Bewegen! Sieh uns an! Du hast nicht oft
Zu solcher edeln Tat Gelegenheit.
Versagen kannst du's nicht; gewähr' es bald.

THOAS: So geht!

IPHIGENIE: Nicht so mein König! Ohne Segen,
In Widerwillen scheid' ich nicht von dir.
Verbann' uns nicht! Ein freundlich Gastrecht walte
Von dir zu uns: so sind wir nicht auf ewig
Getrennt und abgeschieden. Wert und teuer,
Wie mein Vater war, so bist du's mir,
Und dieser Eindruck bleibt in meiner Seele.
Bringt der Geringste deines Volkes je
Den Ton der Stimme mir ins Ohr zurück,
Den ich an euch gewohnt zu hören bin,
Und seh' ich an dem Ärmsten eure Tracht:
Empfangen will ich ihn wie einen Gott,
Ich will ihm selbst ein Lager zubereiten,
Auf einen Stuhl ihn an das Feuer laden
Und nur nach dir und deinem Schicksal fragen.
O geben dir die Götter deiner Taten
Und deiner Milde wohlverdienten Lohn!
Leb' wohl! O, wende dich zu uns und gib
Ein holdes Wort des Abschieds mir zurück!
Dann schwellt der Wind die Segel sanfter an,
Und Tränen fließen lindernder vom Auge
Des Scheidenden. Leb' wohl! und reiche mir
Zum Pfand der alten Freundschaft deine Rechte.

THOAS: Lebt wohl!

Die reine Menschlichkeit überwindet selbst den starren Sinn des Barbaren. Die sittliche Weltordnung siegt und zwar bezeichnenderweise ohne Blutvergießen. In Schillers großer Ballade *Die Bürgschaft* wird ähnlich wie bei Goethe der Tyrann durch die Stimme der Menschlichkeit so gerührt, daß er sich

Die Bürgschaft

bekehrt. Er bittet die beiden Freunde, die sich über alle Widerwärtigkeiten hinaus die Freundestreue halten, in ihren Freundschaftsbund aufgenommen zu werden. Nicht der Mord, der geplant war, überwindet den Despoten, sondern die Treue. Bereits in seinem Gedicht *Das Göttliche* hatte Goethe die mit der Menschlichkeit verbundene Verantwortung des Menschen aufgezeigt:

Edel sei der Mensch,
Hilfreich und gut!
Denn das allein
Unterscheidet ihn
Von allen Wesen,
Die wir kennen.

Durch den Edelmut, die Hilfsbereitschaft und Güte des Menschen werden die göttlichen Kräfte wirksam.

In den meisten Fällen sind es Frauen, die das sittliche Ideal in der klassischen Dichtung verkörpern: Iphigenie, Maria Stuart, Lenore von Este (*Tasso*), Elisabeth (*Don Carlos*). In ihr sind Herzenstrieb und Sittengesetz, Pflicht und Neigung in harmonischem Einklang. Diese Idealfigur, die zur Erzieherin des Mannes wird, die die reine Menschlichkeit verkörpert, wird

Die schöne Seele

„schöne Seele" genannt. Sie erzieht den Mann zum Menschen, zur Humanität. Nathan der Weise war bereits so eine schöne Seele, in der das menschliche Ideal zur Wirklichkeit geworden war.

Goethe in Rom

In Italien war Goethe ein anderer geworden. „Ich zähle eine wahre Wiedergeburt von dem Tag, da ich Rom betrat." Von dieser Verwandlung spricht er in den *Römischen Elegien* (VII):

O wie fühl' ich in Rom mich so froh! gedenk' ich der Zeiten,
Da mich ein graulicher Tag hinten im Norden umfing,
Trübe der Himmel und schwer auf meine Scheitel sich senkte,
Farb- und gestaltlos die Welt um den Ermatteten lag,
Und ich über mein Ich, des unbefriedigten Geistes
Düstre Wege zu spähn, still in Betrachtung versank.
Nun umleuchtet der Glanz des helleren Äthers die Stirne;
Phöbus rufet, der Gott, Formen und Farben hervor.
Sternhell glänzet die Nacht, sie klingt von weichen Gesängen,
Und mir leuchtet der Mond heller als nordischer Tag. ...

In schönen, gleichmäßigen Distichen verarbeitet Goethe seine Erlebnisse in Rom.

Johann Wolfgang Goethe

Die Freundschaft zwischen Goethe und Schiller

Nach anfänglichen Mißverständnissen zwischen Goethe und Schiller führte eine Annäherung im Jahre 1794 endlich zur Freundschaft der beiden großen Dichter. *Der Briefwechsel zwischen Schiller und Goethe*, der bis zu Schillers Tod (1805) fortgesetzt wird, ist trefflicher Beweis dieser Freundschaft und zugleich eines der wertvollsten Dokumente der deutschen Klassik; denn hier lesen wir die Ansichten beider Männer über ihre Arbeiten, die Werke von Zeitgenossen, über künstlerisches Schaffen und Literatur. Die Freunde kritisieren ihr Schaffen, stehen sich bei, geben sich Anregungen. Immer wieder mahnt Schiller den Freund, seinen *Faust* zu beenden. Goethe erkennt Schillers Anerkennung und fühlt sich von einem Ebenbürtigen wahrhaft verstanden: „Sie haben mir eine zweite Jugend verschafft und mich wieder zum Dichter gemacht, welches zu sein ich so gut wie aufgehört hatte." Wir können den Einfluß und die Inspiration, die die beiden aufeinander ausübten, gar nicht hoch genug einschätzen. Im Winter 1797-98 dichteten beide im Wettstreit eine ganze Reihe von Balladen; Schiller: *Der Taucher*, *Der Handschuh*, *Der Ring des Polykrates*, *Die Kraniche des Ibykus*, *Die Bürgschaft*; Goethe: *Die Braut von Korinth*, *Der Gott und die Bajadere*, *Der Zauberlehrling* u.a.

Balladen

In einer Reihe von Aufsätzen setzt Schiller sich mit den Begriffen Freiheit, Schönheit und Sittlichkeit auseinander. In der Abhandlung *Über Anmut und Würde* (1793) überwindet er den Pessimismus Kants mit seiner These, daß der Mensch lernen kann, Pflicht und Neigung in Harmonie zu bringen. Kant hatte behauptet, daß sie einander feindlich gegenüberstehen, daß aber der Mensch seine Pflicht auch tun muß, wenn er sie nicht gern tut. Schiller sagt, der Mensch kann lernen, seine Pflicht gern zu erfüllen, so daß sie ihm zur zweiten Natur wird. Er verneint die Notwendigkeit des Konflikts zwischen Sittlichkeit und Sinnlichkeit. Das sittlich-ästhetische Ideal nennt er „schöne Seele“.

Die schöne Seele

> Der Mensch nämlich ist nicht dazu bestimmt, einzelne sittliche Handlungen zu verrichten, sondern ein sittliches Wesen zu sein. Nicht *Tugenden*, sondern die *Tugend* ist seine Vorschrift, und Tugend ist nichts anders „als eine Neigung zu der Pflicht“.
>
> Eine schöne Seele nennt man es, wenn sich das sittliche Gefühl aller Empfindungen des Menschen endlich bis zu dem Grad versichert hat, daß es dem Affekt die Leitung des Willens ohne Scheu überlassen darf und nie Gefahr läuft, mit den Entscheidungen desselben im Widerspruch zu stehen. Daher sind bei einer schönen Seele die einzelnen Handlungen eigentlich nicht sittlich, sondern der ganze Charakter ist es.
>
> In einer schönen Seele ist es also, wo Sinnlichkeit und Vernunft, Pflicht und Neigung harmonisieren, und Grazie ist ihr Ausdruck in der Erscheinung.
>
> So wie die Anmut der Ausdruck einer schönen Seele ist, so ist Würde der Ausdruck einer erhabenen Gesinnung.
>
> Beherrschung der Triebe durch die moralische Kraft ist Geistesfreiheit, und Würde heißt ihr Ausdruck in der Erscheinung.

Der Sinn der Tragödie

In den Aufsätzen *Vom Erhabenen*, *Über das Pathetische* und *Die Schaubühne als eine moralische Anstalt betrachtet* befaßt Schiller sich mit der Theorie der Tragödie. Die Tragödie muß uns zeigen, daß der Held selbst im Leiden seine erhabene Fassung nicht verliert, sondern daß sein sittlicher Wille noch im Untergang über das Leiden triumphiert. Der tragische Held hat die Wahl zwischen dem Selbsterhaltungstrieb (sein Leben unter allen Umständen zu retten) und der sittlichen Freiheit (sein Leben für seine Idee zu opfern). Er muß sich die Freiheit bewahren und in seinem freiwilligen Untergang die sittliche Idee zum Sieg führen.

Die Kunst als Erzieherin

Die Kunst, der Bereich der Schönheit, in dem das Sinnliche und Geistige harmonisch verbunden sind, erzieht den Menschen zur Sittlichkeit. In seinen *Briefen über die ästhetische Erziehung des Menschen* (1795) verkündet Schiller seine These von der Kunst als Erzieherin zu innerer Harmonie: ,,Wir treten mit der Schönheit in die Welt der Ideen, aber, was wohl zu bemerken ist, ohne darum die sinnliche Welt zu verlassen.'' Die Schönheit vermittelt in der Erziehung zum ,,moralischen Zustand'' des Menschen, sie leitet den Menschen zur Form, zur Idee und zur Überwindung des Sinnlichen.

Der naive Dichter

Der sentimentalische Dichter

Schiller hatte das Bedürfnis, das eigene Wesen dem des überragenden Freundes gegenüber zu behaupten. Goethe war von ihm grundverschieden, und diesen Unterschied erörtert Schiller am Beispiel von zwei Dichtertypen, dem naiven und dem sentimentalischen in dem Aufsatz *Über naive und sentimentalische Dichtung* (1795). Der naive Dichter (Goethe) ist Natur und stellt sie so dar wie sie ist. Der sentimentalische Dichter (Schiller) strebt aus der Kultur heraus zurück zur Natur, die er verloren hat. Er sehnt sich nach der harmonischen Einheit von Geist und Sinnlichkeit und muß sie sich in seinen Werken erkämpfen. Er ist sich bewußt, daß er das Ideal verloren hat und empfindet die Spaltung beider Bereiche als störend. Beide Dichtertypen sind völlig gleichberechtigt. Ein Vergleich von Goethes und Schillers Lyrik zeigt, wie richtig Schiller sich und den Freund eingestuft hat. Schillers Lyrik ist Gedankenlyrik, beseelt von der Mission der Weltverbesserung und der Sendung der Kunst, vom Kampf der Ideale gegen die dumpfe Wirklichkeit. Goethes Lyrik dagegen ist reine Wiedergabe der Natur; er spricht nicht über die Natur oder über die Liebe, sondern drückt sie in Wort und Klang direkt aus.

Schillers klassische Dramen

Schillers philosophische Studien schlagen sich in seinen großen Gedichten und Dramen nieder, mit deren Produktion er 1794 wieder beginnt. Die Trilogie *Wallenstein* wird 1799 fertig,

Maria Stuart 1801, *Die Jungfrau von Orleans* ebenfalls 1801, *Die Braut von Messina* 1803 und *Wilhelm Tell* 1804. Der Tod setzt seiner Arbeit am 9. Mai 1805 ein Ende. Goethe hatte seinen engsten Freund verloren und Deutschland seinen größten Dramatiker. „Ich dachte, mich selbst zu verlieren, und verliere nun einen Freund und in demselben die Hälfte meines Daseins," schrieb Goethe.

Um Goethe wird es nun ruhiger, aber er setzt seine literarische Produktion fort. Er schreibt viele Gedichte und Gedichtsammlungen wie den *Westöstlichen Divan* (1819), *Urworte, Orphisch* (1802), die *Marienbader Elegie* (1823), beendet seinen Altersroman *Wilhelm Meisters Wanderjahre* (1829) und sein gewaltiges Drama *Faust*. Am *Faust* hat Goethe fast sechzig Jahre lang gearbeitet: die ersten Szenen (*Urfaust*) schrieb er bereits zwischen 1773 und 1775 nieder. Der abgeschlossene erste Teil erschien 1808, Teile des zweiten Teiles nach 1825, und die letzten Zeilen fügte er erst kurz vor seinem Tode (1832) hinzu, versiegelte das Ganze und bestimmte, daß es erst nach seinem Tode veröffentlicht werde.

Faust

Der Fauststoff führt zurück auf das Volksbuch (Siehe Kapitel: Die deutsche Kultur zwischen Minnesang und Aufklärung!) und das Puppenspiel, das auf das Drama Christopher Marlowes fußt. Diesen Stoff hat Goethe auf eigene Art zu seinem Drama verarbeitet, das zu den berühmtesten Werken der Weltliteratur

Mephisto *(Gustav Gründgens)* und Faust *(Will Quadflieg)*

gehört. Faust, der Held, ist ein hochgelehrter Mann, der Erkenntnis und Wahrheit sucht, diese jedoch nicht auf legale herkömmliche Weise finden kann und daher einen Pakt mit dem Teufel schließt. Auf höherer Ebene symbolisiert Faust den Menschen, der zwischen den beiden Kraftpolen ,,strebend sich bemüht'', irrt, fehlt und sündigt aber immer zu seinem Streben zurückkehrt und deshalb, und weil Gott ihn liebt, trotz seiner Schwächen und Vergehen am Ende aus der Macht des Bösen erlöst werden kann. Den kosmischen Rahmen des ganzen Geschehens bildet die Eingangsszene ,,Prolog im Himmel'' und die Schlußszene ,,Bergschluchten''. Im ,,Prolog'' erfahren wir, daß Gott den Menschen (Faust) liebt, daß der Mensch ihm ,,verworren dient'', weil er noch keine Klarheit besitzt und daß er ,,irrt ..., so lang er strebt''. Von Anfang an steht also fest, daß menschliches Streben mit Irrtum verbunden ist und daß der strebende, irrende Mensch von Gott nicht verdammt werden wird. Zu Mephisto sagt Gott:

Das Faustproblem

> Und steh beschämt, wenn du bekennen mußt:
> Ein guter Mensch, in seinem dunklen Drange,
> Ist sich des rechten Weges wohl bewußt.
>
> (v. 327–329)

Worum geht es im Drama? Es geht um den Beweis, daß die Krönung der Schöpfung, der Mensch, kein Fehler war, wie Mephistopheles behauptet, daß die Vernunft ihm nicht zum Verderben wird. Faust soll den Beweis liefern, daß der Mensch in seinem Streben nach Wahrheit nicht durch tierischen Genuß abgelenkt werden kann. Das kommt in dem Pakt zum Ausdruck den Faust mit Mephistopheles schließt:

Der Pakt

> Werd' ich beruhigt je mich auf ein Faulbett legen,
> So sei es gleich um mich getan!
> Kannst du mich schmeichelnd je belügen,
> Daß ich mir selbst gefallen mag,
> Kannst du mich mit Genuß betrügen,
> Das sei für mich der letzte Tag!
> ...
> Werd' ich zum Augenblicke sagen:
> ,,Verweile doch, du bist so schön!''
> Dann magst du mich in Fesseln schlagen,
> Dann will ich gern zugrunde gehn!
>
> (Studierzimmer v. 1692–1702)

Als Mephistopheles ihn mahnt, er solle es wohl bedenken, antwortet Faust mit den charakteristischen Worten:

Ich habe mich nicht freventlich vermessen:
Wie ich beharre, bin ich Knecht,
Ob dein, was frag' ich, oder wessen!
(v. 1609–1711)

In den folgenden Szenen führt Mephistopheles Faust durch die kleine und die große Welt. Er lernt die Liebe kennen, die ihm zum tragischen Erlebnis und beinah zum Untergang wird, und er verschuldet nicht nur den Tod Gretchens, sondern auch den Tod ihrer Mutter und ihres Bruders. Die Last dieses Erlebnisses ist so schwer, daß er seinen eigenen Untergang herbeiwünscht: „O, wär ich nie geboren!" und zu Anfang des zweiten Teiles symbolisch den Tod (Schlaf) erleidet und daraufhin als neuer Mensch zu neuen Taten erwacht. Am Ende der Gretchentragödie bestand für ihn die große Gefahr darin, nicht im Morast der Sünde zu versinken, sondern unter der Wucht der tragischen Ereignisse zu Grunde zu gehen und sein Streben aus Furcht vor neuer Tragik aufzugeben.

Fausts Untergang

Im 2. Teil geht Faust durch das Bildungserlebnis mit der klassischen Schönheit (Helena). Auch die Vereinigung mit ihr (Symbol für die Synthese zwischen deutscher Romantik und griechischer Klassik) endet tragisch, genau wie seine Betätigung als Herrscher. Ihm bleibt immer nur die rastlose Tätigkeit, das Weitersuchen nach Erfüllung. Am Ende seines Lebens, als blinder, hundertjähriger Greis, der die Magie von seiner Seite hinwegwünscht und als freier Mensch der Lebensaufgabe gegenüberstehen will, erlebt er in einer Vision seine Erfüllung. Während er damit beschäftigt ist, dem Meer neues Land abzugewinnen, hat er eine Vision von der tätigen Gemeinschaft, die im Angesicht der Gefahr sich ihre Freiheit täglich neu erobern muß.

Faust Vision

Eröffn' ich Räume vielen Millionen,
Nicht sicher zwar, doch tätig-frei zu wohnen.
Grün das Gefilde, fruchtbar! Mensch und Herde
Sogleich behaglich auf der neusten Erde,
Gleich angesiedelt an des Hügels Kraft,
Den aufgewälzt kühn-emsige Völkerschaft!

Im Innern hier ein paradiesisch Land;
Da rase draußen Flut bis auf zum Rand,
Und wie es nascht, gewaltsam einzuschießen,
Gemeindrang eilt, die Lücke zu verschließen.
Ja! Diesem Sinne bin ich ganz ergeben,
Das ist der Weisheit letzter Schluß:
Nur der verdient sich Freiheit wie das Leben,
Der täglich sie erobern muß.
Und so verbringt, umrungen von Gefahr,
Hier Kindheit, Mann und Greis sein tüchtig Jahr. —
Solch ein Gewimmel möcht' ich sehn,
Auf freiem Grund mit freiem Volke stehn.
Zum Augenblicke dürft' ich sagen:
„Verweile doch, du bist so schön!
Es kann die Spur von meinen Erdentagen
Nicht in Äonen untergehn." —
Im Vorgefühl von solchem hohen Glück
Genieß ich jetzt den höchsten Augenblick.

(v. 11563–11586)

Fausts Tod

Er sinkt tot zu Boden. Mephistopheles, der Fausts hohes Streben nie verstanden hat, hört nur die Worte: „Verweile doch, du bist so schön!" und glaubt Fausts Seele gewonnen zu haben. Aber er hat die Wette verloren, denn Faust hat sich nicht mit Genuß betrogen oder auf ein „Faulbett" gelegt. Sein letzter Wunsch ist es, sich mit freiem Volk täglich die Freiheit neu zu erobern. Das ist kein Faulbett!

Wie steht es mit Gott? Will er seinen Knecht in den Himmel einlassen? Die Frage beantwortet Goethe nicht. Wir erfahren jedoch, daß die Engel Faust vom Bösen gerettet haben und daß er erlöst ist, so daß er sich „zu höhern Sphären" erheben kann, wo er weiterhin tätig sein wird (Siehe v. 12076–12087).

Gerettet ist das edle Glied
Der Geisterwelt vom Bösen:
Wer immer strebend sich bemüht,
Den können wir erlösen.
Und hat an ihm die Liebe gar
Von oben teilgenommen,
Begegnet ihm die selige Schar
Mit herzlichem Willkommen.

(v. 11934–11941)

Fausts Erlösung

Die Liebe Gottes, symbolisiert durch die reine, selbstlose Liebe Gretchens (das Ewig-Weibliche) zusammen mit dem ehrlichen, mühevollen Streben des Menschen bringt die Erlösung. Die ganze Erfahrung eines langen, unendlich reichen Lebens ist im Faustdrama enthalten, das noch nach mehrfachem, aufmerksamem Lesen „manches Geheimnis kundtut".

Goethe starb am 22. März 1832 in Weimar. Das Schweigen und die Ruh, von der er in seinem Gedicht *Wanderers Nachtlied* sprach, war auch für diesen Wanderer gekommen.

Über allen Gipfeln
Ist Ruh':
In allen Wipfeln
Spürest du
Kaum einen Hauch;
Die Vögelein schweigen im Walde.
Warte nur, balde
Ruhest du auch.

Friedrich Hölderlin

Hölderlin

Drei bedeutende Zeitgenossen Goethes und Schiller können weder als Klassiker noch als Romantiker bezeichnet werden. Ihre Werke enthalten Züge aus beiden Bewegungen, haben jedoch hauptsächlich individuelle Charaktermerkmale, die diese drei zu eigentümlichen Dichtern stempeln. Wir meinen Friedrich Hölderlin (1770–1843), Heinrich von Kleist (1777–1811) und Jean Paul (1763–1825). Es ist interessant, daß alle drei — ganz besonders aber Hölderlin und Kleist — zu ihrer Lebenszeit keine Anerkennung bekamen wie andere Zeitgenossen und darunter sehr litten. Hölderlin scheiterte an der Welt und an seinem dichterischen Wollen. Die unglückliche Liebe zu Susette Gontard, der Frau eines Frankfurter Bankiers, die er als seine Diotima in seinen Liedern verewigt hat, mag zu der seelischen Zerrüttung beigetragen haben, die ihn schließlich in die geistige Umnachtung führte. Bekannt ist er geworden durch seine Hymnen, Elegien und Oden und durch seinen Briefroman

Hyperion

Hyperion oder Der Eremit in Griechenland (1799). Die Hauptthemen von Hölderlins Lyrik, die zum größten Teil in die strenge Form der antiken Versmaße gesetzt ist, sind die Liebe des Dichters zu Diotima, dem Symbol des klassischen Ideals, das Göttliche, das Griechentum, das er wie Winckelmann als Ideal der menschlichen Schönheit und Ganzheit empfindet und die Hingabe des frommen Menschen an die göttliche Natur. Wie sehr Hölderlin sich nach dem antiken Griechenland gesehnt hat und wie sehr er sich als Fremdling im Norden fühlte, zeigt eine Stelle aus seinem Roman *Hyperion*. Der Held Hyperion ist in Südgriechenland aufgewachsen und kommt nach Deutschland:

> So kam ich unter die Deutschen. Ich forderte nicht viel und war gefaßt, noch weniger zu finden. Demütig kam ich, wie der heimatlose, blinde Ödipus zum Tore von Athen, wo ihn der Götterhain empfing und schöne Seelen ihm begegneten. — Wie anders ging es mir!
>
> Barbaren von alters her, durch Fleiß und Wissenschaft und selbst durch Religion barbarischer geworden, tiefunfähig jedes göttlichen Gefühls, verdorben bis ins Mark zum Glück der heiligen Grazien, in jedem Grad der Übertreibung und der Ärmlichkeit beleidigend für jede gutgeartete Seele, dumpf und harmonienlos, wie die Scherben eines weggeworfenen Gefäßes — das, mein Bellarmin! waren meine Tröster.
>
> Es ist ein hartes Wort, und dennoch sag ich's, weil es Wahrheit ist: ich kann kein Volk mir denken, das zerrissener wäre wie die Deutschen. Handwerker siehst du, aber keine Menschen, Denker, aber keine Menschen, Priester, aber keine Menschen, Herren und Knechte, junge und gesetzte Leute, aber keine Menschen — ist das nicht ein Schlachtfeld, wo Hände und Arme und alle Glieder zerstückelt untereinander liegen, indessen das vergossene Lebensblut im Sande zerrinnt?
>
> ... Deine Deutschen aber bleiben gern beim Notwendigsten, und darum ist bei ihnen auch so viel Stümperarbeit und so wenig Freies, Echterfreuliches. Doch das wäre zu verschmerzen, müßten solche Menschen nur nicht fühllos sein für alles schöne Leben, ruhte nur nicht überall der Fluch der gottverlassenen Unnatur auf solchem Volke.

Hyperion kehrt nach Griechenland zurück und lebt dort einsam inmitten der schönen Natur. In diesem Roman schildert Hölderlin sich selbst, den Menschen, der vor der Wirklichkeit nicht bestehen kann.

Kleist

Heinrich von Kleist ist einer der begabtesten Dramatiker der deutschen Literatur. Er scheitert an dem Wunsch, die Leistungen Sophokles und Shakespeares miteinander zu verbinden und eine neue Tragödie zu schaffen. Er stammt aus einer alten preußischen Offiziersfamilie und wird selbst Soldat, aber seinem empfindlichen Wesen liegt das Soldatentum nicht, so nimmt er seinen Abschied, studiert Philosophie,[4] wird Schriftsteller und erschießt sich schließlich, als er verkannt, abgewiesen, mittellos und, von den politischen Ereignissen erschüttert, keine Hoffnung mehr sieht. Seine bekanntesten Dramen sind *Penthesilea* (1808), *Das Käthchen von Heilbronn* (1810), das köstliche Lustspiel *Der zerbrochene Krug* (1811) und *Prinz Friedrich von Homburg*. Unter seinen Novellen ist besonders *Michael Kohlhaas* hervorzuheben.

Die dichterische Leistung

Für seine Novellen ist die Knappheit der Form, die kühle Sachlichkeit und ungeheure Konzentration des Ausdrucks sowie der starke dramatisch tragische Gehalt bezeichnend. Die gleiche Konzentration und furchtbare Tragik findet sich ebenfalls in seinen Dramen. Sein Stil ist äußerst eigenwillig und charakteristisch dramatisch.

Jean Paul

Jean Paul gehört eher zur Romantik als Kleist und Hölderlin. Paul ist vor allem Erzähler und schreibt eine Reihe von umfangreichen Romanen, die wegen ihres optimistischen Humors und ihrer sentimentalen Schilderungen beim Publikum sehr beliebt waren. Besonders für seine ersten Werke ist die Formlosigkeit kennzeichnend; später wird seine Darstellung geschlossener. Das Phantastische und das Realistische stehen Seite an Seite in seinem Werk. Zu erwähnen sind *Das Leben des vergnügten Schulmeisterlein Maria Wuz* (1790), *Hesperus* (1795), *Siebenkäs*[5] (1796), *Titan* (1803), und *Flegeljahre* (1804).

[4] Die Einsicht Kants, daß wir die Dinge an sich nicht erkennen können, führt ihn an den Rand der Verzweiflung. Das Problem von Schein und Sein ist von großer Bedeutung in seinem Werk.

[5] Der ganze Titel lautet bezeichnenderweise: *Blumen-, Frucht- und Dornenstücke oder Ehestand, Tod und Hochzeit des Armenadvokaten F. St. Siebenkäs im Reichsmarktflecken Kuhschnappel.*

Die Romantik

So wie man die Klassik als Synthese von Sturm und Drang und Aufklärung bezeichnen kann, kann man die Romantik als Synthese von Sturm und Drang und Klassik auffassen. Die Romantik hat besonders zu Anfang gemeinsame Züge mit der Klassik, pendelt dann jedoch immer mehr zu den Grundgedanken des Sturm und Drangs zurück. Der Name „Romantik" ist zurückzuführen auf „Roman" oder „romanhaft" (=romantisch), das vor allem für das Romanhaft-Unwirkliche, das Phantastische und Abenteuerliche im negativen Sinne benutzt wurde. Seit Herder und Schlegel nimmt die Bezeichnung den Wert von irrational-gefühlsmäßig an und wird zum Kennwort einer neuen Bewegung, deren Vertreter in der Kunst,[6] Musik[7] und Literatur tätig sind. In der Literatur unterteilt man die romantische Bewegung gewöhnlich in zwei Gruppen,[8] die ältere Romantik (Frühromantik) mit den Mittelpunkten Jena und Berlin und die jüngere Romantik in Heidelberg. Die älteren Romantiker sind hauptsächlich Philosophen und Kritiker. Zu ihnen gehören die Brüder Schlegel, Wackenroder, Tieck und Novalis. Die Hauptvertreter der jüngeren Romantik sind die Brüder Grimm, Achim von Arnim, Brentano, Arndt, Eichendorff und E. T. A. Hoffmann. Philosophische Anregungen erhielten die Romantiker von Fichte, Schelling und Schleiermacher.

Das Gefühl

Fichte

Johann Gottfried Fichte (1762–1814), Professor für Philosophie in Jena und Berlin, geht in seinem Phänomenalismus über Kant hinaus und behauptet, daß die ganze Erscheinungswelt das Produkt des absoluten Subjekts (des Ich) ist, welches das Nicht-Ich (die Welt der Erscheinung) aus seiner Einbildungskraft heraus schafft. Er fordert die Abwendung von allem Äußeren und die Hinwendung auf das subjektive Innere. „Es ist von nichts, was außer dir ist, die Rede, sondern lediglich von dir selbst!" Die Jugend begeisterte sich für seine Ideen, die ihre Forderungen nach schrankenloser Geistesfreiheit bestätigten

[6] Die romantischen Maler sind Philipp Otto Runge, Casper David Friedrich, Ludwig Richter und Moritz von Schwind.

[7] Die bekanntesten Musiker sind neben dem reifen Beethoven, Carl Maria von Weber, Franz Schubert, Robert Schumann, Mendelssohn-Bartholdy und Carl Loewe.

[8] Manche Kritiker unterscheiden noch eine dritte Gruppe, die Spätromantiker (Eichendorff u. E.T.A. Hoffmann) und eine vierte die schwäbischen Romantiker (Uhland, Kerner, Hauff).

und für seine *Reden an die deutsche Nation*, die er in dem von den Franzosen besetzten Berlin hielt und die den nationalen Geist förderten.

Schelling

Friedrich Wilhelm Schelling (1775–1854), ebenfalls Professor in Jena und Berlin heiratet Karoline Schlegel, die Frau A. W. Schlegels. Er sieht die Natur als unbewußten Geist und den Geist als Natur an, die zum Selbstbewußtsein erwacht ist. Materie ist schlummernder Geist. Die schöpferische Kraft im Künstler ist dieselbe schöpferische Kraft, die die Natur geschaffen hat. Diese Ideen wurden von den Romantikern aufgegriffen und verarbeitet. Für sie ist die Natur beseelt, im Wald und im Wasser leben zahlreiche Geister, und selbst Steine und Pflanzen sind lebendige Wesen. Das Geistige steht überall hinter dem Materiellen.

Schleiermacher

Friedrich Schleiermacher (1768–1834) wird pietistisch erzogen und ist zuerst Pfarrer, später Theologieprofessor in Berlin. Seine *Reden über die Religion an die Gebildeten unter ihren Verächtern* (1799) wenden sich gegen den Rationalismus. Religion ist für ihn nicht metaphysisches Wissen (Vernunftreligion) oder ethisches Sollen (Kant), sondern eine Sache des Gefühls. Das Gefühl für das Unendliche, für die Abhängigkeit und die Sehnsucht nach dem Unendlichen ist Religion. Dieses Gefühl ist subjektive Sache des Einzelnen und hat keine Konfessionen oder Dogmen. So gilt auch das Sittengesetz nicht für alle Menschen gleich, sondern jedes Individuum untersteht seinem eigenen Gesetz und hat seine Sonderaufgabe, die nur dieses bestimmte Wesen erfüllen kann.[9] Diese Gefühlsreligion und Gefühlsmoral fand bei den Romantikern lebhafte Zustimmung.

Wackenroder

Wilhelm Heinrich Wackenroder (1773–1798) ist der erste eigentliche deutsche Romantiker. Zusammen mit seinem Freund Tieck veröffentlichte er mitten in der Klassik (1797) sein Buch *Die Herzensergießungen eines kunstliebenden Klosterbruders*, das in genauem Gegensatz zu Winckelmanns klassischer Kunstauffassung die Schönheit der nordischen, gotischen Kunst verkündet.[10] Auf seinen Reisen in Süddeutschland hatte er Nürnberg, Ansbach, Bamberg und Würzburg besucht und die Schönheiten der mittelalterlichen Baukunst, (Gotik und fränkisches Barock),

[9] Daraus folgt Schleiermachers Versuch, die Frau zu emanzipieren. Die emanzipierte Frau (Karoline Schlegel, Bettina von Brentano, Rahel Levin, u.a.) spielt in der Romantik eine bedeutende Rolle.

[10] Bereits 1773 hatte Goethe seinen Aufsatz *Von deutscher Baukunst* geschrieben, in dem er das Straßburger Münster bewundert.

Malerei (Dürer) und Literatur entdeckt, und war vom festlichen Hochamt im Bamberger Dom tief beeindruckt worden. Diese positive und sehnsüchtige Einstellung der mittelalterlichen Kultur und der katholischen Kirche gegenüber wird typisch für die Romantik. Echt romantisch ist auch die Kunstanschauung Wackenroders. Die Religion ist die Grundlage für die Kunst. Gott offenbart sich dem Menschen in der Natur und in der Kunst, und der Künstler wird damit zum Priester, zum Vermittler zwischen Gott und Mensch. Die Kunst ist die Darstellung von Gemütsbewegungen, worin ganz besonders die Musik hervorragt.

Die sehnsüchtige Rückschau

F. Schlegel

Friedrich Schlegel (1772–1829) ist der große Theoretiker der Romantik. Als Sechsunddreißigjähriger tritt er zur katholischen Kirche über und wohnt danach hauptsächlich in Österreich. Mit seinem Aufsatz *Über Lessing* beginnt seine kritische Produktion. Seine Hauptideen sind im *Athenäum* (1798–1800) enthalten, der romantischen Programmschrift, die Friedrich mit seinem Bruder August Wilhelm begründete. Seine *Fragmente*, die in dieser Zeitschrift veröffentlicht wurden, enthalten prägnant, in aphoristischer Form die Hauptprinzipien der romantischen Kunstauffassung. Am bekanntesten ist das 116. Athenäumsfragment, das die romantische Poesie als progressiv und universal bezeichnet:

> Die romantische Poesie ist eine progressive Universalpoesie. Ihre Bestimmung ist nicht bloß, alle getrennten Gattungen der Poesie wieder zu vereinigen und die Poesie mit der Philosophie und Rhetorik in Berührung zu setzen. Sie will und soll auch Poesie und Prosa, Genialität und Kritik, Kunstpoesie und Naturpoesie bald mischen, bald verschmelzen, die Poesie lebendig und gesellig und das Leben und die Gesellschaft poetisch machen, den Witz poetisieren und die Formen der Kunst mit gediegenem Bildungsstoff jeder Art anfüllen und sättigen und durch die Schwingungen des Humors beseelen. ...Die romantische Dichtart ist noch im Werden; ja das ist ihr eigentliches Wesen, daß sie ewig nur werden, nie vollendet sein kann. Sie kann durch keine Theorie erschöpft werden, und nur eine divinatorische Kritik dürfte es wagen, ihr Ideal charakterisieren zu wollen. Sie allein ist unendlich, wie sie allein frei ist und das als ihr erstes Gesetz anerkennt, daß die Willkür des Dichters kein Gesetz über sich leide.

A. W. Schlegel

Friedrichs älterer Bruder August Wilhelm Schlegel (1767–1845) ist bekannt geworden durch seine kritischen Vorlesungen und Veröffentlichungen über Kunst und Literatur, die er nach den Gesichtspunkten der Romantik deutet. Seine Übersetzungen von Calderon, Petrarca, Dante, Ariost und Tasso eröffneten den deutschen Lesern die Meisterwerke der romanischen Literatur, und seine Shakespeare Übersetzungen gelten als mustergültig. Sie ersetzten die Prosaübersetzungen Wielands und reihen den Engländer praktisch in die deutsche Literatur ein. Seine Dramen gehören seit dieser Übersetzung zu den beliebtesten Aufführungen an deutschen Theatern. Schlegel selbst übersetzte etwa 16 Dramen während Tiecks Tochter Dorothea zusammen mit Wolf von Baudissin die sogenannte Schlegel-Tiecksche Shakespeareübersetzung von 1825 bis 1849 zu Ende führten.

Shakespeare Übersetzung

Tieck

Ludwig Tieck (1773–1853) ist ein vielseitiger Dichter, der im Mittelpunkt der Romantik steht, viele Anregungen gibt, aber mit zunehmender Reife immer mehr von der Romantik abrückt. Er interessiert sich für die mittelalterlichen Volksbücher und erzählt sie in freier Form nach (*Heymondskinder*, *Schildbürger*, *Melusine*). Seinem Freund Wackenroder, mit dem er die Liebe zu mittelalterlicher Kunst und Literatur gemein hat, setzt er ein Denkmal mit seinem lyrischen Künstlerroman *Franz Sternbalds Wanderungen* (1798), in dessen Mittelpunkt Nürnberg und die Kunst Dürers steht. Der Roman, der den Künstler als gottbegnadeten Menschen darstellt, regt die vielen Künstlerromane des 19. und 20. Jahrhunderts an. Mit *Der blonde Eckbert*, *Der getreue Eckart*, *Der Tannhäuser* und *Der Runenberg* schafft Tieck die neue Gattung des romantischen Kunstmärchens, in dem er die Angst vor dem Irrationalen und dem Grausigen hervorhebt. Ebenfalls neu in Deutschland ist das Märchendrama. Im Jahre 1797 erscheinen *Ritter Blaubart* und *Der gestiefelte Kater*. Besonders in *Der gestiefelte Kater* finden sich gute Beipsiele der sogenannten romantischen Ironie, durch die der schöpferische Geist sich die Freiheit zugesteht, sich souverän über seine Schöpfung zu erheben und dieselbe zu durchbrechen, d.h. die Illusion zu zerstören. Der Dichter erhebt sich über seine eigenen Schwächen. In Tiecks Märchenspiel wechseln Wunderbares mit Wirklichem ab: Der Kater kann sprechen und verschafft seinem Herrn großes Glück, die Schauspieler fallen aus ihren Rollen, die Zuschauer werden auf der Bühne dargestellt, kritisieren das Stück und den Dichter und versuchen den Ausgang vorauszusagen und der Dichter tritt selber auf. Tieck sprengt mit Hilfe der Ironie die

Romantische Ironie

eben geschaffene Illusion des Zauberhaften. Die romantische Empfindung wird durch den kühlen Verstand ironisiert. In seinen zahlreichen späteren Novellen und Romanen nähert sich Tieck bereits dem Realismus.

Novalis

Der eigentliche Dichter der Frühromantik ist Friedrich von Hardenberg, der sich Novalis (1772–1801) nennt. Nach seiner Studienzeit verlobt er sich mit der dreizehnjährigen Sophie von Kühn (1795), die jedoch bald schwer erkrankt und 1797 stirbt. Das Schicksal Sophies hat ihn schwer getroffen und sein ganzes Schaffen beeinflußt. Die Themen von Liebe und Tod liegen all seinen Werken zu Grunde. Beseelt von dem Wunsch sich mit der jungen Geliebten im Tode zu vereinigen, stirbt er 1801 an Tuberkulose.

Todessehnsucht

Seine *Hymnen an die Nacht* (1799) zeigen deutlich das Sophienerlebnis. Nacht und Tod werden als die entgrenzenden Elemente dargestellt, die den Weg ins All öffnen. Die Verbindung mit der Geliebten überbrückt die Grenzen des Todes. Die nächtliche Liebesvereinigung und der Liebestod führen zur Erlösung, zu höherem Leben. In seinem Aufsatz *Die Christenheit oder Europa* (1799) bewundert Novalis die politische und religiöse Einheit des Mittelalters, die durch die Reformation und die Aufklärung zerrissen wurde. Die Zukunft soll eine neue Religion bringen, die die Einheit wiederherstellen wird. „Keiner wird dann mehr protestieren gegen christlichen und weltlichen Zwang, denn das Wesen der Kirche wird echte Freiheit sein, und alle nötigen Reformen werden unter der Leitung derselben als friedliche und förmliche Staatsprozesse betrieben werden."

Die blaue Blume

Fragment blieb der romantische Bildungsroman *Heinrich von Ofterdingen*, in dem es nicht um die Erziehung zum praktischen Leben, sondern um das Einswerden mit der Natur, um die Erziehung zum Dichter geht. Die Welt der Wirklichkeit und des Märchens vermischen sich. In dieser Welt, die ihre eigenen Gesetze hat, wächst der Held zum Dichter heran. Als Jüngling erblickt Heinrich im Traum die „blaue Blume", die sich ihm zuneigt.

Was ihn aber mit voller Macht anzog, war eine hohe, lichtblaue Blume, die zunächst an der Quelle stand und ihn mit ihren breiten, glänzenden Blättern berührte. Rund um sie her standen unzählige Blumen von allen Farben, und der köstlichste Geruch erfüllte die Luft. Er sah nichts als die blaue

Blume und betrachtete sie lange mit unnennbarer Zärtlichkeit. Endlich wollte er sich ihr nähern, als sie auf einmal sich zu bewegen und zu verändern anfing; die Blätter wurden glänzender und schmiegten sich an den wachsenden Stengel, die Blume neigte sich nach ihm zu, und die Blütenblätter zeigten einen blauen, ausgebreiteten Kragen, in welchem ein zartes Gesicht schwebte.

Diese ,,blaue Blume'' wird für die Romantiker zum Symbol für die Dichtkunst und zum Inbegriff der unendlichen romantischen Sehnsucht, die nie Erfüllung findet.

Die Vertreter der jüngeren Romantik sind weniger Theoretiker und Kritiker als vielmehr Dichter, die die Grundgedanken der Frühromantiker konkretisieren und volkstümlich machen. Brennpunkte sind Berlin, Schwaben und besonders Heidelberg, die Stadt, die mit ihrer Burg, ihrem Wald, den Reben, Hügeln und winkeligen Gassen am Neckarufer typisch romantisch ist. In dieser Stadt hielt sich Clemens Brentano (1778–1842) eine Zeitlang auf. Er führte ein ruheloses, unstetes Leben und fand keinen rechten Halt. Sein dichterisches Schaffen, ebenfalls zerstückelt, aber überaus reich und gefühlvoll, entspricht diesem Leben.

Brentano

Brentano ist vor allem Lyriker. Seine Gedichte sind Bekenntnisse, in denen Traum und Wirklichkeit ineinander übergehen. Sie zeichnen sich durch ihre Musikalität, ihren klanglichen Wohllaut und durch ihren schönen Rhythmus aus. Sie spiegeln die Sehnsucht, das Gefühl, die seelische Erschütterung sowie die Suche nach Gott und Liebe wider. Das Märchenhafte kommt besonders in seinen Erzählungen zum Ausdruck, unter denen die *Geschichte vom braven Kasperl und dem schönen Annerl* (1817) hervorragt.

Volkslied-sammlung

Die größte Leistung Brentanos ist die Herausgabe einer dreibändigen Volksliedersammlung, *Des Knaben Wunderhorn*, die er zusammen mit seinem Freund Achim von Arnim veröffentlichte. Während Herder in seiner Sammlung auch ausländische Lieder mit einschloß, beschränkten sich die Freunde auf deutsche Volkslieder vom späten Mittelalter bis zur Zeit der Romantik. Manche Lieder wurden von den beiden umgedichtet oder ergänzt. Die kulturhistorische Bedeutung dieser Sammlung ist beträchtlich; die deutsche Lyrik der folgenden Jahrzehnte ist ihr stark verpflichtet.

von Arnim

Achim von Arnim (1781–1831) heiratete Brentanos Schwester Bettina, die sich sehr für Goethe begeisterte und den Dichter in ihrem Buch *Goethes Briefwechsel mit einem Kinde* grenzenlos verehrt. Arnim hat weniger lyrische Begabung als sein Freund, teilt jedoch mit diesem die Begeisterung für das Mittelalter und das Volkstümliche. Sein Wesen ist fester und männlicher als Brentanos. Sein historischer Roman *Die Kronenwächter* (1817) stellt die spätmittelalterliche Welt der Ritter und Bürger dar. Vor dem realistischen Hintergrund bewegt sich eine symbolisch verschwommene Handlung. Zu seinen besten Erzählungen gehören *Der tolle Invalide auf dem Fort Ratonneau* (1818) und *Die Majoratsherren* (1820).

Grimms Märchen

Die Brüder Jacob (1785–1863) und Wilhelm Grimm (1786–1859) sind hochgelehrte Männer, die hervorragende Arbeit auf dem Gebiet der deutschen Altertums-, Märchen- und Sprachforschung leisteten. Ihre *Kinder- und Hausmärchen*, die sie zum Teil aus mündlicher Überlieferung und zum Teil aus schriftlichen Quellen sammelten, sind weltbekannt. Dieses Werk, mit seiner schlichten Sprache, wurde zum Volksbuch, das die Erziehung des deutschen Kindes maßgeblich beeinflußt und das wichtiges, altes Volksgut bewahrt hat. Nach Luthers Bibel sind die Grimmschen Märchen das meistgedruckte deutsche Buch. Die Veröffentlichungen der Volksliedsammlungen und der Volksmärchen stärkten das deutsche Selbstbewußtsein gerade in dem Moment, in dem das deutsche Volk diese Stärkung brauchte. Die napoleonischen Heere hatten Deutschland und Österreich überrannt, und in den Freiheitskriegen begann sich das deutsche Nationalgefühl zu regen.

Jakob und Wilhelm Grimm

Berühmt sind die Gebrüder Grimm ebenfalls als Begründer der deutschen Sprach- und Altertumswissenschaft. Jacob veröffentlicht die *Deutsche Grammatik*, die seine Forschungen über die Sprache der deutschen Vorzeit enthält, die *Deutsche Mythologie* und die *Geschichte der deutschen Sprache*. Wilhelm schreibt *Die deutsche Heldensage* und gibt zusammen mit seinem Bruder *Deutsche Sagen* heraus. Beide begründen das *Deutsche Wörterbuch*, ein dreiunddreißigbändiges Werk, das erst 1960 vollendet wurde.

Inmitten des Forschens und Schwärmens von der großen deutschen Vergangenheit wurden immer mehr Stimmen laut, die warnten, daß man die Gegenwart nicht vergessen dürfe. Fichte (*Reden an die deutsche Nation*), F. Schlegel und Wilhelm von Humboldt riefen zur Selbstbesinnung und zum Kampf für das Vaterland auf, das von den Franzosen niedergeworfen war. Die helle, vaterländische Begeisterung sprach aus den Freiheitsliedern von Ernst Moritz Arndt, Theodor Körner und Max von Schenkendorf.

Arndt

Arndt (1769–1860) wollte mit seinen Flugschriften und Liedern das deutsche Volk aufrütteln und sein Nationalgefühl stärken. In seinem Gedicht *Was ist des Deutschen Vaterland?* stellt er immer wieder dieselbe Frage:

Was ist des Deutschen Vaterland?
Ist's Preußenland, ist's Schwabenland?
Ist's, wo am Rhein die Rebe blüht?
Ist's, wo am Belt die Möwe zieht?
O nein, nein, nein!
Sein Vaterland muß größer sein.

Am Ende werden die Fragen beantwortet mit der Forderung nach nationaler Einigung: „Das ganze Deutschland soll es sein!"

Körner

Theodor Körner (1791–1813) meldete sich als Kriegsfreiwilliger und fiel in Mecklenburg. Seine Lieder wurden von Freunden in der Sammlung *Leier und Schwert* (1814) zusammengefaßt. Die pathetischen Heldenlieder sind dichterisch mittelmäßig, dienten jedoch der jungen Generation zum Aufruf. Die Lyrik von Max von Schenkendorf (1783-1817), der begabter als die andern zwei ist, ruft ebenfalls zum Kampf für die Freiheit auf. Bekannt sind besonders *Freiheit, die ich meine, die mein Herz erfüllt* und *Muttersprache*.

Schenkendorf

Zum volkstümlichsten Dichter der Romantik, mit dem diese

Eichendorff

Bewegung ausklingt, ist Joseph von Eichendorff (1788–1857) geworden, der auf dem väterlichen Schloß inmitten der oberschlesischen Wälder aufwuchs und in Halle und Heidelberg studierte und seine reifen Jahre im preußischen Zivildienst verbrachte.

Lyrik

Motive

Seine hervorragendste Leistung sind seine lyrischen Gedichte, von denen viele geradezu zu Volksliedern geworden sind: *Wem Gott will rechte Gunst erweisen*, *Da fahr' ich still im Wagen*, *Ich hör' die Bächlein rauschen*, *O Täler weit, o Höhen*, *Wer in die Fremde will wandern*, *In einem kühlen Grunde*, u.a.[11] Die Motive Wandern, idyllische Jugend, die Liebe Gottes, Natur (vor allem der Wald) und Sehnsucht (Heimweh, Fernweh) kehren immer wieder. Als Beispiel mag das Gedicht *Sehnsucht* dienen:

Sehnsucht

Es schienen so golden die Sterne.
Am Fenster ich einsam stand
Und hörte aus weiter Ferne
Ein Posthorn im stillen Land.
Das Herz mir im Leib entbrennte,
Da hab' ich mir heimlich gedacht:
Ach, wer da mitreisen könnte
In der prächtigen Sommernacht!

Zwei junge Gesellen gingen
Vorüber am Bergeshang,
Ich hörte im Wandern sie singen
Die stille Gegend entlang:
Von schwindelnden Felsenschlüften,
Wo die Wälder rauschen so sacht,
Von Quellen, die von den Klüften
Sich stürzen in Waldesnacht.

Sie sangen von Marmorbildern,
Von Gärten, die überm Gestein
In dämmernden Lauben verwildern,
Palästen im Mondenschein.
Wo die Mädchen am Fenster lauschen,
Wann der Lauten Klang erwacht
Und die Brunnen verschlafen rauschen
In der prächtigen Sommernacht.

[11] Viele von Eichendorffs Gedichten wurden von Franz Schubert vertont.

Nachtigallenschlagen, Waldesrauschen, Lautenklang, das Rauschen des Baches oder des Brunnens, das Schloß im Wald, der Hornruf in der Ferne, die nächtliche Einsamkeit am Fenster, die Schönheit der Landschaft, das Heimweh nach der verlorenen Kindheit, all das macht die Stimmung aus in Eichendorffs Lyrik.

Mondnacht

Es war, als hätt' der Himmel
Die Erde still geküßt,
Daß sie im Blütenschimmer
Von ihm nun träumen müßt'.

Die Luft ging durch die Felder,
Die Ähren wogten sacht,
Es rauschten leis die Wälder,
So sternklar war die Nacht.

Und meine Seele spannte
Weit ihre Flügel aus,
Flog durch die stillen Lande,
Als flöge sie nach Haus.

Joseph von Eichendorff

Taugenichts

Lyrisch ist auch die Prosa; sie wird immer wieder durchbrochen von Liedern. Farben, Klänge, bildhafte Vorstellung reihen sich aneinander. In der entzückend unbeschwerten Novelle *Aus dem Leben eines Taugenichts* verläßt der arme Müllerssohn (Taugenichts) die väterliche Mühle und zieht unbekümmert in die Welt hinaus. Immer hat er seine Geige bei sich und spielt sie mit Vergnügen, während er durch eine verzauberte Märchenwelt zieht. Die folgende Leseprobe aus der Novelle enthält viele typische Eichendorffsche Elemente.

Sie weiß nur nicht, daß ich es bin, dachte ich, zog die Geige, die ich allzeit bei mir trage, hervor, spazierte damit auf dem Gange vor dem Hause auf und nieder und spielte und sang das Lied von der schönen Frau, und spielte voll Vergnügen alle meine Lieder durch, die ich damals in den schönen Sommernächten im Schloßgarten oder auf der Bank vor dem Zollhaus gespielt hatte, daß es weit bis in die Fenster des Schlosses hinüber klang. Aber es half alles nicht, es rührte und regte sich niemand im ganzen Hause. Da steckte ich endlich meine Geige traurig ein und legte mich auf die Schwelle vor der Haustür hin, denn ich war sehr müde von dem langen Marsch. Die Nacht war warm, die Blumenbeete vor dem Hause dufteten lieblich, eine Wasserkunst weiter unten im Garten plätscherte immerfort dazwischen. Mir träumte von himmelblauen Blumen, von schönen, dunkelgrünen, einsamen Gründen, wo Quellen rauschten und Bächlein gingen und bunte Vögel wunderbar sangen, bis ich endlich fest einschlief.

Hoffmann

Der Hauptvertreter der Berliner Romantiker ist E.T.A. Hoffmann (1776–1822), der neben deutschen auch polnische und ungarische Vorfahren hatte. Neben seiner literarischen hat er eine ausgesprochen musikalische und zeichnerische Begabung. Hinzu kommen eine scharfe Beobachtungsgabe, eine starke Neigung zur Selbstironie und eine ungeheuer reiche Phantasie, wie man sie einem preußischen Beamten gar nicht zutrauen würde. Er schreibt eine Fülle von phantastischen Novellen und Märchen, die er zu mehreren Sammlungen vereinigt: *Phantasiestücke in Callots Manier* (1815), *Nachtstücke* (1817) u.a. Seine beiden Romane sind *Die Elexiere des Teufels* (1816) und die unvollendeten *Lebensansichten des Katers Murr*. Im letzteren Roman wechseln sich die Lebensgeschichte des selbstbewußten, philisterhaften Katers mit der des Kapellmeisters Kreisler ab. Der Kater benutzt die Rückseite der Blätter, die die Biographie Kreislers enthalten, als Manuskript für seine eigene Lebensbeschreibung. Als der Drucksetzer die Seiten versehentlich nacheinander abdruckt, gehen die beiden Geschichten bunt durcheinander. Das Werk offenbart—wie Hoffmanns Werk überhaupt—einen inneren Zwiespalt, der im Doppelgängermotiv zum Ausdruck kommt. Gekennzeichnet ist sein Werk ebenfalls durch die Abneigung gegen das Philistertum und die Gabe, Wirklichkeit und Phantasie glaubhaft zu verweben. In manchen Erzählungen

Phantastische Stücke

Kater Murr

überwiegt das Dämonische, Teuflische, Verbrecherische (*Elexiere des Teufels*, *Nachtstücke*). In der Novelle *Das Fräulein von Scudery* tut der Goldschmied Cardillac tagsüber still und fleißig seine Arbeit, ermordet jedoch nachts seine Kunden, um ihnen den verkauften Schmuck wieder abzunehmen. Die Sucht nach dem Gold macht ihn zum Verbrecher.

Hoffmann hat stark auf die Weltliteratur eingewirkt. Victor Hugo, Edgar Allan Poe, Beaudelaire, Gogol und Tschechow stehen unter seinem Einfluß und setzen seine unheimlichen Phantasiegeschichten fort. In *Hoffmanns Erzählungen* von Jacques Offenbach geistert der begabte Romantiker weiter fort.[12]

Anschluß der deutschen Literatur ans Ausland

Die Literatur in den letzten Jahrzehnten des 18. und in den ersten des 19. Jahrhunderts ist ungeheuer reich und vielfältig und schließt die deutsche Dichtung an die Weltliteratur an. Von nun an sind die deutschen Schriftsteller ihren ausländischen Zeitgenossen durchaus ebenbürtig, und die deutsche Sprache hat eine Höhe der Schönheit erreicht, die es jedem begabten schöpferischen Geist ermöglicht, seine Gedanken so herrlich in seiner Muttersprache auszudrücken wie die Franzosen, Spanier und Engländer in ihrer. Die folgenden Generationen müssen sich mit der Literatur der Goethezeit auseinandersetzen, bevor sie ihren eigenen Ton finden.

[12] Paul Hindemiths *Cardillac* hat den teuflischen Goldschmied aus *Das Fräulein von Scudery* zum Thema.

13

Die Literatur von der Romantik bis zum 1. Weltkrieg

Wichtige Ereignisse im 19. Jahrhundert

Das Heilige Römische Reich Deutscher Nation wird 1806 von Napoleon aufgelöst. Nach der Niederlage des französischen Kaisers bei Waterloo (1815) wird der deutsche Bund organisiert, in dem Österreich den Vorsitz führt. Der Gegensatz Preußen-Österreich entwickelt sich immer stärker und führt 1866 zum Krieg, in dem Österreich schnell und entscheidend besiegt wird. Nach dem Sieg über Frankreich (1871) kommt die deutsche Einigung unter Führung Preußens zustande. Die Politik Kaiser Wilhelms II. führt 1914zum 1. Weltkrieg. Die großen politischen Umwälzungen bringen sozialen, wirtschaftlichen und wissenschaftlichen Wandel mit sich. Karl Marx und Friedrich Engels organisieren die Arbeiterschaft gegen das reiche Bürgertum. Die zunehmende Industrialisierung bringt gewaltigen technischen Fortschritt (Dampfschiffahrt, Eisenbahn, Telegrafie, usw.) und scheinbar unüberbrückbare soziale Probleme. In der Philosophie verdrängt der Materialismus den Idealismus. All diese Ereignisse finden ihren Niederschlag in der Literatur, die sich zum Realen hinwendet und hauptsächlich von zwei großen Bewegungen dominiert wird: dem Realismus und dem Naturalismus.

Franz Grillparzer

Annette von Droste-Hülshoff

Zwischen Romantik und Realismus

Zwischen Romantik und Realismus wirken eine Reihe von Dramatikern und Lyrikern, deren Schaffen zum Teil noch von der Romantik beeinflußt ist, zum größten Teil jedoch zum Realismus überleitet, wie z.B. Grillparzer, Grabbe, Büchner, Mörike, Rückert, Lenau und Droste-Hülshoff. Wegen ihres starken politischen Engagements werden wir Heine, Börne, Fallersleben und Freiligrath separat betrachten.

Grillparzer

Franz Grillparzer (1791–1872) ist Wiener. Er wird Beamter, ein Beruf, der ihn nicht befriedigt. Unglückliche Liebe und Mangel an künstlerischem Erfolg lassen ihn unzufrieden, unzugänglich und pessimistisch werden. Als er 1872 in Wien stirbt, ist er einsam und fast vergessen.

Die Dramen

Grillparzer ist vor allem Dramatiker. Sein erster Erfolg ist *Die Ahnfrau* (1817), eine typische Schicksalstragödie nach dem Muster von Z. Werners *Der 24. Februar*. Der Fluch der Ahnfrau vernichtet ein ganzes Geschlecht. Das Drama *Sappho* (1819) behandelt das Künstlerproblem, auf das bereits Goethe in seinem *Tasso* eingegangen war. Was ist die Stellung des Künstlers in der

Heinrich Heine

Welt? Die Dichterin Sappho gewinnt nach vielen schmerzlichen Erfahrungen die Einsicht, daß der schöpferische Mensch vom normalen Leben ausgeschlossen bleibt, eine Einsicht, zu der im 20. Jahrhundert zahlreiche Künstler kommen, u.a. Thomas Mann. In seinem umfangreichsten Werk, der Trilogie *Das goldene Vlies* (1819–1822), verfeinert Grillparzer das griechische Vorbild von Medea und den Argonauten. Das Vlies ist ihm Symbol des Bösen, das im Innern der Hauptpersonen Fuß faßt, dort wächst und alles Gute zerstört. Die Leidenschaft der Liebe und des Hasses werden dem Menschen zum Verhängnis. Mit *König Ottokars Glück und Ende* (1823) nähert sich Grillparzer bereits dem Realismus. Nach einigen Mißerfolgen läßt er seine Werke nicht mehr auf der Bühne aufführen und zieht sich vom Theater zurück. Das Drama *Libussa* und andere werden erst nach seinem Tode bekannt.

Mörike

Eduard Mörike (1804–1875) stammt aus Schwaben, studiert Theologie und wird Pfarrer. Später gibt er Literaturunterricht in Stuttgart. Er hat Sinn für alles Volkstümliche und Sagenhafte aber auch für die Antike, und sein dichterisches Schaffen geht ganz von der Romantik aus. Romantisch sind seine Märchen *Der Schatz*

(1835), *Das Stuttgarter Hutzelmännchen* (1852), sein Künstler- und Entwicklungsroman *Maler Nolten* (1832) und ein Teil seiner Lyrik. Die Sehnsucht, der Wunsch nach Entselbstung, die Neigung zum Zauberhaften, Märchenhaften, zur Nacht und die Beschäftigung mit Liebe und Tod sind romantische Züge in der

Die Lyrik

Lyrik. In seinen späteren Gedichten beweist die Hinwendung von der Nacht zum Tag, zur Beschäftigung und zum Ding (*Auf eine Lampe*, *Auf eine Christblume*, *Die schöne Buche*) seine Tendenz zum Realismus. Ein Gedicht wie *Septembermorgen* mit seiner sanften Stimmung könnte auch von einem Impressionisten geschrieben sein:

Septembermorgen

Im Nebel ruhet noch die Welt,
Noch träumen Wald und Wiesen:
Bald siehst du, wenn der Schleier fällt,
Den blauen Himmel unverstellt,
Herbstkräftig die gedämpfte Welt
Im warmem Golde fließen.

Die Novelle

Eine meisterhafte Novelle und eines der besten Werke deutscher Erzählkunst ist *Mozart auf der Reise nach Prag* (1856). Mörike fühlt sich ganz ein in das Wesen Mozarts, dessen schöpferisches Künstlertum, Lebenslust und Todesahnung er in schöner Prosa wiedergibt. Auf der Reise nach Prag übernachten Mozart und seine Frau auf dem Schloß eines musikliebenden Grafen. Mozart spielt für die Anwesenden, und alle empfinden, „daß dieser Mann sich schnell und unaufhaltsam in seiner eigenen Glut verzehre, daß er nur eine flüchtige Erscheinung auf der Erde sein könne, weil sie den Überfluß, den er verströmen würde, in Wahrheit nicht ertrüge."

Lenau

Nikolaus Lenau (1802–1850) (Nikolaus Niembsch von Strehlenau) stammt aus Ungarn, studiert in Wien, macht eine Reise nach Amerika und kehrt enttäuscht aus der Neuen Welt zurück und stirbt schließlich in geistiger Umnachtung in Wien. Er ist ein überempfindlicher, innerlich zerrissener Mensch, melancholisch, liebebedürftig und unbeständig. Er empfindet den

Gedichte

Weltschmerz stärker als andere. In seinen Gedichten ist das Ich häufig der Welt entfremdet und will ins Unwirkliche fliehen (*An mein Vaterland*, *Der Pechvogel*). Melancholie, Resignation,

Verzweiflung, Trauer über die Vergänglichkeit, Einsamkeit, Todessehnsucht, die ungarische Pußta, Zigeuner und innere Unrast sind Themen seiner Lyrik. Als Beispiel möge das Sonnett *Frage* dienen:

Frage

Bist du noch nie beim Morgenschein erwacht
Mit schwerem Herzen, traurig und beklommen,
Und wußtest nicht, wie du auch nachgedacht,
Woher ins Herz der Gram dir war gedrungen?

Du fühltest nur: ein Traum wars in der Nacht;
Des Traumes Bilder waren dir verschwommen,
Doch hat nachwirkend ihre dunkle Macht
Dich, daß du weinen mußtest, übernommen.

Hast du dich einst der Erdennacht entschwungen
Und werden, wie du meinst, am hellen Tage
Verloren sein des Traums Erinnerungen:

Wer weiß, ob nicht so deine Schuld hienieden
Nachwirken wird als eine dunkle Klage
Und dort der Seele stören ihren Frieden?

Droste-Hülshoff

Die Judenbuche

Eine der größten deutschen Dichterinnen ist Annette von Droste-Hülshoff (1797–1848), die in Münster und in Meersburg am Bodensee lebte. Außer ihren Gedichten ist ihre Novelle *Die Judenbuche* (1842) bekannt. Die Erzählung handelt von dem jungen Bauernsohn Friedrich Mergel, der in einem naturalistischen Milieu unter Triebmenschen aufwächst und unter einer Buche einen Juden ermordet. Er flieht in die Fremde und kehrt nach leidvollen Abenteuern an den Tatort zurück. Die Freunde des Ermordeten haben in hebräischer Schrift die Worte in die Rinde der Buche eingekerbt: ,,Wenn du dich diesem Orte nahest, so wird es dir ergehen wie du mir getan hast.'' Mergel erhängt sich an dem Baum. Die dunkle Forstlandschaft des Teutoburger Waldes bildet den Hintergrund des Geschehens und verstärkt den Eindruck der dumpfen, halbdunklen Stimmung von Triebsucht und Zufall, die über der Erzählung liegt. Die ganze Darstellungsart ist durchaus realistisch.

Lyrik

In ihrer Lyrik offenbart sich die herbe westfälische Art und die Zurückhaltung einer adeligen Frau, die sich scheut, ihre Gefühle auszusprechen. Droste-Hülshoff ist verwurzelt in der

Der Hessische Landbote.

Erste Botschaft.

Darmstadt, im Juli 1834.

Vorbericht.

Dieses Blatt soll dem hessischen Lande die Wahrheit melden, aber wer die Wahrheit sagt, wird gehenkt, ja sogar der, welcher die Wahrheit liest, wird durch meineidige Richter vielleicht gestraft. Darum haben die, welchen dies Blatt zukommt, folgendes zu beobachten:

1) Sie müssen das Blatt sorgfältig außerhalb ihres Hauses vor der Polizei verwahren;
2) sie dürfen es nur an treue Freunde mittheilen;
3) denen, welchen sie nicht trauen, wie sich selbst, dürfen sie es nur heimlich hinlegen;
4) würde das Blatt dennoch bei Einem gefunden, der es gelesen hat, so muß er gestehen, daß er es eben dem Kreisrath habe bringen wollen;
5) wer das Blatt nicht gelesen hat, wenn man es bei ihm findet, der ist natürlich ohne Schuld.

Friede den Hütten! Krieg den Pallästen!

Im Jahr 1834 siehet es aus, als würde die Bibel Lügen gestraft. Es sieht aus, als hätte Gott die Bauern und Handwerker am 5ten Tage, und die Fürsten und Vornehmen am 6ten gemacht, und als hätte der Herr zu diesen gesagt: Herrschet über alles Gethier, das auf Erden kriecht, und hätte die Bauern und Bürger zum Gewürm gezählt. Das Leben der Vornehmen ist ein langer Sonntag, sie wohnen in schönen Häusern, sie tragen zierliche Kleider, sie haben feiste Gesichter und reden eine eigne Sprache; das Volk aber liegt vor ihnen wie Dünger auf dem Acker. Der Bauer geht hinter dem Pflug, der Vornehme aber geht hinter ihm und dem Pflug und treibt ihn mit den Ochsen am Pflug, er nimmt das Korn und läßt ihm die Stoppeln. Das Leben des Bauern ist ein langer Werktag; Fremde verzehren seine Aecker vor seinen Augen, sein Leib ist eine Schwiele, sein Schweiß ist das Salz auf dem Tische des Vornehmen.

Im Großherzogthum Hessen sind 718,373 Einwohner, die geben an den Staat jährlich an 6,363,364 Gulden, als

1) Direkte Steuern	2,128,131	fl.
2) Indirecte Steuern	2,478,264	„
3) Domänen	1,547,394	„
4) Regalien	46,938	„
5) Geldstrafen	98,511	„
6) Verschiedene Quellen	64,198	„
	6,363,363	fl.

Dies Geld ist der Blutzehnte, der von dem Leib des Volkes genommen wird. An 700,000 Menschen schwitzen, stöhnen und hungern dafür. Im Namen des Staates wird es erpreßt, die Presser berufen sich auf die Regierung und die Regierung sagt, das sey nöthig die Ordnung im Staat zu erhalten. Was ist denn nun das für gewaltiges Ding: der Staat? Wohnt eine Anzahl Menschen in einem Land und es sind Verordnungen oder Gesetze vorhanden, nach denen jeder sich richten muß, so sagt man, sie bilden einen Staat. Der Staat also sind Alle; die Ordner im Staate sind die Gesetze, durch welche das Wohl Aller gesichert wird, und die aus dem Wohl Aller hervorgehen sollen. — Seht nun, was man in dem Großherzogthum aus dem Staat gemacht hat; seht was es heißt: die Ordnung im Staate erhalten!

Titelseite des „Hessischen Landboten" von Georg Büchner

heimatlichen Landschaft und im katholischen Glauben. Ihre Sprache ist streng, genau, ihr Rhythmus eigenwillig. Die Gedichte zeigen Musikalität, Phantasie und ein tiefes Empfinden der Sinneseindrücke. Geräusche, Farben, Bewegungen, Lichteindrücke wechseln ab mit scharfen kleinen Bildern, die realistisch herausgearbeitet werden.

Während die Lyriker noch unter der Einwirkung der Romantik stehen, sind die beiden Dramatiker Büchner und Grabbe Realisten, die den Stürmern und Drängern und den Jungdeutschen verwandt sind, die ihrer Zeit weit voraus sind und als Vorläufer des naturalistischen, expressionistischen und epischen Theaters bezeichnet werden können.

Büchner

Georg Büchner (1813–1837) ist Mediziner. Seine Lebensanschauung ist voller Skepsis und Pessimismus, seine Werke sind zum Teil revolutionär. Er starb im politischen Exil in der Schweiz. Seiner Zeit war er um hundert Jahre voraus und wurde erst von den Naturalisten und Expressionisten als ihnen ebenbürtig anerkannt. Mit seinem Manifest *Der Hessische Landbote* (1834) fordert er erfolglos die hessische Landbevölkerung zum Aufstand gegen die erpresserische und bürokratische Regierung auf. Seine psychologischen Einsichten in die Zerrissenheit seiner Zeit und die Seelenqualen eines bekannten Stürmers und Drängers finden ihren Niederschlag in der Novelle *Lenz* (1836). Am bekanntesten sind sein Drama *Dantons Tod* (1835), in dem er den großen Revolutionär als ohnmächtiges Opfer der Schicksalsgewalt darstellt und das Dramenfragment *Woyzeck*, das erst 1879 veröffentlicht und 1913 uraufgeführt wurde. Mit dem

Woyzeck

mißbrauchten, verachteten Soldaten Woyzeck, einem Menschen der ganz von seinen Trieben beherrscht wird, steht zum ersten Mal der ,,Untermensch'', ein Wesen aus dem ,,vierten Stand'', auf der Bühne. Geplagt und ausgenutzt, seiner Sinne nur halb mächtig, ersticht Woyzeck aus Eifersucht seine Geliebte und geht verstört im Sumpf zugrunde. Die zutiefst gequälte menschliche Kreatur begegnet uns hier. Das Drama ist ein furchtbarer, blutiger Aufschrei der Verzweiflung. In drastischen Einzelbildern, das epische Theater Brechts vorausnehmend, vollzieht sich die Tragödie. In seiner Novelle *Lenz* hatte Büchner gesagt, wenn er allmächtig wäre, so würde er die Welt ändern: ,,Ich könnte das Leid nicht ertragen, ich würde retten, retten.'' Im *Woyzeck* bleibt die Rettung aus, und der Allmächtige wird in Frage gestellt. Dem einsamen Menschenkind bleiben nur die Tränen:

Es war einmal ein arm Kind und hat keinen Vater und keine Mutter, war alles tot und war niemand mehr auf der Welt. Alles tot, und ist hingegangen und hat gesucht Tag und Nacht. Und weil auf der Erde niemand mehr war, wollt's in Himmel gehn, und der Mond guckt es so freundlich an; und wie es endlich zum Mond kam, war's ein Stück faul Holz. Und da ist es zur Sonn gegangen, und wie es zur Sonn kam, war's ein verwelkt Sonnenblum. Und wie's zu den Sternen kam, waren's kleine goldene Mücken, die waren angesteckt, wie der Neuntöter sie auf die Schlehen steckt. Und wie's wieder auf die Erde wollt, war die Erde ein umgestürzter Hafen. Und es war ganz allein, und da hat sich's hingesetzt und geweint, und da sitzt es noch und ist ganz allein.

Grabbe

Revolutionär wie Büchner ist auch Dietrich Grabbe (1801–1836), der als Opfer des Alkoholismus stirbt. Seine Tragödien enthalten nicht das warme Mitgefühl Büchners, sondern das scharfe Ressentiment des Proletariats. Grabbe, ein Nachfahre der Stürmer und Dränger, schreibt eine Reihe von historischen Dramen, die sich durch Maßlosigkeit und lockere Form auszeichnen. Die Helden in seinen Werken, *Barbarossa* (1829), *Don Juan und Faust* (1829), *Heinrich VI* (1830), *Napoleon* (1831), *Hannibal* (1835), stehen der Macht des Schicksals ohnmächtig gegenüber und scheitern an der Mittelmäßigkeit und Feigheit der Masse. Volksszenen und eine ganze Schlacht werden auf die Bühne gebracht (*Napoleon*) und bereiten den Weg für spätere Massendramen. Die lockere, epische Szenenfolge seiner Dramen läßt ihn mit Büchner zum Vorläufer des modernen Theaters werden.

Das Junge Deutschland

Die Dichter, die man unter der Bezeichnung ,,Das Junge Deutschland" zusammenzufassen pflegt, durchbrechen die idealisierende Darstellungsweise zugunsten einer neuen Wirklichkeitsdarstellung. Diese Gruppe betrachtet die Literatur als Mittel, liberale politische Ideen und soziale Reformen zu fordern. Die Anregungen kommen von Börne und Heine, denen sich dann Gutzkow, Laube, Wienberg u.a. anschließen. Die Enttäuschung über die Reaktion Metternichs und des preußischen Königs, die nach den Befreiungskriegen jede politsche Liberalisierung eifrig unterdrückten, sowie die Forderung nach Demokratisierung nehmen eine hervorragende Stellung in den Schriften der Jungdeutschen ein. Die Schriftsteller werden polizeilich verfolgt und ihre Werke verboten, wodurch die ganze Gruppe, die vorher gar keine Gruppe war, enger aneinander geschmiedet wird. Die Forderungen nach Freiheit von Bevormundung durch Staat, Kirche und Konvention, Emanzipation der Frau und Gleichberechtigung der Juden werden immer lauter. Die Freiheitskämpfe der Griechen und Polen, die Julirevolution in Paris finden Sympathie und Verherrlichung, während die großen Geister, die politisch nicht engagiert waren (besonders Goethe), bekämpft wurden. Rationalismus, Sozialismus und Weltbürgertum sind die großen Schlagworte. Die dichterischen Kräfte dieser Generation sind schwach, nur Heine ragt weit über die Mittelmäßigkeit der anderen hinaus und Fallersleben und Freiligrath haben durchschnittliches Talent.

Fallersleben

Hoffmann von Fallersleben (1798–1874) wurde wegen seiner politischen Einstellung als Professor der Germanistik von der Universität Breslau entlassen und des Landes verwiesen. Er machte sich besonders verdient als Forscher auf dem Gebiete der Germanistik, namentlich durch seine Arbeiten über das Volkslied und durch seine Entdeckung von Otfrieds *Evangelienbuch* (Fragment) und vom *Ludwigslied*. Sein *Lied der Deutschen* (1841) entsprach dem damaligen Nationalgefühl und wurde nach dem 1. Weltkrieg als Nationalhymne angenommen.

Lied der Deutschen

Deutschland, Deutschland über alles,
Über alles in der Welt,
Wenn es stets zu Schutz und Trutze
Brüderlich zusammenhält,
Von der Maas bis an die Memel,
Von der Etsch bis an den Belt —
Deutschland, Deutschland über alles,
Über alles in der Welt!

Deutsche Frauen, deutsche Treue,
Deutscher Wein und deutscher Sang
Sollen in der Welt behalten
Ihren alten schönen Klang,
Uns zu edler Tat begeistern
Unser ganzes Leben lang —
Deutsche Frauen, deutsche Treue,
Deutscher Wein und deutscher Sang!

Einigkeit und Recht und Freiheit
Für das deutsche Vaterland!
Danach laßt uns alle streben
Brüderlich mit Herz und Hand!
Einigkeit und Recht und Freiheit
Sind des Glückes Unterpfand —
Blüh' im Glanze diese Glückes,
Blühe deutsches Vaterland!

Die deutsche Nationalhymne

Die Hymne wurde von den Nationalsozialisten absichtlich falsch interpretiert. Als Hoffmann sie schrieb, bestand Deutschland aus 22 unabhängigen Ländern und es war sein Wunsch, diese verschiedenen Staaten brüderlich zu einer Nation zu vereinigen. Die Worte des Liedes bedeuten nicht, daß Deutschland die ganze Welt beherrschen solle, sondern daß der Wunsch nach deutscher Einheit höher sei als alles andere in der Welt.[1]

Außer der umfangreichen politischen Lyrik ist Hoffmann von Fallersleben bekannt als der Autor von beliebten Kinderliedern wie *Alle Vögel sind schon da*, *Kuckuck, Kuckuck ruft's aus dem Wald* und *Morgen kommt der Weihnachtsmann*.

Heine

Heinrich Heine (1797–1856) war Jude und wurde deshalb während des Nationalsozialismus totgeschwiegen. Er stammt aus Düsseldorf, wo namhafte Künstler und Gelehrte sich heute darum bemühen, die Universität nach ihm zu benennen. Aus opportunistischen Gründen wird er 1825 Protestant, geht 1831 nach Paris und stirbt dort gelähmt und ans Bett gefesselt. Seine Heimat besucht er nur zweimal kurz und kehrt enttäuscht in die Fremde zurück. Von Paris aus versucht er zwischen der französischen und deutschen Kultur zu vermitteln. Seine politische Überzeugung und seine Aktivität für den Liberalismus kennzeichnen ihn als Vorläufer und Mitarbeiter des jungen Deutschland. Aber Heines schöpferische Kraft erhebt ihn über jede bestimmte Bewegung hinaus und macht ihn zum Volksdichter.

Heine hat eine ausgesprochen lyrische Begabung. Seine Gedichte werden in Sammlungen veröffentlicht. *Buch der Lieder* (1827), *Neue Gedichte* (1844), *Romanzero* (1851) und *Gedichte* (1854). Seine erste Sammlung, die noch ganz unter dem Einfluß der Romantik steht, macht ihn berühmt. Viele seiner Gedichte sind volksliedhaft und einige sind so populär geworden, daß

[1] Heute ist nur noch die dritte Strophe der offizielle Text der westdeutschen Nationalhymne.

man sie geradezu als Volkslieder ansieht.[2] Zu seinen schönsten Gedichten gehören *Du bist wie eine Blume, Im wunderschönen Monat Mai, Ich hab' im Traum geweinet, Das Meer erglänzte weit hinaus, Ich weiß nicht, was soll es bedeuten*, sowie die Gedichte der Nordsee-Zyklen. Viele dieser Gedichte sind von Schubert, Schumann und Mendelssohn vertont worden und mit der Melodie so eng verschmolzen, daß wir sie uns heute gar nicht anders als Lieder vorstellen können. Seine Balladen sind ebenfalls romantisch volksliedhaft. Die bekannteste ist *Nach Frankreich zogen zwei Grenadier*, in dem er die Bewunderung des einfachen Soldaten für Napoleon zum Ausdruck bringt. Es folgen zwei Gedichte und die Ballade:

Du bist wie eine Blume,
So hold und schön und rein;
Ich schau dich an, und Wehmut
Schleicht mir ins Herz hinein.

Mir ist, als ob ich die Hände
Aufs Haupt dir legen sollt,
Betend, daß Gott dich erhalte
So rein und schön und hold.

Im wunderschönen Monat Mai,
Als alle Knospen sprangen,
Da ist in meinem Herzen
Die Liebe aufgegangen.

Im wunderschönen Monat Mai,
Als alle Vögel sangen
Da hab ich ihr gestanden
Mein Sehnen und Verlangen.

2 Besonders *Die Loreley* („Ich weiß nicht was soll es bedeuten") wurde zum Volkslied.

Die Grenadiere

Nach Frankreich zogen zwei Grenadier,
Die waren in Rußland gefangen.
Und als sie kamen ins deutsche Quartier,
Sie ließen die Köpfe hangen.

Da hörten sie beide die traurige Mär:
Daß Frankreich verloren gegangen,
Besiegt und zerschlagen das große Heer —
Und der Kaiser, der Kaiser gefangen.

Gewähr mir, Bruder, eine Bitt:
Wenn ich jetzt sterben werde,
So nimm meine Leiche nach Frankreich mit,
Begrab mich in Frankreichs Erde.

Das Ehrenkreuz am roten Band
Sollst du aufs Herz mir legen;
Die Flinte gib mir in die Hand,
Und gürt mir um den Degen.

So will ich liegen und horchen still,
Wie eine Schildwach, im Grabe,
Bis einst ich höre Kanonengebrüll
Und wiehernder Rosse Getrabe.

Dann reitet mein Kaiser wohl über mein Grab,
Viel Schwerter klirren und blitzen;
Dann steig ich gewaffnet hervor aus dem Grab —
Den Kaiser, den Kaiser zu schützen ...

In der Fremde ergreift den Dichter das Heimweh und er weint:

Denk' ich an Deutschland in der Nacht,
Dann bin ich um den Schlaf gebracht,
Ich kann nicht mehr die Augen schließen,
Und meine heißen Tränen fließen.

(Aus: *Nachtgedanken*)

Heines Ironie

Geistreich ist Heines Humor, beißend sein Spott und seine Ironie. Immer wieder durchbricht er die geschaffene Stimmung, die Ergriffenheit, das heitere Gefühl mit scharfer Ironie oder mit Parodie. Meistens kommt die Desillusion erst am Schluß des Gedichtes, manchmal wechseln Stimmung und Zerstörung miteinander ab. In dem folgenden kleinen Gedicht wird mit den ersten vier Zeilen bewußt eine Illusion aufgebaut, eine Stimmung geschaffen, die dann mit den letzten Zeilen spöttisch aufgehoben wird.

Das Fräulein stand am Meere
Und seufzte lang und bang,
Es rührte sie so sehre
Der Sonnenuntergang.

Mein Fräulein! sein Sie munter,
Das ist ein altes Stück.
Hier vorne geht sie unter
Und kehrt von hinten zurück.

Der Romantiker Heine

Zwiespältig, ironisch ist Heines Verhältnis zur Romantik. Er ist Romantiker, ohne es sein zu wollen. Als Realist und Rationalist weiß Heine um seine romantische Inklination und macht sich immer wieder über sich selbst lustig, ohne die Illusion verwerfen zu können.

> Trotz meiner exterminatorischen Feldzüge gegen die Romantik blieb ich doch selbst immer ein Romantiker, und ich war es in einem höheren Grade, als ich selbst ahnte. Nachdem ich dem Sinn für romantische Poesie in Deutschland die tödlichsten Schläge beigebracht, beschlich mich selbst wieder eine unendliche Sehnsucht nach der blauen Blume im Traumland der Romantik, und ich ergriff die bezauberte Laute und sang ein Lied, worin ich mich allen holdseligen Übertreibungen, aller Mondscheintrunkenheit, allem blühenden Nachtigallenwahnsinn der einst so geliebten Weise hingab. Ich weiß, es war das „letzte freie Waldlied der Romantik", und ich bin ihr letzter Dichter.

Die Reisebilder

Die Harzreise

Heines Prosa zeigt ebenfalls seine Veranlagung zur Verspottung, aber auch seine großartige Sprachbegabung. Seine Reisebilder, von denen *Die Harzreise* (1826) am berühmtesten ist, sind weniger Landschaftsbeschreibungen als witzige, manchmal bissige Plaudereien über Religion, Philosophie, Politik, Kunst und das bürgerliche Philistertum. Folgende Probe stammt aus der *Harzreise*:

Die Stadt Göttingen, berühmt durch ihre Würste und Universität, gehört dem Könige von Hannover, und enthält 999 Feuerstellen, diverse Kirchen, eine Entbindungsanstalt, eine Sternwarte, einen Karzer, eine Bibliothek und einen Ratskeller, wo das Bier sehr gut ist. ... Die Stadt selbst ist schön, und gefällt am besten, wenn man sie mit dem Rücken ansieht. Sie muß schon sehr lange stehen, ... Einige behaupten sogar, die Stadt sei zur Zeit der Völkerwanderung erbaut worden, jeder Stamm habe damals ein ungebundenes Exemplar seiner Mitglieder darin zurückgelassen, und davon stammten all die Vandalen, Friesen, Schwaben, Teutonen, Sachsen, Thüringer, usw.,[3] die noch heutzutage in Göttingen, hordenweis, und geschieden durch Farben der Mützen und der Pfeifenquäste, über die Weenderstraße einherziehen, auf den blutigen Wahlstätten der Rasemühle ... sich ewig unter einander herumschlagen, in Sitten und Gebräuchen noch immer wie zur Zeit der Völkerwanderung dahinleben, und teils durch ihre Duces, welche Haupthähne heißen, und teils durch ihr uraltes Gesetzbuch, welches Comment heißt und den legibus barbarorum[4] eine Stelle verdient, regiert werden.

Im allgemeinen werden die Bewohner Göttingens eingeteilt in Studenten, Professoren, Philister und Vieh, welche vier Stände doch nicht weniger als streng geschieden sind. Der Viehbestand ist der bedeutendste. Die Namen aller Studenten und aller ordentlichen Professoren hier herzuzählen, wäre zu weitläufig; auch sind mir in diesem Augenblick nicht alle Studentennamen im Gedächtnisse, und unter den Professoren sind manche, die noch gar keinen Namen haben. Die Zahl der Göttinger Philister muß sehr groß sein, wie Sand, oder besser gesagt, wie Kot am Meer; wahrlich, wenn ich sie des Morgens, mit ihren schmutzigen Gesichtern und weißen Rechnungen, vor den Pforten des akademischen Gerichtes aufgepflanzt sah, so mochte ich kaum begreifen, wie Gott nur so viel Lumpenpack erschaffen konnte.

[3] Mit diesen und den folgenden Bemerkungen meint Heine die schlagenden Studentenverbindungen.

[4] Gesetze der Barbaren.

Realismus

Wir haben bemerkt, daß die Jungdeutschen — und in gewissem Sinne bereits einige Romantiker mit ihrer politischen Tätigkeit — sich mehr der Wirklichkeit hinwandten. Um die Mitte des 19. Jahrhunderts wird der Wirklichkeitssinn der Dichter und Schriftsteller immer schärfer, so daß sie mit der Tradition der Klassik und Romantik völlig brechen. Die neue wirklichkeitsnahe Dichtung wird von dem modernen Weltbild beeinflußt, das sich in der zweiten Hälfte des 19. Jahrhunderts entwickelt und das geformt wird durch 1) die zunehmende Verbreitung von Industrie und Wirtschaft, 2) die Enttäuschungen über den Zusammenbruch der Träume von Liberalisierung und Demokratisierung nach den Freiheitskriegen und in den Revolutionen von 1830 und 1848, 3) den zunehmenden Nationalismus und Sozialismus, 4) die naturwissenschaftlichen Errungenschaften und 5) die philosophischen Gedankengänge der Positivisten und Materialisten. All das trägt zur Formung einer realistischen Geisteshaltung bei, die sich im Leben (z.B. Realpolitik Bismarcks) und in der Dichtung widerspiegelt.

Das neue Weltbild

An Hegels großes System, das noch einmal versucht, das klassisch-romantische Erbe zusammenzufassen, knüpfen seine Schüler an und übertragen seine Dialektik, nach der Fortschritt aus dem Dreischritt These-Antithese-Synthese hervorgeht, auf ihre eigenen Ziele. Karl Marx (1818–1883) betont den Zusammenschluß der Arbeiterklasse zur Revolution gegen den Kapitalismus. Gegen den Idealismus setzt er den Materialismus. Wie er bekämpft sein Mitarbeiter Friedrich Engels (1820–1895) die

Marx und Engels

Karl Marx als Student

geheiligte Tradition, die absoluten Werte: „Die dialektische Philosophie löst alle Begriffe endgültiger absoluter Wahrheit und eines endgültigen absoluten Zustandes des Menschen auf, die damit Hand in Hand gehen. Somit ist nichts endgültig, absolut, heilig." Die positivistischen Ideen der Franzosen Auguste Comte und des Engländers John Stuart Mill werden von Ludwig Feuerbach (1804–1872) auf die Religion übertragen. Gott ist ein Wunschbild, das der Mensch in seiner Abhängigkeit von der feindlichen Natur geschaffen hat. David Friedrich Strauß (1808–1874) erklärt Christus als mythologische Gestalt in seinem *Das Leben Jesu, kritisch bearbeitet* (1836). Der historische Jesus wird bezweifelt. Arthur Schopenhauer (1788–1860) erklärt, daß die Welt unter dem Zwang blinder Kräfte steht und zur Hölle wird. Nur durch den Willen zur Askese, zur Aufgabe des Wollens können die Leiden überwunden werden. Sein antiidealistischer Pessimismus beeinflußt die ganze Zeit. Darwins Werk *The Origin of Species* (1859) mit seiner Deszendenztheorie trägt zur Resignation und Entsagung bei, die sich zu verbreiten beginnt.

Positivismus

D. F. Strauß

Schopenhauer

Darwin

Der Einfluß der französischen Literatur

Zu den obenerwähnten Einflüssen auf die deutsche Literatur kommt die ausländische Literatur. Balzac schildert mit seinen Romanen, die er zur Comédie humaine zusammenfaßt, das zeitgenössische Leben. Flauberts *Madame Bovary*, Stendhals *Le Rouge et le Noir* und Charles Dickens *Oliver Twist* und *David Copperfield* werden den Deutschen zum Vorbild. Die Prosa, vor allem der Roman, wird zum Hauptträger der Wirklichkeitsdichtung, deren Hauptvertreter Stifter, Gotthelf, Keller, Meyer, Storm, Raabe, Busch, Fontane und Hebbel sind. Es muß bei jeder Einstufung von bedeutenden Geistern in eine Bewegung immer bedacht werden, daß diese Einreihung mit Schwierigkeiten verbunden ist. Man muß beachten, daß jeder große Dichter ein Individuum ist, dessen ganzes Schaffen sich nicht starr einreihen läßt, da sein Denken und Schaffen sich allmählich entwickelt und in einem oder dem anderen Werk die Grenzen einer Bewegung sprengt oder erweitert. Wir haben diese Entwicklung bei Schiller und besonders bei Goethe gesehen.

Stifter

Adalbert Stifter (1805–1868) läßt sich schwer einreihen. Er ist einer der bekanntesten deutschen Erzähler. Er stammt aus dem Böhmerwald, studiert in Wien und wird Lehrer in Linz. Seine Erzählungen hat er in den Sammlungen *Studien* und *Bunte Steine* zusammengefaßt. Sein Roman *Nachsommer* ist ein Entwicklungsroman in der Tradition von Goethes *Wilhelm Meister*. In der Vorrede zu *Bunte Steine* erläutert Stifter sein dichterisches

Das literarische Programm

Programm, in dem Gerechtigkeit und Dienst an der Gemeinschaft wichtige Punkte sind. Das große Tragische wird abgewertet zugunsten des unscheinbaren Geschehens. Unheil entsteht durch den Verlust des Maßes. Das Göttliche offenbart sich im Kleinen, und daher ist Demut gerade vor den kleinen Dingen der Schöpfung notwendig.

> Das Wehen der Luft, das Rieseln des Wassers, das Wachsen der Getreide, das Wogen des Meeres, das Grünen der Erde, das Glänzen des Himmels, das Schimmern der Gestirne halte ich für groß; das prächtig einherziehende Gewitter, den Blitz, welcher Häuser spaltet, den Sturm, der die Brandung treibt, den feuerspeienden Berg, das Erdbeben, welches Länder verschüttet, halte ich nicht für größer als obige Erscheinungen ... Die Kraft, welche die Milch im Töpfchen der armen Frau emporschwellen und übergehen macht, ist es auch, die die Lava in dem feuerspeienden Berge emportreibt und auf den Flächen der Berge hinabgleiten läßt.

Die Erzählungen

Seine Erzählungen zeichnen sich aus durch die große Ruhe und den Frieden, der über ihnen waltet, wodurch sie so scharf mit den fanatischen politischen Aufrufen seiner Zeitgenossen kontrastieren. Der Mensch, der durch leidvolle Erfahrung gereift ist, begegnet uns in der Novelle *Brigitta*, der reine, gerade Sinn des jungen Menschen in *Das Heidedorf* und *Bergkristall*. Typisch für Stifter ist seine genaue, detaillierte, maßvolle Naturbeschreibung: die heimatliche Umgebung des Böhmerwaldes, das Hochgebirge, die ungarische Pußta.

In seinem Roman *Der Nachsommer*, den Nietzsche als die vollkommenste deutsche Prosaerzählung bezeichnet hat, bekennt Stifter sich zur perfekten Ordnung der Natur und zu einer Menschlichkeit, die aus Zucht, Maß, Schönheit, Innerlichkeit, Stille und Entsagung erwächst. Die Resignation zum Leben, den Verzicht auf leidenschaftliche Wünsche, die traute Häuslichkeit, die Breite und Behaglichkeit der Erzählweise, die vielen Digressionen und Details, die Vorliebe für Gartenbau und das Sammeln machen dieses Werk geradezu zum Musterbeispiel des Biedermeiers,[5] das alle diese Züge in sich vereint. Auf Grund dieser

Biedermeier

[5] Biedermeier ist eine Parodie des philisterhaften Spießbürgers der Zeit von 1815–1848. Der Begriff bezeichnet die resignierte, unpolitische Haltung des Bürgers, der sich mit seinem Garten und seinen Sammlungen beschäftigt. Vortrefflich ist dieser Typ in der Malerei von Spitzweg dargestellt worden.

Tendenzen wird Stifter von manchen Literarhistorikern als Vertreter des Biedermeiers angesehen.

Gotthelf

Von den acht großen Erzählern des Realismus stammen vier (Stifter, Gotthelf, Keller, Meyer) aus dem Süden des deutschen Sprachraumes (Österreich und der Schweiz) und vier aus dem Norden. Jeremias Gotthelf (1797–1854), dessen eigentlicher Name Albert Bitzius ist, stammt aus dem Kanton Bern. Nach seinem Studium wird er Pfarrer im Emmental, wo er sich sehr für die Seelsorge seiner Bauern einsetzt. Seine dichterische Tätigkeit begann er aus dem Wunsch heraus, nicht nur seine Gemeinde, sondern die ganze Schweiz sittlich zu erziehen. So ist sein Werk eigentlich Didaktik, Tendenzliteratur, aber seine naive, ungekünstelte schöpferische Kraft erhebt es über das Didaktische hinaus. Gotthelf tritt ein für das Rechte, für die Liebe zu Gott und zum Nächsten, für Arbeit und Fleiß und bekämpft Gottlosigkeit, den neumodischen Liberalismus und Materialismus und alles Oberflächliche. ,,Mein Schreiben ist ein Bahnbrechen, ein wildes Umsichschlagen nach allen Seiten hin gewesen.'' In ehrlicher Arbeit und in der Ordnung liegt Segen.

Romane

Das ist der Leitgedanke hinter dem zweiteiligen Roman *Wie Uli der Knecht glücklich wird* und *Uli der Pächter*. Uli steigt vom Bauernknecht zum Grundbesitzer auf, weil er sich an die Gesetze Gottes hält, tüchtig arbeitet und auf Ordnung sieht. Statt einer verzogenen, reichen Frau heiratet Uli das brave Vreneli, die ihn vor Geiz und Geldgier bewahrt und ihn recht und ehrlich erhält. Wie Vreneli sind die Frauen bei Gotthelf oft engelhafte Wesen, die den Mann erziehen und ihm Beistand leisten. Gotthelfs Meisternovelle ist *Die schwarze Spinne* (1842), in der er seine These vertritt, daß das Böse nur durch Ehrbarkeit und Glauben an Gott abgewendet werden kann. Wenn die Menschen lieblos und stolz werden, bricht das teuflische Ungeheuer über sie herein.

Keller

Gotthelfs Landsmann ist Gottfried Keller (1819–1890), der in Zürich zu Hause war. Er hält sich eine Zeitlang in München und dann in Heidelberg auf, wo ihn Feuerbachs Vorlesungen über den Materialismus tief beeinflussen und seinen christlichen Glauben erschüttern. Über Berlin kehrt er schließlich nach Zürich zurück und wird Stadtschreiber und später freier Schriftsteller. Sein erstes großes Prosawerk ist der Künstlerroman *Der grüne Heinrich* (1855). Hier schildert Keller die Entwicklung eines unbegabten jungen Malers. In der ersten Fassung findet der Held den Tod, aber in einer späteren Fassung wird der Tod abgeändert in gelassene Resignation und Dienst für die Gemeinschaft. Auch die Komposition wird gestrafft.

Novellen

Am besten drückt sich Kellers Wesen in seinen Novellen aus, die in den Zyklen *Die Leute von Seldwyla und Züricher Novellen* gesammelt sind. Mit Liebe, Ironie, Humor, Besorgnis und tiefem Ernst beschreibt Keller das Treiben seiner schweizer Mitbürger und die Tragik des Lebens. Mit Spott und beißender Ironie geißelt er das Philistertum und den engstirnigen, kleinbürgerlichen Geist. Die Bewohner von Seldwyla, einer typischen deutschen, (schweizer) fiktiven Kleinstadt, repräsentieren diesen verschrobenen Spießbürger. Zu den bedeutendsten Novellen des Seldwyla-Zyklus gehören: *Romeo und Julia auf dem Dorfe*, *Die drei gerechten Kammacher* und *Kleider machen Leute*.

In den *Sieben Legenden* (1872) erzählt Keller mittelalterliche Legenden mit viel Phantasie und Fabulierkunst nach. Die *Züricher Novellen* (1878) haben Heimatgeschichte zum Stoff. Mit Skepsis, satirischem Humor und Liebe preist der Dichter den wackeren, aufrichtigen Sinn des Bürgers und die Verbundenheit mit der Heimat. *Hadlaub*, *Der Narr auf Manegg*, *Der Landvogt von Greifensee* und *Das Fähnlein der sieben Aufrechten* gehören zu dieser Sammlung. Seine letzte Novellensammlung sind sieben Novellen, die Keller unter dem Titel *Sinngedicht* (1881) zusammenstellt. Hier behandelt er das Thema der glücklichen und unglücklichen Liebesverbindung. Als Motto steht über dem Ganzen Logaus Rokokovers:

> „Wie willst du weiße Lilien zu roten Rosen machen?
> Küß eine weiße Galatee: sie wird errötend lachen.“

Meyer

Der dritte schweizer Erzähler des Realismus ist Conrad Ferdinand Meyer (1825–1898), der die Stoffe für seine Novellen und Gedichte in der Geschichte findet. Besonders in der Renaissance- und Reformationszeit entdeckt er große Männer, an denen er das menschlich Wertvolle und Heldenhafte schätzt. Seine Heimat ist ebenfalls Zürich. Er reist in Frankreich und Italien und schult seinen Form- und Schönheitssinn an der Kunst dieser Länder. Der Calvinismus beeinflußt sein Denken und bereitet ihm besonders in seiner Jugendzeit Probleme, die sich in Hemmungen, Angst und Menschenscheu äußern. Erst während des Krieges von 1870-71 zwischen Preußen und Frankreich findet er sich und beginnt sein dichterisches Schaffen.

Meyer, der feine, gebildete Aristokrat, ist dem bürgerlichen Keller und dem bäuerlichen Gotthelf recht ungleich. Er zeichnet

Stil und Technik

sich aus durch knappe Komposition, nicht wie Keller durch die Fülle der urwüchsigen Erzählkunst, sondern eine artistisch schöne Sprache und durch gekonnte Technik. Viele seiner Novellen sind Rahmenerzählungen. Durch die Rahmentechnik macht er seine Erzählung glaubhaft und bewahrt zugleich Distanz. Es ist bemerkenswert, wie Meyer seine seelische Anteilnahme am Geschehen durch diese Technik und die kühle, objektive Darstellung verbergen kann. Die historischen Stoffe deutet er psychologisch. Inmitten einer materialistisch und mechanisch eingestellten Welt sucht er in den großen Perioden der Vergangenheit nach Schönheit und Vollkommenheit. ,,Am liebsten vertiefe ich mich in vergangene Zeiten, deren Irrtümer ich leicht ironisiere und die mir erlauben, das Ewig-Menschliche künstlerischer zu behandeln, als die brutale Aktivität zeitgenössischer Stoffe mir gestatten würde.''

Huttens letzte Tage

Meyers erstes Werk ist der Versroman *Huttens letzte Tage* (1871), in dem er den schweizer Reformator in der Stille seiner letzten Zufluchtsstätte zeigt, während die Reformation ohne ihn weiterkämpft. Meyer interessiert ,,der ungeheure Kontrast zwischen der in den Weltlauf eingreifenden Tatenfülle seiner (Huttens) Kampfjahre und der traumartigen Stille seiner letzten Zufluchtsstätte''. Er konzentriert die Schilderung auf die letzten Tage im Leben seines Helden, die angefüllt sind mit Erinnerungen und ,,einer Skala von Stimmungen: Hoffnung und Schwermut, Liebe und Ironie, heiliger Zorn und Todesgewißheit — kein Zug dieser tapferen Gestalt sollte fehlen, jeder Gegensatz dieser leidenschaftlichen Seele hervortreten''.

Die historischen Novellen

In den Novellen offenbart sich uns Meyers Kunst: Er wird als Meister der historischen Novelle anerkannt. Das *Amulett* (1873) schildert die grauenvollen Ereignisse der Bartholomäusnacht, aus denen der Held auf wunderbare Weise gerettet wird. Andere Novellen sind *Der Schuß von der Kanzel*, *Der Heilige*, *Plautus im Nonnenkloster*, *Gustav Adolfs Page*, *Die Hochzeit des Mönchs*, *Die Richterin* und *Die Versuchung des Pescara*. In *Der Heilige* läßt Meyer das Geschehen (die Geschichte König Heinrichs II und des Erzbischofs von Canterbury Thomas Becket) von einem einfachen Bogenschützen erzählen, dessen unzureichende Bildung er dazu ausnutzt, die eigentliche psychologische Motivierung zu verschleiern. Becket, der feinkultivierte, zarte, gebrechliche Kanzler findet den Märtyrertod im Dienste der Kirche. Die Kontrastfigur, der robuste, leidenschaftliche, grobe König, kann sich mit dem Bischof nicht versöhnen und veranlaßt durch ein Zufallswort den

Mord Beckets. Der König geht ebenfalls unter, nicht physisch, sondern moralisch.

Wie seine Novellen so zeichnen sich auch seine Balladen und Gedichte durch ihre kunstvolle Sprache und vollendete Form aus. Das Dinggedicht *Der römische Brunnen* zählt zu seinen schönsten:

Der römische Brunnen

Aufsteigt der Strahl und fallend gießt
Er voll der Marmorschale Rund,
Die, sich verschleiernd, überfließt
In einer zweiten Schale Grund;
Die zweite gibt, sie wird zu reich,
Der dritten wallend ihre Flut,
Und jede nimmt und gibt zugleich
Und strömt und ruht.

(letzte Fassung)

Storm

Theodor Storm (1817–1888) kommt aus Schleswig, und die norddeutsche Landschaft mit Meer, Strand, der weiten baumlosen Marsch, den Hecken und Gräben und den stillen Dörfern wird in seinem Werk lebendig. Wegen seiner deutschen Einstellung mußte Storm seine Heimat auf zehn Jahre verlassen, als sie bis 1864 an Dänemark fiel. Dann kehrte er zurück und lebte in der Nähe von seiner Heimatstadt Husum.

Novellen

Mit seinen Freunden Theodor und Tycho Mommsen sammelt er Volkslieder (*Liederbuch dreier Freunde*), plattdeutsche Reime, Sagen und Märchen aus seiner Heimat. Er ist vorwiegend Novellendichter. Es geht ihm in seinen Novellen, die in der Vergangenheit spielen, um die Vergänglichkeit und die elegische Erinnerung. Die stimmungsvolle, süßlich romantische Novelle *Immensee* ist sein erstes Prosawerk. Es ist angefüllt von stiller Resignation, von der Erinnerung an das versäumte Liebesglück. Die lyrischen, sentimentalen, melancholischen Elemente sind stark in allen seinen frühen Novellen. Die Wehmut, die Einsamkeit, die Entsagung, Liebes- und Familienprobleme, das idyllische Bürgerheim begegnen uns immer wieder (*Angelika*, *Pole Poppenspäler*). Storms beste Novellen sind seine sogenannten Chroniknovellen,[6] die aus seiner späteren Schaffensperiode

[6] Die historische Erzählung ist eine alte Chronik oder der Chronist berichtet die Ereignisse selbst. Durch diese Rahmentechnik wird der Eindruck gegeben, daß die Handlung wahr ist.

stammen und zu denen die folgenden gehören: *Aquis submersus*, *Eekenhof* und *Carsten Curator*.

Der Schimmelreiter

Sein Meisterwerk ist *Der Schimmelreiter* (1888), das den Kampf des Menschen gegen das Meer um das hinter dem Deich liegende Land schildert. Der Deichgraf Hauke baut gegen den Willen der Bauern einen neuen Damm, der später der Sturmflut trotzt, in der jedoch der alte Damm, der trotz Haukes Befehl nicht genügend ausgebessert wurde, bricht. Haukes Frau und Kind werden von der Flut ertränkt. Darauf reitet Hauke seinen Schimmel in die Wellen des Meeres. In der Phantasie des Volkes lebt der Schimmelreiter weiter, und beim Sturm erzählen sich die Alten in der Wirtsstube die spukhafte Geschichte.

In der Lyrik Storms finden wir die gleichen Themen wie in der Prosa. In Stimmungsbildern malt er die norddeutsche Heimat wie in den folgenden beiden Gedichten:

Die Stadt

Am grauen Strand, am grauen Meer
Und seitab liegt die Stadt;
Der Nebel drückt die Dächer schwer,
Und durch die Stille braust das Meer
Eintönig um die Stadt.

Es rauscht kein Wald, es schlägt im Mai
Kein Vogel ohn' Unterlaß;
Die Wandergans mit hartem Schrei
Nur fliegt in Herbstesnacht vorbei,
Am Strande weht das Gras.

Doch hängt mein ganzes Herz an dir,
Du graue Stadt am Meer;
Der Jugend Zauber für und für
Ruht lächelnd doch auf dir, auf dir,
Du graue Stadt am Meer.

Meeresstrand

Ans Haff nun fliegt die Möwe,
Und Dämmrung bricht herein;
Über die feuchten Watten
Spiegelt der Abendschein.

Graues Geflügel huschet
Neben dem Wasser her;
Wie Träume liegen die Inseln
Im Nebel auf dem Meer.

Ich höre des gärenden Schlammes
Geheimnisvollen Ton,
Einsames Vogelrufen —
So war es immer schon.

Noch einmal schauert leise
Und schweiget dann der Wind;
Vernehmlich werden die Stimmen,
Die über der Tiefe sind.

Raabe

Aus Norddeutschland kommt auch Wilhelm Raabe (1831–1910), dessen Werk im Gegensatz zu Storms von einer Art pessimistischen Humors geprägt ist. Raabe wurde bei Holzminden (Braunschweig) geboren, lebte in Magdeburg und Berlin (Philosophiestudium) und wurde Schriftsteller in Stuttgart und Braunschweig. Die Philosophie Schopenhauers beeinflußt ihn stark. Er empfindet den Gegensatz zwischen Ideal und Wirklichkeit schmerzhaft, und pessimistisch sieht er wie in der Welt das Leid, die Unvollkommenheit und die Minderwertigkeit überhandnehmen. Das Gute findet keinen Lohn, das Böse keine Strafe, und der Tod vernichtet am Ende alle Hoffnung auf Erfolg und Besserung. Seinen ersten Roman *Die Chonik der Sperlingsgasse* schreibt Raabe, als ob er ein alter Mann wäre, der auf sein Leben zurückschaut. Sein Hauptwerk ist die Romantrilogie *Der Hungerpastor*, *Abu Telfau* und *Der Schüdderump*. Während die Trilogie hoffnungsvoll einsetzt, verdüstert sie sich mit dem zweiten und besonders dem dritten Roman immer mehr. Der Schüdderump ist der rumpelnde Pestkarren, der im Dreißigjährigen Krieg erbarmungslos alt und jung, arm und reich als Leichen in die Grube kippt. Alles Liebliche und Schöne in der Welt wird ruiniert. „Die Räder des Schüdderump lassen sich so wenig aufhalten, wie das Siechtum abgeschafft werden kann; denn die Gemeinheit der Menschen ist überall und jederzeit vorhanden." Die Bösen gewinnen den Sieg über die Guten, nur der Tod erscheint in der Welt des Unrechts als der große Befreier, vor dem auch das siegreiche Böse haltmachen muß.

Prosawerke

Mit dieser Trilogie überwindet Raabe den Tiefpunkt des Pessimismus. In seinen späteren Werken (*Stopfkuchen*) wird der Humor des Schriftstellers offensichtlicher.

Busch

Wilhelm Busch (1832–1908) ist nicht als Erzähler bekannt, sondern als Humorist und Zeichner. Er ist in Hannover zu Hause und bildet sich in München zum Maler und Zeichner aus. Dort wird er Mitarbeiter an den *Fliegenden Blättern* und den *Münchner Bilderbogen*, zwei bekannten humoristischen Zeitschriften. Seine meisten Werke sind Serien von Zeichnungen, die er mit Versen begleitet, ähnlich wie bei den heutigen *Comics*, als deren Vorläufer er betrachtet wird. Seine Verse zeichnen sich durch beißende Schärfe und grotesken Humor aus, mit dem er den Spießbürger, die Lüge, die Scheinheiligkeit und das Biedermeier-Idyll bekämpft. Am bekanntesten ist seine

Wilhelm Busch

Max und Moritz

Lausejungengeschichte *Max und Moritz*, in der die beiden Missetäter nach einer Reihe von recht grausamen Streichen am Ende die gerechte Strafe erhalten. Als sie dem Bauern Mecke Löcher in die Getreidesäcke schneiden, werden sie erwischt und zur Mühle getragen:

Max und Moritz wird es schwüle,
Denn nun geht es nach der Mühle.

„Meister Müller, he, heran!
Mahl er das, so schnell er kann!"

„Her damit!" Und in den Trichter
Schüttet er die Bösewichter.

Rickeracke! Rickeracke!
Geht die Mühle mit Geknacke.

Die Mühle mahlt die Bösewichter in kleine Körner, die von den Enten des Müllers aufgefressen werden. Im Dorf atmet jeder auf:

„Gott sei Dank! Nun ist's vorbei
Mit der Übeltäterei!"

Andere bekannte, illustrierte Versgeschichten sind: *Die fromme Helene*, *Hans Huckebein* und *Fipps der Affe*. Sie sind zum „humoristischen Hausschatz des deutschen Volkes" geworden.

Fontane

Theodor Fontane (1819–1898) wurde bekannt durch seine Berliner Gesellschaftsromane, in denen er uns das Berlin um 1870 und 1880 mit seinen Bürgern, Beamten und Offizieren zeigt. Seine besten Romane sind *Irrungen Wirrungen*, *Effie Briest* und *Stechlin*. In *Irrungen Wirrungen* wird es den beiden Liebenden schmerzlich klar, daß sie sich nicht heiraten können, weil der Standesunterschied unüberbrückbar ist. Der Offizier heiratet eine junge Dame aus der Berliner Gesellschaft, das arme Mädchen einen tüchtigen Mann aus dem Volk. Fontane schildert das tragische Geschehen still, ohne Pose und ohne Romantik.

Effie Briest

Effie Briest zerbricht an den gesellschaftlichen Gesetzen. Sie heiratet, selbst fast noch ein Kind, den älteren Baron Instetten. Die Liebe zu einem jungen Offizier erheitert Effies Dasein kurz. Bald ist das Ereignis vorüber und vergessen. Als Instetten nach Jahren von Effies Liebe erfährt, tötet er den Offizier im Duell und läßt sich scheiden. Effie ist gesellschaftlich verfemt, verliert ihre Lebenskraft und stirbt, ausgestoßen und verlassen von Eltern und Mitmenschen. Obgleich für Fontane die Sittengesetze fragwürdig geworden sind, siegt dennoch die menschliche

Ordung über den Einzelnen. „Ich habe das Leben immer genommen, wie ich's fand, und mich ihm unterworfen. Das heißt, nach außen hin: in meinem Gemüte nicht."

Hebbel

Neben Otto Ludwig ist Friedrich Hebbel (1813–1863) der begabteste Dramatiker des Realismus. Er stammt aus armen Verhältnissen und hatte eine harte Jugend, studierte in Heidelberg und München und ließ sich 1845 in Wien nieder, wo er heiratete und seine Tragödien schrieb. Seine Ideen über das Drama hat Hebbel in zwei Aufsätzen (*Ein Wort über das Drama* und *Mein Wort über das Drama*) und in dem Vorwort zu *Maria Magdalena* niedergeschrieben. Das Drama soll den Lebensprozeß darstellen. Dieser wird besonders in Übergangsperioden oder geschichtlichen Wendepunkten deutlich, wo das Alte durch das Neue verdrängt wird. Das Neue wird immer herbeigeführt durch Individuen, die mit der Gemeinschaft oder anderen Individuen, die das Alte vertreten, in Konflikt geraten. Der Einzelne, der sich vom Ganzen absondert, wird schuldig, eben weil er als Einzelwesen existiert (Pantragismus = Alltragik, d.h. jede individuelle Willensregung bedingt tragische Schuld). Die Vertreter des Neuen erfüllen den Auftrag des Weltgeistes und setzen sich für den Fortschritt ein, aber sie glauben ihre eigenen Absichten zu verfolgen. Sie müssen ihre Schuld, die gerade in der Absonderung besteht, mit dem Untergang büßen. Die Tragik liegt nicht in einem moralischen Vergehen des Helden, sondern im Weltprozeß. Das Drama muß jedoch trotzdem die unausweichliche Notwendigkeit des Geschehens durch genaue Motivierung zeigen. In seinen Dramen befaßt sich Hebbel mit grundsätzlichen Problemen der Menschheit und zeigt „das Individuum im Kampf zwischen seinem persönlichen und dem allgemeinen Weltwillen", den Gegensatz des Individuums zur Gemeinschaft und des Mannes zur Frau.

Pantragismus

Maria Magdalena

Eines von Hebbels ersten Dramen ist die Tragödie *Maria Magdalena*. Die Heldin ist ein gefallenes verlassenes Mädchen, das zum Opfer der starren bürgerlichen Sittenordnung wird. Das Stück ist ein bürgerliches Trauerspiel, aber anders als bei Schiller und Lessing geht die Tragik nicht hervor aus dem Standeskonflikt, sondern der bürgerlichen Sittlichkeit, „nicht aus dem Zusammenstoß der bürgerlichen Welt mit der vornehmen, ...sondern ganz einfach aus der bürgerlichen Welt selbst, aus ihrem zähen und in sich selbst begründeten Verharren auf den patriarchalischen Anschauungen und ihrer Unfähigkeit, sich in verwickelten Lagen zu helfen". Klara geht zugrunde am harten

Konservatismus ihres Vaters und am Unverständnis des geliebten Mannes. Mit ihrem Tod fordert sie eine neue Zeit, die menschlichem Vergehen menschliches Verständnis entgegenbringen wird.

Herodes und Mariamne

Als sein Meisterwerk betrachtet Hebbel die Tragödie *Herodes und Mariamne*. Mann und Frau, beide große, leidenschaftliche Menschen, stehen im Konflikt und vernichten sich. Mariamne empört sich gegen den unmenschlichen Geist der Vergangenheit, der ihre Menschenwürde verletzt und verhilft ihrem Mann durch ihren Tod zu einer neuen, höheren Stufe der Menschlichkeit. Herodes, der Gewaltmensch, hat Mariamne geheiratet und will die Treue seiner Frau über seinen Tod hinaus erzwingen. Er gibt den Befehl, seine Frau zu töten, falls er in der Schlacht fallen würde. Mariamne würde ihm freiwillig in den Tod folgen, aber gegen den Zwang empört sich ihr weiblicher Stolz und ihre Menschenwürde. ,,Du hast in mir die Menschheit geschändet.''

> Doch ein Leben
> Hat jedermann und keiner will das Leben
> Sich nehmen lassen, als von Gott allein,
> Der es gegeben hat! Solch einen Frevel
> Verdammt das ganze menschliche Geschlecht,
> Verdammt das Schicksal, das ihn zwar beginnen,
> Doch nicht gelingen ließ, verdammst du selbst!
> Und wenn der Mensch in mir so tief durch dich
> Gekränkt ist, sprich, was soll das Weib empfinden,
> Wie steh' ich jetzt zu dir und du zu mir?

Mariamne täuscht Herodes Untreue vor und wird daraufhin hingerichtet. Zu spät entdeckt Herodes, daß er ,,des tückischen Schicksals blindes Werkzeug war''.

In *Agnes Bernauer* unterliegt das Individuum dem Staat, der das höhere Recht besitzt. Agnes muß ihr Leben für das Wohl des Staates opfern und Herzog Albrecht sein persönliches Glück. Hebbel sagt, Agnes ist ,,das reinste Opfer, das der Notwendigkeit im Laufe aller Jahrhunderte gefallen ist''. Auch in dem Stück *Gyges und sein Ring*, das sich durch seine schöne Sprache und vollendete Form besonders auszeichnet, steht der Konflikt zwischen Mann und Frau im Mittelpunkt. Auch hier hat der Mann die Menschenwürde der Frau schwer verletzt. In der Trilogie *Die Nibelungen* behandelt Hebbel den Stoff des *Nibelungenliedes*. Brunhild ist die tragische Heldin, Dietrich von Bern das Symbol für die Sittlichkeit einer zukünftigen Zeit.

Naturalismus

Das Streben zur Darstellung der Wirklichkeit findet gegen Ende des 19. Jahrhunderts einen Höhepunkt und zugleich das Ende in der neuen Kunstanschauung, die wir als Naturalismus bezeichnen. Diese Kunst wird stark beeinflußt von den wissenschaftlichen Theorien des Darwinismus und des Positivismus: dem Evolutionsgedanken, der Idee vom Kampf ums Dasein und der Überwindung des Schwächeren durch den Stärkeren, der Vererbungslehre und der genauen Beobachtung von Einzelheiten. Großen Einfluß auf die Literatur übt Taines Milieulehre aus, die das Individuum aus seiner Umwelt, seiner Rasse und seiner geschichtlichen Zeit erklärt. Diese Lehren führen zum Determinismus, zu der Einsicht, daß der Mensch durch äußere Einflüsse bestimmt wird, durch seine Erbmasse und sein Milieu, und daß ihm sein Wille und seine schöpferische Kraft abgesprochen werden. Hinzu kommt ein starkes Sozialgefühl. Angeregt durch die Schriften von Marx und Engels und die zunehmende Industrialisierung, besonders nach dem Sieg über Frankreich (1871), hatte sich der Sozialismus stark entwickelt und setzte sich immer mehr für das Großstadtproletariat ein. Besonders in Berlin und München begannen die jungen Schriftsteller die soziale Funktion der Literatur zu verfechten. Der Dichter hat die Aufgabe, der Welt die Augen für soziale Mißstände zu öffnen und diese zu beseitigen.

Einflüsse

Der Naturalismus ist eine gesamteuropäische Bewegung; die maßgebenden Anstöße für die deutsche Dichtung kamen aus dem Ausland. Die französischen Romanschriftsteller Balzac und Flaubert analysierten bereits die gesellschaftlichen Mißstände, als der deutsche Roman noch von Gemüt und Verinnerlichung sprach. Émile Zola (1840–1902) gab dann mit seinem *Roman expérimental* (1880) das erste theoretische Manifest der naturalistischen Kunstlehre, in dem er die naturwissenschaftliche Einstellung des Künstlers fordert, d.h. objektive und vollständige Darstellung des menschlichen Lebens, das von seiner Herkunft und von seiner Umwelt kausal bedingt ist. Der Mensch ist das berechenbare Produkt dieser beiden Einflüsse. In seinen 20 Romanbänden schildert Zola in allen Einzelheiten das Elend in den Wohnkasernen der Arbeiterviertel, in den Industriebetrieben, den Großstadtkneipen, Bordells und Krankenhäusern. Der Skandinavier Henrik Ibsen (1828–1906) kämpft mit seinem analytischen Drama gegen die Lüge der bürgerlichen Gesell-

Zola

Ibsen

schaft und Moral. Leo Tolstois (1828–1910) und Fedor Dostojewskis (1821–1881) Romane mit ihren genauen psychologischen Motivierungen und detaillierten Beobachtungen werden den deutschen Schriftstellern ebenfalls zum Vorbild.

Das naturalistische Programm

In den zehn Jahren vor 1889 erscheinen eine Reihe von Aufsätzen und Manifesten, die die folgenden Hauptforderungen an den Schriftsteller stellen: Unbedingte Wahrheit in der Darstellung; objektive, unbeteiligte, passende Ausdrucksweise; genaues Beobachten des Details in der Sprache, z.B. Sprechen im Dialekt, Stammeln, Arbeitersprache usw.; Beachtung der Kausalität von Umwelt und Herkunft; psychologische Erhellung seelischer Vorgänge. Das Jahr 1889 brachte dann den Vorstoß von der Theorie zur Praxis mit der Gründung des Vereins ,,Freie Bühne'', der nach Ibsens *Gespenstern* am 20. Oktober Gerhart Hauptmanns *Vor Sonnenaufgang* aufführte. Die Aufführung verursachte einen Theaterskandal. Noch im gleichen Jahr folgten Sudermanns *Die Ehre*, ebenfalls ein Erfolg, und Arno Holz' und Johannes Schlafs Prosastudien *Papa Hamlet*.

Sekundenstil

Papa Hamlet besteht aus mehren Skizzen, die im ,,Sekundenstil'' kleinste Bewegungen, Geräusche und Vorgänge, sozusagen von Sekunde zu Sekunde, wiedergeben. Ein Stück Leben wird präzis aus dem vierten Stock einer Berliner Mietskaserne und aus dem Künstlerbohéme herausgeschnitten. Für Holz hat die Kunst ,,die Tendenz, wieder Natur zu sein''. In dem Drama *Familie Selicke* gibt Holz das Beispiel eines ,,konsequenten'' naturalistischen Dramas: Keine Handlung geht vor sich, auf der Bühne wird der Tod eines armen Kindes dargestellt, an dessen Bett der betrunkene Vater tritt. Das Ganze dauert 80 Minuten und wird von Minute zu Minute peinlich genau und naturgetreu nachgezeichnet. Auf dramatische oder sprachliche Gesetze wird keine Rücksicht genommen.

Hauptmann

Der eigentliche Künstler unter den Naturalisten, der ein überragend dichterisches Talent besitzt, ist Gerhart Hauptmann, (1862–1946) dem diese Bewegung in Deutschland ihre Beachtung verdankt. Ohne ihn würde sie wohl nur im Vorübergehen erwähnt werden. Hauptmann ragt über seine Zeitgenossen hinaus und erhebt auch besonders das Drama über den Naturalismus und führt es auf neue Gleise. Er wurde in Schlesien am Fuße des Riesengebirges geboren, studierte Kunst in Breslau und Naturwissenschaften in Jena und Zürich. Nach langer literarischer Tätigkeit erlebte er noch den Zusammenbruch Deutschlands im 2. Weltkrieg mit und starb in seiner Heimat

Gerhard Hauptmann mit Frau und Theodor Däubler (links)

zwei Tage vor der Ausweisung durch die polnischen Behörden. Sein Werk ist ungeheuer umfangreich, und wir nennen nur die wichtigsten Dramen und Erzählungen. Dramen: *Vor Sonnenaufgang* (1889), *Die Weber* (1892), *Der Biberpelz* (1893), *Hanneles Himmelfahrt* (1894), *Florian Geyer* (1896), *Die versunkene Glocke* (1897), *Fuhrmann Henschel* (1898), *Michael Kramer* (1900), *Rose Bernd* (1903), *Iphigenie in Delphi* (1941), *Iphigenie in Aulis* (1943), *Agamemnons Tod* und *Elektra* (1948). Prosa: *Bahnwärter Thiel* (1888), *Der Narr in Christo Emanuel Quint* (1910), *Der Ketzer von Soana* (1918), *Die Insel der großen Mutter* (1925).

Werke

Vor Sonnenaufgang

Hauptmanns erster Erfolg war sein Drama *Vor Sonnenaufgang*, in dem er das Milieu eines neureichen schlesischen Kohlenbauern schildert. Die Familie ist durch Alkoholgenuß und Sexualität sittlich völlig verkommen. Nur die Tochter Helene, die von den Herrenhutern erzogen worden ist, hat sich ihre Reinheit bewahrt, aber seit ihrer Rückkehr zur Familie nur durch die verzweifelte Ansammlung all ihrer Kräfte. Erlösung aus den elenden Verhältnissen scheint möglich, als Loth, ein junger sozialistischer Idealist ins Dorf kommt und ihr die Möglichkeit eines neuen Lebens eröffnet. Als er jedoch von den Familienverhältnissen unterrichtet wird, verläßt er Helene feige. Ihr bleibt nur der Freitod als einziger Ausweg aus der Verkommenheit. Sie stirbt vor Sonnenaufgang, gerade als ihr Vater betrunken das Haus betritt und mit „roher, näselnder Trinkerstimme" brüllt: „Hoa' ich nee a poar hibsche Töchter!" (Hab ich nicht ein paar hübsche Töchter.)

Die Weber

Hauptmanns größter Erfolg war das Drama *Die Weber*, in dem er die Ereignisse des schlesischen Weberaufstandes von 1844 verarbeitet hat. Hier stellt er die Wirklichkeit ohne Pathos und Heldentum auf die Bühne, die gerade wegen der objektiven Darstellung so ungeheuer wuchtig und eindrucksvoll ist. Die Not ist der Held des Dramas, hat Hauptmann gesagt. Abgemagerte, kranke, verzweifelte Menschen werden brutal und rücksichtlos ausgebeutet und seelisch wie körperlich zu Grunde gerichtet. Als sich die Weber endlich gegen ihre Ausbeuter aufrichten, werden sie vom Militär zusammengeschossen. Gerade den Unschuldigen trifft die Kugel, den christlich gesinnten alten Mann, der die Gewalt abgelehnt hatte. Die Erschütterung, die das Drama hervorruft, spiegelt sich wider in dem Zyklus von Radierungen über *Die Weber*, die Käthe Kollwitz schuf.

Weberaufstand nach einer Radierung von Käthe Kollwitz

Spätere Werke

Zu Hauptmanns naturalistischen Dramen gehören auch *Fuhrmann Henschel*, *Rose Bernd* und *Der Biberpelz*, seine beste Komödie. Hier werden nicht die Schuldigen, wie in Kleists Lustspiel *Der zerbrochene Krug*, sondern die Unschuldigen gerichtet. Mit *Hanneles Himmelfahrt*, *Die versunkene Glocke* und *Pippa tanzt* versetzt uns Hauptmann in eine romantische Traum- und Phantasiewelt und verläßt das erbärmliche Milieu des Naturalismus. Seine späteren Werke sind vielschichtig und nicht leicht zugänglich. Die Atriden-Tetralogie, die während des 2. Weltkrieges geschrieben wurde, enthält klassisches Gedankengut, spiegelt aber gleichzeitig auch das Barbarische, Chaotische des Kriegsgeschehens wider und ist voller Visionen von einem zusammenbrechenden Zeitalter. Unter seinem Prosawerk sind vor allem die Erzählung *Bahnwärter Thiel* und *Der Ketzer von Soana* lesenswert.

Nach dem Naturalismus, der um die Jahrhundertwende abklingt, ist es schwierig, die deutsche Dichtung in bestimmte Bewegungen zu unterteilen. Mit Ausnahme des Expressionismus läßt sich kaum eine einheitliche Kunstrichtung mit Bestimmtheit festlegen.

14

Die Musik im deutschen Kulturraum

Mit Johann Sebastian Bach und Friedrich Händel gelingt der deutschen Musik der Anschluß an die Weltbesten, auch wenn das im Falle Bachs damals noch nicht voll erkannt wurde. Sein Sohn Carl Philipp Emanuel galt als größerer Musiker als der Vater, aber das Urteil wurde nicht von den großen Meistern geteilt und hat sich heute grundlegend geändert. Mit den Wiener Klassikern übernimmt die deutsche Musik dann die Führung, die sie bis zum Anfang des 20. Jahrhunderts nicht wieder aufgibt.

Warum wird Wien das Musikzentrum?

Man fragt sich, warum Wien zur Hauptstadt des Musiklebens wurde, da doch kein einziger der großen Wiener Meister in dieser Stadt geboren wurde. Es ist wohl der volkstümlichen Kaiserin Maria Theresia zu verdanken, daß sie eine künstlerische Atmosphäre schuf, in der sich das Deutsche mit dem Tschechischen, Ungarischen, Polnischen, Kroatischen und Slowenischen verband und in der sich die Musik ganz besonders gut entwickeln konnte. Zu der vom Hofe geschaffenen Atmosphäre der Weltstadt tritt die entzückende Wiener Umgebung, die die Schöpferkraft der Meister anzuregen schien. Drei große Meister sind es, die den Ruf Wiens als Metropole der Musik begründen: Haydn, Mozart und Beethoven.

Haydn

Franz Joseph Haydn (1732–1809) wurde im Burgenland südöstlich von Wien als Sohn eines Wagenbauers geboren, der musikalisches Talent besaß. Mit acht Jahren kam der Junge als Chorsänger an den Stephansdom nach Wien. Schon früh entwickelte sich sein Können; er spielte Instrumente, sang und komponierte. 1759 erhielt er die Musikdirektorstelle bei einem Grafen in Pilsen. Wie die meisten Künstler der damaligen Zeit, so war auch Haydn zeit seines Lebens auf Anstellungen bei Fürsten angewiesen, gehörte zur Dienerschaft und komponierte auf Wunsch seines Herrn für jede nur erdenkliche Gelegenheit. Da Haydn nun ein festes Gehalt hatte, heiratete er die Tochter eines Wiener Friseurs. Die Ehe, die 40 Jahre dauerte und kinderlos blieb, war unglücklich, denn seine Frau war herrschsüchtig und bigott und hatte kein Verständnis für Musik.

Haydns Erfolge

Im Jahre 1761 wurde Haydn vom Fürsten Eszterhazy nach Eisenstadt berufen und blieb bei ihm und seinen Nachfolgern bis ins Alter als Kapellmeister tätig. Ab 1790 hatte er ziemlich viel Freiheit und zog nach Wien. Zwei Konzertreisen nach England waren für ihn sehr erfolgreich, er wurde stürmisch gefeiert und von den Großen geehrt und verdiente mit seinen Kompositionen, hauptsächlich Symphonien und Streichquartetten, über 24 000 Gulden.[1] Nach seiner Rückkehr im Alter von 65 Jahren erreichte er den Höhepunkt seines Schaffens. Seine beiden großen Oratorien die *Schöpfung* und die *Jahreszeiten* wurden 1798 und 1801 aufgeführt. Aus dieser Zeit stammen auch seine 6 feierlichen Messen. Haydns Ansehen und Ruhm wuchsen ständig, und man besuchte das Schloß des Fürsten Eszterhazy, um Haydns Symphonien zu hören. Der Komponist starb wenige Tage nach dem Einrücken der Franzosen in Wien.

Vater der Symphonie

Haydn wird als der Vater der Symphonie und des Streichquartetts bezeichnet. Er förderte den neuen Instrumentalstil, indem er verschiedenen Instrumenten des Orchesters neue Funktionen zuwies, wie beispielsweise den Blasinstrumenten, die selbstständig an der thematischen Bildung beteiligt wurden, eine Aufgabe, die bisher nur die Streicher hatten. Haydn entwickelte die Kunst, ein Thema in Motive zu zerlegen und das Thema immer erneut abzuwandeln. An dieser Abwandlung wurden alle Instrumente beteiligt.

Im ganzen hat Haydn uns über hundert Symphonien, dazu Streichquartette und unzählige Gelegenheitskompositionen

[1] Nach Eckfeldts und DuBois *Manual of Gold and Silver Coins* (1842) entsprach ein Gulden etwa einem halben Dollar.

(Serenaden, Märsche und Einzelstücke) hinterlassen.[2] Einige Symphonien benannte er nach dem Aufführungsort wie Oxford-Symphonie und London-Symphonie, andere nach besonderen Ereignissen. Bei der Uraufführung einer Symphonie stürzte z.B. der Kronleuchter in den Saal, und da niemand verletzt wurde, nannte er diese Komposition *Le Miracle*. Die Abschiedssymphonie entstand auf dem Sommersitz des Fürsten Eszterhazy. Die Musiker wollten auf das Stammschloß zurückkehren, wo ihre Familien wohnten, aber der Fürst wollte noch bleiben. Da schrieb Haydn die Symphonie, in deren letzten Satz ein Musiker nach dem andern Instrument und Noten einpackt und davongeht. Zum Schluß spielt nur noch die erste Geige. Die *Symphonie mit dem Paukenschlag* hat im Andante Satz ein einschläferndes Pianissimo-Motiv, das plötzlich mit einem Paukenschlag und dem ganzen Orchester unterbrochen wird. Es wird gesagt, daß Haydn auf diese Weise seine einschlafenden Zuhörer aufwecken wollte.

Haydns Symphonien

Unter Haydns 83 Streichquartetten sind die Quartettreihen op. 64, zu dem das *Lerchenquartett*, op. 74, zu dem das *Reiterquartett* und op. 76, zu dem das *Kaiserquartett* gehört, besonders beliebt. Das Streichquartett entstand, weil viele Fürsten sich kein volles Orchester leisten konnten. Zunächst experimentierte man mit Kombinationen von verschiedenen Soloinstrumenten, die die Gesangstimmen von Sopran, Alt, Tenor und Baß übernehmen konnten, bis man allmählich auf zwei Violinen, Bratsche und Violoncello verfiel. Die vier Stimmen bewegen sich selbständig und doch in völliger Harmonie miteinander. Die musikalische Idee „ist auf ihre wesentlichsten und notwendigsten Bestandteile, die vier Stimmen, beschränkt". (v. Weber) Die Kunst des Streichquartetts wurde von Beethoven, Schubert, Schumann, Brahms und Reger weiter entwickelt.

das Streichquartett

Während Haydn langsam, erst nach vielen Jahren und umfangreichem Schaffen, berühmt wurde, erschien Wolfgang Amadeus Mozart (1756–1791) plötzlich wie ein Komet am Himmel der Musik, leuchtete für kurze Zeit hell auf und versank in bitterer Armut. Mozart wurde in Salzburg geboren und

Mozarts Jugend

[2] 1797 komponierte Haydn die Kaiserhymne „Gott erhalte Franz den Kaiser", die mit verschiedenen Texten bis 1946 Österreichs Nationalhymne war. Die Musik wurde ebenfalls für Hoffmann von Fallerslebens Text „Deutschland, Deutschland über alles" verwendet, der 1922 deutsche Nationalhymne wurde.

Wolfgang Amadeus Mozart

zusammen mit seiner Schwester „Nannerl", die er sein ganzes Leben lang herzlich liebte, vom Vater im Musikunterricht unterwiesen. Der Vater, Leopold Mozart, war Hofkomponist beim Bischof in Salzburg und selbst ein bedeutender Musiker. Mozart zeigte sehr früh seine musikalische Begabung und sein ausgezeichnetes Gedächtnis. Der Vater nutzte die Begabung seiner Kinder zum finanziellen Vorteil aus und schleppte sie auf langen Konzertreisen durch Europa, wo das „Wunderkind" vor der Welt spielte und Geld einbrachte. Sicher hat Mozart auf diesen Reisen auch viel gelernt, aber hier wird sich das Kind wohl auch die Krankheit zugezogen haben, die seinem Leben allzu früh ein Ende setzte. Die Reisen führten den jungen Mozart durch die meisten Städte Westeuropas und vor die Großen der damaligen Zeit.

Konzertreisen

Auf der ersten langen Konzertreise, die drei Jahre dauerte (1763–66) und dem jungen Künstler großen Ruhm brachte, komponierte er seine ersten Symphonien, Sonaten und Konzertstücke. Als Fünfzehnjähriger (1769) wurde er in Salzburg zum Konzertmeister ernannt und fuhr im nächsten Jahr nach Italien, wo er Unterricht nahm und mit Meistern der damaligen Zeit in Kontakt kam. In Rom erregte er Aufsehen, als er ein Stück, das er in der Sixtinischen Kapelle gehört hatte, aus dem Gedächtnis aufschrieb. Der Papst verlieh ihm den Orden vom goldenen Sporn. In Mailand wurde eine seiner frühen Opern (*Mitridate, re di Ponto*) wiederholt mit Erfolg aufgeführt. Auch in den folgenden Jahren, die er in Salzburg oder auf Reisen verbrachte, komponierte er Opern sowie Messen, Klavierkonzerte, Serenaden, Symphonien und 5 Violinkonzerte (Mozart war ein ausgezeichneter Violinist). Trotz seiner großen Erfolge erhielt er keine Stellung, die ihm den Lebensunterhalt ermöglichte, so daß er schließlich (1777) Salzburg verließ, als er mit seinem Herrn, dem Erzbischof, in Streit geriet.

Eine lange Reise führte ihn nach Paris, brachte aber nicht den gewünschten Erfolg, denn der Zweiundzwanzigjährige war kein Wunderkind mehr. Der Tod seiner Mutter und eine unglückliche Liebe trafen ihn schwer. Er kehrte 1779 nach Salzburg zurück und schrieb eine Reihe von Meisterstücken. Schließlich entzweite er sich ganz mit dem Erzbischof, der ihn beleidigend behandelte, und wurde entlassen. Er ging als freier Künstler nach Wien, heiratete dort und lebte von nun an in schwierigen wirtschaftlichen Verhältnissen. Er erwarb sich seinen Unterhalt mit Unterricht (eine kurze Zeit war Beethoven sein Schüler) und Kompositionen, die er verkaufte. Mit Haydn verband ihn eine innige Freundschaft. Mozarts Opern *Figaros Hochzeit* und *Don Giovanni* wurden mit Erfolg in Wien und Prag[3] aufgeführt. 1788 entstanden innerhalb von sechs Wochen seine letzten drei großen Symphonien, darunter die Jupiter-Symphonie (C-dur). Seine Oper *Die Zauberflöte* komponierte Mozart in seinem letzten Lebensjahr, wie auch das unvollendet gebliebene *Requiem*, das er als seine eigene Totenmesse schrieb. Als er mit 35 Jahren, verarmt und kaum beachtet starb, wurde er in einem Armengrab beigesetzt, das nicht bezeichnet wurde, so daß man nicht weiß, wo er ruht. Aber obgleich seine sterblichen Überreste verschollen sind und man über ihnen keinen Gedenkstein errichten kann, ist sein musikalisches Werk, das aus einer Fülle von über 600 Kompositionen besteht, ein lebendiges Denkmal, das nie in Vergessenheit geraten wird.

Die großen Werke

Das harte Leben, die drückende Armut, die frühe Krankheit und das Wissen um den baldigen Tod haben Mozart in seinem Schaffen nicht hindern können, ja es scheint, daß gerade all diese widerwärtigen Umstände ihn immer wieder zum Komponieren angetrieben haben. Wir stehen mit Staunen vor einem ungewöhnlich begabten Menschen, der ganz in der Musik lebte, in dessen Kopf Melodie auf Melodie entstand, die er dann oft völlig fertig niederschrieb. Die Barocktradition, die italienische Musik und die Werke Bachs und Händels haben sein Schaffen stark beeinflußt. Das anfänglich Graziöse, rokokohaft Beschwingte seiner

[3] In seiner entzückenden Novelle *Mozart auf der Reise nach Prag* bringt uns Eduard Mörike den Künstler während dieser Schaffensperiode nahe.

Musik verlor sich später und machte einer ernsteren Innerlichkeit, einer momentanen Melancholie und geheimnisvollen Mystik Platz. Sein *Don Giovanni* wird neben Goethes *Faust* als eines der größten Bühnenwerke der deutschen Kultur angesehen, das unausschöpflich ist in seiner symbolischen Bedeutung. *Die Zauberflöte* wird zum Vorbild der romantischen Oper. Es ist ein Singspiel mit humanitären, sittlichen Grundideen. Licht und Dunkel, Ideal und niedrige Wirklichkeit sind Daseinsbereiche, zwischen denen das edle Liebespaar hindurchgehen muß, bis es nach verschiedenen Prüfungen geläutert vereint wird. Die gemeinen Menschen verbleiben dagegen auf der Stufe des Naturhaft-Sinnlichen. Die Opern *Zauberflöte* und *Don Giovanni*, die Klavierkonzerte, die Kammermusik, die letzten Symphonien und das Requiem zählen zu seinen bedeutendsten Kompositionen.

Die Opern

Der dritte der großen Wiener Klassiker, der sowohl Mozarts als auch Haydns Schüler war und wie diese von Bach und Händel beeinflußt wurde, war Ludwig van Beethoven (1770–1827). Seine Vorfahren waren zum Teil Musiker: Sein Großvater Hofkapellmeister in Bonn, sein Vater Musiker in der Hofkapelle. Der Vater war oft roh und dem Trunk verfallen und leitete die musikalische Erziehung des Sohnes ziemlich unordentlich und streng. Er wollte aus dem Sohn ein Wunderkind wie Mozart machen. Schon mit 12 Jahren wurde Ludwig Mitglied der kurfürstlichen Hofkapelle. Sein ungewöhnliches Talent entwickelte er zum großen Teil selbst durch eifriges Üben und Spielen in der Kapelle. Nach dem Tode seiner Mutter, die Beethoven überaus liebte, übernahm er die Fürsorge für die zwei jüngeren Brüder, da der Vater dazu nicht imstande war. In diesen Jahren schrieb Beethoven seine ersten Kompositionen und entwickelte sich zu einem hervorragenden Pianisten. Im Jahre 1792 fuhr er nach Wien, um sich dort weiter zu bilden und sein Glück zu machen. Er trat in den Salons und Konzertsälen der Donaustadt mit Erfolg auf und verkehrte in mehreren adeligen Familien, die seinen Genius anerkannten und förderten. Leider machten der strenge Standesunterschied echte menschliche Beziehungen wie Heirat unmöglich. Im Burgtheater gab er u.a. ein öffentliches Benefizkonzert für die Witwe Mozarts. Seinen Lebensunterhalt bestritt er mit Konzerten und mit Kompositionen, die Adelige bei ihm in Auftrag gaben und die er seinen Gönnern widmete. Seit er Bonn verlassen hatte, nahm Beethoven keine Stelle mehr an, sondern lebte als freier Künstler, der erste bedeutende Musiker,

Beethovens Leben

dem das erfolgreich gelang. Er wurde für seine Kompositionen gut bezahlt (z.B. erhielt er für sein letztes Streichquartett op. 135 die Summe von 1000 Gulden vom Wiener Tuchhändler Wolfmayer) und erhielt seit 1808 vom Erzherzog Rudolf, Fürst Lichnowsky und Fürst Kunsky ein jährliches Gehalt von 4000 Gulden mit der einzigen Bedingung, daß er seinen ständigen Wohnsitz in Wien beibehalten würde.

Taubheit

Von tiefer Tragik war für Beethoven ein Gehörleiden, das um 1795 begann, sich immer weiter verschlimmerte, 1808 zu starker Schwerhörigkeit und ab 1819 zu völliger Taubheit führte. Zuerst suchte Beethoven das Leiden zu verbergen, aber als das nicht mehr möglich war und er das Konzertieren aufgeben mußte, zog er sich aus der Öffentlichkeit zurück und entwickelte sich zu einem einsamen Sonderling. Wie sehr ihn die Schwerhörigkeit bedrückte, aber auch wie sehr er gewillt war, sein Schicksal zu meistern, bezeugt das *Heiligenstädter Testament*, das er 1802 als Abschiedsbrief an seine Brüder schrieb. In den letzten zwei Jahren wurde Beethoven für Krankheiten anfälliger und starb schließlich an einer Lungenentzündung am 26. März 1827. Seiner Beisetzung wohnten Tausende bei, die einem Fackelzug zum Friedhof folgten: Die Großen und Kleinen ehrten Beethoven auf seinem letzten Gang: Franz Schubert war unter den Fackelträgern, Grillparzer verfaßte die Grabrede, die der Schauspieler Anschütz verlas. Welch ein Gegensatz zu Mozarts Begräbnis! Bei dessen Totenmesse waren nur seine Frau und ein paar Freunde anwesend und niemand — nur die Totengräber — hatten seiner Beerdigung beigewohnt.

Tod

Freiheit

Im Gegensatz zu Mozart und besonders zu Haydn war Beethoven Revolutionär, Republikaner, der die Freiheit leidenschaftlich liebte und sich seine Unabhängigkeit immer bewahrte. „Wahrheit nie, auch am Throne nicht verleugnen," ist ein Ausspruch, der sein ganzes Leben durchwaltet und ihn markant charakterisiert. Sein Idealismus ist dem des Dichters Schiller am besten vergleichbar. Wie Haydn und Mozart ist Beethoven ein Höhepunkt in der Musikgeschichte. Im Mittelpunkt seines Schaffens stehen die großen Instrumentalwerke, für die die kontrastierenden, scheinbar miteinander kämpfenden Themen sowie die dadurch hervorgerufene unerhörte Dynamik bezeichnend sind. Diese Entwicklung des dialektischen Stils in der Musik ist von Haydn über Mozart auf Beethoven zu verfolgen, aber im Gegensatz zu diesen beiden Meistern, ließ Beethoven seine Kompositionen länger ausreifen und sagte sich von der Massenproduktion

Dynamik

seiner Vorgänger los. Während Haydn z.B. 83 Streichquartette und 100 Symphonien schrieb (Mozart rund 50 Symphonien), komponierte Beethoven 16 Streichquartette und 9 Symphonien.

Eroica

Ein Höhepunkt in Beethovens Schaffen ist die Eroica-Symphonie (Nr. 3, Op. 55), die 1803 entstand und die er seinem Idol Napoleon widmete, den er als Retter und Befreier der Menschheit verehrte. Als Napoleon sich jedoch zum Kaiser krönen ließ und sich als Autokrat entpuppte, zerriß Beethoven die Widmung furchtbar enttäuscht und erkannte, daß er nur ein Mensch wie andere auch war, der die Menschenrechte mit den Füßen zertrat und seine eigensüchtigen, ehrgeizigen Pläne verfolgte. So interpretieren wir denn die *Eroica* als Selbstzeugnis des heroischen Beethoven, der sich im ersten Satz gegen das Schicksal aufbäumt und im zweiten Satz, der in der Form eines Beerdigungsmarsches gefaßt ist, seine völlige Verzweiflung ausdrückt. Im dritten Satz kommt der Lebenswille, die schöpferische Energie in dem Scherzo zum Ausdruck, während der letzte Satz die Befreiung bringt, das Thema, das an den griechischen Helden Prometheus erinnert, der den Göttern widerstand und sich im Dienst für die Menschheit aufopferte. Auch die berühmte 5. Symphonie und das 4. und 5. Klavierkonzert sowie seine einzige Oper, *Fidelio*, das Loblied auf die Freiheit, die

Die 5. und 9. Symphonie

Tapferkeit und Treue einer liebenden Frau, setzen das Thema der *Eroica*, Heldentum, fort. Zu seinen ersten großen Werken gehören der Zyklus der 32 Klaviersonaten, zu seinen letzten die großartige 9. Symphonie, die *Missa solemnis* und die letzten Streichquartette. Die 9. Symphonie endet im letzten Satz mit dem Gesang des Chores und der Solisten, für den Beethoven nach langem Suchen die Worte in Schillers Ode *An die Freude* fand.

Freude, schöner Götterfunken,
Tochter aus Elysium,
Wir betreten feuertrunken,
Himmlische, dein Heiligtum.
Deine Zauber binden wieder
Was die Mode streng geteilt;
Alle Menschen werden Brüder,
Wo dein sanfter Flügel weilt.

Hier beschört der taube, leidgeprüfte Beethoven, für den es auf dieser Welt kaum noch Freude gab, in Jubelchören eine

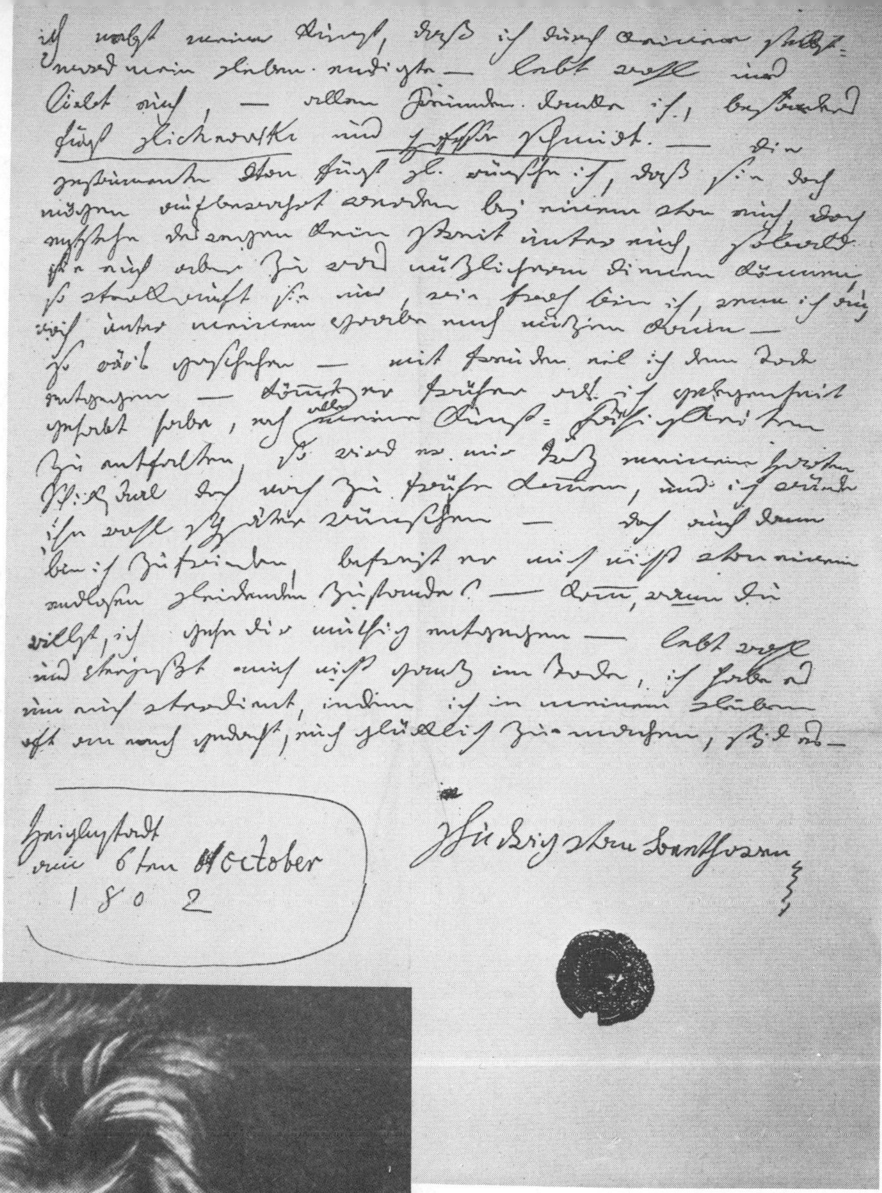

ich nebst meiner Kunst, daß ich durch keinen selbst=
mord mein leben endigte — lebt wohl und
liebt euch; — allen Freunden danke ich, besonders
Fürst Lichnowski und Professor Schmidt. — die
Instrumente von Fürst L. wünsche ich, daß sie doch
mögen aufbewahrt werden bey einem von euch, doch
entstehe deswegen kein Streit unter euch, sobald
sie euch aber zu was nützlicherm dienen können,
so verkauft sie nur, wie froh bin ich, wenn ich auch
noch unter meinem Grabe euch nützen kann —
so wär's geschehen — mit freuden eil ich dem Tode
entgegen — kömmt er früher als ich Gelegenheit
gehabt habe, noch alle meine Kunst=Fähigkeiten
zu entfalten, so wird er mir trotz meinem harten
Schicksal doch noch zu frühe kommen, und ich würde
ihn wohl später wünschen — doch auch dann
bin ich zufrieden, befreyt er mich nicht von einem
endlosen leidenden Zustande? — Komm, wann du
willst, ich gehe dir muthig entgegen — lebt wohl
und vergeßt mich nicht ganz im Tode, ich habe es
um euch verdient, indem ich in meinem Leben
oft an euch gedacht, euch glücklich zu machen, seid es —

Heiglnstadt
am 6ten October
1802

Ludwig van Beethoven

Die letzte Seite aus Beethovens „Heiligenstädter Testament"

Ludwig van Beethoven

Welt der Freude herauf, wobei es kaum in der Möglichkeit der Instrumente und Menschenstimmen liegt, den Jubel, die überwältigende Erhabenheit des Gefühls, die der Komponist in Noten niederschreibt, in Musik auszudrücken. Die kunstvolle Verflechtung der Solo- und Chorstimmen und der Instrumente symbolisiert die Verbrüderung aller Menschen. Dieser letzte Satz der Neunten Symphonie steht wahrhaftig einzig in der Geschichte der deutschen Musik da.

Es ist nicht möglich die Leistung Beethovens, Mozart oder Haydns in wenigen Paragraphen ausführlich zu behandeln. Der Leser muß sich selbst mit diesen Titanen befassen und sich ihre Werke im Konzertsaal oder auf der Schallplatte anhören. Erst dann wird ihm die Schönheit der Musik dieser Meister offenbar, die natürlich das trockene Wort nicht vermitteln kann. Es kann nur zum Hören anregen und einen kurzen Überblick geben über die Hauptstationen im Leben und Schaffen dieser Komponisten.

Von Beethoven zu den Romantikern

Von Beethoven führt der Weg direkt zu den Romantikern, zu Richard Wagner und Johannes Brahms und über diese zu den modernen Komponisten. Beethoven steht am Anfang der modernen Musik und die Epoche, die mit ihm begann, ist vielleicht immer noch nicht zu Ende. Besonders das Subjektive, Elementare, die persönlichen Leidenschaften, die oft heftig erregt ausgesprochen werden, die Spannungen, die äußere Grenzen sprengen, leiten zur romantischen Musik Schuberts, Schumanns und Mendelssohns hinüber.

Schuberts schöpferisches Genie

Franz Schubert (1797–1828) starb ein Jahr nach Beethovens Tod, war jedoch 27 Jahre jünger als dieser und wurde nur 32 Jahre alt. Wie Mozart wurde er früh aus dem Leben gerissen, und man fragt sich, was beide noch geleistet hätten, wären sie 70 oder 80 Jahre alt geworden. Schubert war ein musikalisches Genie, dem das Notenschreiben wichtiger war als das Essen und Trinken. Wir wissen nicht, ob er wie Mozart immer einige fertige Melodien in sich herumtrug, aber es ist bekannt, daß das Lesen eines Gedichts, ein poetischer Ausspruch oder ein wohlklingender Wortlaut seine Phantasie oft sofort anregte, Noten aufzuschreiben. Die unerschöpfliche Fülle seiner Melodien ist bewundernswert wie auch die Vielfalt der Gefühle, die er in seiner Musik ausdrückt: Leid, Freude, Erwartung, Verzagen, Sehnsucht, Hoffnung, Verzweiflung und Liebe.

Schubert wurde bei Wien geboren und entwickelte sein frühes musikalisches Talent im Musikunterricht und als Chorknabe in der Metropole. Eine feste Anstellung bekam er nicht, sondern verbrachte seine Tage mit Komponieren am Schreibtisch und dem Verkehr mit Freunden im Wirtshaus oder auf Wanderungen in der Umgebung Wiens. Im Mittelpunkt seines Schaffens stehen

Die Lieder

seine Lieder, von denen uns etwa 600 erhalten sind. Bereits dem 17jährigen gelingt ein so schönes Lied wie *Gretchen am Spinnrad*. Mit 18 Jahren komponiert er Goethes *Erlkönig*. Er erlaubt sich weit größere, künstlerische Freiheit im Gestalten als andere Komponisten vor ihm, aber seine Gestaltungsweise wird vorbildlich für Schumann, Liszt, Mendelssohn, Brahms und Richard Strauss. Er sprengt die traditionelle Liedform, um alle seelischen Nuancen und Tönungen ausdrücken zu können. ,,Insbesondere bei Schubert ist der wahre Ausdruck, die tiefste Empfindung schon in der Melodie als solcher gelegen und durch die Begleitung trefflich gehoben. Alles, was den Fluß der Melodie hemmt und die gleichmäßig fortlaufende Begleitung stört, ist daher der Absicht des Tonsetzers gerade zuwiderlaufend und hebt die musikalische Wirkung auf.'' (Sonnleithner)

Unter seinen Liedern befinden sich etwa 80 Vertonungen von Goethes Gedichten. Die beiden lyrischen Liederzyklen heißen *Die schöne Müllerin* und *Winterreise*. Außer den 600 Liedern komponierte Schubert rund 400 andere Werke, darunter etwa 20 Klaviersonaten (besonders schön die Sonaten in A-moll und in B-dur), Streichquartette, Tänze, Opern und Symphonien, von denen die in C-dur und die in H-moll, *die Unvollendete*, besonders berühmt sind. Wir empfinden Schuberts Tod — er starb an einer Typhusinfektion — als tragisch, weil der Künstler mitten aus seinem Schaffen herausgerissen wurde und sein Lebenswerk nicht beenden konnte.

Felix Mendelssohn-Bartholdy[4] (1809–1847) wurde wie Franz Schubert und Robert Schumann ebenfalls nicht alt. Seine Eltern waren wohlhabende Berliner Bürger, in deren Haus alles verkehrte, was Rang und Namen hatte. Vielleicht ist der Wohlstand

Mendelssohn

dafür verantwortlich, daß Mendelssohn zu weich und empfindsam war, so daß sich sein Genie nicht recht entwickeln konnte. Es ist eine romantische Vorstellung, daß der Künstler leiden muß, wenn aus ihm etwas Großes werden soll, und wenn wir das glauben wollen, so könnte es bei dem Romantiker Mendelssohn zutreffen, daß seine Seichtigkeit daher stammt, daß er nie Not litt. In den Jahrzehnten seit seinem Tod ist sein Andenken immer

[4] Er ist der Enkel von Lessings Freund und Mitarbeiter Moses Mendelssohn.

mehr verblaßt. Nur noch seine beliebtesten Werke, die Schottische Symphonie, die Italienische Ouvertüre und die Sommernachtstraum-Ouvertüre, werden häufig aufgeführt. Eines seiner großen Verdienste ist die Wiedererweckung der Musik Bachs, die er mit der Aufführung der Matthäuspassion erreichte. In Leipzig wurde Mendelssohn Leiter der Gewandhauskonzerte und dort erhielt durch ihn das Konzertinstitut ein großes Ansehen und wurde zu einem Mittelpunkt des deutschen Musiklebens. Auch das Leipziger Konservatorium entwickelte sich mit Mendelssohns Unterstützung zu einer der besten Musikschulen Europas.

Schumann

Robert Schumann (1810–1856) wurde in Zwickau geboren und sollte Jurist werden. Der Virtuosenlaufbahn als Klaviersoloist setzte er selbst unbeabsichtigt ein Ende, indem er den vierten Finger, den er stärken wollte an einer Schlinge über dem Instrument mechanisch heraufziehen ließ und sich dadurch eine Sehnenentzündung zuzog. Nun mußte er sich aufs Komponieren verlegen und entwickelte sich zu einem bedeutenden Musikschriftsteller. In Leipzig nahm er Unterricht bei dem Klavierpädagogen Wieck, in dessen Tochter Clara er sich verliebte, die er 1840 gegen den Willen des Vaters heiratete und die ihn sehr glücklich machte. Clara war eine hervorragende Pianistin und errang weit verbreiteten Ruhm auf Konzertreisen mit Robert Schumann und nach seinem Tode als Klavierlehrerin. Mit seiner eigenen Musikzeitschrift *Neue Zeitschrift für Musik* machte Schumann Musikgeschichte und setzte sich für Chopin, Brahms und andere Meister ein. Durch die Aufsätze in der Zeitschrift wurde er zu einem Kunstkritiker von europäischem Rang. Unter anderem veröffentlichte er auch die Partitur von Schuberts C-dur Symphonie, die Schumann unter verstaubten Notenstößen im Nachlaß bei Schuberts Bruder in Wien entdeckt hatte. Bereits nach 1833 machten sich bei Schumann ein Gemütsleiden bemerkbar, das später in Wahnideen und Halluzinationen ausartete. 1854 stürzte er sich von einer Rheinbrücke in das eiskalte Wasser des Flusses, wurde jedoch gerettet und starb nach zweijährigem Aufenthalt in einem Sanatorium bei Bonn.

Clara

Sonaten

Am berühmtesten sind Schumanns Klavier- und Violinsonaten. Seine Klaviersätze (das Klavierkonzert in A-moll ist wohl das schönste) wurden zum größten Teil für Clara geschrieben, die sie mit Erfolg vortrug. Seine Lieder und Liederkreise (Vertonung von Heines, Eichendorffs, Chamissos und Schillers Gedichten; auch spanische Liebeslieder) mit der Poesie vom Mondenglanz, von Blumen, Tau und Blüten gehören zu den schönsten Liedern

Lieder

der deutschen Musikliteratur und sind denen Schuberts ebenbürtig. Die Opern, Oratorien und Symphonien sind dem Laien weniger bekannt. Wenn man den Romantiker Schumann in wenigen Augenblicken erleben will, so muß man sich seine *Träumerei* anhören, die alles Charakterische dieses Komponisten enthält. Tragisch an Schumanns Schicksal ist, daß ein so jubelnd begonnener Eroberungszug, eine so jugendliche Verheißung im Wahnsinn enden mußte.

Webers *Freischütz*

Wichtig für die Entwicklung der romantischen und der deutschen Nationaloper ist Carl Maria von Webers (1786–1826) *Freischütz*, der 1821 in Berlin uraufgeführt wurde. Die Jugend, die tief enttäuscht aus den Freiheitskriegen zurückgekehrt war, nahm diese Oper so begeistert auf, daß die Aufführung zum größten Ereignis der deutschen Opernbühne zwischen Mozart und Wagner wurde.

Gutes und Böses treten sich hier gegenüber. Der Jäger Casper verbündet sich in der schauerlichen Wolfsschlucht mit dem schwarzen Jäger Samiel, um die Tochter des Försters zu gewinnen und seinen Rivalen auszuschalten. Am Ende siegt das Gute. Mit der Musik als Symbolsprache charakterisiert Weber das Geschehen und die Personen: der sonnige Tag im Wald wird durch die Waldhörner symbolisiert, die geisterhafte Schlucht und der schwarze Jäger durch Fis-moll Klänge. Der Wald spielt eine große Rolle in der Oper und im Gemüt der Deutschen, die ihn lieben mit seiner Abenteuerlichkeit und seiner unheimlich mysteriösen Atmosphäre. Der Wald, der Held und die Heldin, sprachen sofort an und der *Jungfernkranz*, *der Jägerchor*, sowie mehrere Arien wurden schnell volkstümlich. Mit dem *Freischütz* war die italienische Oper in Deutschland endgültig überwunden.

Wagner

Die Linie der deutschen Operngeschichte verläuft von Christoph Willibald Gluck (1714–1787), der die Oper reformierte und die ältere italienische Richtung überwand, über Mozart, Weber zu Richard Wagner (1813–1883). Letzterer wuchs in Dresden auf und wollte zunächst Schriftsteller werden, erhielt jedoch gründlichen Musikunterricht und studierte Musik an der Universität Leipzig. In seinen Jugendjahren komponierte er und erhielt mehrere kurze Anstellungen am Theater. 1836 heiratete er die Schauspielerin Minna Planer, von der er sich 1861 scheiden ließ. Nach dreijährigem Aufenthalt in Paris feierte er seine ersten Erfolge mit den Opern *Rienzi* und *Der fliegende Holländer* und wurde an der Dresdener Oper zum Kapellmeister ernannt. Hier gelangte er als Dirigent zu Ansehen und hier schrieb er seine Opern *Tannhäuser* und *Lohengrin*. Da er sich an den Aufständen von 1848 beteiligt hatte, mußte er aus Sachsen fliehen und blieb bis 1858 in der Schweiz.

Es folgten Reisen durch Europa, 1864 die Einladung König Ludwigs II von Bayern nach München, der Rückzug nach Tribschen bei Luzern, wo er Franz Liszts Tochter (Bülows geschiedene Frau Cosima) heiratete, die Freundschaft und Feindschaft mit Nietzsche und 1872 die Übersiedelung nach Bayreuth. Hier wurde 1872 der Grundstein für das Festspielhaus gelegt, in dem 1876 *Der Ring des Nibelungen* in Gegenwart Kaiser Wilhelms, König Ludwigs und vielen Künstlern aus ganz Europa, uraufgeführt wurde. Wagner hatte seinen Höhepunkt erreicht. Ursprünglich sollten in Bayreuth auch die Werke anderer Künstler aufgeführt werden, aber Wagners Erben haben es ausschließlich für Wagners Werke bestimmt, die dort jährlich zur Festspielzeit aufgeführt werden.

Bayreuth

Richard Wagner ist der größte deutsche Musikdramatiker des 19. Jahrhunderts. Seine bekanntesten und meist aufgeführten Musikdramen sind *Der fliegende Holländer*, *Tannhäuser*, *Lohengrin*, *Der Ring des Nibelungen* (bestehend aus *Das Rheingold*, *Die Walküre*, *Siegfried* und *Götterdämmerung*), *Tristan und Isolde*, *Die Meistersinger von Nürnberg* und *Parsifal*. Außer diesen großen Opern hat er noch eine Anzahl von Chorwerken, Orchesterwerken, Klavierwerken, Liedern und Aufsätzen geschrieben.

Wagner wollte der Oper eine neue, höhere Stellung verschaffen, als sie zu seiner Zeit innehatte. Für die Italiener war die Oper eine Kunstform, in der die menschliche Stimme ihre Virtuosität beweisen konnte, für Wagner sollte sie ein Mittel sein, menschliche Leidenschaften und Gefühle zu vermitteln. Er strebte das Gesamtkunstwerk an, in dem die einzelnen Künste wie Musik, Drama, Tanz und Malerei vereint dem gleichen Zweck dienen sollten. Da das Libretto in vielen Opern äußerst schwach, wenn nicht gar lächerlich oder unverständlich war, schrieb Wagner den Text für seine Opern selbst. Zwar sind diese Texte besser als die gewöhnlichen Operntexte, denn Wagner besaß literarisches Talent, aber mit seiner Musik sind sie in keinem Falle gleichrangig. Er war eben ein hochbegabter Komponist aber kein Poet, und so stehen seine Texte im Dienste der Musik.

Das Gesamtkunstwerk

Als echter Romantiker interessierte sich Wagner für das Volkstümliche und Sagenhafte und erschloß den deutschen Sagenkreis für das Musikdrama. In all seinen Werken spielt die

Richard Wagner

Erlösung

Idee der Erlösung eine zentrale Rolle. Im *fliegenden Holländer*, *Lohengrin* und *Tannhäuser* sucht der Held seine Erlösung in der Liebe zu einer Frau, in den späteren Werken bedeutet Erlösung Verzicht und Entsagung. Dieser Wechsel in seiner Anschauung ist sicher von Arthur Schopenhauers Philosophie beeinflußt worden, mit der sich Wagner viel beschäftigte.

Wie alle namhaften Künstler ging Wagner über seine Vorgänger hinaus und schuf sich neue Formen. Die Arie, das Duett und das Ensemble wurden immer mehr vermieden. Bezeichnend für seine Musik ist das Leitmotiv, mit dem er die Handlung verknüpft. Jede Person, jede symbolische Handlung und wichtige Gegenstände (wie eine Waffe oder ein Ring) haben ein musikalisches Motiv, das sie durch die ganze Oper hindurch begleitet und das an bedeutsamen Stellen erklingt. Auch die Verwendung des Rhythmus ist bezeichnend für Wagner, mit dessen Hilfe er Schmieden, Pferdegetrappel oder das Hämmern in der Schusterwerkstatt nachahmt.

Leitmotiv

Bis heute gehört Wagner zu den meistaufgeführten Opernkomponisten. Seine Musik erreicht zuweilen eine emotionale Intensität (z.B. Vorspiel und Liebestod aus *Tristan und Isolde*), wie sie sonst kaum in der Musikgeschichte erreicht wurde. Seine vielen Anhänger sind fast fanatisch in ihrer Verehrung für den Meister und seine Kunst, ein Phänomen, das in der Goethe- oder Rilkeverehrung seine Parallele hat.

Neben dem Opernkomponisten Richard Wagner ragen die großen Symphoniker Johannes Brahms, Anton Bruckner und Gustav Mahler aus der Menge der Komponisten des 19. Jahrhunderts hervor. Wir haben erwähnt, daß Johannes Brahms (1833–1897) von Robert Schumann und nach dessen Tod von seiner Witwe Clara stark gefördert wurde. Brahms stammt aus Hamburg. Seine Vorfahren waren holsteinischen Bauern, sein Vater Stadtmusiker. In seiner Jugend entwickelte er sich zum hervorragenden Klavierspieler. Zuerst 1864 und dann endgültig 1878 ließ er sich in Wien nieder. Ein Jahr vor seinem Tode wurde er mit dem jungen Komponisten Max Reger bekannt, von dessen Talent er tief beeindruckt war und den er so warm unterstützte, wie es einst Schumann für ihn getan hatte. Neben Beethoven und Schubert liegt Brahms auf dem Wiener Zentralfriedhof begraben.

Brahms

Brahms wurde besonders von den Anhängern Wagners angefeindet, und es entwickelten sich zwei Lager, die sich gegenseitig leidenschaftlich bekämpften. Die Anhänger Wagners lehnten seine Musik als zu kalt, zu intellektuell, zu förmlich ab. Heute denken die Kritiker anders, und Brahms gewinnt immer noch an Statur und steht fest neben Bach und Beethoven als einer der Großen. Er kam mitten hinein in die lyrische, leidenschaftliche Musik der Romantik mit seiner ernsten, intellektuell bestimmten Art, sprach sich für Zurückhaltung und Formbewußtsein aus und setzte sich ein für die Wiederbelebung der klassischen Sonate.

Brahms Musik

Seine Hauptwerke sind seine vier Symphonien, seine beiden großen Klavierkonzerte, sein *Deutsches Requiem*, das ihn als religiösen Menschen offenbart, und seine Lieder, die seine tief empfindende Natur zeigen und diejenigen Lügen strafen, die behaupten, er habe kein Gefühl. Beliebt sind ebenfalls seine graziösen und melodischen Ungarischen Tänze, seine Walzer und die beiden Sonaten in F-moll und in Fis-moll.

Hauptwerke

Anton Bruckner (1824–1896) stammt aus Oberösterreich. Im Kloster St. Florian bildete er sich als Organist und Komponist aus. Er liebte die Stiftsorgel und liegt auf seinen Wunsch unter ihr begraben. Besonders ernst befaßte er sich mit den Orgelwerken Bachs und später mit der Musik Wagner, dessen begeisterter Anhänger er wurde. Nach seiner Stellung als Domorganist in Linz, siedelte er 1868 nach Wien über und wurde Professor am Konservatorium und Lektor an der Universität. Aus seiner Linzer Zeit stammen die Messen (in D-moll, E-moll

Bruckner

und F-moll) und die Symphonien in C-moll und in D-moll. Unter seinen neun Symphonien sind die 3., 4., und 7. am besten bekannt. Außer als Symphoniker ist Bruckner als Komponist geistlicher Musik bekannt. Sein *Te Deum* ist eine großartige mehrstimmige Vertonung des Lobgesanges.

Mahler

Bruckners Lieblingsschüler war Gustav Mahler (1860–1911), ein rastloser Geist, der vergeblich nach Ruhe und Wahrheit suchte. Er hatte ungewöhnliches organisatorisches Talent und war ein ausgezeichneter Dirigent und Intendant, willensstark, und von hitzigem Temperament. Selbst seine engsten Freunde konnten ihn nicht immer verstehen. Er war in verschiedenen Städtchen als Kapellmeister tätig, bis er schließlich 1897 die Leitung der Wiener Oper übernahm. In den zehn Jahren unter seiner Leitung blühte die Oper auf wie nie zuvor und nie seitdem. 1907 ging er an die Metropolitan Opera und übernahm später die New Yorker Philharmoniker, die er völlig neu organisierte. Nach einem völligen Zusammenbruch kehrte er nach Wien zurück und starb dort im Mai 1911.

Wie Beethoven und Bruckner schrieb Mahler neun Symphonien (die 10. blieb unvollendet), in denen er Singstimmen und Chöre verwendet und so die Linie fortsetzt, die Beethoven mit seiner 9. Symphonie begann. Wegen der Länge, der Zahl und Anordnung der Sätze werden diese Werke von manchen nur zögernd als Symphonien bezeichnet. Auf jeden Fall brechen sie mit der klassischen Form. In der 8. Symphonie wird z.B. ein doppelter gemischter Chor, ein Knabenchor, eine Reihe von Soloisten und ein riesiges Orchester verlangt. Bekannt sind Mahlers Lieder, deren Texte zum größten Teil aus *Des Knaben Wunderhorn* stammen. Als Höhepunkt von Mahlers Schaffen wird *Das Lied von der Erde* angesehen, das er in seinem letzten Lebensjahr vollendete und das erst nach seinem Tode von seinem Schüler Bruno Walter uraufgeführt wurde. Dieses Werk, das als Stimme aus dem Grabe bezeichnet worden ist, ist Mahlers Testament. Der Komponist wußte, daß er nicht mehr lange leben würde. Die Musik ist einzigartig, und der Eindruck, den das Ende des letzten Satzes gibt, wenn die Alt-Stimme geheimnisvoll und ernst das Wort *ewig ... ewig* wiederholt, ist unbeschreiblich. Man muß sich dieses Werk in der Interpretation von Bruno Walter anhören.

Mahlers Kompositionen

R. Strauss

So wie Gustav Mahler bereits in unser Jahrhundert reicht, so gehört auch Richard Strauss (1864–1949) zu den Komponisten des 20. Jahrhunderts. Strauss, in München geboren, wurde früh berühmt, und konnte mit zunehmender Reife seine erfolgreichen Jugendwerke nicht mehr überbieten. Als Dirigent verschiedener Orchester, schließlich in München und Berlin, erhielt er eine wertvolle Ausbildung und Vorbereitung als Komponist. Schon früh setzt sich Strauss über die Tradition hinweg und schafft Neues mit seinen symphonischen Dichtungen, in denen er die Kunst des Kontrapunktes und des Leitmotivs (Wagner) geschickt verwendet. Mit *Don Juan*, *Tod und Verklärung* und *Till Eulenspiegel* erreicht er mit diesem neuen Genre eine Stufe der Vollendung. Tonmalerei und Klangsymbolik finden wirkungsvolle Anwendung in den Tongedichten, die sein technisches Können sowie seine Leidenschaftlichkeit und Kunst der Charakterisierung zeigen. Überraschend für die damalige Zeit waren ebenfalls die harmonischen Neuerungen und das Experimentieren mit Dissonanzen. Die späteren symphonischen Dichtungen *Also sprach Zarathustra*, *Don Quichote* und *Ein Heldenleben* enthalten zwar ebenfalls bemerkenswert schöne Stellen, erreichen jedoch dem Urteil der Musikexperten nach nicht mehr die Straffheit und geniale Größe ihrer Vorgänger. Sie enthalten zu viele bombastische, Effekt heischende, ziellose und triviale Passagen.

Die symphonischen Dichtungen

Auch unter seinen Opern sind die drei ersten, *Salome*, *Elektra* und *Der Rosenkavalier* seine besten, letztere sein größter Bühnenerfolg. *Der Rosenkavalier* ist melodisch heiter, voller Leben und Rhythmus und erinnert an Mozart und Johann Strauß. Neben seinen symphonischen Werken und Opern schrieb Strauss eine Anzahl von Liedern, unter denen wiederum die aus seiner Jugendzeit hervorragen. Man hat behauptet, daß der Romantiker Strauss nicht mehr in unsere Zeit gepaßt und die zunehmende Mechanisierung und Modernisierung ihm seine Zauberkraft genommen habe.

Die „neue" Musik

Mit Mahler und R. Strauss geht die „alte Musik" in Deutschland zu Ende, und die „neue Musik" beginnt. Wie in den anderen Kunstformen, so ist auch in der Musik unseres Jahrhunderts die Abkehr von Tradition und Überlieferung zu beobachten. Die Harmonik, Rhythmik und Formen der Meister des 18. und 19. Jahrhunderts werden aufgegeben oder neu interpretiert. Die Begriffe Schönheit, Harmonie, Tonalität, Freude und Genuß werden ersetzt durch Experiment, Schock, Entsetzen, Disharmonie, Atonalität und Kühnheit. Das Publikum lehnt einen großen Teil der atonalen Musik beharrlich ab, vielleicht ein Zeichen dafür, daß auch in unserer Zeit Ordnung und Harmonie dem Chaos und der Disharmonie noch vorgezogen werden, oder daß man sich wohler und sicherer fühlt im Umgang mit Musik, die man verstehen und an der man sich erfreuen kann.

Die modernen Komponisten

Unter den Modernen ragen Arnold Schönberg und seine Schüler Anton Webern und Alban Berg, sowie die Komponisten Paul Hindemith, Carl Orff und Werner Egk hervor. Man hört und liest von anderen, die sich einen Namen machen, über die wir jedoch in dieser Kulturgeschichte kein Urteil fällen wollen. Der Musikliebende mag Werke der folgenden gehört haben: Wolfgang Fortner (Violinkonzert), Ernst Pepping (evangelische Kirchenmusik), Boris Blacher (Concertante Musik), Gottfried von Einem (Opern), Hermann Reutter (Chorwerke, Lieder) u.a.

Schönberg

Arnold Schönberg (1874–1951) stammt aus Wien und ist einer der einflußreichsten Komponisten unserer Zeit. Von Wagner ausgehend sprengt er die Tonalität und löst sie eine Zeitlang in Atonalität auf, in der es nur noch subjektive Gesetzmäßigkeit gibt. Um dem Chaos zu entgehen entwickelte er die sogenannte Zwölftontechnik, nach der er Reihen aus den 12 Tönen der chromatischen Skala für seine Kompositionen verwendet. Diese Technik brachte in die Musik eine Art mathematische Formelhaftigkeit, die für den Laien schwer verständlich ist. Mit großem Erfolg ist Schönbergs Oper *Moses und Aaron* aufgeführt worden.

Webern

Anton von Webern (1883–1945), ebenfalls Wiener, war Schüler und Nachfolger Schönbergs. Sein Einfluß auf die jüngste Generation ist ziemlich stark.

Berg

Der dritte Wiener, Alban Berg (1885–1935), war ebenfalls Schönbergs Schüler und förderte mit Webern die Zwölftonmusik. Seine bekanntesten Werke sind die Opern *Wozzeck*, nach Büchners bekanntem Drama, und *Lulu*.

Hindemith

Paul Hindemith (1895–1963) ist neben Schönberg der bekannteste moderne Komponist Deutschlands. Er arbeitete in Berlin und als Professor an den Universitäten Yale und Zürich. Seine Musik lehnt sich an die Barocktradition an und versucht einen neuen subjektiven Stil zu entwickeln. Sein musikalisches Schaffen ist umfangreich und gipfelt 1934 in der Oper *Mathis der Maler*. Er entwickelt die ,,Gebrauchsmusik" (Beispiel: Wir bauen eine neue Stadt) und ,,Hausmusik" (Beispiel: Frau Musika). Er ist Gegner der atonalen Musik und setzt sich für Harmonie, und Tonalität in der Musik ein.

Orff

Carl Orff (1895–) entwickelte einen neuen Theaterstil, nach dem antike und christliche Dichtung mit Hilfe musikalischer Mittel dargestellt wird. Seine pädagogischen Ideen werden in Orff-Instituten praktisch angewandt. Sein *Carmina Burana*, eine Art episches Oratorium, das

Egk

mittelalterliche Gedichte zum Text hat, wird seit 1937 mit Erfolg aufgeführt. Werner Egk (1901–) verbindet in seiner Musik Volkstümliches mit moderner Harmonik und Instrumentation nach dem Vorbild Strawinskys. Er vertont legendäre Stoffe wie Peer Gynt, Don Juan und Faust und schreibt Opern (*Abraxas*) und Orchesterwerke.

Elektronische Musik

In jüngster Zeit wird auch in Deutschland wie in den USA, mit elektronischer Musik experimentiert. Diese Musik wird ausschließlich auf elektronischem Wege hervorgebracht und steckt noch im Anfangsstadium. Man verwendet alle möglichen elektrischen Geräte (Tonbandgeräte, Generatoren, Filter, Modulatoren, usw.), neuerdings sogar Computer, zur Herstellung neuer Töne. Der Hauptvertreter, (vielleicht kann man hier nicht von Komponist sprechen, sondern sollte Wissenschaftler sagen) dieser Musikrichtung ist in Deutschland Karlheinz Stockhausen (1928–), der zur Zeit Mitarbeiter am Rundfunk ist. Zu seinen Werken zählen *Elektronische Studien I* und *II* sowie die elektronische Komposition *Gesang der Jünglinge im Feuerofen* für 5 Lautsprechergruppen. Seine Musik wurde im deutschen Pavillon auf der Weltausstellung von 1970 in Japan gespielt.

Karlheinz Stockhausen

15

Die Regierungszeit Kaiser Wilhelms II

(1888–1918)

Die Schwächen des Kaisers

Der junge Kaiser, der mit 29 Jahren die Regierung des neuen Reiches übernahm, war trotz seiner überdurchschnittlichen Begabung den Ereignissen seiner Regierungszeit nicht gewachsen. Er handelte zu rasch, zu unbesonnen. Da er Kritik gegenüber sehr empfindlich war, sammelten sich Schmeichler und Bewunderer um seine Person, die seine Selbstgefälligkeit anschürten, die jedoch keinen guten Einfluß auf ihn und die Geschicke des Reiches ausübten. Er war politisch nicht reif und wendig genug. Ein ,,eiserner Kanzler'', wie Bismarck, war nötig, das Reich zu führen und zu fördern, aber es war kein zweiter Bismarck in der Regierung vertreten, und wahrscheinlich hätte der Kaiser so einen Mann auch nicht geduldet, denn er gewöhnte sich rasch daran, nach eigenen, oft recht unglücklichen Einfällen zu handeln. Von Geburt an war der rechte Arm des Kaisers verkrüppelt, was ihm sportliche und militärische Übungen sehr erschwerte. Seine energische äußerliche Haltung und die fehlende innere Sammlung sind von Psychologen als Folge der Verkrüppelung erklärt worden. Seine innere Unsicherheit äußerte sich in ziemlich plumper Diplomatie mit lautem Säbelrasseln und militärischer

Stanze. Sein Ziel war, Deutschland zu einer Welt- und Kolonialmacht zu machen, und darüber vernachlässigte er die innenpolitische Reform. Die Forderung nach dem neuen Menschen, die von der modernen Kunst und Literatur ausging, war ihm unheimlich.

Politische Bündnisse

Der Vertrag mit Rußland wurde nicht erneuert, und die Folge war, daß Rußland sich mit Frankreich befreundete und von diesem Land militärische Unterstützung erhielt. Deutschland schloß sich näher an Österreich an und formte mit der Donaumonarchie und Italien den Dreibund. Mit England verbesserten sich die Beziehungen zu Anfang, und es gelang der Austausch der Insel Helgoland gegen die ostafrikanische Insel Sansibar. Bald jedoch zerstörte die undiplomatische Haltung des Kaisers diese gute Beziehung.

Fehlerhafte deutsche Außenpolitik

Im Burenkrieg sympathisierte die deutsche Regierung und Öffentlichkeit mit den unabhängigen Burenrepubliken in Südafrika, und der Kaiser wollte mit Truppen gegen England eingreifen. Schließlich ließ er sich bewegen, seinen Tatendrang durch die Entsendung eines Glückwunschtelegramms an Paul Krüger, den Präsidenten von Transvaal, zu befriedigen. Die deutsche Haltung befremdete Großbritannien, dessen Wege sich nun mehr und mehr von Deutschland trennten. Gegen Englands und Rußlands Interessen vertrat Deutschland die Unantastbarkeit des Türkischen Reiches und spielte sich als Schutzherr der Mohammedaner auf. In überseeischen Kolonialländern stießen deutsche Interessen ungeschickt auf russische und englische, und Deutschlands Flottenbau interpretierte England als direkte Beleidigung.

Die deutschen Kolonien

Viel später als die andern Großmächte begann Deutschland ein Kolonialreich aufzubauen und geriet dadurch in Konflikt mit seinen Rivalen, hauptsächlich England und Frankreich. Die Gründe für die Erwerbung von Kolonien waren wirtschaftlicher und politischer Natur. Die ständig wachsende Industrie brauchte Rohstoffe, die man aus den Kolonien billig einführen konnte. Außerdem konnte das Kolonialland als neues Siedlungsland dienen für Deutsche, die aus dem übervölkerten Mutterland auswandern wollten. Politisch spielte die Prestigefrage eine Rolle. Eine Weltmacht mußte auf fremden Erdteilen Besitzungen haben. Gegen Ende des 19. Jahrhunderts hatte Deutschland folgende Kolonien erworben: Deutsch-Südwestafrika, Deutsch-Ostafrika, Kamerun und Togo in Zentralafrika, einige Südseeinseln und den Handelsstützpunkt Tsingtau in China.

Der Flottenbau

Die deutsche Handelsflotte, die die Export- und Importgüter beförderte, begann

Kaiser Wilhelm II

ernstlich mit englischen Schiffen zu konkurrieren. Zum Schutze der Handelsflotte und der Kolonien baute Deutschland eine gewaltige Kriegsflotte, womit es wiederum gegen England, die größte Seemacht, in den Wettbewerb trat. Auch im Außenhandel waren deutsche Kaufleute sehr erfolgreich und bedrohten das Handelsmonopol Englands besonders in Südamerika und Asien. Der Grund für den Erfolg des deutschen Handels war der ,,Dienst am Kunden'': die Lieferung von Ersatzteilen, Inschriften in der Landessprache, Packungen in Gewicht, Maßen und Farben, die dem Wunsch des Landes entsprachen. Ein weiterer Grund war die außergewöhnliche Güte deutscher Produkte. Der Stempel ,,made in Germany'', der der deutschen Industrie anfangs von

Handels-
erfolge

England aufgezwungen worden war, um die Minderwertigkeit deutscher Waren zu identifizieren, entwickelte sich zu einem Symbol hoher Anerkennung von deutscher Wertarbeit. Es muß betont werden, daß die wirtschaftlichen Erfolge zusammen mit der Ausdehnung des Kolonialreiches und dem Ausbau der Kriegsflotte ein wichtiger Faktor in der Verschlechterung deutsch-englischer Beziehungen vor dem Ersten Weltkrieg war.

Die Einkreisung des Reiches

Hinzu kamen natürlich wichtige politische Gründe, wie die zum Teil oben bereits erwähnten. Obgleich Kaiser Wilhelm im Grunde keinen Krieg wollte, gaben seine lauten Reden und seine Handlungen den Eindruck des genauen Gegenteils. Die wiederholten Forderungen der Großmächte auf gemeinsame Rüstungsbeschränkungen lehnte er ab, und seine ungeschickten, unverhüllt imperialistischen Bemerkungen verstärkten das Mißtrauen gegen das deutsche Reich unter den anderen Großmächten. Während Bismarck es meisterhaft verstanden hatte, die Großmächte gegeneinander auszuspielen und Bündnisse gegen Deutschland zu verhindern, brachte es Kaiser Wilhelm II fertig, die so gefährliche Koalition zwischen England, Frankreich und Rußland zur Wirklichkeit werden zu lassen. Außerdem wurde Italien als Bündnispartner zunehmend unzuverlässiger, schloß heimlich einen Vertrag mit den Westmächten und versprach, im Kriegsfalle neutral zu bleiben.

Die Balkankrise

Der Krieg bahnte sich auf dem Balkan an, wo 1912 der Balkanvierbund (Bulgarien, Serbien, Griechenland und Motenegro) gegen die Türkei losschlug.[1] Zunächst wurde ein Einschreiten der Großmächte noch verhindert, aber die Spannung zwischen Österreich-Ungarn und Serbien steigerte sich gewaltig. Rußland schürte die serbischen Nationalisten in ihren Bestrebungen. Da wurden am 28. Juni 1914 der österreichische Thronfolger Franz Ferdinand und seine Gattin in Sarajewo von serbischen Nationalisten ermordet. Mit deutscher Rückendeckung verlangte Österreich von Serbien Genugtuung in Form eines Ultimatums, das dieses nicht annehmen konnte. Am 28. Juli 1914 erklärte

Sarajewo

[1] Die Türken hatten nach der Eroberung von Konstantinopel (1453) allmählich die ganze Balkanhalbinsel unter ihre Herrschaft gebracht. Zweimal standen sie vor den Toren Wiens, bis sie im 18. Jahrhundert von den Österreichern zurückgedrängt wurden. Im 19. Jahrhundert regt sich der Nationalismus unter den Balkanvölkern, 1819 befreien sich die Serben und 1829 die Griechen. Im 20. Jahrhundert werden die Balkanstaaten in die beiden Weltkriege verwickelt und stehen heute (außer Griechenland) hauptsächlich unter dem Einfluß Moskaus.

Österreich den Krieg gegen Serbien, ein Schritt, der hätte verhindert werden können, wenn Österreich nicht so impulsiv gehandelt hätte. Am 29. Juli erklärt Rußland die allgemeine Mobilmachung, was damals fast gleichbedeutend mit Kriegseintritt war, weil das Militär großen Einfluß hatte und weil das Land im Vorteil war, das zuerst seine Truppen mobil machen konnte. Deutschland erklärte am 1. August den Krieg gegen Rußland und da es eine unbefriedigende Antwort von Frankreich erhalten hatte, am 3. August gegen Frankreich. England trat am 4. August gegen Deutschland und Österreich in den Krieg ein. So begann der erste Weltkrieg, den eigentlich in letzter Minute niemand wollte, der aber in absehbarer Zeit wohl trotzdem ausgefochten worden wäre.

Der Erste Weltkrieg

Auf deutscher Seite stritten Österreich und seit 1915 die Türkei und Bulgarien. Gegen Deutschland standen außer den drei Großmächten auch Serbien, Japan und seit 1917 die U.S.A. Die beiden Verbündeten der Mittelmächte, Italien und Rumänien, verhielten sich zunächst neutral und schlossen sich dann der erfolgreicheren alliierten Seite an. Von Jahr zu Jahr wuchs die Zahl der Gegner[2] und verschlechterte sich die materielle Lage Deutschlands. Die türkischen und österreichischen Staaten waren bereits vor Kriegsausbruch praktisch am Verfallen, so daß man sie daher kaum als Stützen der deutschen Seite ansehen kann, im Gegenteil, beide waren auf Deutschlands Hilfe angewiesen.

Allianzen

Die Großoffensive im Westen, die durch das neutrale Belgien und Luxemberg hindurch zur Einkesselung und Vernichtung der französischen Armeen führen sollte, blieb an der zähen Verteidigung der französischen und englischen Truppen und wegen entschiedener strategischer Fehler auf deutscher Seite völlig stecken. In der Marneschlacht kam die deutsche Offensive vor Paris zum Stehen. In der gewaltigen Schlacht um Verdun von Februar bis Dezember 1916 kämpften die Deutschen um jeden Meter Boden unter furchtbaren Verlusten, ohne die Stadt nehmen zu können.[3] Der Krieg entwickelte sich zum Stellungskrieg (Grabenkrieg). Beide Seiten gruben sich ein und lieferten sich gewaltige Materialschlachten, Artillerieduelle und vereinzelte Vorstöße, aber im großen und ganzen verlief der Krieg im Westen ohne größere Gebietsgewinne oder Gebietsverluste.

Die Offensive im Westen

Verdun

Grabenkrieg

[2] Die alliierte Seite wurde schließlich von rund 30 Staaten unterstützt.

[3] Beide Seiten verloren etwa 700 000 Mann an Toten und Verwundeten.

Der Seekrieg

Der Seekrieg war für Deutschland sehr enttäuschend. Die Flotte konnte den Überseehandel nicht schützen, der von der britischen Blockade erdrosselt wurde. Deutsche Unterseeboote schädigten die Blockade und errichteten eine Gegenblockade, aber Deutschland hatte sich auf den Bau seiner Hochseeflotte konzentriert und die Unterseeboote vernachlässigt. Die Hochseeflotte focht nur eine Seeschlacht, die Schlacht am Skagerrak bei Jütland vom 31. Mai bis 1. Juni 1916, die strategisch unentschieden verlief. Die englische Flotte beherrschte jedoch weiterhin die Meere[4] und die deutschen Schiffe lagen nutzlos bis Ende des Krieges im Hafen. So leistete die stolze Flotte keinen positiven Beitrag. Sie hatte letzten Endes den Eintritt Englands auf alliierter Seite verschuldet, sie vermochte die englische Blockade nicht zu brechen, sie hatte ungeheuer viel Geld gekostet, das dem Heer hätte zu Gute kommen können, und ihre Besatzung verlor durch die lange Untätigkeit die Lust am Kämpfen und entwickelte sich zu einem Brutherd für revolutionäre Gedanken.

Die Skagerrak-Schlacht

Erfolge im Osten

Im Osten vollbrachte die deutsche Führung dagegen eine Reihe von hervorragenden militärischen Leistungen. Zwei russische Armeen, die in Ostpreußen einmarschiert waren, wurden von deutschen Streitkräften unter dem Befehl der Generale Paul von Hindenburg und Erich Ludendorff, den zwei militärischen Genies auf deutscher Seite, bei Tannenberg und bei den Masurischen Seen geschlagen. Im folgenden Jahr wurden die Russen aus Polen, Litauen und Lettland verdrängt. Im März 1917 brach die Zarenregierung in Rußland zusammen. Die deutsche Heeresleitung sorgte dafür, daß Lenin und andere Führer des Kommunismus aus ihrem schweizer Exil nach Rußland zurückkehrten, wo sie im November 1917 nach der erfolgreichen Revolution den kommunistischen Sowjetstaat errichteten. Dieser Staat schloß mit Deutschland Frieden, so daß die Kampfhandlungen im Osten aufhörten. In den Friedensverträgen von Brest-Litowsk (März 1918) mit der Sowjetunion und von Bukarest (Mai 1918) mit Rumänien siegte nochmals der Geist der Autokratie und des Militarismus. Deutschland erzwang Annexionen und Entschädigungen, die die Haßpropaganda seiner Gegner von neuem anschürte und für die Verhandlungen von Versailles ein unglücklicher Präzedenzfall waren.

Die kommunistische Revolution

[4] Englands Flotte war mit etwa 70 Schlachtschiffen und Schlachtkreuzern (insgesamt 800 Kriegschiffen) der deutschen Flotte mit etwa 33 Schlachtschiffen und Schlachtkreuzern weit überlegen.

Lusitania

Die USA erklären den Krieg

Das Ende

Waffenstillstandsbedingungen

Im Westen hatte sich die Lage inzwischen weiter verschlechtert. Die Vereinigten Staaten waren zuerst durch die Verletzung der belgischen Neutralität, dann durch die Versenkung des britischen Passagierschiffes Lusitania[5] (Mai 1915) mit dem Verlust von 1000 Menschenleben (darunter über 100 Amerikanern) und anderer amerikanischer Schiffe durch deutsche Unterseeboote und schließlich durch die sogenannte Zimmermann Note,[6] die den Engländern in die Hände gefallen war, immer stärker gegen Deutschland verstimmt worden. Deutschland wurde befehdet und gehaßt und der autokratische ,,Kaiserismus" sollte von den freiheitlich gesinnten westlichen Demokratien ausgerottet werden. Am 6. April 1917 traten die Vereinigten Staaten in den Krieg gegen Deutschland ein, wodurch der Austritt der Sowjetunion mehr als wettgemacht war.

Im März 1918 entschloß sich General Ludendorff, der in Deutschland praktisch die militärische Diktatur errichtet hatte, zum letzten gewaltigen Angriff. Unter äußersten Anstrengungen gelang es den deutschen Truppen, die Alliierten bis an die Marne zurückzudrängen. Im Sommer wendete sich dann das Kriegsglück. Frische amerikanische Truppen und die Übermacht des Materials — besonders die neue Tankwaffe machte den Deutschen schwer zu schaffen — brachten die Offensive zum Stehen. Im Juli traten die Alliierten zum Gegenangriff an und warfen die Deutschen bis über ihre Ausgangspositionen zurück. Die militärische Lage war aussichtslos, und Ludendorff instruierte die Regierung, einen Waffenstillstand auf der Basis von Woodrow Wilsons 14 Punkte-Programm zu suchen. Noch 6 Wochen dauerte das Sterben an der Front, bis am 11. November 1918 Waffenstillstand eintrat, was für Deutschland gleichbedeutend mit Kapitulation war. Innerhalb von zwei Wochen mußten die deutschen Truppen französisches und belgisches Gebiet sowie Elsaß-Lothringen räumen. In zwei weiteren Wochen war das ganze linksrheinische Gebiet zu räumen und wurde von den Alliierten besetzt. Auch im Osten mußten sich deutsche Regimenter auf das Reichsgebiet zurückziehen. Große Mengen von Kriegsmaterial, darunter alle Unterseeboote, sowie Lokomotiven,

[5] Obgleich die Lusitania Kriegsmaterial an Bord hatte, erregte die Versenkung des Schiffes gewaltigen Haß gegen das Kaiserregime.

[6] Deutschland hatte diese Note an seine Botschaft in Mexiko geschickt. Danach sollte Mexiko zum Krieg gegen die U.S.A. aufgefordert werden und für seine Hilfe mit den Staaten Texas, Neu Mexiko und Arizona belohnt werden.

Eisenbahnwagen und Lastwagen waren den Alliierten zu übergeben und alle Kriegsgefangenen freizulassen. Die britische Blockade blieb bestehen. Die Hochseeflotte war unter alliierte Kontrolle zu stellen. Deutschland erfüllte all diese Forderungen ordnungsgemäß und zum vorgeschriebenen Zeitpunkt und war damit außer Lage gesetzt, die Kampfhandlungen wieder aufzunehmen. Es hatte den Krieg eindeutig verloren.[7]

Die Lage im Reich

Die Ursachen für die deutsche Niederlage waren außer militärischstrategischer Natur vor allem auch wirtschaftlicher und politischer Art. Deutschland hatte einfach nicht genug Rohstoffe und Lebensmittel, um einen langen Krieg führen zu können, und die erfolgreiche englische Blockade verhinderte die Einfuhr aus Übersee. Die Heimat hungerte und litt unter Knappheit an allem zum Leben Notwendigen. Die Winter von 1917 und 1918 brachten furchtbares Elend. Daß die Engländer die Blockade noch bis zum Sommer 1919 fortsetzten, haben die Deutschen lange nicht vergessen. Die wirtschaftliche Lage und die geringen Aussichten, eine militärische Entscheidung herbeizuführen, veranlaßten die unabhängigen Sozialdemokraten und die

[7] Von den rund 9 Millionen Toten und 21 Millionen Verwundeten des Ersten Weltkrieges betrugen deutsche Verluste rund 1,8 Millionen Tote und 4,3 Millionen Verwundete, österreichische Verluste rund 1,2 Millionen Tote und 3,7 Millionen Verwundete. Österreich verlor fast 90% seiner Streitkräfte durch Tod, Verwundung oder Gefangenschaft, Rußland 76%, Frankreich 73% und Deutschland 65%. Im ganzen standen auf beiden Seiten rund 65 Millionen Mann unter Waffen. (Siehe Encyclopaedia Britannica: World War I!)

Meuterei der Flotte in Wilhelmshaven 1918

Revolution

Kommunisten für den Frieden zu agitieren. Sie riefen Streiks aus und versuchten die Streitkräfte durch Propaganda zu zersetzen. Im April 1917 sowie im Januar und Februar 1918 kam es zu lähmenden Streiks in der Rüstungsindustrie. Das Ziel war die Revolution nach russischem Vorbild. Arbeiterräte wurden gebildet und Verschwörungen in der Marine angezettelt. Die Besatzungen zahlreicher Kriegsschiffe verweigerten im Oktober 1918 den Gehorsam, als in letzter Minute noch der Befehl zum Auslaufen kam. Die Frontarmee blieb von der revolutionären Agitation bis fast zum Ende unberührt. Einen Tag vor Inkrafttreten des Waffenstillstands floh der Kaiser mit seiner Familie nach Holland und ließ sein Volk im Stich, gerade in dem Moment, wo die Not am größten war. Alle anderen deutschen Fürsten dankten ab, blieben jedoch in ihren Ländern. Das Volk war belogen worden und hatte kaum eine Ahnung von der wahren Lage an den Fronten. Nun brach der Haß aus gegen die führende Schicht, die Offiziere und Junker, die das Volk selbstgefällig und übermütig ins Verderben geführt hatte.

Flucht des Kaisers

Die Revolution begann mit der Meuterei in der Marine und breitete sich von Kiel über Hamburg, Lübeck und Bremen nach innen aus. In München wurde bereits am 7. November die Republik ausgerufen, und am 9. November wurden die Regierungsgeschäfte dem sozialdemokratischen Reichstagsabgeordneten Friedrich Ebert übergeben. Die Republik wurde auch in Berlin verkündet, und ein Rat der Volksbeauftragten übernahm die Regierungsgewalt. Marxisten und Leninisten verlangten die blutige Revolution, den Bürgerkrieg, die Diktatur des Proletariats, aber die Mehrheit der deutschen Parteien widerstrebte der kommunistischen Revolution. Die Sozialdemokraten verhinderten die Errichtung eines kommunistischen Regimes in Deutschland, indem sie ein Bündnis mit den bürgerlichen Parteien und der Armee eingingen, und für den 19. Januar 1919 Wahlen zur Nationalversammlung ansetzten. Die Kommunisten antworteten mit dem Bürgerkrieg. Angeführt vom Aufstand der Marine brachen Straßenschlachten in Berlin und anderen großen Städten aus. Das Heer wurde eingesetzt und die Aufständischen niedergekämpft. Führende Kommunisten wie Rosa Luxemburg und Karl Liebknecht wurden von Offizieren erschossen. Zahlreiche weitere Aufstände wurden im Ruhrgebiet, in München und anderen Städten von Freikorps und Reichswehrtruppen niedergeworfen, oft nach blutigen Kämpfen und grauenhaften Ausschreitungen auf beiden Seiten.

Die Republik wird ausgerufen

Aufstände

Die Gefahr des Umsturzes war im Sommer 1919 beseitigt. Eine demokratische Regierung wurde gewählt und eine neue Verfassung angenommen. Deutschland, vom Chaos bewahrt, wurde eine Republik, der jedoch schwere Zeiten bevorstanden.

Der Versailler Vertrag

Am 28. Juni 1919 unterzeichnete die neue Reichsregierung den Friedensvertrag von Versailles, der ein Diktat der Siegermächte war, das Deutschland unter Drohung der Wiederaufnahme der Kampfhandlungen annehmen mußte. Immerhin wurde durch die Annahme des Diktats das Reich als einheitliches Staatsgebilde erhalten. Eine Ablehnung hätte wahrscheinlich Besetzung und Zerstückelung bedeutet. Die Annahme belastete die neue Republik mit einer tiefen Demütigung, die zu ihrem Fall dreizehn Jahre später wesentlich mit beitrug.

Gebietsverluste

Die Neuziehung der Grenzen betraf fast ausschließlich den preußischen Staat: Elsaß-Lothringen fiel zurück an Frankreich, das ebenfalls das Saarland auf 15 Jahre in seinen Wirtschaftsbereich übernahm. Empfindlich waren die Verluste im Osten. Die neugebildeten Staaten Polen und die Tschechoslowakei übernahmen Zehntausende von Deutschen in ihren Staatsbereich, was den Nationalsozialisten Futter für ihre Forderung gab, daß alle Deutschen ins Reich ,,heimkehren" sollten. Ostpreußen wurde durch den sogenannten polnischen Korridor (Posen und Westpreußen) von der Hauptmasse des Reiches abgetrennt. Damit erhielt Polen Zugang zur See, aber Deutschland war durch diese unglückliche Lösung in zwei Teile geteilt. Danzig wurde zum Freistaat erklärt. Kohlen- und industriereiche Teile Oberschlesiens fielen an Polen, das Memelland an Litauen und Nordschleswig an Dänemark. Alle Kolonien und aller überseeischer Besitz ging verloren. Das Gebiet links des Rheines und auf 50 km Breite rechts des Rheines mußte entmilitarisiert werden, und die französischen, britischen und amerikanischen Besatzungen sollten auf 15 Jahre dort stationiert bleiben. Alle großen deutschen Flüsse und Kanäle wurden internationalisiert und von einer internationalen Kommission verwaltet. Fast alle diese Bestimmungen lassen sich verstehen und konnten von Deutschland hingenommen werden, da es den Krieg verloren hatte; die eine Ausnahme ist die Errichtung des polnischen Korridors, die auf die Dauer eine fehlerhafte Lösung war, die bereits den Keim für zukünftige Auseinandersetzungen in sich trug.

Die Abrüstungsbestimmungen des Vertrages reduzierte die deutsche Armee auf ein Berufsheer von 100 000 Mann, das ,,nur

Abrüstung

für die Erhaltung der Ordnung innerhalb des deutschen Gebietes und zur Grenzpolizei bestimmt" war. Der Bau und Besitz von Panzern, Unterseebooten, Militärflugzeugen und anderen schweren Waffen wurde untersagt. Die Flotte wurde auf 36 hauptsächlich kleinere Schiffe verringert.[8] Am schwersten trafen Deutschland die wirtschaftlichen Bestimmungen und Artikel 231, der das Reich für den Krieg allein verantwortlich machte. „Die alliierten und assoziierten Regierungen erklären, und Deutschland erkennt an, daß Deutschland und seine Verbündeten als Urheber für alle Verluste und Schäden verantwortlich sind, die die alliierten und assoziierten Regierungen und ihre Staatsangehörigen infolge des Krieges, der ihnen durch den Angriff Deutschlands und seiner Verbündeten aufgezwungen wurde, erlitten haben." Dieser Artikel erregte gerechterweise große Empörung unter allen Parteien von der Rechten bis zur Linken, denn er verletzte tief das deutsche Ehrgefühl und den Gerechtigkeitssinn. Die Höhe der Reparationszahlungen wurde zunächst nicht festgelegt, und Deutschland mußte sich zur Zahlung von Beträgen verpflichten, deren Höhe es nicht kannte. Zunächst wurde die Summe von 5 Milliarden Goldmark[9] und außerdem ungeheure Lieferungen von Holz, Stahl, Maschinen, Vieh, Pferden, Schweinen usw. verlangt. Der Kaiser und andere führende Persönlichkeiten seien auszuliefern und sollten von alliierten Gerichtshöfen als Kriegsverbrecher abgeurteilt werden. Letzteres wurde nicht erfüllt, da es sinnlos und undurchführbar war. Immerhin hatten diese Männer aus gutem vaterländischem Empfinden — wenn auch vielfach falsch und unweise — gehandelt. Schließlich verbot der Vertrag den Anschluß Österreichs an das Reich. Österreich war zu einem Kleinstaat erniedrigt worden und hatte all seine nichtdeutschsprechenden Teile verloren, auf die es jedoch weiterhin wirtschaftlich angewiesen war. Eine Verbindung mit Deutschland wäre natürlich gewesen.

Die Schuldfrage

Reparationen

Der Vertrag, der selbst für damalige Verhältnisse außerordentlich hart war, war hauptsächlich von Frankreich und England ausgearbeitet worden, die Revanche und Erniedrigung suchten. Die 14 Punkte Wilsons, auf Grund derer Deutschland den

[8] Nach dem Krieg wurde die deutsche Hochseeflotte (9 Schlachtschiffe, 5 Schlachtkreuzer, 7 Kreuzer und 50 Zerstörer) bei Scapa Flow auf den Orkney Inseln interniert. Dort gab der deutsche Admiral im Juni 1919 den Befehl, die Flotte zu versenken.

[9] Später wurde die Gesamtsumme auf 132 Milliarden Goldmark festgesetzt, wovon Deutschland etwa die Hälfte bezahlte.

Waffenstillstand abgeschlossen hatte, wurden wenig beachtet. Die Vereinigten Staaten ratifizierten den Vertrag von Versailles nicht und nahmen an späteren Verhandlungen nicht mehr teil. Auch am Völkerbund beteiligten sich die U.S.A. nicht, und Deutschland wurde ebenfalls nicht zugelassen. Das war ein weiterer schwerer Fehler, denn damit besaß es keine Möglichkeit, seine Wünsche an dieser Stelle vorzubringen, die doch zum großen Teil für seine Interessen und seine Zukunft zuständig war. Die ganze Verbitterung, die der Friedensvertrag hervorrief, wandte sich gegen diesen Völkerbund. Für die neue Demokratie waren die harten Bedingungen des Versailler Vertrages eine ungeheure Belastung, unter der sie schließlich zusammenbrach. Anstatt die demokratische Entwicklung in Deutschland durch intelligente und versöhnliche Maßnahmen zu fördern, verhinderte man sie durch unversöhnliche Racheakte, bis es leider schließlich zu spät war. Im nächsten Kapitel werden wir besprechen, wie der Versailler Vertrag dazu beitrug, die Republik zu Fall zu bringen.

16

Die Weimarer Republik

Die Lage in Deutschland nach der Kapitulation

Nach dem verlorenen Krieg wurde eine kommunistische Diktatur in Deutschland durch das Bündnis zwischen Friedrich Ebert, dem Führer der Sozialdemokraten, den bürgerlichen Parteien und der Reichswehr verhindert. Ebert hatte das Amt des Kanzlers nach der Flucht des Kaisers übernommen und alle Beamten aufgerufen, im Amt zu bleiben. Die Armee kehrte im ganzen ordnungsgemäß und diszipliniert in ihre Garnisonen zurück und stand weiter unter dem Befehl ihrer Offiziere. Hindenburg blieb Oberkommandierender der Streitkräfte und erkannte die neue Regierung an. Ebert konnte also auf die Unterstützung des Heeres und der Beamten gegen die radikale Linke rechnen, deren Revolution unter diesen Umständen nicht erfolgreich sein konnte. Außerdem einigten sich Kapital und Gewerkschaften friedlich: die Forderungen der Gewerkschaften (Anerkennung, 8-Stunden-Tag, Bildung von Gewerkschaftsräten usw.) wurden von den Arbeitgebern angenommen.

Die Nationalversammlung

Für den 19. Januar 1919 wurden die Wahlen zur Nationalversammlung angesetzt. Das allgemeine Wahlrecht war verkündet worden und zum ersten Mal beteiligten sich die Frauen an den Wahlen. Keine Partei gewann die absolute Mehrheit, aber die Sozialdemokraten erhielten die meisten Stimmen (11½ von 30 Millionen). Von den 421 Delegierten waren 163 Sozialdemokraten, 92 Mitglieder der Zentrums-Partei und 75 Mitglieder der Demokratischen Partei. Am 6. Februar 1919 eröffnete Friedrich Ebert die Nationalversammlung in Weimar, dem Thüringischen

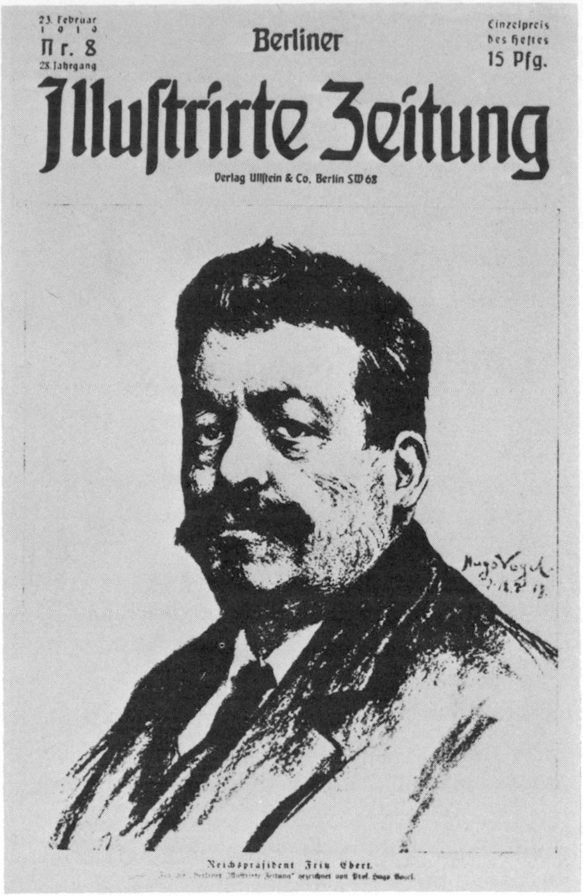

Friedrich Ebert

Städtchen, nach dem das Dokument, das hier beschlossen wurde, die Weimarer Verfassung heißt. Man traf sich ganz bewußt in Weimar, da man sich mit der klassisch-humanistischen Tradition von Goethe und Schiller, nicht aber mit dem Geist

Die Verfassung

von Potsdam identifizieren wollte. Die Verfassung, die im August angenommen wurde, ist im Prinzip der amerikanischen Verfassung ähnlich und zählt zu den bedeutenden Freiheitsdokumenten des Westens. Sie bestätigt die menschlichen Grundrechte.

Persönliche Freiheit

ARTIKEL 114: Die Freiheit der Person ist unverletzlich. Eine Beeinträchtigung oder Entziehung der persönlichen Freiheit durch die öffentliche Gewalt ist nur auf Grund von Gesetzen zulässig.

Freie Meinungsäußerung

ARTIKEL 118: Jeder Deutsche hat das Recht, innerhalb der Schranken der allgemeinen Gesetze seine Meinung durch Wort, Schrift, Druck, Bild oder in sonstiger Weise frei zu äußern. An diesem Rechte darf ihn kein Arbeits- oder Angestelltenverhältnis hindern, und niemand darf ihn benachteiligen, wenn er von diesem Rechte Gebrauch macht. Eine Zensur findet nicht statt, doch können für Lichtspiele durch Gesetz abweichende Bestimmungen getroffen werden.

Versammlungsfreiheit

ARTIKEL 123: Alle Deutschen haben das Recht, sich ohne Anmeldung oder besondere Erlaubnis friedlich und unbewaffnet zu versammeln.

Glaubensfreiheit

ARTIKEL 135: Alle Bewohner des Reiches genießen volle Glaubens- und Gewissensfreiheit. Die ungestörte Religionsübung wird durch die Verfassung gewährleistet und steht unter staatlichem Schutz.

Lehrfreiheit

ARTIKEL 142: Die Kunst, die Wissenschaft und ihre Lehre sind frei. Der Staat gewährt ihnen Schutz und nimmt an ihrer Pflege teil.

Parlament und Regierung

Die gesetzgebende Gewalt liegt im Reichstag und im Reichsrat. Reichstagsabgeordnete werden auf vier Jahre gewählt. Die Regierung ist dem Reichstag verantwortlich. Der Reichsrat ist die Vertretung der Länder. Der Reichspräsident ernennt den Reichskanzler und dieser die Reichsregierung. Kanzler und Regierung sind natürlich auf die Unterstützung des Reichstags angewiesen.

Schwächen der Verfassung

Die Hauptschwäche der Verfassung lag in der Tatsache, daß jede Partei, die bei den Wahlen Stimmen erhielt, ihre Abgeordneten in den Reichstag bringen konnte, was zur Zersplitterung führte und zum Fall von vielen Regierungen, da keine Partei von 1919 bis 1933 je die absolute Mehrheit gewann und daher jede Regierung auf die Unterstützung mehrerer Parteien angewiesen war. Sobald eine Partei diese Unterstützung versagte, wurde die Regierung gestürzt, eine Tragödie, die sich in den 14 Jahren der Weimarer Republik etwa zwanzigmal wiederholte. Zum Verhängnis wurde der Republik schließlich Artikel 48, der im Falle der Gefährdung der öffentlichen Sicherheit und Ordnung, dem Reichspräsidenten die Macht gab, mit bewaffneter Macht einzuschreiten und die Grundrechte außer Kraft zu setzen. Die Verfassung war eine Kompromißlösung, die keine der bestehenden

Parteien befriedigte, am wenigsten die Marxisten und die Nationalisten. Die neue Republik hatte von Anfang an viele Feinde und mußte mit einer starken Opposition von links und von rechts rechnen. Dabei war die Rechtsopposition viel gefährlicher, weil gegen die Kommunisten jederzeit die Reichswehr eingesetzt werden konnte, deren Offiziere jedoch mit der Rechten gute Beziehungen aufrecht erhielten.

Opposition

Die ersten vier Jahre waren besonders schwierig für die Republik, und sie mußte sich immer wieder vor Angriffen von Extremisten schützen. Der sogenannte Kapp-Putsch, ein Unternehmen, das von reaktionären Politikern und Generälen gegen die Regierung unternommen wurde (März 1920), scheiterte an der Opposition der Regierungsparteien und der Arbeiterschaft, die in den Generalstreik traten. Aber der Nationalismus blieb stark, besonders in militärischen Kreisen, die immer noch mit der Wiederherstellung der Monarchie rechneten. Die Abdankung der Offiziere und Soldaten wurde ein Problem. Da nicht alle in die Reichswehr übernommen werden konnten, gingen viele zur Polizei, die dadurch einen merklich militärischen Charakter erhielt, oder zu den sogenannten Freikorps. Diese freiwilligen Truppen kämpften erfolgreich gegen Kommunisten besonders in den östlichen Grenzgebieten, wo sie gegen „Bolschewisten" und Polen vorgingen. Als sich die Lage im Osten beruhigte, wurden die Freikorps ein Instrument in den Händen der Nationalisten. Sie wurden heimlich von der Armee mit Waffen und Geld unterstützt. Schließlich wurden sie offiziell für illegal erklärt, aber inoffiziell existierten sie als Geheimorganisationen weiter und taten das Ihre, den Rechtsstaat zu bekämpfen. Wichtige Demokraten wie die Minister Erzberger und Rathenau sowie Hunderte von weniger bekannten Persönlichkeiten wurden von Angehörigen solcher Organisationen ermordet. Die radikalen Elemente fühlten sich angesprochen von den Nationalsozialisten, denen es schließlich gelang, die meisten der rauflustigen, oft verbrecherisch gesinnten Antirepublikaner unter ihrem Banner zu vereinigen.

Angriffe

Freikorps und Geheimorganisationen

Der Erfolg der Nationalsozialistischen Partei war hauptsächlich dem organisatorischen und rednerischen Talent Adolf Hitlers zu verdanken, einem arbeitslosen Gelegenheitsarbeiter aus Österreich, der im Krieg zum Unteroffizier befördert worden war und das Eiserne Kreuz erhalten hatte. Eine ziemlich verkrachte Existenz, fand er schließlich als Volksredner und Parteiführer seine eigentliche Berufung. Im Januar 1919 wurde

Hitler und die NSDAP

er Mitglied Nummer 7 der deutschen Arbeiterpartei, die sich unter seiner Leitung in München zu der äußerst erfolgreichen Nationalsozialistischen Deutschen Arbeiterpartei (NSDAP) entwickelte und Männer wie Ludendorff, Hermann Goering,[1] Alfred Rosenberg,[2] Rudolf Hess[3] und Ernst Roehm[4] anzog.

Putschversuch

Am 9. November 1923, einen Tag nach dem opernhaften Putsch im Münchner Bürgerbräu Keller, marschierte Hitler mit rund 1000 Anhängern gegen das Regierungsgebäude in München, um die Regierung abzusetzen und von Bayern aus die Führung des Reiches zu übernehmen. Bei der Feldherrnhalle schoß die Polizei auf die Revolutionäre, tötete 16 Nazis und schlug den Rest, darunter Hitler, in die Flucht. Hitler wurde zu fünf Jahren Haft verurteilt, von denen er dreizehn Monate absaß. Während dieser Zeit schrieb er sein Buch *Mein Kampf*, das zur Bibel des Nationalsozialismus wurde.

Reparationen

Im Sommer 1921 überreichte die alliierte Reparationskommission der deutschen Regierung die Reparationsforderung in Höhe von 132 Milliarden Goldmark, für Deutschland eine unfaßliche Summe, die es unmöglich zahlen konnte.[5] Die Nachricht schlug wie eine Bombe ein und führte zu mehreren ernsten Krisen, die mit dem totalen Zusammenbruch der deutschen Währung endeten. Seit 1919 herrschte im Lande die Inflation, die den Wert der Reichsmark von Jahr zu Jahr verringerte. Für die Inflation lassen sich drei Hauptgründe anführen: 1) Schulden und Zinsen für Kriegsanleihen waren ungeheuer groß und neue Kredite wurden nicht gewährt. 2) Die Reparationszahlungen leerten die Goldreserven und nahmen der Mark ihre Deckung. 3) Die Ruhrbesetzung von 1923.

Frankreich wollte unter allen Umständen ein Wiedererstarken Deutschlands verhindern und besetzte daher im Januar 1923

[1] Hermann Goering war ein bekannter Fliegeroffizier, der nach Richthofens Tod den Befehl über die berühmte Richthofen Jagdfliegerstaffel übernommen hatte. Er befehligte bald die SA.

[2] Rosenberg wurde ein führender Parteiideologe und übernahm die Leitung des *Völkischen Beobachters*.

[3] Hess wurde Hitlers Sekretär und Stellvertreter.

[4] Roehm war Offizier und spielte eine große Rolle in den ersten Jahren der Parteibewegung. Er übernahm die Führung der SA, wurde aber 1934 von Heinrich Himmler übertrumpft.

[5] Die Summe sollte in 42 Jahren (1963) abbezahlt werden. Deutschland stellte 1933 die Reparationszahlungen ein. Im ganzen hat es etwa Beträge in Höhe von 70 Milliarden Goldmark geleistet.

unter dem Vorwand, daß Deutschland fällige Reparationsbeträge nicht bezahlt hätte, das Ruhrgebiet.

Besetzung des Ruhrgebiets

Die reichen Kohlengruben wurden von Frankreich und Belgien ausgebeutet und fielen für Deutschland als Kapital- und Steuerquelle aus. Der Impakt in Deutschland war Erschütterung, Haß und Verzweiflung. Die Arbeiter im Ruhrgebiet leisteten passiven Widerstand, der von der Regierung zunächst unterstützt wurde und viele Menschenleben sowie einen wirtschaftlichen Schaden von über 4 Milliarden Goldmark kostete. Schließlich mußte der passive Widerstand aufgegeben werden. Im Herbst des Jahres 1923 hatte die Inflation phantastische Ausmaße erreicht. Löhne wurden täglich gezahlt und mit dem Geld sofort Notwendiges gekauft, da es in ein paar Stunden bereits wertlos war. Eine Briefmarke kostete 1 Milliarde Mark und eine Straßenbahnfahrt 100 Milliarden. Schließlich war das Umtauschverhältnis von 1 Dollar zu 1 Mark

Die Inflation

1:4 000 000 000 000, so daß dann die Inflation in sich zusammenbrach und eine neue Währung die alte Reichsmark ersetzte: die Rentenmark, die durch den gesamten Grundbesitz in Deutschland gedeckt war.

Briefmarke aus der Inflationszeit

Die Folgen der Inflation

Die Folgen der Inflation waren außerordentlich und hinterließen im deutschen Volk unverwischliche Spuren. Der Mittelstand verlor sein Vermögen und seine Ersparnisse und verarmte. Hypotheken, Versicherungen und Wertpapiere wurden völlig entwertet. Großkapitalisten und Spekulanten konnten entweder ihr Vermögen retten oder in kurzer Zeit gewaltigen Besitz ansammeln, aber die Existenz des kleinen Mannes war zerstört. Man suchte nach den Schuldigen und prangerte die Juden und die sozialdemokratische Regierung an, die man ja bereits für die Unterzeichnung des Versailler Vertrages verantwortlich gemacht hatte. Der Antisemitismus blühte auf, und das Judentum wurde der bequemste Blitzableiter für die enttäuschte Mittel- und Unterschicht. Arbeiter und einzelne Akademiker wandten sich dem Kommunismus zu; die verarmten Bürger, Handwerker, Kleinhändler, die schlecht bezahlten Lehrer und Beamten, weibliche Angestellte, Pensionäre und abgedankte Offiziere suchten Trost und Hoffnung im Nationalsozialismus, dessen unablässige Propagandamaschine gegen Versailles, die Sozialisten und Kommunisten und gegen die Juden randalierte. Die Republik wurde von allen Seiten angefeindet und gehaßt. Die Anhänger der Weimarer Koalition[6] hatten am meisten unter der Inflation gelitten und wandten sich nach links oder rechts[7] und die Regierung machte eine allmähliche Rechtsdrehung mit. Nach dem Tode Friedrich Eberts, der seit 1919 Reichspräsident gewesen war, wurde 1925 der Held von Tannenberg, Generalfeldmarschall von Hindenburg, zum Präsidenten gewählt. Viele erhofften sich eine Wiederherstellung des Kaiserreiches, aber Hindenburg blieb seinem Eid treu und unterstützte die Republik bis 1932. Eine Zeitlang war er das Element, das der Republik Stabilität gab und um das sich Anhänger aller Parteien scharen konnten, aber am Ende konnte er den Untergang nicht verhindern.

Hindenburg wird Reichspräsident

[6] Die Regierung wurde von einer Koalition der Mitte getragen, zu der außer den Sozialisten, die Demokraten und das Zentrum gehörten. Da diese Koalition bereits in den ersten Reichstagswahlen von 1920 die Mehrheit verlor, war sie auf die Unterstützung der Volkspartei angewiesen, der die Schlüsselstellung zufiel.

[7] Außer den Nationalsozialisten, die vor 1929 noch keinen großen Einfluß hatten, waren die Deutschnationalen (DNV) die Hauptvertretung der politischen Rechten. 1924 waren sie mit 111 Abgeordneten vorübergehend die stärkste Partei im Reichstag.

Die Stresemann-Periode

In den fünf Jahren von 1924 bis 1929 erfreute sich die Republik einer gewissen politischen Stabilität und einer wirtschaftlichen und kulturellen Blüte. Man hat diese Zeitspanne auch die Stresemann-Periode genannt und damit den Verdienst des Politikers Gustav Stresemann (1878–1929) anerkannt, der zum großen Teil für die Blüte bis 1929 verantwortlich war. Stresemann war nur für kurze Zeit Reichskanzler, gehörte jedoch der Regierung von 1923 bis zu seinem Tode als Außenminister an. Es gelang seiner Regierung, die Inflation einzudämmen und die Währung zu stabilisieren. Der Dawesplan, der 1924 angenommen wurde, regelte die Reparationszahlungen und sicherte die deutsche Währung durch ausländische Kredite. Durch Stresemanns Vermittlung räumten die Franzosen das Ruhrgebiet. Im Vertrag von Locarno wurden Deutschlands Grenzen garantiert. Stresemann wurde von seinen ausländischen Kollegen anerkannt und geachtet, wodurch Deutschlands Prestige in der Welt erheblich wuchs. Die Folge war die Aufnahme in den Völkerbund im September 1926. Mit Rußland wurde ein Freundschafts- und Neutralitätsvertrag abgeschlossen mit dem Resultat einer größeren deutsch-russischen Verständigung. Auch mit England und Frankreich verbesserten sich die Beziehungen durch Stresemanns konziliatorische Politik. Leider blieben seine Versuche, die Reparationsleistungen zu erleichtern, die Frage des polnischen Korridors und der Grenzen in Oberschlesien zu lösen, erfolglos. In den Wahlen von 1928 verloren die Radikalen an Stimmen zugunsten der Mittelparteien, die Stresemanns Politik unterstützten, aber die erfolglosen Reparationsverhandlungen und die seit zwölf Jahren andauernde Besetzung des Rheinlandes durch französische Truppen begann wiederum die Atmosphäre zu verpesten.

Stresemanns Tod

Am 3. Oktober 1929 starb Stresemann, gerade in dem Augenblick, in dem Deutschland diesen intelligenten Staatsmann am meisten brauchte. Sehr wahrscheinlich wäre er 1932 zum Präsidenten gewählt worden, und damit wäre der Nationalsozialismus nicht an die Macht gekommen. Vielleicht hätte sich die Machtübernahme der Rechtsradikalen auch verhindern lassen, wenn die Westmächte Stresemann nur einen Teil seiner friedlichen Forderungen erfüllt hätten.

Die Fehler der Alliierten

Einige Jahre später, als es längst zu spät war, nahm Hitler mit Gewalt weit mehr als Stresemann gefordert hatte, und da ließen die Westmächte ihn ruhig gewähren. Warum bestand man weiterhin auf einer Politik unvernünftiger Revanche und Unterdrückung Deutschlands? Warum erleichterte man nicht die erdrückende

Gustav Stresemann

Last der Reparationszahlungen, als die Republik noch zu retten war? Warum forderten die französischen Banken ihre Kredite zurück, und warum ermöglichte man dem Reich keine neuen Anleihen? Warum hielten die Franzosen das Rheinland weiterhin besetzt? Konnte man nicht einsehen, daß all die unvernünftigen, verbohrten Handlungen direkt in die Hände der Rechtsradikalen spielten, die mit einer neuen Flut von Haßpropaganda das deutsche Volk gegen die führenden Männer der Republik aufhetzten?

Die Evakuierung des Rheinlandes im Sommer 1930 kam zu spät und wurde überschattet vom Zusammenbruch des amerikanischen Marktes und der darauf folgenden Weltwirtschaftskrise.

Das Arbeitslosenproblem

In Deutschland blieben die Kredite aus, und die Zahl der Arbeitslosen begann von Jahr zu Jahr zu steigen. Im Sommer 1932 erreichte sie die alarmierende Höchstzahl von über 6,8 Millionen, rund 34% der Arbeiterschaft. Die wirtschaftliche Lage in Österreich war noch verzweifelter als in Deutschland, aber ein Anschluß an das Reich, selbst eine Zollunion wurde besonders von Frankreich heftig abgelehnt. Als Folge brach die österreichische Kreditanstalt im Mai 1931 zusammen, was als Schlag gegen die politische Ordnung angesehen werden muß.

Die immer schlechter werdende wirtschaftliche Lage brachte zunehmendes politisches Chaos mit sich. Die Staatsmänner der Republik verloren die Kontrolle über den Staat, und die Rechte und Linke gingen zielbewußt und brutal auf die Zerstörung der Republik aus und auf ihre eigene Machtergreifung. Im März

Brüning

Neuwahlen

Die zunehmende Macht der Radikalen

1930 wurde Heinrich Brüning, der Vorsitzende der Zentrumsfraktion, zum Kanzler ernannt. Zu seinen ersten Maßnahmen gehörten die Inkraftsetzung von Notverordnungen gestützt auf Artikel 48 und die Auflösung des Reichstags im Juli 1930. Diese Handlung haben namhafte Historiker als äußert fatal bezeichnet, denn die Koalition besaß eine Mehrheit von 100 Stimmen über die gesamte Opposition der Kommunisten, Deutschnationalen und Nationalsozialisten. In den Neuwahlen im September dagegen erhielten die Nationalsozialisten $6\frac{1}{2}$ Millionen Stimmen und wurden mit 107 Sitzen (gegenüber 12 vorher) die zweitstärkste Partei im Reichstag. Die Kommunisten erhöhten ihre Sitze ebenfalls von 54 auf 77, so daß die radikale Opposition ungeheuer erstarkt war und die Regierungsparteien nicht mehr wirksam handeln konnten. Man nimmt an, daß die Nationalsozialisten zwei Jahre später, in den Wahlen von 1932, weit weniger erfolgreich gewesen wären, hätte Brüning den Reichstag nicht aufgelöst und damit die Wahlen von 1930 verhindert. Zusammen begannen Kommunisten und Nationalsozialisten nun die Sitzungen des Reichstags durch Randalieren, Sprechchöre und

Wahlplakat der SPD, 1932

Absingen von Kampfhymnen in Chaos zu verwandeln. Die Folge war, daß die Regierung immer mehr mit Hilfe von Verordnungen anstatt demokratischer Beschlüsse zu regieren gezwungen war. Auch auf den Straßen herrschte die Anarchie. In blutigen Straßenschlachten bekämpften sich Rotgardisten und Braunhemden, wie man die Mitglieder der SA nannte. Die paramilitärischen Organisationen wie SA und SS[8] wurden schließlich verboten, aber das Verbot nie ausgeführt. Morde von Mitgliedern der politischen Opposition, Einschüchterungen durch Drohungen und Folterungen wurden immer häufiger. Auch in Gemeinde- und Länderregierungen[9] begannen sich die Nationalsozialisten durchzusetzen. 1932 fanden Neuwahlen für des Amt des Reichspräsidenten statt. Da die Republik keinen Mann vom Ansehen Stresemanns besaß, wurde der rasch alternde Hindenburg noch einmal aufgestellt und gewann mit 19,4 Millionen Stimmen gegen Adolf Hitler, für den jedoch immerhin 13,4 Millionen Deutsche stimmten. Terror und Chaos verstärkten sich. Deutschland wurde praktisch diktatorisch regiert durch Verordnungen Hindenburgs, der Brüning entließ und immer mehr unter den Einfluß reaktionärer Männer geriet. Am 31. Juli 1932 fanden neue Reichstagswahlen statt. Mit einer unglaublichen Flut von Wahlpropaganda, mit Tausenden von emotionalen Wahlansprachen, mit Flaggenparaden und Umzügen und mit Mord und Totschlag trommelten die Nationalsozialisten die Wähler zusammen und appellierten besonders erfolgreich an die fast sieben Millionen Arbeitslosen mit dem Versprechen, Arbeit für alle zu schaffen. Der Wahlsieg der Nationalsozialisten war überzeugend: Mit 230 Sitzen zogen sie in den Reichstag ein, und obgleich das nicht die absolute Mehrheit bedeutete, forderten sie die Übernahme der Regierung, aber Hindenburg verabscheute den ,,böhmischen Gefreiten''. Der neue Reichskanzler von Papen löste den Reichstag auf und am 6. November

Hindenburg wird zum 2. Mal Präsident

Der Wahlsieg der NSDAP

[8] SA (Sturmabteilung) und SS (Schutz-Staffel) waren die politischen Kampftruppen der NSDAP. Die SA war zu Anfang der dreißiger Jahre durch ihre Saal- und Straßenschlachten und ihren Terror berüchtigt. Nach dem Röhmputsch (Juni 1934) verlor sie an Bedeutung. Die SS wurde 1925 zum ,,persönlichen Schutz'' Hitlers aus der SA abgesondert. Unter Heinrich Himmler entwickelte sie sich zum politischen Kontrollorgan des Staates und übernahm die Kontrolle der Polizeigewalt. Berüchtigt wurde die SS vor allem als Terrorinstrument in Verbindung mit der Gestapo und der Verwaltung der Konzentrationslager.

[9] In Preußen hatten sie seit 1932 die Mehrheit.

fanden neue Wahlen statt, in denen die Nationalsozialisten dramatisch 2 Millionen Stimmen und 35 Sitze verloren; sie hatten den Höhepunkt ihrer Popularität überschritten. Konnte die Republik den gewaltigen Ansturm von rechts vielleicht doch überstehen? Trotz großem Druck weigerte sich Hindenburg zunächst weiterhin, Hitler zum Kanzler zu ernennen, bis ihm keine andere Möglichkeit mehr blieb. Endlich, nach langen Verhandlungen und mit Vorbedingungen ernannte der Reichspräsident am 30. Januar 1933 Adolf Hitler zum Kanzler. Damit waren die Nationalsozialisten an der Macht, die Republik war praktisch tot, der nackte Terror der Diktatur begann. Äußerlich war die Ernennung Hitlers zum Reichskanzler verfassungsmäßig legal, aber innerlich verstieß sie gegen die Verfassung, weil dadurch die Demokratie an ihre erklärten Feinde ausgeliefert wurde. Hindenburg war am Ende zu alt, um das Verhängnis abwenden zu können. Er war zu müde und stand zu sehr unter dem Einfluß wohlmeinender Ratgeber wie von Papen, der glaubte, Hitler und die Partei manipulieren zu können, einer Täuschung, der sich ebenfalls Vertreter der Großindustrie und der Armee hingaben. Die tragische Periode der Hitlerdiktatur werden wir im nächsten Kapitel verfolgen.

Hitler wird Reichskanzler

Hitler, Hindenburg und Göring 1933

17

Das Dritte Reich

Hitler an der Macht

Für die Idealisten, die Adolf Hitler und seine Partei unterstützt hatten, war ein Traum in Erfüllung gegangen: das Unrecht von Versailles würde nun wiedergutgemacht werden, alle würden Arbeit und Brot haben, eine neue, starke Nation würde errichtet werden. Schnell zerrann dieser Traum und hinter den Parolen, die von der Beseitigung der Klassenherrschaft, des Bolschewismus und der Ausbeutung der arischen Rasse durch das Judentum sprachen, erhob sich der nackte Terror, der nun legal betrieben wurde und systematisch zur Ausrottung jeglicher Opposition führte. Was in Deutschland vor sich ging, kann als Musterbeispiel für die Errichtung einer Diktatur angesehen werden. Daß sich gegen die diktatorischen Maßnahmen der neuen Machthaber zunächst keine nennenswerte Opposition erhob, ist Beweis genug dafür, wie sehr das deutsche Volk von der Idee der Demokratie durch die Ereignisse der letzten 14 Jahre enttäuscht worden und wie wirksam die nationalsozialistische Propaganda und Unterdrückung war. Es bezeugt auch wie sehr führende Männer der Politik, der Wirtschaft und der Armee den „böhmischen Gefreiten" unterschätzt hatten.

Auflösung des Reichstags

Als erste Maßnahme der neuen Machthaber wurde der Reichstag aufgelöst und Neuwahlen für den 5. März 1933 angesetzt. Hitler hoffte die absolute Mehrheit zu erringen. Joseph Goebbels, der gerissene Propagandaleiter der Partei, hatte die Finanzen des Staates sowie sämtliche Rundfunkstationen und andere Mittel unter seiner Kontrolle. Auf den Straßen wurden die Kommunisten und Linkssozialisten von SA-Terroristen zusammengeschlagen oder ermordet, Demonstrationen untersagt und SA- and SS-Verbände als Hilfspolizei in Dienst gestellt. Nach und nach wurde die Geheime Staatspolizei (Gestapo) der SS unterstellt, und bis 1934 hatte Heinrich Himmler das Kommando über die ganze politische Polizei in Deutschland, die zum Rückgrat des Nationalsozialistischen Staates wurde.

Der Reichstagsbrand

Am 27. Februar brannte der Reichstag, und die Nazis verkündeten sofort, daß es das Signal des kommunistischen Aufstandes sei, daß die Kommunisten mit eiserner Hand vernichtet werden müßten. ,,Es gibt jetzt kein Erbarmen; wer sich uns in den Weg stellt, wird niedergemacht.''[1] (Hitler) ,,Jeder kommunistische Funktionär wird erschossen, wo er angetroffen wird. Die kommunistischen Abgeordneten müssen noch in dieser Nacht aufgehängt werden'' (Hitler am Tatort). Noch in derselben Nacht wurden 4000 Kommunisten und Gegner des Regimes verhaftet, kommunistische Zeitungen verboten und die Propagandamaschine der Sozialisten stillgelegt. Am nächsten Tag unterschrieb Hindenburg die von Hitler gewollte Notverordnung, die alle demokratischen Grundrechte außer Kraft setzte. Verhaftungen, Inhaftierungen und Hausdurchsuchungen konnten von der Polizei nach Belieben durchgeführt werden, Zeitungen zensiert oder verboten, Parteien und Vereine aufgelöst, das Eigentum beschlagnahmt und Versammlungen verboten werden. Polizeiliche Willkür herrschte.

Neue Wahlen

Am Wahltag erhielten die Regierungsparteien (NSDAP und DNVP) wie erwartet die absolute Mehrheit (340 von 647 Sitzen). Am 23. März stimmte der Reichstag mit der nötigen $\frac{2}{3}$ Mehrheit (441 gegen die 94 Stimmen der Sozialisten)[2] für das Ermächtigungsgesetz, das der Regierung auf vier Jahre die Befugnis gab, ohne Parlament zu regieren und Gesetze sowie Änderungen der Verfassung zu erlassen. Nach vier Jahren war der Reichstag nur noch eine Fassade, dessen einzige Funktion darin bestand, die Propagandareden des Führers mit lautem Beifall zu unterstützen.

1 Der holländische Anarchist van der Lubbe hatte den Reichstag in Brand gesteckt. Der Nachweis der kommunistischen Instigation ist nie erbracht worden. Man nimmt an, daß die SA das Gebäude angezündet hat.

2 Die Kommunisten hatten ihre 81 Sitze verloren und saßen zusammen mit mehreren Sozialisten in Gefängnissen. Dem Zentrum hatte Hitler die schriftliche Garantie gegeben, daß er immer gesetzmäßig handeln würde. Darauf stimmten alle Parteien außer den Sozialisten für das Gesetz.

Sitzung des Reichstags nach 1933

Die Maßnahmen der Diktatur

In den folgenden Monaten wurde alles beseitigt, was den Nazis noch im Wege stand. Sämtliche Ministerposten wurden mit Parteigenossen besetzt. Die bürgerlichen Parteien lösten sich auf, und die Sozialdemokraten wurden verboten. Führende Politiker gingen ins Ausland, ebenfalls Tausende von Schriftstellern und Künstlern. Die NSDAP wurde als einzige Partei erlaubt, politische Gegner, Pazifisten und Juden aus allen öffentlichen Ämtern und Beamtenstellen entlassen, jüdische Geschäfte geschlossen, die Länderparlamente nach dem Muster des Reichstags mit Nazis gefüllt und dann abgeschafft und Reichstatthalter an die Spitze der Länder gesetzt, die direkt unter der Zentralgewalt in Berlin standen. Die föderalistische Republik wurde in eine zentralistische Diktatur verwandelt. Gegner des Staates, verdächtige „Elemente" und Juden wanderten zu Zehntausenden in die Konzentrationslager, wo sie schlimmsten Mißhandlungen ausgesetzt oder ermordet wurden.[3] Das ganze Volk wurde mit einem feinverästelten Spitzelsystem durchsetzt, alt und jung organisiert und uniformiert. Nach dem ,,Führerprinzip'' wurde der Führer immer ,,von oben eingesetzt und gleichzeitig mit unbeschränkter Vollmacht und Autorität bekleidet''. Jeder hatte unbedingt zu gehorchen und jeder wurde in Organisationen ,,erfaßt'' und ,,weltanschaulich geschult''. Das zehnjährige Kind gehörte dem Jungvolk an, wurde mit 14 in die HJ (Hitlerjugend) oder den BDM (Bund Deutscher Mädchen) übernommen, dann in den Reichsarbeitsdienst, in die Wehrmacht und danach in NS-Organisationen (SA, SS, NS-Frauenschaft, NS-Berufsverbände, NS-Arbeiterverbände, NS-Bauernverbände usw.) aufgenommen. Das ganze Erziehungswesen, einschließlich der Universitäten, wurde unter die Kontrolle des Staates und der Unterricht in den Dienst der NS Propaganda gestellt. Dichtung und Kunst wurden ,,ideologisch gleichgeschaltet'' und dienten der Verherrlichung nationalsozialistischer Ideen. Der Angriff gegen die Kirchen war nur teilweise erfolgreich. Der evangelischen Reichskirche von Hitlers Gnaden stellte sich die ,,Bekennende Kirche'' unter der Leitung Martin Niemöllers entgegen, die vom Regime verfolgt wurde. Das gesamte Gerichtswesen wurde vergewaltigt, und vor allem in politischen Angelegenheiten wurden von Sondergerichten, besonders von dem berüchtigten ,,Volksgerichtshof'', Urteilssprüche nicht nach Gesetzesparagraphen sondern nach ,,gesundem Volksempfinden'' willkürlich verkündet. Fanatischer Nationalismus und irrationale Willkür ersetzten Gesetzmäßigkeit und Vernunft in ganz Deutschland.

NS Organisationen

Die „ideologische Gleichschaltung"

Hitler verstand es außerordentlich gut, die große Mehrheit der Nation für sich zu gewinnen und nutzte ganz geschickt bestehende Vorurteile, wie z. B. den Antisemitismus, zu seinen Gunsten aus. Einzelne Ausschreitungen wurden SA-Schlägern zugeschrieben, der Führer selbst könne sich nicht um alles kümmern. Hitler warnte die Extremisten innerhalb seiner Partei, daß die Revolution zu Ende sei, daß sich der Staat nun durch Evolution entwickeln müsse. Seine Warnungen waren

[3] Bis zum Kriegsende sind etwa 1 Million Deutsche in Konzentrationslagern inhaftiert worden. Die Zahl der Ausländer und Juden war wesentlich höher. Man schätzt, daß rund 6 Millionen Juden in Vernichtungslagern ermordet wurden.

Hitler und Roehm

gegen die SA unter der Führung Ernst Roehms gerichtet, die nun, da die Opposition ausgeschaltet war, ihre Existenzberechtigung als kämpferische Organisation zu verlieren drohte. Die ,,alten Kämpfer" wollten die ,,zweite blutige Revolution", sie wollten Beute und besonders gegen den Adel, die Großindustrie und die Heeresleitung vorgehen. Roehms persönliche Ambitionen liefen auf die Vereinigung von Armee und SA unter seinem Kommando hinaus. Aber Hitler brauchte die Industrie, das Junkertum und vor allem die Armee für seine Pläne und wollte sich nicht in ,,marxistische Experimente" einlassen. Außerdem traute er Roehm und seinen Unterführern nicht und scheute sich, diesem gefährlichen Mann die stärkste Macht im Staat in die Hand zu geben. Die Reichswehr hatte sich der nationalsozialistischen Bewegung nicht entgegengestellt, und Hitler versicherte sich ihrer Loyalität durch Versprechungen von Wiederaufrüstung, Militarisierung und einer expansiven Außenpolitik. Außerdem brauchte er die Unterstützung der Reichswehr, wenn er nach dem Tode Hindenburgs das Amt des Reichspräsidenten und obersten Befehlshabers mit dem Kanzleramt vereinigen wollte, wie es sein Plan war. Der Reichswehr war die braune Privatarmee längst ein Dorn im Auge, und so kam es zwischen der Obersten Heeresleitung und Hitler, der vor allem von Göring und Himmler unterstützt wurde, zur Abmachung: Roehms Sturz gegen die Unterstützung des Heeres in der Präsidentschaftsangelegenheit. In der Nacht des 30. Juni 1934 wurden Ernst Roehm und führende Männer der SA heimlich von Angehörigen der SS ermordet. Offiziell war damit ,,die drohende Verschwörung und Revolte", die dem Staat von Seiten der SA drohte, beseitigt. Mit der Entmachtung der SA gewannen Heinrich Himmler und die SS, die sich gegen die eigenen Genossen ,,bewährt" hatten, gewaltig an Macht und Einfluß. Die SS wurde nun die dem Führer bedingungslos gehorchende Verfügungstruppe, die sich verpflichtete ,,alle offenen und verborgenen Feinde des Führers und der nationalsozialistischen Bewegung ausfindig zu machen, sie zu bekämpfen und zu vernichten".

Die Roehm Affäre

Der Tod Hindenburgs

Am 2. August 1934 starb Hindenburg und wurde mit großem militärischem Pomp in der Krypta des Siegesdenkmals bei Tannenberg beigesetzt. Hitler vereinigte nun das Amt des Reichspräsidenten und Kanzlers in seiner Person und nannte sich Führer und Reichskanzler. Die Reichswehr hielt ihr Versprechen und leistete den Treueid auf die Person des Führers

Adolf Hitler. Das Volk wurde in seinem Glauben unterstützt, daß sein Führer nun endlich die Gefahr eines blutigen Bürgerkrieges gebannt und die gefährlichen Umstürzler beseitigt habe. Es wußte nicht, daß sich unter den Ermordeten des 30. Junis auch aufrichtige Gegner des Regimes befunden hatten wie Generäle und Politiker. Am 18. August bestätigte es in einer Volksabstimmung mit 80% Mehrheit Adolf Hitler in seinem neuen Amt. Die nationalsozialistische Revolution war zu Ende. Hinter einer Kulisse von äußerer Ruhe und Ordnung herrschte die totalitäre Macht in der Person des Führers.

In den nächsten Jahren ging Hitler daran, seine Macht immer fester zu gründen und seine Wahlversprechungen einzulösen. Immer wieder hatte er betont, daß er den Versailler Vertrag brechen würde. Die Reparationszahlungen waren bereits 1933 eingestellt worden, und zwar nicht als Verdienst Hitlers, sondern, wie auch andere Erfolge, als Frucht von wichtiger Vorarbeit, die noch von Politikern der Republik geleistet worden war, die das Volk jedoch Hitlers Tatkraft zuschrieb. Im Oktober 1933 trat Deutschland aus dem Völkerbund aus. Im März 1935 hob Hitler die militärischen Beschränkungen des Versailler Vertrages auf und führte die allgemeine Wehrpflicht ein. Die Reichswehr wurde in Wehrmacht umbenannt. England und Frankreich begnügten sich mit Protesten. Die Rüstungsindustrie begann auf Hochtouren zu arbeiten. Gleichzeitig wurde die deutsche Luftwaffe unter dem Oberbefehl von Hermann Goering geschaffen. Bereits im nächsten Jahre wurden die ersten deutschen Flugzeuge zur Unterstützung General Francos im spanischen Bürgerkrieg eingesetzt. In einem Flottenvertrag mit England wurde der deutschen Kriegsmarine der Bau einer Hochsee- und einer Unterseebootflotte zugestanden. Die Schlachtschiffe "Bismarck" und „von Tirpitz" und die Panzerkreuzer „Scharnhorst" und "Gneisenau" wurden geplant. Der Wehrmacht standen bereits 1935 etwa 2 Millionen SA-Männer, mehrere SS-Bataillone, der Arbeitsdienst und die HJ zur Seite, aus deren Reihen sie um ein Vielfaches vergrößert werden konnte. Praktisch besaß Deutschland schon bald wieder eine Heeresmacht, mit der zu rechnen war.

Wiederaufrüstung

Die Aufrüstung, der Arbeitsdienst und die Wehrpflicht sorgten schnell für die Beseitigung der Arbeitslosigkeit. In Wirklichkeit begann die Weltwirtschaftskrise bereits zu Anfang von Hitlers Regierungszeit abzuflauen, und die Arbeitslosigkeit wäre auch ohne Hitler beseitigt worden, aber wieder sah es so aus, als

Beseitigung der Arbeitslosigkeit

hätte der Führer die allgemeine Not gebändigt. Zu den bekanntesten Bauunternehmen gehörten Autobahnen, Flugplätze und Kasernen. Mit der Beseitigung der Arbeitslosigkeit löste Hitler ein weiteres Versprechen ein.

Besetzung des Rheinlandes

Da die Westmächte Hitler nicht an seiner Rüstungspolitik hinderten, entschloß er sich zu immer größeren Risiken und begann, bewußt auf den Kriegsfall hinzuarbeiten. Die Westmächte wollten keinen Krieg, besonders nicht um den revisionsbedürftigen Versailler Vertrag. Man hatte ein schlechtes Gewissen und glaubte, Hitler durch freundliches Entgegenkommen befriedigen zu können. Welch ein Fehler! Hitler legte das Zögern und Gewährenlassen als Schwäche aus. Mit jedem gelungenen Unternehmen vergrößerte sich sein Appetit auf den nächsten Schlag. Da Italien nicht daran gehindert worden war, Abessinien zu überfallen, entschloß sich Hitler, die entmilitarisierte Zone im Rheinland zu besetzen. Am 7. März 1936 marschierte die Wehrmacht ins Rheinland.[4] Hitler war bereit, sich sofort

[4] Das Saarland war bereits im Jahre vorher, nach einer Volksabstimmung in der 91% der Bevölkerung den Wunsch geäußert hatten, wieder deutsch zu werden, „ins Reich zurückgekehrt".

Hess und Hitler (hinten: von Schirach, Rust, Bormann und Rosenberg)

zurückzuziehen, falls er auf militärischen Widerstand stoßen würde, aber kein Widerstand stellte sich den deutschen Regimentern entgegen, und Hitler begann mit dem Bau des Westwalls als Gegenpol zur französischen Maginot-Linie. Im selben Jahr näherte sich Deutschland auch dem faschistischen Italien, und als im Sommer sowohl Mussolini als auch Hitler General Franco im spanischen Bürgerkrieg unterstützten, kam es zum Freundschaftsvertrag zwischen den Achsenmächten.[5] Etwas später unterzeichneten dann Japan und Deutschland, den Antikominternpakt, dem auch Italien beitrat und der gegen den Kommunismus gerichtet war.

Hitler und die Generäle

Mehrere Male, besonders in der Frage der Rheinlandbesetzung, hatte die Heeresleitung sich gegen Hitlers Pläne ausgesprochen, so daß Hitler sich über die militärischen Bedenken zu ärgern begann, besonders da er recht behalten hatte. Als Hitler im November 1937 den Oberbefehlshabern seine Expansionspolitik unterbreitete, die für das deutsche Volk „neuen Lebensraum" zu schaffen gedachte, stieß er wiederum auf Widerstand von Seiten des Kriegsministers von Blomberg, der gerade zu Hitlers Geburtstag (20. April) zum Feldmarschall befördert worden war, des Oberbefehlshabers der Wehrmacht Generaloberst von Fritsch (ebenfalls am 20. April befördert) und des Außenministers von Neurath. Anstatt auf den Rat seiner Offiziere zu hören, entließ er kurzerhand Blomberg, Fritsch und Neurath und ersetzte sie durch Jasager. Das Kriegsministerium wurde abgeschafft und das Oberkommando der Wehrmacht (OKW) an seine Stelle gesetzt, das Hitler direkt unterstellt war. Der Leiter des OKW wurde der ergebene Befehlsempfänger General Keitel. Das Heer wurde General von Brauchitsch unterstellt, der es völlig dem Nationalsozialismus auslieferte. Damit war nun auch die Wehrmacht „gleichgeschaltet", d.h. unterstand dem Führer direkt und wurde von nun an als Instrument der Machtpolitik mißbraucht. Das Amt des Außenministers wurde mit Joachim von Ribbentrop besetzt, einem Dilettanten, der ebenfalls ganz nach Hitlers Pfeife tanzte. Hitler wollte keine Ratgeber, sondern nur Gefolgsleute, die ihm blind gehorchten, seinen grandiosen Plänen rückhaltlos beipflichteten und ihn im Glauben an seine „Unfehlbarkeit" stärkten. Es ist tragisch für das Schicksal Deutschlands, daß sich der Rat vernünftiger Leute bis zum Rußlandfeldzug immer wieder als „falsch" herausstellte, daß

Hitlers „Ratgeber"

[5] Mussolini nannte das Einvernehmen die „Achse Berlin — Rom".

sich dagegen Hitlers Entscheidungen als ,,richtig'' erwiesen und ihn als ,,unfehlbares Genie'' der Innen- und Außenpolitik sowie der Kriegsführung erscheinen ließen.

Der Anschluß Österreichs

Im März 1938 wurde Österreich ans Reich ,,angeschlossen''. Der ,,Anschluß'' verlief friedlich, die einmarschierenden deutschen Soldaten wurden von der Bevölkerung jubelnd als Befreier begrüßt. In einer Volksabstimmung erklärten sich 99.7% der Bevölkerung mit der Wiedervereinigung des deutschen Volkes einverstanden. In Österreich hatte seit Anfang der dreißiger Jahre ein autoritäres System Fuß gefaßt, das neben den Sozialisten auch die Nationalsozialisten unterdrückte. Diese Unterdrückung wurde von Hitlers Propaganda voll ausgenutzt, die ihn und die nationalsozialistische Bewegung als Kämpfer für die Freiheit und das Selbstbestimmungsrecht der Unterdrückten hinstellten. Als die legale Machtergreifung von innen nach deutschem Vorbild mißlang, marschierten deutsche Truppen ein. Danach triumphierte der Nationalsozialismus in Österreich, und wieder rührte sich der Westen kaum, und wieder hatte Hitler richtig kalkuliert.

Der österreichische Anschluß war für Hitler ein ungeheuer populärer Erfolg. Seine Propagandathesen waren äußerst wirksam. Es ginge hier um das Selbstbestimmungsrecht des deutschen Volkes, um die gerechte Lösung von Volkstumsproblemen, um die Wiedergutmachung unerträglichen Unrechts, das in Versailles dem deutschen Volk angetan worden sei. Großdeutschland war geschaffen und zwar eigentlich zum ersten Mal in der deutschen Geschichte. In dieses Großdeutsche Reich sollten nun die anderen Volksdeutschen ebenfalls heimkehren dürfen, alle vereint in einem großen einigen Vaterland, das sich dann im Osten neuen Lebensraum suchen mußte. Außer den Österreichern waren die rund $3\frac{1}{2}$ Millionen Sudetendeutschen, die an der West- und Nordgrenze der Tschechoslowakei wohnten, die größte im Ausland wohnende deutsche Minderheit. Sollten diese Deutschen nicht auch ins Reich kommen? Die faschistische Sudetendeutsche Partei lieferte den Vorwand zu Hitlers Eingreifen, indem sie an die Regierung in Prag Forderungen stellte, die diese nicht gewähren konnte. Hitler spielte sich zum Schutzherrn der ,,unterdrückten'' Deutschen auf. Sein größeres Ziel war die Zerschlagung des tschechischen Staates, den er seit seiner Jugend als Widersacher Österreichs haßte. Zu diesem Zweck bereitete die Wehrmacht die Invasion vor. Die Sudetendeutschen verlangten die Volksabstimmung, d.h. die Abtrennung

,,Heim ins Reich''

Chamberlain und Hitler in München

Die Sudetendeutschen

des Sudetenlandes von der Tschechoslowakei an Deutschland. Im September 1938 begannen Kämpfe zwischen Sudetendeutschen und Tschechen. Inzwischen hatten England, Frankreich und Rußland den Tschechen ihre Unterstützung zugesagt, waren jedoch nicht in der Lage, ihre Forderungen militärisch zu unterstützen. Im letzten Moment versuchte der britische Premierminister Chamberlain, die Lage zu retten. Er traf sich mit Hitler in Berchtesgaden und wurde vom Führer für die deutschen Pläne gewonnen. Chamberlain überredete die Prager Regierung, das Sudetenland abzutreten, aber als er nach Deutschland zurückkehrte, forderte Hitler ganz Böhmen und Mähren.

Die Münchener Verhandlungen

Außerdem unterstützte er die Gebietsforderungen Polens und Ungarns gegen die Tschechoslowakei und die Unabhängigkeitsbestrebungen der Slowaken. Unter dem Druck der Westmächte und Mussolinis, berief Hitler für den 29. September eine Konferenz mit Chamberlain, Daladier (Frankreich) und Mussolini in München ein. Die Tschechoslowakei und Rußland wurden nicht eingeladen, eine Beleidigung, die Stalin den Westmächten nie vergaß. Hitler erhielt die Zustimmung aller Beteiligten, das Sudetenland zu besetzen. Die Anwesenden garantierten daraufhin die Unabhängigkeit des übrigen tschechischen Staates, und

Chamberlain verkündete zuversichtlich in London, daß der „Friede für unsere Zeit" durch das Münchener Abkommen garantiert sei.[6] In Wirklichkeit hatte England eine riesige diplomatische Schlappe erlitten. Die Tschechoslowakei, die Gebiete an Deutschland, Polen und Ungarn verloren hatte, bestand nur noch wenige Monate als unabhängiger Staat. Am 13. März marschierten deutsche Truppen in das Land ein, unter dem Vorwand, den Slowaken in ihrem Unabhängigkeitskampf zu helfen. Am 15. März löste Hitler in Prag den tschechoslowakischen Staat auf, stellte das „Protektorat Böhmen und Mähren" unter deutsche Verwaltung und erkannte die Slowakei als unabhängigen Staat an. Die Tschechoslowakei hatte aufgehört zu existieren. Wieder begnügten sich Frankreich und England mit Protesten, aber diesmal erklärten sie, in Zukunft würden sie eingreifen. Natürlich schenkte Hitler dieser Drohung keinen Glauben und noch im selben Monat, im März 1939, erlebte Hitler einen weiteren Triumph. Unter massiver Drohung gab Litauen das Memelland an Deutschland zurück. Am 21. März war Hitler in Memel und begrüßte seine „Volksgenossen" als Angehörige des Großdeutschen Reiches.

Die Besetzung der Tschechoslowakei

Nach den Erfolgen im Frühjahr wurde für spätestens den 1. September die Besetzung Polens angesetzt. Hitler suchte nur nach einer günstigen Gelegenheit, den Krieg mit Polen zu beginnen. Die Warnung Englands hielt er für hohle Reden, und Frankreich wurde als Gegner nicht ernst genommen. Nur die Gefahr einer englischen, französischen und russischen Allianz schreckte ihn ab, aber Stalin hatte selbst Absichten auf Polen und andere Gebiete an seiner Westgrenze. Auch hoffte er, daß sich Deutschland und die Westmächte zerfleischen würden, so daß er dann ganz Europa übernehmen könnte. Ein Pakt mit Deutschland schien ihm im Augenblick günstiger als eine Allianz mit England und Frankreich. So kam es am 23. August zur Unterzeichnung des deutsch-sowjetischen Nichtangriffspaktes, der in Wirklichkeit die Teilung Polens und die Auslieferung der baltischen Staaten und Teile Rumäniens an Rußland bedeutete.

Nichtangriffspakt mit Rußland

[6] Die Kapitulation der Westmächte verhinderte den möglichen Sturz Hitlers. Im Falle eines Angriffs auf die Tschechoslowakei planten hohe Offiziere in Berlin die Verhaftung und Aburteilung des Führers. Dadurch, daß die Westmächte selbst die Tschechoslowakei zerstückelten, gewann Hitler gewaltig an Prestige und erschien nicht als Kriegsanzettler, sondern als Friedensbewahrer. (Siehe Kapitel 18: Die Widerstandsbewegung!)

Es ging Hitler in der Sache Polen nicht nur um die Wiedergewinnung der Stadt Danzig und der Frage des polnischen Korridors, sondern ganz eindeutig um Landgewinn, um die Errichtung von deutschen Kolonien im Osten. Zu diesem Zweck plante er auch seit langem die Eroberung der Sowjetunion und nutzte deren Allianz nur für den Augenblick aus, weil es für ihn zum Vorteil war.

Angriff auf Polen

Da Polen sich nicht zum Angriff provozieren ließ, Hitler jedoch den Krieg als „Notwehr" hinstellen wollte, um vielleicht England doch aus dem Krieg herauszuhalten, inszenierte die SS einen „polnischen Überfall" auf den Sender Gleiwitz. Das machte das Maß „des polnischen Terrors" voll und Hitler konnte vor dem Reichstag erklären: „Seit 5 Uhr 45 wird zurückgeschossen!" Am. 1. September 1939 marschierten deutsche Truppen in Polen ein, und der 2. Weltkrieg hatte begonnen. Am 3. September erklärten England und Frankreich Deutschland den Krieg, waren aber nicht in der Lage, dem heldenhaft kämpfenden polnischen Volk zu helfen. In einer Woche waren die polnischen Streitkräfte zerschlagen, in einem Monat das Land Polen von der Landkarte verschwunden.

Die Auflösung Polens

Russische Truppen besetzten am 17. September die östliche Hälfte, ohne auf Widerstand zu stoßen. Danzig, Westpreußen, Posen und Oberschlesien wurden in das Großdeutsche Reich einverleibt und der Rest des Landes in „Generalgouvernement" umgetauft. Es wurde praktisch zur deutschen Kolonie, in der die SS Hunderttausende von Polen, vor allem Juden, in Konzentrationslagern brutal mißhandelte. Nach der nationalsozialistischen Rassentheorie wurden alle Nicht-Arier, d.h. alle nicht-germanischen Völker, als minderwertig angesehen und sollten entweder ganz ausgerottet (Juden und Zigeuner) oder zu Sklaven reduziert werden (Polen und Russen). In der Rassenskala standen nur Juden und Zigeuner noch niedriger als Polen und Russen, was die furchtbare Behandlung dieser Menschen durch die SS erklärt.

Während besonders die slawischen Völker zu Sklaven degradiert wurden und unaussprechliches Leid erdulden mußten, (etwa 5 Millionen Fremdarbeiter wurden allein nach Deutschland zur Sklavenarbeit verschleppt) wurden die Juden systematisch ausgerottet. Besonders mit dem Rußlandfeldzug wurden die

Massenmord in den KZs

Juden der Oststaaten massenweise erschossen und in KZs zu Tode gequält. Nachdem Erschießungen und Vergasung mit Auspuffgasen nicht die gewünschten Resultate ergaben, entwickelte die SS die Massenmordmethode der Vergasung durch Zyklon B. Bis zum Ende des Krieges waren rund 6 Millionen Juden den Nazi-Verbrechern zum Opfer gefallen. Vor einer solchen Bestialität, die systematisch die Ausrottung ganzer Rassen und Völkerschaften betrieb, steht der menschliche Verstand still. Namen wie Auschwitz, Treblinka, Buchenwald und Dachau werden für alle Zeiten als Mahnmale vor dem Gewissen eines jeden zivilisierten Volkes stehen, nie wieder einer Verbrecherbande wie den Nationalsozialisten, die Möglichkeit zu geben, ein Volk zu vergewaltigen.

Besetzung Dänemarks und Norwegens

Im Westen war die Lage ziemlich ruhig. Hitler plante die Invasion Frankreichs, das hinter der berühmten Maginot-Linie auf den Angriff wartete, für Mitte Januar, aber die Pläne wurden geändert. Um den Engländern zuvorzukommen, besetzten deutsche Truppen im April Dänemark und Norwegen. Damit hatte Deutschland sich auch für die Zukunft die Einfuhr schwedischen Erzes sowie wichtige Flottenstützpunkte an der norwegischen Küste gesichert. Am 10. Mai begann der Feldzug im Westen. Durch ein starkes rechtes Flügelmanöver, das die

Carl von Ossietzky im KZ Sachsenhausen

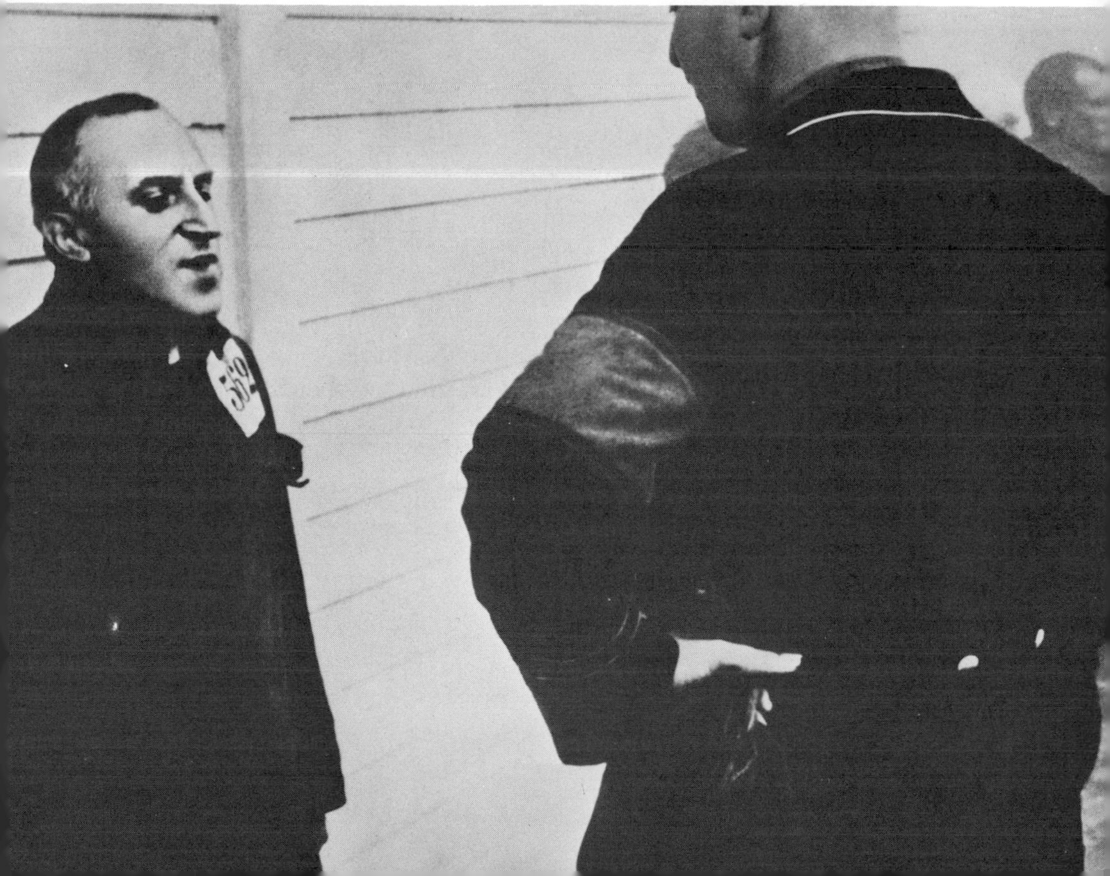

holländische und belgische Neutralität verletzte, wurde die Maginot-Linie umgangen und in wenigen Tagen die französische Kanalküste erreicht. Die englische Armee wurde bei Dünkirchen eingeschlossen, entkam jedoch zusammen mit 100 000 Franzosen auf die britische Insel. Am 14. Juni erreichten deutsche Truppen Paris, und am 21. Juni schloß Frankreich Waffenstillstand. Die deutschen Forderungen mußten von der französischen Regierung in demselben Eisenbahnwagen im Walde von Compiègne unterzeichnet werden, in dem 1919 der deutschen Delegation das Diktat von Versailles ausgehändigt worden war. Elsaß-Lothringen wechselte wieder den Besitzer, und halb Frankreich wurde besetzt. Im Süden regierte eine von Hitler abhängige Regierung unter Marschall Pétain. Die französische *Resistance* wurde organisiert, die besonders in den Wochen und Monaten vor der Invasion, durch Sabotageakte den Deutschen schwer zu schaffen machte. General DeGaulle betrieb von London aus die Befreiung Frankreichs und setzte sich bald an die Spitze einer französischen Armee in Nordafrika, die später an der Invasion teilnahm. Mussolini, der sich bisher geweigert hatte auf deutscher Seite in den Krieg zu treten, war nun durch die deutschen Erfolge überzeugt und erklärte am 10. Juni den Krieg gegen England und Frankreich. Im letzten Moment wollte er am Siegesruhm beteiligt werden. Deutschland hat der Eintritt Italiens in den Krieg eher geschadet als geholfen, denn es stellte sich bald heraus, daß die italienische Armee der deutschen ein Klotz am Bein und das italienische Volk ein unzuverlässiger und unwilliger Verbündeter war.

Der Sieg über Frankreich

Die Schlacht um England

Obgleich Hitler die Invasion Großbritanniens im Grunde nicht wollte, sondern viel lieber Frieden geschlossen hätte, blieb ihm keine Wahl als England, das nun unter der Regierung Winston Churchills die Friedensfühler ablehnte, anzugreifen. Da die deutsche Flotte der englischen unterlegen war, mußte Deutschland unbedingt die Luftherrschaft über das Inselreich erringen. Die Einzelheiten der Luftschlacht über England sind bekannt und brauchen hier nicht wiederholt zu werden. Es gelang Goerings Luftwaffe nicht, die ,,Royal Air Force'' auszuschalten, und am Ende wurde die Landung als aussichtslos abgesagt. In vier Monaten (Juli bis Oktober) verlor die Luftwaffe 1733 Flugzeuge, die Royal Air Force 915. Die Luftschlacht war der erste entscheidende Sieg der Alliierten gegen die Achsenmächte und kann als ein Wendepunkt im Krieg an der Westfront angesehen werden. Der Krieg gegen England wurde von den

U-Booten weitergeführt, aber obgleich riesige Mengen an Handelsschiffen versenkt wurden,[7] gelang die Blockade der Insel nicht, und ab 1943 überwogen die Neubauten an Handelsschiffen die Verluste bei weitem. Gleichzeitig wurde das Radar-Gerät gegen die deutschen U-Boote mit großem Erfolg eingesetzt und beendete die Wirksamkeit dieser Waffe. Mit dem Eintritt der USA in den Krieg konnte Großbritannien überhaupt nicht mehr in die Knie gezwungen werden.

Die Lage auf dem Balkan

Bereits während der Schlacht um England verlagerte sich Hitlers Interesse auf den Mittelmeeraum, den Balkan und nach Rußland. Im Dezember 1940 waren dann die Pläne für das „Unternehmen Barbarossa", den Angriff auf die Sowjetunion, fertig. Zum Erfolg dieses Unternehmens brauchte Deutschland die Loyalität der Balkanstaaten. Finnland stand auf deutscher Seite, mit der Sympathie der Bevölkerung der Baltenstaaten, die Rußland gerade in sein Staatswesen einbezogen hatte, war zu rechnen, die Slowakei, Jugoslawien, Rumänen, Ungarn und Bulgarien hielten ebenfalls zu Deutschland. Japan dagegen weigerte sich, Rußland im Rücken anzugreifen, da es seine Kräfte gegen das Kolonialreich Englands, Frankreichs und Hollands und gegen die USA sammeln wollte. Hitler sah sich in letzter Minute gezwungen, seinen Angriffstermin gegen Rußland zu verschieben, weil er den Italienern in Griechenland und Nordafrika helfen mußte. Im Oktober 1940 war Mussolini aus Albanien, das er bereits erobert hatte, nach Griechenland vorgestoßen, jedoch von den tapferen Griechen zurückgeschlagen worden. Zu gleicher Zeit wurden die italienischen Verbände, die in Nordafrika gegen Ägypten vorgestoßen waren, von den Engländern nach Lybien (italienische Kolonie) zurückgeworfen.

Italiens Dilemma

Da schickte Hitler Erwin Rommel nach Nordafrika, um den Italienern beizustehen. Schließlich entwickelte sich unter Rommels Befehl das berühmte Afrikakorps, das die Führung über die Italiener übernahm und die Engländer bis nach El Alamein zurückdrängte, wo es 1942 von Montgomery geschlagen und zum Rückzug gezwungen wurde. Das Ende kam für das deutsche Afrikakorps in Mai 1943, als es bei Tunis von amerikanischen Truppen, die in Marokko gelandet waren und britischen Einheiten umzingelt wurde. Schon damals waren der Wüstenfuchs und sein Afrikakorps zur Legende geworden.

[7] 1940 über 3 Millionen BRT, 1941 über 4 Millionen und 1942 rund 8 Millionen BRT.

Die Eroberung des Balkans

Doch zurück zum Balkan im Frühjahr 1941. Um den Italienern zu helfen und die Engländer daran zu hindern, durch Griechenland nach Norden vorzustoßen, griff Hitler im April Griechenland und gleichzeitig Jugoslawien an, das sich nach einem Regierungswechsel mit Rußland angefreundet hatte. In einer Woche war Jugoslawien erobert. Ende April wurden die Griechen und Engländer auf Kreta zurückgeworfen und die Insel im Mai ebenfalls gestürmt. Der italienischen Mittelmeerflotte gelang es jedoch nicht, den britischen Nachschub nach Malta und Ägypten zu unterbinden, so daß die Engländer das Afrikakorps schließlich besiegen konnten. Hitlers militärische Erfolge gegen Jugoslawien und Griechenland verzögerten den Angriff gegen Rußland um vier bis sechs Wochen. Vier oder gar sechs Wochen waren für den Rußlandfeldzug von ungeheurer Wichtigkeit, denn es kam darauf an, die russischen Armeen vor Einsetzen des furchtbaren russischen Winters zu schlagen. Dieses Ziel wurde nicht erreicht, weil der Winter besonders früh und besonders hart einsetzte und die deutschen Offensiven zum Stillstand brachte.

Die Offensive im Osten

Die Offensive gegen Rußland begann am 22. Juni 1941—wie bereits gesagt, sechs Wochen zu spät – und war außerordentlich erfolgreich, was Hitler wiederum in seiner Unfehlbarkeit als militärisches Genie den Zweiflern gegenüber zu bestätigen schien. Im Norden drang eine deutsche Armee durch die Baltenstaaten vor und umzingelte zusammen mit finnischen Einheiten Leningrad. In der Mitte, über Minsk und Smolensk, rückte eine zweite Armee bis auf 50 km an Moskau heran und im Süden über Kiew und den Dnjepr Fluß hinaus. In riesigen Kesselschlachten wurden unübersehbare Mengen von Menschen (bei Kiew allein 660 000) gefangen und Material erbeutet. Die Stärke des russischen Gegners war unterschätzt worden. Der Winter setzte mit furchtbarer Strenge ein, und die deutsche Offensive blieb stecken. Die Russen traten zur Gegenoffensive an. Hitler schob die Schuld auf seine Generäle, entließ Brauchitsch, Rundstedt, Leeb, Guderian und andere verdiente und gescheite Männer, übernahm den Oberbefehl des Heeres und leitete die Operationen der Armee von nun an selbst, was zur kommenden Katastrophe mit beigetragen hat. Als am 11. Dezember 1941 Deutschland den USA den Krieg erklärte (am 7. Dez. hatte Japan die amerikanische Flotte in Pearl Harbor angegriffen), war der Krieg praktisch für Deutschland verloren, denn es mußte sich gegen die gewaltige Übermacht allmählich verbluten. Die Amerikaner, die bereits England mit Waffen und Material unterstützt hatten, begannen nun die Rote Armee mit riesigen Mengen von Kriegsmaterial zu beliefern.

Die gewaltigen deutschen Erfolge von 1942[8] konnten über den schließlichen Ausgang des Krieges nicht hinwegtäuschen, denn der Feind wurde nicht vernichtet, sondern es gelang ihm, die deutschen Truppen zum Stillstand und dann zum Rückzug an allen Fronten zu zwingen. Im Spätsommer erreichte die 6. Armee Stalingrad, wurde dort jedoch eingekesselt und im Winter 42-43 vernichtet.[9] Hitler hatte befohlen, die Stellungen unter allen Umständen zu halten. Das Endresultat war der Verlust von 300 000 Mann. In den folgenden Monaten begann die russische Großoffensive, die 1945 in Berlin und an der Elbe endete.

Stalingrad

Im November 1942 landeten amerikanische und britische Einheiten in Marokko und Algerien und nahmen das deutsche Afrikakorps in die Zange, das sich im Mai 1943 ergeben mußte. Im Juli landeten die Anglo-Amerikaner auf Sizilien und eroberten die Insel. Der Angriff auf die ,,Festung Europa'' hatte begonnen. Mussolini wurde vom König entlassen, und Italien schloß im September einen Waffenstillstand mit den Alliierten. Deutsche Truppen übernahmen die Verteidigung der italienischen Halbinsel und brachten die alliierte Offensive zwischen Neapel und Rom zum Stehen. Erst im Juni 1944 fiel Rom und im August Florenz, und deutsche Verbände hielten in Norditalien bis fast zum Ende des Krieges aus. Stalin verlangte die Errichtung der zweiten Front zur Entlastung seiner mit schweren Verlusten kämpfenden Roten Armee. Eine Invasion im Balkan, die Churchill im Sinn hatte, um damit die Balkanstaaten dem bolschewistischen Einfluß zu entziehen, lehnten Stalin und Roosevelt ab. Am 6. Juni 1944 begann die große anglo-amerikanische Invasion an der Normandieküste. Der Krieg war verloren, verlängerte sich jedoch noch auf fast ein Jahr, weil die Deutschen, von einer verbrecherischen Clique geführt, in einem wahnsinnigen Blutvergießen jedes Stückchen Boden zäh verteidigten, bis es kein Stückchen Boden mehr gab. Historiker haben behauptet, daß die Forderung der ,,bedingungslosen Kapitulation'' die Wider-

Die alliierte Invasion Italiens

Die Normandie Invasion

[8] Die Truppen stießen bis an den Don und im Süden in die Ölfelder zwischen dem Schwarzen- und Kaspischen Meer vor.

[9] In seinem Roman *Stalingrad* hat Theodor Plievier die grauenvolle Vernichtung der 6. Armee beschrieben. Seine Werke *Berlin* und *Moskau* behandeln die Schlachten um diese Städte.

standskreise in ihren Bestrebungen, Hitler zu beseitigen, untergrub, da ja durch den Sturz Hitlers kein glimpflicher Friede zu erhandeln war. So trieb diese verhängnisvolle Forderung das deutsche Volk in den aussichtslosen Endkampf, hingehalten von den nationalsozialistischen Kampfparolen, daß der Endsieg doch noch errungen werden könne, vielleicht durch die Einsetzung einer Wunderwaffe. Schließlich sei ja von den Alliierten keine Gnade zu erwarten, was man von 1918/19 zur Genüge wisse und was die pausenlosen Luftangriffe gegen die deutsche Zivilbevölkerung immer wieder beweise. So kämpfte man denn weiter und warf schließlich auch noch alte Männer und vierzehnjährige Hitlerjungen in die Schlacht, oder besser gesagt, das Schlachten.

Die alliierten Luftangriffe

Die Luftangriffe englischer und amerikanischer Bombengeschwader gegen deutsche Städte, die 1943 ernsthaft begonnen hatten, wurden bis zum Ende fortgesetzt und führten zur Zerstörung fast aller deutschen Städte und zur Demoralisierung der Bevölkerung.[10] Die Rüstungsindustrie wurde nicht vernichtend geschädigt, sondern erreichte in der zweiten Hälfte

[10] In den Nächten vom 24. Juli bis zum 3. August 1943 wurde beispielsweise die Stadt Hamburg in ein brennendes Inferno verwandelt. In einer einzigen Nacht wurden 800 000 Menschen obdachlos.

Stuttgart 1946

von 1944 trotz konzentrierter Angriffe ihren Höchststand. Die völlige Zerstörung solcher Kulturstätten wie Dresden, die keine kriegswichtige Industrie enthielt, bleibt bis heute ungeklärt und kann nur als Zeichen eines unmenschlichen Barbarismus angesehen werden, der auch auf alliierter Seite vereinzelt Auswüchse trieb.

Hitlers Ende

Wie der Kaiser 1918, so entzog sich Hitler 1945 der Verantwortung für seine Verbrechen und mit ihm Hunderte von „getreuen" Untergebenen. Bevor die russischen Truppen seinen Bunker in Berlin erreichen konnten, nahm er sich feige das Leben, am Ende halb wahnsinnig Reserven an die Front schickend, die es nicht mehr gab und auf das deutsche Volk fluchend, das ihn verräterisch im Stich gelassen habe und damit seinen Untergang verdiene. Sein Nachfolger Admiral Dönitz unterzeichnete am 8. Mai 1945 die bedingungslose Kapitulation. Deutschland hatte aufgehört zu existieren. Niemals in seiner langen Geschichte hatte es eine solche Katastrophe erlebt.

Das Ende

Über 6 Millionen Deutsche waren tot,[11] viele Millionen in der Kriegsgefangenschaft, aus der Hunderttausende (über 1 Million sind bis heute vermißt) nie zurückkehren sollten, Millionen waren auf der Flucht vor der Rache der Roten Armee oder aus ihrer Heimat im Osten vertrieben. Die Städte lagen in Trümmern, die Wirtschaft war ruiniert. Überall herrschte Hunger, Elend und Chaos. Die unbeschreibliche materielle Not wurde vom moralischen Verfall begleitet. Das gleiche Schicksal, das Deutschland in fünf langen Kriegsjahren über Millionen anderer Völker gebracht hatte, mußte das deutsche Volk nun am eigenen Leibe erdulden. Wie würde es sich je aus dieser Katastrophe erholen? Aussichten auf baldige Gesundung bestanden nicht. Es schien, als sei das Ende für Deutschland und das deutsche Volk gekommen.

[11] Im Zweiten Weltkrieg fielen rund 16 Millionen Soldaten (6 Mill. Sowjetrussen, 3½ Mill. Deutsche, 2 Mill. Japaner und 1½ Mill. Chinesen). Verluste der Zivilbevölkerung an Toten durch Kriegshandlungen, Massenvernichtung, Partisanentätigkeit usw. werden auf 30 Mill. geschätzt, davon allein etwa 12 Mill. Russen. Rund 1½ Mill. Menschen verloren ihr Leben durch Luftangriffe (600 000 in Deutschland und 360 000 in Japan). Das kleine Land Polen verlor schätzungsweise 600 000 Soldaten und 5 Millionen Zivilisten, die meisten polnische Juden.

Rund 60 Nationen beteiligten sich am zweiten Weltkrieg, auf deutscher Seite Japan, Italien, Finnland, Bulgarien, Rumänien und Ungarn.

18

Die Widerstandsbewegung

Noch immer sind die Einzelheiten der Widerstandsbewegung und die Männer und Frauen, die Adolf Hitler und sein verbrecherisches Regime bekämpften, nicht so gut bekannt wie die Verbrechen der Nationalsozialisten. Und doch ist dieses Kapitel der modernen deutschen Geschichte weit rühmlicher als die Taten Hitlers, Goerings oder Himmlers und verdient immer wieder erzählt zu werden. Es ist fast unmöglich, eine so durchorganisierte, stark bewaffnete und vom größten Teil des Volkes unterstützte Diktatur wie die Hitlers zu Fall zu bringen. Daß dies dennoch versucht wurde und daß sich immer wieder Menschen dem totalitären Zwang widersetzten, ist ein erstaunlicher Beweis für den Sinn von Menschlickheit und Gerechtigkeit, der selbst unter der grausamsten Gewaltherrschaft nicht zu erdrücken ist. Die Zehntausende, die in den Folterkammern der Gestapo und in den Konzentrationslagern mißhandelt und ermordet wurden, sind Zeugen dafür, daß sich nicht alle Deutschen dem Teufel verschrieben, sondern daß viele den Mut hatten, ihre Freiheit, ihre Gesundheit und ihr Leben einzusetzen für ihr Ideal: ein besseres Deutschland zu schaffen, in dem die Menschenrechte geachtet würden.

Die Deutschen, die gegen den Nationalsozialismus kämpften, kamen aus allen Schichten der Bevölkerung. Unter ihnen waren Offiziere, Politiker, Studenten, Arbeiter, sowie evangelische und katholische Geistliche. Ihre Opposition erwuchs aus vielerlei Gründen, von persönlichen bis allgemein idealistischen und erstreckte sich vom bitteren Stillschweigen bis zum Anschlag auf Hitlers Leben. Wie immer in der Geschichte so sind auch in der Widerstandsbewegung die Namen von Tausenden unbekannt geblieben. Nur die Taten leitender Persönlichkeiten sind reichlich dokumentiert und daher im Einzelnen bekannt. Wenn wir im folgenden Namen nennen, so sollen diese als Repräsentanten für all die vielen Ungenannten gelten, deren Leben genau so wertvoll war, wie das der Bekannten.

Die politische Opposition

Die Opposition gegen die Nationalsozialisten wurde zuerst von Politikern und Gewerkschaftsführern getragen. Da öffentliche Aussagen sofort mit Inhaftierung oder Mord beantwortet wurden, war diese Art des Widerstandes zwecklos. Bereits 1933 wurde die politische Opposition durch die SA und SS wirksam zum Schweigen gebracht. Wer nicht ins Ausland fliehen konnte, wurde in Konzentrationslager gesperrt. Der sozialistische Reichstagsabgeordnete Julius Leber wurde auf offener Straße überfallen und später ermordet. Es war weiser, heimlich gegen das Regime zu arbeiten, und so entwickelte sich die Widerstandsbewegung als Untergrundbewegung. Verständigung zwischen verschiedenen Zellen und Organisationen war äußerst schwierig und gefährlich. Je größer eine Organisation wird, desto akuter wird die Gefahr der Bespitzelung und des Verrats. So arbeitete man hauptsächlich in kleinen Kreisen, meistens abgeschnitten voneinander. Wir werden in den folgenden Paragraphen die vier Hauptorganisationen besprechen, aus denen Widerstandskämpfer hervorgingen: Kirche, Universität, politische Parteien und Gewerkschaften und Wehrmacht.

Das Zentrum

Die katholische Kirche ist wiederholt angegriffen worden,[1] weil sie sich den Nationalsozialisten nicht rigoros widersetzte, sondern sich sogar den Anschein der Unterstützung gab. Das Zentrum, die katholische Partei im Reichstag, unterstützte Hitlers Ermächtigungsgesetz, anstatt es zusammen mit den Sozialisten zu bekämpfen, und löste sich dann friedlich auf. Der Vatikan — der Papst schien damals schlecht beraten zu sein und war sehr antibolschewistisch eingestellt — schloß bereits im Juli 1933, lange vor anderen ausländischen Mächten, ein Konkordat mit Hitler, das dessen Regime vor den deutschen Katholiken und vor dem Ausland zu legitimieren schien. Auf jeden Fall wurde das von der äußerst wirkungsvollen Nazipropaganda

Das Konkordat

[1] Hochhuths Drama *Der Stellvertreter* ist solch ein Angriff. Der Autor beschuldigt den Papst, sich nicht für die Juden eingesetzt zu haben.

so interpretiert. Weitaus vernünftiger und tapferer erschien die Haltung einzelner Priester und Bischöfe, die sich ohne die offizielle Rückenstärkung des Vatikans auf sich allein gestellt, gegen die nationalsozialistischen Ideen und Taten aussprachen. Der Münchener Kardinal Michael Faulhaber predigte gegen die Judenverfolgung und ließ seine Predigten drucken und verbreiten. Er protestierte immer wieder gegen Akte der Verfolgung und wurde für viele ein Symbol des passiven Widerstands. Ab 1936 wurden immer mehr katholische Priester verhaftet und eingekerkert. Mehrere deutsche Bischöfe protestierten gegen die unrechtmäßigen Verhaftungen und gegen die Unterminierung der Kirche von Seiten des Propagandaministeriums. Der Papst beschränkte sich im wesentlichen auf einen Protest im Jahre 1937 mit seiner Enzyklika ,,Mit brennender Sorge'', die in Deutschland verboten wurde. Leider blieb es immer wieder Einzelnen überlassen, sich gegen Gewalttaten mit Predigten und Protesten zur Wehr zu setzen. So widersetzte sich in Münster Bischof Clemens von Galen, der anfangs auf Hitlers Seite gestanden hatte.[2] Seine Haltung stärkte die Bürger von Münster in ihrer Opposition. 1941 hielt Bischof von Galen drei Predigten, in denen er offen Ungerechtigkeiten anprangerte. Die Nazis tobten vor Wut aber wagten es nicht, den Bischof zu beseitigen. Während Faulhaber und von Galen nicht verfolgt wurden, inhaftierte die Gestapo andererseits mehrere hundert deutsche Priester und ermordete Dutzende.

Kardinal Faulhaber

Bischof Galen

Die Haltung der Protestanten

Die Haltung der evangelischen Kirche war zunächst abwartend und ziellos. Die Kirchenführer waren vielfach konservativ eingestellt, betrachteten den Versailler Vertrag als Ungerechtigkeit und unterließen es, die demokratische Idee zu unterstützen. Außerdem unterschätzten sie Hitler — wie so viele andere auch — und hielten es mit der Einstellung Luthers, der den Staat unterstützt und Auflehnung gegen die Staatsgewalt untersagt, ja sogar verdammt hatte. Das Resultat war Gehorsam der evangelischen Kirchenführer und Christen dem Staat gegenüber. Widerstand kam wieder von Einzelnen, aber nicht von der ganzen Kirche als einige Organisation. Viele arbeiteten sogar für das Regime in der deutschen Reichskirche, die ,,germanisches, arisches Heldentum'' an die Stelle von ,,verlogenen, jüdischen Legenden'' setzte.

Eine frühe Warnung von Otto Dibelius, dem Landesbischof

[2] Nach dem Konkordat mußten alle Bischöfe dem Regime Gehorsam schwören.

von Brandenburg an die Pastoren, hatte seine Entlassung zur Folge. Die Bischöfe von Bayern und Württemberg, Hans Meiser und Theophil Wurm,[3] verteidigten die Rechte der Kirche und setzten sich bis zuletzt für die Juden ein. Viele ihrer Anhänger traten tapfer für sie ein, als sie verhaftet wurden und erzwangen ihre Entlassung. Pastor Martin Niemöller, ehemaliger U-Boot Kommandant des Ersten Weltkrieges und seit 1931 Pfarrer in Berlin-Dahlem, gründete den Pfarrer-Notbund, dem bis Ende 1933 rund 6000 Pastoren (etwa ein Drittel der Gesamtzahl) beitraten, als Protest gegen die Deutsche Reichskirche, die von Nationalsozialisten geführt wurde. Aus dem Notbund ging die Bekennende Kirche hervor, die das Evangelium Christi gegen die Lehren des Atheismus verteidigte. Verhaftungen von evangelischen Geistlichen nahmen zu, und 1937 wurde auch Niemöller verhaftet und bis Ende des Krieges in Dachau inhaftiert. Die Rolle des Geistlichen wurde besonders im Kriege immer schwieriger. Einerseits war es seine Aufgabe, die Kirche und das Evangelium zu verteidigen, andererseits war er verpflichtet, jungen Leuten, die an die Front mußten, Frauen, deren Männer und Söhne für das Vaterland kämpften und Menschen, die ehrlich an die Gerechtigkeit der deutschen Sache glaubten, Trost zu spenden. Wie konnte er offen gegen das Vaterland predigen, das ihn in der Stunde der Not brauchte? Aber wie konnte er auch ruhig zusehen, wie die christlichen Ideale zertrampelt wurden? Besonders wenn jüdische Brüder seine Hilfe brauchten, konnte er diese Hilfe nicht versagen und riskierte damit Verlust seiner Kirche und seines Lebens.

Widerstand von Einzelnen

Der radikalste Weg, die Beseitigung Hitlers, wenn nötig mit Gewalt, ist mit dem Beruf eines Pastors an sich unvereinbar, wurde aber trotzdem von einigen gewählt. Der bekannteste Theologe, der diesen Weg für richtig hielt, war Dietrich Bonhoeffer. Er setzte sich aktiv für die Niederwerfung des Regimes ein, nahm mit Mitgliedern der Untergrundbewegung Kontakt auf und versuchte sogar Hilfe außerhalb Deutschlands zu mobilisieren, die jedoch nicht gewährt wurde. 1943 wurde Bonhoeffer nach Buchenwald gebracht und einen Monat vor Kriegsende ermordet. Die Zahl der protestantischen Geistlichen in Konzentrationslagern war nicht viel geringer als die ihrer katholischen Brüder, und ihr Glaube und Mut waren gleich groß.

Bonhoeffer

[3] Bischof Wurm erklärte, daß die Zerstörung deutscher Städte durch alliierte Bombenangriffe als Strafe Gottes für die Judenverfolgung anzusehen sei.

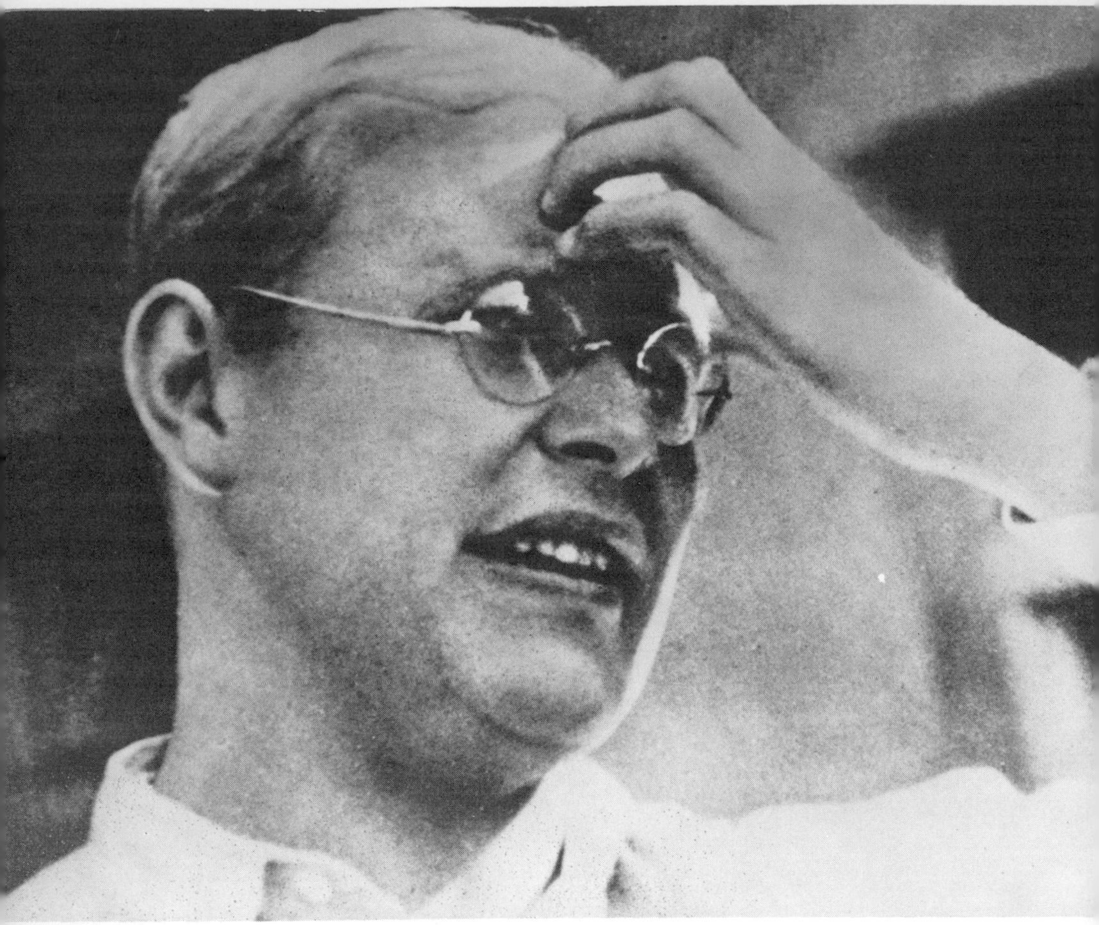

Dietrich Bonhoeffer

Die weiße Rose

Unter den Jugendgruppen, die gegen das Regime arbeiteten, ist *Die weiße Rose* in München am bekanntesten und soll uns als Beispiel gelten für die anderen, die ebenfalls am Widerstand beteiligt waren.[4] *Die weiße Rose* bestand aus einer Gruppe von Münchener Studenten, die sich um die Geschwister Hans und Sophie Scholl scharten. Die Geschwister waren in einer württembergischen Kleinstadt und in Ulm aufgewachsen. Zuerst waren sie begeisterte Anhänger der Hitlerjugend, aber sehr

[4] Helmut Hübener wurde 1942 in Hamburg hingerichtet, weil er antinationalsozialistische Flugblätter verteilt hatte. *Das Edelweiß* bestand aus Mitgliedern der katholischen Jugend und stellte sich aus religiösen Gründen gegen die Nazi Ideologie. Eine Berliner Studentengruppe unter Leitung von Werner Steinbrink verbreitete Flugblätter; vierzehn Mitglieder wurden hingerichtet. *Die Meute* in Leipzig, die *Kittelbach-Piraten* im Ruhrgebiet und der *Anti-Nationalsozialistische Verband* in den bayrischen Alpen waren andere Widerstandszellen.

Hans und Sophie Scholl

bald wurden sie durch Handlungen enttäuscht, die sie nicht verstehen konnten. Hans durfte keine ausländischen Volkslieder mehr singen, ihm wurde das Lesen von Stefan Zweig und Thomas Mann untersagt, und er mußte andere Demütigungen hinnehmen. Er begann nachzudenken, Fragen zu stellen und zu zweifeln. 1937 wurde er zum erstenmal verhaftet, weil er zu viel redete. 1940 gingen Hans und seine Schwester Sophie auf die Universität in München. Angeregt durch die Predigten des Bischofs von Münster, die ihnen in die Hände geraten waren, begannen sie zusammen mit den Freunden Alexander Schmorell, Willi Graf und Christoph Probst, Flugblätter unter dem Namen *Die weiße Rose* zu drucken und zu verteilen. „Leistet passiven Widerstand", hieß es darin, „—Widerstand —, wo immer ihr auch seid, verhindert das Weiterlaufen dieser atheistischen Kriegsmaschine, ehe es zu spät ist, ehe die letzten Städte ein

Aufrufe

Trümmerhaufen sind, gleich Köln, und ehe die letzte Jugend des Volkes irgendwo für die Hybris eines Untermenschen verblutet ist.''

Die Arbeit der Gruppe wurde unterbrochen, als die Studenten nach Rußland an die Front geschickt wurden. Die Kriegserlebnisse, das Elend und Leiden, das sie sahen, ließen in ihnen den Willen zum Widerstand noch stärker werden, und als sie im Herbst 1942 zurückkehrten, begannen sie ihre Tätigkeit von neuem. Auch Professor Kurt Huber von der philosophischen Fakultät war zu ihnen gekommen und begann sie zu unterstützen. Die Flugblätter wurden nun auch in anderen Städten verteilt, was ungeheuer schwierig und gefährlich war, denn überall lauerten Streifen der Polizei und der Gestapo, die Papiere und Gepäck kontrollierten. Die Gestapo arbeitete fieberhaft, um der Vertantwortlichen habhaft zu werden. In einer Nacht malten die jungen Leute die Worte ,,Nieder mit Hitler'' an die Häuserwände der Ludwigsstraße und ,,Freiheit'' über den Eingang zur Universität. Am Morgen des 18. Februar wurden Hans und Sophie beim Verteilen von Flugblättern in den Gebäuden der Universität verhaftet. Schnell wurden auch die anderen von Agenten der Gestapo aufgetrieben. Die Geschwister gestanden ihre Handlungen, um die anderen zu schützen. Ihr Mut und ihre innere Gelassenheit vor ihren Henkern sind bewundernswert. Sie und ihre Kameraden, einschließlich Professor Huber, wurden zum Tode verurteilt und enthauptet.

Die Verhaftung der Studenten

Mit dem Tode der Anführer brachen *Die weiße Rose* und andere ähnliche Gruppen in Berlin, Hamburg, Freiburg und anderen Städten in sich zusammen, aber das Beispiel dieser jungen Menschen hatte viele beeindruckt und wird für alle Zeit andere daran erinnern, daß es vielleicht besser ist, für die Freiheit zu kämpfen, selbst wenn das zum Tode führt, als tatenlos dazustehen und die Tyrannei gewähren zu lassen. Die Geschwister Scholl und ihre Freunde bewahrten sich ihre persönliche Freiheit selbst im Angesicht der grausamsten Unterdrückung.

Die Wehrmacht

Während der Widerstand von Männern in den Kirchen und Schulen hauptsächlich passiver Art war, übernahmen höhere Offiziere der Wehrmacht eine aktivere Rolle mit dem Ziel, Adolf Hitler und andere führende Nazis aus ihren Ämtern zu entfernen und sie durch verantwortliche Männer zu ersetzen. Daß das nicht gelang, gehört zu den tragischen Umständen in der Geschichte des Dritten Reiches. Die Operationen der Offiziere wurden anfangs, d.i. in den Jahren kurz vor dem Kriege, durch

Hitlers ungeheuren Erfolg erschwert. Wie konnte man einen Mann beseitigen, der auf der Höhe seiner Beliebtheit beim Volke stand und Triumph auf Triumph feierte? Später wurde die Absetzung immer schwieriger, weil Hitler sich mit Mitarbeitern und Heerführern umgab, die ihm absolut verschrieben waren. Offiziere, die ihm widersprochen und sich dadurch unbeliebt gemacht hatten, wurden abgesetzt und auf entlegene Posten abgeschoben oder gingen in Pension. Außerdem konnten es viele nicht mit ihrem Gewissen vereinbaren, dem Mann, dem sie persönlich die Treue geschworen hatten, nun, da das Vaterland im Krieg um seine Existenz rang, in den Rücken zu fallen. Trotz all dieser Schwierigkeiten fanden sich dennoch Männer, die Attentate ausführten, deren Treue und Liebe zum Vaterland, das von einem Wahnsinnigen bewußt zertrümmert wurde, größer war und ihnen mehr bedeutete als der Treueid auf einen Mann, der seinerseits die Treue und das Vertrauen seines Volkes gebrochen hatte.

Der Goerdeler-Beck-Kreis

Zwei Männer, um die sich eine aktive Gruppe bildete mit dem Ziel, die Hitlerclique durch eine legitime Regierung zu ersetzen, waren General Ludwig Beck, der Leiter des Truppenamtes[5] und Carl Goerdeler, der frühere Bürgermeister von Leipzig. Um Beck sammelten sich Offiziere und um Goerdeler Politiker und Arbeiterführer, die bald zusammenzuarbeiten begannen. Nachdem General von Blomberg als Verteidigungsminister und General von Fritsch als Oberbefehlshaber der Wehrmacht 1938 entlassen worden waren, arbeitete der Beck-Goerdeler-Kreis den ersten Plan für einen Staatsstreich aus. Unterstützung kam von drei hohen Offizieren, den Generälen Erwin von Witzleben, Kurt von Hammerstein und Franz Halder, dem neuen Chef des Generalstabes, von der Abwehr[6] mit Admiral Wilhelm Canaris und Oberst Hans Oster, und von konservativen Beamten des Außenministeriums und des diplomatischen Dienstes. Kontakte mit dem Ausland wurden aufgenommen und der Versuch gemacht, England und Frankreich zu überzeugen, Hitler in der tschechoslowakischen Frage so energisch wie möglich entgegenzutreten.

Erste Absetzungsversuche

Wenn die Westmächte Hitlers aggressiven Plänen von Anfang an mit mehr als lauwarmen Protesten entgegengetreten wären, wäre der Einfluß der Generäle wirksam geworden. Im Falle eines Angriffs auf die Tschechoslowakei war alles bereit, Hitler

[5] Er war damit praktisch Chef des Generalstabes.

[6] Das Abwehramt betrieb militärische Gegenspionage.

abzusetzen.[7] Aber England weigerte sich, mit den Generälen zu verhandeln und unterzeichnete sogar das Münchener Abkommen am 29. September 1938, in dem Hitler die Tschechoslowakei praktisch geschenkt wurde. Wie konnten die Generäle den Führer nach so einem gewaltigen diplomatischen Erfolg verhaften? Die Gelegenheit war verpaßt worden, zum Teil durch die diplomatischen Vorgänge und zum Teil durch das Zögern und die Uneinigkeit unter den Verschwörern.[8] Solch eine günstige Gelegenheit für den Regierungswechsel kam nie wieder, und erst gegen Ende des Krieges fanden sich die Verschwörer nochmals zusammen, um Deutschland vor der Zerstörung zu retten. In den ersten Kriegsjahren waren die militärischen Erfolge Deutschlands so enorm, daß an Hitlers Beseitigung nicht gedacht werden konnte. Erst nach dem verlorenen Rußlandfeldzug, der Schlacht von Stalingrad und besonders nach der Invasion wurde die Frage wieder akut.

An der russischen Front sammelten sich Offiziere um Generalmajor Henning von Tresckow, einem Stabsoffizier in der Heeresgruppe Mitte. Ihr Selbstvertrauen, sowie die Haltung der gesamten Widerstandsbewegung wurde stark erschüttert und ihre Aussichten auf Erfolg untergraben durch die alliierte Erklärung von Casablanca im Januar 1943, nach der Churchill und Roosevelt nur die bedingungslose Kapitulation Deutschlands annehmen und sich in keinerlei Verhandlungen mit den Achsenmächten einlassen würden. Gerstenmaier, der spätere Präsident des Bundestages und selbst an der Verschwörung gegen Hitler beteiligt, hat erklärt, daß Casablanca den Erfolg der deutschen Widerstandsbewegung aussichtslos erscheinen ließ. Fast alle Historiker und

Casablanca

viele Politiker stimmen heute mit Gerstenmaier überein. Casablanca veranlaßte deutsche Männer und Frauen, sich trotzig und verbissen um ihre Führer zu scharen und bis zum bitteren Ende zu kämpfen. Dennoch raffte sich die Opposition wieder auf und

[7] Das Heer sollte vorübergehend die Regierungsgewalt übernehmen, Hitler vor ein Gericht gestellt und für geisteskrank erklärt werden. Die nötigen Unterlagen waren bereits von Psychologen gesammelt worden. General von Witzleben, der Kommandant des 3. Militärdistrikts (Berlin und Brandenburg), Graf von Brockdorff-Ahlefeld, der Befehlshaber der Potsdamer Garnison General Erich Hoepner, Befehlshaber der 1. Division im Ruhrgebiet, sowie die Berliner Polizeipräsidenten Helldorf und von Schulenburg waren bereit, einen Gegenstreich der SS zu vereiteln und die führenden Nazis zu verhaften.

[8] Besonders Generaloberst von Brauchitsch, der neue Oberbefehlshaber des Heeres, weigerte sich, gegen Hitler vorzugehen. Beck selbst war zu vorsichtig und oft unfähig, entscheidende Maßnahmen zu treffen.

begann mit erneutem Eifer den Versuch, zu retten, was noch zu retten war.

Tresckows Attentats-versuche

Im März 1943 waren die Pläne Tresckows für die Beseitigung Hitlers fertig. Nach einem Besuch an der Ostfront sollte eine Bombe im Flugzeug Hitlers explodieren und den Führer töten. Die Erschießung Hitlers an der Front scheiterte an Tresckows Vorgesetztem General von Kluge, dem Befehlshaber der Heeresgruppe Mitte, der sich nicht entscheiden konnte, gegen den Führer vorzugehen. In Berlin, Paris, Wien und Köln war alles genau vorbereitet worden. Sobald Hitler beseitigt war, würden diese Städte in die Hand der Wehrmacht fallen und SS- und Parteiführer verhaftet oder erschossen werden. Die Bombe wurde in Hitlers Flugzeug gebracht, aber explodierte nicht, und die Pläne in Berlin und den anderen Städten konnten nicht ausgeführt werden. Ein zweiter Anschlag in Berlin wenige Tage später schlug ebenfalls fehl, weil Hitler seine Pläne geändert hatte.

Weitere Attentats-versuche

Major von Gersdorff wollte sich und Hitler bei einer Besichtigung im Zeughaus mit einer Bombe, die er in der Manteltasche trug, in die Luft sprengen, aber Hitler blieb nicht lange genug im Zeughaus. Daraufhin wurde der nächste Versuch für den November angesetzt. Bei der Inspektion von neuen Uniformen sollte Hitler in seinem Hauptquartier in Rastenburg von Hauptmann Bussche beseitigt werden. Hitler hatte unglaubliches Glück. Die Sendung wurde in Berlin in einem Bombenangriff zerstört und die Inspektion auf Weihnachten verschoben. Wieder wurden Vorbereitungen getroffen, aber im letzten Moment änderte Hitler sein Vorhaben und verbrachte Weihnachten in Berchtesgaden. Bussche, der Zugang zum Hauptquartier des Führers hatte, wurde im Januar verwundet und durch Ewald von Kleist ersetzt. Ein dritter Anschlag, der für den 11. Februar 1944 angesetzt war, mußte ebenfalls aufgegeben werden, weil die Besichtigung der Uniformen abgesagt worden war.

Verhaftung führender Widerständler

Ende 1943 und Anfang 1944 gelang es der Gestapo, einige Widerstandszellen zu infiltrieren und die beiden hohen Offiziere in der Abwehr, Oster und Canaris, die viele Tätigkeiten der Untergrundbewegung gedeckt hatten, zu beseitigen. Auch Graf Helmuth von Moltke, ein führender Theoretiker und Mann von großem Einfluß, wurde verhaftet. General von Hammerstein starb und General Beck wurde wegen Krebs operiert. Damit fielen leitende Männer aus, und neue Pläne mußten gemacht werden, in denen Oberst Claus von Stauffenberg die führende Rolle übernahm.

Oberst Claus von Stauffenberg

Stauffenberg

Stauffenberg, ein resoluter, fröhlicher Mensch, der das Leben liebte und bei seinen Kameraden beliebt war, kam in Kontakt mit Mitgliedern des Widerstandes und war besonders von Tresckow und dessen Mitarbeiter Schlabrendorff beeindruckt. Bereits im Dezember 1943 brachte er eine Bombe ins Führerhauptquartier in Ratzeburg, hatte jedoch keine Gelegenheit, sie anzuwenden. Schon vorher hatte er Pläne für das „Unternehmen Walküre", die Übernahme Berlins nach Hitlers Tod, gemacht. Eine Schlüsselfigur war General Friedrich Fromm, der Befehlshaber der Streitkräfte in Deutschland. Mit Fromms Unterstützung konnte nur gerechnet werden, wenn der Erfolg eindeutig war; in jedem Falle würde er sich auf die Seite schlagen, die am Ende siegreich bleiben würde. Die Pläne waren im August 1943 fertig und wären sofort realisiert worden, wenn Bussches oder Kleists Anschläge auf Hitlers Leben erfolgreich gewesen wären. Aber Hitler wurde immer vorsichtiger und umgab sich mit einer Leibwache, die über 3000 Mann stark war. Er ließ sich immer seltener in der Öffentlichkeit sehen. Er ahnte, daß er Feinde hatte, die ihm nach dem Leben trachteten. Da wurde Stauffenberg im Juni 1944 zum Stabschef unter General Fromm ernannt. Diese Stellung

Der Anschlag im Führerhauptquartier geplant

ermöglichte ihm periodischen Zugang im Führerhauptquartier. Es wurde beschlossen, ihn mit der Ausführung des Attentats zu beauftragen. Am 11. Juli kam die erste Gelegenheit auf dem Obersalzberg bei Berchtesgaden. Stauffenberg trug die Bombe an sich, erhielt jedoch von Berlin den Befehl zu warten, weil Himmler nicht bei Hitler war und weil man warten wolle bis man beide zugleich beseitigen könne. Dieser Entschluß wurde schon am nächsten Tag aufgegeben. Nur auf Hitlers Tod kam es an. Am 15. Juli war Stauffenberg in Ratzeburg wieder zum Attentat bereit, aber Hitler verließ die Konferenz vorzeitig. Inzwischen waren weitere Mitglieder der Verschwörung verhaftet worden, unter ihnen Julius Leber, der ehemalige sozialdemokratische Reichstagsabgeordnete, der die Pläne Stauffenbergs kannte, der jedoch nichts verriet. Ganz offensichtlich mußte bald gehandelt werden, denn die Gestapo arbeitete Tag und Nacht und konnte die Verschwörung jeden Augenblick entdecken. Am 17. Juli wurde der Befehl erlassen, Goerdeler zu verhaften, aber dem ehemaligen Bürgermeister gelang es, der Verhaftung zu entgehen und sich vier Wochen lang zu verstecken. Dann kam der 20. Juli, der in die moderne deutsche Geschichte als das Datum eingegangen ist, an dem sich zum letzten Mal die Männer der Verschwörung gegen die blutige Hitlertyrannei erhoben und ihr Leben einsetzten, um das Vaterland von den Verbrechern und vom bevorstehenden Untergang zu retten.

Der Anschlag ausgeführt

Alle Vorbereitungen waren getroffen. Stauffenberg flog zu einer Besprechung ins Führerhauptquartier. Die Konferenz fand in der Gästebaracke statt. Stauffenberg brachte die Bombe in seiner Aktentasche ins Konferenzzimmer und stellte sie unter den Tisch, vier Meter von Hitler entfernt, an ein Bein des Tisches gelehnt; dann verließ er das Zimmer. Ein Offizier stieß versehentlich an die Brieftasche und stellte sie auf die andere Seite des dicken Eichenholzbeines unter den Tisch, so daß Tischbein zwischen der Bombe und Hitler war und diesen etwas beschützen konnte. Die Bombe explodierte und demolierte die Baracke, aber Hitler kam mit leichten Verwundungen davon. Stauffenberg, der das nicht wußte, eilte nach Berlin zurück, wo die Operation Walküre noch nicht in Gang gesetzt worden war. Vier wertvollste Stunden waren vertan worden, in denen man die Regierung hätte an sich reißen können. Als die Pläne endlich in Aktion gesetzt wurden, war es zu spät, und die Nationalsozialisten hatten

Der Mißerfolg

sich zum Gegenschlag aufgerafft. Die Verschwörung brach in sich zusammen. Stauffenberg, Obricht und andere Offiziere wurden

Der Volksgerichtshof

auf Befehl Fromms erschossen, der sie nicht in die Hände der Nazis fallen lassen konnte, weil sie ihn mit Aussagen belasten konnten.[9] Die übrigen Verschwörer wurden verhaftet und inhaftiert. In Paris, München und Wien, wo die Revolte erfolgreich durchgeführt worden war, wurden die SS- und Parteiangehörigen wieder entlassen, so bald es sich herausstellte, daß Hitler noch am Leben war. In den nächsten Tagen und Wochen wurden rund 7000 Mitglieder der Widerstandsbewegung verhaftet und etwa 5000 erschossen, erhängt oder zu Tode gequält. Es wird berichtet, daß Hitler die Quälereien filmen ließ und sich an den Aufnahmen in höchst perverser Weise erfreute. Beck, Tresckow und Rommel, der nicht direkt an den Ereignissen beteiligt gewesen war, begingen Selbstmord. Nur wenige Widerstandskämpfer haben die Wochen nach dem 20. Juli überlebt und uns Einzelheiten berichtet. Der Mut, den viele der Angeklagten vor dem Volksgerichtshof bewiesen, in dem der blutrünstige Henker Freisler den Vorsitz führte, ist erstaunlich bewundernswürdig. Immer wieder mußte Freisler, der wie ein Wahnsinniger auf die

[9] Fromm wurde trotzdem von den Nazis getötet.

Generalfeldmarschall von Witzleben vor dem NS Gericht

Gefangenen einschrie und sie mit wilden Drohungen einzuschüchtern versuchte, Entgegnungen hinnehmen, die ihn rasend machten. Der Mut der Angeklagten ist um so bemerkenswerter, wenn man bedenkt, daß fast alle grausam gefoltert und gequält wurden.

Der Krieg dauerte noch zehn Monate an, und Deutschland wurde in ein Trümmerfeld verwandelt. Hundertausende verloren auf beiden Seiten in diesen Monaten ihr Leben, weil ein wahnsinniger Tyrann am Leben geblieben war, der sich am Ende feige wie eine Ratte in einem dunklen Kellerloch der Verantwortung entzog, der nicht einmal das bißchen Mut aufbrachte, an der Spitze seiner SS oder Hitlerjugend den sogenannten Heldentod zu suchen. Wären Stauffenberg und seine Kameraden am 20. Juli doch erfolgreich gewesen!

Waren die Opfer umsonst?

Die Frage, ob ihre Tat umsonst gewesen ist, muß mit einem sicheren Nein beantwortet werden. Obwohl sie ihr Ziel nicht erreichten, haben sie, sowie die Studenten, Arbeiter, Geistlichen und die vielen anderen Ungenannten, die sich auflehnten, der Welt bewiesen, daß es viele Tausende von mutigen Männern gab, denen ihre menschlichen Ideale höher standen als ihr persönliches Wohlergehen und ihr Leben. Auf ihr Andenken kann die deutsche Jugend stolz sein. Wenn sie nach Idealen sucht, kann sie sie bei diesen Männern finden. Die große Tragik der Widerstandsbewegung liegt darin, daß ihre Mitglieder das neue Deutschland nicht mehr erlebt haben und daß ihr Mut, ihr Können, ihre Energie und ihre Einsatzbereitschaft für dieses neue Deutschland verloren gegangen sind. Aber vergessen darf man sie nicht, darf man den ,,Aufstand des Gewissens'', ihren Kampf gegen die Unmenschlichkeit nicht. General von Tresckows Worte zeigen, daß die Verschwörer mit dem Mißerfolg ihres Unternehmens rechneten, aber daß ihnen der Versuch dennoch ihr Leben und ihre Ehre wert war: ,,Sollte es nicht gelingen, so muß trotzdem der Staatsstreich versucht werden. Denn es kommt jetzt nicht mehr auf den praktischen Zweck an, sondern darauf, daß die deutsche Widerstandsbewegung vor der Welt und der Geschichte unter Einsatz ihres Lebens den entscheidenden Wurf gewagt hat.''

19

Die Literatur zwischen den beiden Weltkriegen (1918–1945)

Wir haben bereits am Ende des Kapitels über die Literatur von der Romantik bis zum Ersten Weltkrieg festgestellt, daß sich die deutsche Literatur des 20. Jahrhunderts nur noch sehr schwer unter bestimmten Bezeichnungen vereinigen läßt. Man kann von Bewegungen wie Impressionismus, Neuromantik, Symbolismus, Neuklassik und Neue Sachlichkeit sprechen, ohne in ihnen einen einheitlichen Kunstwillen zu entdecken, der die Schriftsteller in leicht definierbare Gruppen zusammenbrachte. Eine Ausnahme bildet der Expressionismus, der sich einheitlich charakterisieren läßt und der bei vielen Dichtern eine deutlich verwandte Reaktion auslöst. Wir werden in diesem Kapitel weniger von Schulen, Bewegungen oder Kunststilen sprechen als von individuellen Künstlern, die, wie wir bereits bei den Großen der Vergangenheit festgestellt haben, wohl zeitweilig von einer Theorie oder einem Stil beeinflußt werden, aber sonst weit über jede Bindung und Bewegung hinausragen.

Einflüsse auf die Literatur

Zwei große politische Katastrophen beeinträchtigen das literarische Schaffen unseres Jahrhunderts ganz erheblich: Der Erste Weltkrieg und die nationalsozialistische Periode, die in dem Zweiten Weltkrieg gipfelt. Weitere große Einflüsse sind die immer zunehmende Technisierung, die wachsende Macht des Sozialismus, die Entdeckungen auf naturwissenschaftlichem Gebiet, die Psychoanalyse begründet von Sigmund Freud und die Existentialphilosophie, die von Nietzsche und Kierkegaard ausgeht und von Heidegger, Sartre und Jaspers weiter entwickelt wird.

Sehr stark hat Friedrich Nietzsche (1844–1900) auf die Dichtung des 20. Jahrhunderts eingewirkt. Da sein Werk und seine Gedanken sehr vielseitig sind, läßt sich der Einfluß nicht immer mit Bestimmtheit lokalisieren, aber Hauptmann, Wedekind, George, Thomas Mann, Jünger, Kafka und Benn haben entscheidende Anstöße von ihm erhalten, und seine Ideen sind vielfach wirksam geworden.

Nietzsche

Nietzsche war außerordentlich begabt. Sein Vater starb früh, und er wurde von der Mutter, Großmutter und zwei Tanten großgezogen, besuchte Schulpforta und studierte klassische Philologie in Leipzig. Als 25jähriger wurde er zum Professor an der Universität Basel ernannt. Ab 1879 wanderte er krank und ohne festen Wohnsitz durch Europa und brach 1889 seelisch zusammen. Die letzten elf Jahre verbrachte er in geistiger Umnachtung, gepflegt von seiner Schwester Elisabeth.

Das Apollonische und Dionysische

Mit seinem Aufsatz *Die Geburt der Tragödie aus dem Geiste der Musik* setzte er dem Winckelmannschen Prinzip „Stille Einfalt und edle Größe" das rauschhafte, orgiastische, entfesselnde Prinzip des Dionysischen entgegen, das durch das maßvolle Apollonische nur mühsam gebändigt werden kann. Während dieser Aufsatz vor allem in Fachkreisen großen Eindruck machte, wurden seine Warnungen und Ermahnungen gegen den Fortschrittsjubel und die lügenhafte Fassade der Gründerjahre zunächst wenig beachtet.

Friedrich Nietzsche

Kampf gegen das Philistertum

In seinen *Unzeitgemäßen Betrachtungen* bekämpft Nietzsche D. F. Strauß, den Historismus, das Spießbürger- und Philistertum und verherrlicht Richard Wagner, mit dem er sich jedoch bald entzweit. Das Ziel Nietzsches ist es, einen neuen Menschen zu schaffen, einen Übermenschen, der alles Verlogene, Krankhafte, Philisterhafte vernichten soll. Das Symbol für den Übermenschen wird Zarathustra, der Held des poetisch-philosophischen *Also sprach Zarathustra*. Zarathustra, der neue Lehrer der Menschheit, verbirgt sich zuerst in der Einsamkeit, um in der Zwiesprache mit der Natur die nötige Reife für seine Mission zu erlangen. Dann kehrt er in die Welt zurück und verkündet den Übermenschen, den Herrenmenschen, der die Herrschaft über die Erde übernehmen wird, der die verlogene bürgerliche Moral, alles Pöbelhafte und das Christentum[1] ausrotten wird. Die „Sklavenmoral des Christentums" und die Leitwerte der bürgerlichen Sittlichkeit stehen der Erneuerung im Wege. Nur durch die „Umwertung aller Werte" können der Materialismus, die Skepsis, die Dekadenz und Resignation überwunden werden. Nietzsche hielt den Humanismus und das Christentum verantwortlich für die Krise in der westlichen Kultur. Seiner Meinung nach hätten sie ihre Versprechungen nicht erfüllt, sondern führten den Menschen direkt in den Nihilismus.

Der Übermensch

Die Umwertung aller Werte

Als Kritiker, Sprachschöpfer, Aphoristiker und Essayist ist Nietzsche von großer Bedeutung, als Dichter von weniger großer. Seine Philosophie ist schwer zugänglich, wie kein geringerer als Karl Jaspers zugibt: „Es ist kein Ausruhen in Nietzsche, keine letzte Wahrheit und Glaubwürdigkeit hält stand." „Nietzsche ist nur recht aufzufassen, wenn systematische und begriffliche Schulung schon anderswo gewonnen wurde, wenn Hartnäckigkeit und Genauigkeit des Denkens mitgebracht werden."

Der Kult der Schönheit

Am Anfang des 20. Jahrhunderts stehen drei Lyriker, die mit Walther von der Vogelweide, Goethe und den Romantikern zu den größten der deutschen Literatur zählen: Stefan George, Hugo von Hofmannsthal und Rainer Maria Rilke. Alle drei traten gegen den Naturalismus ein und weigerten sich, die trostlose Wirklichkeit nachzuahmen. Die Schönheit wurde von ihnen wieder zum Ideal der Kunst erhoben. Poesie müsse gelöst werden von Bindung an Zweck, Belehrung, Moral und Realität, war ihr Glaubensbekenntnis. Nicht die äußere Wirklichkeit war für sie von In-

[1] Nietzsches Christusbild war das weiche, sentimentalische, kindliche, passive Christusbild des Pietismus.

Die reine Kunst

George

Georges Sendung

teresse, sondern die innere des Dichters, seine Ideen und Träume. Dieses Unsagbare kann jedoch nur durch die Symbolkraft der schönen künstlerischen Sprache ausgedrückt werden.[2] Der Klang, der fremdartige Wohllaut, das ausgesuchte Bild, das hohe, erlesene Wort, die strenge Form sind im Gedicht von maßgebender Bedeutung. Das ,,reine Gedicht'' nach Vorbild der französischen Symbolisten, soll zur Gestaltung gelangen. Der Gehalt dieser Dichtung ist die Schönheit, der l'art-pour-l'art Ästhetizismus, der sich abschließt von den Problemen der realen Welt. Der Dichter sitzt in seinem ,,elfenbeinernen Turm'', ist wirklichkeitsfremd und widmet seine Energie ausschließlich seiner Kunst. Es ist ein überaus verfeinerter, übersensitiver Ästhet, den der sinnlose Alltag langweilt und der sich ohne Verpflichtungen in seine poetische Traumwelt flüchtet.

Stefan George (1868–1933) war der Sohn eines rheinischen Winzers (Rüdesheim). Er beginnt bereits als Gymnasiast, Gedichte zu schreiben, studiert in Berlin und München und reist durch Europa. In Frankreich lernt er Verlaine und Mallarmé kennen, deren Gedichte er zur Selbstschulung übersetzt. In Wien schließt er vorübergehend Freundschaft mit Hofmannsthal. Um ihn scharen sich eine Reihe von gleichgesinnten Jüngern, junge Dichter und Gelehrte, die den sogenannten Georgekreis[3] bilden. Vor den Nationalsozialisten, die ihn gern als einen der Ihren betrachtet hätten, verbirgt er sich in der Schweiz, wo er 1933 stirbt.

Von Anfang an wendet sich George gegen die Hinterhausreportage, die Erniedrigung der Sprache zur Schilderung bedrückender Alltagswirklichkeit, die Nivellierung des Geistes und die Relativierung aller Werte durch die deterministische Anschauung, die Umwelt und Erbgut für die Handlungen des Menschen verantwortlich machen. Die Kunst und die dichterische Sprache hat der Schönheit zu dienen; sie ist nicht einfach Werkzeug der Mitteilung, sondern eine heilige Gottesgabe, die die chaotischen Mächte des Daseins überwinden kann, die die Gewalt der Seele und des menschlichen Geistes offenbart. Der Dichter ist Seher, Priester und Wahrer der erhabenen Werte, eine Sendung, an die bereits Klopstock und Hölderlin glaubten. Die Kunst soll das

[2] Man hat George, Rilke und Hofmannsthal aus diesem Grunde auch Symbolisten genannt.

[3] Zu diesem Kreis gehörten z.B. Wolfskehl, Klages, Gundolf, Bertram und Kommerell.

Stefan George

Leben—besonders das Leben des schöpferischen Menschen—formen und ihm den Sinn geben, so daß das Leben zum Kunstwerk wird. Der Dichter—und damit stimmen auch Hofmannsthal und Rilke überein—hat die Verantwortung, durch seine Kunst die menschliche Gesellschaft zu erneuern. Diesem Ideal diente der Georgekreis. Die ,,Erwählten" schlossen sich streng ab von der Öffentlichkeit, von der profanen Masse und veröffentlichten ihre Gedanken zuerst in kostbaren Privatdrucken oder in der Zeitschrift *Blätter für die Kunst*, die von George begründet wurde. Der Zugang zu Georges Dichtung wurde dem gemeinen Mann erschwert durch eine eigenwillige Zeichensetzung, Kleinschreibung der Substantive, ein besonderes Druckbild und einen priesterlich weihevollen Stil.[4]

Gedichte

Seine Gedichte veröffentlicht George in einer Reihe von Bänden, zu denen die frühen *Hymnen*, *Pilgerfahrten* und *Algabal*

[4] Der Einfluß Nietzsches auf George ist offensichtlich. Er zeigt sich nicht nur in seinem eigenwilligen Sprachstil, sondern mehr noch in der dahinterliegenden Verachtung des Aristokraten für den ,,Pöbel", in dem herrischen Übermenschentum und in dem Willen, den neuen Menschen zu erziehen.

gehören. Der Nachdruck liegt auf der Schönheit des Klangs, des Ausdrucks und des Eindrucks. Die Gedichte sind Kompositionen aus Düften, Blumen und kostbarem Gestein. Es folgen *Das Jahr der Seele*, das der Liebe und den zwölf nächsten Gefährten des Dichters gewidmet ist. *Der Teppich des Lebens* und *die Lieder vom Traum und Tod* zeigen die Abkehr vom Schönheitskult und die Annahme der Sendung und Verantwortung des Dichters. Die strenge Form ist hier besonders vollkommen durchgeführt: Der Zyklus besteht aus dreimal vierundzwanzig Gedichten aus je vier Strophen zu je vier Zeilen. Die siebte Sammlung, *Der siebente Ring*, ist immer aufs neue siebengeteilt. Hier stellt George große Gestalten der Geschichte dem „Stroh der Welt" gegenüber. Seine letzte Sammlung, *Das neue Reich*, erschien 1929 und wurde von den Nationalsozialisten mißdeutet. Es geht George nicht um die Gegenwart, sondern um ein „Reich des Geistes".

Das dichterische Talent Georges offenbart sich auch in seinen Übersetzungen der Dichtungen Verlaines, Baudelaires und Swinburnes, der Sonette Shakespeares und Teile von Dantes *Göttlicher Komödie*. Sein Hauptverdienst liegt in der Erneuerung der dichterischen Sprache und der Stellung des Dichters.

Komm in den totgesagten park und schau:
Der schimmer ferner lächelnder gestade.
Der reinen wolken unverhofftes blau
Erhellt die weiher und die bunten pfade.

Dort nimm das tiefe gelb. das weiche grau
Von birken und von buchs. der wind ist lau.
Die späten rosen welkten noch nicht ganz.
Erlese küsse sie und flicht den kranz.

Vergiss auch diese letzten astern nicht.
Den purpur um die ranken wilder reben
Und auch was übrig blieb von grünem leben
Verwinde leicht im herbstlichen gesicht.

Hugo von Hofmannsthal (1874–1929) war eine Zeitlang mit George befreundet, sagte sich aber bald von ihm los, da seine weiche, liebenswürdige und verständnisvolle Art dem heroisch-herrschsüchtigen, aristokratisch-ablehnenden Wesen Georges zu fremd war. Er wollte sich der Welt und dem Leben nicht verschließen wie George. „Denn dies ist das einzige Gesetz unter dem er (der Dichter) steht: keinem Ding den Eintritt in seine Seele zu wehren."

Hof-
mannsthal

Hofmannsthal ist Wiener. Sein Vater war Bankdirektor, sein Großvater war geadelt worden, seine Großmutter stammte aus Italien. Wie George schrieb er bereits Gedichte und Essays auf dem Gymnasium und reiste viel in Europa. Er genoß eine ausgezeichnete Bildung, wuchs im traditionsreichen Wien auf, wo er die Welt des Mittelalters, des Barocks und des Rokokos kennenlernte, und las die Literaturwerke Italiens, Spaniens, der Antike und des Orients. Bereits als der Achtzehnjährige die

Frühe Werke

beiden lyrischen Dramen *Der Tod des Tizian* und *Der Tor und der Tod* schreibt, zeigt sich die frühreife, traurige Melancholie, der Schmerz und das Leiden, das dem Dichter so eigen ist. Es gelingt ihm, die Ergriffenheit vom Geheimnis und Wunder der Schöpferkraft, das Wissen um die Vergänglichkeit dieser Kraft und des Lebens in klanglich schönen Versen von sinnlicher, melancholisch-trauriger Reife darzustellen. Auch erkennt er bereits die Gefahr des Ästheten, der spielerisch und genießend am Ernst und der Verantwortung des Lebens vorübergeht und dem das Leben selbst darüber entschwindet. Bestechend schön und bezaubernd sind die Verse, in denen der Dichter seine Erkenntnis vorträgt.

Hugo von Hofmannsthal

,,Der Dichter leidet an allen Dingen, und indem er an ihnen leidet, genießt er sie,“ sagt Hofmannsthal, und dieses Leiden an der ziellosen Existenz, am Leben, das fragwürdig und rätselhaft und an der künstlerischen Schöpferkraft und an der Schönheit, die so vergänglich sind, kommt auch in den Gedichten zum Ausdruck. Wieder sind das ungewöhnliche Sprachgefühl und die Sensitivität des Dichters auffallend.

Die Beiden

Sie trug den Becher in der Hand
—Ihr Kinn und Mund glich seinem Rand—,
So leicht und sicher war ihr Gang,
Kein Tropfen aus dem Becher sprang.

So leicht und fest war seine Hand:
Er ritt auf einem jungen Pferde,
Und mit nachlässiger Gebärde
Erzwang er, daß es zitternd stand.

Jedoch, wenn er aus ihrer Hand
Den leichten Becher nehmen sollte,
So war es beiden allzu schwer:
Denn beide bebten sie so sehr,
Daß keine Hand die andre fand
Und dunkler Wein am Boden rollte.

Über Vergänglichkeit

Noch spür ich ihren Atem auf den Wangen:
Wie kann das sein, daß diese nahen Tage
Fort sind, für immer fort, und ganz vergangen?

Dies ist ein Ding, das keiner voll aussinnt,
Und viel zu grauenvoll, als daß man klage:
Daß alles gleitet und vorüberrinnt

Und daß mein eignes Ich, durch nichts gehemmt,
Herüberglitt aus einem kleinen Kind
Mir wie ein Hund unheimlich stumm und fremd.

Dann: daß ich auch vor hundert Jahren war
Und meine Ahnen, die im Totenhemd,
Mit mir verwandt sind wie mein eignes Haar,

So eins mit mir als wie mein eignes Haar.

Ballade des äußeren Lebens

Und Kinder wachsen auf mit tiefen Augen,
Die von nichts wissen, wachsen auf und sterben,
Und alle Menschen gehen ihre Wege.

Und süße Früchte werden aus den herben
Und fallen nachts wie tote Vögel nieder
Und liegen wenig Tage und verderben.

Und immer weht der Wind, und immer wieder
Vernehmen wir und reden viele Worte
Und spüren Lust und Müdigkeit der Glieder.

Und Straßen laufen durch das Gras, und Orte
Sind da und dort, voll Fackeln, Bäumen, Teichen,
Und drohende, und totenhaft verdorrte . . .

Wozu sind diese aufgebaut? und gleichen
Einander nie? und sind unzählig viele?
Was wechselt Lachen, Weinen und Erbleichen?

Was frommt das alles und diese Spiele,
Die wir doch groß und ewig einsam sind
Und wandernd nimmer suchen irgend Ziele?

Was frommt's, dergleichen viel gesehen haben?
Und dennoch sagt der viel, der ,,Abend'' sagt,
Ein Wort, daraus Tiefsinn und Trauer rinnt

Wie schwerer Honig aus den hohlen Waben.

Vorfrühling

Es läuft der Frühlingswind
Durch kahle Alleen,
Seltsame Dinge sind
In seinem Wehn.

Er hat sich gewiegt,
Wo Weinen war,
Und hat sich geschmiegt
In zerrüttetes Haar.

Er schüttelte nieder
Akazienblüten
Und kühlte die Glieder,
Die atmend glühten.

Lippen im Lachen
Hat er berührt,
Die weichen und wachen
Fluren durchspürt.

Er glitt durch die Flöte
Als schluchzender Schrei,
An dämmernder Röte
Flog er vorbei.

Er flog mit Schweigen
Durch flüsternde Zimmer
Und löschte im Neigen
Der Ampel Schimmer.

Es läuft der Frühlingswind
Durch kahle Alleen,
Seltsame Dinge sind
In seinem Wehn.

Durch die glatten
Kahlen Alleen
Treibt sein Wehn
Blasse Schatten.

Und den Duft,
Den er gebracht,
Von wo er gekommen
Seit gestern Nacht.

Gedichte

Terzinen über Vergänglichkeit, *Vorfrühling*, *Ballade des äußeren Lebens*, *Reiselied* und *Lebenslied* zählen zu Hofmannsthals schönsten Gedichten. Der Wirklichkeitsnachahmung der Naturalisten stellt er seine Ansicht entgegen, „daß das Material der Poesie die Worte sind, daß ein Gedicht ein gewichtsloses Gewebe aus Worten ist, die durch ihre Anordnung, ihren Klang und ihren Inhalt, indem sie sich die Erinnerung an Sichtbares und die Erinnerung an Hörbares mit dem Element der Bewegung verbinden, einen genau umschriebenen, traumhaft deutlichen flüchtigen Seelenzustand hervorrufen, den wir Stimmung nennen."

Theater und Oper

Kurz nach der Jahrhundertwende hörte Hofmannsthal auf, Gedichte zu schreiben und widmete sich dem Theater. In *Elektra* und *Ödipus und die Sphinx* deutet er die Tragödie dionysisch im Sinne Nietzsches und zeigt den Menschen als Opfer eines maßlosen Schicksals. Richard Strauss vertonte die *Elektra* und Hofmannsthal schrieb in den folgenden Jahren für ihn das Libretto zu *Der Rosenkavalier*, *Ariadne auf Naxos*, *Die Frau ohne Schatten* und *Arabella*. Hier wurde das sonst oft völlig unbedeutende, manchmal sogar alberne Libretto anderer Opern zu dichterischer Höhe erhoben.

In seinem Spätwerk versucht der Dichter immer entschlossener, die Verantwortung auf sich zu nehmen, die große Tradition des Abendlandes gegen die wachsenden Mächte der Zersplitterung und Zerstörung zu retten. Besonders in seinen Aufsätzen und in den Dramen *Jedermann* und *Das Salzburger Große Welttheater* wird diese Verpfichtung ausgedrückt. *Jedermann* ist das ,,Spiel vom Sterben des reichen Mannes", mit dem Hofmannsthal an das Mysterienspiel des Mittelalters anknüpft und den Knittelvers von

Jedermann

Hans Sachs neu belebt. Der sorglos dahinlebende reiche Jedermann verlacht die Mahnungen, sich auf den Tod vorzubereiten, bis dieser ihn während eines üppigen Nachtmahls zu sich ruft. Das Spiel wurde in Salzburg vor den Fassaden alter Gebäude während der Salzburger Festspiele gespielt, die Hofmannsthal zusammen mit Max Reinhardt 1920 begründete. Heute wird das Stück jedes Jahr vor dem Salzburger Dom aufgeführt, und die schaurige Stimme des Todes, der laut (elektronisch verstärkt) ,,Jedermann" ruft, hallt durch die Gassen der Stadt und erinnert den Besucher der Festspiele an den jedermann bevorstehenden Tod.

Ein noch bedeutenderer Lyriker als George und Hofmannsthal, heute allgemein als der größte deutsche Lyriker des 20. Jahrhun-

Rilke

derts anerkannt, ist Rainer Maria Rilke (1875–1926). Er wurde in Prag geboren, das damals zu Österreich gehörte. Die Mutter hatte sich ein Mädchen gewünscht und erzog den Knaben, der überzart, weich und kränklich war, bis zu seinem 5. Lebensjahr als Mädchen. Dann wurde er auf Drängen des Vaters in die Militärschule gesteckt, wo er unter dem robusten Leben qualvoll litt. Er studierte in München und Berlin und entschloß sich, freier Schriftsteller zu werden. Seine Reisen führten ihn zweimal nach Rußland, wo ihn die weite Ebene und die gläubigen Bauern tief beeindruckten, nach Italien, Frankreich und anderen Ländern. In der Künstlerkolonie Worpswede bei Bremen heiratete er die Malerin Clara Westhoff, von der er sich jedoch bald wieder trennte. In Paris wurde er Privatsekretär des berühmten Bildhauers Rodin, lebte dann eine Zeitlang im Schloß Duino an der Adria und verbrachte die letzten Jahre im Rhônetal im Wallis.

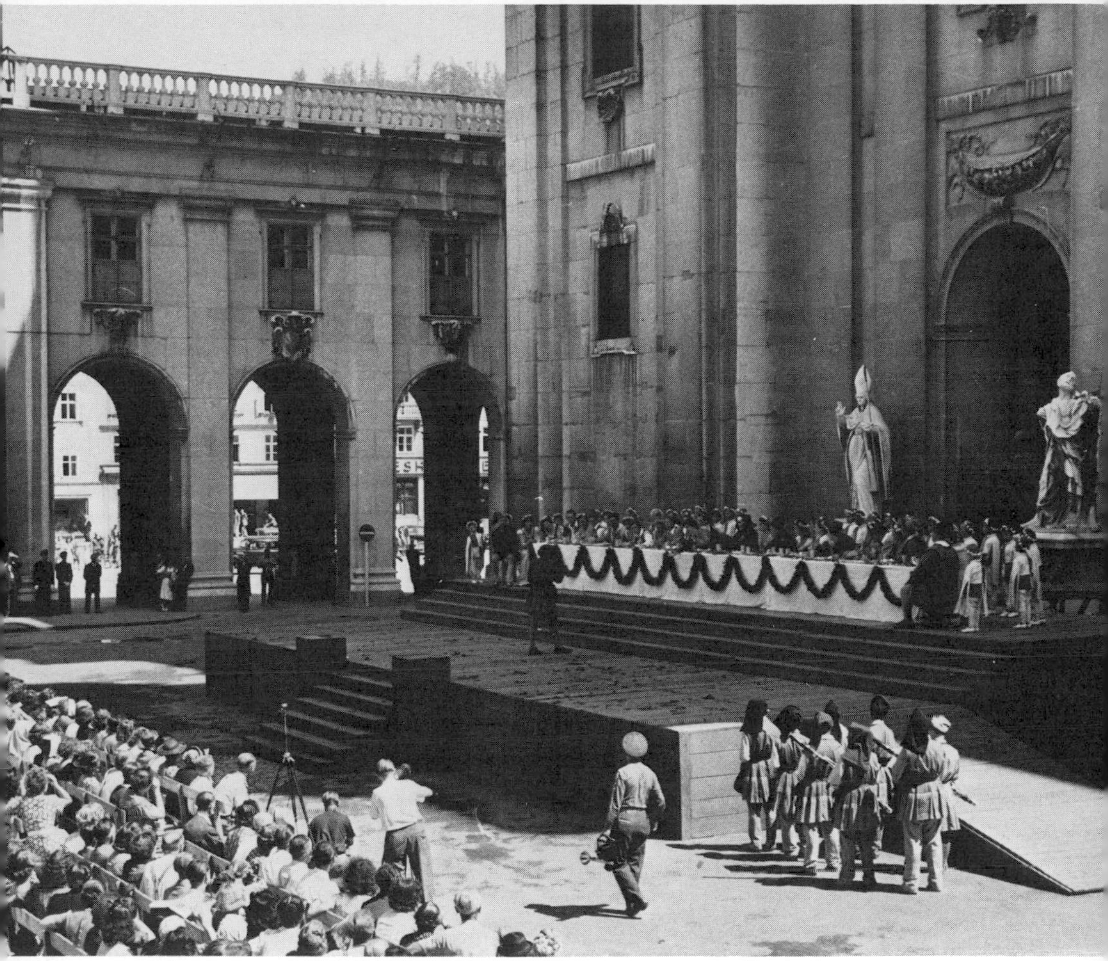

„Jedermann" vor dem Salzburger Dom

Rilkes Talent

Rilke, ein äußerst verfeinerter, empfindlicher Mensch, ist jedem Eindruck wehrlos und offen empfänglich ausgeliefert. Wie in jedem großen Lyriker verbindet sich in ihm die unerhörte Empfindung, auch die leisesten Erfahrungen mit der Seele aufzunehmen, mit der Fähigkeit, sie innerlich zu verarbeiten und in einer unglaublich schönen Sprache wiederzugeben. Schon als Jüngling beherrscht er—wie Hofmannsthal—die Sprache und den Reim vollkommen. Während bei George der Reim den architektonisch gebauten Vers abschließt, löst er ihn bei Rilke gleichsam auf und entgrenzt ihn. Rilkes Verse mit ihren Bildern drücken das Unendliche aus und weisen immer über sich hinaus, vom Äußeren auf das Innere, vom Wort auf den unaussprechlichen Sinn.

Cornet

Ungeheuren Anklang fand Rilkes kleines lyrisches Prosawerk *Die Weise von Liebe und Tod des Cornets Christoph Rilke*, das den heroischen Tod eines jungen Cornets verherrlicht, der mit der Fahne in der Faust, dem Heer voran in die Schlacht gegen die Türken reitet. Der Rhythmus dieser Zeilen ist dionysisch mitreißend:

Ist das der Morgen? Welche Sonne geht auf? Wie groß
ist die Sonne? Sind das Vögel? Ihre Stimmen sind überall.
Alles ist hell, aber es ist kein Tag.
Alles ist laut, aber es sind nicht Vogelstimmen.
Das sind die Balken, die leuchten. Das sind die Fenster, die
schrein. Und sie schrein, rot, in die Feinde hinein, die
draußen stehen im flackernden Land, schrein:
Brand.
Und mit zerrissenem Schlaf im Gesicht drängen sich alle, halb
Eisen, halb nackt, von Zimmer zu Zimmer, von Trakt zu
Trakt und suchen die Treppe.
Und mit verschlagenem Atem stammeln Hörner im Hof:
Sammeln, sammeln!
Und bebende Trommeln.
Aber die Fahne ist nicht dabei.
Rufe: Cornet!
Rasende Pferde, Gebete, Geschrei.
Flüche: Cornet!
Eisen an Eisen, Befehl und Signal
Stille: Cornet!
Und noch ein Mal: Cornet!
Und heraus mit der brausenden Reiterei.

Aber die Fahne ist nicht dabei.

Das Rußlanderlebnis

Das russische Erlebnis schlägt sich im *Stundenbuch* nieder. Nietzsches „Gott ist tot" bedrohte ihn, und er fragte sich, wie der Mensch angesichts dieser Erkenntnis Erfüllung finden und der Verzweiflung entgehen kann. In Rußland, besonders während der Osternacht in Moskau unter dem Dröhnen der Kirchenglocken und in der tiefen Religiösität einfacher Menschen, erlebte er die Frömmigkeit. „Rußland hat mich zu dem gemacht, was ich bin, all mein innerer Ausgang ist dort." „Rußland (Sie erkennen das in Büchern, wie etwa dem Stundenbuch) wurde, in gewissem

Sinne, die Grundlage meines Erlebens und Empfangens, ebenso wie, vom Jahre 1902 ab, Paris—das unvergleichliche— zur Basis für mein Gestaltenwollen geworden ist''. (*Brief an eine junge Freundin.*) Mit ganzer Kraft suchte er Gott und versuchte ihn aus seiner unnahbaren, unbegreiflichen Jenseitigkeit zur Wirklichkeit werden zu lassen, ,,bei ihm anzukommen''. Dieses Suchen, diese Sehnsucht nach Gott ist das *Stundenbuch.*

Die Suche nach Gott

Ich kreise um Gott, um den uralten Turm,
und ich kreise jahrtausendelang;
und ich weiß noch nicht: bin ich ein Falke, ein Sturm
oder ein großer Gesang....

Du, Nachbar Gott, wenn ich dich manchesmal
in langer Nacht mit hartem Klopfen störe —
so ists, weil ich dich selten atmen höre
und weiß: Du bist allein im Saal.

Und wenn du etwas brauchst, ist keiner da,
um deinem Tasten einen Trank zu reichen:
Ich horche immer. Gib ein kleines Zeichen.
Ich bin ganz nah.

Nur eine schmale Wand ist zwischen uns,
durch Zufall; denn es könnte sein:
ein Rufen deines oder meines Munds —
und sie bricht ein
ganz ohne Lärm und Laut.

In Paris wird das Gefühl der Ungeborgenheit, die Daseinsangst, in Rilke stärker. Unter dem Einfluß Rodins versucht er diesem Gefühl zu entgehen und konzentriert sich auf Form, Klarheit und Gestalt. Von Rodin lernt er strenge Disziplin und die Einsicht, daß ein ,,Ding'' nicht nachgebildet, sondern aus dem Material (Marmor, Sprache) erst erschaffen wird, so daß man es in seiner wahrhaftigen Wirklichkeit, ,,erfahren'' kann. So entstehen seine berühmten ,,Dinggedichte'', die *Neuen Gedichte*, die das ganze Können Rilkes zeigen. Das Konkrete, Sinnliche eines Dinges, eines Karussells, eines Brunnens, wird sichtbar und zugleich durchsichtig gemacht durch das Wort. Wir sehen den Gegenstand und durch ihn in die unaussprechlichen Tiefen seines Daseins hinein. *Die Römische Fontäne*, *Die Kathedrale*, *Die Treppe der Orangerie*, *Die Flamingos* und *Der Panther* sind ungeheure sprachliche Meisterleistungen.

Die „Dinggedichte“

Römische Fontäne

Zwei Becken, eins das andre übersteigend
Aus einem alten runden Marmorrand,
Und aus dem oberen Wasser leis sich neigend
Zum Wasser, welches unten wartend stand,

Dem leise redenden entgegenschweigend
Und heimlich, gleichsam in der hohlen Hand
Ihm Himmel hinter Grün und Dunkel zeigend
Wie einen unbekannten Gegenstand;

Sich selber ruhig in der schönen Schale
Verbreitend ohne Heimweh, Kreis aus Kreis,
Nur manchmal träumerisch und tropfenweis

Sich niederlassend an den Moosbehängen
Zum letzten Spiegel, der sein Becken leis
Von unten lächeln macht mit Übergängen.

Der Panther

Sein Blick ist vom Vorübergehn der Stäbe
so müd geworden, daß er nichts mehr hält.
Ihm ist, als ob es tausend Stäbe gäbe
und hinter tausend Stäben keine Welt.

Der weiche Gang geschmeidig starker Schritte,
der sich im allerkleinsten Kreise dreht,
ist wie ein Tanz von Kraft um eine Mitte,
in der betäubt ein großer Wille steht.

Nur manchmal schiebt der Vorhang der Pupille
sich lautlos auf .— Dann geht ein Bild hinein,
geht durch der Glieder angespannte Stille —
und hört im Herzen auf zu sein.

Malte

Aus der Pariser Zeit stammt auch der Roman *Die Aufzeichnungen des Malte Laurids Brigge*, die Leidensgeschichte einer modernen, kranken, tiefeinsamen Seele. Haltlos, im teilnahmslosen Leben der Großstadt sucht der Einzelne nach Wahrheit, nach sich selbst und erfährt die große existenzielle Angst. Wehrlos und ohnmächtig ist er ausgeliefert, preisgegeben. Nach einer langen Schaffenskrise schrieb Rilke 1912 auf dem Schloß der Fürstin von Thurn und Taxis die ersten drei *Duineser*

Späte Lyrik

Elegien. Der Krieg ließ ihn abermals verstummen, bis dann 1923 die zehn *Duineser Elegien* und die *Sonette an Orpheus* erschienen. Diese Gedichte, die schwer zugänglich sind, enthalten Rilkes reifste Erkenntnisse über den Sinn des menschlichen Daseins und die Aufgabe des Dichters: ,,Sie hieß, die seelenlos gewordenen Dinge im inneren Gefühl in das Göttliche zu verwandeln. Es ist ein im Singen und Rühmen geschehendes Verwandeln der Dinge in den Weltinnenraum, das Unsichtbarmachen der Welt in uns, in unserem Gefühl, damit sie in uns bewahrt werde.'' (Martini).

Zu Rilkes dichterischem Werk gehören seine Briefe und Übersetzungen. Er schrieb Hunderte von Briefen, die er mit großer künstlerischer Sorgfalt verfaßte und in denen er sich über sein Wesen, seine Gedanken und Erfahrungen ausdrückt. In seinen Übersetzungen verhelfen ihm sein außerordentliches Sprach- und Einfühlungsvermögen zur Meisterschaft.

Rilkes unerhörter Erfolg und Weltruhm sind verdient. Mit seiner Lyrik müssen sich die folgenden Generationen auseinandersetzen, übersehen können sie sie nicht. Um die Person des Dichters hat sich eine Gemeinde von schwärmerischen Verehrern[5] gesammelt (wie z.B. auch um Goethe u.a.), aber blinde, gefühlsbedingte Idolatrie hilft dem Verständnis der Größe Rilkes wenig, denn diese beruht auf seinem dichterischen Schaffen und nicht auf seiner Persönlichkeit.

Der Expressionismus

Der Expressionismus richtet sich sowohl gegen den Naturalismus als auch gegen die Dichter, die sich in den ,,elfenbeinernen Turm'' der Ästhetik flüchteten. Der Titel von Kurt Pinthus' Gedichtanthologie *Menschheitsdämmerung* bedeutet Ende und Anfang zugleich, Ende der chaotischen Entwicklung der Menschheit und Anfang einer neuen Welt, eines neuen Menschen, ,,Kampf gegen die Menschheit der zu Ende gehenden Epoche und zur sehnsüchtigen Vorbereitung und Forderung neuer, besserer Menschheit.'' (Pinthus)

Einflüsse auf die Expressionisten

Fortschreitende Industrialisierung und Technisierung hatten den Menschen weiter entfremdet, hatten die Kluft zwischen Armen und Reichen vergrößert und den Einzelnen zur Maschine entwürdigt. Zu dieser Entwürdigung trug der imperialistische Militärstaat bei mit seiner Bürokratie und seiner Apotheose des Militarismus. Dieses Übel hatte der Naturalismus vergeblich

[5] Rilke selbst hat diese Verehrung nicht ungern gesehen und sie durch seine eigenwillige Lebensführung unterstützt.

bekämpft, indem er die biologische, psychologische und soziologische Bedingtheit des Menschen anerkannte und unterstrich. Rilke, George und Hofmannsthal hatten den Kontakt mit der Wirklichkeit gemieden und sich in einer schönen Scheinwelt versteckt. Der Expressionismus „das letzte Zeichen des Alarms der geängsteten Seele" (Bahr) nimmt den Kampf noch einmal auf und versucht die Entfremdung des Menschen von sich selbst und der Natur zu überwinden, indem er sich mit allem Lebenden, besonders mit dem Mitmenschen verbrüdert. Die Katastrophe des Weltkrieges (1914–1918) wird geahnt, kann aber nicht abgewendet werden und steigert noch die Gewißheit des totalen Zusammenbruchs und die Hoffnung auf die Geburt des Neuen aus dem Chaos.

Den Dichtern voraus gehen die Maler, die sich in Dresden zur „Brücke"[6] und in München zum „Blauen Reiter"[7] (1909) zusammenschließen. In den Zeitschriften *Die Aktion* und *Der Sturm* werden künstlerische Arbeiten und theoretische Auseinandersetzungen veröffentlicht. Der Dichter ahmt nicht mehr getreu die Wirklichkeit nach oder gibt seine Eindrücke, seine Impressionen wieder, sondern schafft aus seiner inneren Vision heraus eine eigene Welt, drückt seine eigenen Empfindungen aus (Expressionismus = Ausdruckskunst). Das Wort drückt die Seele des Dichters aus. Der Dichter ist erfüllt von dem Gefühl der Brüderlichkeit, vom Dienen der Gemeinschaft, und Worte wie Bruder, Mensch, Gott, Welt kehren immer wieder. Er verlangt das Urteil, nicht die Verzeihung für alles wie der Naturalismus, die Menschenliebe und sittliche Erneuerung; er drückt seine Abneigung gegen die bestehenden Zustände, die deutsche Kultur und die ethischen Anschauungen aus. Der Vater-Sohn-Konflikt ist symbolisch für den Streit der Generationen, wobei die Welt des Vaters verworfen wird. In der Sprache wird die genaue Wiedergabe von Eindrücken völlig aufgegeben. Vergleiche sind persönlich, im Dichter selbst begründet und daher oft unklar. Der Satz wird auf das Notwendigste reduziert, der Satzbau zersplittert, das Aktive überwiegt und daher wird das Verb dem Adjektiv vorgezogen, und Adjektiv und Substantiv werden verbalisiert, „verzeitlicht" („die Erde schwült", „der Rücken schneckt"). Neue Wörter werden

Ausdruckskunst

Themen

Sprache

[6] Ihr gehören Nolde, Heckel, Pechstein u.a. an.

[7] Zur „Blauen Reiter" Gruppe gehören Kandinsky, Franz Marc und Paul Klee.

geformt, der Rhythmus dynamisch zusammengeballt, Bilder und Farben erhalten ganz subjektive Bedeutungen, so daß das Verständnis dieser Dichtung, besonders der Lyrik, oft sehr schwierig ist. Bleibendes glückte den Lyrikern nur, wenn sie auf ihre radikalen Forderungen verzichteten oder an Stelle des zerstörten Satzgebildes neue Gesetzlichkeit aufrichteten. Die gewaltige, hochgeladene Spannung, die höchst persönliche Ausdrucksweise und Metaphorik sowie der Weltkrieg, in dem viele junge Vertreter ums Leben kamen, und die politische Entwicklung der Nachkriegszeit[8] behinderten die fruchtbare Entfaltung der expressionistischen Literatur in den zwanziger Jahren.

Lyriker

Die expressionistischen Ideen äußern sich am reinsten in der Lyrik, die 1919 and 1920 in zwei wichtigen Sammlungen veröffentlicht wird: *Die Erhebung* und *Menschheitsdämmerung*. Das bedeutendste Talent unter den Lyrikern besitzen Georg Heym (1887–1912) Gottfried Benn (1886–1956), George Trakl (1887–1914) und Franz Werfel (1890–1945).

Heym

Heym ertrank 1912 als er beim Schlittschuhlaufen durch das Eis der Havel gebrochen war. Er besaß großes dichterisches Talent, das nicht zur Entfaltung kam. Seine Gedichtsammlungen (*Der ewige Tag*, *Umbra vitae*) sind angefüllt mit grauenvollen Visionen und schrecklichen Angstträumen.

Benn

Benns frühe Gedichte enthalten vielleicht das Scheußlichste, was je in der deutschen Lyrik ausgesprochen wurde: Der Gestank von Leichenhäusern und Krankenhäusern, wo die Krebskranken verwesen, das Elend der Großstadt und das Grauen werden zynisch und rücksichtslos, medizinisch exakt dargestellt (*Morgue*).

Trakl

Georg Trakl wuchs in Salzburg auf und nahm sich 1914 das Leben, als er an der Ostfront als Sanitäter unter dem Leiden der Schwerverwundeten seelisch zusammenbrach. Trakl ist der begabteste Lyriker unter den Expressionisten.

Dumpfe Trauer, Schwermut, Ahnung des drohenden Verhängnisses, herbstliche Verwesung, anfangs bildliche und klangliche Schönheit zeichnen seine Lyrik aus. Die Bilder von Aussatz und Verwesung werden bei ihm im Gegensatz zu Heym und besonders Benn gemildert durch die Musikalität seiner Lyrik. Das Gedicht *In den Nachmittag geflüstert* ist ein Beispiel:

[8] Die Nationalsozialisten bekämpften den Expressionismus als dekadent. Bei ihrer Machtergreifung im Jahre 1933 verließen Hunderte von Künstlern und Theoretikern Deutschland.

In den Nachmittag geflüstert

Sonne, herbstlich dünn und zag,
Und das Obst fällt von den Bäumen.
Stille wohnt in blauen Räumen
Einen langen Nachmittag.
Sterbeklänge von Metall;
Und ein weißes Tier bricht nieder.
Brauner Mädchen rauhe Lieder
Sind verweht im Blätterfall.
Stirne Gottes Farben träumt,
Spürt des Wahnsinns sanfte Flügel.
Schatten drehen sich am Hügel,
Von Verwesung schwarz umsäumt.
Dämmerung voll Ruh und Wein;
Traurige Gitarren rinnen.
Und zur milden Lampe drinnen
Kehrst du wie im Traume ein.

Trakls letztes Gedicht, *Grodek*, spiegelt seine Kriegserlebnisse wider:

Grodek

Am Abend tönen die herbstlichen Wälder
Von tödlichen Waffen, die goldnen Ebenen
Und blauen Seen, darüber die Sonne
Düstrer hinrollt; umfängt die Nacht
Sterbende Krieger, die wilde Klage
Ihrer zerbrochenen Münder.
Doch stille sammelt im Weidengrund
Rotes Gewölk, darin ein zürnender Gott wohnt.
Das vergoßne Blut sich, mondne Kühle;
Alle Straßen münden in schwarze Verwesung.
Unter goldnem Gezweig der Nacht und Sternen
Es schwankt der Schwester Schatten durch den schweigenden Hain,
Zu grüßen die Geister der Helden, die blutenden Häupter;
Und leise tönen im Rohr die dunklen Flöten des Herbstes.
O stolzere Trauer! ihr ehernen Altäre,
Die heiße Flamme des Geistes nährt heute ein gewaltiger Schmerz,
Die ungeborenen Enkel.

Die Hauptleistung des Expressionismus liegt auf dem Gebiet des Dramas. Die Aufnahme neuer Stoffe und eine neue Darstellungsmethode beeinflussen das spätere Theater sehr stark. Inhaltlich treten die Fragen nach der Erneuerung des Menschen, des Verhältnisses der Menschen zueinander und nach den Aufgaben der menschlichen Gesellschaft in den Vordergrund.

Das expressionistische Drama

Bühnentechnisch verzichtet das expressionistische Drama auf genaue Wiedergabe des Milieus und der Pflege des Details. Nicht das Einzelschicksal interessiert, sondern die menschliche Situation. Schon die Vorläufer (Frank Wedekind, Carl Sternheim und August Strindberg) hatten sich vom einmaligen Fall, von persönlichen Namen, Orts- und Zeitangaben losgelöst. Das Drama will das Typische zeigen, das allgemeine Vorbild. Das „Stationsdrama", in dem ein typischer Mensch Station für Station seinen Weg auf das Ziel hin verfolgt, entsteht. In Reinhard Sorges *Der Bettler* (1912), dem ersten expressionistischen Drama, haben die Personen kein individuelles Eigenleben mehr. Sie sind Typen und heißen der Vater, die Mutter, das Mädchen usw. Das wird zum Vorbild. Die Form des expressionistischen Dramas ist uneinheitlich: Vers und Prosa wechseln sich ab, die Szenen wechseln rasch, der Monolog überwiegt. Unter den vielen Dramatikern ragt Georg Kaiser hervor, und wir werden uns in unseren Ausführungen auf ihn beschränken.

Kaiser

Georg Kaiser (1878–1945) reiste als Kaufmann in Südamerika und den Mittelmeerländern und starb im Exil in der Schweiz. Er schrieb etwa 40 Dramen, unter denen *Die Bürger von Calais* (1914) und die Trilogie *Die Koralle*, *Gas I* und *Gas II* uns am meisten interessieren. Der Stoff für *Die Bürger von Calais*, den auch Rodin für seine berühmte Gruppe aus Bronze verwendet hat, stammt aus der französischen Geschichte und dient Kaiser dazu, das Ideal vom „neuen Menschen" aufzustellen. Der „alte Mensch", dargestellt in der Person des königlichen Offiziers Duguesclins, kennt nur den bedingungslosen Kampf um Ehre und Prestige. Ihm tritt der „neue Mensch" in den sieben Bürgern von Calais entgegen, die bereit sind, ihr Leben für ihre Mitmenschen und die Erhaltung ihrer Stadt zu opfern. Der englische König, der die belagerte Stadt Calais in seine Gewalt gebracht hat, will Gnade üben, wenn sechs angesehene Bürger sich ihm zum Sühnetod stellen. Sieben melden sich, so daß einer durch das Los freigesprochen werden kann. Eustache, der angesehenste Bürger der Stadt, zögert die Entscheidung zweimal hinaus, um alle von selbstsüchtigen Gefühlen zu läutern.

Der neue Mensch

Die Bürger von Calais

Er erreicht sein Ziel, indem er Selbstmord begeht und dadurch jeden der anderen sechs von den Gefühlen der Verwirrung, Eifersucht und Selbstgerechtigkeit befreit. Der Vater des Toten verkündet: ,,Ich habe den neuen Menschen gesehen — in dieser Nacht ist er geboren!" Die andern sechs sind nun zum Opfer bereit. Da wird ihnen das Leben geschenkt.

Die Koralle

Gas I

Gas II

Die Gas-Trilogie erscheint 1917–1920 und hat Aufstieg und Untergang des neuen Menschen und die Tragödie des technischen Zeitalters zum Thema. Der Generationskonflikt wird in *Die Koralle* aufgezeigt. Sohn und Tochter verlassen den Milliardärvater, der sich brutal, ohne Mitleid für die schuftenden Arbeiter, nach oben gearbeitet hat. Sie wollen sich dem Dienst am Nächsten widmen. *Gas I* wird zur Tragödie der technischen Errungenschaften. Der Ausblick auf den neuen Menschen und das Weltparadies verschwärzen sich am Ende. Der Milliardärsohn hat eine neue Welt geschaffen. In den großen Fabriken gibt es keine Klassenunterschiede mehr, und jeder ist am Gewinn beteiligt. Gas, ein geheimnisvolles Antriebsmittel für die Maschinen der Erde, wird in ungeheuren Mengen hergestellt. Da explodiert die Fabrik, obgleich die Formel für das Gas mathematisch einwandfrei ist. Millionen kommen um. Die Technik ist dem Menschen über den Kopf gewachsen. Weil der Unternehmer neues Unheil verhindern will, weigert er sich, die Fabrik wieder aufzubauen. Die Arbeiter sollen Land erhalten und Bauern werden, aber sie sind zu Maschinen geworden und können sich nicht auf ein neues Leben umstellen. In *Gas II* symbolisiert der Milliardärarbeiter den neuen Menschen. Er ist ein Urenkel des reichen Kapitalisten in *Die Koralle.* Der Staat hat die Fabrik wiederaufgebaut, weil er Gas für den Krieg braucht, der ausgebrochen ist. Die Blaufiguren kämpfen gegen die Gelbfiguren. Der Ingenieur hat das Giftgas entwickelt, das den Feind vernichten wird. Der Milliardärarbeiter appelliert an Vernunft und Menschlichkeit—aber seine Stimme wird im Gebrüll der Masse erstickt, die das Entzünden des Giftgases fordert. Da vernichtet er sich und die andern: ,,Unsere Stimme konnte die Wüste wecken — der Mensch ertaubte vor ihr!! Ich bin gerechtfertigt!! Ich kann vollenden!!!" ,,In der dunstgrauen Ferne sausen die Garben von Feuerbällen gegeneinander — deutlich in Selbstvernichtung." Die Menschen verharren in ihrer Engstirnigkeit. Das Drama endet im völligen Pessimismus, der zweifellos durch die Ereignisse des 1. Weltkrieges bedingt wurde. Kaum ein anderes Drama des Expressionismus arbeitet den Gegensatz von expressionistischer Technik (Sprach Bühnengestaltung, Gestik, Personen als Typen) und verbohrte Unverstand des Menschen so stark heraus wie Kaisers *Gas*.

Döblin

Auf dem Gebiet des expressionistischen Romans ist Alfred Döblin (1878–1957) der erfolgreichste Autor. Er wurde in Stettin geboren, wuchs in Berlin auf und wurde dort Arzt und Psychoanalytiker. Während der Hitlerzeit emigrierte er nach Frankreich und den U.S.A. Sein erfolgreichster Roman ist *Berlin Alexanderplatz*. Im Mittelpunkt des Geschehens, das sich in der Großstadt Berlin abspielt, steht der Transportarbeiter Franz Biberkopf, der gerade aus dem Gefängnis gekommen ist und nun ein anständiges Leben führen will. ,,Das gelingt ihm auch anfangs. Dann aber wird er, obwohl es ihm wirtschaftlich leidlich geht, in einen regelrechten Kampf verwickelt mit etwas, das von außen kommt, das unberechenbar ist und wie ein Schicksal aussieht.'' Um ihn rasen die Autos und Bahnen, blitzen die Lichtreklamen auf, fluten fremde Menschen, lärmen die Dirnen und Dunkelmänner in Spelunken und Kaschemmen. Dreimal wirft es Biberkopf nieder, dann begreift er langsam, was um ihn vor sich geht. Er sieht sein verpfuschtes Leben vor sich. ,,Das furchtbare Ding, das sein Leben war, bekommt einen Sinn. Es ist eine Gewaltkur mit Franz Biberkopf vollzogen.'' Am Ende steht er wieder am Alexanderplatz, ,,sehr verändert, ramponiert aber doch zurechtgebogen''. Das ganze Geschehen wird in einem charakteristischen Prosastil geschildert, in dem sich Berliner Straßenjargon mit Hochdeutsch, Reklametexten, balladenartigen Berichten und innerem Monolog wirkungsvoll abwechseln.

Berlin Alexanderplatz

Alfred Döblin in seiner Praxis

stil,

Mit Döblin verlassen wir die Expressionisten und wenden uns zwei Dramatikern, Carl Zuckmayer und Bertold Brecht, zu, deren Entwicklungs- und Reifezeit in die Periode vor dem Zweiten Weltkrieg fällt, und den Schriftstellern Franz Kafka, Thomas Mann und Hermann Hesse, deren bedeutendstes Schaffen ebenfalls in die Vorkriegszeit fällt.

Zuckmayer

Carl Zuckmayer (1896–) stammt aus dem Rheinland, eine Tatsache, die in seinen Werken immer wieder ihren Niederschlag findet. Sein erster Erfolg ist das humoristisch-derbe Stück *Der fröhliche Weinberg* (1925). Es ist ein Volksstück, das die physischen Freuden des rheinischen Winzers preist: Essen, Trinken, Lieben, Singen und Raufen. Es geht vornehmlich um die Fortpflanzung der Winzerdynastie Gunderloch und um das Weiterführen des Geschäfts. Mit der Tragikomödie *Der Hauptmann von Köpenick* (1931) führt Zuckmayer eine satirische Attacke gegen Kadavergehorsam und Bürokratie, gegen ein System, in dem nur die Uniform Respekt genießt. Der biedere, vorbestrafte Schuster Voigt kann keine Arbeit bekommen, weil er keinen Paß und keinen Paß, weil er keine Arbeit hat. Das System verwehrt ihm die Lebenschance und die Rückkehr in die menschliche Gesellschaft. Er endet wieder im Gefängnis. Nach abermaliger Entlassung entschließt er sich, die Bürokratie mit ihren eigenen Waffen zu schlagen. Für 15 Mark kauft er sich eine alte Hauptmannsuniform, befiehlt einer Wachabteilung, die ihm auf der Straße begegnet und dem ,,Herrn Hauptmann" blind gehorcht, ihm auf das Rathaus nach Köpenick zu folgen. Dort will er sich den nötigen Paß besorgen. Er setzt den Bürgermeister gefangen, der ihm als Reserveoffizier ebenfalls blind gehorcht und verlangt die Ausweispapiere, aber das Rathaus Köpenick hat kein Paßamt, und wieder stürzt Voigts Welt zusammen. Sein Streich, der vom Kaiser wohlwollend belacht wird, macht ihn jedoch berühmt und bringt ihm den ersehnten Paß und damit endlich die Lebensberechtigung ein. Das Stück ist eine grimme Satire auf die Unmenschlichkeit des Staatsapparates und das ,,deutsche Märchen von der Uniform".

Das deutsche Märchen von der Uniform

In drei späteren Dramen, *Des Teufels General* (1946), *Der Gesang im Feuerofen* (1949) und *Das kalte Licht* (1955) befaßt sich Zuckmayer mit dem Problem des politischen Verrats. In *Des Teufels General* geht es um die aktuelle Frage: Hat der Offizier die Pflicht, sich einem unmenschlichen Staat zu widersetzen? Äusserst geschickt und unglaublich realistisch – besonders wenn man bedenkt, daß Zuckmayer während der Hitlerzeit im

Exil lebte – zeigt der Autor die typischen Verhaltensweisen von Menschen, die im Dritten Reich Führungspositionen innehatten.

Das Problem des Widerstandes

Die Pole sind unbedingter Gehorsam dem Führer gegenüber und tatkräftiger Widerstand unter Einsatz des Lebens. Dazwischen liegen alle Schattierungen. Die Hauptfigur, der Luftwaffengeneral Harras, dient dem verbrecherischen Regime, das er im Grunde verachtet, aus Liebe zum Fliegen und Kriegführen. Seine Opposition gegen die Partei beschränkt sich auf geschickte Verhöhnung der Machthaber und heimliche Hilfeleistung an ein jüdisches Ehepaar. Sein Freund und Mitarbeiter Oderbruch bekämpft das Regime mit Sabotageakten, die unbeabsichtigt eigenen Kameraden das Leben kosten. Am Ende erkennt Harras, daß er sich dem Unheil verschrieben hat und befreit sich aus der Verstrickung durch den Freitod. Durch seine Tat lenkt er den Verdacht weg von seinem Freund auf sich.

Brecht

Befruchtender als Zuckmayer hat Bertold Brecht (1898–1956) auf das moderne Theater gewirkt. Er wurde in Augsburg geboren, studierte Medizin, aber begann sich sehr bald für das Theater zu interessieren und wurde Dramaturg und Regisseur in Berlin. Sein starkes Mitgefühl für die Arbeiterklasse und sein Sinn für soziale und gesellschaftliche Gerechtigkeit ließ ihn schon früh die kapitalistische Gesellschaft verdammen und mit dem Sozialismus und Kommunismus sympathisieren. Im Jahre 1933 mußte er emigrieren, kam auf Umwegen nach Hollywood und kehrte 1948 nach Berlin (Ost) zurück, wo er mit seiner Frau, der Schauspielerin Helene Weigel, das ,,Berliner Ensemble'' gründete.

Erste Dramen

Brechts erste Dramen *Trommeln in der Nacht* (1922), *Baal*, *Im Dickicht der Städte* (1923) sind in expressionistischer Sprache als Anklage gegen die bürgerliche Gesellschaft geschrieben. Marxistische Tendenzen, wie die starke politische Agitation, machen sich bemerkbar. Sein erster großer Erfolg wird die *Dreigroschenoper* (1928), eine radikale Umarbeitung von John Gays *Beggar's Opera* (1728). Kurt Weill komponierte die Musik zu den Songs, die überall in die Handlung eingeschoben werden. Mit bitterer Ironie, Satire und Zynismus setzt Brecht das Treiben der Gangster Mackie Messer und Peachum den Gepflogenheiten der kapitalistischen Bürgerschicht gleich.

Lehrstücke

In den folgenden Jahren engagiert sich Brecht politisch mehr mit der Linken und schreibt eine Reihe von sogenannten Lehrstücken, die nicht mehr lebendige Vorgänge und Personen auf die Bühne stellen, sondern Thesen des dialektischen

Brechts „Die Dreigroschenoper". Macheath und Jenny

Materialismus durchexerzieren. Er schreibt ebenfalls seine Ideen über das „epische Theater" und den „Verfremdungseffekt" nieder. Es kommt ihm darauf an, die Zuschauer zu desillusionieren. Episches Theater steht im Gegensatz zum traditionellen Illusionstheater, in dem der Zuschauer sich mit den Personen und Vorgängen auf der Bühne identifiziert und vom Geschehen keinen kritischen Abstand nimmt. Das ist anders im epischen Theater. Brecht spricht gerade das kritische Denkvermögen des Zuschauers an, und versucht, ihn im marxistischen Sinne zu belehren und zur Aktivität aufzurütteln. Durch den „Verfremdungseffekt" wird Bekanntes und Vertrautes fremd gemacht.

Der V-Effekt

Die Mittel, die Brecht anwendet, um diesen V-Effekt hervorzurufen, sind vielfältig.

Die Dramen

Seine besten Dramen schrieb Brecht in der Emigration. *Mutter Courage und ihre Kinder* (1939) ist ein eindrucksvolles Antikriegsdrama. Die Marketenderin will im Dreißigjährigen Krieg mit dem Krieg Geschäfte machen, aber dieser entreißt ihr nacheinander ihre drei Kinder. Obwohl sie unter diesem Verlust leidet, kommt sie nicht zu der Einsicht, daß der Krieg dem Menschen am Ende alles nimmt. *Der gute Mensch von*

Sezuan (1940) ist ein Parabelstück, das in China spielt. Drei Götter, die die erstarrte, bürgerliche Religion (Dreieinigkeit!) symbolisieren, suchen einen guten Menschen und finden das hilfreiche Freudenmädchen Shen Te. Aber Shen Te kann nicht gut bleiben, denn wer gut ist, kann nicht leben; wenn man leben will, muß man böse sein. Der gute Mensch muß sich in zwei Pole aufspalten: die gute, lebensschwache Shen Te und den bösen Vetter Shui La, der im Leben erfolgreich ist. Die Lage des Menschen ist ausweglos, aber die Götter ziehen sich enttäuscht in ihren rosa Himmel zurück. Der Schluß des Stückes bleibt offen, und Brecht fordert das Publikum auf, die Lösung selbst zu finden. *Das Leben des Galilei* (1939) behandelt den Konflikt des Wissenschaftlers mit der dogmatischen Kirche, die sowohl den Nationalsozialismus wie auch den Kommunismus symbolisieren kann. In *Der kaukasische Kreidekreis* (1945) triumphiert Menschlichkeit über Blutsverwandtschaft. Die Frau, die in der Not für ein Kind gesorgt und es unter großen persönlichen Opfern großgezogen hat, wird als die wahre Mutter erklärt gegenüber der Frau, die es zwar geboren, dann jedoch im Stich gelassen hat.

Wie in seinen Dramen, so kämpft Brecht auch in seinen Gedichten um eine bessere Zukunft. Der richtige Weg schien ihm nicht der westliche Kapitalismus, sondern der dialektische Materialismus zu sein. Er glaubte, daß das ostdeutsche System seinen Idealen näher kommen würde als Westdeutschland, und aus diesem Grunde ließ er sich in Ostberlin nieder.

Kafka

Das Werk des Erzählers Franz Kafkas (1883–1924) übte auf die Entwicklung der modernen Literatur einen ähnlich starken Einfluß aus wie die Dramen Bertold Brechts. Kafka wurde wie

Franz Kafka

Rilke und Werfel in Prag geboren. Die Eigenart seiner Werke, die, wie er selber sagt, Darstellungen seines ,,traumhaften inneren Lebens'' sind, wurde erst nach seinem Tode langsam anerkannt, und erst nach 1945 wurde Kafka im In- und Ausland berühmt. Er studierte Rechtswissenschaft und arbeitete nach der Promotion zum Dr. jur. als Angestellter in einer Versicherungsgesellschaft. Er war scheu, zurückhaltend und kontaktarm und verbrachte die meiste Zeit nach der Tagesarbeit mit Schreiben. Er hatte wenig Vertrauen in sich und seine literarische Arbeit und verlangte von seinem Freund Max Brod, daß dieser nach seinem Tode seinen gesamten Nachlaß vernichte. Glücklicherweise hat Brod diese Forderung nicht befolgt, sondern die Hauptwerke 1925 veröffentlicht. Kafka selbst veröffentlichte nur kleinere Erzählungen (*Das Urteil*, *In der Strafkolonie*, *Der Landarzt*), die scheinbar wenig Verständnis fanden.

Einflüsse auf Kafka

Drei Tatsachen haben großen Einfluß auf Kafkas Schaffen ausgeübt: Das Verhältnis zu seinem Vater, die jüdische Religion und die Atmosphäre der Stadt Prag. Sein ganzes Leben lang litt er unter seinem Haß gegen den Vater, was in dem sensitiven Sohn ein starkes Schuldgefühl entwickelte. Der Vater war stark und robust und dominierte den schmächtigen, scheuen Sohn, der seinen Wünschen gar nicht entsprach. In einem 40 Seiten langen Brief (*Brief an den Vater*), einem erschütternden Dokument, das das tragische Verhältnis zwischen Vater und Sohn widerspiegelt, versucht Kafka sich von dem ,,niederdrückenden'' Einfluß des Vaters zu lösen. Es war dem Sohn einfach nicht möglich, mit dem Vater zu sprechen, und so schrieb er diesen berühmten Brief, den er auf den Rat der Mutter nie an den Vater abgeschickt hat. Für den Sohn war es unfaßbar, daß der Vater, der für ihn ,,so ungeheuer maßgebende Mensch'', sich nicht selbst an die Gebote hielt, die er dem Sohn auferlegte. Dadurch kam er sich wie ein Sklave vor, der Gesetze befolgen mußte, die nur für ihn geschaffen waren und die er nie völlig richtig befolgen konnte. Der Vater repräsentierte die Regierungsgewalt, der der Sohn sich nie nähern konnte und die damit beschäftigt war, immer neue Gesetze und Befehle zu erlassen, die nicht erfüllt werden konnten. ,,Ich war immerfort in Schande, entweder befolgte ich Deine Befehle, das war Schande, denn sie galten ja nur für mich, oder ich war trotzig, das war auch Schande, denn wie durfte ich Dir gegenüber trotzig sein, oder ich konnte nicht folgen, weil ich zum Beispiel nicht Deine Kraft, nicht Deinen Appetit, nicht Deine Geschicklichkeit hatte,

Der Vater-Sohn Konflikt

trotzdem Du es als etwas Selbstverständliches von mir verlangtest, das war allerdings die größte Schande.“

Die Verlorenheit des Autors wurde noch vergrößert dadurch, daß er als deutschsprechender Jude inmitten einer tschechischsprechenden, katholischen Mehrheit sicher manche Demütigung hinnehmen mußte. Die düstere Atmosphäre der Stadt Prag und der Versicherungsgesellschaft mit ihren dunklen Büroräumen, ihrer bürokratischen Hierarchie und ihren staubigen Akten beeinflußten sein Werk und sein Menschenbild. Der Mensch in Kafkas Werken ist existentiell schuldig. Er weiß zunächst nichts von dieser Schuld, nimmt sie jedoch allmählich auf sich und versucht sie vergeblich zu büßen. Er sucht, aber er weiß nicht, was oder ob es ihm Erleichterung bringen würde, wenn er es fände. Er bewegt sich in einer surrealistischen, traumhaften Welt, in der die bekannten Gesetze von Ort, Zeit, kausaler und psychologischer Bedingtheit aufgehoben sind, in der jedoch ein geheimnisvolles, unerkennbares Gesetz gilt, das befolgt werden muß, aber nicht befolgt werden kann. Die Strafe wird über diesen Menschen verhängt, aber er weiß nicht, worin sie besteht, wann, wo oder von wem sie vollzogen wird. Haltlos, verzweifelt, wie in einem Alptraum sucht das Opfer nach einem Ausweg, ohne ihn je zu finden. In dieser irrealen Welt, zeichnet Kafka paradoxerweise Vorgänge und besonders Räumlichkeiten mit genauem Detail und mit einer klaren, völlig übersichtlichen, realistischen Sprache, die verblüffend wirkt. Haargenau werden Dachzimmer, Gerümpelkammer und Amtszimmer in *Der Prozeß* geschildert oder die verschneite Landschaft, der Schankraum und die Bauernstube in *Das Schloß* oder die mörderische Maschine in *Die Strafkolonie*. Aber was ist diese Welt, was sagt sie aus? Der Mensch kann sich in diesen Räumlichkeiten, in diesen Vorgängen nicht orientieren. Er hat sich verirrt und vergeblich sucht er Klarheit. Er ist in einem Tunnel, der dunkel ist und von dem er nicht einmal genau weiß, ob er einen Anfang oder ein Ende hat.

Das Schuldproblem

Kafkas Welt

In *Der Prozeß* soll der Held K. sich vor dem Gericht für seine Schuld verantworten. Er weiß nicht, worin seine Schuld besteht oder wo er das Gericht finden soll. Trotzdem macht er sich auf die Suche und wird immer mehr mit Instanzen, Helfern und Gegnern verstrickt, bis er schließlich von zwei unbekannten Männern erstochen wird. In *Das Schloß* hat der Landvermesser K. einen Auftrag vom Schloß, das über dem Dorfe thront, bekommen. Niemand kennt ihn oder hilft ihm. Er versucht herauszu-

Die Romane

finden, was sein Auftrag ist und die Schloßbehörde zu befragen, aber er hat keinen Erfolg. Er verbringt sein Leben mit der Suche nach Klarheit und Anerkennung. Weder das Schloß noch das Dorf nehmen ihn auf. Er bleibt im Niemandsland, hoffnungslos, ziellos. Besonders bezeichnend für Kafka sind außer den beiden angeführten Romanen die Erzählungen *Das Urteil*, *Die Verwandlung*, *In der Strafkolonie* und die Parabel *Vor dem Gesetz*.

Hesse

Für die Entwicklung der Literatur weit weniger bedeutend, aber beliebt bei den jungen Deutschen nach den beiden Weltkriegen, und seit der Hippie-Bewegung auch in Amerika, ist Hermann Hesse (1877–1962). Er war der Sohn eines baltendeutschen Missionars, der seine Frau in Indien kennengelernt hatte. Er wuchs in Basel und im Schwarzwald auf, wurde 1904 freier Schriftsteller und siedelte 1912 in die Schweiz über. 1946 erhielt er den Nobelpreis für Literatur. Hesse beginnt seine schriftstellerische Tätigkeit als ,,der letzte Ritter der Romantik, dessen Nachhut er verteidigt''. Sehnsucht und Naturgefühl sprechen aus seinen ersten Werken, die heute weniger ansprechend sind, als seine vier großen Romane *Demian* (1919), *Siddhartha* (1922), *Steppenwolf* (1927) und *Das Glasperlenspiel* (1943).

Demian

Demian steht unter dem Leitspruch: ,,Wahrer Beruf für jeden ist nur das eine: zu sich selbst zu kommen.'' Hesse sucht Antworten auf die Fragen seiner Zeitgenossen, deren Illusionen im Ersten Weltkrieg und der schweren Nachkriegszeit total zusammengebrochen waren. Das Buch wurde von der Jugend begeistert aufgenommen, nicht weil es Antworten gab, sondern weil es dieselben ehrlichen Fragen enthielt, die die junge Generation stellte. In der indischen Legende *Siddhartha* wird die Suche nach der Rettung aus dem Chaos fortgesetzt. Der Weg geht im buddhistischen Sinne ,,nach innen''; durch Innenschau und durch Verzicht auf Genuß und Lebensfreude wird der Seelenfrieden gewonnen.

In *Steppenwolf* widerspricht Hesse dieser Einsicht und entlarvt den modernen Kulturzerfall, die Zerrissenheit und Zersetzung aller Werte. Der Mensch ist halb Wolf, d.h. er hat wilde Instinkte, hemmungslose Triebe in sich, die sich Bildung und Kultur widersetzen. Harry Haller ist ein einsamer, ausgestoßener ,,Wolf'', der in der Steppe, außerhalb des bürgerlichen Lebens umherirrt. Das ,,Magische Theater'', in das Haller von einem Musiker eingeführt wird, ist eine zeitlose Welt ohne Realität, die an ein modernes ,,happening'' erinnert.

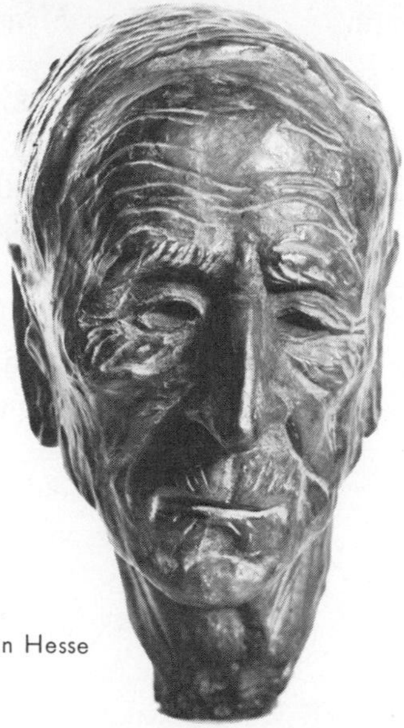

Hermann Hesse

Hesses Popularität

Wie läßt sich Hesses Popularität unter der amerikanischen Jugend erklären? Was ist so anziehend an seinen Werken, die in englischer Übersetzung zu Bestsellern an amerikanischen Universitäten wurden? Zunächst sieht die Jugend in Hesse einen Gleichgesinnten, der ihre Probleme von Selbstidentität und Suche nach Werten versteht. Seine Romanhelden verwerfen die Ideale der bestehenden Gesellschaft und suchen nach einem besseren Leben. Siddhartha ist ein Blumenkind, das aus der menschlichen Gesellschaft austritt und sein Leben an einem Fluß in glücklicher Meditation verbringt. Hesses Werk enthält einen starken Zug indischer Mystik, der dem Zen-Buddhismus und Yoga ähnlich ist. Visionenhafte Stellen in Hesses Werken (z.b. das Magische Theater in *Steppenwolf*) erweitern das Bewußtsein. Als Anhänger Freuds und Jungs benutzt Hesse Bilder und Metaphern, die die Hippie-Generation ansprechen. *Der Steppenwolf* verherrlicht emotionell aufgeladene Musik, Rauschgift und freie Liebe als Mittel, die gehemmte menschliche Natur freizusetzen und die Totalität der Lebenserfahrung zu erreichen. Wie Harry Haller war auch Hesse selbst Pazifist, eine Haltung mit der viele Kriegsgegner sympathisieren. Zweifellos finden viele junge Leute in Hesses Werken ein verständnisvolles Echo, das Echo eines Mannes, der mit all den Problemen der heutigen Jugend selbst gekämpft hat.

Th. Mann

Thomas Mann (1875–1955), der Sohn eines angesehenen Lübecker Kaufmanns ist der Patrizier unter den modernen Schriftstellern und wird von vielen als der bedeutendste deutsche Romanschreiber des 20. Jahrhunderts angesehen. Er lebte als freier Schriftsteller in München, ging 1933 in die Schweiz, dann in die U.S.A. und nach dem Krieg zurück in die Schweiz. 1929 erhielt er den Nobelpreis und 1949 den Goethepreis für Literatur. Seit dem Erfolg seines ersten Romans *Buddenbrooks*[9] (1901) war er finanziell unabhängig und brauchte selbst im Exil — ganz im Gegensatz zu vielen anderen deutschen Schriftstellern — seine aristokratische Lebensführung nicht aufzugeben. Manns Schaffen wird entscheidend beeinflußt von der Philosophie Schopenhauers und Nietzsches und von der Musik Richard Wagners.

[9] Der Roman ist seitdem in über 1200 Auflagen erschienen.

Thomas Mann

Handschrift Thomas Manns (Buddenbrooks)

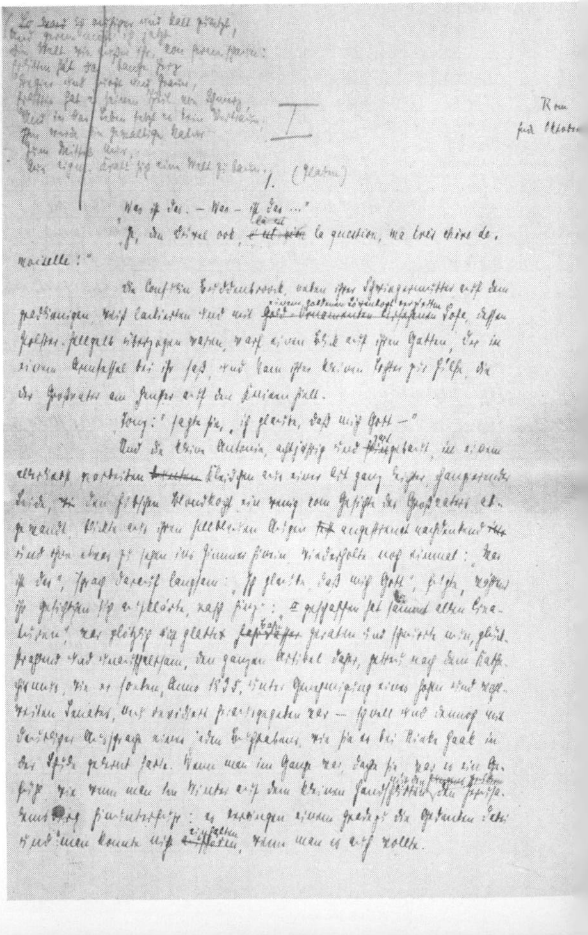

Der Roman *Buddenbrooks* verfolgt Blüte und Niedergang einer bekannten hanseatischen Kaufmannsfamilie. Das Interesse des Autors gilt besonders dem Verfall dieser Familie, der während der letzten beiden Generationen seinen Höhepunkt erreicht. Der Verfall des Hauses Buddenbrook, Symbol für den Untergang des bürgerlichen Zeitalters mit seinen bürgerlichen Tugenden und Talenten, wird hervorgerufen durch den wachsenden Einfluß des künstlerisch Philosophischen auf die Lebensweise der Familie. Damit verbunden ist die zunehmende Schwächung der biologischen und moralischen Lebensfähigkeit der Familienmitglieder. Die geistige Verfeinerung, herbeigeführt durch die Kunst (Musik), bringt biologischen Verfall und Lebensuntüchtigkeit mit sich. Der Leitspruch des alten Buddenbrooks, ,,Mein Sohn, sei mit Lust bei den Geschäften bei Tage, aber mache nur solche Geschäfte, daß du bei Nacht innig schlafen kannst,'' gerät in Vergessenheit. Das Grundproblem, das sich durch Manns Gesamtwerk hindurchzieht, taucht bereits in diesem Roman auf: Was ist das Verhältnis des Künstlers zum Bürger, des künstlerischen Schaffens zur handwerklichen oder kaufmännischen Tüchtigkeit? Wie verhält sich die Pflege der Schönheit zu den Gesetzen der bürgerlichen Gesellschaft, die zum Wohlstand und Fortschritt geführt haben? Wie steht der rechtschaffene, gesunde Bürger, der Wohlstand, Ordnung und Sicherheit schafft, zum ungewöhnlichen, unverständlichen, künsterlischen Genie? Das Künstler-Bürger Problem wird zum Leitmotiv in Manns Schaffen. Es kehrt wieder in den sechs Novellen, die im *Tristan* (1903) zusammengefaßt sind und wird besonders ernst in *Tonio Kröger* behandelt und später in der *Tod in Venedig* (1913). Thomas Mann selbst gehört beiden Welten an und kann daher das Problem von beiden Seiten beleuchten, was er oft mit überlegener Ironie und kühler Distanz tut.

Der Verfall einer Bürgerfamilie

Das Künstlerproblem

Der Zauberberg

Manns zweiter großer Roman *Der Zauberberg* (1924) begründet den Weltruhm des Schriftstellers. Er versucht ,,auf wunderliche, ironische und fast parodistische Weise den alten-deutschen Wilhelm Meisterlichen Bildungsroman ... zu erneuern''. (T. Mann). Mit dem Roman beginnt Manns Hinwendung zu Goethe, d.h. der Versuch eine neue humane Sittlichkeit zu begründen. Gleichzeitig findet er nun die Parodie als sein eigentliches Stilmittel. Hans Castorp, ein junger norddeutscher Kaufmannssohn, kommt in die Lungenheilanstalt Davos in den schweizer Bergen, um einen Freund zu besuchen. In Wirklichkeit sucht er nach dem Sinn und Ziel des Daseins und kommt von der zauberhaften Atmosphäre des Berges mit seinen Verlockungen und der Freiheit von Verantwortung nicht mehr los. Zwei Intellektuelle, der Humanist Settembrini, der an die Vernunft, den Fortschritt und die demokratische Staatsform glaubt, und der Revolutionär Naphta, der den Nihilismus und Totalitärismus vertritt, versuchen Castorp für ihre Philosophie zu gewinnen. Die unmittelbare Lebensvitalität wird von Mynheer Peeperkorn vertreten. Wir finden hier auf dem Zauberberg eine kleine Welt, die die große Welt, das kranke, entschlußlose Europa widerspiegelt, das dem Zerfall nahe ist. Nur der Weg in den Tod, in den Weltkrieg, scheint offen zu sein.

Im Exil vollendet Mann seine große Romantetralogie *Joseph und seine Brüder* und seinen parodistischen Roman *Lotte in Weimar*,

Dr. Faustus

Der Roman *Doktor Faustus, Das Leben des deutschen Tonsetzers Adrian Leverkühn erzählt von einem Freunde* erscheint 1947 und ist ein Musterbeispiel der Kompositions- und Sprachkunst Manns. Perspektive, Zeit- und Geschehnisebenen wechseln miteinander ab, die Handlung wird unterbrochen von Partien, in denen der Autor über sein Werk reflektiert oder in denen er sich lehrhaft in gelehrten Abhandlungen über moderne Musik und andere Wissensgebiete ausläßt. Die traditionelle Romanform ist aufgegeben und ersetzt worden durch ein kunstvolles Montagesystem. Der Chronist, ein humanistisch gebildeter Repräsentant des Spätbürgertums, ist ein Freund des Musikers Leverkühn. Er beginnt seine Aufzeichnungen im Kriegsjahr 1943, und sein Bericht verläuft parallel zur rasch herannahenden Katastrophe Deutschlands. Die Erzählung selbst spielt von 1885–1945. Im Schicksal des Helden schildert Mann die Krankheit und das Ende des Philosophen Nietzsche. Die Sprache greift zurück auf das Deutsch der Reformationszeit, des Volksbuches vom Dr. Faust. Damit drückt Thomas Mann aus, daß die Katastrophe, in die Adrian Leverkühn und das deutsche Volk stürzen, mit Martin Luther begann und über die Romantik und Nietzsche zum Jahre 1933 und 1945 führten. Die Krankheit des Helden und des deutschen Volkes ist die deutsche Neigung zum Irrationalen, zum Abgründigen, Maßlosen und Teuflisch-Dämonischen. Diese Krankheit, die das Beste des deutschen Volkes „durch Hybris und Teufelgeist zum Bösen" wendet, beginnt damals mit

Der Pakt mit dem Teufel

Luther. Der Pakt mit dem Teufel, den Leverkühn schließt, symbolisiert die abgründigen, zerstörerischen, irrationalen Kräfte. Der Teufel verspricht großartige Erfolge gegen den Verzicht auf Liebe, menschliche Wärme und Gesundheit. Die Musik ist für Leverkühn kein Erlösung bringendes Gnadengeschenk, sondern eine irrationale Macht, die das Chaos entfesselt. Am Ende bricht Leverkühn zusammen und endet im Wahnsinn, während draußen, das mit dem Teufel verbündete Deutschland des Zweiten Weltkrieges ebenfalls im Wahnsinn versinkt. Mit diesem Roman scheint Thomas Mann den Bund des Künstlers mit den dämonischen Mächten als frevelhaft abzulehnen. Oder will er sagen, daß die Hybris des Übermenschen, die ihn dazu verleitet um des Erfolgs willen, das Humane, das Menschliche in sich zu verraten, zu verdammen ist, weil sie zum Untergang führt?

Essays

Neben seinem Prosawerk steht das bedeutende Essaywerk des Meisters, in dem er in brillianter Sprache seine politischen Anschauungen und sein schriftstellerisches Schaffen kommentiert und die großen Vorbilder der humanistischen Tradition, Goethe, Schiller, Schopenhauer, Wagner, Nietzsche u.a. würdigt. Mit Thomas Mann erreicht die deutsche Literatur wieder den Anschluß an die Weltliteratur. Sein Stil und seine Sprachkunst sind bewundernswert und erreichen eine ungeheure Feinheit und Höhe. Genauste Beobachtung von Einzelheiten, Empfänglichkeit für noch so leise Regungen und Nuancen und das Geschick, dieses sprachlich auszudrücken, eine umfangreiche Bildung und die damit verbundene gelehrsame Gründlichkeit, eine feine Ironie, die ihn über den Dingen und Ereignissen stehen läßt und eine gekonnte Parodie, die mit Stilmitteln und traditioneller Form überlegen spielt, sind charakteristisch für die Prosa Thomas Manns.

In diesem Kapitel sind aus der Vielzahl der Schriftsteller und Dichter nur diejenigen herausgegriffen worden, die am bedeutendsten und am einflußreichsten sind. Die vielen anderen Autoren, die ebenfalls lesenswert sind, muß der Schüler an anderer Stelle, durch eine moderne deutsche Literaturgeschichte oder besser noch durch die Lektüre ihrer Werke kennenlernen. Das Gleiche gilt für die Gegenwartsliteratur, die ungeheuer vielfältig ist und die im letzten Kapitel nur in ihren Hauptvertretern besprochen werden kann.

20

Die moderne Kunst in Deutschland

Impressionistische Kunst

Die moderne europäische Malerei beginnt mit den französischen Impressionisten, die starken Einfluß auf die deutschen Maler ausüben. Die Hauptvertreter des deutschen Impressionismus sind Liebermann, Slevogt und Corinth, die jedoch nicht dieselbe Weltbedeutung erreichen wie Renoir, Degas oder Manet. Die Impressionisten wollen einen Sinneseindruck auf der Leinwand festhalten, die Erscheinung des Gegenstandes in wechselnder Atmosphäre, im zerstreuten Licht des offenen freien Raumes oder im geballten Licht des Innenraumes bannen. Sie interessieren sich für flüchtige, vergängliche Eindrücke, für die Wiedergabe des optischen Eindrucks in einem ganz bestimmten Augenblick. Sie kehren sich ab von der geometrischen Komposition. Das Bild erzählt und dramatisiert nicht mehr, sondern ist ein rein visuelles Phänomen, das das Auge anspricht. Sie entwickeln eine neue Technik, in der die Farbe über die Konturen herrscht und diese verwischt, in der die Form nur angedeutet wird, das Subjekt unscharf bleibt, in der das Malen in Flächen und Flecken überwiegt. Das Zentrum des deutschen Impressionismus wird Berlin, wo alle drei deutschen Meister ihre Ateliers haben.

Liebermann

Max Liebermann (1847–1935) ist der Sohn eines wohlhabenden Berliner Fabrikanten. Er beginnt mit realistischen und naturalistischen Gemälden und entwickelt sich erst allmählich zum

Impressionisten, wird dann aber der führende Meister dieser Schule in Deutschland. In vielen seiner Gemälde herrschen fahle Grautöne vor, und ihnen haftet etwas Nüchternes, Trockenes, Geometrisches, eine kühle Disziplin an. In seinen späteren Bildern sind die farbigen Impressionen häufiger. Liebermann ist bekannt für seine Strandbilder aus Holland und seine Landschaftsansichten. Zu seinen Hauptwerken zählen *Münchner Biergarten* (1883), *Netzflickerinnen* (1889), *Frau mit Ziegen* (1890), *Alter Mann in den Dünen* (1895), *Polospieler* (seit 1905) und die Bilder aus dem Garten in Berlin Wannsee (seit 1914).

Slevogt

Max Slevogt (1868–1932) erhält seine Ausbildung in München, Paris und Italien und lebt seit 1901 in Berlin. Seit etwa 1895 entwickelt er seinen eigenen Stil. In seinen Chiemseelandschaften und Studien aus dem Zoo in Frankfurt zeigt sich sein Interesse für die Augenblickserscheinung im hellen Licht, für Bewegung und zunehmende Auflösung der Form. Slevogt malt Bildnisse, religiöse Darstellungen, Szenen aus der Sage, der Dichtung und der Oper, Stilleben und Landschaften. Besonders sehenswert sind *D'Andrade als Don Juan* (1902 und 1912), *Die Tänzerin di Rigardo* (1904), *Pawlowa* (1909), *Landschaft bei Godramstein* (1909), *Cortez vor Montezuma* (1917), *Sommernachtstraum* (1921), *Bildnis von. H. Sudermann* (1927), *Weinlese in der Pfalz* (1927) und *Selbstbildnis* (1930).

Corinth

Lovis Corinth (1858–1925) wird in Ostpreußen geboren, bildet sich als Maler an der Königsberger Akademie, in München, Antwerpen und Paris aus und kommt 1900 nach Berlin. Er heiratet die Malerin Charlotte Berend, mit der er eine glückliche Ehe führt und die ihn zu immer neuem Schaffen anspornt. Corinth entwickelt sich aus einem sinnlichen Realismus zum Impressionisten. Seine Technik ist malerisch frei und kraftvoll, man sieht die Wucht des Pinselstriches überall. Seine Göttinnen sehen aus wie pralle Mägde, seine Heroen wie trinkfeste Burschen, seine Landschaften strotzen von Farbe und Leben. Die Landschaftsbilder seiner reifen Jahre leuchten mit konvulsivischen Farbströmen, und die Landschaft erscheint stürmisch, wie im Furor hingestrichen. Mit seinen späten Gemälden verläßt er den realistischen Boden und weist zum Expressionismus über. Bekannt ist Corinth für seine Selbstbildnisse, seine Akte, seine Porträts, seine Darstellungen mythologischer Stoffe und seine Walchenseelandschaften.

Mit seinen letzten Landschaftsgemälden leitet Corinth bereits zum Expressionismus über. Während die Impressionisten hinter den Franzosen an Weltgeltung zurückstehen, leisten die deutschen

Expressionisten nicht nur einen bedeutenden Beitrag zur Weltkunst, sondern übernehmen sogar die Führung. Vor allem München wird zur Brücke zwischen Ost und West. Hier läßt sich der Russe Kandinsky nieder, der 1911 zusammen mit Franz Marc den Almanach *Der blaue Reiter* veröffentlicht und seine Kunstlehre *Über das Geistige in der Kunst* (1912) schreibt. Paris mit Pablo Picasso bleibt allerdings ebenfalls ein Kunstzentrum ersten Ranges.

Das Kunstzentrum München

Die expressionistische Kunst

Die expressionistische Kunst befreit sich von der Darstellung der Wirklichkeit. Sie gibt nicht mehr Sichtbares wieder, sondern macht Verborgenes sichtbar. Form, Farbe und Linie stellen nicht mehr die reale Welt dar, sondern schaffen eine eigene Welt. Der Expressionismus ist die Kunst des seelischen Ausdrucks. Das Kunstwerk gibt keinen ästhetischen Genuß mehr, sondern wird zum elementaren Erlebnis.

Modersohn-Becker

Als Vorläufer der Expressionisten kann man die Künstlerin Paula Modersohn-Becker (1876–1907) bezeichnen, die sich in der Künstlerkolonie Worpswede niederläßt und Bäuerinnen, blonde Kinder und die braune Moorlandschaft malt. Der hilflose Ausdruck in den großen Kinderaugen, die eckigen Formen ihrer Bauern und Bäuerinnen, die erdige Farbe ihrer Landschaften sind für sie charakteristisch.

Nolde

Als eigentlicher Begründer des deutschen Expressionismus wird Emil Nolde (1867–1956) angesehen, der scheue Bauernsohn von der norddeutschen Küste. Schon als Kind malt er mit Kreide auf Stalltüren und Ochsenkarren. „Mit Holunder und Rotebeetensaft machte ich Malversuche, ich mochte so gern die rotviolette Farbe.“ Er lernt in München und Paris, wird beeinflußt von Manet, van Gogh, Gauguin und Munch und verbindet sich auf kurze Zeit mit der „Dresdener Brücke“, bleibt aber dann der große Einzelgänger des deutschen Expressionismus.

Noldes Stil

Zusammen mit den Mitgliedern der „Brücke“ entwickelt Nolde den expressionistischen Stil, der durch mächtige Farbmassen, nicht wie der Impressionismus durch einzelne Pinselstriche, gekennzeichnet ist. An Stelle des flüchtigen äußeren Eindrucks tritt nun der gewaltige innere Ausdruck, der die natürlichen Formen überwindet und zu Deformierungen führt. Noldes Bilder glühen von farbigen Substanzen, die sich mit elementarer Gewalt wie Lavamassen über die Bildfläche ergießen (Siehe: *Fischkutter* 1916, *Hohe Wogen* 1940, *Das Meer* 1913, u.a.!). Ab 1909 malt Nolde religiöse Kompositionen, die wegen ihrer drastischen Inbrünstigkeit von vielen Kirchenführern abgelehnt

„Die Sünderin" von Emil Nolde

werden. (Siehe: *Pfingsten* 1909, *Abendmahl* 1909, *Das Leben Christi* 1911, *Die Grablegung* 1915, „*So ihr nicht werdet wie die Kindlein*“ 1929!) Exotische Masken und primitive Skulpturen baut er in seinen weltlichen Bildern mit Farben zusammen. Populär werden seine Blumen und Landschaften, die am wenigsten deformiert sind. „Je weiter man sich von der Natur entfernt und doch natürlich bleibt, um so größer ist die Kunst“, lautet sein Grundsatz. In Noldes Gemälden leuchten die Farben grell hervor, oft mit plakathafter Schlagkraft.

Gemälde

Nolde wurde von den Nationalsozialisten das Malen verboten, seine Gemälde aus den Galerien entfernt und sein Werk als entartete Kunst und Kulturbolschewismus verdammt. Heimlich malte der Künstler Hunderte von kleinen Aquarellen, die er nach dem Kriege, als der Druck von ihm wich, in Ölgemälde umzusetzen begann.

Die Brücke

„Die Brücke“, der Nolde ein Jahr lang angehörte, wurde im Juni 1905 von vier Architekturstudenten der Dresdener Hochschule gegründet. Andere, die mit dem Programm übereinstimmten, schlossen sich ebenfalls an. Einer der Gründer ist Ernst Ludwig Kirchner, der das Programm entwirft. Die Mitglieder sagen sich vom Realismus und Impressionismus los, begeistern sich für van Gogh und Munch, und streben nach abstrahierender Ursprünglichkeit, Verwendung ungebrochener Farben, Ablösung der impressionistischen Luftperspektive und dynamischer Verblockung der Form. Die Großstadtzivilisation wird abgelehnt. Die Brücke-Gemeinschaft erneuert vor allem Malerei und Graphik. Kurz vor dem 1. Weltkrieg löst sie sich langsam auf. Rückblickend schreibt Kirchner über die Ziele der „Brücke“: „Das große Geheimnis, das hinter allen Vorgängen und Dingen der Umwelt steht, wird manchmal schemenhaft sichtbar ... Wir können es nie gestaltlich aussprechen, wir können es nur in Formen oder Worten symbolisch geben.“

Plakat von Ernst Ludwig Kirchner

Kirchner

Ernst Ludwig Kirchner (1880–1938) stammt aus der Mark Brandenburg. Neben dem Studium der Architektur widmet er sich sehr bald immer mehr der Malerei. Mit einigen Gleichgesinnten gründet er 1905 ,,Die Brücke'', die eine radikale kulturelle Erneuerung anstrebt. Nach seelischen Krisen, die im 1. Weltkrieg ausgelöst und dann durch die Ereignisse nach 1933 und schweren Krankheiten verschlimmert werden, versinkt Kirchner in tiefe Trostlosigkeit und nimmt sich 1938 das Leben. Seine Kunst wurde von den Nationalsozialisten verworfen.

Kirchners Schaffen

Kirchners erste Gemälde sind lebendig, lebensfroh und feurig. Die offenen Konturen unterstreichen die flüssigen Formen. Bei Dresden und auf der Insel Fehmarn studiert er den menschlichen Akt in der Natur und akzentuiert häufig das erotische Element. Später zieht Kirchner nach Berlin und malt das Großstadtleben, vor allem die Halbwelt mit ihren Koketten und Dandys. Er leidet unter großer Einsamkeit inmitten der Geschäftigkeit. ,,Meine Arbeit entspringt dem Wunsch nach Einsamkeit.'' In Berlin nimmt er die Spannung der Straßen, Bahnhöfe und Fabriken in sich auf und verarbeitet die dramatische Dynamik durch Verzerrung der Formen und durch vertikale Übersteigerung. Für ihn werden energische Pinselführung, spitzwinklige, steile Formen, zusammen- und auseinanderstrahlende Kurven und eine nadelartige Struktur bezeichnend. Nach dem Kriegserlebnis und nach seinem Aufenthalt in den schweizer Bergen werden seine Farben kräftiger und seine Formen fester, rektangulärer, seine Technik malerischer und weicher. Er wendet sich der Natur zu und schafft neben Gemälden zahlreiche Graphiken. Nach 1927 versucht er sich auch in der abstrahierenden Malerei (Picasso). Lineare Verschlingungen und einfache Farbflächen bestimmen seine Bilder.

Der Blaue Reiter

Die zweite berühmte Gruppe expressionistischer Künstler war der ,,Blaue Reiter'', dessen Mitglieder sich noch mehr von der Umwelt lossagten als die der ,,Brücke'' und die viel freier mit Farben und Formen experimentierte und die Vergeistigung von Form und Farbe wollte. Diese Gruppe formte sich in München um den Russen Kandinsky und die Deutschen Franz Marc und Paul Klee.[1] 1904 gründete Kandinsky die ,,Phalanx'', eine Malschule, dann 1909 die ,,Neue Künstlervereinigung'', und 1911 veröffentlichte er den Almanach, aus dem der Name ,,Blaue

[1] Andere Maler der ,,Brücke'' waren Erich Heckel, Karl Schmidt-Rottluff, Otto Müller und Max Pechstein.

Reiter" stammt und unter dem im selben Jahr die historisch gewordene Austellung in München, Köln, Berlin, Frankfurt und anderen Städten mit Werken Kandinskys, Mackes, Marcs, Klees u.a. stattfand.

Kandinsky

Wassily Kandinsky (1866–1944) stammt aus Moskau, studiert Jura und Volkswirtschaft und hat eine brilliante Karriere vor sich, als er 1896 die bürgerliche Laufbahn aufgibt und in München Malerei studiert. Auf langen Reisen in Europa und Asien bildet er sich, entwickelt nach seiner Rückkehr nach München eine ungeheure Aktivität und wird zum Führer der jungen Expressionisten. Der Weltkrieg reißt die Gruppe des ,,Blauen Reiters" auseinander. Kandinsky kehrt nach Rußland zurück, kommt 1921 wieder nach Deutschland und arbeitet mit Gropius als Lehrer im Bauhaus in Dessau.[2] 1933 muß er Deutschland verlassen und wendet sich nach Paris, wo er sich mit Miro und Chagall befreundet und 1944 stirbt.

Kandinskys Beitrag zur modernen Kunst

In seinen Gemälden kommt die Überzeugung zum Ausdruck, daß die Gegenständlichkeit der Farbenfaltung ein Hindernis ist, daß die Unklarheit oder gar das Aufgeben des Gegenstands im Bild die Ausdruckskraft des Malers und die ungeheure Pracht der Farben frei werden läßt. So versucht er in seinen Darstellungen den Gehalt des Bildes durch das freie Spiel von Form und Farbe zu schaffen und wird zum Vorkämpfer der abstrakten Kunst. ,,Ich ging über den Expressionismus zur abstrakten Malerei über." Er trennt die Kunst von der Natur, bis er ,,jedes für sich als ganz vom anderen verschieden betrachten" kann. ,,Wenn im Bilde eine Linie von dem Ziel, ein Ding zu bezeichnen, befreit wird und selbst als Ding fungiert, wird ihr innerer Klang durch keine Nebenrolle abgeschwächt und sie bekommt ihre volle innere Kraft." Kandinsky nennt seine Arbeiten vielfach Impressionen, Improvisationen und Kompositionen. In der Bauhausperiode interessiert er sich für geometrische Formen wie Punkte, Kreissegmente, Dreiecke oder Linien. Seine Bilder sind nach strengen Regeln aufgebaut, seine Farben sind klar und treten miteinander

[2] Das Bauhaus wurde 1919 in Weimar gegründet und 1925 nach Dessau verlegt. Sein Gründer war der berühmte Architekt Walter Gropius, der 1937 nach Harvard berufen wurde. Das Ziel dieser Hochschule war ,,die Wiedervereinigung aller werkkünstlerischen Disziplinen zu einer neuen Baukunst" sowie die Schaffung eines ,,Einheitskunstwerkes, in dem es keine Grenzen gibt zwischen monumentaler und dekorativer Kunst." Außer Kandinsky war auch Paul Klee am Bauhaus tätig, von dem starke Wirkungen auf die moderne Kunst und Architektur ausgingen. Die Nazis lösten das Bauhaus auf.

„Voisinage 1939" von Kandinsky

in Spannung. In seinen letzten Jahren zeigen seine Gemälde irrationale Formen und gewagte Farbkontraste.

Klee

Paul Klee (1879–1940) wird in der Schweiz geboren. Sein Vater ist Musiker und Musikpädagoge und achtet auf die Pflege der Künste in seinem Haus. Klee selbst ist als Gymnasiast schon ein begabter Musiker, aber er entscheidet sich für die bildende Kunst und geht als Achtzehnjähriger nach München und studiert dort, sowie in Italien und Paris, Malerei. Zunächst wird Klee als Graphiker bekannt. In seinen ersten Gemälden setzt er sich mit dem Impressionismus auseinander und findet dann zu Kandinsky, Marc und Macke und beteiligt sich an der „Blauen Reiter" Ausstellung. Eine Reise nach Tunis gibt seiner Kunst entscheidende Impulse. Nach dem Krieg arbeitet er als Lehrer am Bauhaus, macht weitere Reisen u.a. nach Sizilien und Ägypten und wird an die Kunstakademie in Düsseldorf berufen. Wegen der nationalsozialistischen Verfolgung kehrt er 1933 in die Schweiz zurück, wo ihm große Anerkennung zuteil wird.

Klees Werk ist gewaltig und umfaßt über 9000 Gemälde, Aquarelle, Zeichnungen und Graphiken. In diesen Arbeiten

Franz Marc, „Drei Rehe"

Klees Kunst

beantwortet er die Frage, was moderne Kunst ist. ,,Die Kunst gibt nicht das Sichtbare wieder, sondern macht sichtbar.'' Es geht ihm nicht darum, die Natur zu reproduzieren, sondern das im Bilde darzustellen, was hinter dem Sichtbaren verborgen ist, die schöpferische Kraft, die Gesetzmäßigkeit oder die Struktur. Für die Gegenstände dieser Welt setzt Klee Zeichen oder Symbole ein und verwandelt das Vordergründige ins Magische, Phantastische, Irreale. Er will die Seele, das Innere aufdecken, nicht fotographisch die Oberfläche wiedergeben sondern ,,ins Innere dringen''. ,,Ich spiegele bis ins Herz hinein . . . Meine Menschengesichter sind wahrer als die wirklichen.'' Die Betrachtung seiner Bilder gleicht einem Abenteuer, auf dem man immer neue Überraschungen erlebt. Wie bei allen guten Werken der modernen Kunst, sind seine Bilder mehrdeutig und bieten keine festen Anhaltspunkte, an die man sich mit Gewißheit halten kann. Sie gewähren mehrere Möglichkeiten der Interpretation, und der

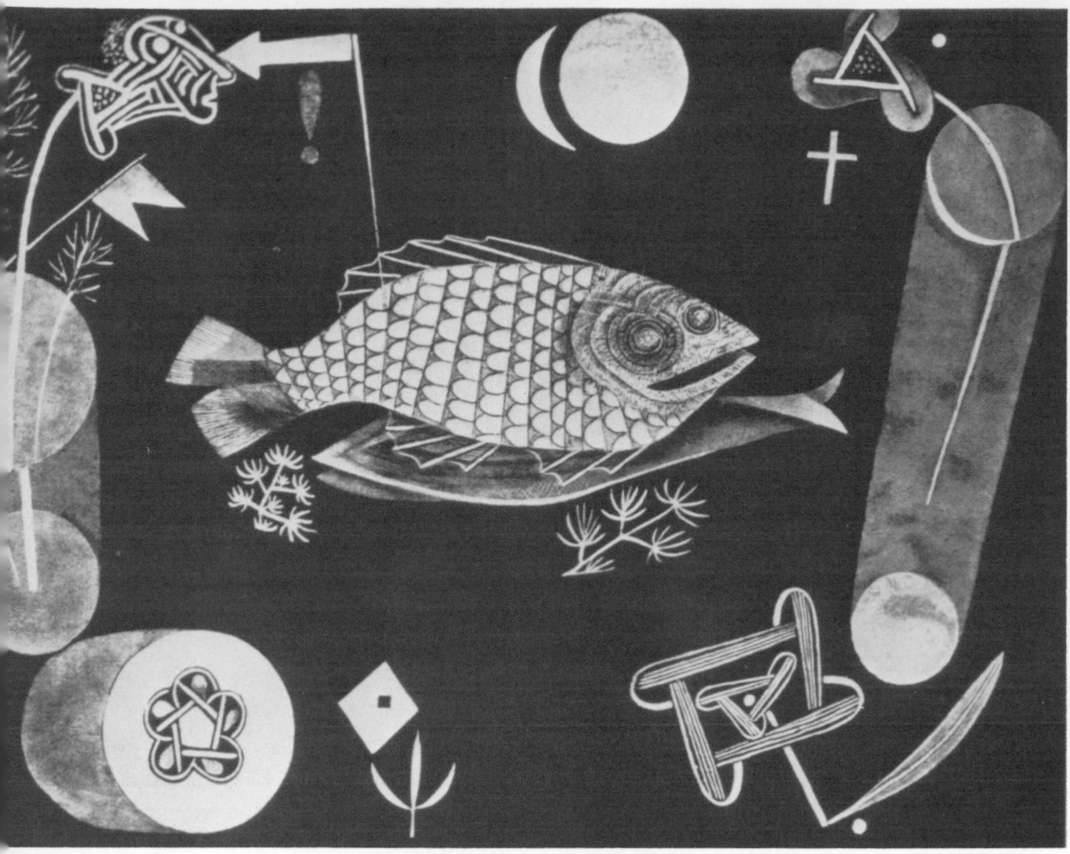

„Um den Fisch" von Paul Klee

Betrachter muß sie für sich mit einem persönlichen Inhalt versehen. Der Inhalt bleibt in der Schwebe, was erklärt, warum die moderne Kunst so schwer zugänglich ist.

Buchstaben und Titel in Klees Werken

Nach der Reise nach Tunis (1914) beginnt die Farbe in seinen Gemälden aufzublühen. Später spielt er mit Formen und zerlegt die Bilder in Flächen, Felder und Linienbündel. Am Ende, unter dem Einfluß einer langen Krankheit, wird sein Werk immer symbolhafter. Bezeichnend für Klee sind die Buchstaben, die geheimnisvoll und zauberhaft auf der Leinwand erscheinen und uns die Bilder beinah ablesen lassen. Dichterische Titel, die Klee hinzusetzt wie „Schwankendes Gleichgewicht", „Fuge in Blau und Rot", „Grenzen des Verstandes", „Lachende Gotik", „Auftritt dreier Spottgeburten" und „Wachstum der Nachtpflanzen" sollen den Zugang erleichtern. Zuletzt werden die Unterschriften beklemmend ernst, und seine letzten Werke wirken wie ein memento mori: *Dämonie*, *Angstausbruch*, *Ungeheuer in Bereitschaft*,

Tod und Feuer. Der Spruch auf seinem Grabstein ist für Klees Schaffen bezeichnend: ,,Diesseits bin ich nicht mehr faßbar. Denn ich wohne geradesogut bei den Toten wie bei den Ungeborenen. Etwas näher dem Herzen der Schöpfung als üblich, und noch lange nicht nahe genug.''

Marc

Franz Marc und August Macke stoßen beide zur Blauen Reiter Gruppe und fallen beide im 1. Weltkrieg. Franz Marc (1880–1917) stammt aus München und studiert dort an der Kunstakademie. Anfangs befaßt er sich mit Einzeltieren und dann mit rhythmischen Gruppierungen von Tieren in seinen Bildern. Unter dem Einfluß seiner Freunde Macke und Kandinsky werden seine Farben leuchtender und seine Darstellungen abstrakter. Er befaßt sich mit seinen großen Pferdekompositionen, in denen er mit den Komplementärfarben experimentiert. 1911 malt er *Die drei roten Pferde*, die auf den Komplementärgegensätzen Rot-Grün, Blau-Orange, Gelb-Violett aufgebaut sind. Im gleichen Jahr vollendet er auch *Die blauen Pferde*. Später sieht man den Einfluß des

Werke

Kubismus in Marcs Gemälden. Aus dem Jahre 1913 stammen der *Turm der blauen Pferde* und sein Hauptwerk *Tierschicksale*, von dem Marc sagt, ,,die Bäume zeigten ihre Ringe, die Tiere ihre Adern''. Auf der Rückseite schrieb er ,,Und alles Sein ist flammend Leid''. Als Sechsunddreißigjähriger wird er vor Verdun verwundet und stirbt 1917 an diesen Wunden.

Marc hat etwas von der friedlichen Naturliebe des hl. Franz von Assisi an sich. Seine Gemälde sind reich an Farben und an rhythmischen, fast melodischen Formen. Farbe und Form

Marcs Tiere

vereinigen sich lyrisch geschmeidig mit rundender Schönheit. Vom Menschen geht er zur Kreatur, zum Tier über, das er so malt als wäre es noch im Mutterleib in embryonaler Lage. Die Gelenke seiner Rehe, Katzen und Kühe sind gerundet, gebogen. Eine anheimelnde Magie geht von seinen Werken aus, die viele verzaubert hat und die ihn zu einem der populärsten modernen Maler macht.

Macke

August Macke (1887–1914) wächst im Rheinland auf, studiert an der Kunstakademie in Düsseldorf und entwickelt sich zum freien Künstler. Er unternimmt Schulungsreisen nach Italien, Holland, London und Paris, wo die französischen Impressionisten ihn tief beeindrucken. Mit Franz Marc, den er in München trifft, verbindet ihn ab 1910 eine Freundschaft, die ihn auch in Verbindung mit der Blauen-Reiter Gruppe bringt. In seinen letzten beiden Lebensjahren erreicht sein künstlerisches Schaffen seinen Höhepunkt. Mit Paul Klee fährt er 1914 nach Tunis und malt dort eine Reihe von Aquarellen, die berühmt geworden sind. Im August wird er eingezogen und fällt bereits im September an der französischen Front. Wie im Falle Marcs findet auch mit Macke eine künstlerische Entwicklung ihr allzu frühes Ende.

Mackes Werke

In Tegernsee, wo Macke sich 1909 nach seiner Hochzeit aufhält, entwickelt er sich zum Expressionisten. Er setzt sich mit der Natur und den Menschen seiner Umgebung auseinander und verwendet starke, leuchtende Farben in seinen Bildern. Es entsteht u.a. die Darstellung seiner Frau in dem *Porträt mit Äpfeln* und Darstellungen von seiner Frau mit dem ersten Kind. Etwas später entstehen das Stilleben *Hyazinthenteppich* und das *Bildnis Frany Marc*. Unter dem Einfluß von Matisse malt er stark farbige Bilder wie *Gemüsefelder* und *Kinder im Garten*. Immer wieder variiert er

„Spaziergänger auf der Brücke" (Ausschnitt) von August Macke

dieselben Themen: zoologischer Garten, spielende Kinder, Spaziergänger im Park und blühende Gärten. Die Menschen erscheinen ohne Gesichter im Einklang mit der Umgebung wie im Paradies. In seinen späteren Werken versucht er das Ziel zu erreichen, Farbzusammenklänge, wie Rot und Grün, „die beim Ansehen sich bewegen, flimmern", darzustellen. „Wenn Du nun etwas Räumliches malst," schreibt er an einen Freund, „so ist der farbige Klang, der flimmert, räumliche Farbwirkung, und wenn Du eine Landschaft malst und das grüne Laub flimmert ein wenig mit dem durchscheinenden blauen Himmel, so kommt das daher, weil das Grün auch in der Natur auf einer anderen Ebene liegt als der Himmel. Diese raumbildenden Energien der Farbe zu finden statt sich mit einem toten Helldunkel zufrieden zu geben, das ist unser schönstes Ziel." Dieses Ziel strebt er an in *Sonniger Weg*, *Mädchen unter Bäumen*, *Lesender Mann im Park*, *Dame in grüner Jacke* und *Leute am blauen See*.

Abstrakte Malerei

In Mackes abstrakten Gemälden, lassen sich die Gegenstände immer noch erkennen. Der Maler gibt das Ding nicht völlig auf, sondern läßt das Wesentliche stehen und zur geometrischen Form werden. Er geht nicht so weit wie Kandinksy und Klee und ist in dieser Hinsicht eher seinem Freund Marc verwandt. Mit einem gegenstandslosen Bild kann Macke nichts aussagen. Bei Mackes Tod sagt Marc über ihn: „Mit seinem Tode knickt eine der schönsten und kühnsten Kurven unserer deutschen, künstlerischen Entwicklung jäh ab; keiner von uns ist imstande, sie fortzuführen." Drei Jahre später wird auch Marc dahingerafft.

Kokoschka

Zwei große Meister, die weder der „Brücke" noch dem „Blauen Reiter" nahestanden und ziemlich für sich in der Kunstgeschichte dastehen sind Kokoschka und Beckmann. Oskar Kokoschka (1886–) ist Österreicher und erhält seine künstlerische Ausbildung in Wien und auf Reisen im Ausland. Seine erste große Austellung, 1910 in Berlin, wird vom Publikum abgelehnt. Im 1. Weltkrieg wird Kokoschka verwundet, geht dann fünf Jahre lang an die Dresdener Kunstakademie, malt auf langen Reisen seine berühmte Reihe der italienischen, französischen, englischen und afrikanischen Landschaften und siedelt 1935 von Wien nach Prag über. 1938 muß er nach England fliehen. Nach dem 2. Weltkrieg beginnt sich sein Ruhm von neuem zu verbreiten. Heute lebt er am Genfer See und ist im Sommer in Salzburg tätig.

Zu Kokoschkas ersten Werken gehören eine Reihe von Porträts, in denen die Farbe kaum angedeutet ist und die daher weich und transparent erscheinen, wie in den Bildnissen von *Karl Krauss* und *Professor Forel*. Um 1913 entstehen eine Reihe von Werken, zu denen die *Windsbraut* gehört, ein Bild, auf dem sich der Künstler mit der Witwe des Komponisten Mahlers darstellt. Kurz vor dem Weltkrieg tritt Kokoschka mit den Expressionisten in Verbindung, aber im Gegensatz zu diesen bezweckt er nicht den sozialen Protest und die Zerstörung der althergebrachten Werte, sondern das Hervorheben der positiven Aspekte der Welt. Er verherrlicht den Lebenswillen des Menschen, das Gefühl, vor allem das Recht auf Liebe. Die Haltung verbindet ihn mit dem österreichischen Barock, während er von den deutschen Expressionisten den kraftvollen Ausdruck und die ausdrucksreiche Farbe übernimmt. Viel näher ist er den Impressionisten, vor allem van Gogh, Corinth und Slevogt. Besonders die Gemälde, die zwischen 1919 und 1924 in Dresden entstehen, zeigen eine heftige seelische Erregung, die sich im dickflüssigen, gespachtelten Farbauftrag ausdrückt. Die Farbflecken sind breit und leuchten in Kontrasten von Grün, Rot und Blau. Die Farbe wird zum bauenden Element im Bild. Nach der Dresdener Zeit folgt der Zyklus der Stadtlandschaften (Rom, Marseille, Toledo, Madrid, Paris, London, Venedig, usw.), die eine räumliche Weite und zugleich vielfältige Überschneidungen zeigen. Diese Ansichten sind besonders bezeichnend für den Künstler und offenbaren seinen charakteristischen Stil.

Gehalt und Farbe

Beckmann

Max Beckmann (1884–1950) kommt aus Leipzig und findet in Berlin seine Bestätigung als Künstler. Die grauenvollen Jahre des Weltkrieges beeindrucken ihn schwer. Von 1925–1933 lehrt er an der Kunstakademie in Frankfurt, flieht vor den Nationalsozialisten nach Holland und wird 1947 nach den USA berufen. Bei einem Spaziergang in New York bricht er 1950 plötzlich zusammen und stirbt.

Beckmanns Themen

Beckmanns Geschöpfe sind triebhafte Erscheinungen, seine Landschaften wirken drohend, seine Gelage und seine Zirkusdarstellungen unheimlich und verwegen. Er malt gleichnishafte Themen wie Kreuzschleppung, Frauenraub, Titanic, Nacht und Auferstehung. Der Tod lauert hinter dem Leben in den Porträts, Landschaften und Stilleben. Der Gegensatz Tod und Leben zeigt sich an der Farbkomposition und im Formalen. Sinnlich grelle Farben sind von düsteren umrandet oder vergittert und der Mensch ist vom Bildrahmen eingepfercht. Während und nach dem Weltkrieg übt Beckmann Sozialkritik und malt Zerrbilder von ineinander verklammerten Gestalten mit übergroßen Köpfen.

In den zwanzigen Jahren überwiegen dann wieder die lebendigen Farben, die zeitweise von glasigen, kalten verdrängt worden waren. Leuchtendes Gelb, tiefes Grün und Blau werden von Schwarz abgesetzt. Nun entstehen neun gewaltige Triptychen, weltliche Altäre wie *Abfahrt*, *Antonius*, *Perseus*, *Odysseus* und *Argonauten*. In der gegenstandslosen Darstellung versucht sich Beckmann nicht. Es kommt ihm auf ,,die Übersetzung des dreifachen Raumes der Welt der Objekte in den zweifachen der Bildfläche'' an.

Die Verfolgung der Künstler im 3. Reich

Über alle Künstler, die in diesem Kapitel besprochen und über viele, die hier nicht erwähnt wurden, brach 1933 der Terror des Nationalsozialismus herein, der jegliche künstlerische Entwicklung—auch auf den Gebieten der Musik und Literatur—roh abbrach. Die Freiheit des künstlerischen Ausdrucks ging völlig verloren, und die Werke der verfolgten Maler und Bildhauer wurden aus den Galerien entfernt und als ,,entartete Kunst'' oder ,,Kulturbolschewismus'' verschrien. Wie die Musiker und Schriftsteller, flohen die Künstler ins Ausland oder, wenn sie im Lande blieben, mußten sie ihre Tätigkeit einstellen und den Haß ihrer Verfolger über sich ergehen lassen. Nach 1945 mußte die künstlerische Entwicklung im wesentlichen da wieder einsetzen, wo sie 1933 stehengeblieben war. Dazwischen lagen zwölf verlorene Jahre und der Untergang einer Welt. Daß nach 1945 die Kunst in Deutschland wieder einsetzte, ist fast ein Wunder. Daß Deutschland auf dem Gebiet der Kunst und Architektur seit 1945 nicht mehr führt, ist verständlich.

21

DEUTSCHLAND NACH DEM 2. WELTKRIEG

Das Ende des Reiches

Als die deutsche Wehrmacht am 7. und 8. Mai 1945 bedingungslos kapitulierte, gab es keinen einheitlichen deutschen Staat mehr. Der nationalsozialistische Terror war endlich zu Ende gekommen. Die ganze Welt starrte unglaublich auf die unfaßbaren Greuel, die von den SS Verbrechern mit voller Unterstützung der Regierung begangen worden waren, einer Regierung, die jedoch nicht mehr bestand. Die Verantwortlichen hatten sich zum Teil das Leben genommen (Hitler, Goebbels, Himmler), waren auf der Flucht oder im Ausland (Bormann, Eichmann) oder befanden sich in Haft (Goering, Hess, Ribbentrop, Seyss-Inquart, Rosenberg, Schirach, Speer und die hohen Offiziere wie Doenitz, Raeder, Keitel, Jodl, u.a.). Das Land war verwüstet, die Wirtschaft ruiniert, über 6 Millionen Menschen waren tot, über 6 Millionen Soldaten vermißt oder in Gefangenschaft und über 10 Millionen Menschen auf der Flucht, ohne Heimat und ohne Obdach. Bis zum heutigen Tage, rund 30 Jahre nach der Katastrophe, suchen Menschen ihre Angehörigen.[1] Die Städte waren Trümmerhaufen. In Düsseldorf waren 98% der Häuser unbewohnbar und in Köln, einer Metropole von 730 000 Einwohnern,

[1] Nach Angaben von Soldatenorganisationen und vom Roten Kreuz werden immer noch über 1 Million Menschen vermißt.

vegitierten nur noch etwa 40 000 Schatten in den Trümmern. Überall herrschte Chaos und Angst. Manche glaubten, das Ende der deutschen Zivilisation sei gekommen. Aber es war nicht das Ende. Ein neues Leben begann, das zum Aufbau und zum Wirtschaftswunder führte. Die Wunden sind vernarbt, und die jüngere Generation weiß wenig vom Krieg und von der Nachkriegszeit. Die ältere Generation spricht nicht gern über die ,,unbewältigte Vergangenheit'', an die sie noch ab und zu durch Kriegsverbrecherprozesse und durch die gegenwärtige politische Situation erinnert wird. Es gibt zum erstenmal in der Geschichte zwei Staaten, die beide behaupten, Deutschland zu sein.

Deutschland war im Juni 1945 von alliierten Truppen besetzt. Die Wehrmacht war bis zum letzten Soldaten in Gefangenschaft. Eine zweite Dolchstoßlegende würde diesmal nicht entstehen. Die Regierungsgewalt wurde von den alliierten Befehlshabern General Eisenhower, Marschall Schukow, Feldmarschall Montgomery und General Lattre de Tassigny, die sich in Berlin im Kontrollrat zusammensetzten, gemeinsam ausgeübt. In Vorkriegskonferenzen zwischen Roosevelt, Churchill und Stalin in Teheran (1943) und Jalta (1945) war das Schicksal Deutschlands und Osteuropas entschieden worden. Dem naiven Optimismus Roosevelts und dem großen diplomatischen Geschick Stalins ist es zu verdanken, daß alle osteuropäischen und Balkanstaaten mit Ausnahme Finnlands und Griechenlands, das von britischen Truppen besetzt worden war, sowjetische Satellitenstaaten mit kommunistischen Regierungen wurden. Deutschland verlor alle Gebiete östlich der Oder und Neiße Flüsse an Polen und Rußland. Stalin behielt die östlichen Gebiete Polens, die er 1939 im Teilungsvertrag mit Hitler gewonnen hatte, und entschädigte das neue Polen mit den deutschen Provinzen östlich der Oder-Neiße außer dem nördlichen Ostpreußen, das er dem Sowjetstaat einverleibte. Praktisch alle Deutschen wurden aus diesen Gebieten ausgewiesen, so daß sie in einem zukünftigen Volksentscheid nicht wieder an Deutschland zurückkehren könnten. Die Ausgewiesenen kamen zum größten Teil nach Westdeutschland, wo sie im Westen 25 Jahre lang als starker politischer Block[2] jede offizielle Anerkennung der Oder-Neiße Linie verhinderten. Für jeden westdeutschen Politiker wäre es politischer Selbstmord

Die Lage in Mittel- und Osteuropa

Ausweisungen

[2] Die Interessen dieser Leute wurden viele Jahre lang vom BHE (Bund der Heimatvertriebenen und Entrechteten) vertreten, der jetzt jedoch sehr an Einfluß verloren hat.

gewesen, die deutsche Ostgrenze als Realität zu betrachten. Mit dem allmählichen Aussterben der älteren Generation und mit der völligen Integration der jüngeren, die sprachlich, wirtschaftlich und kulturell Bayern, Schwaben oder Niedersachsen sind, hat sich der politische Einfluß der Ausgewiesenen ständig verringert. So ist es der Bundesregierung 1971 und 1972 möglich geworden, die bestehenden Ostgrenzen offiziell anzuerkennen.

Die Besatzungszonen

Das übrige Deutschland zwischen Rhein und Oder (Elsaß-Lothringen und das Saargebiet wurde wieder französisch) wurde in vier Besatzungszonen aufgeteilt. Österreich wurde separat behandelt und ebenfalls besetzt. Der Plan des US-Finanzministers Morgenthau, nach dem Deutschland in ein Agrarland ohne Industrie verwandelt werden sollte, wurde glücklicherweise nicht befolgt. Der Osten wurde die sowjetische, der Süden die amerikanische, der Westen die britische und der Südwesten die französische Besatzungszone. Berlin wurde ebenfalls in vier Zonen gespalten. Die Bildung deutscher Verwaltungsbehörden, aus denen sich dann eine Zentralregierung entwickeln sollte, scheiterte am französischen Veto. So entwickelten sich die Zonen zunächst separat. Auch wirtschaftlich sollte Deutschland dem Potsdamer Abkommen nach als Einheit betrachtet werden, aber besonders die Sowjets begannen sofort mit der Demontage in ihrer Zone, so daß die Amerikaner für die Versorgung der Zivilbevölkerung in der Sowjetzone mitsorgen mußten, was sie auf die Dauer nicht dulden konnten. Der zunehmende Gegensatz zwischen Ost und West wirkte sich auch in Deutschland aus und förderte die immer offensichtlicher werdende Spaltung. Stalin übervorteilte geschickt von Anfang an die Westmächte, die sich nicht einig waren, deren Regierungen wechselten (Truman in USA und Atlee in England) und die im Gegensatz zur Sowjetunion keine auf lange Sicht geplante Deutschlandpolitik betrieben und besonders im Falle Amerika recht naiv handelten. Auch die überaus vorsichtige Haltung Frankreichs, das eine deutsche Zentralgewalt durchaus ablehnte und sich immer häufiger gegen die Absichten Englands und der USA äußerte, half der russischen Politik und erschwerte die Entwicklung in Deutschland.

Die Spaltung beginnt

Stalins Ziel war, die Westmächte vor vollendete Tatsachen zu stellen, bevor sie aus ihren Träumen erwachten. In Berlin setzte der sowjetische Stadtkommandant einen Magistrat ein, der zur Hälfte aus Kommunisten bestand. Bereits im Juni wurden in der Ostzone politische Parteien, zuerst die KPD, und Gewerkschaften zugelassen. Die Parteien schlossen sich zur „Antifaschistisch-

Die neuen Parteien im Osten

demokratischen Einheitsfront" zusammen, die unter der Führung der SED (Sozialistische Einheitspartei) stand. Die aus Moskau zurückgekehrten Kommunisten Pieck, Grotewohl und Ulbricht rissen mit den von den Nationalsozialisten wohlbekannten, totalitären Mitteln die Macht an sich. Die Bodenreform enteignete alle landwirtschaftlichen Betriebe über 100 Hektar und teilte sie unter die Bauern auf. Zehntausend Privatbetriebe wurden im Oktober in ,,Volkseigene Betriebe" umgewandelt.

Entnazifizierung

Die Entwicklung im Westen ging langsamer vor sich. Man traute den Deutschen nicht und mußte versuchen, sie erst umzuerziehen. Besonders die Amerikaner nahmen die sogenannte ,,Entnazifizierung" sehr ernst und verurteilten über viermal so viele Nazis in ihrer Zone wie die Besatzungen der anderen drei Zonen zusammen.[3] Sie händigten über 13 Millionen Fragebogen aus, auf denen die Befragten 139 Fragen beantworten mußten. Ihnen lag die Demokratisierung besonders am Herzen und sie ließen ab August wieder demokratische Parteien zu. Auch in den anderen Zonen begann die Demokratisierung und zwar von Grund auf, zuerst in den Gemeinden und Städten. Die ersten Länderregierungen (die Länder waren von den Alliierten geformt worden) und Landtage wurden von den Militärregierungen eingesetzt. 1946 und 1947 fanden dann Wahlen zu den verfassungsgebenden Versammlungen und danach zu den Landtagen statt. Von nun an übernahmen die Länderregierungen die Mitverantwortung für das wirtschaftliche, kulturelle und politische Wohl ihrer Bürger.

Der Marshallplan

Am 1. Januar 1947 schlossen Amerika und England ihre Zonen zur ,,Bi-Zone" zusammen. Frankreich und die Sowjetunion hatten eine Beteiligung abgelehnt. Damit begann die endgültige Spaltung Deutschlands, die sich von nun an weiter vertiefte. Der ,,eiserne Vorhang", von dem Churchill gesprochen hatte, ging mitten in Deutschland nieder. Mitte 1947 begann die amerikanische Marshallplan-Hilfe, die die Wirtschaft Westeuropas wiederherstellen sollte, so daß die einzelnen Länder vor dem

[3] Etwa 170 000 Deutsche kamen vor ein amerikanisches Militärgericht, 18 000 vor ein russisches, 17 000 vor ein französisches und 2 000 vor ein englisches. Über 1 Million Deutsche wurden aus leitenden Stellungen im Staat und in der Wirtschaft entfernt. Das Entnazifizierungsverfahren teilte Bürger in Hauptschuldige, Belastete, Minderbelastete, Mitläufer und Nichtbelastete ein. Die meisten Deutschen betrachteten die Entnazifizierung weniger als Umerziehung denn als Schikane und Rache, und die erwünschte innere Reinigung kam dadurch nicht zustande.

Kommunismus bewahrt werden konnten. Ende des Jahres wurde auch Westdeutschland am Marshallplan beteiligt. Die Wirtschaftshilfe, die über 1 Milliarde Dollar betrug, half die deutsche Außenhandelsbilanz auszugleichen und beschleunigte die Zusammenfassung der drei westlichen Besatzungszonen, die nach dem Sommer 1948 praktisch vollzogen war. Die Londoner Sechsmächtekonferenz (USA, England, Frankreich und die Beneluxstaaten) beschloß im Frühjahr 1948 die Gründung eines westdeutschen Staates. Die sowjetische Delegation verließ daraufhin den Kontrollrat, der sowieso nie funktioniert hatte. Wenige Tage darauf begann die Blockade Westberlins, erst allmählich, aber dann als Folge der Währungsreform in vollem Umfang, bis im Sommer alle Straßen, Wasserwege und Eisenbahnlinien abgeschnitten waren. Die Alliierten hatten es unterlassen, Zugangsstraßen vom Westen nach Berlin, das 150 km tief in der Ostzone lag, dokumentarisch festzulegen. Man hatte vertrauensselig angenommen, daß der Zugang selbstverständlich wäre. Nun wurde man eines Besseren belehrt. Es blieb nur die Versorgung der 2½ Millionen Einwohner auf dem Luftwege. So wurde von General Lucius Clay die „Luftbrücke" organisiert, durch die Berlin vor der Kapitulation gerettet wurde. Alle drei Minuten landete ein Transportflugzeug auf dem Westberliner Flugplatz Tempelhof. Die Blockade endete im Mai 1949, aber die Luftbrücke blieb bis zum September bestehen (insges. 462 Tage). Über 10 000 Tonnen Güter wurden pro Tag eingeflogen, rund 200 000 Flüge unternommen.

Die Blockade Berlins

Die Berliner Luftbrücke

Die Währungsreform und ihre Folgen

Am 20. Juni führte der Westen die berühmte Währungsreform durch. Die Reichsmark wurde auf 6.5% abgewertet und durch die Deutsche Mark (DM) ersetzt. Die deutsche Währung war seit langem fast wertlos gewesen, und die amerikanische Zigarette hatte die Reichsmark abgelöst. Nur durch Tauschhandel auf dem schwarzen Markt konnte man Waren erstehen. Nun wurde das mit einem Schlag anders: der schwarze Markt verschwand, die Arbeit hatte wieder einen Sinn, und die Wirtschaft begann auf vollen Touren zu laufen, angeregt auch besonders durch Ludwig Ehrhards Politik der ,,Sozialen Marktwirtschaft''. Die Planwirtschaft wurde durch eine liberal-kapitalistische Wirtschaft ersetzt und die Lohn- und Preisbildung aufgehoben. In den nächsten Jahren begann das sogenannte ,,deutsche Wirtschaftswunder'', das dem Marshallplan, der intelligenten Führung Ehrhards, dem Fleiß des deutschen Arbeiters und Bürgers und der Initiative der Unternehmer zu verdanken war. Es schnellte Deutschland neben die USA und die Sowjetunion an die Spitze der Weltproduktion.

Die westdeutsche Verfassung

Auf Wunsch der westlichen Militärregierungen trat am 1. September 1948 der Parlamentarische Rat zusammen, um eine Verfassung zu schaffen, die ,,eine Regierungsform föderalistischen Typs'' mit einer ,,angemessenen Zentralinstanz'' begründen sollte. Die 65 Mitglieder des Rates, die von den Länderparlamenten als verfassungsgebende Versammlung gewählt worden waren, erarbeiteten nach langen Verhandlungen das sogenannte Grundgesetz, das nur bis zur Verabschiedung einer gesamtdeutschen Verfassung Gültigkeit haben soll. Am 8. Mai 1949 wurde es mit 53 gegen 12 Stimmen angenommen. Die Militärgouverneure genehmigten den Text, und die Länderparlamente—mit Ausnahme von Bayern—ratifizierten das Gesetz, das am 24. Mai 1949 in Kraft trat.

Wahlen

Am 14. August fanden die ersten Bundestagswahlen statt, die mit einem knappen Sieg der CDU/CSU endeten. Konrad Adenauer wurde zum Bundeskanzler berufen und führte die Geschicke der Bundesrepublik Deutschland für die nächsten vierzehn Jahre mit außerordentlichem Erfolg. Adenauer war zweifellos der bedeutendste deutsche und einer der bedeutendsten europäischen Politiker der Nachkriegszeit. Theodor Heuss wurde zum ersten Bundespräsidenten gewählt.

Die neue Regierung

Die politische Entwicklung in der DDR

Die sowjetische Militärbehörde beschloß, der Bundesrepublik die Deutsche Demokratische Republik (DDR) gegenüberzustellen. Der Volksrat, ein Einparteien-Parlament, verabschiedete am 30. Mai 1949 die Verfassung der DDR. Der Volksrat erklärte sich daraufhin zur Volkskammer und beauftragte Otto Grotewohl mit der Regierungsbildung. Wilhelm Pieck wurde zum Präsidenten gewählt. Die wahre Macht lag jedoch beim Generalsekretär der SED, Walter Ulbricht, der schließlich nach dem Tod seiner Kollegen als Parteichef die Ämter Grotewohls und Piecks in seiner Person vereinigte. Ein totalitäres Regime nach dem Muster Moskaus entstand in den nächsten Jahren, dessen Führung 1971 der neue SED-Vorsitzende Erich Honecker übernahm.

Westdeutschland erhält seine Souveränität

Im Westen wurden die militärischen Befehlshaber durch zivile Hohe Kommissare ersetzt, mit denen Adenauer in Bonn, das zur Bundeshauptstadt erklärt worden war, eng zusammenarbeitete. Die militärische Besatzung war beendet, die Westmächte verzichteten auf weitere Demontagen von Industrieanlagen, und die Bundesrepublik durfte sich an internationalen Organisationen beteiligen. Natürlich waren ihr immer noch wichtige Beschränkungen auferlegt, aber allmählich begann Adenauer, sie aus der wirtschaftlichen und politischen Isolation herauszuführen, bis sie 1955 ihre volle Souveränität erlangte. 1950 trat die Bundesrepublik dem Europa-Rat in Straßburg bei, 1952 der Europäischen Gemeinschaft für Kohle und Stahl, die einen gemeinsamen Markt für diese Produkte schuf und 1957 zur Europäischen Wirtschaftsgemeinschaft (EWG) erweitert wurde.

Infolge des Korea Krieges begann man in Europa, Pläne für eine Europäische Verteidigungsgemeinschaft (EVG) zu diskutieren. Die Teilnahme deutscher Streitkräfte wurde erwogen, stieß aber zunächst auf heftige Abneigung im Ausland und auch im Inland. Man hatte den Krieg noch nicht vergessen, man erinnerte sich noch allzu gut an die sinnlosen Opfer und an die Behandlung der deutschen Offiziere und Soldaten nach der Kapitulation. Man wollte nicht wieder Soldat spielen. Adenauer dagegen sah in der Beteiligung seines Landes an einer europäischen Verteidigung große Vorteile. Die Oppositionspartei (SPD) unter der Führung Ollenhauers und Schumanns lehnte jede Wiederbewaffnung entschieden ab. Schließlich war die Entstehung der ,,Kasernierten Volkspolizei'' in der DDR ein Grund mit, warum die Regierung westdeutsche Streitkräfte verlangte. 1955 wurde die Bundesrepublik Mitglied des Nordatlantikpaktes, der bereits 1949 zwischen den USA und den meisten westeuropäischen Staaten abgeschlossen worden war. Deutsche Divisionen wurden geformt, dem Oberbefehl der Nato unterstellt und in die Natoverbände integriert. Auf die Herstellung von ABC Waffen, Raketen,

Die Wiederbewaffnung

Rüstungsbeschränkungen

Bombern und großen Kriegsschiffen verzichtete die Bundesrepublik vertraglich. 1956 wurde die allgemeine Wehrpflicht eingeführt. Seit 1958 ist die Bundeswehr auch mit atomartigen Waffen ausgerüstet, über deren Einsatz jedoch die Amerikaner bestimmen. Die Mitbestimmung über den Einsatz von Atomwaffen wird von Westdeutschland angestrebt. Die Stärke der Bundeswehr beträgt etwa 450 000 Mann.

Die Politik Adenauers erreichte ihren Höhenpunkt am 5. Mai 1955, zehn Jahre nach der bedingungslosen Kapitulation, als sie von den Westmächten ihre völlige Souveränität erhielt. Außer den vertragsmäßig festgelegten Truppen- und Rüstungsbeschränkungen behielten sich die Alliierten das Recht zur Stationierung von Truppen in Deutschland und die Verwaltung Berlins vor. In allen anderen Angelegenheiten kann die Bundesrepublik nach eigenem Ermessen handeln. Allerdings ist die Bundesrepublik der sowjetischen Politik gegenüber noch auf die Unterstützung seiner Nato-Partner, besonders der USA angewiesen. Um einem etwaigen Übergriff der USSR vorzubeugen, besteht Westdeutschland auf die fortwährende Stationierung alliierter Truppen auf seinem Hoheitsgebiet, weil es dadurch im Falle eines Übergriffes den sofortigen Eingriff seiner Verbündeten erzwingen kann. Zur Unterhaltung der ausländischen Truppen trägt die Bundesrepublik finanziell bei. Die Stationierung fremder Soldaten in seinem Vaterland betrachtet der Deutsche mit gemischten Gefühlen. Einerseits meint er, daß er auf diese Soldaten zur Erhaltung seiner Souveränität angewiesen ist, andererseits möchte er sie gerne loswerden, denn sie sind Fremdlinge, die nicht in sein Gemeinwesen passen und die ihn fortwährend an seine Abhängigkeit erinnern. Das Mißtrauen, besonders dem amerikanischen Bündnispartner gegenüber, ist auch dadurch immer wieder zum Ausdruck gekommen, daß fast jeder neue amerikanische Präsident durch einen Deutschlandbesuch die Verteidigungsbereitschaft seines Landes beweisen mußte. In den letzten Jahren hat sich die ablehnende Haltung der Bevölkerung gegen die Amerikaner hauptsächlich wegen des Krieges in Vietnam weiter versteift.

Die BRD und NATO

Die Erfolge der Außenpolitik Adenauers und der Wirtschaftspolitik Ehrhards wurden von den Wählern anerkannt. In den Bundestagswahlen von 1953 und 1957 erhielten die Regierungsparteien große Mehrheiten gegenüber den Sozialisten, die das Regierungsprogramm im wesentlichen angegriffen hatten. Nach den Wahlen von 1957 änderten sie ihre Einstellung und begannen

Wahlkampf 1961 in der Bundesrepublik

sich immer mehr mit den Zielen der CDU zu identifizieren. Die CDU/CSU verlor allmählich an Prestige, weil die so lang erhoffte Wiedervereinigung ausblieb und immer unwahrscheinlicher wurde und weil Konrad Adenauer älter wurde und nicht abdanken wollte. 1959 schlug man ihn als Kandidat für den Posten des Bundespräsidenten vor. Er nahm zunächst an, besann sich dann jedoch eines Besseren und behielt seinen Kanzlerposten, den er seinem erfolgreichen und beim Volke beliebten Wirtschaftsminister Ehrhard nicht zu gönnen schien. Innerhalb der Partei bahnten sich nun Gegensätze an. In den Wahlen von 1961 verlor die CDU/CSU ihre absolute Mehrheit und ihr Koalitionspartner, die DP, alle 17 Sitze im Bundestag. Eine Koalition zwischen CDU/CSU und FDP kam nur zustande, als Adenauer versprochen hatte, in spätestens zwei Jahren abzudanken. Im Jahre 1963 übernahm Ludwig Ehrhard die Regierungsgeschäfte. Da sich die Beziehungen zwischen Frankreich und England und Frankreich und den USA verschlechterten, Deutschland jedoch mit allen drei Mächten gute Beziehungen aufrechterhalten wollte, mußte es vorsichtig die Balance halten. Es schloß noch unter Adenauer einen Freundschaftsvertrag mit Frankreich ab, vertrat jedoch weiterhin die Interessen der NATO und den Eintritt Großbritanniens in die EWG. Im Lande wurde der Mangel an Arbeitskräften immer

Die Probleme der Adenauer Führung

Ehrhard wird Kanzler

An der Mauer in Berlin

Gastarbeiter

größer, da seit der Errichtung der Mauer um Westberlin am 13. August 1961, die Flut der Flüchtlinge nach Westdeutschland abgeschnitten worden war.[4] So kamen Hunderttausende von Fremdarbeitern, jetzt Gastarbeiter genannt, nach Deutschland, die zwar von der Industrie aber oft nicht von der einheimischen Bevölkerung willkommen geheißen wurden.[5]

Die Koalitionsregierungen

In den Wahlen von 1965 gewann die CDU/CSU wieder die Mehrheit und formte noch einmal mit der FDP, die 18 Sitze verloren hatte, eine Koalitionsregierung. Die SPD unter Willy Brandt war stark enttäuscht über ihre Niederlage, und man begann über die Möglichkeit einer großen Koalition zwischen CDU und SPD zu debattieren. Wirtschaftliche Schwierigkeiten in den nächsten 12 Monaten machten Ehrhard unbeliebt und führten zu

[4] Von 1950 bis 1961 flüchteten mehr als 3 Millionen Menschen aus dem kommunistischen in den westlichen Teil Deutschlands (1960 allein 200 000 und im Frühjahr 1961 über 2 000 pro Tag). Der Verlust wertvoller Arbeiter, Handwerker und Akademiker tat der ostdeutschen Wirtschaft großen Schaden und führte schließlich zum Bau der Mauer, an der bisher über 150 Menschen beim Überquerungsversuch erschossen worden sind.

[5] 1972 betrug die Zahl der Gastarbeiter über 2 Millionen.

seinem Fall. Im Oktober 1966 trat die FDP aus der Koalition aus, weil es mit der CDU/CSU in der Frage der Steuererhöhungen nicht übereinstimmte. Ehrhard trat zurück. Das Amt des Kanzlers wurde dem Ministerpräsidenten von Baden-Württemberg Kurt Georg Kiesinger, einem ehemaligen Mitglied der NSDAP, angetragen. Er ging mit der SPD die große Koalition ein, die den Regierungsparteien die überwältigende Mehrheit im Bundestag brachte (447 gegen 49 Stimmen der FDP). Willy Brandt wurde Vizekanzler und Außenminister und Karl Schiller (SPD) Wirtschaftsminister. Letzterer begann die deutsche Wirtschaft mit außerordentlichem Geschick zu führen und trug wesentlich zur Popularität der SPD in den Wahlen von 1969 bei. In diesen Wahlen erhielt die CDU/CSU 46,1%, die SPD 42,7% und die FDP 5,8% der abgegebenen Stimmen. Im Bundestag verlor die CDU/CSU 3 und die FDP 19 Sitze, während die SPD 22 Sitze hinzubekam. Willy Brandt beschloß die große Koalition nicht fortzusetzen, sondern selbst den Kanzlerposten zu übernehmen, indem er die kleine Koalition mit der FDP einging. Damit hat Deutschland zum erstenmal seit den Tagen der Weimarer Republik eine sozialistische Regierung, und die CDU/CSU ist zum erstenmal seit ihrer Entstehung Oppositionspartei. Die neue Regierung ist weiterhin an guten Beziehungen mit seinen westlichen Partnern interessiert und hat sich besonders für den Eintritt Großbritanniens in die EWG eingesetzt. Außerdem haben sich Willy Brandt und sein Außenminister Scheel um ein besseres Verhältnis mit Deutschlands östlichen Nachbarn, besonders Polen und der Sowjetunion, bemüht. Bereits am 12. August 1970 schloß die Bundesrepublik einen Nichtangriffspakt mit der Sowjetunion ab, in dem beide Staaten sich verpflichten, den

Die große Koalition

Die SPD übernimmt die Regierung

Franz Josef Strauss (CSU), Walter Scheel (FDP), Kurt Kiesinger (CDU) und Willy Brandt (SPD)

Nichtangriffspakt mit der Sowjetunion

Frieden in Europa zu wahren und alle „Streitfragen ausschließlich mit friedlichen Mitteln" zu lösen. Außerdem erkennen beide Staaten die bestehenden Grenzen in Europa an.

> Sie betrachten heute und künftig die Grenzen aller Staaten in Europa als unverletzlich, wie sie am Tage der Unterzeichnung dieses Vertrages verlaufen, einschließlich der Oder-Neiße-Linie, die die Westgrenze der Volksrepublik Polen bildet, und der Grenze der Bundesrepublik Deutschland und der Deutschen Demokratischen Republik. (Artikel 3).

Der Vertrag mit Polen

Noch im selben Jahr, am 7. Dezember 1970, schloß die Bundesrepublik einen ähnlichen Vertrag mit Polen ab. Auch in diesem Vertrag wird bereits im 1. Artikel die bestehende „westliche Staatsgrenze der Volksrepublik Polen", d.h. die Oder-Neiße-Linie, als „unverletzlich" anerkannt. Die BRD und Polen „bekräftigen die Unverletzlichkeit ihrer bestehenden Grenzen jetzt und in der Zukunft und verpflichten sich gegenseitig zur uneingeschränkten Achtung ihrer territorialen Integrität". (Artikel 1).

Die Ratifizierung der Verträge im Bundestag

Beide Verträge wurden erst nach langen, oft sehr heftigen Debatten vom Bundestag im Mai 1972 ratifiziert. Die CDU/CSU, die zunächst gegen die Verträge war, enthielt sich bei der Abstimmung der Stimme. Mehrere Abgeordnete der FDP konnten ebenfalls die Verträge nicht befürworten und traten zur Opposition über. Dadurch verlor die Regierungskoalition ihre Mehrheit im Parlament und entschloß sich vorzeitig, bereits im Herbst 1972, Neuwahlen abzuhalten. Rainer Barzel (CDU) kandidierte gegen Willy Brandt, der die Wahlen gewann.

Die Einigung über das Berlin-Problem

Auch in der Berlin-Frage wurden wesentliche Fortschritte gemacht. Nachdem zunächst die vier alliierten Mächte, den freien Zugang von der BRD nach Westberlin und vom westlichen in den östlichen Teil der Stadt debattiert hatten, kamen sie am 3. September 1971 zur Einigung. Im Dezember unterzeichneten daraufhin die BRD und die DDR ein ähnliches Abkommen, das nach der Ratifizierung der Ostverträge vom Bundesrat in Kraft trat. Das Berlin-Abkommen regelt die Durchfahrtsrechte von Westdeutschland nach Westberlin und erlaubt den Westberlinern, ihre Verwandten im Osten zu besuchen. Mit diesem Abkommen scheint ein weiteres äußerst schwieriges Streitproblem gelöst und damit die Aussicht für den Frieden in Europa wesentlich verbessert zu sein. In Anerkennung für seine Bemühungen um den Frieden und um ein besseres Verhältnis zwischen Ost und West wurde Willy Brandt im Dezember 1971 der Friedensnobelpreis verliehen.[6] Es ist besonders bemerkenswert, daß diese hohe Auszeichnung seit 35 Jahren wieder einem deutschen Staatsmann verliehen wurde. Nach den vielen Jahren der politischen Streitereien und Spannungen können die Bürger der Bundesrepublik stolz darauf sein, daß die Welt sie und ihre führenden Politiker als friedliebende Menschen sieht.

Friedensnobelpreis für Willy Brandt

Die Zukunft

Was sind Deutschlands Aussichten für die Zukunft und was sind seine Hauptprobleme? Auf dem Gebiet der Erziehung sind folgende Hauptschwierigkeiten zu lösen: Die höhere Erziehung soll für breitere Schichten der Bevölkerung zugänglich gemacht werden. Nur etwa 16% aller Jungen und Mädchen besuchen eine höhere Anstalt und von diesen machen nur rund 40% das Abitur. Fast 90% aller Abiturienten besuchen jedoch eine Hochschule. Der Mangel an Lehrkräften ist akut und muß behoben werden. Das zum Teil veraltete Universitätssystem mit traditionellen Lehrmethoden und dem allmächtigen Ordinarius wird neu untersucht. Es ist ermutigend, daß Schritte unternommen werden, die Schwierigkeiten im Erziehungswesen anzuerkennen und daß der Versuch einer Reform gemacht wird. Im Wirtschaftssektor ist der Mangel an Arbeitskräften weiterhin ein Problem, das bisher durch die Verwendung von Gastarbeitern gelöst worden ist. Im Vergleich zur amerikanischen ist die deutsche Industrie vielfach unrentabel und muß modernisiert werden. Der Kohlenbergbau im Ruhr- und Saargebiet z.B. ist am Zerfallen. Die Bergleute müssen umgelernt werden. Modernere Arbeits- und Produktionsmethoden könnten zu größeren Profiten, jedoch auch zu Arbeitslosigkeit führen. Über 40% der deutschen Industrie steht unter amerikanischer Kontrolle. Die Ausgaben der Privatwirtschaft und des Staates für Forschung liegen weit unter dem Niveau der USA und haben zur Amerikanisierung der deutschen Wirtschaft beigetragen. Es ist einfacher und billiger, einen amerikanischen Computer zu installieren als selbst neue Elektronengehirne

Erziehungsprobleme

Die Wirtschaft

Amerikanisierung

[6] Willy Brandt ist der vierte Deutsche, der den Friedensnobelpreis erhalten hat. Im Jahre 1926 erhielt der damalige Außenminister Gustav Stresemann den Preis, 1927 der Historiker Ludwig Quidde und 1936 der Widerstandskämpfer Carl von Ossietzky.

zu entwickeln. Die Folge ist, daß die deutsche Forschung mit wenigen Ausnahmen ihre Weltspitzenstellung verloren hat.[7]

Die ausländischen Streitkräfte

Deutschland beteiligt sich an den Unterhaltungskosten für die alliierten Truppen und kauft besonders von den USA große Mengen von Kriegsmaterial, das oft veraltet (z.B. Kriegsschiffe) oder für deutsche Zwecke nicht geeignet ist, wie z.B. der Starfighter, von dem bisher über 130 Maschinen abgestürzt sind, was zu einem nationalen Skandal geführt hat. In Zukunft dürften sowohl die Engländer als auch die Amerikaner größere Summen zur Erhaltung ihrer Streitkräfte fordern. Solche Ausgaben belasten den Haushalt, sind bei der Bevölkerung unbeliebt und führen zur Kritik an der Regierung.

Frauenüberschuß und Flüchtlinge

Neben den Hunderttausenden von Gastarbeitern und ausländischen Soldaten, die andere Sitten und Gebräuche haben als die Einheimischen, ist der 10% Frauenüberschuß (etwa 3 Millionen) noch immer problematisch. Die Vertriebenen und Flüchtlinge, die aus den Ostgebieten und der DDR nach Westdeutschland kamen und immer noch kommen, haben zum Teil noch nicht wieder die gleiche soziale Stellung oder völlige Integration erlangt.

Radikale Elemente

Innenpolitisch ist die Bildung und das Anwachsen extremer Parteien und Standpunkte zu überwachen. Maoisten und andere Linksradikale drohen, die bestehende Gesellschaftsordnung, besonders an den Universitäten, zu zerstören. Viele junge Leute schließen sich der sogenannten „außerparlamentarischen Opposition" an und erkennen die gewählten politischen Vertreter oder die Vorsitzenden der Parteien nicht an. Auf der anderen Seite sammeln sich rechtsradikale Elemente in Gruppen und Parteien, unter denen die NPD (National Demokratische Partei Deutschlands) am stärksten ist.

NPD

Die NPD, die 1964 gegründet wurde, ist eine Rechtspartei mit starker nationaler Färbung. Unter anderem fordert sie den Abzug aller fremden Truppen aus Deutschland und nimmt eine militante antikommunistische, anti-Ost und anti-Slawen Haltung ein. Die Sowjetunion hat den Stimmenzuwachs der Rechtsradikalen mit Unbehagen gesehen, und das Interesse an besseren Beziehungen mit der BRD mag zum Teil den Zweck haben, dem weiteren Anwachsen der politischen

[7] Die nach dem Kriege gegründete Max-Planck-Gesellschaft ist eine bekannte Ausnahme. In 52 Instituten werden unter der Leitung von solch berühmten Wissenschaftlern wie Konrad Lorenz, Carl Friedrich von Weizsäcker und den Nobelpreisträgern Feodor Lynen und Manfred Eigen auf vielen Gebieten wichtige Forschungen betrieben.

DKP

Der Rückgang der NPD

Die Einstellung der DDR gegenüber

Rechten vorzubeugen. Der Bundesregierung ist das Vorgehen gegen die 1968 neugegründete kommunistische Partei[8] erschwert, da sie, um unparteiisch zu bleiben, gleichzeitig gegen die NPD vorgehen müßte. Ein einseitiges Verbot der Kommunisten würden die Sowjets als Provokation betrachten. Vor 1969 hat die NPD in mehreren Landtagswahlen zwischen 7 und 9% der Stimmen auf sich vereinigen können und besitzt bis heute vor allem in Städten mittlerer Größe und unter den Über-Dreißigjährigen Anhänger. In den Bundestagswahlen von 1969 erlitt die Partei eine Niederlage. Da sie keine 5% der Stimmen erhielt, ist sie im Bundesrat nicht vertreten. In den neusten Landtagswahlen hat die NPD ebenfalls einen starken Rückgang verzeichnen müssen. Auf Grund dieser Wahlniederlagen kam es unter der Parteiführung zu Streitereien und Austritten. Führende Persönlichkeiten wie Adolf von Thadden legten ihre Ämter nieder. Es scheint den großen Parteien gelungen zu sein, den Rechtsradikalismus einigermaßen einzudämmen.

Seitdem die SPD die Regierung übernommen hat, wird das ganze Problem der Wiedervereinigung und der Beziehungen mit der DDR neu durchdacht. Besonders unter den Schülern und Studenten bestehen breite Sympathien für eine weiter links gerichtete Anschauung. Man überprüft die traditionelle Einstellung dem Kommunismus und speziell der DDR gegenüber und ist durchaus nicht bereit, die Einstellung der älteren Generation als richtig hinzunehmen. Die Jugend glaubt, daß die DDR für die Jugend, den Sport, die Erziehung und die Kultur weit mehr tut als die Bundesrepublik. Man sucht, auch von Seiten Willy Brandts und der Koalition, immer mehr Kontakte mit dem Osten. Die Hallstein-Doktrin[9] hat man aufgegeben. Keine öffentlichen Organe bezeichnen die DDR mehr als Sowjetzone, Ostzone oder Ostdeutschland, wie das lange der Fall war. Man begann seinen Nachbarn zunächst Mitteldeutschland und dann immer häufiger DDR zu nennen. Die DDR ihrerseits spricht vom Westen als der Bundesrepublik. Vertreter der SPD und SED, 1971 Bundes-

[8] Die KPD war nicht sehr stark in Westdeutschland, wurde aber trotzdem als verfassungswidrig verboten. 1968 wurde sie unter dem Namen (DKP, Deutsche KommunistischePartei) wieder zugelassen, weil sie versprach, die Republik und das Grundgesetz zu unterstützen.

[9] Nach der Hallstein-Doktrin durfte die BRD keine diplomatischen Beziehungen mit Staaten aufnehmen, die solche mit der DDR unterhielten. Die einzige Ausnahme war die Sowjetunion, aber nun sucht man auch diplomatische Beziehungen mit Jugoslawien, Rumänien und Polen.

kanzler Brandt und der Vorsitzende des Ministerrates Willi Stoph, korrespondieren und sprechen persönlich miteinander. Noch sind einige Gegensätze scheinbar sehr groß. Der Osten fordert die diplomatische Anerkennung (wirtschaftlich und in fast jeder anderen Form behandeln sich die BRD und die DDR schon seit langem als separate Staaten) seines Staates mit Berlin als Hauptstadt. Er verlangt die Neutralität Westberlins, die Anerkennung der bestehenden Grenzen, den Austritt der BRD aus der NATO und die Zulassung der SED im Westen. Einige dieser Forderungen hat die BRD bereits erfüllt. Die BRD fordert gesamtdeutsche freie Wahlen, den Abzug der 20 sowjetischen Divisionen aus der DDR, den Abbruch der Berliner Mauer und der Grenzbefestigungen, den freien Verkehr zwischen Ost und West und die Erleichterung des politischen Drucks auf die Bevölkerung der DDR. Die beiden Standpunkte gehen besonders in der Frage der Anerkennung und der freien Wahlen sehr weit auseinander. Ersteres würde die endgültige Zweiteilung, letzteres das Ende des SED-Regimes bedeuten. Die Zukunft wird zeigen, was geschehen wird. Die Anerkennung der DDR ist weitaus wahrscheinlicher als freie gesamtdeutsche Wahlen. Eine mögliche Lösung wäre eine europäische Föderation unter Einschluß der DDR und der Ostblockstaaten. Die Sowjetunion wird jedoch eine solche Lösung kaum zulassen. Es ist ironisch, daß ein geteiltes Deutschland für den Osten und den Westen ein ebenso großes Problem ist wie ein starkes geeintes. Man kann sagen, daß die Aufteilung Deutschlands, die Möglichkeit eines Krieges keineswegs gebannt hat. Die Ostpolitik Willy Brandts scheint diese Möglichkeit jetzt jedoch wesentlich verringert zu haben.

Die Gegensätze zwischen BRD und DDR

Was wird die Zukunft bringen? Man weiß es nicht, man kann nur auf Grund von vergangenen Erfahrungen spekulieren und auf weitere Besserung der innen- und außenpolitischen Lage Deutschlands hoffen. Eine Wiedervereinigung aller Deutschen in einem freien, demokratischen Staat ist in absehbarer Zeit nicht realisierbar. Viel näher liegt die Anerkennung der DDR durch die BRD und die weitere langsame Verbesserung der Beziehungen zwischen den beiden deutschen Staaten. Namhafte Männer der Politik, Wirtschaft, Literatur und Philosophie sprechen sich immer häufiger und überzeugender für die letztere Alternative aus. Ihre Meinung findet in jedem Jahr bei der Bevölkerung breiteren Anklang. Es bleibt zu hoffen, daß auch diejenigen, die die Macht besitzen, ebenfalls den Willen haben, sich für das Wohl aller Deutschen zu entscheiden.

22

Die politische Struktur der Bundesrepublik

Das Grundgesetz

Die Verfassung der Bundesrepublik Deutschland heißt das Grundgesetz. Es wurde vom Parlamentarischen Rat, einer verfassungsgebenden Versammlung von 65 Mitgliedern der Länderparlamente, ausgearbeitet und am 8. Mai 1949 mit 53 gegen 12 Stimmen angenommen. Nachdem die Militärregierungen den Text genehmigt und die Länderparlamente das Gesetz angenommen hatten, trat es am 24. Mai 1949 in Kraft. Der Name Verfassung wurde vermieden, weil damals noch die Hoffnung und der Wunsch bestand, eines Tages eine Verfassung für das gesamte Deutschland zu schaffen. Das kommt in der Präambel zum Ausdruck, die dem Grundgesetz voransteht.

Die Präambel

Im Bewußtsein seiner Verantwortung vor Gott und den Menschen, von dem Willen beseelt, seine nationale und staatliche Einheit zu wahren und als gleichberechtigtes Glied in einem vereinten Europa dem Frieden der Welt zu dienen, hat das Deutsche Volk in den Ländern Baden, Bayern, Bremen, Hamburg, Hessen, Niedersachsen, Nordrhein-Westfalen, Rheinland-Pfalz, Schleswig-Holstein, Württemberg-Baden und Württemberg-Hohenzollern, um dem staatlichen Leben für eine Übergangszeit eine neue

Ordnung zu geben, kraft seiner verfassungsgebenden Gewalt dieses Grundgesetz der Bundesrepublik Deutschland beschlossen. Es hat auch für jene Deutschen gehandelt, denen mitzuwirken versagt war. Das gesamte Deutsche Volk bleibt aufgefordert, in freier Selbstbestimmung die Einheit und Freiheit Deutschlands zu vollenden.

Das Grundgesetz ist in folgende elf Abschnitte gegliedert:

I Die Grundrechte
II Der Bund und die Länder
III Der Bundestag
IV Der Bundesrat
V Der Bundespräsident
VI Die Bundesregierung
VII Die Gesetzgebung des Bundes
VIII Die Ausführung der Bundesgesetze und die Bundesverwaltung
IX Die Rechtsprechung
X Das Finanzwesen
XI Übergangs- und Schlußbestimmungen

Die Menschenrechte

Der erste Abschnitt garantiert die Freiheiten und Menschenrechte des Bundesbürgers und entspricht etwa der *Bill of Rights* in der amerikanischen Verfassung.

Artikel 1 (1) Die Würde des Menschen ist unantastbar. Sie zu achten und zu schützen ist Verpflichtung aller staatlichen Gewalt.

(2) Das Deutsche Volk bekennt sich darum zu unverletzlichen und unveräußerlichen Menschenrechten als Grundlage jeder menschlichen Gemeinschaft, des Friedens und der Gerechtigkeit in der Welt.

(3) Die nachfolgenden Grundrechte binden Gesetzgebung, vollziehende Gewalt und Rechtsprechung als unmittelbar geltendes Recht.

Persönliche Freiheit

Artikel 2 (1) Jeder hat das Recht auf die freie Entfaltung seiner Persönlichkeit, soweit er nicht die Rechte anderer verletzt und nicht gegen die verfassungsmäßige Ordnung oder das Sittengesetz verstößt.

(2) Jeder hat das Recht auf Leben und körperliche Unversehrtheit. Die Freiheit der Person ist unverletzlich. In diese Rechte darf nur auf Grund eines Gesetzes eingegriffen werden.

ARTIKEL 3 (1) Alle Menschen sind vor dem Gesetz gleich.

Gleichheit

(2) Männer und Frauen sind gleichberechtigt.

(3) Niemand darf wegen seines Geschlechtes, seiner Abstammung, seiner Rasse, seiner Sprache, seiner Heimat und Herkunft, seines Glaubens, seiner religiösen oder politischen Anschauungen benachteiligt oder bevorzugt werden.

Religionsfreiheit

ARTIKEL 4 (1) Die Freiheit des Glaubens, des Gewissens und die Freiheit des religiösen und weltanschaulichen Bekenntnisses sind unverletzlich.

(2) Die ungestörte Religionsausübung ist gewährleistet.

(3) Niemand darf gegen sein Gewissen zum Kriegsdienst mit der Waffe gezwungen werden. Das Nähere regelt ein Bundesgesetz.

Meinungsfreiheit

ARTIKEL 5 (1) Jeder hat das Recht, seine Meinung in Wort, Schrift und Bild frei zu äußern und zu verbreiten und sich aus allgemein zugänglichen Quellen ungehindert zu unterrichten. Die Pressefreiheit und die Freiheit der Berichterstattung durch Rundfunk und Film werden gewährleistet. Eine Zensur findet nicht statt.

ARTIKEL 8 (1) Alle Deutschen haben das Recht, sich ohne Anmeldung oder Erlaubnis friedlich und ohne Waffen zu versammeln.

(2) Für Versammlungen unter freiem Himmel kann dieses Recht durch Gesetz oder auf Grund eines Gesetzes beschränkt werden.

ARTIKEL 10 (1) Das Briefgeheimnis sowie das Post- und Fernmeldegeheimnis sind unverletzlich. Beschränkungen dürfen nur auf Grund eines Gesetzes angeordnet werden.

ARTIKEL 11 (1) Alle Deutschen genießen Freizügigkeit im ganzen Bundesgebiet.

ARTIKEL 13 (1) Die Wohnung ist unverletzlich.

Andere Artikel behandeln den Schutz der Familie und Kinder, das Schulwesen, die Vereinigungsfreiheit, die Freiheit der Berufswahl, das Eigentums- und Asylrecht und andere Grundrechte.

Der zweite Abschnitt regelt die Beziehungen zwischen dem Bundesstaat und den Ländern.

Demokratie

ARTIKEL 20 (1) Die Bundesrepublik Deutschland ist ein demokratischer und sozialer Bundesstaat.

(2) Alle Staatsgewalt geht vom Volke aus. Sie wird vom Volke in Wahlen und Abstimmungen und durch besondere Organe der Gesetzgebung, der vollziehenden Gewalt und der Rechtsprechung ausgeübt.

(3) Die Gesetzgebung ist an die verfassungsmäßige Ordnung, die vollziehende Gewalt und die Rechtsprechung sind an Gesetz und Recht gebunden.

ARTIKEL 22 Die Bundesflagge ist schwarz-rot-gold.

ARTIKEL 31 Bundesrecht bricht Landesrecht.

Die legislative Gewalt liegt im Bundestag, der Volksvertretung, und im Bundesrat, der Ländervertretung.

Der Bundestag

ARTIKEL 38 (1) Die Abgeordneten des Deutschen Bundestages werden in allgemeiner, unmittelbarer, freier, gleicher und geheimer Wahl gewählt. Sie sind Vertreter des ganzen Volkes, an Aufträge und Weisungen nicht gebunden und nur ihrem Gewissen unterworfen.

(2) Wahlberechtigt ist, wer das achtzehnte Lebensjahr vollendet hat; wählbar ist, wer das Alter erreicht hat, mit dem die Volljährigkeit eintritt.

(3) Das Nähere bestimmt ein Bundesgesetz.

Der Bundesrat

Der Bundestag wird auf vier Jahre gewählt und besteht aus 496 Abgeordneten. Der Bundesrat besteht aus 41 Mitgliedern der Länderregierungen, die vom Bundesratspräsidenten einberufen werden, wenn die Länder oder die Regierung es verlangen. Auf je ein Jahr übernimmt der Ministerpräsident eines Landes das Amt des Bundesratspräsidenten. Ein Land hat je nach Größe drei (Bremen, Hamburg, Saarland), vier (Hessen, Rheinland-Pfalz,

Schleswig-Holstein, (Berlin hat nur beratende Stimmen)) oder fünf (Baden-Württemberg, Bayern, Niedersachsen, Nordrhein-Westfalen) Sitze im Bundesrat. Im allgemeinen muß der Bundesrat einem vom Bundestag verabschiedeten Gesetz zustimmen. Wenn Meinungsverschiedenheiten zwischen den beiden Häusern bestehen, werden diese durch Arbeitsausschüsse ausgearbeitet.

Der Bundespräsident

Der Bundespräsident wird von der Bundesversammlung, die „aus den Mitgliedern des Bundestages und einer gleichen Anzahl von Mitgliedern, die von den Volksvertretungen der Länder . . . gewählt werden" besteht, auf fünf Jahre gewählt. Er darf nur einmal wiedergewählt werden. Seine Befugnisse sind nicht so umfangreich wie die des amerikanischen Präsidenten, sondern entsprechen mehr denen des englischen Königs. Er vertritt die Bundesrepublik im Ausland, unterzeichnet Verträge, empfängt ausländische Gesandte, ernennt und entläßt Bundesrichter, Bundesbeamte und Offiziere und hat das Recht der Begnadigung. Sein Amt und seine Person haben großes Ansehen.

An der Spitze der Bundesregierung, der Exekutive, steht der Kanzler, der dem Bundestag vom Bundespräsidenten vorgeschlagen und mit einfacher Mehrheit gewählt wird. Da in den meisten Fällen eine Partei nicht die absolute Mehrheit der Stimmen des Bundestages auf sich vereinigen kann, wird gewöhnlich eine

Der Bundestag beglückwünscht Willy Brandt zur Verleihung des Friedensnobelpreises

Koalitionsregierung gebildet. Die Bundesminister werden vom Bundeskanzler ausgewählt und vom Bundespräsidenten ernannt.

Der Kanzler und die Regierung

„Der Bundeskanzler bestimmt die Richtlinien der Politik und trägt dafür die Verantwortung" (Artikel 65). Im Gegensatz zur Weimarer Verfassung ist es nach dem Grundgesetz schwierig, eine Regierung zu stürzen. Der Kanzler kann nur abgesetzt werden, wenn der Bundestag „mit der Mehrheit seiner Mitglieder einen Nachfolger wählt und den Bundespräsidenten ersucht, den Bundeskanzler zu entlassen" (Artikel 67).

Bund und Länder

Die Bundesregierung als die vollziehende Gewalt übernimmt die politische und die Gesetzesinitiative, leitet den Staat und führt die Gesetze durch. Der Bund überwacht und verwaltet unter anderem folgende Gebiete: Außenpolitik, Verteidigung, Währung und Geldwesen, Post- und Fernmeldewesen, Bahn- und Luftverkehr, Zoll- und Grenzschutz, Handelspolitik, Rechtswesen und die durch den Krieg bedingten sozialen Ausgaben. Die Länder tragen hauptsächlich die Verantwortung für Kulturpolitik, Schulwesen, Polizeiwesen, Sozialversicherungen, Wohnungsbau und die Ausführung der Bundesgesetze.

Das Bundesverfassungsgericht

Die rechtsprechende Gewalt ist den Gerichten des Bundes und der Länder anvertraut. Die Richter sind unabhängig. Das Bundesverfassungsgericht in Karlsruhe entscheidet in Streitfällen über die Auslegung des Grundgesetzes und bei Meinungsverschiedenheiten und Streitfällen zwischen Bund- und Landesrecht. Seine Mitglieder werden zur Hälfte vom Bundestag und zur Hälfte vom Bundesrat gewählt.

Der Bundesgerichtshof

Das Oberste Bundesgericht, der Bundesgerichtshof in Karlsruhe, entscheidet in Fragen, die für die Einheitlichkeit der Rechtsprechung im Bund bedeutend sind. Seine Richter werden vom Bundesjustizminister gemeinsam mit einem Richterwahlausschuß berufen.

Die Oberen Bundesgerichte

Den Amts-, Land- und Oberlandesgerichten sind die Oberen Bundesgerichte als letzte Instanz übergeordnet, und zwar für Verwaltungsstreitigkeiten das Bundesverwaltungsgericht in Berlin, für arbeitsrechtliche Fälle das Bundesarbeitsgericht in Kassel, für Streitigkeiten aus dem Sozialrecht das Bundessozialgericht in Kassel und für Finanz- und Steuerstreitigkeiten der Bundesfinanzhof in München. Die Richter der Oberen Bundesgerichte werden vom zuständigen Bundesfachminister zusammen mit dem Richterwahlausschuß berufen.

Die Parteien in der Bundesrepublik dürfen nicht sich gegen die verfassungsmäßige Ordnung richten. Die SRP (Soziale Reichspartei) und KPD (Kommunistische Partei Deutschlands) wurden

CDU/CSU

verboten, weil sie gegen das Grundgesetz arbeiteten.[1] Bis 1972 war die CDU (Christlich Demokratische Union), die in Bayern CSU (Christlich Soziale Union) heißt, die stärkste Partei. Sie will alle Schichten des Volkes auf christlicher Grundlage vereinen, setzt sich für eine freiheitliche Marktwirtschaft und Gesellschaftsordnung und für eine gerechte Sozialpolitik ein. In der Außenpolitik strebt sie enge Partnerschaft mit den westlichen Demokratien an. Einige der bedeutendsten Führer der CDU/CSU waren Konrad Adenauer (gestorben 1967), der von 1949 bis 1963 Bundeskanzler war, Ludwig Ehrhard, der als Wirtschaftsminister in Adenauers Regierung das deutsche „Wirtschaftswunder" vollbrachte und von 1963–1966 Bundeskanzler war, und Franz Joseph Strauß, der Vorsitzende der CSU. Die CDU/CSU war bis 1969 Regierungspartei, zunächst in Koalition mit der FDP und DP, dann nur mit der FDP und seit 1966 mit der SPD. Seit 1969 ist die CDU/CSU Oppositionspartei.

SPD

Die SPD (Sozialdemokratische Partei Deutschlands) ist die älteste und traditionsreichste Partei im Bundestag und spielte besonders in der Weimarer Republik eine wichtige Rolle. Allein ihre Abgeordneten stimmten gegen das Ermächtigungsgesetz, das es Adolf Hitler ermöglichte, die Republik zu zerstören. Die SPD hat ihre marxistische Einstellung immer mehr verloren, und ihr Programm unterscheidet sich heute nicht wesentlich von dem der anderen bürgerlichen Parteien. Nach anfänglicher Opposition gegen Wiederbewaffnung und freie Wirtschaft, bejaht sie nun sowohl die militärische Verteidigung der Republik sowie eine freie Wirtschaft, allerdings mit größerer Beteiligung aller Bürger am Ertrag. Sie strebt besonders die Wiedervereinigung an und will Verständigung mit den Ostblockstaaten sowie Partnerschaft mit dem Westen. Die bekanntesten Nachkriegspolitiker der SPD waren die Vorsitzenden Kurt Schumacher und Erich Ollenhauer und der tapfere Berliner Oberbürgermeister Ernst Reuter. Die jetzigen führenden Persönlichkeiten sind Bundeskanzler Willy Brandt und Bundespräsident Gustav Heinemann.

SPD Politiker

In der ersten Bundestagswahl (1949) wurde die SPD knapp von der CDU/CSU geschlagen (139:131). In den folgenden Wahlen vergrößerte sich der Gegensatz zwischen den beiden großen

[1] 1967 wurden die Kommunisten unter dem Namen Deutsche Kommunistische Partei wieder zugelassen, nachdem sie versprochen hatten, das Grundgesetz anzuerkennen und zu unterstützen.

Parteien und die Majorität der CDU auf 92 (1953) und 101 (1957) Sitze. Seit 1961 wuchs die Zahl der sozialdemokratischen Abgeordneten ständig, während die der CDU/CSU sich kaum veränderte. Im Jahre 1966 beteiligte sich die SPD als Koalitionspartei an der Regierung und übernahm die Regierung von der CDU/CSU endgültig 1969, nachdem sie bereits in einigen Länderparlamenten (Hamburg, Bremen, Berlin, u.a.) und in den Gemeinderäten (besonders in großen Städten) seit Ende des Krieges die führende Rolle gespielt hatte. In den Wahlen von 1972 gewann die SPD 230 Sitze (CDU/CSU 225).

Die SPD als Regierungspartei

FDP

Die drittgrößte Partei ist die FDP (Freie Demokratische Partei), die eine recht bewegte Geschichte hinter sich hat und seit 1949 fast ununterbrochen an der Regierung beteiligt war. Die FDP denkt stärker zentralistisch als die CDU, die eine föderalistische Haltung vertritt; sie tritt für die uneingeschränkte, freie Wirtschaft ein und lehnt jegliche Sozialisierung und Mitbestimmung der Arbeiter auf wirtschaftlichem Gebiet ab. Ihr einziger großer Politiker war der erste Bundespräsident Theodor Heuss (1949–1959), der im In- und Ausland sehr beliebt und geachtet war. Heute wird sie von Walter Scheel geführt, der Vizekanzler und Außenminister im Kabinett Brandt ist. 1966 stürzte die FDP das Kabinett Ehrhard und beendete nach den Wahlen von 1969 die lange Regierungszeit der CDU/CSU, indem sie sich mit der SPD verbündete. Bis 1972 hat die FDP ständig an Stimmen verloren und brachte es in den Wahlen von 1969 nur mit knapper Mühe (5.8%) fertig, die 5-Prozent Hürde zu nehmen. Die 5%-Klausel bedingt, daß nur Parteien, die mindestens 5% aller Stimmen erhalten, Abgeordnete in den Bundestag schicken können. Diese Klausel hat das Vielparteienchaos der Weimarer Republik zum Glück im Nachkriegsdeutschland verhindert und die Zahl der im Bundestag vertretenen Parteien von zwölf (1949) auf drei (seit 1961) vermindert. Der ständige Rückgang der FDP (von 67 auf 49 dann auf 30 Sitze) ist in der Bundestagswahlen von 1972 offenbar zum Stehen gebracht worden. Die kleineren Parteien,[2] unter denen 1969 die NPD mit 4.6% führte, spielen in der Länder- und Gemeindepolitik

Die 5%-Klausel

[2] ADF (Allgemeine Deutsche Fortschrittspartei), BP (Bayern Partei), Z (Zentrum), EP (Europa Partei), FSU (Freie Soziale Union), GDP (Gesamtdeutsche Partei), UAP (Unabhängige Arbeiter Partei), DV (Deutsche Volkspartei), DP (Deutsche Partei), SVP (Saarländische Volkspartei) und SSW (Südschleswigscher Wählerverband).

eine Rolle. Besonders die NPD, die in den USA vielleicht mit der John Birch Society oder mit der Partei von Gouverneur Wallace zu vergleichen ist, machte vor einiger Zeit von sich reden, weil sie in einigen Landtagswahlen zwischen 7 und 9% der Stimmen auf sich vereinigen konnte und weil man diese Wahlerfolge als ein Wiederaufleben des nationalsozialistischen Geistes interpretiert hat. Wahrscheinlich ist eine derartige Interpretation zu naiv. Sicherer ist es, den Zuwachs der NPD als vorübergehend und als Zunahme der Proteststimmen zu analysieren, als Protest der Wähler gegen 20 Jahre Politik, die in der Frage der Wiedervereinigung und der von den Vereinigten Staaten unabhängigen Außenpolitik erfolglos blieb.

Aus dem Wahlkampf—Opposition gegen die NPD

23

Die Gegenwartsliteratur

In den Jahren zwischen 1933 und 1945 konnte sich die Literatur in Deutschland nicht entwickeln. Die meisten bekannten Schriftsteller gingen in die innere oder äußere Emigration, und ihre Werke wurden erst nach Ende des Krieges bekannt. Das Grauen des Krieges und der Nachkriegszeit spiegelt sich in den ersten Werken, die nach dem Kriege veröffentlicht wurden, und bis heute versuchen die Schriftsteller, die Vergangenheit zu bewältigen.

Ein Mann, der aus dem Krieg nach Hause kam und dann doch nicht nach Hause kam, war Wolfgang Borchert (1921–1947). Er stammt aus Hamburg, wurde eingezogen und wegen negativer Äußerungen gegen Staat und Partei zu vier Monaten Gefängnis verurteilt. Im Winter 1942/43 zog er sich in Rußland eine Krankheit zu, wurde vom Militär entlassen und wegen Erzählen von politischen Witzen erneut inhaftiert. Der Krieg und die Inhaftierung raubten ihm die Gesundheit, so daß er bereits 1947 starb. In den zwei Jahren nach dem Krieg schrieb er seine Kurzgeschichten und die dramatische Szenenfolge *Draußen vor der Tür*.

Borcherts Sprache ist gekennzeichnet durch den äußerst knappen Ausdruck, die dauernde Wiederholung von Schlüsselwörtern, die Wahl einfacher Wörter und durch Antithesen und Paradoxe. Das Thema ist immer wieder Krieg und Nachkriegsbegebenheiten. Das Drama *Draußen vor der Tür*, das ursprünglich als Hörspiel gedacht war, stellt den Unteroffizier Beckmann auf die Bühne, der verwundet und todmüde aus dem Krieg nach Hause kommt, aber der alle Türen verschlossen findet und draußen bleiben muß. Seine Frau hat einen anderen Mann, seine Eltern sind tot und sein Oberst, dem er die Verantwortung für den Tod von elf Soldaten zurückgeben will, die er geführt und verloren hat, hält ihn für irrsinnig. Der Tod als Beerdigungsunternehmer ist überfressen und kann nur immer scheußlich rülpsen, und Gott ist ein alter, hilfloser Greis, der um seine Kinder jammert, aber doch nichts ändern kann. Im Stück wechseln sich traumhaft-irreale Szenen mit eiskalter Wirklichkeit ab, und die leidenschaftliche Sprache ist ein gewaltiger Aufschrei gegen die unmenschlichen Folgen des Krieges.

Plievier

Ein noch leidenschaftlicherer Aufschrei gegen den Krieg ist Theodor Plieviers *Stalingrad*, ein Werk in der Trilogie zu der ebenfalls *Moskau* und *Berlin* gehören. Der Autor (1892–1955) kommt aus einer Berliner Arbeiterfamilie, beteiligt sich 1918 am Matrosenaufstand in Wilhelmshaven und emigriert 1933 nach Moskau. Der Roman *Stalingrad* schildert in gnadenlos fürchterlicher Objektivität die Vernichtung der 6. Armee. Das Buch wirkt wie ein Augenzeugenbericht. Plievier schreibt bewußt dokumentarisch, faktisch und führt dem Leser eine Vielzahl greller Einzelepisoden vor Augen, aus denen ein Bild von der Furchtbarkeit und Sinnlosigkeit dieser Schlacht entsteht. In einem Massenschicksal—Einzelschicksale treten kaum hervor — gehen die Menschen zu Tausenden unter. Das Thema ist die Unmenschlichkeit, Angst, Verzweiflung, Kälte, der Hunger und der Tod. Um dieses Ungeheuerliche darzustellen, wählt Plievier für seinen Roman das Mittel der Reportage, des Tatsachenberichts, der das Grauenvolle nur noch um so grauenvoller erscheinen läßt.

Stalingrad

Das Thema „Der zweite Weltkrieg und die Nachkriegszeit" wird auch immer wieder von Heinrich Böll (geb. 1917 in Köln) behandelt. Böll wurde 1939 eingezogen, erlebte den Krieg an verschiedenen Fronten mit und kam 1945 aus amerikanischer Kriegsgefangenschaft zurück. Der Tod, die Trümmer, die Hinterbliebenen, der Schwarzmarkthandel usw. sind Stoffe für seine Prosawerke. Bölls erste größere Erzählung ist *Der Zug war pünktlich* (1949), in der er die Ereignisse zwischen Start und Ziel des Zuges beschreibt, der Soldaten an die Front und in den Tod bringt. In *Wo warst du Adam?* (1950) beschreibt Böll Einzelszenen aus der Zeit des deutschen Rückzuges im Osten. Der Krieg ist sinnlos. Er besteht aus einer Kette von Zufällen, die uns absurd erscheinen. Ein Soldat tritt zufällig auf einen

Böll

Wo warst du Adam?

Heinrich Böll

Blindgänger, der schon monatelang vor seinem Quartier liegt, eine zerstörte Brücke wird meisterhaft wieder aufgebaut, nur um am nächsten Tag vor den anrückenden Russen in die Luft gesprengt zu werden, und die eigentliche Hauptperson wird am Ende des Krieges vor der Tür des Elternhauses von einer durch Zufall abgeschossenen Granate getötet.

Mit dem Roman *Und sagte kein einziges Wort* (1953) wurde Böll in weiten Kreisen bekannt. Der Titel bezieht sich auf das Leiden Christi am Kreuz, das in einem „negro spiritual" besungen wird. In Bölls Buch ist es Kathie Bogner, die Frau eines Heimkehrers, der sich in der Heimat nicht wieder zurechtfindet, die wie Christus und am Ende durch ihr stilles Dulden die Ehe zusammenhält. Bittere Gesellschaftskritik gegen die Scheinordnung des Christentums und den Egoismus des Bürgers, der wieder reich wird, bilden den Hintergrund. In *Haus ohne Hüter*

Bölls Werke

(1954) sehen wir die Welt durch die Augen von zwei elfjährigen Jungen, die ihre Väter im Krieg verloren haben. In *Billard um halbzehn* (1959) und besonders in *Ansichten eines Clowns* (1963) wird Bölls Zeit- und Gesellschaftskritik immer bitterer. Der Clown wird das Symbol für den Menschen, der von der inhumanen, kalten Welt nicht akzeptiert wird. Mit seiner langen Erzählung *Ende einer Dienstfahrt* (1966) parodiert Böll die deutsche Beamtensprache und macht sich lustig über die Bundeswehr und das Kleinstadtleben. Bölls bisher letztes Werk ist der Roman *Gruppenbild mit Dame* (1971), der ihm 1972 den Nobelpreis einbrachte.

Frisch

Die Werke der beiden Schweizer Max Frisch (geb. 1911 in Zürich) und Friedrich Dürrenmatt (geb. 1921 bei Bern) sind auch über die Grenzen des deutschen Sprachbereiches hinaus bekannt geworden. Frisch studierte Architektur und wechselte erst später ganz zur Schriftstellerei über. Seine dramatischen Werke stehen unter dem Einfluß Brechts, mit dem er die Moralität der modernen Gesellschaft in Frage stellt. Er glaubt, daß der Nationalsozialismus ein möglicher Auswuchs der industriellen Gesellschaft war, der sich durchaus wiederholen kann, wenn nämlich das Bürgertum die Ereignisse der Hitlerzeit nicht moralisch verarbeitet, sondern nur auf die Seite räumt.

Das erste Stück von Frisch, *Nun singen sie wieder* (1945), ist ein Requiem auf die Opfer des Nationalsozialismus, ein Klagelied auf die Toten, die von scheinbar kultivierten Menschen ermordet wurden. *Die chinesische Mauer* (1947) zeigt die Ohnmacht des Intellektuellen in einem diktatorischen Staat. *Herr Biedermann und die Brandstifter* (1956) zeigt, was geschieht, wenn man das Böse nicht sehen will. Der Fabrikant Biedermann ist in seiner naiven Blindheit den Anarchisten gegenüber völlig hilflos. Er schließt nicht nur die Augen und will nicht wissen, daß die Brandstifter ihm das Haus über dem Kopf anzünden werden, sondern er unterstützt sie sogar noch in ihren Plänen und hilft seinen eigenen Ruin herbeizubringen. Das Drama ist ein Kommentar zum politischen Geschehen der dreißiger Jahre und paßt noch ebenso gut auf unsere Zeit. In *Andorra* (1961) untersucht Frisch die Schuld der Gemeinschaft am Schicksal eines Außenseiters, eines Juden, der von Fremden verfolgt und getötet wird. Sind die Mitglieder der Dorfgemeinde, die aus Feigheit nichts für den Juden unternehmen, an seinem Tode mitschuldig?

Dramen

Stiller

Unter den Romanen Frischs sind *Stiller* (1954) und *Homo Faber* (1957) am bedeutendsten. Um sich selbst, seiner Umwelt und seiner Frau zu entfliehen, fährt der Maler Stiller auf sechs Jahre nach Amerika und kommt als ein anderer Mensch, White, in die Heimat zurück. Hier wird er verhaftet und gezwungen, wieder der zu werden, der er war. Anfangs wehrt er sich dagegen, seine neugewonnene Identität wieder aufzugeben, aber am Ende muß er sich fügen und zu dem Menschen werden, den man von ihm erwartet. In dem zweiten Roman herrscht der Zufall vor, der blind in das Leben der Hauptperson eingreift. Walter Faber ist Ingenieur und glaubt das Leben auf eine Formel bringen zu können. Durch Berechnung schirmt er sich gegen jedes natürliche, spontane Erleben ab, gerät aber durch die Liebe

Homo Faber

zu seiner ihm unbekannten Tochter in einen tragischen Konflikt. Die klischeehaften Bilder und Sätze spiegeln die sterile Welt Fabers stilistisch wider.

Dürrenmatt

Friedrich Dürrenmatts Vater war Pastor. Der Sohn studierte Germanistik und Philosophie, wandte sich dann wie sein Landsmann Frisch der Schriftstellerei zu und veröffentlichte Dramen, Hörspiele und Romane. Für Dürrenmatts dramatische Entwicklung ist der Einfluß des Expressionismus, Thornton Wilders und Bertold Brechts entscheidend. Besonders in einem seiner ersten Dramen, *Die Ehe des Herrn Mississippi* (1952), macht er viel Gebrauch von der Illusionsdurchbrechung, die von Wilder und Brecht so meisterhaft gehandhabt wird. Seine Theorien über das Drama hat er in dem Aufsatz *Theaterprobleme* (1955) besprochen. Seine Dramatik geht davon aus, daß es heute keine tragischen Helden und daher keine Tragödien mehr gibt. Der moderne Staat, das Verwaltungswesen, die Institutionen unterminieren die Grundlagen des Tragischen. Unsere ,,ungestaltete, im Werden, im Umsturz begriffene Welt'' kann nur noch durch die Form der Komödie dargestellt werden, in der Parodie, Farce und Experiment verwendet werden können. Dürrenmatt geht in seinem Schaffen von der Fabel aus, die er erfindet und die er dann ausschmückt und mit Einfällen umgibt, die besonders theaterwirksam sind. In seinen Stücken versteckt sich hinter dem komödienhaften Vorgang, das Gleichnis, die didaktische Demonstration, die Moral.

Dramatik

Romulus der Große

Die burleske Komödie *Romulus der Große* (1950) handelt vom Ende einer Kultur. Der letzte römische Kaiser hat den Mut ,,unheldisch zu sein und die einfachen Dinge der Menschlichkeit zu lieben''. Bewußt arbeitet er auf den Untergang des römischen Weltreiches hin. Er will es den Germanen übergeben, weil Rom eine Weltmacht geworden ist ,,und damit eine Einrichtung, die öffentlich Mord, Plünderung, Unterdrückung und Brandschätzung auf Kosten der andern Völker betrieb''. Aber auch der Germanenfürst kommt nur nach Rom, um sich Romulus zu unterwerfen und so die Germanen vor dem Heldentum zu retten. Am Ende wird Romulus als Hühnerzüchter in Pension geschickt. Der Heldentod bleibt ihm versagt. Der Engel in *Ein Engel kommt nach Babylon* (1953) bringt den Menschen das Mädchen Kurrubi, die Verkörperung der Gnade. Ungewollt stiftet sie im Reiche Nebukadnezars Verwirrung. Die Kämpfe zwischen Nubukadnezar und Nimrod sind ein Spiegelbild der Machtkämpfe unserer Zeit. Gott und der Engel erweisen sich als ohnmächtig und überlassen die Menschen sich selbst. Der frei dahinlebende Bettler erhält das Mädchen, weil er es versteht und sich vor den Intrigen der Macht retten kann.

Der Besuch der alten Dame

Der Besuch der alten Dame (1956) ist Dürrenmatts erfolgreichstes Drama. Nach Jahren der Abwesenheit kehrt Claire Zachanassian, eine Milliardärin, mit Prothesen und einem Hofstaat aus entlassenen Ehegatten und geblendeten Kastraten, in ihre Heimatstadt Güllen (Jauchepfütze) zurück. Als junges Mädchen ist sie von Ill verführt und durch den Meineid von zwei Burschen um die Ehe mit Ill geprellt worden. Nun will sie der verlotterten Stadt eine Milliarde schenken für den Tod Ills. Zunächst lehnen die Bürger das Angebot entrüstet ab, aber bald macht sich ein Wirtschaftsaufschwung bemerkbar. Alle, selbst Ills Familie, kaufen auf Kredit. Schließlich sieht Ill seine Schuld ein und opfert sich für die Gemeinde. Claires harte Forderung ist erfüllt: ,,Die Welt machte mich zu einer Hure, nun mache ich sie zu einem Bordell ... Anständig ist nur, wer zahlt, und ich zahle. Güllen für einen Mord, Konjunktur für eine Leiche.'' Das Stück endet mit einer Chorparodie. In hymnischen Versen wird der neue Wohlstand der Stadt gefeiert.

Die Physiker

Ebenso wie *Der Besuch* ist auch *Die Physiker* (1962) eine tragische Komödie, eine bittere Satire auf unsere Welt. Drei Physiker befinden sich in einem Irrenhaus. Möbius, der eine Formel gefunden hat, die die ganze Welt vernichten kann, hat sich dorthin versteckt, um die Menschheit zu bewahren. ,,Unsere Wissenschaft ist schrecklich geworden, unsere Forschung gefährlich, unsere Erkenntnisse tödlich. Es gibt für uns Physiker nur noch die Kapitulation vor der Wirklichkeit ... Wir müssen unser Wissen zurücknehmen, und ich habe es zurückgenommen.'' Die beiden anderen sind Geheimagenten von zwei Großmächten, die die Formel in ihren Besitz bekommen möchten. Als ihnen das nicht gelingt, bleiben sie ebenfalls freiwillig in der Anstalt. Aber am Ende sind alle Opfer umsonst. Die Anstaltsleiterin, die einzig wirkliche Irre, hat die Formel gefunden und an eine Macht gegeben, die die Erde beherrschen will. ,,Die Welt ist in die Hände einer verrückten Irrenärztin gefallen.''

Dürrenmatts Prosawerke sind vorwiegend Parodien auf den Kriminalroman, *Die Panne. Das Versprechen* (Film: Es geschah am hellichten Tag) und *Der Richter und sein Henker* sind seine bekanntesten Erzählungen.

Hochhuth

Einer der jüngeren Autoren, der mit seinen beiden ersten Dramen ungeheures Aufsehen erregt hat, ist Rolf Hochhuth

Der Stellvertreter

(geb. 1931 in Hessen). Der Stoff seiner Dramen ist die jüngste deutsche Geschichte. Sein erstes Stück, *Der Stellvertreter* (1963), führte sofort zu erregten Diskussion im In- und Ausland. In dem Spiel klagt er Papst Pius XII. der Mitschuld an der Ermordung der Juden unter den Nationalsozialisten an. Anstatt sich mit der ganzen Autorität und dem gewaltigen Prestige seines Amtes für die Unglücklichen einzusetzen, habe der Papst praktisch geschwiegen und mit den Verbrechern ein Konkordat abgeschlossen. Dem Papst stellt Hochhuth den jungen Jesuitenpater Riccardo Fontana gegenüber, eine fiktive Figur, die dem Andenken der Priester gewidmet ist, die sich für die Juden einsetzten. Der Pater opfert sich für seine Mitmenschen und wird ins Konzentrationslager eingeliefert. *Der Stellvertreter* zeichnet sich aus durch die Leidenschaft, mit der der Autor seine These vertritt. Der künstlerische Rang des Dramas ist umstritten. Hochhuth belegt seine Thesen mit langen Bühnenanweisungen, die in ausführliche Erklärungen ausarten. Das Drama ist zweifellos bühnenwirksam, wenn es von einem guten Dramaturgen für die Bühnenaufführung zugeschnitten wird.

Soldaten

Das zweite Stück, *Soldaten* (1967), zeigt den englischen Premierminister Churchill als tragische Figur. Churchill wird des Völkermords angeklagt, weil er den Befehl zur Bombardierung offener Städte und damit zur Ermordung von Frauen und Kindern gibt. Hochhuth macht ihn ebenfalls für den Tod des Hauptes der polnischen Exilregierung verantwortlich. Churchill opfert Silkorski, weil er Stalin im Wege steht. Die realistische Churchill-Handlung ist eingefügt in eine Rahmenhandlung, die expressionistisch visionenhaft wirkt. Ein ehemaliger englischer Fliegeroffizier bereitet die Aufführung des Churchill-Dramas vor der Ruine der Kathedrale von Coventry vor. Das Drama enthält die Skrupel des Offiziers, die dieser gegen die Bombardierung der Zivilbevölkerung hat.

Guerillas

Hochhuths jüngstes Drama ist wie die vorhergehenden eine Tragödie, die 1970 im württembergischen Staatstheater Stuttgart uraufgeführt wurde. Wie der Titel *Guerillas* andeutet, behandelt das Stück die mögliche Übernahme der USA durch Partisanen. Der Held ist der Senator David Nicolson, dessen Organisation die politische Maschinerie und das Pentagon infiltriert, dessen Frau, eine Geheimagentin, vom CIA ermordet wird und der am Schluß selbst ein bizarres Ende findet: Er wird aus dem Fenster gestoßen. Wie die anderen Dramen enthält *Guerillas* eine Unmenge von historischem Detail, das für die Aufführung scharf gesichtet werden muß.

Szene aus „Der Stellvertreter" von Rolf Hochhuth

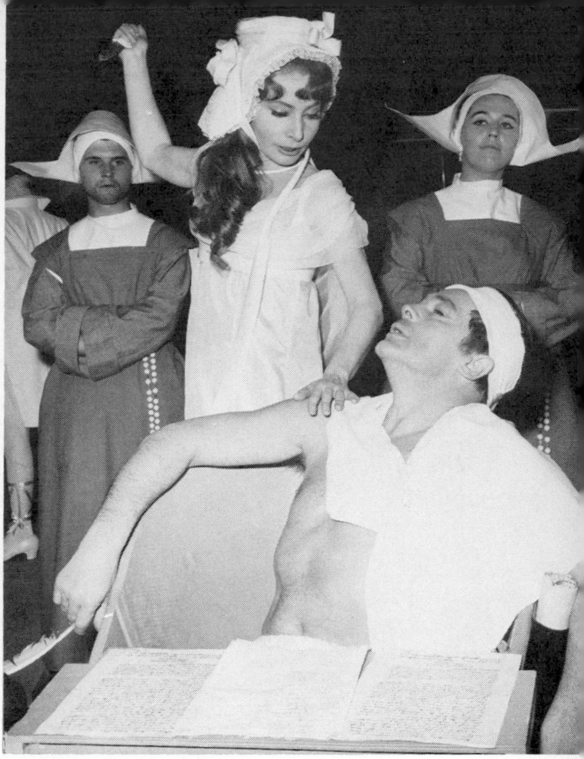

Szene aus „Marat-Sade" von Peter Weiss

Mit seinen Stücken, in denen er historische Ereignisse unserer Zeit auf die Bühne stellt und die Männer, die Hochhuth für schuldig hält, laut anklagt, wurde er zum Initiator des sogenannten Dokumentartheaters, ein Gebiet, auf dem sich auch Peter Weiss und Günter Grass versucht haben.

Weiss

Peter Weiss (geb. 1916 bei Berlin) ging 1934 in die Emigration und wurde schwedischer Staatsbürger. Zu seinen Prosawerken gehören *Der Schatten des Körpers des Kutschers* (1960) und *Fluchtpunkt* (1962). Letzteres hat Autobiographisches zum Inhalt, besonders die Emigration mit ihren Schwierigkeiten für den Schriftsteller. Am bekanntesten ist Weiss durch seine Theaterstücke geworden. *Die Verfolgung und Ermordung Jean Paul Marats* (1964) machte ihn über die Grenzen Deutschlands hinaus bekannt. Weiss befaßte sich mit dem französischen Revolutionär Marat, der in seiner Badewanne sitzend erstochen wurde, und fand dabei heraus, daß der Marquis de Sade eine Rede über den Revolutionär nach dessen Tod gehalten hatte. Der Marquis wurde später wegen seiner Sittenlosigkeit in der Heilanstalt Charenton interniert, wo er unter anderem mit den Patienten Theaterstücke einübte. Diese Tatsachen liegen dem Stück von

Die Verfolgung

Weiss zugrunde. In dem Drama läßt der Autor Marat und Sade einander gegenübertreten und konfrontiert damit zwei Hauptpositionen: Gedanklichkeit und Sinnlichkeit. Dem Politisch-Philosophischen stehen Irrsinn, Rausch, Auspeitschung, Raserei und Mord gegenüber, dem Standpunkt, der die Antriebskräfte in politischer und gesellschaftlicher Umwälzung sucht, steht die Haltung gegenüber, die den extremen Individualismus vertritt. Wie bei Frisch und Dürrenmatt ist auch bei Weiss die Technik des epischen Theaters (Gesangseinlagen, komplexe Illusionsbrechung usw.) zum Vorbild geworden.

Die Ermittlung

Das Dokumentarstück *Die Ermittlung* (1965) versucht die politische Aufklärung. Fast authentisch ahmt Weiss den Frankfurter Prozeß nach, in dem der Massenmord an Juden im Lager Auschwitz verhandelt wurde. Das Stück ist in elf Gesänge unterteilt, die von den ankommenden Zügen an der Rampe bis zur Vergasung und zur Verbrennung reichen. Der Versuch, mit diesem Stück die Greuel in den Konzentrationslagern aufzuzeigen, ist Weiss nicht recht gelungen, denn die Tatsachen sprechen für sich selbst viel eindrucksvoller in der Wirklichkeit als auf der Bühne. Auf der Bühne klingt es allzu polemisch und isoliert.

Der Gesang

Das Stück *Der Gesang vom lusitanischen Popanz* (1967) löste Kontroversen und Proteste von Seiten der portugiesischen Regierung aus. Weiss prangert die unmenschlichen Zustände in der portugiesischen Kolonie Angola an, wendet sich aber nicht nur gegen die portugiesischen Unterdrücker, sondern auch gegen die weißen Europäer, die mitschuldig sind, wie die NATO Staaten, die mit Portugal ein Bündnis geschlossen haben, die Konzerne, die in Angola wirtschaftlich engagiert sind und die Bundesrepublik, die Portugal wirtschaftliche Hilfe gibt. Der Popanz ist der kolonialistische Kapitalismus, gegen den Weiss agitiert. Der Zuschauer soll in diesem Stück nicht wie in den anderen aus der Masse der Fakten seine eigenen Schlußfolgerungen ziehen, sondern wird zur Stellungnahme gegen die Unterdrücker gezwungen, indem ihm alle Ausflüchte geschickt verbaut werden.

Vietnam Report

Vietnam Report (1968) ist wegen des umfangreichen Materials, das die jahrhundertelange Leidensgeschichte des vietnamesischen Volkes bietet und von Weiss verwendet wird, wenig bühnenwirksam. Wieder bezweckt Weiss die Agitation, diesmal gegen die amerikanischen kriegerischen Aktionen in Vietnam.

Bisher hat Günter Grass mit seinen Bühnenstücken weit weniger Erfolg gehabt als seine Zeitgenossen. Sein 1969 aufgeführtes Drama *Davor* war sogar ein völliger Reinfall. Auch als Lyriker ist Grass weniger bedeutend. Was ihm seinen Ruhm einbrachte sind seine Prosawerke, vor allem sein Roman *Die Blechtrommel*.

Grass

Grass wurde 1927 in Danzig geboren, der Stadt an der Ostsee, die in seinen Romanen eine wichtige Stellung einnimmt und die Grass als die Hauptstadt seiner Welt bezeichnet. Seine Vorfahren waren deutsch und polnisch. Nach fünf Jahren Dienst im Jungvolk und der Hitlerjugend wurde der Fünfzehnjährige Flakhelfer und später Soldat. Nach dem Krieg studierte er Malerei und Bildhauerei in Düsseldorf und Berlin und verdiente sich sein Studiengeld als Trommler in einer Jazzkapelle. Grass ist mit einer schweizer Tänzerin verheiratet, hat vier Kinder und wohnt in Westberlin. Er ist politisch engagiert und nahm aktiv an den Wahlkämpfen für die SPD teil. In seinem Volkswagenbus, auf dem ein Hahn abgebildet war, der ,,Es-Pe-De" (SPD) krähte, fuhr er durch ganz Deutschland und hielt Wahlreden für Willy Brandt, für den er auch mehrere Reden schrieb. 1958 erhielt er den Preis der Gruppe 47,[1] 1960 den der Berliner Kritiker und 1962 den französischen Literaturpreis für das beste ausländische Werk (*Die Blechtrommel*). Seitdem wird Günter Grass von Kritikern im In- und Ausland als einer der bedeutendsten Schriftsteller Europas anerkannt. Er ist äußerst kontrovers und hat sowohl viele Gegner als auch einen großen Anhang, besonders unter der Jugend.

Die Blechtrommel

Grass' erster Roman, *Die Blechtrommel* machte den Autor über Nacht berühmt. Bisher ist das Werk in 16 Sprachen übersetzt worden und hat über $1\frac{1}{2}$ Millionen Exemplare verkauft. Mit der *Blechtrommel* knüpft Grass wieder an die Tradition des Schelmenromans und des Abenteuerromans an. Der Leser sieht die Ereignisse der letzten 50 Jahre in Deutschland durch die Augen des Erzählers, Oskar, der absichtlich zu wachsen aufhört, als er drei Jahre alt ist und der die Vorgänge der dreißiger und vierziger Jahre durch das Trommeln auf seiner Blechtrommel begleitet. Er sieht sozusagen von unten auf die Leute und die ganze Zeitperiode. Oskar erzählt alles frisch, natürlich, naiv,

[1] Die Gruppe 47 besteht aus Schriftstellern, Kritikern und Verlegern, die einmal im Jahr zur Diskussion von neuesten Literaturwerken zusammenkommen. Vor dieser Gruppe, die 1947 von Hans Werner Richter gegründet wurde und zu der u.a. auch Böll und Weiss gehören, las Grass aus seiner *Blechtrommel*. Die Leseproben wurden begeistert aufgenommen.

Günter Grass

kinderhaft. Obgleich er von den Erwachsenen als Kind angesehen wird, hat er die Intelligenz und Einsichten eines Erwachsenen. Das Komische, Groteske, Verzerrte, Abnormale fasziniert Grass und kommt in vielen Szenen zum Ausdruck. Seine Bilder sind frisch, neu, manchmal brutal und abstoßend; seine Sprache ist der des klassischen Idealismus entgegengesetzt und betont Realismus und die Objekte gegenüber dem Idealistischen und der Idee.

Katz und Maus

Wie *Die Blechtrommel* spielt die Novelle *Katz und Maus* (1961) in Danzig und wie Oskar hat auch Mahlke eine körperliche Abnormalität: einen riesigen Adamsapfel, die „Maus". Diese Abnormalität wird Mahlke zum Stimulans, sie spornt ihn zu außergewöhnlichen Taten an: er entwickelt sich zu einem ungewöhnlichen Schwimmer und Taucher und vollbringt im Kriege tapfere Taten, die ihm das Ritterkreuz einbringen. Allerdings spielen bei der Erwerbung des Ritterkreuzes noch andere Beweggründe mit. Als Schüler hat Mahlke einem jungen Offizier, der in der Schule spricht, das Ritterkreuz gestohlen und wird wegen dieser Tat von der Schule verwiesen. Seitdem ist es sein Wunsch, die Tat wiedergutzumachen und als Ritterkreuzträger in der Schule zu sprechen. Als dieser Wunsch vom Direktor abgelehnt wird, ohrfeigt Mahlke ihn und kehrt nicht wieder zu seiner Einheit zurück. Er verschwindet in einem alten Wrack, das vor der Küste liegt, und Grass läßt die Frage offen, ob er dort Selbstmord begeht, ins Ausland entkommt oder bis zum Ende des Krieges wartet.

Die Novelle erregte starkes Aufsehen in Deutschland wegen der Beschreibung von sogenannten unsittlichen Handlungen und wegen der sogenannten Degradierung des höchsten deutschen Ordens des 2. Weltkrieges. Grass macht sich über das Ritterkreuz lustig und läßt seinen jugendlichen Helden diesen Orden in grober Weise handhaben. Außerdem enthält das Werk eine Anzahl von krassen Ausdrücken und Szenen. Den Kritikern traten namhafte Schriftsteller und Literarhistoriker entgegen wie Fritz Martini, Walter Jens, Hans M. Enzensberger und der Psychologe Emil Ottinger.

Hundejahre

Der Roman *Hundejahre* (1963) strotzt wie die anderen Werke von faszinierenden Einfällen, die zum Teil gut formuliert und gut verarbeitet worden sind, aber zum Teil das Thema überwuchern und verdunkeln. Der „stotternde Rhythmus" (Wagenbach), die lange Aufzählung von Objekten, Wörtern, das Hin und Her sind typisch für den Stil des Romans. Drei Erzähler berichten, jeder aus seiner eigenen Sicht, die Geschichte eines Schäferhundes namens Prinz, der dem Führer Adolf Hitler gehörte. Die Hundejahre sind die Zeit von 1935 bis 1955, die Zeit, in der die Nazis auf ihren Höhepunkt gelangten, die Kriegsjahre und die Nachkriegszeit. In diese Fabel sind Fragmente eingeflochten, historische Vorgänge, genealogische Tatsachen, Episoden, Anekdoten, satirische und pikareske Geschichten und Diskussionen aktueller Themen wie Ehrhards freie Marktwirtschaft und die Diskussionswut in der Bundesrepublik, Zeitungsberichte, Annoncen, Reklameanzeigen und geschichtliche Dokumente. Elemente der Expressionisten und Dadaisten werden von Grass verarbeitet und wie die Bibel sowie die Sprache deutscher Philosophen und Dichter parodiert. Dadurch entsteht eine neue Form des Romans, die manchmal aufregend fasziniert, manchmal abstößt. Abstoßend wirken auch einige der allzu rohen ekelhaften, zotigen, gotteslästerlichen Episoden. Man fragt sich welchen Sinn diese Szenen haben außer den des Schocks?

Örtlich betäubt

Der bisher letzte Roman von Günter Grass, *Örtlich betäubt* (1969), befaßt sich mit den Problemen der Mittelklasse und der

Jugend und untersucht politische und philosophische Einstellungen der modernen deutschen Jugend, den Zwiespalt zwischen der Jugend und der älteren Generation, die Protestbewegung der jungen Revolutionäre und die Ohnmächtigkeit des deutschen Liberalismus. Im Mittelpunkt der ,,Handlung'' steht die geplante Verbrennung eines Dackels auf dem Kurfürstendamm in Berlin. Damit will sein Herr, der siebzehnjährige Philipp, seine Mitmenschen auf die Napalmbombardierungen in Vietnam aufmerksam machen und sie aus ihrer unbeteiligten Trance aufrütteln. Er würde sich selbst verbrennen, aber gegen Menschenverbrennungen sind die Berliner zu abgestumpft, Hunde jedoch lieben sie, und der Feuertod eines Dackels wird die Gemüter gewaltig erregen.

Wie fast alle modernen deutschen Schriftsteller ist Grass unbequem und wird daher nicht von allen Zeitgenossen akzeptiert. Am beliebtesten ist er bei der Jugend, obgleich viele behaupten, besonders die Linksradikalen, er spreche nicht für sie. Gottfried Benn hat von der Faszination der modernen Lyrik gesprochen und dieser Ausdruck paßt auf die gesamte moderne Literatur, die mit den traditionellen Ausdrücken nicht mehr bezeichnet und über die ein abschließendes Urteil nicht gefällt werden kann, weil uns noch die nötige Übersicht und der Abstand fehlen, vielleicht auch die gültigen Maßstäbe.

Anregungen zur Diskussion und Aufsatzfragen

Kapitel 1 Deutschland—Eine Übersicht

1. Kaufen Sie sich eine Landkarte von Deutschland, auf der die geographischen Einzelheiten (Städte, Flüsse, Gebirge, usw.) und die politischen Staats- und Landesgrenzen eingezeichnet sind. Hängen Sie diese Karte in Ihr Zimmer und schauen Sie sie jeden Tag 15 oder 20 Minuten an, bis Sie mit den Einzelheiten vertraut sind und Städte, Flüsse, Gebirge, Grenzen usw. ohne Schwierigkeiten finden können. Sie können sich auch eine Karte kaufen, auf der keine Namen eingetragen sind (Outline Map), sondern nur Punkte für die Städte, blaue Linien für die Flüsse, usw. Üben Sie mit dieser Karte und geben Sie den Flüssen, Städten, Inseln, Gebirgen usw. ihre richtigen Namen.
2. Besprechen Sie die Probleme, die Deutschland hat, weil es in mehrere Teile aufgespalten ist.
3. Welche Probleme bringt die besondere Lage Berlins mit sich?
4. Vergleichen Sie die Größe Deutschlands und die Größe der einzelnen deutschen Staaten, wie Ost- und Westdeutschland mit den U.S.A.
5. Besprechen Sie das Klima Deutschlands.
6. Besprechen Sie Deutschland als Land der Mitte. Welche Vorteile und Nachteile hat Deutschland von seiner zentralen Lage?
7. Vergleichen Sie die Landschaft im Norden mit der im Süden. Welche Unterschiede stellen Sie fest? Sind diese Unterschiede von Wichtigkeit für die Menschen, ihre Lebensweise, Arbeitsplätze, Landwirtschaft, Industrie usw.?
8. Besprechen Sie inwiefern die Mittelgebirge für das Klima, die Forstwirtschaft, die Wasserversorgung, den Fremdenverkehr usw. von Bedeutung sind.
9. Erzählen Sie die Legenden vom Watzmann, Rübezahl, Hexensabbath, Lorelei usw. und versuchen Sie zu erklären, aus welchem Grunde diese Sagen entstanden sind.
10. Besprechen Sie die Wichtigkeit der Flüsse und Kanäle für die deutsche Wirtschaft.
11. Besprechen Sie an Hand von Beispielen, die Sie kennen, wie die deutsche Landschaft in der Literatur beschrieben worden ist. Führen Sie Schriftsteller und Werke an. Kennen Sie Lieder, die von der Schönheit der Landschaft sprechen?
12. Besprechen Sie welche Rolle das Ruhrgebiet für die deutsche Wirtschaft spielt.
13. Besprechen Sie einige der bekanntesten deutschen Städte und erwähnen Sie besonders, welchen Beitrag sie zur deutschen Kultur oder Wirtschaft gemacht haben.
14. Besprechen Sie die deutsche Landwirtschaft. Vielleicht können Sie einen Vergleich mit der amerikanischen Landwirtschaft anstellen.
15. Welche psychologischen oder gesundheitlichen Vorteile mag der Besitzer eines Schrebergartens vor einem Bürger haben, der keinen Garten besitzt? Glauben Sie, daß die Nachteile größer sind als die Vorteile?

16. Besprechen Sie die Stellung des Theaters, der Oper und der Musik im Leben eines deutschen Durchschnittsbürgers. Welche Gründe können Sie für das rege kulturelle Leben in den meisten deutschen Städten anführen?

17. Besprechen Sie den Einfluß (positiv und negativ), den der Weltkrieg auf die Entwicklung der deutschen Stadt gehabt hat.

18. Beschreiben Sie die Stadtmitte einer typischen deutschen Stadt. Zählen Sie nicht nur die Gebäude auf, sondern besprechen Sie auch das Geschäftsleben, den Verkehr, den Markt usw. Vielleicht ist es für Sie interessant einen Vergleich mit einer amerikanischen Stadt zu machen, die Sie gut kennen.

19. Wie erklären Sie sich die Tatsache, daß die Deutschen gepflegt und gut gekleidet sind, wenn sie in die Stadt gehen, während die Amerikaner, besonders im Westen, wenig auf sich selbst und ihre Kleidung geben, wenn sie in die Stadt gehen?

20. Besprechen Sie die Einkaufsmethoden der typischen deutschen Hausfrau. Welche Vor- und Nachteile sehen Sie darin? Bedauern oder begrüßen Sie die kommende Änderung?

Kapitel 2 Die Kultur der Germanen

1. Welche Einzelheiten wissen wir über die Indoeuropäer?

2. Welche Zeitgenossen berichten uns über die Germanen, was berichten sie und wie zuverlässig sind diese Berichte? Begründen Sie Ihre Antwort.

3. Besprechen Sie Einzelheiten über die Schrift, Musik, Instrumente und Waffen der Germanen.

4. Besprechen Sie die Stammes- und Sippenorganisation der Germanen. Welche Rolle spielt diese Organisation im Leben eines Germanen (Kriegsführung, Gerichtswesen usw.)?

5. Besprechen Sie die Einzelheiten der germanischen Mythologie. Welche von diesen beeinflussen noch heute das Leben des deutschen Menschen?

6. Besprechen Sie die Begriffe Ehre, Treue und Gastfreundschaft und zeigen Sie, was diese Begriffe dem Germanen bedeuteten und wie sie bis heute noch im Leben des Deutschen eine wichtige Rolle spielen. Welche Konflikte können diese Tugenden im Leben eines Mannes hervorrufen?

7. Welche Aufgaben hatte das Thing? Wozu hat sich das Thing im Laufe der Geschichte entwickelt? Sehen Sie in unserem Gerichts- und Parlamentswesen Spuren des germanischen Things?

8. Was war das Verhältnis zwischen Germanen und Römern?

9. Wie und warum begann die Völkerwanderung? Was geschah während der Völkerwanderungszeit und was sind die Endresultate für das römische Reich und für die germanischen Stämme?
10. Erkennen Sie im modernen Deutschen Spuren seiner germanischen Vorfahren? Lassen sich einzelne Handlungen, Ereignisse, Sitten, Haltungen, Überzeugungen, Charaktermerkmale des modernen Deutschen auf seine Vergangenheit vor 1600 Jahren zurückführen? Man kann auf diese Frage wahrscheinlich keine endgültige Antwort geben, aber man kann interessante Überlegungen anstellen. Versuchen Sie es einmal.

Kapitel 3 Die Entwicklung des Reiches von den Merowingern bis zu den Hohenstaufen

1. Verfolgen Sie die Entwicklung des Frankenreiches unter den Merowingern.
2. Besprechen Sie die Bedeutung von Karl Martells Sieg über die Mauren für die weitere Entwicklung der christlichen Kultur und der europäischen Geschichte.
3. Besprechen Sie die Rolle des Christentums und die Bekehrungsmethoden unter den Frankenkönigen.
4. Besprechen Sie die Ereignisse, die die Karolinger zu Schutzherrn des Papstes machen.
5. Besprechen Sie die Entwicklung des Reiches unter Karl dem Großen.
6. Wie hat Karls Kaiserkrönung in Rom die zukünftige deutsche Politik beeinflußt?
7. Welche Ereignisse tragen zur Stärkung des Partikularismus und zur Schwächung der Zentralgewalt bei?
8. Wie entsteht der Investiturstreit und wie wirkt sich dieser Streit auf die deutsche Geschichte des Mittelalters aus?
9. Welche Bedeutung hat die karolingische Renaissance für die kulturelle Entwicklung Deutschlands?
10. Besprechen Sie die Entwicklung des Kaiserreiches nach Karl dem Großen.
11. Glauben Sie, daß sich in der Barbarossa Sage der Wunsch der Deutschen nach politischer Größe und Einheit widerspiegelt? Gehen Sie auf Einzelheiten näher ein.
12. Welche Literaturdenkmäler besitzen wir aus germanischer Zeit und wie zeigt sich germanisches Denken in diesen Werken?
13. Welche geschichtlichen Vorgänge spiegeln sich im *Hildebrandslied* wider?
14. Besprechen Sie den tragischen Konflikt im *Hildebrandslied*.
15. Inwiefern ist der *Heliand* ein wertvolles Kulturdenkmal germanischen Denkens?

Kapitel 4 Das Rittertum und die höfische Kultur

1. Welche Anregungen erfährt die Ritterkultur von der christlichen und welche von der germanischen Kultur?
2. Welche germanischen Elemente finden wir in der höfischen Kultur wieder?
3. Wie entstand das Lehnswesen und was war der Zweck dieser Einrichtung?
4. Wie entwickelte sich das Lehnswesen nach dem Tode Karls des Großen?
5. Was war das Ziel der Kreuzzüge und warum waren so viele Ritter bereit, an den Expeditionen teilzunehmen?
6. Besprechen Sie die Rolle des Ritters als Straßenbauer, Beschützer von Siedlungen und Zöllner.
7. Besprechen Sie die ritterlichen Ideale. Welchen Anteil hatte die französische Kultur an der Entwicklung dieser Ideale?
8. Erklären Sie den Minnedienst in Einzelheiten.
9. Was ist der Unterschied zwischen niederer und hoher Minne und wie behandeln die Dichter diesen Unterschied? Zeigen Sie die Entwicklung des Minnebegriffes an Beispielen aus der Literatur.
10. Verfolgen Sie die Ausbildung eines Knaben vom Pagen zum Ritter.
11. Besprechen Sie die Kriegsführung der Ritter und führen Sie Gründe an, warum die Ritterheere schließlich ersetzt werden mußten.
12. Wie sah eine Ritterburg von innen und von außen aus?
13. Welchen Beitrag hat die orientalische Kultur an der Entwicklung der deutschen Kultur geleistet?
14. Besprechen Sie das literarische Werk Hartmanns, Wolframs und Gottfrieds.
15. Welche Themen behandelt Walther von der Vogelweide in seinen Gedichten? Gehen Sie auf Einzelheiten ein.
16. Welche heidnischen oder germanischen Elemente finden Sie im *Nibelungenlied*?
17. Was ist der Verdienst der Ritterorden? Welchen Beitrag zur Kultur haben sie geleistet? Verfolgen Sie die Geschichte des Deutschen Ordens.

Kapitel 5 Die Architektur des Mittelalters

Außer den Bildern und Illustrationen im Text empfehle ich Ihnen sehr, daß Sie sich Abbildungen von Innen- und Außenansichten romanischer und gotischer Dome anschauen. Vielleicht hat die Kunstabteilung oder die *Humanities* Abteilung Farbdias, die im Klassenzimmer gezeigt werden können. Je mehr Anschauungsmaterial Sie betrachten, je besser werden Sie die Stilelemente der mittelalterlichen Architektur verstehen.

1. Besprechen Sie im einzelnen, wie sich die romanische Kirche aus der frühchristlichen Basilika entwickelt.
2. Was sind die charakteristischen Stilelemente der Romanik?
3. Wie entwickelt sich die gotische Kathedrale aus der romanischen Kirche?
4. Was sind die charakteristischen Stilelemente der gotischen Kirche?
5. Vergleichen Sie einen romanischen Dom mit einem gotischen. Sie können Anschauungsmaterial zu Hilfe nehmen, auch die Tafel oder einen Bogen Papier.
6. Wenn Sie künstlerisch veranlagt sind, zeichnen Sie einige Stilelemente der mittelalterlichen Architektur, für die Sie sich besonders interessieren. Vielleicht können Ihre Zeichnungen im Klassenzimmer ausgehängt werden.

Kapitel 6 Die Protestantische Reformation und ihre Folgen

1. Erklären Sie das Ablaßproblem und wie es Martin Luther zur Veröffentlichung seiner 95 Thesen veranlaßte.
2. Besprechen Sie, wie Luthers frühe Einstellung zur Person Gott Vaters zu seiner Überzeugung führt, daß der Mensch nicht durch Werke sondern allein durch den Glauben selig werden kann.
3. Verfolgen Sie Luthers Entwicklung bis zu seinem Aufenthalt auf der Wartburg.
4. Erklären Sie die politische Situation zu Anfang des 16. Jahrhunderts in Deutschland. Welche politischen Ereignisse, Ideen und Auffassungen erleichterten es Luther, seine Reformation erfolgreich durchzusetzen?
5. Erklären Sie, wie die Änderungen, die Luther im Gottesdienst einführt, sich vom katholischen Gottesdienst unterscheiden. Welche Ideen Luthers sind erst vor kurzem auch von der katholischen Kirche akzeptiert worden?
6. Zählen Sie Luthers Hauptschriften auf und berichten Sie die Hauptargumente, die der Reformator in diesen Schriften zum Ausdruck bringt.
7. Besprechen Sie die Bedeutung von Luthers Bibelübersetzung für die Entwicklung einer einheitlichen deutschen Schriftsprache und für die Entwicklung der deutschen Literatur.
8. Welche Bedeutung hat die Aufhebung des Zölibats und die Gründung des evangelischen Pfarrhauses für die Entwicklung der deutschen Kultur und die Stellung der Frau in der Gemeinde?
9. Aus welchem Grunde brach der Bauernkrieg aus? Welche Forderungen stellten die Bauern? Wie endet diese Revolution und welche Konsequenzen hat das für die weitere politische Entwicklung in Deutschland?
10. Erklären Sie Luthers Einstellung der Bauernrevolution gegenüber und versuchen Sie, diese Stellung vom Standpunkte Luthers aus zu rechtfertigen.

11. Besprechen Sie das Gedicht *Ein feste Burg ist unser Gott* als typisches Beispiel der Reformationsliteratur und als Ausdruck des lutherischen Geistes.

12. Welche Schwierigkeiten hatte Luther beim Übersetzen der Bibel und wie gelang es ihm, diese Schwierigkeiten zu meistern? Aus welchem Grunde ist die lutherische Bibel so volkstümlich geworden, während andere Übersetzungen in Vergessenheit geraten sind?

13. Was waren die Ziele der Gegenreformation, und mit welchen Mitteln wurden diese Ziele erreicht? Wie erklären Sie sich die Tatsache, daß die Gegenreformation im Süden des Landes weit erfolgreicher war als im Norden?

14. Inwiefern ist die religiöse Zersplitterung der modernen Zeit eine Folge von Luthers Einstellung, daß jeder Mensch seinen Glauben vor seinem eigenen Gewissen verantworten können muß?

15. Besprechen Sie die Hauptereignisse des Dreißigjährigen Krieges. Was waren die Folgen dieses Krieges für die politische Entwicklung in Europa und in Deutschland? Was war die Folge dieses Krieges für die religiöse und kulturelle Entwicklung in Deutschland? Was waren die materiellen und moralischen Folgen und die Verluste an Menschenleben?

16. Zählen Sie alle Folgen (positive und negative) der lutherischen Reformation auf und besprechen Sie diese im einzelnen.

Kapitel 7 Die Kunst im Zeitalter Dürers

1. Es mag für Sie von Interesse sein, in einer Enzyklopädie die Worte Kupferstich, Holzschnitt und Radierung nachzuschlagen. Viel Arbeit und unterschiedliche Methoden sind nötig, derartige Arbeiten anzufertigen.

2. Besprechen Sie, welche neuen Ideen nach 1450 in Deutschland bekannt werden und wie sie die deutsche Malerei beeinflussen.

3. Besprechen Sie die Hauptunterschiede zwischen Dürers und Grünewalds Werken.

4. Besprechen Sie, welchen Einfluß die mittelalterliche Tradition und welchen die italienische Renaissance auf das Werk Dürers ausgeübt hat.

5. Besprechen Sie die großen Ereignisse der hundert Jahre zwischen 1450 und 1550 und zeigen Sie, wie sie sich in der Kunst der Zeit widerspiegeln.

6. Erzählen Sie die Einzelheiten, die Sie über Dürers Leben kennen und vergleichen Sie diese mit denen aus Grünewalds Leben. Wie erklären Sie sich die Tatsache, daß wir so viel mehr über Dürer wissen, als über Grünewald?

7. Besprechen Sie Dürers Naturauffassung mit Hilfe spezifischer Werke, die Ihnen bekannt sind.

8. Besprechen Sie die Symbolik in Dürers Holzschnitten und versuchen Sie die Symbole zu interpretieren.

9. Was an Dürers Werk spricht den modernen Menschen noch an und warum? Können Sie aus Ihren Angaben Schlüsse über große Kunst im allgemeinen ziehen?
10. Besprechen Sie, was an Grünewalds *Isenheimer Altar* überzeitlich ist und selbst uns heute anspricht.
11. Vergleichen Sie die Maler Holbein und Cranach. Welche Stoffe bevorzugen sie und wie unterscheiden sie sich in der Ausführung ihrer Kunst?
12. Besprechen Sie, wie die Ideen des Humanismus Holbein und Dürer beeinflußt haben. Zeigen Sie den Einfluß an spezifischen Beispielen.
13. Besprechen Sie Cranachs Frauenideal und zeigen Sie an Hand von Beispielen, wie sich dieses Ideal entwickelt.

Kapitel 8 Die deutsche Kultur zwischen Minnesang und Aufklärung

Da wir in diesem Kapitel außer Literatur auch Musik und Architektur besprechen, sollten Sie sich unter allen Umständen Abbildungen ansehen und Kompositionen anhören. Die meisten Bibliotheken enthalten Bücher mit Photophraphien von Barockkirchen oder Schlössern. Viele Bibliotheken haben ebenfalls Schallplatten oder Tonbänder mit den Werken von Bach und Händel. Hören Sie sich eines der Brandenburger Konzerte, eine Kantate, Ausschnitte aus der h-Moll Messe, aus der Matthäuspassion, aus dem *Messias* oder aus anderen bekannten Werken der großen Komponisten an. Schlagen Sie Ihrem Professor vor, zusammen mit Ihnen einige der bekanntesten Volkslieder zu singen.

1. Besprechen Sie, aus welchen Gründen der Ritterstand allmählich an Bedeutung verliert und das Bürgertum an Bedeutung gewinnt. Zeigen Sie, wie sich die Literatur gleichzeitig verlagert, wer die Schriftsteller, was die Themen sind, usw.
2. Besprechen Sie den Beitrag der Mystik zur deutschen Sprache und Literatur.
3. Wie entwickelt sich das Volkslied und was sind die typischen Motive und Themen des Volksliedes?
4. Besprechen Sie die Entwicklung des mittelalterlichen Dramas aus der Liturgie der Kirche.
5. Was ist das Bild des Bürgers und das des Bauern in den Fastnachtspielen? Belegen Sie Ihre Antworten mit spezifischen Beispielen.
6. Welche Volksbücher waren beliebt und aus welchem Grunde?
7. Was sind die Hauptvertreter und Hauptwerke der Barockliteratur? Welche Probleme und Spannungen behandelt diese Literatur? Was ist charakteristisch an der Sprache vieler Barockdichter?

8. Interpretieren Sie das Gedicht *Tränen des Vaterlandes* von Gryphius nach Inhalt und Form.
9. Inwiefern ist *Der abenteuerliche Simplicissimus* ein Spiegel des Dreißigjährigen Krieges?
10. Erzählen Sie die Hauptereignisse im Leben Bachs und zählen Sie seine Hauptkompositionen auf.
11. Besprechen Sie Bachs musikalisches Genie, seinen Beitrag zur Musik und die charakteristischen Eigenschaften seiner Musik.
12. Was hält die junge Generation in Amerika von Bachs Musik?
13. Besprechen Sie Händels Leben und sein musikalisches Genie.
14. Warum und wie trägt die Barockarchitektur so maßgeblich zum Erfolg der Gegenreformation bei?
15. Welche Hauptunterschiede zwischen der Barockarchitektur und der Architektur des Mittelalters (Romanik und Gotik) fallen Ihnen auf?
16. Beschreiben Sie ein typisches Barockschloß mit Barockpark.
17. Beschreiben Sie den Innenraum und die äußere Fassade einer typischen Barockkirche. Es ist am besten, wenn Sie Photographien zu Hilfe nehmen.

Kapitel 9 Das Zeitalter der Aufklärung

Wenn Sie die Philosophie und Literatur der Aufklärungszeit besser verstehen wollen, dann empfehle ich Ihnen, folgende Werke zu lesen: Kants Aufsatz *Was ist Aufklärung*'¿ Fabeln von Lessing und anderen Schriftstellern, Lessings Aufsatz *Die Erziehung des Menschengeschlechts*, seine Dramen *Minna von Barnhelm* und *Nathan der Weise* und den 17. *Literaturbrief*, Klopstocks Oden *Der Zürchersee* und *Die Frühlingsfeier* und einige typische Rokokogedichte von Hagedorn, Gleim und Uz.

1. Besprechen Sie, welche Männer und geistige Haltungen den Geist der Aufklärung bereits vorwegnehmen und die Aufklärungszeit vorbereiten.
2. Was sind die Hauptziele der Aufklärung und wie wollen die Auklärer diese Ziele erreichen?
3. Welchen ausländischen Einflüssen ist die deutsche Aufklärung verbunden?
4. Welchen Beitrag leistet Thomasius zur deutschen Aufklärung?
5. Besprechen Sie Leibniz' Philosophie.
6. Was ist Wolffs Bedeutung für die Aufklärung?
7. Mit welchen Fragen und Problemen befaßt sich Kant in seinen philosophischen Werken und zu welchen Ergebnissen kommt er?

8. Besprechen Sie Kants *Kritik der reinen Vernunft*.
9. Besprechen Sie Kants *Kritik der praktischen Vernunft* und die Bedeutung dieses Werkes für die Stellung von Religion und Ethik.
10. Vergleichen Sie Kants kategorischen Imperativ mit der Lehre Christi von der Nächstenliebe. Wie unterscheiden sich beide Auffassungen?
11. Wofür tritt Lessing in seinen literaturkritischen Schriften ein? Wie unterscheiden sich Lessing und Gottsched?
12. Besprechen Sie die Fabel als typisches Genre der Aufklärung. Beziehen Sie sich in Ihren Ausführungen auf spezifische Beispiele, die Sie gelesen haben.
13. Besprechen Sie *Minna von Barnhelm* als Beispiel von Aufklärungsliteratur.
14. Besprechen Sie Lessings Auffassung von Toleranz und Menschlichkeit am Beispiel von *Nathan der Weise*.
15. Besprechen Sie den Beitrag Klopstocks zur Entwicklung der deutschen Literatur. Gehen Sie besonders auf seine Sprachkunst und seine Betonung des Gefühls ein.
16. Zeigen Sie am Beispiel eines Gedichts die typischen Merkmale der Rokokodichtung.
17. Wie unterscheiden sich die Werke Lessings, Klopstocks und der Anakreontiker voneinander?
18. Welche Beiträge der deutschen Philosophen und Dichter der Aufklärungszeit halten Sie für besonders bemerkenswert und warum?

Kapitel 10 Der Aufstieg Preußens zur europäischen Großmacht: Der erste Schritt zur Einigung Deutschlands

1. Besprechen Sie den Aufstieg Preußens zur europäischen Großmacht.
2. Besprechen Sie die bedeutendsten Hohenzollern-Fürsten und ihren Beitrag zum Aufstieg Preußens.
3. Verfolgen Sie die Entwicklung Ostpreußens bis zur Einigung mit Brandenburg und zeigen Sie, wie diese Einigung dazu beiträgt, daß der Kurfürst von Brandenburg König von Preußen wird.
4. Zeigen Sie den Aufstieg der Armee in Preußen, besonders welche Fürsten und welche Ereignisse dazu beitragen, Preußen militärisch stark zu machen.
5. Besprechen Sie die Rolle Friedrichs des Großen als Aufklärungsfürst. Welche sind seine Haupterrungenschaften auf nicht-militärischem Gebiet?
6. Besprechen Sie, wie der Aufstieg Preußens ein erster Schritt zur späteren Einigung Deutschlands sein kann.

Kapitel 11 Vom Königreich Preußen zum Kaiserreich Deutschland

1. Besprechen Sie die Lage in Preußen und Österreich kurz vor, während und nach der französischen Revolution.
2. Welche Reformen wurden in Preußen angestrebt, zum Teil durchgeführt und dann durch Metternichs Reaktion rückgängig gemacht?
3. Besprechen Sie die Schritte, die zur deutschen Einigung führen vom Wiener Kongreß in 1815 bis zum Sieg Preußens über Frankreich.
4. Beurteilen Sie Bismarcks diplomatisches Können. Gehen Sie auf Einzelheiten in seiner politischen Karriere ein.
5. Welche Möglichkeiten für eine deutsche Einigung debattierte die Frankfurter Nationalversammlung und welche Beschlüsse faßte sie?
6. Besprechen Sie die Gegensätze zwischen Preußen und Österreich, die schließlich zum Krieg führen. Erinnern Sie sich noch an Einzelheiten aus dem vorhergehenden Kapitel, die zu diesem Gegensatz beigetragen haben? Führen Sie diese ebenfalls an.
7. Welche Kriege führte Preußen zwischen 1770 und 1870. Was waren die Gründe, aus denen die Kriege geführt wurden und was die Resultate?
8. Welche Gegensätze in Europa entstehen nach dem deutsch-französischen Krieg und wie werden diese Gegensätze zu zukünftigen Konflikten führen?

Kapitel 12 Die Literatur der Goethezeit: Sturm und Drang, Klassik und Romantik

Wieder ist es empfehlenswert, daß Sie die Hauptwerke der Dichter, die in diesem Kapitel besprochen werden, lesen. Singen Sie einige Volkslieder oder Gedichte Goethes und der Romantiker, die vertont worden sind. Deutsche Liederbücher enthalten viele der beliebtesten Lieder.

1. Heben Sie in einem kurzen Überblick die Hauptbewegungen, Themen und Dichter der Literatur der Goethezeit hervor.
2. Wie sind die literarischen Bewegungen dieser Epoche miteinander verwoben und wie unterscheiden sie sich voneinander?
3. Wie bereiten Herder und Hamann die neue Literaturbewegung vor?
4. Was sind die Ziele und Absichten der Stürmer und Dränger? Wer sind die Hauptvertreter dieser Bewegung und in welchen Werken finden deren Ideen ihren Niederschlag?
5. Vergleichen Sie Götz und Werther als charakteristische Helden der Sturm und Drang Zeit.

6. Welche Umstände halfen Goethe und Schiller in ihrer Entwicklung zur Klassik?
7. Wie unterscheiden sich die Werke der Jugendzeit Schillers und Goethes von denen ihrer reiferen Periode in Sprache, Form und Idee?
8. Besprechen Sie *Iphigenie auf Tauris* als typisches Beispiel der deutschen Klassik.
9. Besprechen Sie Schillers philosophische Schriften. Mit welchen Themen und Problemen setzt sich Schiller auseinander? Können Sie mit Beispielen anführen, wie diese Ideen in Schillers Dichtung behandelt werden?
10. Wie unterscheidet sich Goethes *Faust* vom Volksbuch und anderen Vorläufern? Warum wurde Faust vor Goethes Werk verdammt und warum erlöst Goethe ihn? Welche Haltung hat sich grundlegend geändert und welche ideengeschichtlichen Umwälzungen und Bewegungen haben zu dieser Änderung beigetragen?
11. Verfolgen Sie Fausts Lebensweg im Drama und besprechen Sie die Rolle, die Mephistopheles auf diesem Lebensweg spielt.
12. Besprechen Sie den Beitrag Hölderlins, Kleists und Jean Pauls zur deutschen Dichtung.
13. Welche philosophischen, theologischen und kunstgeschichtlichen Überlegungen bereiten die Romantik vor und finden in den Werken der romantischen Dichter poetischen Ausdruck?
14. Welche Rolle spielt das Mittelalter im Denken der Romantiker und warum?
15. Interpretieren Sie die Gedichte Eichendorffs. Wie unterscheiden sie sich von anderer Lyrik und welche Elemente in dieser Lyrik bezeichnen wir als romantisch?

Kapitel 13 Die Literatur von der Romantik bis zum 1. Weltkrieg

Die Fülle der Literatur in diesem Jahrhundert macht es dem Studenten der deutschen Kultur unmöglich, alle Werke der Literatur zu lesen. Sie sollten jedoch einige Hauptwerke lesen: ein Drama von Büchner, Hebbel und Hauptmann, ein paar Novellen, Gedichte und einen Roman. Nur auf diese Weise können Sie Ihr Verständnis des Realismus und Naturalismus vertiefen.

1. Besprechen Sie die ideengeschichtlichen und politischen Ereignisse, die die Literatur während der zweiten Hälfte des 19. Jahrhunderts stark beeinflussen.
2. Zeigen Sie, wie Lenau, Mörike, Droste-Hülshoff und Heine noch unter dem Einfluß der Romantik stehen, aber sich zu einer realistischen Erzählweise durcharbeiten.
3. Besprechen Sic Büchner und Grabbe als Vorläufer des modernen Theaters.
4. Besprechen Sie den Beitrag der Jungdeutschen zur deutschen Literatur. Wie unterscheiden sich die Ideen der Jungdeutschen von denen der Naturalisten?

5. Besprechen Sie Heines Dicht- und Erzählkunst mit Hilfe von spezifischen Beispielen.
6. Erklären Sie Heines Ironie an Hand von Beispielen. Untersuchen Sie genauer, ob seine *Harzreise* Humor, Ironie oder Sarkasmus ist.
7. Besprechen Sie die Autoren des Realismus, ihre Werke, die Themen, mit denen sie sich in ihren Werken auseinandersetzen und die Form und Sprache, die sie verwenden.
8. Besprechen Sie Hebbels Einstellung zur Tragödie und seine Stellung in der Geschichte des deutschen Dramas.
9. Was sind die Ziele und Ideale der Naturalisten? Wer sind die Hauptschriftsteller dieser Richtung in Deutschland, wer hat sie beeinflußt und was sind ihre Hauptwerke?
10. Wie ändert sich die Einstellung der Autoren zur Dichtkunst von Schiller bis Hauptmann? Verfolgen Sie die Änderungen während des 19. Jahrhunderts und besprechen Sie Einzelheiten.

Kapitel 14 Die Musik im deutschen Kulturraum

Wie in den anderen Kapiteln, die sich hauptsächlich mit Musik und Kunst auseinandersetzen, empfehle ich Ihnen wiederum, sich die Kompositionen der großen Meister anzuhören. Vielleicht kann Ihr Professor, ein Gastprofessor aus der Musikabteilung oder einer von Ihnen, die eine oder andere Komposition in einem mündlichen Vortrag und mit Hilfe eines Tonbandes oder einer Schallplatte für die anderen interpretieren. Es ist natürlich fast unmöglich, sich im Laufe eines Semesters alle Kompositionen, die in diesem Kapitel erwähnt werden, anzuhören, aber Sie sollten sich auf einige Werke konzentrieren.

1. Besprechen Sie die Entwicklung der Instrumentalmusik von Haydn bis Stockhausen.
2. Besprechen Sie Leben und Werk der drei Klassiker Haydn, Mozart und Beethoven und machen Sie Vergleiche.
3. Besprechen Sie Leben und Werke der Romantiker.
4. Welche Stellung nimmt Richard Wagner in der deutschen Musikgeschichte ein? Was ist sein Hauptbeitrag zur deutschen Oper?
5. Besprechen Sie die Entwicklung der deutschen Oper von Gluck bis Wagner und erklären Sie, wie sich die deutsche Oper von der italienischen unterscheidet.
6. Besprechen Sie die Musik in Deutschland von Ende des 19. Jahrhunderts bis in unser Jahrzehnt.
7. Wählen Sie einen Komponisten aus und informieren Sie sich gründlich über seine Stellung in der Musikgeschichte.

Kapitel 15 Die Regierungszeit Kaiser Wilhelms II (1888–1918)

1. Besprechen Sie Kaiser Wilhelms politisches und diplomatisches Geschick.
2. Was waren die Hauptursachen für den Ausbruch des Ersten Weltkrieges?
3. Wie verlief der Krieg im Westen bis Ende 1918?
4. Wie verlief der Krieg im Osten bis 1917?
5. Welche Ereignisse veranlaßten die Vereinigten Staaten in den Krieg gegen Deutschland einzutreten?
6. Wie verlief der Seekrieg? Besprechen Sie auch das Schicksal der deutschen Hochseeflotte und welche Rolle diese Flotte im Krieg spielte.
7. Besprechen Sie die Einzelheiten des Versailler Vertrages.
8. Welche Bestimmungen des Versailler Vertrages trugen bereits den Kilm für einen neuen Krieg in sich? Welche Bestimmungen untergruben die neue Republik?
9. Was für einen Vertrag hätten die Alliierten mit Deutschland abschließen sollen, um ein besseres politisches Klima in Deutschland zu schaffen?

Kapitel 16 Die Weimarer Republik

1. Beschreiben Sie die politische und wirtschaftliche Situation in Deutschland kurz nach dem 1. Weltkrieg.
2. Aus welchen Gründen war die kommunistische Revolution in Deutschland nicht erfolgreich?
3. Besprechen Sie die Weimarer Verfassung als freiheitliches, demokratisches Dokument.
4. Aus welchen Gründen und von welchen Gruppen wurde die Republik angefeindet?
5. Welche Bestimmungen der Weimarer Verfassung trugen dazu bei, die Republik schließlich zu stürzen?
6. Besprechen Sie die nationalsozialistische Bewegung von Ihren Anfängen bis zur Machtübernahme im Jahre 1933.
7. Welche politischen und wirtschaftlichen Faktoren spielten direkt in die Hände der radikalen Elemente in der Republik?
8. Welche Maßnahmen hätte das Ausland ergreifen können, um den Zuwachs des Radikalismus in Deutschland zu beschränken? Welche Handlungen hätte das Ausland vermeiden können?
9. Welche Rolle spielten die privaten Armeen in der Weimarer Republik und wie verhalfen sie den Nationalsozialisten an die Macht zu kommen?

10. Welche Fortschritte machte die Republik während der Stresemann Periode?

11. Welche Ereignisse nach 1930 wurden der Republik schließlich zum Verhängnis?

12. „Der Fall einer Republik". Welche allgemeinen Bermerkungen können Sie zu diesem Thema machen auf Grund Ihres Studiums der Weimarer Republik? Unter welchen Umständen könnte auch in Amerika die Republik zu Fall gebracht werden? Welche Verantwortung haben Sie als Gebildeter, ein derartiges Ereignis zu verhindern? Welche praktischen Maßnahmen stehen Ihnen offen?

Kapitel 17 Das Dritte Reich

1. Welche Maßnahmen ergriff das Hitlerregime, um seine diktatorische Macht zu festigen?

2. Mit welchen scheinbar legalen Mitteln riß das Hitlerregime die absolute Macht an sich?

3. Welche Bestimmungen des Versailler Vertrages wurden nach und nach außer Kraft gesetzt oder verletzt?

4. Besprechen Sie die Roehm Affäre.

5. Besprechen Sie die Beziehung zwischen Hitler und Wehrmacht von 1933 bis zum Ende des Krieges.

6. Besprechen Sie die Haltung, die das Ausland Hitler gegenüber einnahm. Hat dieses Verhalten dazu beigetragen, Hitlers Macht zu festigen und seine Angriffslust anzuregen? Gehen Sie auf Einzelheiten ein.

7. Welche territorialen Gewinne erzielte Hitler, ohne Krieg führen zu müssen und auf welche Weise gelang ihm das?

8. Besprechen Sie die Rassenpolitik der Nationalsozialisten und wie sich diese Politik auf Juden, Polen und Russen auswirkte.

9. Welche Ereignisse führen schließlich zum Ausbruch des 2. Weltkrieges? Welche Nationen sind mit den Westmächten verbündet und welche mit Deutschland?

10. Welche militärischen Erfolge erzielt Deutschland in den ersten Kriegsjahren?

11. Welche Ereignisse führen Deutschlands Niederlage herbei?

12. Besprechen Sie die Rolle, die Italien als Bündnispartner Deutschlands spielt.

13. Was ist Ihre persönliche Ansicht zu der Frage, ob Bombenangriffe auf nichtmilitärische Ziele (wie Wohnbezirke und Städte, die keine strategische Bedeutung haben) gerechtfertigt sind. Besprechen Sie die militärischen, strategischen und moralischen Vor- und Nachteile.

14. Untersuchen Sie das barbarische Benehmen auf beiden Seiten—vor allem auf deutscher Seite—und nehmen Sie dazu Stellung.

15. Wie hätte der Zweite Weltkrieg verhindert werden können? Kann man oder sollte man einen Krieg überhaupt verhindern? Was kann ein Einzelner tun, um einen Krieg zu verhindern?

16. Welche Bestimmungen des Versailler Vertrages trugen den Keim eines neuen Krieges bereits in sich? Wie hätte man diese Bestimmungen ändern können, um einen Krieg zu verhindern? Versetzen Sie sich in die Lage der Alliierten nach dem Ersten Weltkrieg. Was für einen Vertrag hätten Sie mit Deutschland abgeschlossen?

17. Wenn Sie nach Ende des Zweiten Weltkrieges beauftragt worden wären, einen Vertrag mit Deutschland abzuschließen, welche Bestimmungen hätten Sie getroffen?

Kapitel 18 Die Widerstandsbewegung

1. Was war die offizielle Haltung der beiden großen Kirchen dem Hitlerregime gegenüber? Wie verhielten sich jedoch viele einzelne Priester, Pfarrer und Bischöfe beider Konfessionen?

2. Erklären Sie die Gründe, die viele Seelenhirten veranlaßten, sich gegen das Regime zu stellen. Besprechen Sie auch die schweren seelischen Kämpfe, die viele durchfechten mußten, besonders als der Krieg ausbrach.

3. Besprechen Sie die Einzelheiten der Studentenorganisationen, die gegen das Hitlerregime kämpften.

4. Welche Maßnahmen des Auslandes erschwerten der deutschen Widerstandsbewegung ihr Vorhaben?

5. Welche Gewissenskonflikte mußten besonders die Offiziere bewältigen, bevor sie gegen ihren Oberbefehlshaber etwas unternehmen konnten? Welche Rolle spielen Ehre, Treue, Gehorsam und Religion in diesem Konflikt?

6. Besprechen Sie die Pläne hoher Offiziere, Hitler abzusetzen oder zu töten.

7. Besprechen Sie die Ereignisse kurz vor und am 20. Juli 1944. Warum war das Attentat auf Hitler nicht erfolgreich und warum gelang es den Verschwörern in Berlin und anderen Städten nicht, das Joch der Diktatur abzuwerfen?

8. Waren die Taten der deutschen Widerstandskämpfer und Verschwörer umsonst? Erklären Sie Ihre Antwort im einzelnen.

9. Wie stehen Sie persönlich zu der Frage, ob man eine unmenschliche Diktatur unterstützen oder ablehnen soll? Welche Handlungsweisen stehen einem Menschen in einer Diktatur offen und welche würden Sie persönlich wählen? Erklären Sie, warum Sie diese Haltung einnehmen, welche Überlegungen zu Ihrem Entschluß beigetragen haben.

Kapitel 19 Die Literatur zwischen den beiden Weltkriegen (1918–1945)

Lesen Sie einige Hauptwerke dieser Literaturperiode.

1. Geben Sie einen kurzen Gesamtüberblick über die Literatur zwischen den beiden Weltkriegen. Führen Sie Autoren, Werke und Hauptthemen an.
2. Besprechen Sie Nietzsches Philosophie und den Einfluß, den die Gedanken dieses Mannes auf die deutsche Literatur haben.
3. Besprechen Sie das Künstlerproblem. Wie stellen sich die einzelnen Autoren zum Problem des künstlerischen Schaffens?
4. Besprechen Sie Stefan Georges Beitrag zur deutschen Literatur.
5. Besprechen Sie das Werk Hofmannsthals.
6. Welchen Beitrag leistet Rilke zur Literatur? Besprechen Sie sein Werk.
7. Besprechen Sie Schriftsteller, Werke, Themen und Stil des Expressionismus.
8. Welche Probleme behandelt Carl Zuckmayer in seinen Dramen?
9. Besprechen Sie Brechts Werk. Behandeln Sie vor allem seine Theorien und Themen.
10. Welche biographischen Fakten spiegeln sich in Kafkas Schaffen?
11. Besprechen Sie das Schuldproblem in Kafkas Werken.
12. Warum ist Hermann Hesse so beliebt bei der Jugend?
13. Besprechen Sie das Künstlerproblem bei Thomas Mann.
14. Besprechen Sie das schriftstellerische Werk Thomas Manns.
15. Welche Themen und Probleme scheinen für die Literatur, die zwischen 1918 und 1945 geschrieben wurde, besonders charakteristisch zu sein? Sind diese Probleme immer noch aktuell?

Kapitel 20 Die moderne Kunst in Deutschland

Schauen Sie sich Reproduktionen der in diesem Kapitel besprochenen Künstler an. Sicher finden Sie Beispiele in Kunstbüchern oder in Werken über die einzelnen Meister in der Bibliothek. Vielleicht hat die Kunstabteilung an ihrer Universität eine Sammlung impressionistischer und expressionistischer Gemälde, die Sie sich anschauen können.

1. Warum wurden die modernen Künstler von den Nationalsozialisten verfolgt?
2. Wie unterscheidet sich die moderne Malerei von der Malerei vergangener Jahrhunderte?

3. Besprechen Sie das Ziel der impressionistischen Kunst sowie den Gebrauch von Form und Farbe der impressionistischen Künstler.
4. Wie unterscheidet sich die impressionistische Kunst von der expressionistischen? Zeigen Sie den Unterschied an Beispielen.
5. Besprechen Sie die expressionistische Kunst. Gehen Sie auf Technik, Stil, Farbkomposition, Form, Thematik, Ziele usw. ein.
6. Besprechen Sie den Beitrag Kokoschkas und Beckmanns zur deutschen Malerei.

Kapitel 21 Deutschland nach dem 2. Weltkrieg

1. Beschreiben Sie die Situation in Deutschland nach der Kapitulation und die Aussichten damals für die Zukunft.
2. Besprechen Sie, wie sich die Ostzone in einen separaten deutschen Staat, die Deutsche Demokratische Republik, entwickelte.
3. Besprechen Sie, wie sich die drei westlichen Zonen zu einer Republik entwickelten.
4. Was waren die Ziele der sowjetischen Außenpolitik in Bezug auf Deutschland? Besprechen Sie, wie es Stalin zum Teil gelang, seine Pläne zu verwirklichen.
5. Welche Probleme waren mit der Bestrafung von Kriegsverbrechern und mit der Entnazifizierung verbunden?
6. Welche Maßnahmen legten die Basis für die Wiedergesundung der deutschen Wirtschaft?
7. Besprechen Sie den Erfolg der CDU/CSU in den Nachkriegsjahren. Wie läßt sich dieser Erfolg erklären?
8. Welche Politiker der Bundesrepublik sind von Bedeutung und warum?
9. Besprechen Sie das Bündnis zwischen den Vereinigten Staaten und der Bundesrepublik und das Verhältnis zwischen Deutschen und Amerikanern. Wie erklären Sie sich die Spannungen in diesem Verhältnis? Wie erklären Sie sich das Mißtrauen, das viele Deutsche gegen amerikanische Versprechungen haben?
10. Besprechen Sie die verschiedenen politischen Parteien in der BRD und die Rolle, die sie seit Ende des Krieges gespielt haben.
11. Welche Verpflichtungen hat die BRD durch den Abschluß der Ostverträge auf sich genommen? Hat sie durch diese Verträge Vorteile oder Nachteile? Erklären Sie Ihre Antwort.
12. Was ist die Bedeutung der Verträge mit der Sowjetunion und mit Polen für den Osten und den Westen?
13. Welche Einzelheiten wurden durch das Berlin Abkommen geregelt?

14. Mit welchen innen-und außenpolitischen Problemen muß sich die BRD auseinandersetzen?
15. Glauben Sie, daß eine rechtsradikale Partei in Deutschland wieder die Macht an sich reißen könnte? Was spricht dafür und was dagegen?
16. Wenn Sie jetzt der deutsche Bundeskanzler wären, welche Schritte zur Lösung der deutschen Probleme würden Sie unternehmen? Warum?
17. Wenn Sie der Staatschef der DDR wären, was wäre Ihre Haltung der BRD und dem Westen gegenüber? Welche Schritte zur Lösung der bestehenden Probleme würden Sie unternehmen?

Kapitel 22 Die politische Struktur der Bundesrepublik

1. Vergleichen Sie das Grundgesetz mit der amerikanischen Verfassung und besprechen Sie Ähnlichkeiten und Unterschiede.
2. Vergleichen Sie die Weimarer Verfassung und das Grundgesetz. Zeigen Sie an Hand von Beispielen, wie man versucht hat, die Fehler der Weimarer Verfassung im Grundgesetz zu vermeiden.
3. Besprechen Sie den Unterschied zwischen dem Bundestag und dem Bundesrat.
4. Besprechen Sie das Gerichtssystem der Bundesrepublik.
5. Wie unterscheidet sich das Amt des Bundespräsidenten von dem des amerikanischen Präsidenten?
6. Welche Parteien gibt es in der Bundesrepublik, wie unterscheiden sie sich voneinander, was sind ihre Ziele, wie heißen ihre führenden Männer, usw.?
7. Bedeuten die Gründung und der Erfolg der NPD ein Wiederaufleben des Nationalsozialismus?

Kapitel 23 Die Gegenwartsliteratur

Lesen Sie Beispiele aus den Werken der hier angeführten Autoren. Sie können natürlich ein viel reiferes Urteil über Werke und Autoren fällen, die Sie kennen. Sicher ist Ihnen bekannt, daß die Werke der modernen Schriftsteller auch in Übersetzungen erscheinen.

1. Wer sind die Hauptschriftsteller der Nachkriegszeit und wie heißen ihre bekanntesten Werke?
2. Mit welchen Hauptthemen befaßt sich die Literatur der Gegenwart?

3. Besprechen Sie Stil und Sprache der Gegenwartsliteratur.
4. Wie unterscheidet sich die Literatur des 20. Jahrhunderts, besonders die Literatur unserer Tage, von der des 19. Jahrhunderts? Vielleicht können Sie auf Thematik, Stil, Sprache, Einstellung dem Leser gegenüber, Fragestellung, Auseinandersetzung mit Problemen usw, eingehen.

WÖRTERVERZEICHNIS

The vocabulary was compared with J. Alan Pfeffer's *Basic German Dictionary for Everyday Usage*. All words included in *Basic German, Level I*, and most words included in *Basic German, Level II*, were excluded. Also, if a vocabulary word appears in the text both in noun and verb form (**Vernichtung, vernichten**), only one entry was made since the student can derive the meaning of the noun by knowing the translation of the verb and vice versa.

Only the nominative plural is given in parentheses. If the plural is the same as the nominative singular, the sign – appears after the noun. If a plural is unusual or lacking, no information or sign in parentheses is listed. A noun designated as weak (*wk.*) has **–(e)n** in all cases except the nominative singular.

Verbs that have "separable prefixes" are designated by –. Forms for strong verbs are not listed.

Expressions or idioms related to an entry are included within that entry.

A

der **Abbau** working a mine; demolition
ab-danken to resign
abendländisch occidental, western
abermals once again
ab-finden: sich nicht abfinden können mit not to be able to put up with
der **Abgeordnete** *wk.* delegate
abgeschieden secluded
abgewandelt changed, modified
die **Abhandlung, -en** treatise; thesis
das **Abkommen, -** agreement
ab-knicken break off
die **Abkürzung, -en** abbreviation
der **Ablaß** indulgence
ab-leiten to derive
ab-lösen to relieve; alternate; sever
ab-magern to grow lean
die **Abneigung, -en** aversion
das **Abonnement, -s** subscription
ab-schaffen to abolish
der **Abschluß, ⸚sse** settlement; conclusion
die **Absetzung, -en** deposition; removal
ab-sondern to separate; isolate
ab-stammen von to come from, stem from
die **Abstammung** descent, origin
ab-stimmen to vote
ab-stumpfen to blunt, dull
die **Abtei, -en** abbey
die **Abteilung, -en** detachment; department
ab-treten to resign; surrender; cede
ab-urteilen to pass judgment on
die **Abwandlung, -en** variation
ab-warten to wait for
die **Abwechslung, -en** distraction; change
abwechslungsreich rich in variation
die **Abwehr** counter intelligence
ab-weichen to deviate; digress
ab-werten to devaluate
die **Abwesenheit, -en** absence
das Abzeichen, - insignia; badge
ächten to outlaw; ban
der **Acker, ⸚** field
das **Ackerland** field; farm land
adeln to enoble; dignify; exalt
die **Adelsfamilie, -n** noble family
der **Adler, -** eagle
die **Ahle, -n** awl; pricker
der **Ahne, -n** forefather
die **Ähre, -n** head (of grain); ear (of corn)
der **Akt, -e** life model (nude)
albern silly
die **Alleinseligmachung** only true way to salvation
die **Allmende, -n** community land
althergebracht ancient; traditional
die **amöne Landschaft** idyllic scenery
die **Ampel, -n** traffic light
an-bauen to grow; plant
das **Anerbieten, -** offer
an-fallen to attack
an-fechten to attack; assail; contest
angemessen suitable; adequate
an-gesehen respected
angewiesen sein auf to be dependent on
der **Angriff, -e** attack
an-haften to adhere to, stick to
der **Anhänger, -** supporter, follower
die **Anhänglichkeit** attachment
der **Anklang, ⸚e** approval
Anklang finden to find approval
an-klingen an to sound like; to be reminiscent of
an-knüpfen to tie, join; begin
die **Ankündigung, -en** proclamation; announcement
an-legen to plan; sketch; found; dock
die **Anleitung, -en** instruction; guidance
die **Anmeldung, -en** registration
die **Anmut** grace; charm
anmutig graceful, pretty
die **Annäherung, -en** approach
an-prangern to denounce
an-richten to produce; cause; prepare
die **Anschauung, -en** view, opinion
an-schüren to inflame; foment
an-spornen to spur; stimulate
anspruchslos unpretentious
das **Anspruchsrecht, -e** right to a claim, pretension
an-starren to stare at
der **Anteil: Anteil nehmen an** to take an interest in
das **Antriebsmittel, -** means of inducement; incentive
an-vertrauen to entrust

an-weisen to direct; instruct; designate
die **Anwendung, –en** application
die **Anwesenheit** presence
die **Anziehungskraft, ¨e** power of attraction
der **Anziehungspunkt, –e** sight; point of attraction
appellieren an to appeal to
das **Aquarell, –e** water color
der **Arbeitsausschuß, ¨sse** committee
arg grossly
ärmellos sleeveless
die **Armbrust, ¨e** crossbow
die **Armut** poverty
der **Ast, ¨e** branch
das **Atelier, –s** artist's studio
das **Attentat, –e** attack on one's life
aufdringlich obtrusive
der **Aufenthalt, –e** stay, residence; delay
auf-flackern to flare up
auf-fordern to invite
die **Aufforderung, –en** challenge; summons
aufgedunsen bloated
auf-gehen in to be absorbed in
die **Aufhebung, –en** abolition
auf-lauern to waylay
auf-lehnen, sich to revolt; oppose
auf-lockern to loosen up, relax; disintegrate; create space
auf-raffen, sich to rouse oneself
auf-reiben to destroy; exterminate
die **Aufsicht** supervision
der **Aufstand, ¨e** revolt
auf-stauen to dam up, store up
der **Auftrag, ¨e** commission
auf-wallen to boil up
auf-walzen to roll out
auf-zehren to use up; consume
aus–arten to degenerate; deteriorate
aus-beuten to exploit
die **Auseinandersetzung, –en** struggle; fight; debate
ausgemergelt enervated; exhausted; emaciated
ausgeprägt distinct; pronounced
aus-heben to lift out; enlist; capture
aus-klingen to wane; die away
aus-klopfen to thrash
die **Auslegung, –en** interpretation
aus-liefern to deliver; relinquish
das **Ausmaß, –e** extent
die **Ausnahmestellung, –en** exceptional position
die **Aussage, –n** declaration; deposition, statement
der **Aussatz, ¨e** leprosy
der **Ausschluß, ¨sse** excommunication
aussichtslos hopeless
der **Außenrand, ¨er** rim
äußern to express
der **Austausch** exchange
aus-weisen to expell
der **Auswuchs, ¨e** abuse

B

ballen to clench; conglomerate
bangen um to be anxious about
barmherzig merciful
die **Basaltkuppe, –n** basalt top
der **Bauernhof, ¨e** farm
die **Bauernschinderei** ill-treatment of peasants
beamtet to have tenure
beauftragen to commission, empower
beben to shake, tremble
bedächtig deliberate, thoughtful, circumspect
bedingen to stipulate, postulate
bedingt werden durch to be determined by
die **Bedingtheit** dependence; limitation
bedingungslos unconditional
die **Bedrängnis, –e** threat; pressure
bedrücken to press; oppress
die **Beerdigung, –en** funeral; **einer Beerdigung beiwohnen** to attend a funeral
befahrbar navigable, passable, accessible
befehden to fight
der **Befehlshaber, –** commander
befördern to transport
befruchten to fertilize; inspire
die **Befugnis, –e** authority
befürworten to advocate

die **Begebenheit, -en** event, occurrence
begehen to commit
begehren to desire
die **Begnadigung, -en** pardon
der **Begriff, -e** idea; notion; concept
begünstigen to favor
beharren to persist; remain firm
die **Beharrlichkeit** persistence
die **Behörde, -n** authority; governing body
der **Beichtvater, ⸚** confessor
beisetzen to bury
beizend caustic, pungent
bekämpfen to fight; combat, resist
bekehren to convert
die **Bekenntnis, -e** confession; creed
beklemmend oppressing
beklommen anxious, uneasy; depressed
belagern to lay siege
die **Belastung, -en** load; burden
die **Belehrung, -en** instruction; information
beliebt popular
bemalen to paint; color
benachteiligen to prejudice; injure, hurt
beraten to advise
berauschend intoxicated; enchanting
der **Bereich, -e** scope, range; field, sphere; domain
bereichern to enrich
bereits already
der **Bergbau** mining
der **Bergfried, -e** castle tower
der **Berghang, ⸚e** mountain slope
die **Bergschlucht, -en** mountain canyon
das **Bergwerksrecht** mining rights
die **Berichterstattung, -en** reporting
der **Bernstein** amber
der **Bernsteinschmuck** amber jewelry
berüchtigt infamous
die **Berufswahl** choice of profession
beschleunigen to accelerate
beschwingt on wings; speedy
bespitzeln to spy on
die **Bestechung, -en** bribery
die **Besteigung, -en** ascent
das **Bestreben, -** wish, desire
betäuben to stun, deafen; confuse
der **Beton** concrete
betreffend concerning
der **Betrug, ⸚e** deceit
die **Beule, -n** bump; tumor; boil; bruise
der **Beutel, -** bag; pouch; purse
beutelartig like a pouch
die **Bevormundung** guardianship; tutelage
bewachsen grown over
bewaldet timbered
die **Bewässerung, -en** irrigation
der **Beweis, -e** proof; den **Beweis liefern** to render proof
die **Bewerbung, -en** application; candidature
bewilligen to grant
bewirten to accommodate; serve
bewundern to admire
bezwecken to aim
bezweifeln to doubt
die **Biederkeit** uprightness
die **Biegung, -en** curve
die **Bildhauerkunst** sculpture
die **Binnenschiffahrt** river shipping
der **Birkenstamm, ⸚e** birch trunk
das **Bistum, ⸚er** bishopric
blenden to blind
der **Blickwinkel, -** point of view
blindwütend raging blindly
der **Blitzableiter, -** lightning conductor
die **Blutrache** blood feud; vendetta
blutrünstig blood thirsty
der **Bodenschatz, ⸚e** natural resource
die **Börse, -n** stock exchange
der **Bösewicht, -er** villain
der **Brandstifter, -** firebug, arsonist
die **Bratsche, -n** viola
das **Braunkohlenlager, -** lignite coal deposit
die **Breite, -n** latitude; breadth; width
das **Brötchen, -** bun; roll
das **Bruchstück, -e** fragment
die **Brüstung, -en** breastwork; rampart
der **Buchdruck, -e** book printing
der **Buchenwald, ⸚er** beech tree forest
der **Buchsbaum, ⸚e** box-tree
die **Bucht, -en** bay
die **Buhle, -n** lover
die **Bundesrepublik** Federal Republic
das **Bündnis, -se** treaty; agreement
der **Bundschuh, -e** sandal
die **Burg, -en** castle

das **Burgverließ, –sse** dungeon
der **Bursche,** *wk.* lad
der **Busen, –** bosom
die **Buße** penance
die **Bußzahlung, –en** payment of penitence

C

der **Cornet** cadet; standard bearer

D

dahin-raffen to snatch away; carry off (into death)
die **Dauer** endurance; **auf die Dauer** in the long run
der **Degen, –** sword; warrior, thane
der **Deich, –e** dike
die **Demontage, –n** disassembling
die **Demut** humility
die **Demütigung, –en** abasement; humiliation
das **Denkmal, ⸚er** monument; **ein Denkmal setzen** to immortalize
die **Depesche, –n** dispatch
derb hardy; blunt
dermaleinst sometime (in the future)
dingen to hire
der **Dirigent, –en** conductor
das **Distichon** double verse; distich
der **Dolch, –e** dagger
die **Dolchstoßlegende** stab in the back legend
dolmetschen to translate
dozieren to lecture
das **Drachenblut** dragon blood
der **Dramaturg, –n** producer (drama)
der **Duce, –s** fraternity leader
der **Duft, ⸚e** aroma
dulden to tolerate
das **Durchgangsland, ⸚er** transit land
die **Durchlaucht** Highness
die **Durchschnittstemperatur, –en** average temperature
dürr arid, parched; lean, skinny
düster dark; gloomy; melancholy

die **Ebbe, –n** low tide
ebenbürtig equal
die **Edelkastanie, –n** chestnut (edible)
die **Edelsteinindustrie, –n** precious stone industry
der **Ehrgeiz** ambition
der **Eid, –e** oath
die **Eidgenossenschaft** confederacy (Swiss)
eifrig zealous
eigensüchtig selfish
das **Eigentum** property
die **Eigentumswohnung, –en** condominium apartment
cigenwillig selfish; self-willed
der **Eimer, –** bucket
ein-berufen convene
ein-beziehen to include; implicate
der **Eindringling, –e** invader
ein-fassen to border; encompass
der **Einfluß** influence; **seinen Einfluß geltend machen** to make one's influence felt
ein–gestehen to admit
ein-greifen to intervene
ein-hauchen to inhale; breathe into; instil
der **Einheimische, –n** native
die **Einheitlichkeit** uniformity
die **Einkaufsgewohnheit, –en** shopping habit
die **Einkaufsstraße, –n** shopping street (mall)
ein-kerkern to incarcerate
der **Einklang, ⸚e** unison; harmony
ein-münden to flow into
einmütig unanimous
ein-pferchen to pen in, coup up
einprägsam impressive; easily remembered
ein-rahmen to frame
ein-rücken to march into; report for duty
einschließlich inclusive
einschneidend incisive
die **Einschränkung, –en** restriction
ein-schüchtern to intimidate
ein-sehen to comprehend, perceive; look into
der **Einsiedler, –** hermit
ein-sperren to jail, lock up
ein-stellen to enlist; stop

ein-stufen to classify
eintönig monotonous
ein-treten für to stand up for
ein-verleiben, sich to incorporate, annex
der **Einwand, ⸚e** objection
das **Eisenerz, –e** iron ore
ekelhaft loathsome; disgusting
das **Elendsviertel, –** slum quarter
elfenbeinern made of ivory
empfindlich sensitive
empfindsam sentimental
die **Empfindsamkeit** sentimentality
die **Empore, –n** gallery; choir loft
empören, sich to revolt
empor-steigen to rise, ascend
entarten degenerate
die **Entbindungsanstalt, –en** maternity ward
die **Entfaltung, –en** display; unfolding; development
entgegen-sehen to anticipate
die **Entgegnung, –en** reply
enthalten to contain
entladen to unload
entlarven to unmask
entlehnen to borrow
entmutigen to discourage
entreißen to snatch away
entrinnen to run out of; escape
die **Entrüstung, –en** indignation
die **Entsagung, –en** renunciation; resignation
entschädigen to compensate
entspringen to originate
entsühnen to atone for
enttäuschen to disappoint
entwenden to steal
entzweien, sich to separate; alienate
erbarmen, sich to have pity on
erbarmungslos merciless
erben to inherit
erbeuten to capture; gain as booty
erblich hereditary
erbosen, sich to become angry
erdenken to think up
das **Erdöl** mineral oil; petroleum
erdrücken to squeeze to death
ergründen to fathom; probe; explore
die **Erhabenheit** sublimity; nobility
die **Erhebung, –en** elevation; revolt, uprising
erheitern to cheer; brighten
das **Erholungsgebiet, –e** recreation area
erkoren chosen, select
erkühnen, sich to venture; to dare
der **Erlaß, –sse** decree
die **Erlösung, –en** salvation; redemption
ermatten to tire, weaken, wear down
die **Erniedrigung, –en** subjugation
erörten to discuss
erpresserisch extortionate
erregen to excite
erröten to blush
die **Errungenschaft, –en** accomplishment
der **Ersatzteil, –e** spare part
erschlaffen to relax; to give out
erschließen to suppose, guess; conclude
die **Erschöpfung, –en** exhaustion
erschüttern to shake; move deeply
ersichtlich obvious
erstarren to numb
erstechen to stab to death
erstrecken, sich to extend
ersuchen to request
ertragen to endure
erwähnenswert worthy of mention; famous
erweisen: einem einen Dienst erweisen to render service to someone
der **Erwerb** acquisition
erwischen to catch, capture
erzwingen to force
der **Etat, –s** budget
der **Etheling, –e** noble leader
etlich some
das **Exemplar, –e** copy

F

der **Fachkreis, –e** expert, circle of experts
das **Fachwerkhaus, ⸚er** half-timbered house
der **Fackelzug, ⸚e** torch procession
der **Faden, ⸚** thread
fähig capable
fahl pale; faded

fällen to cut a tree
das **Farbdia, –s** color slide
die **Farbenpracht** color brilliance
die **Fassung, –en** composure
das **Fechten** fencing
das **Fegefeuer, –** purgatory
das **Fehderecht, –e** right to private war
der **Feierabend, –e** time after work
feig cowardly
der **Feigling, –e** coward
feist fat; plump
das **Fell, –e** fur
der **Felsblock, ¨–e** boulder
die **Fermate, –n** pause (music)
der **Fernsehturm, ¨–e** TV tower
die **Fessel, –n** fetter, chain
fest-setzen to fix; stipulate; arrest
die **Feuersbrunst** conflagration
die **Filiale, –n** branch, affiliated institution
der **Findling, –e** drift boulder
finster somber
der **Flachs** flax
der **Flakhelfer, –** anti-aircraft gun assistant
die **Flechte, –n** braids; lichen
die **Fledermaus, ¨–e** bat
das **Flexionssystem, –e** system of inflexion
das **Fließband, ¨–er** conveyor belt (as on an assembly line)
flimmern to glimmer
die **Flinte, –n** rifle
der **Flottenbau** fleet construction
der **Flottenstützpunkt, –e** naval base
fluchen to curse, swear
der **Flüchtling, –e** refugee, fugitive
die **Flußniederung, –n** river lowlands
folgenschwer grave; momentous
die **Folgerichtigkeit, –en** logical consequence
die **Folterkammer, –n** torture chamber
die **Folterung, –n** torture
die **Fopperei, –n** teasing, hoaxing
fördern to promote, advance
der **Förderturm, ¨–e** mining tower for hoisting
forsch forthright; blatant; vigorous
der **Forstbestand, ¨–e** forest resources
der **Fortschrittsjubel** jubilation about progress
die **Freigebigkeit** generosity
die **Freilichtbühne, –n** open air theatre
der **Fremdenverkehr** tourist traffic
der **Frevel, –** outrage; crime; sacrilege
der **Friedensvertrag, ¨–e** peace treaty
frommen to avail; benefit; be of use
der **Frondienst, –e** compulsory labor
fügen, sich to comply
fungieren to function
der **Funke, –n** spark
der **Fürst, –en** prince
die **Futterrübe, –n** beet, turnip

G

gären to ferment; seethe
die **Garnison, –n** garrison
garstig nasty
die **Gasse, –n** narrow street
die **Gastfreundschaft** hospitality
die **Gattin, –nen** wife, spouse
die **Gattung, –en** genre
der **Gaumen, –** palate
gebieten to order
der **Gebietsstand, ¨–e** area as of (boundaries on a certain date)
gebräuchlich customary
der **Gebrauchsgegenstand, ¨–e** commodity
gedeihen to thrive
gediegen solid; massive; pure; genuine
die **Gefahr: eine Gefahr bannen** to stop danger
das **Gefäß, –e** vessel
das **Gefecht, –e** fight, battle
geflügelt winged; das **geflügelte Wort** familiar quotation
die **Gefolgschaft, –en** (group of) followers
der **Gefolgsherr,** *wk.* feudal lord
der **Gefolgsmann, ¨–er** loyal follower
der **Gefreite, –n** corporal
der **Gehalt, –e** intrinsic value; merit; content
das **Gehänge, –** pendants; festoon; slope; incline
das **Gehirn, –e** brain
das **Gehöft, –e** farm
die **Geige, –n** violin
der **Geigenbau** violin construction
geißeln to lash; scourge

geistlich spiritual
der **Geistliche, –n** (church) minister
die **Gelassenheit** calmness, composure
das **Geleit, –e** retinue; guard escort
das **Gelenk, –e** joint
das **Gelübde, –** vow; **ein Gelübde ablegen** to take a vow
die **Gemäldesammlung, –en** collection of paintings
die **Gemeinde, –n** community
der **Gemeinderat, ⸚e** municipal council; parish council
die **Gemeindewiese, –n** community pasture
das **Gemetzel, –** slaughter
das **Gemütsleiden, –** emotional illness
die **Gemütsverfassung, –en** state of mind
genehmigen to authorize
der **Genuß, ⸚sse** enjoyment
die **Genußsucht** thirst for pleasure
die **Gepflogenheit, –en** custom; habit
das **Gerichtswesen** judiciary system
die **Gerste** barley
der **Geruch, ⸚e** smell
die **Gerümpelkammer, –n** junk (rubbish) room
das **Gesamtkunstwerk** total work of art
das **Geschick, –e** fate
geschmeidig pliant
das **Geschoß, –sse** story (building)
gesellig gregarious; social
die **Geselligkeit** gregariousness
die **Gesetzgebung, –en** legislation
die **Gesinnung, –en** disposition
der **Gesinnungsgenosse, –n** partisan friend *or* follower
die **Gespreitzheit, –en** bombast, affectation, pomposity
das **Gestade, –** bank, shore; beach
das **Getreide** grain
gewähren to permit; **gewähren lassen** to tolerate
gewährleisten to guarantee
das **Gewand, ⸚er** garment, dress
die **Gewandtheit** cleverness; adroitness
die **Gewerkschaft, –en** labor union
die **Gewichtsverlagerung, –en** shifting of weight
das **Gewimmel** swarm; multitude; crowd
das **Gewölbe, –** vault; cellar; arch
das **Gewürz, –e** spice
der **Ginster** broom plant
das **Gitter, –** fence, bars (prison), lattice
das **Glanzstück, –e** most magnificent object
die **Glanzzeit, –en** golden age
die **Gleichberechtigung** equality
gleichgesinnt of the same mind
gleich-schalten to bring into line politically; to eliminate opposition
das **Gleis, –e** track
der **Gletscher, –** glacier
das **Glied, –er** member
gliedern to segment; arrange; organize
glockig bell-shaped
die **Glut** passion; heat
der **Gönner, –** patron; protector
die **Götterdämmerung** twilight of the gods
gotteslästerlich blasphemous
der **Graben, –** trench
der **Grashalm, –e** blade of grass
die **Grausamkeit, –en** cruelty
grell glaring, shrill
die **Grenzbestimmung, –en** border regulation
der **Greuel, –** horror
die **Großtaufe, –n** baptism by immersion
die **Grünanlage, –n** park
die **Gründerjahre** (*pl.*) years of reckless financial speculation (1871-74)
der **Grundriß, –sse** floor plan
das **Grundstück, –e** piece of land, lot
der **Gürtel, –** belt
das **Gut, ⸚er** estate
die **Güterbeförderung, –en** transportation of goods

H

habhaft: einer Sache habhaft werden to get hold of; seize
das **Haff, –e** lagoon
die **Haft** arrest, custody
das **Hakenkreuz, –e** swastika
die **Halde, –n** slag heap; dump
der **Halm, –e** blade; stem
die **Handelsflotte, –n** merchant fleet

der **Hang, ¨e** incline, slope; inclination
der **Hanswurst** clown
der **Haupthahn, ¨e** chief (of a student fraternity), life of the party
der **Hausboden, ¨** loft
die **Heide, –n** heath, moorland
der **Heidelbeerstrauch, ¨er** bilberry bush
die **Heidschnucke, –n** North German moorland sheep
das **Heilbad, ¨er** spa
hl. abbr. for **heilig** sacred, holy; saint
die **Heilsgeschichte** the story of Christ's passion
heiter cheerful
die **Hellebarde, –n** pike; halberd
die **Hemmung, –en** inhibition
der **Herausforderer, –** challenger
heraus-stellen, sich to turn out
herb tart; sharp; sour; acid
die **Herkunft** origin
hervor-bringen to produce
hervor-ragen to stand out; excell
der **Herzog, ¨e** duke
der **Heuwagen, –** hay wagon
die **Hexe, –n** witch
hin-richten to execute
die **Hinsicht: in dieser Hinsicht** in this respect
hinterhältig perfidious; sneaky
die **Hinterhausreportage** literature concentrating on the sordid details of life
der **Hobel, –** plane
die **Hochebene, –n** plateau
der **Hochofen, ¨** blast furnace
hocken to sit (slang), squat
hoffährtig haughty
die **Hoheit** sublimity; grandeur; majesty
der **Höhenzug, ¨e** range of hills
die **Höhle, –n** cage
der **Holundersaft, ¨e** elder-berry juice
das **Holzgitter, –** wooden lattice
der **Hort, –e** treasure
der **Hühnerzüchter, –** chicken farmer
die **Huld** grace
hüllen, sich .... in to cover, wrap oneself
das **Hünengrab, ¨er** prehistoric grave
die **Hure, –n** whore, prostitute
huschen to slip, whisk, pop
die **Hypothek, –en** mortgage

I

der **Imker, –** bee keeper
die **Inbrünstigkeit, –en** ardent fervor
ingrimmig angry
die **Inhaftierung, –en** arrest
die **Innerlichkeit** cordiality; inwardness
inniglich ardently, fervently
instand-halten to keep in repair, maintain
der **Intendant, –en** director (theater)
inszenieren to stage, produce

J

der **Jagdfrevel, –** hunting offense
die **Jauchepfütze, –n** manure water puddle
das **Joch, –e** bay (architecture); yoke; burden

K

kahl bald
das **Kalisalz, –e** potash
der **Kalkfels, –en** lime cliff
der **Kamm, ¨e** ridge; comb
die **Kammer, –n** chamber (of deputies)
die **Kampfhandlung, –en** battle action
die **Kanzlei, –en** administrative office
der **Karzer, –** student prison
die **Kaschemme, –n** tavern; low dive
die **Kaserne, –n** barracks
die **Kastanie, –n** chestnut
der **Kater, –** tom cat; hangover
die **Keilformation, –en** wedge-formation
die **Keimzelle, –n** nucleus; seed
der **Kerl, –e** fellow
der **Kerzenständer, –** candle holder
der **Ketzer, –** heretic
die **Keule, –n** club
kippen to tilt; tip over
kitzeln to tickle
der **Klafter, –** cord of wood; span
der **Klappstuhl, ¨e** folding chair
der **Klapptisch, –e** folding table
der **Klotz, ¨e** block of wood
der **Knappe, –n** knave
die **Knappheit, –en** scarcity

knirschen to crunch; gnash; grind
die **Knospe, –n** bud
der **Kobold, –e** goblin, imp, pixie
der **Kofferraum, ⸚e** (car) trunk
konkurrieren to compete
der **Kopfputz** headdress
das **Korn, ⸚er** grain
der **Kot** excrement
die **Krabbe, –n** crab; small decoration in Gothic architecture
der **Kragen, –** collar
kränken to insult; hurt
die **Krankenkasse, –n** health insurance
der **Kranz, ⸚e** wreath
kraß crass, blatant
die **Kreide** chalk
der **Krempelmarkt, ⸚e** market for second-hand goods; rag fair
das **Kreuzrippengewölbe, –** cross ribbed vaulting
der **Kronleuchter, –** chandelier
krönen to crown
die **Krönung –en** coronation
der **Kulturbolschewismus** intellectual nihilism; decadence
die **Kunde** news
die **Kunstfertigkeit, –en** skill; virtuosity
die **Kunstsammlung, –en** art collection
der **Kupferstich, –e** engraving
die **Kuppel, –n** cupola; dome
der **Kurgast, ⸚e** patient (guest) in a spa
der **Kurort, –e** recreation area; spa
der **Küstenstrich, –e** coastal strip
der **Kutscher, –** coachman

L

lähmen to paralyze
die **Landkarte, –n** map
der **Landsknecht, –e** mercenary, trooper
die **Landsmannschaft, –en** student fraternity
die **Landstraße, –n** country road
der **Landtag, –e** provincial parliament
der **Lastkahn, ⸚e** barge
lau lukewarm; tepid; mild
die **Laube, –n** arbor, loggia, pergola
das **Laubholz, ⸚er** deciduous trees
Lauf: im Laufe der Jahrhunderte in the course of centuries
die **Laufbahn, –en** career
der **Lausejunge, –n** rascal
die **Läuterung, –en** purification; refining
der **Lebensunterhalt** livelihood; **den Lebensunterhalt bestreiten** to make (earn) a living
das **Lehnswesen** feudal system
Lehrstuhl: einen Lehrstuhl bekleiden to hold a (university) chair
die **Leibeigenschaft** bondage; serfdom
das **Leichenhaus, ⸚er** mortuary, morgue
der **Leichenredner, –** funeral orator
leimen to glue
das **Leinen** linen; flax
der **Leinenkittel, –** linen cloak
die **Leinwand** canvas; screen
leisten, sich etwas to afford to do something; treat oneself
der **Leitsatz, ⸚e** theme; axiom
liebebedürftig in need of love
die **Linderung** alleviation
die **List** cunning
die **Litfaßsäule, –n** circular billboard
die **Locke, –n** curl; **Lockenwickler** curler
locken to lure
die **Lücke, –n** gap
die **Luftlinie, –n** as the crow flies

M

das **Maar, –e** crater lake
die **Machtverringerung, –en** decrease of power
die **Mahnung, –en** admonition; warning
mancherlei various
die **Mandel, –n** almond
die **Märe, –n** tale
marmelsteinern out of marble
der **Marmor** marble
maßgeblich authoritative; decisive
das **Maßhalten** moderation
mäßig moderate
das **Maßwerk** tracery
die **Mätresse, –n** mistress
der **Maulaffe, –n** inquisitive person

der **Meineid, –e** perjury
meißeln to chisel; carve
der **Melkkübel, –** milk bucket
der **Messeplatz, ⸚e** fairground; city holding an annual fair
metzgen to slaughter
die **Milchwirtschaft** dairy farming
minderwertig inferior
das **Minderwertigkeitsgefühl, –e** feeling of inferiority
der **Ministeriale, –** member of the lower nobility
mit-reißen to sweep along; inspire; enthuse
das **Mittelschiff, -e** central nave
moll, a-moll minor (A minor)
das **Mönchsgelübde, –** monastic vow
die **Möwe, -n** sea gull
mühsam toilsome
mundartlich dialect
das **Münster, –** cathedral
die **Münze** coin
das **Muster, –** example; model; design

N

der **Nachdruck** emphasis
nach-eifern to emulate
die **Nachhut** rear guard
der **Nachkomme, –n** descendent
nach-lassen to leave behind; to bequeath; stop, cease
nachlässig negligent
der **Nachschub** supply
nach-stehen to follow; fall short of; be inferior to
nachträglich retroactive, supplementary, later
das **Nähere** detail; particular
namhaft famous
naschen to nibble; eat sweets
der **Naturschutz** nature preserve; **unter Naturschutz stehen** to conserve; to be a national preserve (park)
die **Neige: zur Neige gehen** to come to an end
neigen, sich to bow to
die **Neigung, –en** inclination
die **Nelke, –n** clove; carnation
die **Niederlage, –n** defeat
nieder-metzeln to cut down; kill
der **Niederschlag, ⸚e** precipitation; result, outcome
die **Nivellierung, –en** leveling; equalization
nüchtern sober; temperate; sensible
die **Nutznießung, –en** use; usufruct

O

das **Obdach** shelter
obig above mentioned
die **Obrigkeit, –en** authority
offenbaren to reveal
der **Oheim, –e** uncle
die **Ohnmacht** faint; impotency
die **Ölung: die letzte Ölung** extreme unction
der **Opferspruch, ⸚e** sacrificial chant
der **Orden, –** religious order; medal
der **Ordensritter, –** knight of an order
die **Ordenstracht, –en** robes of a religious order
der **Ortsvorsteher, –** chief magistrate

P

das **Panzerhemd, –en** coat of mail
panzern to armor
die **Parole, –n** password; watchword
die **Parzelle, –n** plot of gardenland
der **Paukenschlag, ⸚e** kettle drum beat
das **Pech** pitch; bad luck
der **Pfadfinder, –** boy scout
das **Pfarrhaus, ⸚er** parsonage
der **Pfeifenquast, ⸚e** tassel of a pipe
der **Pfeil, –e** arrow
der **Pfeiler, –** pillar
Pfingsten (*pl.*) Pentecost
der **Pinselstrich, –e** brush stroke
plakathaft poster-like
pöbelhaft common, vulgar
pochen auf to insist on
poltern to bluster; rumble
prägen to stamp

prall plump; taut
der **Präzedenzfall, ⸚e** exemplary case
die **Predigt, –en** sermon
der **Preiselbeerstrauch, ⸚er** cranberry bush
prellen to deceive; cheat
der **Priesterkelch** chalice; sacramental wine given to the priest only
die **Priesterweihe, –n** ordination
der **Proviant** provisions (food)
der **Prunk** splendor
der **Prunkbau, –ten** ostentatious building
prunkvoll splendid, gorgeous
der **Putsch, –e** armed uprising; riot

Q

die **Quälerei, –en** torment; suffering
qualmen to smoke heavily
qualvoll agonizing; excruciating
das **Querschiff, –e** transept

R

die **Rache** revenge
rachsüchtig revengeful
die **Radierung, –en** etching
ragen to tower
der **Rahm** cream
ramponieren to spoil; damage
randalieren to make a racket
ranken to climb; surround
rasend raving, furious; frantic
das **Rasenstück, –e** piece of turf
der **Raubritter, –** robber knight
der **Raubzug, ⸚e** raid for plunder
rauflustig pugnacious
rauh rough
räumen to evacuate; **aus dem Wege räumen** to get rid of; to clear away
die **Rebe, –n** vine
rechteckig rectangular
rechthaberisch dogmatic, obstinate
die **Rechtsprechung** jurisdiction
der **Recke, –n** hero; fighter; warrior
die **Reederei, –en** shipping company *or* line
rege active
regen, sich to move; to be active
der **Regensammler, –** rain collector
der **Regierungsbezirk, –e** government district
der **Regisseur, –e** stage manager; producer
das **Reh, –e** deer; roe
der **Reichsverweser, -** imperial governor
reichverziert richly ornamented
reifen to mature
der **Reinfall, ⸚e** failure
der **Rektor, –en** university president
religiösinbrünstig fervently religious
die **Revanche, –n** revenge
der **Richterwahlausschuß, ⸚sse** committee for the nomination of judges
das **Richtscheit, –e** plumb-rule; ruler; level
die **Richtschnur, –en** chalk-line; standard; rule
der **Riemen, –** strap
der **Riese, -n** giant
rieseln to trickle; ripple
der **Roggen** rye
die **Rohrleitung, –en** pipeline
die **Rotte, –n** band; mob
der **Rückschluß, ⸚sse** conclusion; inference; **Rückschlüsse ziehen von** to draw conclusions from
die **Rückseite, –n** backside
rücksichtslos careless
der **Ruf** reputation; calling
rülpsen to belch
rumpeln to rumble; jolt
die **Rune, –n** runic symbol, rune
das **Runenstäbchen, –** runic letter
der **Ruß** soot
die **Rüstung, –en** armor (knight)
die **Rüstungsindustrie** war industry

S

die **Sachlichkeit** objectivity; impartiality
sächsisch Saxon
sacht softly
der **Säbelhieb, –e** sword-cut
das **Säbelrasseln** sabre rattling
sagenhaft mythical; legendary
die **Sanftmut** gentleness

der **Sang, poet.** song; singing
der **Sangeswettbewerb, –e** poetry (song) competition
die **Säule, –n** column
der **Säulengang, ⸚e** collonade; arcade
säuseln to murmur; rustle
der **Schachzug, ⸚e** move in chess
schaffen to create; **jem. (Dat.) zu schaffen machen** to give someone problems
schänden to disgrace
die **Schar, –en** band; group
scharen, sich . . . um to gather around
die **Schärpe, –n** scarf; sash
die **Scheide, –n** sheath
der **Scheitel, -** apex; summit; crown (of head); parting (of hair)
der **Scheiterhaufen, –** funeral pile; stake; pyre
scheitern to fail
der **Schelm, –e** rogue
der **Schelmenroman, –e** picaresque novel
schemenhaft shadowy; unreal
scheuen, sich to shy away from
scheußlich horrible; atrocious
die **Schicht, –en** class; layer
schiffbar navigable
der **Schild, –e** shield
der **Schildbuckel** shield buckle
die **Schilderung, –en** account; description; portrayal
die **Schildwache, –n** sentry
der **Schimmel, –** white horse
schimpfen to scold
das **Schindeldach, ⸚er** shingle roof
der **Schirm, –e** umbrella; protection
der **Schirmherr** (*wk.*) protector
das **Schlachtbeil, –e** battle axe
die **Schlacke, –n** slag
der **Schlamm** mud; mire
schlank slender
die **Schlehe, –n** wild plum, sloe
der **Schleier, –** veil
die **Schleuder, –n** sling
die **Schleuse, –n** lock; sluice
die **Schlinge, –n** noose
der **Schlot, –e** chimney
die **Schmach** disgrace
schmähen to abuse
schmettern to crash, smash; clang
schmiegen: sich schmiegen an to nestle to; snuggle up to
die **Schmuckindustrie** jewelry industry
schnitzen to cut; carve
schnüren to lace
schönverziert beautifully decorated
schräg aslant, askew
der **Schrebergarten, ⸚** garden outside the city
der **Schrein, –e** shrine
das **Schriftstück, –e** document
schroff rough; steep
schuften to work hard; drudge; slave
schüren to stir (up); incite
die **Schutzhaft** protective custody
der **Schutzherr** (*wk.*) protector; guardian; patron
der **Schützling, –e** protégé
die **Schutz-Staffel** *or* **SS** black shirts (Nat. Soc.)
schwanken stagger; sway; rock
der **Schwärmer, –** dreamer
die **Schwärmerei, –en** enthusiasm; ecstasy; rapture
der **Schweif, –e** tail
das **Schwergewicht** emphasis
die **Schwermut** melancholy; depression
das **Schwert, –er** sword
die **Schwertleite** knighting ceremony
schwören to swear an oath
schwül sultry
der **Schwulst, ⸚e** swelling; bombast
schwülstig bombastic
der **Schwur, ⸚e** oath
das **Seeräubernest, –er** pirate's hideout
das **Segelfliegen** gliding
die **Sehnenentzündung, –en** inflammation of sinews
die **Seichtigkeit, –en** shallowness; insipidity
die **Seilschwebebahn, –en** cable-railway
das **Seitenschiff, –e** side nave
die **Selbstbeherrschung** self-control
das **Selbstbewußtsein** self-assurance
die **Selbsteinkehr** contemplation about self
die **Selbsthingabe** self-sacrifice
selbstverschuldet brought about by own fault *or* guilt
das **Selbstzeugnis, –se** personal testimony

der **Sender, –** transmitter
die **Sennhütte, –n** chalet; Alpine dairy
seßhaft settled; resident
die **Seuche, –n** epidemic
das **Siechtum** chronic ill health; infirmity
die **Siedlung, –en** settlement; tract of houses
sinnlich sensual
die **Sippe, –n** clan
der **Sippenverband, ⸚e** group of clans
die **Sitte, –n** custom
das **Sittengesetz, –e** moral law
der **Sittenverfall** decline of morals
der **Sockel, –** base; pedestal; footing
der **Sold, –e** pay; reward
der **Söldner, –** mercenary
die **Sole, -n** brine
der **Sommerfrischler, –** summer tourist
der **Sonderling, –e** odd person; original
spachteln to putty
spähen to scout; reconnoitre
die **Spaltung, –en** split; division
die **Spange, –n** clasp
die **Spannweite, –n** span; spread
die **Speiche, –n** spoke
die **Spelunke, –n** dive; low tavern
der **Spielmann, ⸚er** minstrel; bandsman
der **Spießbürger, –** narrow-minded person
der **Sporn, –e** spur; stimulus
spöttisch derisive
der **Spruch, ⸚e** saying; poem with a (political) message
spukhaft ghostly
der **Stab, ⸚e** stick; staff; headquarters
der **Stabreim, –e** alliteration
der **Stabreimvers, –e** alliterative verse
der **Stabschef** chief of staff
der **Stammtisch, –e** table reserved for regular customers
das **Standesbewußtsein** class consciousness
die **Starrheit, –en** stiffness; rigidity
starrsinnig obstinate; inflexible
stattlich impressive
die **Steigerung, –en** intensification, escalation
steil steep
die **Steinbrucharbeit, –en** quarry work
das **Steinkohlenvorkommen, –** bituminous coal deposit
stellen to place; put; engage; challenge
die **Sternwarte, –n** observatory
die **Steuer, -n** tax
der **Steuerzahler, –** tax payer
stiften to establish; institute; donate
die **Stiftschule, –n** monastic school
das **Stimmrecht** right to vote
straff tight
die **Straßendecke, –n** street surface
der **Straßengraben, ⸚** ditch
der **Strebepfeiler, –** flying buttress
der **Streich, –e** blow; prank
der **Streicher, –e** strings (in orchestra)
der **Streit** dispute
das **Stroh** straw; thatch
die **Strömung, –en** current
strotzen von to abound in
der **Strudel, –** whirlpool
sühnen to atone
der **Sühnetod** atonement
der **Sumpf, ⸚e** swamp

T

die **Tagung, –en** meeting
der **Talkessel, –** valley basin
die **Talsperre, –n** dam
tändeln to dally; flirt; dawdle
die **Tarnkappe, –n** magic hood
der **Tatendrang** drive for action
die **Tatsache, –n** fact
der **Taucher, –** diver
die **Taufe, –n** baptism
der **Tausch** barter
täuschen to feign
der **Teich, –e** pond
der **Teppichklopfer, –** rug beater
das **Thing** assembly of free men
die **Tiefebene, –n** low plain
toben to rage
der **Tölpel, –** fool
die **Torheit, –en** folly
törichterweise foolishly
die **Trabantenstadt, ⸚e** satellite city
trefflich excellent
der **Trieb, –e** drive; inclination
die **Triebsucht** passionate drive
das **Triforium** triforium gallery

die **Trommel, -n** drum
trösten, sich to take comfort; cheer up
trübsinnig dejected; gloomy; melancholy
trügerisch deceitful
die **Trümmer** (pl.) rubble, ruins; wreckage
der **Trümmerhaufen, -** heaps of rubble
der **Trutz** defiance

U

überbieten to surpass, outbid
überdurchschnittlich above average
der **Überfall, ⸚e** surprise attack; raid
die **Übergangsstelle, -n** crossing place
übergeordnet placed over; superior
die **Überlieferung, -en** tradition; legend
übermäßig immoderate, excessive
überragend exceeded; surpassed
überreden to persuade
übersät mit covered with
überschüssig in excess
die **Überschwemmung, -en** flood
überschwenglich effusive
die **Überspanntheit, -en** extravagance; eccentricity
übertreffen to surpass
die **Übertreibung, -en** exaggeration
überwiegen to surpass; exceed; prevail
die **Überzeugungskraft** power of conviction
üblich ordinary; customary
der **Umbruch, ⸚e** radical change
umfangreich extensive
die **Umgangsform, -en** (good) manners
um-gürten to gird
der **Umhang, ⸚e** shawl; mantle; wrap
umher-schweifen to roam about
umhüllen to wrap up; envelop; veil; cover
die **Umnachtung (geistige U.)** mental derangement, insanity
umranden to surround; border
umreißen to outline, sketch; tear down
umsäumen to hem in; surround
umsonst in vain
umstritten controversial; disputed
um-stürzen to overthrow; **im Umsturz begriffen** in process of being overthrown
die **Umwälzung, -en** upheaval
umzingeln to surround
unabwendbar inevitable
unantastbar inviolable; inalienable
unaufhaltsam irresistable; incessant
unausgeglichen opposing; disharmonious
unausschöpflich very deep; cannot be fully understood
unbändig unruly; excessive; tremendous
unbeabsichtigt unintentional
die **Unbefangenheit** openness; impartiality; free from bias
unbegütert poor
unbeholfen helpless
unbekümmert carefree, unconcerned
unbequem uncomfortable, inconvenient
unberechenbar incalculable
unbeschwert unburdened; easy
unbesonnen thoughtless; reckless; imprudent
unbeständig unstable
uneigennützig unselfish
uneingeschränkt unlimited
die **Unentschlossenheit** indecisiveness
unerschütterlich unshakeable, imperturbable
unfaßbar incomprehensible
die **Unfehlbarkeit** infallibility
die **Ungeborgenheit** insecurity
ungeschickt clumsy; maladroit
die **Ungnade** disgrace
unhaltbar untenable
unheilsam disastrous
unheilvoll pernicious; disastrous
die **Unmündigkeit** not of age, minor
unnahbar unapproachable, distant
unrentabel unprofitable
untergraben to undermine
unterirdisch subterranean
die **Unterkunft, ⸚e** accommodation
Unterlaß: ohne Unterlaß unceasingly
der **Unternehmer, -** employer; contractor; owner
das **Unterpfand** pledge; security
die **Unterstützung, -en** support
untertan subject
unterteilen to subdivide
unterzeichnen to sign
unüberwindlich insurmountable
unverdorben unspoiled

unverhofft unexpected
unverhüllt open; unveiled; obvious
unverkennbar unmistakable; obvious
unverletzlich inviolable
unvermeidlich unavoidable
das **Unvermögen** inability
unversehrt undamaged, uninjured
unversöhnlich irreconcilable
unwirtlich inhospitable
die **Unzahl** large number
unzugängig inaccessible
unzuverlässig unreliable
die **Uraufführung, -en** premiere performance
der **Urheber, -** author; originator
der **Urlaubsort, -e** vacation spot
das **Urteil, -e** judgment; sentence

V

verabschieden to ratify
verächtlich contemptuous; disdainful
die **Veranlassung, -en** instigation; command
verarmen to become impoverished
verantwortlich responsible
verbissen obstinate
verblassen to grow pale; fade
verblüffen to startle; bewilder; flabbergast
verbluten to bleed to death
verbohrt stubborn, obstinate
die **Verbreitung, -en** expansion; dissemination; distribution
der **Verbündete, -n** ally
verdampfen to evaporate
der **Verdienst, -e** merit; profit
der **Verdienstorden, -** order of merit
der **Verdruß**, anger; displeasure, irritation
verdüstern to darken
die **Veredelung, -en** refinement
der **Verein, -e** club
vereinbaren to agree
vereinzelt isolated
vereiteln to prevent
der **Verfasser, -** author
die **Verfassung, -en** constitution
verfassunggebend constitutional
verfassungswidrig against the constitution
verfechten to fight for; advocate
verfeinern to refine, purify; improve
verfemt outlawed
die **Verflechtung, -en** entanglement; involvement
verfolgen to pursue; persecute
die **Vergänglichkeit** transitoriness; instability
vergegenwärtigen, sich to realize
die **Vergeltung, -en** revenge
die **Vergewaltigung, -en** rape; assault
vergittern to fence in
vergnügt merry
das **Vergnügungsviertel, -** amusement section
vergönnen, einem etwas to permit, allow; grant
vergraben, sich in to bury oneself in
verhaften to arrest
verhängen über to place into
Verhängnis: zum Verhängnis werden to be one's doom
verhängnisvoll fateful
verharren to remain; persist
verheeren to devastate
verhimmeln to idolize
verhören to examine, question
verhüten prevent
die **Verkehrsstraße, -n** thoroughfare
verkennen to fail to recognize; misjudge
verknüpfen to knot; tie, join, link; involve
verkrachen to go broke; to fall out with; fail
verkünden to announce
die **Verladevorrichtung, -en** loading device
verlagern to shift
die **Verläßlichkeit** reliability
verlegen to transfer; misplace
verleiten, sich ... lassen to allow oneself to be misled
verleugnen to deny
verlosen to cast lots
verlottern to squander; go to the dogs
vermeinen to suppose
vermessen, sich to dare to do
der **Vermittler, -** mediator

vermutlich supposedly
vernachlässigen to neglect
vernehmlich audible
vernichten to destroy
verödet desolate
veröffentlichen to publish
verpachten to lease
verpfuschen to bungle, botch; wreck
der **Verräter, –** traitor
verringern to diminish
verrotten to rot
versagen to deny
versäumen to neglect, miss
verschieben to shift
verschlagen to drive off course
verschleiern to veil
die **Verschlingung, –en** entwining; interlacing
verschmelzen to melt; fuse; blend; merge
verschnörkeln to adorn *or* disfigure with flourishes
verschreiben, sich to give a written pledge; **jem. verschrieben sein** to be loyal to someone
verscheuchen to frighten away
das **Versetzblatt, ¨er** empty page (at beginning of a book)
versinnbildlichen to symbolize
versöhnen, sich ... mit to be reconciled with
das **Versteck, –e** hiding place
die **Versteifung, –en** bracing; reinforcement; stiffening
verstockt stubborn, obstinate
verstreuen to disperse; scatter
verstümmeln to mutilate
verteidigen to defend
die **Verteidigungsanlage, –n** defensive position
die **Verträglichkeit** socialability
vertraut, sich ... machen mit to become intimately acquainted with
der **Vertriebene, –n** displaced person, refugee
verüben to commit
verwalten to administer
verweben to interweave; intertwine
verwehren, einem etwas to prevent, restrain someone from
verweigern to refuse, deny
verweisen aus to banish from, exile
verwerfen to reject
verwerflich objectionable
verwesen to decompose, decay
verwickeln to entangle; implicate; involve
verwirken to forfeit; lose; incur
die **Verwirrung, –en** entanglement; confusion
verwischen to obliterate; blot out
verwöhnen to spoil
verwurzeln to be rooted in
verwüsten to devastate
verzagen to despair, lose courage
verzaubern to bewitch; enchant; charm
verzehren to consume
verzerren to distort; deform
der **Verzicht, –e** renunciation; resignation
verzieren to adorn; decorate
verzögern to defer; delay
die **Verzweiflung, –en** despair
verzweigen to branch out
die **Verzückung, –en** ecstasy; rapture; trance
der **Vetter, –n** cousin (male)
die **Viehzucht** cattle raising
vielgestaltig manifold, varied, multishaped
vielstöckig multistoried
die **Vierung, –en** intersection of the nave
das **Vlies** fleece
die **Völkerwanderung** mass migration of peoples
der **Volksentscheid, –e** plebiscite
der **Volksmund** popular belief
volkstümlich popular
vollberechtigt fully entitled *or* authorized
vollends completely
der **Vollmond, –e** full moon
die **Voraussetzung, –en** assumption
die **Vorbedingung, –en** prerequisite
vordringen to push forward; penetrate; advance
der **Vorfahre, –n** ancestor
das **Vorfahrtsrecht, –e** right of way
der **Vorgesetzte, –n** superior; employer
vorherrschen to predominate
die **Vorkehrung, –en** preparation
vorlaut forward; pert
die **Vorlesung, -en** (university) lecture

die **Vormachtstellung, –en** eminent position
die **Vormundschaft, –en** guardianship
der **Vorort, –e** suburb
der **Vorrang, ⸚e** pre-eminence; superiority; **jem. den Vorrang streitig machen** to contest someone's priority
das **Vorrecht, –e** privilege, prerogative
der **Vorschlag, ⸚e** suggestion; proposal
der **Vorsitzende, –n** chairman
vorübergehend temporarily
das **Vorurteil, –e** prejudice
der **Vorwand, ⸚e** pretense
vorwiegend preponderately; before all; preferably
vorwurfsvoll reproachful
vulkanisch volcanic

W

die **Wabe, –n** honeycomb
der **Wacholder, –** juniper
wachsen: einer Sache gewachsen sein to be equal to a task
der **Wachtturm, ⸚e** watch tower
der **Wadenstrumpf, ⸚e** knee-length stocking
der **Wahnsinn** insanity
wahnsinnig crazy; insane
die **Währung, –en** currency
die **Waise, –n** orphan
die **Walhalla** mythol. place where dead warriors assemble
die **Wange, –n** cheek
das **Wappen, –** coat of arms
der **Wasserspeicher, –** water storage
der **Wasserspeier, –** water spout; gargoyle
das **Watt** shallows; sand bank
der **Wegelagerer, –** bandit
wehren, sich to ward off
wehrlos defenseless
die **Weide, –n** pasture
das **Weideland** pastureland
weihen to consecrate
der **Weiher, –** pond
weihevoll solemn; holy; hallowed
die **Weihnachtskrippe, –n** nativity scene
der **Weihrauch** incense
die **Weise, –n** melody
die **Weisung, –en** direction
wendig socially adept; gracious; agile
die **Wendung, en** expression; term
die **Werft, –en** dock; ship(building) yard
die **Werkgerechtigkeit** justification by works
das **Wesen, -** substance; essence; being; nature; character
der **Wesenszug, ⸚e** characteristic trait
der **Wettbewerb: in den Wettbewerb treten** to take part in the competition
der **Wettkampf, ⸚e** competition
wett-machen to make up for
die **Wickelbinde, –n** roll-bandage
widerrufen to recant
der **Widersacher, -** enemy
widersinnig senseless
die **Widerstandsbewegung, en** resistance movement
der **Widerstreit, –e** struggle; fight
widmen to dedicate; devote
die **Willkür** arbitrary action; caprice
der **Wimperg, –e** gabled-hood moulding
der **Winzer, –** vine-grower
der **Wirbelschlag, ⸚e** drum roll
die **Wirren** (*pl.*) disorder, confusion
die **Witterung, –en** weather
witzig clever; funny
die **Woge, –n** wave; billow, surge
der **Wohlstand** prosperity; fortune
wölben to vault; arch
die **Wolfsschlucht, –en** wolves' canyon
die **Wolleherstellung** wool production
der **Wortkampf, ⸚e** dialog; discussion
die **Wucht** power, force
wuchtig massive
die **Würde, –n** dignity; prestige; honor
der **Würdenträger, –** dignitary
die **Wurzel, –n** root
der **Wüstenfuchs, ⸚e** desert fox
wüten to rage

Z

die **Zacke, –n** point; sharp corner
zagen to be afraid; faint-hearted; hesitate
zäh tough

die **Zahnradbahn** rack-railway
die **Zange, –n** pliers; tongs; pincers
die **Zauberei, –en** magic
der **Zauberspruch, ¨e** charm; magic spell
der **Zaun, ¨e** fence
der **Zeichner, –** draughtsman; artist (of drawings)
der **Zeitgenosse, –n** contemporary
die **Zeitschrift, –en** magazine; journal
zeitweilig temporary
das **Zeitwort, ¨er** verb
die **Zelle, –n** segment; cell; compartment
zerbersten to burst asunder
zerlegen to decompose; analyse; disperse
das **Zerrbild, –er** caricature
die **Zerrüttung, –en** disorder; ruin; derangement
zerschlissen tattered, worn to shreds
zersetzend destructive; demoralizing
zerstückeln to cut in pieces
zierlich graceful; dainty
der **Zierrat, –e** ornamentation
der **Zigeuner, –** gipsy
die **Zinne, –n** battlement
der **Zirkel, –** compass; circle; group
zögernd reluctantly
der **Zoll, ¨e** customs duty
das **Zollrecht, –e** right to collect duty
der **Zollverein, –e** customs union
die **Zote, –n** smut
zotig smutty
die **Zucht** breeding
die **Zuckerrübe, –n** sugar beet
die **Zufluchtsstätte, –n** shelter; hiding place
zufügen, einem etwas to inflict
der **Zug, ¨e** characteristic feature
der **Zugang, ¨e** access
zugängig accessible; passable
zügellos unrestrained
zugestehen, einem etwas to grant, concede
zugrunde gehen to perish
zugunsten in favor of
die **Zumutung, –en** supposition
das **Zündnadelgewehr, –e** needle-gun
zunehmen to increase
zuneigen to incline towards
die **Zunft, ¨e** guild
zurecht-biegen to put straight
zurück-pendeln to swing back
zurück-schrecken to back away in fear
der **Zusammenbruch, ¨e** collapse
zusammen-schließen, sich to unite
zu-schreiben to attribute
zuverlässig reliable
die **Zuversicht** confidence
der **Zuwachs** increase; growth
zwangsmäßig compulsory; by force
der **Zwerg, –e** dwarf
die **Zwerggalerie, –n** dwarf-arched gallery
die **Zwickmühle, –n** predicament; dilemma
das **Zwiegespräch, –e** dialog
zwiespältig disunited, divided; conflicting
zu–ziehen to tighten; call in; **sich etwas zuziehen** to incur; contract

ATLAS

Deutschland • Österreich • Schweiz

NORDSEE
DÄNEMARK
Odense
Flensburg
Fehmarn
Rügen
Helgoland
Friesische Inseln
Nord-Ostsee-Kanal
Kiel
Mecklenburger Bucht
Stralsund
Greifsw
Neumünster
Rostock
Cuxhaven
Lübeck
Wismar
Wilhelmshaven
Bremerhaven
HAMBURG
Schwerin
Neubrandenb
Emden
Leeuwarden
Groningen
Oldenburg
Bremen
Lüneburg
Elbe
Müritz
IJsselmeer
Ems
Wittenberge
NIEDERLANDE
Amsterdam
Celle
Weser
Mittelland Kanal
Potsdam
Utrecht
Enschede
Osnabrück
Hannover
Brandenburg
52°
Bielefeld
Herford
Hildesheim
Braunschweig
Arnheim
Münster
Salzgitter
Magdeburg
Nimwegen
Witte
Rhein
Hamm
Paderborn
Dessau
Tilburg
Maas
Essen
Bochum
Dortmund
Göttingen
Eindhoven
Ruhr
Nordhausen
Halle
Duisburg
Hagen
Krefeld
Kassel
Leipzig
Wuppertal
Düsseldorf
BELGIEN
Fulda
Saale
Köln
Erfurt
Weimar
Maastricht
Gotha
Jena
Gera
Bonn
Aachen
Lüttich
Gießen
Werra
Zwickau
Fulda
Koblenz
Plauen
Eger
Frankfurt
Wiesbaden
Offenbach
Mosel
Schweinfurt
LUXEMBURG
Mainz
Main
Bamberg
Bayreuth
Luxemburg
Trier
Darmstadt
Würzburg
Worms
Erlangen
Ludwigshafen
Mannheim
Fürth
Nürnberg
Kaiserslautern
Saarbrücken
Heidelberg
Amberg
Maas
Metz
Heilbronn
Regensburg
Karlsruhe
Neckar
Pforzheim
Nancy
Stuttgart
Eßlingen
Ingolstadt
Straßburg
FRANKREICH
Reutlingen
Donau
Isar
Ulm
Augsburg
48°
Rhein
Iller
Lech
Inn
MÜNCHEN
Freiburg
Mulhouse
Kempten
Chiemsee
Saône
Bodensee
Konstanz
Doubs
Basel
Zürich
Besançon
SCHWEIZ
8°
12°
ÖS

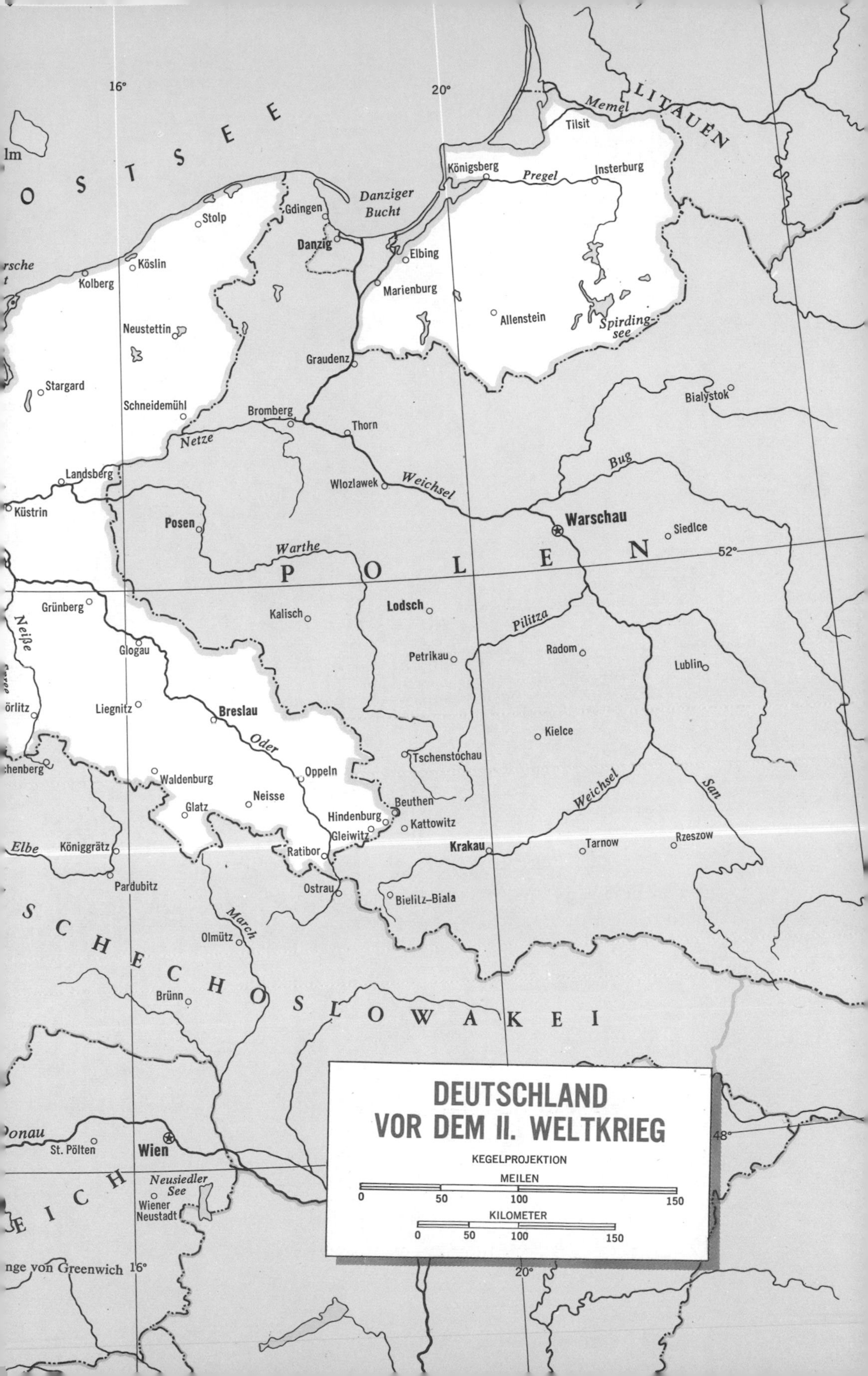

DEUTSCHLAND
VOR DEM II. WELTKRIEG
KEGELPROJEKTION
MEILEN
0 50 100 150
KILOMETER
0 50 100 150
OSTSEE
Danziger Bucht
LITAUEN
POLEN
TSCHECHOSLOWAKEI
Memel
Tilsit
Königsberg
Pregel
Insterburg
Gdingen
Danzig
Stolp
Köslin
Kolberg
Elbing
Marienburg
Allenstein
Spirdingsee
Neustettin
Graudenz
Stargard
Schneidemühl
Bromberg
Thorn
Bialystok
Netze
Landsberg
Küstrin
Bug
Wloclawek
Weichsel
Warschau
Siedlce
Posen
Warthe
Grünberg
Kalisch
Lodsch
Pilitza
Neiße
Glogau
Petrikau
Radom
Lublin
Liegnitz
Breslau
Kielce
Oder
Tschenstochau
Waldenburg
Oppeln
San
Neisse
Glatz
Beuthen
Hindenburg
Gleiwitz
Kattowitz
Krakau
Tarnow
Rzeszow
Elbe
Königgrätz
Ratibor
Pardubitz
Ostrau
Bielilz-Biala
March
Olmütz
Brünn
Donau
St. Pölten
Wien
Neusiedler See
Wiener Neustadt
nge von Greenwich 16°
16°
20°
52°
48°

BUNDESREPUBLIK DEUTSCHLAND
KEGELPROJEKTION
MEILEN
0 20 40 60 80
KILOMETER
0 20 40 60 80
Staatshauptstädte
Landeshauptstädte
Staatsgrenzen
Landesgrenzen
N
NORDSEE
OSTSEE
DÄNEMARK
SCHWEDEN
POLEN
DEUTSCHE DEMOKRATISCHE
NIEDERLANDE
SCHLESWIG-HOLSTEIN
NIEDERSACHSEN
MECKLENBURG
BRANDENBURG
Pommern
NORDRHEIN-
HAMBURG
BREMEN
BERLIN
Bornholm (Dän.)
Seeland
Fünen
Laaland
Falster
Moen
Langeland
Alsen
Rügen
Usedom
Wollin
Fehmarn
Helgoland
Sylt
Föhr
Amrum
Pellworm
Nordstrand
DIE HALLIGEN
NORDFRIESISCHE INSELN
OSTFRIESISCHE INSELN
WESTFRIESISCHE INSELN
Wangerooge
Spiekeroog
Langeoog
Baltrum
Norderney
Juist
Borkum
Schiermonnikoog
Ameland
Kieler Bucht
Mecklenburger Bucht
Pommersche Bucht
Helgoländer Bucht
Grosser Belt
Kleiner Belt
Langeland Belt
Fehmarn-Belt
Öre-Sund
Stettiner Haff
Nordfriesland
Ostfriesland
Altmark
Lüneburger Heide
Teutoburger Wald
Dümmer see
Steinhuder Meer
Schweriner see
Schaalsee
Müritz
Plauer-see
Malchiner see
Kummerower see
Tollensesee
Spreewald
Nord-Ostsee-Kanal
Elbe
Weser
Ems
Oder
Havel
Spree
Aller
Leine
Oker
Ilmenau
Hunte
Vechte
Hase
Oste
Eider
Schlei
Warnow
Peene
Uecker
Ihna
Warthe
Neiße
Bober
IJssel
Rhein
Schwarze Elster
Jade B.
Dollart
Kiel
Hamburg
Bremen
Bremerhaven
Hannover
Schwerin
Lübeck
Rostock
Wismar
Stralsund
Greifswald
Szczecin (Stettin)
Frankfurt
Potsdam
Brandenburg
Magdeburg
Braunschweig
Salzgitter
Wolfsburg
Osnabrück
Bielefeld
Münster
Oldenburg
Wilhelmshaven
Emden
Groningen
Enschede
Arnheim
Nimwegen
Dessau
Esbjerg
Odense
Flensburg
Neumünster
Lüneburg
Celle
Hildesheim
Göttingen
Brocken 1142
6°
8°
10°
12°
14°
54°
52°

HESSEN
THÜRINGEN
RHEINLAND-PFALZ
SAARLAND
BADEN-WÜRTTEMBERG
BAYERN
BELGIEN
LUXEM-BURG
FRANKREICH
SCHWEIZ
ÖSTERREICH
TSCHECHOSLOWAKEI
Hunsrück
Westerwald
Taunus
Vogels-berg
Odenwald
Spessart
Steigerwald
Frankenwald
Fichtelgebirge
Erzgebirge
Thüringer Wald
Fränkische Alb
Schwäbische Alb
Schwarzwald
Oberpfälzer Wald
Böhmerwald
Bayrischer Wald
Bayrische Alpen
Allgäu
Hegau
Breisgau
Rhein
Main
Mosel
Donau
Neckar
Isar
Inn
Lech
Bodensee
Aachen
Bonn
Koblenz
Wiesbaden
Mainz
Frankfurt
Offenbach
Darmstadt
Mannheim
Ludwigshafen
Heidelberg
Karlsruhe
Saarbrücken
Trier
Würzburg
Bamberg
Bayreuth
Nürnberg
Fürth
Erlangen
Regensburg
Ingolstadt
Augsburg
MÜNCHEN
Stuttgart
Ulm
Freiburg
Konstanz
Kempten
Passau
Zwickau
Chemnitz (Karl-Marx-Stadt)
Plauen
Straßburg
Metz
Nancy
Basel
Zürich
Salzburg
Linz
Innsbruck
Zugspitze 2963
Feldberg 1493
Großer Arber 1475
Watzmann 2713
BERLIN
WEST
OST
Potsdam
Spandau
Charlottenburg
MEILEN
KILOMETER
© HAMMOND INCORPORATED, Maplewood, N.J.
Östliche Länge von Greenwich

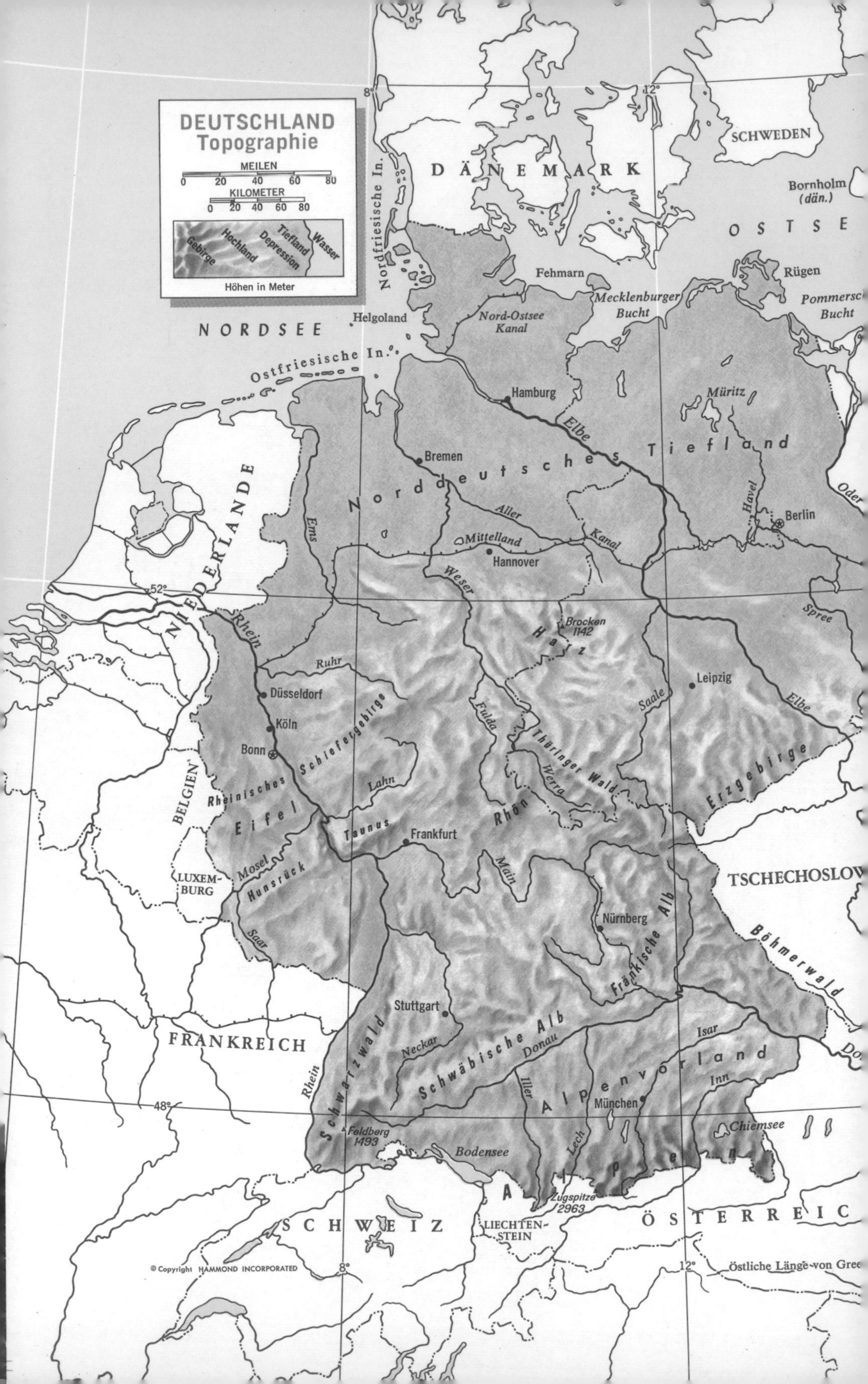
DEUTSCHLAND
Topographie
MEILEN
0 20 40 60 80
KILOMETER
0 20 40 60 80
Gebirge
Hochland
Depression
Tiefland
Wasser
Höhen in Meter
DÄNEMARK
SCHWEDEN
Bornholm (dän.)
OSTSE
Nordfriesische In.
Fehmarn
Rügen
Mecklenburger Bucht
Pommersc Bucht
Nord-Ostsee Kanal
Helgoland
NORDSEE
Ostfriesische In.
Hamburg
Müritz
Elbe
Bremen
Norddeutsches Tiefland
NIEDERLANDE
Ems
Aller
Mittelland Kanal
Hannover
Havel
Berlin
Oder
Weser
Spree
Rhein
Brocken 1142
Harz
Ruhr
Düsseldorf
Köln
Bonn
Leipzig
Saale
Elbe
Fulda
Rheinisches Schiefergebirge
Thüringer Wald
Werra
Erzgebirge
BELGIEN
Lahn
Eifel
Rhön
Taunus
Frankfurt
Main
LUXEMBURG
Mosel
Hunsrück
TSCHECHOSLOV
Nürnberg
Saar
Fränkische Alb
Böhmerwald
Stuttgart
Schwäbische Alb
FRANKREICH
Neckar
Donau
Isar
Schwarzwald
Alpenvorland
Inn
Iller
München
Rhein
48°
Feldberg 1493
Bodensee
Lech
Chiemsee
Alpen
Zugspitze 2963
SCHWEIZ
LIECHTENSTEIN
ÖSTERREIC
52°
8°
12°
Östliche Länge von Gree
© Copyright HAMMOND INCORPORATED

ÖSTERREICH
KEGELPROJEKTION
MEILEN
0 10 20 40 60
KILOMETER
0 10 20 40 60
Bundeshauptstadt
Landeshauptstädte
Staatsgrenzen
Landesgrenzen
Kanäle
Höhe in Meter
2963
TSCHECHOSLOWAKEI
DEUTSCHLAND
SCHWEIZ
ITALIEN
JUGOSLAWIEN
UNGARN
LIECHT.
Nieder-österreich
Ober-österreich
Salzburg
Tirol
Tirol (Osttirol)
Vorarlberg
Steiermark
Kärnten
Burgenland
WIEN
St. Pölten
Linz
Salzburg
Innsbruck
Graz
Klagenfurt
Bregenz
Eisenstadt
Mühlviertel
Weinsberger Wald
Weinsberg 1039
Salzkammergut
Hohe Tauern
Niedere Tauern
Zillertaler Alpen
Ötztaler Alpen
Allgäuer Alpen
Karnische Alpen
Karawanken
Julische Alpen
Dolomiten
Rätikon
Silvretta
Böhmerwald
Großglockner 3797
Wildspitze 3774
Zugspitze 2963
Parseier Spitze 3038
Hochgolling 2863
Feuerkogel 1594
Brenner Paß
Semmering Paß
Donau
Inn
Salzach
Enns
Traun
Mur
Mürz
Drau
Raab
Kamp
Thaya
March
Morava
Dyje
Lech
Iller
Isar
Amper
Altmühl
Rhein
Bodensee
Ammersee
Starnberger See
Chiemsee
Attersee
Traunsee
Neusiedler See
Lafnitz
Gurk
Zala
Rába
Mura
Drava
Sava
Piave
Tagliamento
Etsch
Adda
Jihlava
Böhmisch-Mähr...
München
Passau
Straubing
Landshut
Memmingen
Kempten
Ravensburg
Rosenheim
Traunstein
Bad Reichenhall
Berchtesgaden
Garmisch-Partenkirchen
Mittenwald
Lindau
Písek
České Budějovice
Třebíč
Znojmo
Brno
Hodonín
Bratislava
Sopron
Szombathely
Lövö
Csepreg
Kőszeg
Nagykanizsa
Maribor
Celje
Varaždin
Koprivnica
Chur
Davos Platz
St. Moritz
Sondrio
Meran
Bozen
Trient
Bruneck
Belluno
Krems
Stockerau
Korneuburg
Klosterneuburg
Tulln
Wiener-Neustadt
Neunkirchen
Baden
Mödling
Bruck
Hainburg
Gänserndorf
Marchegg
Deutsch Wagram
Mistelbach
Poysdorf
Hohenau
Zistersdorf
Laa an der Thaya
Hollabrunn
Retz
Horn
Zwettl
Gmünd
Waidhofen
Heidenreichstein
Raabs
Melk
Amstetten
Ybbs
Pöchlarn
Lilienfeld
Scheibbs
Mariazell
Steyr
Wels
Enns
Braunau
Schärding
Ried im Innkreis
Vöcklabruck
Gmunden
Bad Ischl
Hallstatt
Bad Aussee
Liezen
Leoben
Bruck
Kapfenberg
Knittelfeld
Judenburg
Murau
Schladming
Radstadt
Bischofshofen
Hallein
Saalfelden
Zell am See
Bad Gastein
Bad Hofgastein
Kitzbühel
Kufstein
Wörgl
Schwaz
Solbad Hall
Landeck
Imst
Reutte
Lienz
Villach
Spittal
St. Veit
Wolfsberg
Völkermarkt
Feldkirch
Bludenz
Dornbirn
Hohenems
Götzis
Rankweil
Schruns
St. Anton
Fürstenfeld
Feldbach
Radkersburg
Leibnitz
Voitsberg
Köflach
Weiz
Hartberg
Oberwart
Güssing
Mattersburg
Neusiedl am See
Rust
48°
46°
10°
12°
14°
16°
östliche Länge von Greenwich
© Copyright HAMMOND INCORPORATED, Maplewood, N. J.

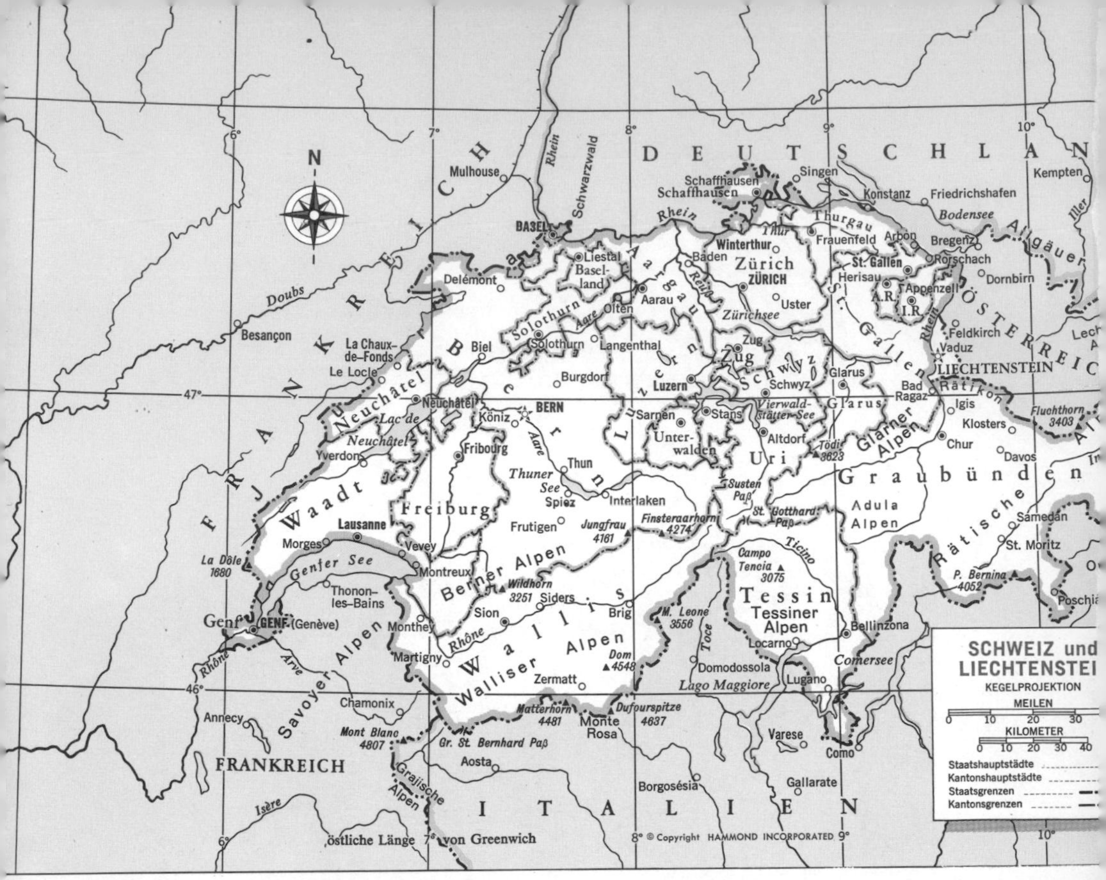

SCHWEIZ und LIECHTENSTEI
KEGELPROJEKTION
MEILEN
0 10 20 30
KILOMETER
0 10 20 30 40
Staatshauptstädte
Kantonshauptstädte
Staatsgrenzen
Kantonsgrenzen
N
DEUTSCHLAN
FRANKREICH
ITALIEN
ÖSTERREICH
LIECHTENSTEIN
Mulhouse
Schwarzwald
Rhein
BASEL
Schaffhausen
Schaffhausen
Singen
Konstanz
Friedrichshafen
Kempten
Bodensee
Allgäuer
Iller
Thurgau
Thur
Frauenfeld
Arbon
Bregenz
Rorschach
Dornbirn
Winterthur
Zürich
ZÜRICH
Uster
Zürichsee
St. Gallen
Herisau
A.R.
Appenzell
I.R.
Liestal
Basel-land
Baden
Aargau
Aarau
Olten
Delémont
Doubs
Besançon
La Chaux-de-Fonds
Le Locle
Neuchâtel
Neuchâtel
Lac de Neuchâtel
Biel
Solothurn
Solothurn
Aare
Langenthal
Burgdorf
Bern
BERN
Köniz
Fribourg
Freiburg
Thun
Thuner See
Spiez
Interlaken
Frutigen
Jungfrau 4161
Finsteraarhorn 4274
Luzern
Luzern
Zug
Zug
Schwyz
Schwyz
Glarus
Glarus
Glarner Alpen
Bad Ragaz
Vaduz
Feldkirch
Rätikon
Igis
Klosters
Fluchthorn 3403
Chur
Davos
Sarnen
Stans
Unterwalden
Vierwaldstätter See
Altdorf
Uri
Tödi 3623
Susten Paß
St. Gotthard Paß
Graubünden
Adula Alpen
Rätische
Samedan
St. Moritz
P. Bernina 4052
Poschia
Yverdon
Waadt
Lausanne
Morges
Vevey
Montreux
La Dôle 1680
Genfer See
Thonon-les-Bains
Genf
GENF (Genève)
Monthey
Berner Alpen
Wildhorn 3251
Sion
Siders
Brig
Wallis
Rhône
Martigny
Walliser Alpen
Dom 4548
Zermatt
Campo Tencia 3075
Ticino
Tessin
Tessiner Alpen
M. Leone 3556
Toce
Bellinzona
Locarno
Domodossola
Lago Maggiore
Lugano
Comersee
Savoyer Alpen
Arve
Rhône
Annecy
Chamonix
Mont Blanc 4807
Gr. St. Bernhard Paß
Matterhorn 4481
Monte Rosa
Dufourspitze 4637
Varese
Como
Aosta
Grajische Alpen
Borgosésia
Gallarate
Isère
FRANKREICH
6°
7°
8°
9°
10°
47°
46°
östliche Länge 7° von Greenwich
© Copyright HAMMOND INCORPORATED

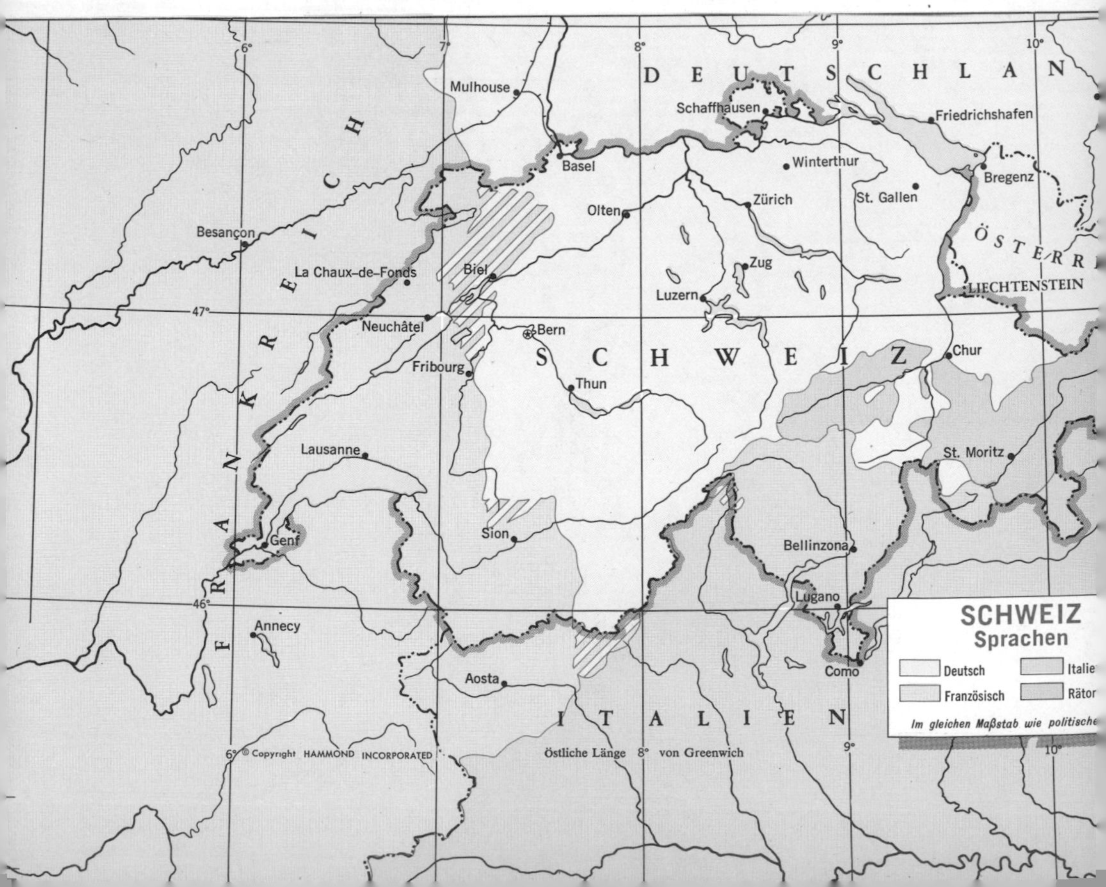

SCHWEIZ
Sprachen
Deutsch
Französisch
Italie
Rätor
Im gleichen Maßstab wie politische
DEUTSCHLAN
FRANKREICH
SCHWEIZ
ITALIEN
ÖSTERREI
LIECHTENSTEIN
Mulhouse
Schaffhausen
Friedrichshafen
Basel
Winterthur
Bregenz
Olten
Zürich
St. Gallen
Besançon
La Chaux-de-Fonds
Biel
Zug
Luzern
Neuchâtel
Bern
Fribourg
Thun
Chur
Lausanne
St. Moritz
Genf
Sion
Bellinzona
Lugano
Annecy
Como
Aosta
6°
7°
8°
9°
10°
47°
46°
Östliche Länge 8° von Greenwich
© Copyright HAMMOND INCORPORATED